Pater Elmar Busse

Das Christusgeheimnis umkreisen

Meditationen über 75 ausgewählte Verse aus dem Johannes-Evangelium

Band 1

PATRIS VERLAG · VALLENDAR-SCHÖNSTATT

2026

Bibliografische Information Der Deutschen Bibliothek

Die Deutsche Nationalbibliothek verzeichnet diese Publikation in der Deutschen Nationalbibliografie; detaillierte bibliografische Daten sind im Internet über httpd://d-nb.info abrufbar.

Das Christusgeheimnis umkreisen

Meditationen über 75 ausgewählte Verse aus dem Johannes-Evangelium

Band 1 und 2

1. Auflage

Patris Verlag
Höhrer Str. 109
56179 Vallendar
info@patris-verlag.de

Satz und Layout: Andreas Neubauer, Leonding, Österreich
Umschlag: Judith Bihlmaier, Vallendar
Druck: WIRmachenDRUCK GmbH, Backnang

ISBN (Set): 978-3-946982-47-0
ISBN (Band 1): 978-3-946982-48-7
ISBN (Band 2): 978-3-946982-49-4

Inhaltsverzeichnis

Vorwort

Die literarische wie theologische Bedeutung des Autors des vierten Evangeliums ist unbestritten. Nicht umsonst wird der Evangelist Johannes seit der Patristik mit dem Adler verglichen. Schon Hieronymus († 430), der große Teile der Bibel kommentierte und ins Lateinische übersetzte, betonte: „Johannes erhielt den Adler, weil er im Prolog über das Wort, das am Anfang bei Gott war, höher steigt als die anderen und sich in die höchsten Regionen aufschwingt, so wie ein Adler sich zur Sonne erhebt."

Tatsächlich unterscheidet sich das Johannesevangelium in Aufbau und Inhalt erheblich von den drei anderen Evangelien. Nur wenige Abschnitte lassen sich mit diesen synoptisch lesen. Bereits im Prolog (Joh 1,1-18) blickt der Evangelist in die Sonne: Er spricht von der Präexistenz des Sohnes Gottes in seiner Ewigkeit. Dieser wird vom Vater auf die Erde gesandt. Er wird Mensch in der Zeit. Dabei zeigt sich in Jesus Christus Gott nicht nur als einziger und einer, sondern auch als ein Gott, der diese Einheit mitteilen will: als Liebe. Daher ist der Vater mit dem Sohn eins und der Sohn mit ihm. Vom Himmel auf die Erde gesandt, führt Jesus die Menschen zusammen und wieder hinauf zum himmlischen Vater.

Der Adler fliegt hoch und schaut tief. Er blickt mitten ins Herz. Er sieht, wer Jesus ist. Kennzeichnend für das Johannesevangelium sind die „Ich-bin"-Worte Jesu: „Ich bin das Brot des Lebens" (Joh 6,35), „das Licht der Welt" (Joh 8,12), „die Tür zu den Schafen" (Joh 10,7); „der rechte Hirt" (Joh 10,11), „die Auferstehung und das Leben" (Joh 11,25); „der Weg, die Wahrheit und das Leben" (Joh 14,6), „der wahrhaftige Weinstock" (Joh 15,1).

Jesus fordert eine Entscheidung. Es ist eine Entscheidung auf Leben und Tod: für ihn oder gegen ihn, für den Glauben oder gegen ihn, für die Finsternis oder für das Licht. Dabei lässt Jesus den Menschen nicht allein. Er sendet den Heiligen Geist, der im Johannesevangelium einen besonderen Namen trägt: Paraklet. Er ist nicht nur der Tröster, sondern auch der Helfer und der Anwalt. Erfüllt vom Heiligen Geist erkennt der Mensch die Wahrheit des Wortes Gottes, seine Zugehörigkeit zu Jesus Christus und seine Geborgenheit in Gottes Liebe. Diese Liebe will anderen mitgeteilt und weitergegeben werden; weswegen zum Glauben an Jesus Christus die Bereitschaft gehört, über ihn Rechenschaft zu geben, ihn zu verantworten.

Pater Elmar Busse ISch lädt uns im Folgenden zur Meditation des Johannesevangeliums ein. Er zeigt, dass, wer christlich glaubt, zu denken hat und zum Danken kommt. Dabei gelingt es ihm, dass wir nicht nur Zuschauer bleiben, sondern mit dem Adler in die Höhe steigen und mit Christus um den Vater kreisen.

Weihnachten 2025

Univ.-Prof. Dr. Manfred Gerwing

Einleitung

2014 fing ich bei meiner monatlichen Sendung in der Sendereihe „Spiritualität heute“ von Radio Horeb damit an, einzelne Verse aus dem Johannesevangelium zu meditieren. Inzwischen ist das Projekt zum Abschluss gekommen. Viele Hörer haben von den Sendungen CDs bestellt oder übers Internet in der Mediathek des Senders die Meditation noch einmal nachgehört. Immer wieder wurde der Wunsch an mich herangetragen, ob man diese Texte nicht auch schriftlich haben könnte. Dem Wunsch konnte ich im Einzelfall nachkommen. Hier nun liegt die Gesamtausgabe der Meditationen vor.

Dem Evangelisten Johannes bescheinigen die Exegeten ein kreisendes Denken, d.h., er kommt von verschiedenen Seiten immer wieder auf dieselben Kernaussagen zurück; in der Musik spricht man von Variationen zum Thema. Von daher wird verständlich, dass ich in der Auslegung auch wiederholte Male auf dieselben Äußerungen oder Anekdoten von Heiligen und großartigen Christen zurückgegriffen habe. Sie sind nicht nur aus dem jeweiligen Charakter des Christen oder den Zeitumständen zu verstehen, sondern bringen etwas Typisches und Zeitloses im Umgangsstil Gottes mit den Menschen zum Ausdruck. Deshalb waren mir die Wiederholungen wichtig, auch wenn das Buch dadurch einen mäandernden Charakter bekommt.

Da das Buch ein Meditationsbuch ist und keine wissenschaftliche Arbeit, möchte ich Ihnen das Zurückblättern ersparen, was den meditativen Vorgang stören würde, und wiederhole die Texte, damit Sie als Leser im Fluss der Gedanken bleiben können.

Die direkten Bibelzitate sind kursiv gesetzt und beruhen mehrheitlich auf der revidierten Einheitsübersetzung von 2016. Wenn mir der alte Text der Einheitsübersetzung passender schien – was natürlich sehr subjektiv ist – habe ich diesen verwendet.

Tauchen Sie mit mir ein in den tiefgründigen Erfahrungsschatz, den uns der Evangelist Johannes aufgrund seiner wortgewaltigen Sprache erschließen möchte!

Pater Elmar Busse

1. Joh 1,12: Gott aufnehmen

„Allen aber, die ihn aufnahmen, gab er Macht, Kinder Gottes zu werden, allen, die an seinen Namen glauben."

Im Leben des hl. Pfarrers von Ars gibt es folgende Begebenheit: Eine Gruppe von kämpferischen Atheisten aus Paris wollte den Schwindel von Ars entlarven. Sie fuhren nach Ars, quartierten sich im Gasthaus ein und schickten also einen von ihnen zum Pfarrer in die Kirche. Als dieser zurückkam, war er ganz in sich gekehrt und sagte den anderen: „Seid still, ich habe Gott in einem Menschen gesehen."[1]

Von Katharina von Siena wissen wir, dass sie viele junge Menschen um sich geschart hatte, auch junge Männer, die Katharina durchaus attraktiv fanden, aber es erwachte ihr gegenüber kein sexuelles Begehren.

Ein Kutscher, der Theresa von Avila mehrere Stunden zu einem anderen Kloster gefahren hatte, äußerte, dass ihm die Fahrt noch nie so kurzweilig vorgekommen sei wie im Gespräch mit Theresa von Avila.

Pater Kentenich konnte im Nachhinein feststellen, dass viele der späteren Schönstätter Marienschwestern und auch viele der späteren Pallottiner schon in der ersten Begegnung mit ihm irgendwie den Impuls verspürt hätten, mit diesem Priester verbunden zu sein.

Wenn wir an die verschiedensten Ordens- und Gemeinschaftsgründer denken, dann fällt auf, dass sie eine eigenartige Attraktivität hatten und Menschen um sich sammeln und für die Ideale, die in ihnen brannten, begeistern konnten.

Wir werden später noch ausführlicher auf dieses Phänomen eingehen. Die schlaglichtartigen Beobachtungen jetzt am Anfang unserer Meditation sollen uns aufmerksam machen auf einen Vorgang zwischen Gott und Mensch, der sich immer wieder vollzieht.

---

[1] Nailis, Werktagsheiligkeit, S. 12.

Der Evangelist Johannes beschreibt es im ersten Kapitel seines Evangeliums so: „Allen aber, die ihn aufnahmen, gab er Macht, Kinder Gottes zu werden."

Das heißt mit anderen Worten: Gott ist in seiner Herrlichkeit und Vollkommenheit und Schönheit attraktiv. Und je geöffneter ein Mensch für Gott ist, desto leichter kann Gott durch diesen Menschen strahlen und von den anderen wahrgenommen werden.

Natürlich ruft eine solche Ausstrahlungskraft auch Gegner auf den Plan.

Nun ist es ja selbstverständliche Glaubensüberzeugung, dass durch die Taufe der Dreifaltige Gott in der begnadeten Seele wohnt, also seine Allgegenwart hat in der menschlichen Seele noch einmal eine andere Qualität als im geschaffenen Stein. Doch es stellt sich jedem Getauften die Frage: Wie gehe ich damit um? Ist Gott der große Einsame in meinem Herzen, weil ich selber nicht bei mir, genauer in mir bin? Ist er da, aber – um im Elektronik-Jargon zu sprechen – im stand-by Betrieb, also nicht aktiv?

Wenn wir Johannes genau zuhören, dann steckt in diesem „allen aber, die ihn aufnahmen" auch noch eine bewusste Entscheidung, eine Aktivität der Menschen: Der Mensch entscheidet sich, ob er Gott aufnehmen will oder nicht. Oder wie jemand einmal poetisch formulierte: Die Tür der Seele ist nur von innen zu öffnen. Gläubige, die dieses intensive innere Gespräch mit Gott kennen und pflegen, nennen wir Mystiker. Ich möchte ein längeres Beispiel zitieren:

Die Mystikerin Maria Magdalena von Pazzis lässt uns in ihren Aufzeichnungen an einem solchen Zwiegespräch teilnehmen. Sie schreibt: „Freitag, den 6. Juli 1584, nachdem ich kommuniziert hatte, sah ich Jesus ganz erfüllt von Liebe. Er schien mich wie zum Spiele zu rufen und sagte mir sanft ein liebendes Zwiegespräch beginnend: 'Ich rief dich, und du gabst mir nicht Antwort.' Und ich entgegnete ihm: 'Ich suchte und fand dich nicht.' Er sagte mir: 'Ich rief dich, meine Taube, und du gabst mir nicht Antwort.' Und ich erwiderte: 'Ich rief dich, mein Geliebter, ich sehnte mich nach dir, mein Geliebter, und fand dich nicht.' Und Jesus, den ich immer Amore nenne, sagte: 'O meine Braut, ich habe dich so sehr gerufen, und du hast nicht geantwortet.' Und ich entgegnete ihm: 'Ich habe dich so sehr gesucht, und du hast dich nicht finden lassen, Amore.' Jesus sprach: 'Weißt du, warum du mich nicht gefunden hast? Weil du mich nicht gut gesucht hast.' Und ich antwortete ihm: 'Weißt du, Amore, warum ich dir nicht geantwortet habe? Weil du nicht laut genug gerufen hast, damit ich es höre.' Jesus, Amore, sagte: 'Suche mich gut, meine Braut, und du wirst mich finden.' Und ich sprach: 'Rufe laut, und ich werde dich hören.' Jesus meinte: 'Es ist an dir, meine Braut, mich zu suchen.' Und ich, in Liebesungeduld, sagte: 'O Amore, du hast doch gesagt, wer mehr besitzt, gibt mehr. Du hast mehr als ich. Du musst geben.' Alsbald begann er zu antworten: 'Komm, meine Taube, meine Schöne, komm.' Und er vereinigte mich ganz mit sich. In dieser Vereinigung führten wir ein sehr sanftes Zwiegespräch, wie ein Freund mit seinem Freunde, von dem ich nicht das kleinste Wort wiedergeben könnte. Doch ich sagte, als ich mich ihm so vereinigt fand: 'O, jetzt habe ich dich gefunden, Amore mio, jetzt bin ich glücklich, denn ich bin dir vereinigt, Amore.'[2]"

Oda Schneider, der wir die deutsche Übersetzung dieses Liebesgespräches verdanken, fügt ergänzend und abrundend bei: „Es folgt dann, ausgelöst durch eine Bitte ihrerseits, das berühmte Angebot der beiden Kronen zur Wahl, einer Blumen- und einer Dornenkrone, und auch dies in der zarten Weise des Spieles; denn als unser Herr seine Braut fragt: 'Sag mir, welche du willst?' macht er Miene, ihr die Blumenkrone aufzusetzen, und sagt lächelnd – die Heilige sagt ausdrücklich lächelnd: 'Nicht wahr, diese?' Da ruft sie schnell: 'Nein, nein, Amore, nicht diese, Amore, du weißt gut, welche ich will!' Gleich senkt ihr Jesus die Dornenkrone samt dem Bündel der

[2] Oda Schneider, Er ordnete in mir die Liebe, Verlag Herold, Wien, 1954 S. 122 f.

übrigen Leidenswerkzeuge ins Herz, nicht ohne beizufügen, dass er ihr die Blumenkrone aufbewahre. Doch dies macht ihr wenig Eindruck: 'Ja, ja, Amore, wie du willst', sagt sie leichthin, dann aber voller Eifer: 'Jetzt, Amore, habe ich alles, es fehlt mir nichts mehr.'"

Die Systematiker unter den Forschern der Spiritualitätsgeschichte ordnen diese Art des vertrauten Umgangs mit Gott unter dem Begriff „Brautschaftsmystik" ein. Deren bekannteste Vertreterin ist wohl Theresa von Avila.

Bei der Kindschaftsmystik geht es um dieselbe Innigkeit, dieselbe Intimität zwischen Gott und der Seele, aber diese Intimität bekommt eine etwas andere Färbung. Die bekannteste Vertreterin dieser Kindschaftsmystik ist Therese von Lisieux. Sie hatte sich ja den Ordensnamen Therese vom Kinde Jesu gewählt. Intuitiv hatte sie da etwas gegriffen, was sich später als neuer spiritueller Weg, den sie geführt wird, erweist. Sie ist gleichsam die Kronzeugin unserer Meditation.

Ein Widerhaken im Text des Evangelisten ist das Wort „Macht" im Zusammenhang mit „Kinder Gottes werden". Was ist das für eine Macht?

Pater Kentenich hat – mit deutlichem Blick auf die kleine Therese – es in einem Wortspiel zusammengefasst: „Die anerkannte Ohnmacht des Kindes wird zur Allmacht über das Herz des Vaters." Der himmlische Vater kann gar nicht anders, als dem Kind zu Hilfe zu kommen.

Therese von Lisieux schilderte eine ihrer ersten intensiven Erfahrungen einer Gebetserhörung: Am 31. August 1887 soll der Mörder Pranzini hingerichtet werden. Er zeigt keine Reue und will auch keinen Priester sehen. Therese betet um die Bekehrung dieses Mörders. Sie ist 14 Jahre alt. Und tatsächlich: vor der Hinrichtung bekennt er seine Sünden und erhält die sakramentale Lossprechung. Therese erlebt sich in ihrem leidenschaftlichen Bittgebet erhört. Und auch später wird sie mit dieser Zuversicht ihre Bittgebete zu

Gott richten.

Der Grund der Gebetserhörung ist nicht der, weil sie so brav war oder weil sie Opferleistungen Gott gebracht hatte, sondern einfach dieses kindliche Vertrauen, mit dem sie Gott bestürmte. Auf ihrem Weg zu einer spezifischen Form der Heiligkeit kann sie die Kernanliegen ihres Weges so benennen:

Mich selber größer zu machen ist unmöglich! Ich muss mich ertragen wie ich bin. Es ist gar nicht nötig, durch mein eigenes Bemühen wachsen zu wollen. Jesus verlangt von mir keine großen Taten, sondern nur Hingabe und Dankbarkeit. Ich habe kein anderes Mittel, um Gott meine Liebe zu beweisen, als aus Liebe zu ihm auch die allerkleinsten Dinge zu tun Ich lasse mich wegen meiner Fehler nicht entmutigen.[3]

1895 beginnt sie mit ihrer Autobiographie: „Geschichte einer Seele". In der ersten Ausgabe nach ihrem Tod sind viele Passagen gefälscht. Das, was sie selbst geschrieben hatte, passte damals nicht in das Bild einer Heiligen. Erst die späteren Ausgaben bringen Thereses Originaltext.

Für Therese ist Demut und leidenschaftliches Bitten kein Widerspruch. Weil sie Gott gegenüber Kind ist und weil sie dem barmherzigen Gott vertraut, kann sie auf charmante Weise Gott gegenüber maßlos sein in ihren Bitten. Und weil sie meist nicht für sich sondern für andere bittet, entsteht auch kein Egoismus durch Verwöhnung.

Noch einmal Kentenich: „Die anerkannte Ohnmacht des Kindes wird zur Allmacht über das Herz des Vaters."

Solche Intimität mit Gott ist aber nicht nur den Mystikern vorbehalten. Darin steckt – gerade für uns heutige Menschen eine befreiende und frohmachende Botschaft. Wieso?

Wer heute einen verantwortungsvollen Beruf hat, spürt oft ei-

[3] `http://zeitzubeten.org/christliche-spiritualitaet/beten-lernen/beten-mit-zeugen-des-glaubens/theresia-vom-kinde-jesu/`

ne chronische Überforderung. Eigentlich sollte er sein wie Gott: immer erreichbar und ansprechbar – immer eine Lösung parat – fehlerlos – zuverlässig – ein Motivationsgenie – dynamisch zupackend – und viele andere Eigenschaften. Solche Aufzählungen sind in den Stellenausschreibungen zu finden. Passend dazu gibt es viele Ratgeber, wie wir uns zu tüchtigen und gut funktionierenden Menschen erziehen können.

Einer von ihnen, Pater Kentenich, lässt sich in die Reihe der großen Reformpädagogen am Anfang des 20. Jh. einordnen, der – für damalige Verhältnisse ganz ungewohnt – am Freiheitswillen und der Sehnsucht nach Selbständigkeit der Jugendlichen ansetzte. Mit seiner Lehre und seiner Praxis des Persönlichen Ideals sowie der schriftlich kontrollierten geistlichen Tagesordnung und dem Partikularexamen (= besonderer Vorsatz) hatte er neue Wege der Selbsterziehung beschritten. Und das Ergebnis? – Natürlich war es für ihn eine Freude, wenn er miterleben durfte, wie bei vielen Jungen der Knoten platzte und sie das Beste aus sich machten. Oder auch später, als so manches schüchterne Mauerblümchen zu ihm ins Noviziat der neu gegründeten Schwesterngemeinschaft kam – da konnte er diesen jungen Frauen helfen, so richtig aufzublühen. Doch irgendwann kam auch der ehrgeizigste und begabteste Junge an einen Punkt, wo es trotz aller Anstrengung nicht mehr weiter ging. An dieser Grenze waren auf einmal andere Fähigkeiten gefragt: Kann ich Ja dazu sagen, dass ich nicht der liebe Gott bin? Kann ich mich von den jugendlichen Allmachtsphantasien, wie sie in den James-Bond-Filmen, in Spiderman oder Superman als durchgängiges Motiv immer wieder auftauchen, verabschieden? Kann ich akzeptieren, dass ich nur ein kleines Geschöpf bin – angewiesen auf jemanden, der mich barmherzig liebt? Die meisten von Kentenichs Schützlingen kamen schon viel früher an diesen Punkt. Und manche brachten das Leiden an ihrer Bruchstelle einfach seit ihren Kindheitstagen mit.

Wenn wir in das Alte Testament schauen, dann war der Mensch

als Ebenbild Gottes geschaffen. Doch dann kam das Versagen von Adam und Eva, und der Bruch war da.

Die Erbsündenlehre der Kirche macht deutlich, dass Gott den Menschen als heilen Menschen gedacht hatte, dass Wille, Verstand und Gemüt eine Einheit bildeten. Der paradiesische Mensch konnte das, was er als gut erkannt hatte, auch problemlos wollen und mit dem Herzen auf das Gute durch gute Gefühle reagieren. Mit der Erbsünde gab es den Bruch. Der Mensch verlor das donum integritatis, also die Gabe der Unversehrtheit. Wille, Verstand und Gemüt können in die verschiedensten Richtungen ziehen. Sehr drastisch beschreibt Paulus das Leiden des Menschen an seinem unerlösten Zustand im Römerbrief im 7. Kapitel:

„Denn ich begreife mein Handeln nicht: Ich tue nicht das, was ich will, sondern das, was ich hasse. Wenn ich aber das tue, was ich nicht will, erkenne ich an, dass das Gesetz gut ist. Dann aber bin nicht mehr ich es, der so handelt, sondern die in mir wohnende Sünde. Ich weiß, dass in mir, das heißt in meinem Fleisch, nichts Gutes wohnt; das Wollen ist bei mir vorhanden, aber ich vermag das Gute nicht zu verwirklichen. Denn ich tue nicht das Gute, das ich will, sondern das Böse, das ich nicht will. Wenn ich aber das tue, was ich nicht will, dann bin nicht mehr ich es, der so handelt, sondern die in mir wohnende Sünde." (Röm 7,17,-20)

Wenn wir ehrlich sind, dann wissen wir um unsere Bruchstellen, und wenn wir demütig sind, dann können wir sie auch bejahen. Das meint das Wort „Demut": Ich habe den Mut, meine Grenzen und Schwächen klar in den Blick zu nehmen ohne mich zu verachten, weil ich mich als Gottes gliebtes Kind fühle. Das sagt sich leichter als es vollzogen ist. Wer als Kind barmherzige Eltern erlebt hatte, der tut sich leichter.

Der Pastoraltheologe Reinhold Bärenz erzählt ein Erlebnis aus seiner Kindheit: Als Achtjähriger schickte ihn seine Mutter in den Dorfladen zum Einkauf. In der Warteschlange im Laden stand er neben dem Korb mit den Zuckerbrotstückchen. Er konnte der Versuchung nicht widerstehen und steckte ein Stückchen in seine Hosentasche. Es fiel nicht auf. Zu Hause legte er seinen Schatz aufs Nachtschränkchen. Völlig unerwartet trat die Mutter ein, ihr Blick fiel auf das Gebäckstück und sofort kam die Frage: „Woher hast du das?“ – Da konnte er nicht anders,als ihr die Wahrheit zu sagen. Die Mutter darauf: „Das musst du sofort zu Paula – so hieß die Ladeninhaberin – zurückbringen.“ Der Weg zurück zum Laden war unendlich lang. Er wartete bis die letzten Kunden den Laden verlassen hatten. Dann betrat er den Laden. Vor Paula stehend öffnete er seine rechte Hand mit dem Zuckerbrotstück und streckte sie ihr hin. Dabei waren seine Augen auf den Boden gerichtet. Dann schaute er zu Paula auf, wie sie reagieren würde. Paula trat hinter ihrem Ladentisch hervor, fasste ihn an der linken Hand und führte ihn schweigend zum Tatort. Dann nahm sie selber ein zweites Stück Zuckerbrot, legte es in seine linke Hand, und führte die beiden Hände des Jungen zusammen. Eine Geste, die ihm bestens vertraut war aus der Zeit, als seine Mutter ihn beten lehrte. – Reinhold deutete dieses Erlebnis als überraschende Erfahrung, dass die Gnade Gottes keine Grenzen kennt.[4]

Kentenich umschreibt eine solche Erfahrung mit: „Die Bruchstelle in der Natur wird zur Einbruchstelle der Gnade.“

Ich möchte einen technischen Vergleich heranziehen: Wer von Ihnen gerne Kaffee mit Kondensmilch trinkt, wird sie kennen: die kleinen Plastikkännchen, bei denen man erst einmal kräftig auf die Lasche am oberen Rand drücken muss. Dann bricht genau am Rand die Kante, so dass man die Lasche nach oben ziehen kann. Dann lässt sich die Milch durch diese entstandene Öffnung problemlos in die Tasse gießen. Wenn man danach die Lasche nach unten drückt, ist durch die leicht konische Kante das Milchkännchen fest verschlossen. Mike Krüger kann das noch humorvoller be-

[4]Reinhold Bärenz, Wann essen die Jünger? Die Kunst einer gelassenen Seelsorge. Freiburg 2008, S. 11-13.

schreiben („Sie müssen erst den Nippel durch die Lasche ziehn.“). Techniker nennen diese Konstruktion eine „Sollbruchstelle“. Nicht nur bei Plastikmilchkännchen, auch bei Brillengestellen gab es früher solche Sollbruchstellen. 1972 gründete der Hamburger Augenoptikermeister Günther Fielmann in Cuxhaven ein Geschäft. Fielmann erkannte eine Marktlücke im Geschäft mit Kassenbrillen, die durch ihre Unattraktivität wenig beliebt waren. Die Auswahl an Modellen war sehr gering, es gab sechs Kunststoff-Fassungen für Erwachsene und zwei für Kinder. Und diese Kassengestelle waren so konstruiert, dass sie bei durchaus alltäglichen Belastungen brechen mussten. Die Rechnung der damaligen Hersteller von Kassengestellen ging auf: Viele verärgerte Brillenbenutzer kauften dann doch die teuren Brillengestelle mit dem Geld aus eigener Tasche. 1981 schloss der Optiker mit der AOK einen Sondervertrag und schuf 90 Modelle aus Metall und Kunststoff in 640 Varianten. Dadurch beendete er die Ära der Einheitskassenbrille. In seinem ersten Fernsehinterview demonstrierte Günther Fielmann diese von den Herstellern bewusst gewollte, aber geheim gehaltene Fehlkonstruktion der Kassengestelle.

Auch die Landwirte wissen um Sollbruchstellen. Wenn sie irgendwelche Anschlussgeräte an ihrem Traktor montieren z.B. einen Grasmäher oder einen Miststreuer, dann wird die Kraft über eine vergleichsweise dünne Welle übertragen, die bei extremer Belastung bricht. Natürlich könnte man den Konstrukteuren den Vorwurf machen, warum sie die Welle nicht stärker dimensionieren, aber der Sinn dieser Sollbruchstelle ist der, dass bei irgendwelchen Blockaden nicht die komplizierten und damit teuren Getriebe Schaden erleiden, sondern nur die leicht auswechselbare Welle zu Bruch geht. Früher gab es sogar für die Balkenmäher am Traktor ein Rundholz in der Kraftübertragungskette. Wenn ein Stein oder ein Holz zwischen die Messer kam, dann brach dieses Rundholz und nicht das Scherblatt.

Sollbruchstellen machen also durchaus Sinn – sowohl in der

Landmaschinentechnik wie bei den Milchkännchen.

Wenn wir ehrlich sind, dann wissen wir um unsere Bruchstellen, und wenn wir demütig sind, dann können wir sie auch bejahen. Das verschlossene Milchkännchen bekommt durch den Druck auf die Sollbruchstelle eine Öffnung. Wir Menschen erleben in Belastungsmomenten unsere Sollbruchstelle. Doch der göttliche Sinn dieses Erlebnisses liegt nicht in der anschließenden Selbstverachtung oder im Weglaufen vor dem eigenen Schatten. Der göttliche Sinn liegt in der Möglichkeit, dass wir uns der barmherzigen Liebe Gottes öffnen, diese Liebe annehmen und hereinlassen in unser Herz. Im ersten Johannesbrief heißt es: *„Auch wenn das Herz uns anklagt, Gott ist größer als unser Herz und er versteht alles."* (1 Joh 3,20) Gott setzt also nicht die Moral außer Kraft. Aber die Moral wird noch einmal umfangen von seiner je größeren Barmherzigkeit. Und auf einmal dürfen wir erleben, dass unser Selbstwertgefühl nicht allein aus unserem Leistungsvermögen gespeist wird, sondern aus dem Genießen der barmherzigen Liebe Gottes. Pater Kentenich brachte dieses Zusammenspiel von Erbsünde und Erlösung in ein Wortspiel: „Die Bruchstelle in der Natur wird zur Einbruchstelle der Gnade."

Papst Johannes Paul II. hat den Weißen Sonntag zum Sonntag der göttlichen Barmherzigkeit erklärt. Angeregt durch die Visionen der hl. Schwester Faustyna und durch die wache Beobachtung der Zeit hat er in seiner Enzyklika über das göttliche Erbarmen diese Eigenschaft Gottes als ganz aktuell und besonders not-wendend und damit notwendig für den heutigen Menschen beschrieben, der immer wieder in die Falle tappt, sich selbst zu überfordern.

Wenn Sie das nächste Mal ein Milchkännchen öffnen, indem Sie auf die Sollbruchstelle drücken, dann denken Sie daran, dass Sie es mit Ihrer Seele ähnlich machen können. Dann kann auch bei Ihnen die Bruchstelle in der Natur zur Einbruchstelle der Übernatur werden.

Wir haben über die eigenartige Formulierung aus dem Johannes-

Evangelium meditiert: „Allen, die ihn aufnahmen, gab er Macht Kinder Gottes zu werden.“

Ich wünsche Ihnen, dass Sie in diese Freiheit hineinfinden und in dieses kindliche Vertrauen einer Therese von Lisieux. Unsere Grenzen müssen uns nicht in die Gottesflucht treiben. Wir dürfen den barmherzigen Gott in uns aufnehmen wie Kinder.

2. Joh 1,14: Gottes Herrlichkeit sehen

„... und wir haben seine Herrlichkeit gesehen, die Herrlichkeit des einzigen Sohnes vom Vater, voll Gnade und Wahrheit.“

Am Sonntag, den 17. August 2014 feierte ich eine Bergmesse auf der Kampenwand bei Aschau im Chiemgau. Wie Sie wissen, hatte es in der letzten Woche immer wieder teils heftig geregt; und auch heute hier in München hängt der Himmel voller dunkler Wolken. Doch am Sonntag schien die Sonne an einem strahlend blauen Himmel. Ca. 120 Mitfeiernde hatten sich auf den Weg gemacht – viele hatten sich kurzfristig entschieden. Als wir im Februar diesen Termin vereinbart hatten, konnte ja keiner voraussagen, wie das Wetter sein würde. Etliche Rentner hatten intensiv um gutes Wetter gebetet. Sehr berührt hat mich eine Mail, die eine Rentnerin noch am Tag vorher geschrieben hatte. Sie stammt aus Rosenheim, und die Kampenwand war sozusagen ihr Hausberg. Seit Jahren lebt sie im Seniorenheim in Schönstatt und hat in den letzten Wochen täglich eine kleine Fußwallfahrt zum sogenannten Urheiligtum gemacht und neben den vielen Anliegen, die ihr anvertraut worden waren, auch um gutes Wetter gebetet.

Wer von Ihnen die Kampenwand nicht kennt – man hat vom Andachtskreuz einen wunderbaren Blick nach Norden auf den Chiemsee, das bayerische Meer, und nach Süden breitet sich die Kette der Alpengipfel aus.

Mich sprechen solche Panoramablicke in ihrer Weite und Schönheit einfach unmittelbar an.

Ein Kabarettist aus dem Ruhrgebiet sagte einmal: Wenn man auf der Zugspitze steht, kann jeder sagen: „Was für eine schöne Landschaft!" – Wenn man aber auf dem 120 hohen Gasometer in Oberhausen steht und sagt, „Boh, wat für ne schöne Landschaft", – dafür muss man sich entscheiden!" – Ich möchte die Äußerung des Kabarettisten nicht weiter kommentieren. Mir jedenfalls hat der Ausblick am Sonntag einfach gutgetan.

Unser Wort „Schönheit" klingt bescheidener als „Herrlichkeit", aber dem Inhalt nach geht es bei beiden Begriffen um dasselbe.

Schönheit oder Herrlichkeit spricht uns unmittelbar an. Unser Herz reagiert mit Staunen, mit Freude. Wir sind fasziniert oder vielleicht auch überwältigt.

Im ersten Kapitel des Johannesevangeliums bezeugt Johannes: *„... und wir haben seine Herrlichkeit gesehen, die Herrlichkeit des einzigen Sohnes vom Vater, voll Gnade und Wahrheit."*

Damit klingt das Thema unserer Meditation an. Was gehört alles dazu, die „Herrlichkeit" Gottes sehen zu können? Wenn Johannes davon schreibt, geht es uns dann so wie Zuhörern eines Reiseberichtes, die eigentlich nur traurig sind, dass sie nie dahin kommen werden und demzufolge das auch nicht erleben können, was der Reiseberichterstatter unmittelbar erlebt hat? Die Sehnsucht kennt wohl jeder aktiv Glaubende: Wie gerne wäre ich dabei gewesen, als Jesus das oder das getan oder gesagt hat! Und viele, die erstmals ins Heilige Land gereist sind, empfinden den Besuch an den Stätten des Wirkens Jesu wie ein Nach-Hause-Kommen, weil einem die Texte von Klein auf vertraut sind.

Es gibt aber eine Möglichkeit, auf die uns der hl. Ignatius von Loyola in seinen Exerzitien hingewiesen hat: Wir können uns die Szenen aus dem Evangelium vorstellen, wir sollen uns mit einer der Personen identifizieren und auf diese Weise Jesus nahekommen. Psychologen nennen diese Fähigkeit von uns Menschen „imaginieren". Tatsächlich reagiert unsere Seele auf die Phantasiebilder genauso wie auf die erlebte Wirklichkeit. Manche müssen sich bei einem spannenden Krimi selber sagen: „Es ist nur ein Film." So sehr lassen sie sich in das filmische Geschehen hineinziehen. Mit diesem Sätzchen schaffen sie wieder mehr innere Distanz.

Die Herrlichkeit des vorösterlichen Jesus, von der Johannes schreibt, wurde von den drei ausgewählten Aposteln am intensivsten auf dem Berg der Verklärung erlebt. Johannes erwähnt das Ereignis nicht, nur in den drei synoptischen Evangelien wird das beschrieben. Johannes beschließt aber seine Ausführungen über die Hochzeit zu Kana: *„So tat Jesus sein erstes Zeichen, in Kana in Galiläa, und offenbarte seine Herrlichkeit und seine Jünger glaubten an ihn."* (Joh 2,11)

Schöpfungsherrlichkeit

Ich möchte noch einmal auf mein Erlebnis vom Sonntag zurückkommen. Was hat das mit der Herrlichkeit Jesu zu tun? – Es gibt eine Schöpfungsherrlichkeit, die uns eine Ahnung von dem vermittelt, der das alles erschaffen hat. Davon schreibt schon Paulus im Römerbrief:

„Denn was man von Gott erkennen kann, ist ihnen offenbar; Gott hat es ihnen offenbart. Seit Erschaffung der Welt wird seine unsichtbare Wirklichkeit an den Werken der Schöpfung mit der Vernunft wahrgenommen, seine ewige Macht und Gottheit ... sie haben Gott erkannt, ihn aber nicht als Gott geehrt und ihm nicht gedankt." (Röm 1,19ff)

Paulus erwähnt hier zwar nur die göttliche Macht, aber wir dürfen sicher auch die Herrlichkeit des Schöpfers mit heraushören.

In der Schönheit – oder verwenden wir ruhig die Steigerung – in der Herrlichkeit der Schöpfung entdecken wir Spuren des Göttlichen. Wenn wir eine schöne Landschaft, eine schöne Blume, einen schönen Wasserfall, einen Kristall oder den anmutigen Landeanflug eines Kranichs sehen, dann nährt das unsere Seele. Wir können dadurch Gott näherkommen. Eine kleine Kostprobe gefällig?

„Wenn ich so im Grase liege, über mir am blauen Himmel Lämmerwölkchen, rundherum roter Mohn, gelbe Butterblumen, krabbelnde Käfer, dann staune ich über Deine Phantasie, Schöpfer der Welt. Wie viel Farben sind auf Deiner Palette! Wie viele Arten hast du entworfen, wie viele Formen gestaltet: Berge in glitzerndem Eis, smaragdgrüne Seen, sonnendurchglühte Ebenen. Schattige Wälder, die im Wind orgeln, hat Deine Hand gepflanzt, bunte Wiesen, das einsame Edelweiß am Grat, die Alge auf dem Meeresboden. Hätten wir Menschen Pflanzen und Tiere entworfen, dann gäbe es nur Standardviecher und Normgewächse: A fürs Wasser, B fürs Land, C für die Luft. Dazu einige Spezialmodelle und Untergruppen. Alles in allem: Nutztiere – zum Ziehen der Brauereiwagen, zum Eierproduzieren, eventuell etwas Buntes fürs Aquarium. Dazu Gemüse, Obst und Bauholz.

Weiter hätte unsere Phantasie nicht gereicht. Wären Künstler am Werke gewesen, sie hätten alles barock oder neureich, surrealistisch oder picassohaft gemacht. Aber Deine Phantasie, Schöpfergott, ist unerschöpflich schön. Ständig bringt sie Neues hervor, lässt mich staunen und ehrfürchtig werden. Ich danke Dir, dass du die Welt bunt, vielgestaltig und abwechslungsreich gemacht hast. Als hätten Deine allmächtigen Hände ein heiliges Spiel gespielt, als hättest Du selber Freude an der Ausschmückung der Erde gehabt. Ich bitte Dich, lass über uns das große Staunen kommen, wenn wir Deine Schöpfung betrachten: die Brandung des Meeres, den Gletscher im Abendrot, den Käfer in der Hand, das Pantoffeltierchen unterm Mikroskop. Lass uns ein wenig ahnen von Deiner Allmacht und Größe, die sie geschaffen, von der sie zeugen. Denn wie ein Prisma bricht die Schöpfung das Licht Deiner Herrlichkeit und Schönheit – in vielen Farben und Formen. Ihren vollen Anblick könnten wir noch nicht erfassen, noch nicht ertragen. Darum sollen wir uns freuen an Farbe und Vielfalt. Daran dürfen wir Deine Liebe erkennen, Daran richten wir unsere Hoffnung auf, dass wir einst im vollen Anblick Deiner Herrlichkeit leben dürfen. Unsichtbarer Schöpfer, ich danke Dir, dass Deine Welt so schön ist. Wie herrlich wird es einst bei Dir sein."[5]

Es gibt aber auch das unmittelbare Schauen der Herrlichkeit Gottes

In den Berufungsgeschichten der Propheten finden wir darüber Zeugnisse. Bei Jesaja zum Beispiel:

„Im Todesjahr des Königs Usija sah ich den Herrn. Er saß auf einem hohen und erhabenen Thron. Der Saum seines Gewandes füllte den Tempel aus. Serafim standen über ihm. Jeder hatte sechs Flügel: Mit zwei Flügeln bedeckten sie ihr Gesicht, mit zwei bedeckten sie ihre Füße und mit zwei flogen sie.

Sie riefen einander zu: Heilig, heilig, heilig ist der Herr der Heere. Von seiner Herrlichkeit ist die ganze Erde erfüllt. Die Türschwellen bebten bei ihrem lauten Ruf und der Tempel füllte sich mit Rauch. Da sagte ich: Weh mir, ich bin verloren. Denn ich bin ein Mann mit unreinen Lippen und lebe mitten in einem Volk mit unreinen Lippen und meine Augen haben den König, den Herrn der Heere, gesehen." (Jes 6,1-5)

Beim Propheten Ezechiel merkt man dem Text über seine Berufung und seine Gottesschau an, dass er sich schwertut, das, was er sieht, in verständliche Worte zu fassen. Am Ende seines Gestotters schreibt er: *„Wie der Anblick des Regenbogens, der sich an einem Regentag in den Wolken zeigt, so war der helle Schein ringsum. So etwa sah die Herrlichkeit des Herrn aus. Als ich diese Erscheinung sah, fiel ich nieder auf mein Gesicht."* (Ez 1,28)

Sowohl bei Jesaja wie bei Ezechiel fällt auf, dass die Seele nicht nur mit Entzücken auf die Herrlichkeit reagiert, sondern dass das Erlebnis auch etwas Beängstigendes, etwas Überwältigendes in sich

[5] Paul Roth, Gott ist jederzeit zu sprechen, Echter-Vlg., Würzburg [3]1975, S. 42f.

hat, was den Menschen erschrickt. Ähnlich erlebt es Saulus vor Damaskus. (vgl. Apg 9,3f)

Nun bin ich kein Mystiker – es ist gefährlich, über solche Gottesschau zu reden.

Trotzdem: es gibt glaubwürdige Zeugen – das darf nicht in Psychologie aufgelöst oder auf biochemische Prozesse reduziert werden. Ein Mediziner wollte einmal die Visionen der Theresa von Avila mit der eiweißarmen Ernährung erklären, die es im Kloster gab.

Bei all den glaubwürdigen Berichten über christliche Mystiker und ihre Visionen, die wir schon von den Wahnvorstellungen von Patienten mit Psychosen unterscheiden sollten, möchte ich darauf hinweisen, dass das Ziel unseres seelischen Wachstums und unserer Liebesgeschichte mit Gott nicht die Mystik ist, sondern die Heiligkeit.

In der Zwischenkriegszeit wurde das Verhältnis von Mystik zu Heiligkeit intensiv in katholischen Kreisen diskutiert – mit ausgelöst durch die Visionen der Therese von Konnersreuth. Pater Kentenich hatte für seine Spiritualität und für die von ihm gegründeten Gemeinschaften die methodische Selbstbeschränkung, dass es ihm auf Werktagsheiligkeit ankam und weniger auf Mystik. Das hatte unter anderem die Konsequenz, dass die Seherin von Marienfried in der Diözese Augsburg, Bärbl Ruess, die von 1940 bis 1946 Marienerscheinungen hatte, nicht in die Gemeinschaft der Schönstätter Marienschwestern eintreten konnte. – Pater Kentenich zweifelte nicht an der Echtheit der Erscheinungen. Das sei hier noch mal klargestellt.

Herrlichkeit der Vorsehung

Es gibt aber auch eine Schau der Herrlichkeit Gottes, die nicht in einem unmittelbaren Sehen himmlischer Herrlichkeit besteht, sondern sich aus dem gläubigen Deuten der Geschichte ergibt und dann Staunen und Verzückung im Menschen auslöst.

Der Apostel Paulus leidet nach seiner Bekehrung jahrelang darunter, dass sein Volk den Messias nicht erkannt hat. In den Kapiteln 9 bis 11 des Römerbriefes gibt er uns Anteil an seinem Leiden und Ringen. Die Lösung und den inneren Frieden findet Paulus darin, dass durch den Ungehorsam der Juden gegenüber den Heilsplänen Gottes, dann die Heiden zu Gott finden können. Er umschreibt das Ergebnis seines Ringens so:

„Gott hat alle in den Ungehorsam eingeschlossen, um sich aller zu erbarmen.

O Tiefe des Reichtums, der Weisheit und der Erkenntnis Gottes! Wie unergründlich sind seine Entscheidungen, wie unerforschlich seine Wege!

Denn wer hat die Gedanken des Herrn erkannt? Oder wer ist sein Ratgeber gewesen? Wer hat ihm etwas gegeben, sodass Gott ihm etwas zurückgeben müsste? Denn aus ihm und durch ihn und auf ihn hin ist die ganze Schöpfung. Ihm sei Ehre in Ewigkeit! Amen." (Röm 11,32-36)

Im 1. Korintherbrief deutet Paulus es nur an: *„... was kein Auge gesehen und kein Ohr gehört hat, was keinem Menschen in den Sinn gekommen ist: das Große, das Gott denen bereitet hat, die ihn lieben."* (1 Kor 2,9)

Schließlich gibt es noch eine Schau der Herrlichkeit, die ich „Erlösungsherrlichkeit" nennen möchte.

Je mehr der Mensch sich auf Gott einlässt und in erleuchteter Weise mit der erlösenden Gnade zusammenarbeitet, desto mehr wächst er über sich hinaus und wird Gott ähnlicher. Die Schönheit und Herrlichkeit einer begnadeten Seele erahnen oder sogar erleben zu dürfen, gehört mit zu den bereichernden Begegnungen, die zwischen Menschen möglich sind.

Einige Beispiele: In Thüringen auf der Mühlburg lebte im 6. Jh. die heidnische Radegundis. 531 wurden Radegundis und ihr Bruder nach einem Überfall des Frankenkönigs Chlothar I. nach Neustrien verschleppt. Hier wurde Radegundis christlich erzogen, lernte die lateinische Sprache, las die Schriften der Kirchenväter und Dichter und nahm sich der Pflege, Ernährung und Unterweisung armer Kinder an. Der brutale Chlothar zwingt sie zur Heirat und ermordet später ihren Bruder als Vergeltungsmaßnahme für einen Aufstand der Thüringer. Daraufhin flieht sie und gründet das erste Frauenkloster in Europa. – Später bittet ihr Mann um Vergebung, die sie gewährt, aber sie kehrt nicht zu ihm zurück. Man muss sich die seelische Größe dieser Frau vorstellen: Radegundis nimmt den Glauben der Mörder ihrer Verwandten an; sie nimmt diesen Glauben aber nicht nur an, sondern wächst über sich hinaus, wird kreativ, entwickelt gestalterische Energie und schafft Neues in der Kirche: das Kloster vom Hl. Kreuz in Poitiers. Zwar entwickelt sie keine eigene Spiritualität. Die Nonnen leben nach der Ordensregel des heiligen Caesarius von Arles. Wie groß ist der Unterschied der hl. Radegundis zu den Menschen, die wegen eines Skandals, der sie nicht einmal unmittelbar selbst betrifft, verärgert aus der Kirche austreten.

Ein anderes Beispiel: Als Mutter Emanuelle von Kairo von der koptischen Ordensschwester Sara besucht wird und diese das harte Leben unter den Müllsammlern mit ihr teilen will, da „testet" sie ihre neue Gefährtin, ohne ihr zu verraten, dass es ein Test ist. Der Hintergrund: Mutter Emanuelle hatte schon so manche Sozialromantikerin erlebt, die von ihrem Wirken gehört hatte und mitmachen wollte, aber schon nach wenigen Tagen aufgegeben hatte. Denn der Lebensstil, der ihr unter diesen extremen Bedingungen abverlangt wird, ist hart. Schwester Sara hält durch; und tatsächlich können die beiden die Lebensbedingungen vieler Müllsammlerfamilien in Kairo verbessern. Die glaubwürdige Solidarisierung mit den Armen motiviert auch manche Spender in Frankreich, die Projekte zu unterstützen, die Mutter Emmanuelle entwickelt.

Ein weiteres Beispiel: Der Schönstätter und Pallottinerpater Franz Reinisch verweigerte aus Gewissensgründen den Fahneneid auf Hitler und wurde am 21.8.1942 in Brandenburg hingerichtet. Mich hat als Jugendlicher in der DDR-Diktatur dieser Franz Reinisch fasziniert. Da schätzt einer das Gewissen und die freie Gewissensentscheidung als so hohes Gut, dass er bereit ist, sein Leben dafür hinzugeben.

Erwähnen möchte ich nur kurz Don Bsoco. Er geht neue Wege der Jugendarbeit und geht immer wieder an die eigene Grenze der Belastbarkeit, investiert Vertrauen.

Ein Vergleich sei an dieser Stelle erlaubt: Jährlich laufen die Fußballspiele in der 1. Runde des Pokalwettbewerbes. Da werden die Leistungsunterschiede der einzelnen Mannschaften sichtbar. Da besiegte zum Beispiel einmal Bayern München die Mannschaft von Preußen Münster, einem Drittligaverein, in Münster mit 4:1. „Die spielen in einer anderen Liga!“ – so lautete der Kommentar eines Fans von Preußen Münster. Es gibt einfach große Unterschiede, was die Kondition, die Technik und Geschicklichkeit und den Teamgeist betrifft.

Als ich auf dem Zeltlager im Juli beim Fußballturnier als Schiedsrichter fungierte, kam ich bald an die Grenzen meiner Kondition. Im Fernsehen sieht das alles so elegant und leicht aus, aber wie viel hartes Training steckt hinter den Spitzenleistungen der Profi-Sportler!

Solche Unterschiede gibt es nicht nur im Sport, sondern auch im Menschsein, in der Persönlichkeitsentwicklung. Ein paar Negativbeispiele:

Bsp.: Wenn jemand jahrelang nicht verzeihen kann und sich selbst das Leben schwer macht und die Beziehung belastet.

Bsp.: Wenn jemand seine eigene Unsicherheit immer wieder überspielt, aber alle seine Untergebenen quält.

Bsp.: Wenn ein Professor sich mit den Ergebnissen seiner Doktoranden brüstet, aber diese überhaupt nicht namentlich erwähnt in seinen Publikationen.

Zusammenfassend können wir sagen: Unerlöstheiten bestimmen

vielfach den Alltag und das Zusammenleben der Menschen, sie sind die Ursache des Leids.

Noch krasser müssen wir es mitverfolgen in den Krisengebieten der Erde, wenn Hass und Gewalt legitimiert werden mit einer Zukunftsvision und hehre Ziele die Mittel rechtfertigen sollen.

Menschsein gelingt nicht einfach automatisch. Wir sind nicht wie die Tiere durch unsere Instinkte zum selbsterhaltenden und arterhaltenden Verhalten gezwungen. Wir sind frei. Wir können uns für das Gute und Schöne entscheiden oder auch für das Gegenteil.

Wenn uns die Kirche an vielen Tagen im Laufe des Jahres die Heiligen aus den verschiedensten Jahrhunderten vor Augen stellt, da möchte sie unsere Aufmerksamkeit auf die Herrlichkeit der begnadeten Seele lenken und uns ermutigen, für unsere Zeit solche Zeichen der Hoffnung zu werden.

Die Schönheit der begnadeten Seele ist attraktiv für den, der sie sehen kann.

Herrlichkeit der Eltern-Kind-Beziehung

In den letzten beiden Wochen habe ich als Seelsorger Tagungen begleitet für Familien mit behinderten Kindern. Was diese Eltern Tag für Tag leisten, es ist beeindruckend. Im Sinne unseres heutigen Themas möchte ich es so umschreiben:

Ich durfte die Schönheit der Eltern-Kind-Beziehung miterleben. Welche Sicherheit bieten diese Eltern dem beeinträchtigten Kind! Welchen Entwicklungsraum eröffnen diese Eltern, die ihr Ja zu diesem Kind täglich leben!

Besonders beeindruckt haben mich Eltern eines Pflegekindes, dessen Mutter eine schwere Alkoholikerin war. Das Kind kam mit Gehirnschädigungen auf die Welt, konnte nicht schlucken und musste mit einer Sonde ernährt werden. Es ist förder- aber nicht bildungsfähig. Bei jeder Mahlzeit muss das Essen püriert werden. Aber für diesen Jungen ist das Essen mit einem Löffel schon ein gewaltiger Fortschritt gegenüber der Ernährung mit einer Magensonde. Ich habe das nur sechs Tage miterlebt; aber die Eltern, die sich liebevoll und hier passt das Wort wirklich – aufopferungsvoll um diesen Jungen kümmern, die bewundere ich, weil sie das Tag für Tag meistern. Der Junge wird nie ein selbstbestimmtes Leben führen können; er wird immer auf die Hilfe von anderen angewiesen sein. – Wie zynisch klingt dagegen die Frage eines zufälligen Beobachters: „Warum hat die Mutter dieses Kind nicht abtreiben lassen?“

Aber auch in weniger extremen Fällen ist es bewundernswert, mit welcher inneren Solidarität Eltern das Werden und Wachsen ihrer Kinder begleiten! Wie widerstandsfähig muss die Hoffnung der Eltern werden, wenn sie immer wieder enttäuscht werden? Wie wachsen Eltern über sich hinaus hinein in eine selbstlose Liebe, wenn die Kinder ihren eigenen Weg gehen und nicht unbedingt die ehrgeizigen Träume der Eltern erfüllen?

Der Prophet Jesaja knüpft an dieser zwischenmenschlichen Erfahrung an und legt Gott die Worte in den Mund: *„Kann denn eine Frau ihr Kindlein vergessen, eine Mutter ihren leiblichen Sohn? Und selbst wenn sie ihn vergessen würde: ich vergesse dich nicht.“* (Jes 49,15)

Schönheit der Treue in der ehelichen Beziehung

Ein weiteres Feld, wo die Herrlichkeit der Bundestreue Gottes ihren Widerschein findet, ist die Schönheit der Treue in der ehelichen Beziehung.

So lange beide das Gefühl haben, dass sie mehr bekommen als sie geben, mag es ja noch leicht sein, aber wenn ein Partner erkrankt oder durch einen Unfall behindert wird, dann erst zeigt sich die Größe der Liebe. Dann offenbart sich die Treue als Lebensqualität für den erkrankten bzw. behinderten Partner

Der Schweizer Paartherapeut Jürg Willi schreibt: „Schwere Belastungen und Krisen, welche sich jedem Paar stellen, sind die eigentlichen Proben der Liebe, wo die Partner die Tiefe ihrer Zuneigung, Verlässlichkeit und Geduld erfahren. Hinter der langweiligen Fassade kann sich ein Erfahrungsschatz verbergen, der in den Partnern eine tiefe Zugehörigkeit zur gemeinsamen Geschichte gebildet hat. Oft ist diese Verbundenheit überdeckt durch alltägliches Gezänk und gegenseitige Rücksichtslosigkeit, Gleichgültigkeit oder Verletzungen. Wer im Zusammenbleiben lediglich Abhängigkeit, Bequemlichkeit und Gewohnheit sehen will, kann der Komplexität der Situation nicht gerecht werden. So gleichgültig manche Paare wirken, so präsent können die Partner füreinander sein in Momenten, wo es darauf ankommt.

Heute ist die Meinung verbreitet, kreative, spontane und echte Liebe könne sich nur außerhalb der festen Strukturen einer Ehe entwickeln. Ich glaube, das trifft so nicht zu. Im längeren Zusammenleben wandelt sich der Charakter der Liebe. ... In der Langzeitbeziehung wird Liebe immer mehr zur Rahmenbedingung, in welcher sich die Partner autonom bewegen und doch untergründig aufeinander bezogen bleiben. Die Liebe wird zur miteinander geteilten Lebensgeschichte. Die Bedeutung der zur Rahmenbedingung gewordenen Liebe wird oft erst erfassbar, wenn sie verloren geht. So klagen etwa manche Geschiedene darüber, dass ihnen die Motivation zur Arbeit abhanden gekommen ist, weil der haltgebende Rahmen der Familie zerbrochen ist.“[6]

Ausgehend von dem Zeugnis des Evangelisten Johannes, wir haben seine Herrlichkeit gesehen, die Herrlichkeit des einzigen Sohnes, habe ich die verschiedenen Formen der Herrlichkeit dargestellt:

Die Schöpfungsherrlichkeit, die uns auf die Herrlichkeit des Schöpfers aufmerksam machen möchte; die unmittelbare Schau der Herrlichkeit Gottes, wie sie den Aposteln, den Mystikern und Propheten vorbehalten bleibt; und die Erlösungsherrlichkeit, wie sie uns in den Heiligen entgegenleuchtet und in den Menschen, die

[6] Jürg Willi, Was hält Paare zusammen? Rororo-TB, Hamburg 1993, S. 102f

Gott immer ähnlicher werden, weil sie die treue Liebe leben.

So wird verständlich, dass der große Theologe Hans Urs von Balthasar den Versuch unternommen hat, die ganze Theologie in einer theologischen Ästhetik mit dem Titel „Herrlichkeit“ zusammenzufassen. Ich habe angesichts der fünf Bände dieses genialen umfangreichen Werkes kapituliert, zumal ich dann doch in der Architektur, der Malerei, der Dichtkunst und den Theaterwissenschaften nicht so zu Hause bin. Wo ich noch am ehesten einen Zugang gefunden habe, ist die Musik. Ich höre mir gerne CDs mit klassischer Musik an. Und wenn ich mir nach zwei Beratungsgesprächen mit depressiven Klienten eine CD mit Musik von Händel oder Bach gönne, dann kann ich wieder eintauchen in diese lebensbejahende, frohe, festliche Musik. Und ich finde heraus aus den vielfältigen Formen, wie Menschen sich selber sabotieren und blockieren und manchmal auch gar nicht anders können, weil sie so schlecht behandelt worden waren. Doch auch in solchen schwierigen Beratungsgesprächen gelingt es hin und wieder, das Blümchen der Hoffnung neu aufblühen zu lassen, wenn ein Schein der göttlichen Herrlichkeit in die verdunkele Seele fällt.

Zum Schluss möchte ich Sie ermutigen: Lassen Sie sich immer wieder neu von der Schönheit Gottes faszinieren! Bewahren Sie sich das Staunen! Bleiben sie dran, wenn es gilt, die verborgene Schönheit der menschlichen Seele im anderen zu suchen und zu entdecken!

Versöhnen Sie sich mit dem Preis, der Ihnen abverlangt wird, wenn Sie ein lebenslanges Ja als Eltern, als Ehepartner, als Priester oder Ordensmitglied durchhalten wollen! Sie wachsen über sich hinaus.

Bei der Priesterweihe verspricht der Weihekandidat: „Mit Gottes Hilfe bin ich bereit.“ – Diese Aussage könnte auch ihren Platz in der Trauungsliturgie finden. Letztlich muss Gott das gute Werk in uns vollenden, das er in der Taufe begonnen hat.

3. Joh 1,16: Empfangen und annehmen können

„Aus seiner Fülle haben wir alle empfangen, Gnade über Gnade."

Vielleicht haben Sie auch mit dem Problem zu kämpfen? Täglich kommen trotz Spam-Filter Werbemails in meinen elektronischen Briefkasten. Angesichts der vielen nicht erfragten Angebote habe ich inzwischen einen Abwehrreflex entwickelt. Schnell ungelesen wegklicken, um Zeit zu sparen! Diesem meinem Abwehrreflex fällt dann sicher auch manches zum Opfer, was bereichernd wäre. – In einem alten Nikolausgedicht heißt es: „vollgefüllt bis oben hin, ist gewiss was Gutes drin." – Was hier über den Geschenkesack des Nikolaus ausgesagt wird, gilt auch für meinen Kopf und mein Herz. Und wenn beides irgendwie voll ist, dann spüre ich diesen Abwehrreflex besonders deutlich: „Nur nicht noch zusätzlich etwas!"

Das ist die eine Seite. Die andere Seite: Ein sehr spirituelles Ehepaar hat sich als Urlaub gegönnt eine Woche Wüste mit Beduinen unterwegs. Ohne Smartphone mit ganz wenig Gepäck – nur das allernötigste dabei. Unerreichbar für die Daheimgebliebenen. Die Entzugserscheinungen der Kommunikationssucht waren schnell abgeklungen und sie konnten sich auf das Selbstexperiment richtig einlassen. Die Leere der Wüste half mit, auch den Kopf und das Herz freizuschaufeln. Und erst diese Leere machte sie fähig, sich der faszinierenden Natur, z.B. dem Sternenhimmel ohne Lichtsmog und der überwältigenden Schönheit zu öffnen. Anhand solcher Erlebnisse war der Schritt, mit dem großartigen Schöpfer dieser Natur in Kontakt zu kommen, sehr leicht.

Leere als Voraussetzung für Tiefe. Nun können sich vermutlich die wenigsten von uns eine solche Reise leisten. So stellt sich uns die Frage: Können wir in unserem ganz normalen Alltag doch die Voraussetzungen dafür schaffen, dass Gott uns beschenken kann?

Der Evangelist Johannes drückt diese beseligende Erfahrung so aus: *„Aus seiner Fülle haben wir alle empfangen, Gnade über Gna-*

de." (Joh 1,16) – das Thema dieser Meditation.

Ich möchte mich in einem zweiten Anlauf unserem Thema nähern: Werner Bergengruen, der 1936 zum katholischen Glauben konvertierte, hatte 1942 folgendes Gedicht geschrieben:

„Die himmlische Rechenkunst:

Was dem Herzen sich verwehrte, lass es schwinden unbewegt.
Allenthalben das Entbehrte wird dir mystisch zugelegt.

Liebt doch Gott die leeren Hände, und der Mangel wird Gewinn.
Immerdar enthüllt das Ende sich als strahlender Beginn.

Jeder Schmerz entlässt dich reicher. Preise die geweihte Not,
und aus nie geleertem Speicher nährt dich das geheime Brot."

Auch hier in diesem Text stoßen wir auf den oben schon beschriebenen Lebensvorgang: Erst müssen die Hände (Bergengruen spricht nicht von Kopf oder Herz) leer sein, damit sie Gott neu füllen kann.

Auch die seelisch-geistige Entwicklung der Mystiker weist uns auf diesen Weg hin. Bevor sie beschenkt worden sind mit dem erlebnismäßigen Einswerden mit Gott mussten alle eine längere schmerzliche Zeit der Trockenheit, der Dunkelheit, der seelischen Leere durchleiden, ehe ihnen Gott sich in einer Intensität schenkte, von der wir Durchschnittschristen nur ahnen können, dass es so etwas gibt. Wir beobachten es in der Entwicklung einer Theresa von Avila oder auch bei Johannes vom Kreuz. Manche Lehrer des geistlichen Lebens, die der Versuchung zur Systematisierung nicht widerstehen können, sprechen von den drei Wegabschnitten:

Via purgativa – der Wegabschnitt der Reinigung

Via illluminativa – der Wegabschnitt der Erleuchtung

Via unitiva – der Wegabschnitt der Vereinigung

Wenn wir die Selbstzeugnisse genauer unter die Lupe nehmen, dann können wir beobachten, dass das Mitleiden mit Christus durchaus auch in der Phase der Vereinigung immer wieder den Gläubigen abverlangt wird.

Auch Paulus deutet es ja an, wenn er den Korinthern schreibt:

„Nein, wir verkündigen, wie es in der Schrift heißt, was kein Auge gesehen und kein Ohr gehört hat, was keinem Menschen in den Sinn gekommen ist: das Große, das Gott denen bereitet hat, die ihn lieben" (1Kor 2,9).

Wir dürfen also gespannt bleiben, welche Überraschungen Gott noch für uns bereithält. Verhängnisvoll wäre eine Erwartungslosigkeit, die meint, schon alles zu kennen, was es im geistlichen Leben gibt. Erwartungslosigkeit verschließt Seele und Geist.

Erfahrungen von Fülle auf der natürlichen Ebene: 1994 durfte ich die Iguazú-Wasserfälle an der Grenze zwischen Argentinien und Brasilien bestaunen. Mit dem Nachtbus kam ich früh um 5:00 Uhr auf der brasilianischen Seite an. Es gab nur wenig Touristen. So konnte ich in aller Ruhe dieses Naturschauspiel auf mich wirken lassen. Die Iguazú-Wasserfälle bestehen aus 20 größeren sowie 255 kleineren Wasserfällen auf einer Ausdehnung von 2,7 Kilometern. Einige sind bis zu 82 Meter, der Großteil ist 64 Meter hoch. Die Wassermenge an den Fällen schwankt von 1500 m^3/s bis über 7000 m^3/s.

Aber diese nüchternen Zahlen vermögen nicht auszudrücken, wie einem zumute ist, wenn man auf einem schmalen Betonsteg stehend die Wassermassen von oben sich herabstürzen sieht, hört und die Gischt spürt.

Ein anderes Beispiel von Fülle auf natürlicher Ebene: Im September 1978 schenkte in Erfurt ein Gärtner dem Bischof für die bevorstehende Diözesanwallfahrt 500 Dahlien. Sie sollten den Altar, der auf den Domstufen aufgebaut werden würde, schmücken. Zu dritt begaben wir uns am Vortag der Wallfahrt auf das Dahlienfeld und schnitten unter blauem Himmel armeweise die Dahlien. Ich weiß nicht, wie viel Tausende Pflanzen das Feld umfasste. Es war jedenfalls ein tolles Gefühl, so aus der Fülle sich bedienen zu dürfen.

Fülle kann einem aber auch die eigene Begrenztheit schmerzlich verdeutlichen.

Eine kleine Anekdote – kabarettistisch überzeichnet – kann es uns verdeutlichen: Auf einer Hochzeitsfeier fängt ein kleiner Junge an laut zu schluchzen. Als ihn einer der Gäste fragt, was denn passiert sei, antwortet der Kleine: „Hier gibt es so viele gute Sachen, die ich so gerne esse, aber ich bin schon voll." Der Erwachsene will ihn beruhigen und rät ihm: „Ja, dann steck dir doch noch was in die Hosentaschen!" Daraufhin der Kleine: „Die sind auch schon voll."

Im Ernst: Für manche ist ein Supermarkt mit 30 Sorten Joghurt und 50 Sorten Käse eher ein Stressfaktor als ein Genuss der Wahlfreiheit. Manche gehen aus diesem Grund lieber in die Geschäfte einer anderen Kette, die von jedem Produkt jeweils nur eine Marke im Sortiment führen.

Gott ist für uns Menschen immer eine Überforderung. Es gibt einen Kanon mit folgendem Text: „Gott, weil er groß ist, gibt am liebsten große Gaben. Ach, dass wir Armen nur so kleine Herzen haben!" Wenn wir also Gott bitten, dass er uns beschenken möge, dann dürfen, ja müssen wir zunächst darum bitten, dass er unser Herz und unseren Geist weit und groß machen möge.

In einem anderen Lied wird darum gebeten:

„Herr, füll mich neu, füll mich neu mit deinem Geiste, der mich belebt und zu dir, mein Gott, hinziehet.

Herr, füll mich neu, füll mich neu mit deiner Liebe, die bei dir bleibt und mit Freuden Lasten trägt.

Herr, füll mich neu, füll mich neu mit deinem Glauben, der auf dich schaut und in anderen Glauben wecket.

Herr, füll mich neu, füll mich neu mit deiner Freude, die überströmt und in Lob und Preis dich rühmet."

Innerlich stimmig heißt der Refrain: „Hier bin ich vor dir. Leer sind meine Hände. Herr, füll mich ganz mit dir."

Im Rückblick auf seine eigene Entwicklung bemerkt der hl. Augustinus, dass die Sehnsucht nach Gott gleichsam als Urtrieb in der Seele verankert ist. „Unruhig ist unser Herz, bis es ruht in dir."

– So schreibt er in seiner Autobiographie.

Pater Kentenich greift das auf einer pädagogischen Tagung in Chile 1951 auf und erläutert das Augustinuszitat: „Deswegen sucht der Mensch ständig, immer wieder erneut. Und wahrhaftig, wenn wir keine Sucher mehr sind, wenn wir satt sind, dann sind wir für das Reich Gottes nicht mehr brauchbar. Das ist der Vorteil einer Erzieherpersönlichkeit, dass sie ständig mit sprudelndem Leben umgeht; das weckt Leben. Alban Stolz hat uns das Wort gesagt: 'Erziehen heißt, lebendige Fühlung halten.' Das gilt nicht nur für den Erzieher, sondern auch für Vater und Mutter. Den ganzen Strom, der in meiner Gefolgschaft lebendig ist, muss ich auffangen; für jegliche Kleinigkeit muss ich Interesse haben. Wenn ich mich als echten Erzieher auffasse, dann besteht die große Frage, wer am meisten geschenkt und gegeben hat, ob es meine Kinder waren, oder ob ich es war. Das ist ein ständiges Geben und Nehmen! Ein wahrer Erzieher bleibt ewig jung, weil Zögling und Erzieher sich ständig entzünden."[7]

Was Kentenich hier mit Sattheit beschreibt, können wir vielleicht auch mit Selbstgenügsamkeit benennen. Egal wie, es ist jedenfalls das Gegenteil von Leere und Offenheit.

Solch eine Haltung kann durchaus auch in religiösem Gewand daherkommen. Was meine ich damit? Ich möchte es einmal überzeichnen in einer kleinen Anekdote: Gott möchte zu einem Menschen sprechen. Und dieser Mensch antwortet: „Störe mich nicht! Ich bete gerade!" – Wenn das Gebet zum Selbstgespräch mit religiösem Inhalt verkommt und nicht mehr ein Dialog mit Gott ist, dann ist jemand gefangen im pharisäischen Gefängnis seiner religiösen Pflichterfüllung. An den Pharisäern hat sich Jesus ja die Zähne ausgebissen. Ihre Selbstsicherheit war eine Rüstung um ihr Herz, so dass sie sich dem Neuen und Überraschendem der Verkündigung Jesu nicht öffnen konnten.

---

[7] 1951, 6.-8. März, Erste Pädagogische Tagung in Chile (Bellavista).

Auf dem Weg der Nachfolge sind wir gut beraten, wenn wir die Nähe des Menschen suchen, der ganz für Gott geöffnet war. Ich meine den Menschen Maria. In vielen Klöstern ist es üblich, dreimal am Tag den Engel des Herrn zu beten. Diese Form der Meditation der Verkündigungsstunde lädt uns ein, offen zu sein bzw. offen zu werden für den jeweiligen Anruf Gottes an uns. Manchmal reicht beten nicht aus, um sich zu öffnen. Manchmal führt uns Gott an die Grenzen unserer eigenen Kraft und unserer eigenen Möglichkeiten. Und erst die Kapitulation vor der großen Herausforderung schenkt uns die nötige Offenheit, dass wir den allmächtigen und allgegenwärtigen Gott bitten, mit uns und durch uns zu wirken.

Für Pater Kentenich war es seine angeschlagene Gesundheit, die ihn immer wieder an diese Grenze führte. Ich möchte ihn noch einmal zu Wort kommen lassen. Im Rückblick erzählt er von den Anfängen der Bewegung 1919:

„Ich ging nach Engers, um dem Nachfolger Freiheit zu lassen. (Gemeint ist der Nachfolger als Spiritual für den pallottinischen Nachwuchs.) Damit hatte ich eine Bahn beschritten, die an Abgründen jeglicher Art durch Dunkelheit und Nacht auf gänzlich unbekannten Wegen zu höchsten Firnen empor führte. Der einzige Faden, an dem ich mich orientieren konnte, war der Faden des Vorsehungsglaubens, der mich Schrittchen für Schrittchen weiter- und vorwärts führte. Wie abenteuerlich das ganze Unternehmen war, ahnt, wer die damalige Lage in Welt und Kirche und in der Gesellschaft kennt. Der Ausdruck 'Fahrt ins Blaue' gibt nur einen ganz geringen Bruchteil des wirklichen Sachverhaltes wieder. Es hieß ja, gleichsam aus Nichts eine große, eine ungeheuer große und neue Welt zu schaffen oder gewissermaßen aus dem Boden zu stampfen. ... Das Abenteuer gewann dadurch an Größe, an Gewagtheit und Ungeheuerlichkeit, dass ich damals sterbenskrank war. Als ich nach Engers ins Krankenhaus übersiedelte, wurde ich dort als Todeskandidat empfangen und behandelt. Jeden Augenblick rechnete man mit meinem körperlichen Zusammenbruch. Das alles hat mich nicht im geringsten gestört. Der Körper existierte praktisch für mich nicht. Tag und Nacht arbeitete ich und lebte in großen und weltweiten Konzeptionen. Es hieß, vorsichtig im Kleinen wie im Großen den Wegen nachzutasten, die die göttliche Vorsehung zur Verwirklichung der Riesenpläne eröffnete. Weil alles so waghalsig und weltfremd schien, was mir als Ideal vorschwebte, war ich gezwungen, es als Geheimnis still im Herzen zu tragen. Nur da und dort eröffnete ich bei Gelegenheit, was ich in mir trug, und zog den Schleier ein wenig von meiner Welt hinweg. Bei allen Unternehmungen kam es mir niemals auf Erfolg an. Die Sicherheit in Kopf und Herz, an Verwirklichung einer göttlichen Planung zu arbeiten, genügte mir allezeit. Sie ist nie, sie ist auch heute nicht im Geringsten in Erschütterung geraten. Daher die souveräne Ruhe mitten im größten Sturmgewitter. In Engers hielt ich Kurs auf Kurs, und dadurch ist eigentlich die Bewegung geworden."[8]

Wenn wir uns als Gedankenexperiment vorstellen, Kentenich wäre in der ordenseigenen Ausbildungsstätte weiter Spiritual geblieben und hätte den Anruf Gottes überhört, dann wäre er vermutlich auch ein lieber Priester geblieben und wäre in den Herzen der Jungen in guter Erinnerung geblieben. Aber die inzwischen weltweite Schönstatt-Bewegung hätte es nicht gegeben. Es wäre gar nicht aufgefallen, dass er einen Anruf Gottes verschlafen hätte.

Ein ähnliches Gedankenexperiment können wir im Blick auf Mutter Teresa von Kalkutta durchspielen: Wenn sie den Anruf Gottes überhört hätte, den sie damals bei der Bahnfahrt am 10. September 1937 nach Darjeeling erhielt, dann wäre sie weiter eine beliebte Lehrerin und Ordensschwester geblieben. Es wäre nicht aufgefallen. Heute verbessern die Schwestern der von ihr neu gegründeten Gemeinschaft die Lebensbedingungen von ca. 1,5 Millionen Menschen.

---

[8] Erzählrunde während des Terziates für die Pallottiner in Chile im Frühjahr 1951 – unveröffentlichtes Manuskript.

Oder denken wir an die Gründerin der missionsärztlichen Schwestern, an Anna Dengel. Wenn sie nicht den Mut gehabt hätte, eine neuartige Gemeinschaft von Ärztinnen, Hebammen und Krankenschwestern ins Leben zu rufen, dann ginge es gerade in Pakistan und Indien vielen Menschen schlechter.

Das Typische all dieser kreativen Ordens- und Gemeinschaftsgründer und -gründerinnen ist die Dankbarkeit. Sie schreiben die Fruchtbarkeit nicht sich selber und ihrer Genialität zu, sondern dem Wirken Gottes mit ihnen und durch sie. Gott ist die Hauptsache. Sie verstehen sich nur als Kanal für das Fließen der Gnade, als Werkzeug in der Hand des göttlichen Weltgestalters.

Paulus umschreibt dieses Miteinander von Gott und Mensch so: *„Diesen Schatz tragen wir in zerbrechlichen Gefäßen; so wird deutlich, dass das Übermaß der Kraft von Gott und nicht von uns kommt“* (2 Kor 4,7).

Gut, nicht jeder von uns hat die Berufung, eine neue Spiritualität oder einen neuen Orden zu gründen. Aber die Überwindung von Sattheit und Selbstgenügsamkeit, die Überwindung von Enge und Ängstlichkeit ist eine bleibende Herausforderung, wenn man einmal die Phase des jugendlichen Radikalismus hinter sich gelassen hat. Es kann durchaus vorkommen, dass man in aller Bescheidenheit und Demut jahrelang die sprichwörtlich kleinen Brötchen – oder in Bayern sagt man auch Semmeln – zu backen hat. Aber auch dann ist das der Wille Gottes ganz konkret für mich. Und wenn ich am Abend den Tag noch einmal Revue passieren lasse, dann stoße ich doch auf die eine oder andere Kleinigkeit, wodurch Gott mir seine zärtliche Aufmerksamkeit geschenkt hat.

Es wäre schön, wenn jeder von uns am Abend im Rückblick auf den Tag sagen könnte: Aus seiner Fülle haben wir alle empfangen, Gnade über Gnade.

4. Joh 1,23: Vorläufer sein

„Da fragten sie ihn: Wer bist du? Wir müssen denen, die uns gesandt haben, Auskunft geben. Was sagst du über dich selbst? Er sagte: Ich bin die Stimme, die in der Wüste ruft: Ebnet den Weg für den Herrn!, wie der Prophet Jesaja gesagt hat." (Joh 1,22f)

In diesen Texten über das Johannesevangelium, das ich mit Ihnen meditieren will, sind wir inzwischen bei Vers 1,23 angelangt. Darin geht es um das Selbstverständnis des Johannes des Täufers. Und es geht darum, inwieweit wir uns selber in diesem Selbstverständnis des Täufers wiederfinden können.

Eine eindrückliche Darstellung Johannes des Täufers finden wir auf dem so genannten Isenheimer Altar. Der wurde bis zum April 2015 in der Dominikanerkirche in Colmar und danach wieder im Museum Unterlinden ausgestellt. Er stammt aus dem ehemaligen Antoniterkloster in Isenheim und wurde von Matthias Grünewald gemalt.

Das Besondere: Johannes der Täufer, der ja bei der Kreuzigung Jesu schon tot war, weist auf diesem Bild mit einem anatomisch überlangen Zeigefinger auf Jesus hin. Eine typische Geste, um den Charakter des Täufers auszudrücken.

Diesen Lebensvorgang, dass Menschen für andere Menschen Zugangswege zu Christus eröffnet haben, können wir in vielen Biographien beobachten. Der Apostel Andreas gewinnt seinen Bruder Petrus. Ambrosius von Mailand gewinnt Augustinus.

Jede Ordensgründung verlief nach diesem Muster, dass gotterfriffene Menschen einerseits bestimmte Zeitnöte sahen und etwas dagegen unternehmen wollten und andererseits so innig mit Gott verbunden waren, dass sie eine faszinierende Ausstrahlung hatten und durch ihre Attraktivität andere für Gott begeistern konnten.

1949 schrieb Pater Kentenich: „Das Heute als Erkenntnisquelle für Gottes Wunsch und Wille ob des Morgen ist in der Schätzung des Heilandes so bedeutungsvoll, dass er ihre dauernde Benutzung von seiner Gefolgschaft schlechthin voraussetzt und mangelnden Geschichtssinn und verkümmerte Deutungskunst des Lebens vorwurfsvoll mit der Bemerkung erledigt: Die Zeichen am Himmel wisst ihr zu deuten, nicht aber die Zeichen der Zeit. Nur in der Schule des praktischen Vorsehungsglaubens kann diese Kunst gelernt werden. Sie ist jedermann zugänglich. Sie lehrt allen Geschehnissen auf den Grund zu sehen, um die schöpferischen und zerstörenden Kräfte im Weltgeschehen zu entdecken, bloßzulegen und aus ihrer Art und Richtung Gottes Wunsch und Willen für das Morgen richtig zu deuten. Sie gibt Mut und Kraft, sich mit den Aufbaukräften zu verbinden und die Zerstörungsmächte zu bekämpfen und so schöpferisch in die Geschichte einzugreifen. Die Hauptkräfte, die sich im Weltgeschehen auswirken, sind Gott und Teufel. Beide stehen in ewigem Gegensatz zueinander. Beide sind die Großmächte, die in unversöhnlichem Ringen einander befehden, die Bundesgenossen unter den Menschen suchen und so die Welt in zwei Lager spalten: in die civitas Dei (Stadt Gottes) und die civitas terrena et diabolica (Reich der Erde und des Teufels). So wird und bleibt das Thema der Weltgeschichte stets dasselbe. Es wandelt sich in tausendfach wiederkehrenden Variationen ab: es ist der Kampf des Glaubens mit dem Unglauben, das Ringen zwischen Christ und Antichrist, die Auseinandersetzung zwischen Gott und Teufel und deren Anhängern[9]. Gott und Gottesreich erringt letzten Endes trotz aller Krisen und Rückschläge einen vollkommenen, einen glorreichen Sieg über Satan und Satans Reich. Damit verliert die Geschichte den kleinlichen Charakter einer sich im Nebel verlierenden, vom Zaune gerissenen Streiterei und Balgerei. Sie bekommt Linie, Gehalt und Gestalt, die alle Phasen und Etappen durchzieht und miteinander verbindet, angefangen vom ersten Sündenfall bis zum Weltgericht.

[9]Vgl. Offb 19,11-21

Die historische Aufgabe geschichtsschöpferischer Menschen wird dadurch eindeutig klar. Sie stellen sich Gott zur Verfügung – willenlos und wagemutig, wie das einst Sankt Michael getan[10], um Gottes Schlachten hier und jetzt zu schlagen, um sein Reich mit allen Mitteln aufzurichten und den Teufel und sein Reich in der konkreten Gestalt der Zeitsituation zu überwinden. Niemand kann in diesen gigantischen Kampf schöpferisch und führend eingreifen, der nicht ähnlich wie Jakob mit Gott siegreich gerungen, der nicht den Todessprung für Verstand, Wille und Herz gewagt hat und sich dadurch selbst losgelassen und Gott und seinen Wünschen bedingungslos ausgeliefert hat."[11]

Kentenich gibt hier schon eine erste Antwort auf die Frage: Wie wird man zum Vorläufer, zum lebendigen Hinweis, zum übergroßen Zeigefinger für Christus?

Ich möchte diese Thematik aber zunächst zurückstellen. Bitte behalten Sie sie im Hinterkopf!

Ich möchte mich erst einmal einer Frage zuwenden, die jemand einmal in einer Diskussion so gestellt hat: „Wenn Gott dem Abraham erschienen ist, warum erscheint er dann nicht auch mir?" – Diesen Fragesteller störte die Tatsache, dass es zum Umgangsstil Gottes mit uns Menschen gehört, dass er sich nicht allen gleich unmittelbar offenbart. Manche wünschen sich das. Sie empfinden die Berufung einzelner, die dann wiederum zu Vermittlern werden als Diskriminierung, als Ungleichbehandlung. Nun sind wir hier in Europa in einem geistigen Klima, das sehr sensibel bis allergisch auf das Thema Gleichheit reagiert.

Vor längerer Zeit ging die Nachricht durch die Medien, dass ein Schuhhersteller grundsätzlich allen Arbeitnehmern, die das 58. Lebensjahr überschritten hatten, zwei Tage zusätzlichen Urlaub gewährt hatte. Hierdurch fühlte sich ein jüngerer Arbeitnehmer we-

[10] Vgl. Offb 12,7.

[11] Kentenich, Oktoberbrief 1949, S. 22f.

gen seines Alters diskriminiert und hatte auf Gleichbehandlung bis hin zum Bundesarbeitsgericht geklagt. Das Bundesarbeitsgericht sah in dem Vorgehen des Arbeitgebers keine Altersdiskriminierung und wies die Klage in letzter Instanz ab.[12]

Diese Mentalität, die einen jüngeren Arbeitnehmer dazu trieb, bis zur letzten gerichtlichen Instanz diese Ungleichbehandlung als Ungerechtigkeit zu beurteilen – die stellt tatsächlich eine große seelische Blockade für viele Christen dar, um in ein innigeres Gottesverhältnis hineinzuwachsen.

Und wenn Sie dann Berufungsgeschichten aus dem Alten oder dem Neuen Testament hören oder lesen, dann macht sie das nicht neugierig, sondern es rechtfertigt ihre Distanz zu Gott: Weil ich so etwas nicht erlebt habe, brauche ich mich auch nicht intensiver um Gott zu kümmern.

Wenn wir die Problematik einmal verallgemeinern wollen, dann können wir sie auch so umschreiben: Das Verhältnis von *Gottunmittelbarkeit* zu *Gottmittelbarkeit*.

Dieses Thema wird uns in den nächsten Jahren noch intensiver beschäftigen, weil es auch ein ökumenisches Thema ist. Angesichts der Missstände in der Kirche damals kämpfte Martin Luther für eine radikale Gottunmittelbarkeit. Bei der Gottmittelbarkeit witterte er ständig die Gefahr des Götzendienstes, weil man nicht bis zum Letzten, bis zu Gott durchdrang, sondern am Geschöpf hängenbleiben konnte.

Gott behandelt nicht alle Menschen gleich. Wenn wir im Gotteslob singen, „In göttlichem Erbarmen liebt Christus alle gleich; die Reichen und die Armen beruft er in sein Reich“ (Gotteslob Nr. 477/2.Strophe), dann singen wir eine Irrlehre. Denn Christus hatte eine besondere Vorliebe für die Armen. Und Papst Franziskus macht uns auf diese Option aufmerksam: die Option für die Armen.

---

[12]BAG, Urteil vom 21.10.2014 – Aktenzeichen 9 AZR 956/12.

Doch wo bleibt die Gerechtigkeit? Schließlich ist auch sie eine Kardinaltugend, hat also in unserem Glauben einen hohen Stellenwert, wenn wir uns über das gottgewollte Zusammenleben der Menschen Gedanken machen.

Wir können das Problem nur so lösen, dass wir feststellen: Wenn Gott einen Menschen erschafft, dann entwickelt er auch einen ganz subjektiven Maßstab, an dem am Ende seines Lebens dieser Mensch gemessen wird.

Ein Indiz für die Gültigkeit solcher individuellen Maßstäbe ist die Bemerkung Jesu über eine arme Witwe, die ein paar Kupfermünzen in den Opferstock des Tempels wirft. Jesus macht seine Jünger aufmerksam auf diese Frau und urteilt: Diese Frau hat mehr gegeben als alle anderen, die nur etwas von ihrem Reichtum gegeben haben. Denn diese Frau hat alles gegeben (vgl. Mk 12,42f).

Wenn wir also Gewissenserforschung halten, dann kommt es darauf an, dass wir diesen uns zugedachten Maßstab als solchen erkennen und unser Verhalten daran messen.

Pater Kentenich hat es einmal so auf den Punkt gebracht: „Sei du selbst! Sei es in bestmöglicher Form!"

Die große Angst derer, die Objektivität und Gleichheit als hohe Werte verteidigen, ist ja die, dass mit der Betonung der Subjektivität der Willkür Tür und Tor geöffnet würde.

Ich erinnere mich an so manche leidenschaftliche Diskussion innerhalb der Schönstatt-Bewegung in Deutschland am Anfang der 90er Jahre, als der neugewählte Bewegungsleiter – ganz im Sinne des Gründers – die Originalität des Einzelnen wieder mehr bestärkt wissen wollte, um die Fruchtbarkeit des Einzelnen im Apostolat wieder mehr zu fördern. Der starke Akzent auf der objektiven Lehre der Schönstatt-Spiritualität hatte so manchem eifrigen Schönstätter den Vorwurf eines Ideologen eingebracht. Dieser Stil war entwickelt worden in der Zeit der Verbannung des Gründers von 1951 bis 1965, weil man den Nivellierungstendenzen der Pallottiner entgegensteuern wollte, die aus der Schönstattbewegung einen dritten Orden der Pallottiner machen wollten, die ganze Pädagogik und Psychologie Pater Kentenichs totschweigen und nur die traditionellen Formen der Marienfrömmigkeit gelten lassen wollten. Diese Verteidigungshaltung der Schönstätter hatte sich aber so verselbständigt, dass sie auch nach der Rehabilitierung des Gründers als Apostolatsstil vielfach beibehalten worden war. Hatte sich diese Meinung erst einmal im Zuhörer festgesetzt, dann ging er auf Distanz. Damit war der Misserfolg im Apostolat vorprogrammiert. Fruchtbare Apostel dagegen waren diejenigen, die von ihren persönlichen Erfahrungen erzählten und die den Mehrwert benennen konnten, den ihnen die Begegnung mit der Schönstatt-Spiritualität gebracht hatte. „Teelöffel-Apostolat“ nannte das der damalige Bewegungsleiter und umschrieb damit eine Strategie, dass man seinen interessierten Zuhörern nur das gab, wonach sie gefragt hatten. Konnten sie es umsetzen und tat es ihnen gut, dann kamen sie bestimmt wieder mit einer nächsten Frage.

Dieses Ringen der Mentalitäten ist aber nicht auf Schönstatt beschränkt, sondern durchzittert alle wachen Kreise, die sich um die Zukunft der Kirche Gedanken machen. Es hilft aber jedem Einzelnen von uns, wenn wir uns dieser Grundproblematik bewusst sind. Dann können wir uns manche fruchtlose Diskussion ersparen unabhängig vom jeweiligen Einzelargument oder Einzelphänomen, an denen sich die Auseinandersetzung entzündet.

Kommen wir zurück zu der Frage: „Wenn Gott dem Abraham erschienen ist, warum erscheint er dann nicht auch mir?“

Sie entpuppt sich nach dem bisher Gesagten als frommes Wunschdenken: „Ich wünsche mir, dass Gott mit mir und mit allen Menschen so umgeht.“

Bekehrung hieße für diesen Typ von Gläubigen: Ich akzeptiere den Umgangsstil Gottes mit den Menschen. Ich akzeptiere, dass Gott Unterschiede macht. Ich akzeptiere, dass bei aller Gottunmittelbarkeit, die jedem Menschen zur Verfügung steht, der bevorzugte Weg Gottes zu uns Menschen der Weg der Gottmittelbarkeit ist.

Gott erwählt den Abraham. Und weil dieser Abraham so manche Glaubensprobe, die Gott nicht von jedem verlangt, erfolgreich meistert, wird er zum Segen für viele.

Gott erwählt Johannes den Täufer, der durch seinen Aufruf zur Umkehr viele Menschen geneigt machte, sich später dann Jesus zuzuwenden. Auch einige Johannesjünger finden wir im späteren Jüngerkreis Jesu.

Gott erwählt einen Ignatius von Loyola, und weil dieser sich auf einem ganz neuen Weg der seelischen Entwicklung und der Glaubensvertiefung willig vom Geist Gottes führen lässt, entsteht eine neue Spiritualität, ein neuer Stil der Nachfolge Christi, der ganz andere Akzente setzt, als die bisher entstandenen Orden. Die Jesuiten kennen kein gemeinsames Chorgebet.

Und als ein engstirniger Prälat in Rom ihnen die bisher nur so gekannte Form des Gebetslebens für Orden in die Satzungen drücken will, da schreibt Ignatius das berühmt gewordene Wort: „Wir sind, wie wir sind, oder wir sind nicht."

Es gibt ganz verschiedene Formen, wie wir Vorläufer, lebendige Hinweise auf Gott sein können. Ein Angehöriger einer Freikirche, mit dem ich seit vielen Jahren befreundet bin, meinte einmal wehmütig: „Ihr Katholiken habt es gut. Wenn einer von Euch ein Erweckungserlebnis hatte, dann kann er innerhalb der katholischen Kirche einen Orden oder eine Bewegung gründen, aber bleibt in der Kirche. Das Dach der katholischen Kirche ist so weit, dass die verschiedensten Spiritualitäten darunter Platz haben. Unsere lutherischen Landeskirchen tun sich soziologisch mit diesem Phänomen 'eigene Gemeinschaft in der Kirche' so schwer, dass uns nichts anderes übrigbleibt, als ‚auszuwandern' und eine Freikirche zu gründen." – Dieses ehrliche Eingeständnis hat mir sehr zu denken gegeben und mir neu die Weite der katholischen Kirche, die dann auch soziologische Konsequenzen hat, aufgezeigt.

Ehrlicherweise muss ich auch zugestehen, dass es die Ordensgründer bzw. die Gründer von Bewegungen nicht leicht gehabt haben in der Kirche.

Ignatius v. Loyola wurde etliche Male vor die Inquisition zitiert, aber letztlich immer wieder freigesprochen. Dramatischer verlief es im Leben des hl. Johannes vom Kreuz, der den Karmeliterorden erneuert hat. Seine eigenen Mitbrüder sperrten ihn unter unwürdigen Bedingungen ein, damit er wieder zur Vernunft komme und sich an das Althergebrachte halten sollte. Zum Glück konnte er fliehen.

Auch der Gründer Schönstatts litt unter der Fehleinschätzung der Glaubenskongregation, die in der starken Berücksichtigung der Psychologie in der Seelsorge ein trojanisches Pferd witterte, was Kentenich in die Kirche holen würde. 14 Jahre musste Kentenich auf seine Rehabilitierung warten. Ehrenhalber möchte ich an dieser Stelle erwähnen, dass der damalige Leiter des Hl. Offiziums, der Kardinal Ottaviani nach dem Tod Pater Kentenichs ein sehr ehrliches Zeugnis für eine mögliche Seligsprechung Pater Kentenichs zu Papier gebracht hatte. Schließlich hatten ihn der Gehorsam Kentenichs und seine Treue zur Kirche überzeugt. Er sagte über sich: „Irren ist menschlich, aber im Irrtum wider besseren Wissens zu verharren ist teuflisch."

Bei Mary Ward, der Gründerin der englischen Fräulein, hat es ca. 300 Jahre gedauert, bis sie als Gründerin offiziell kirchlich anerkannt worden ist.

Es ist wie bei einer implantierten Niere. Auch wenn die Mediziner genauestens vorher viele Details klären, ob die Spenderniere und der Organismus des Empfängers zusammenpassen, kommt es doch immer wieder nach den Operationen zu Abstoßungsreaktionen. Inzwischen sind die Voruntersuchungen so genau, dass in den meisten Fällen das neue Organ vom Körper des Empfängers akzeptiert wird und die Patienten damit noch viele Jahre leben können.

Auch Kentenich musste gegenüber den Qualitätssicherungseinrichtungen der Kirche immer wieder den Nachweis erbringen, dass er zwar viele neue Begriffe entwickelt hatte, aber damit eigentlich urkatholische Lebensvorgänge nur neu beschrieben, aber nicht verfälscht hatte.

Und der Erfolg – oder sagen wir besser in einem solchen Fall: die Fruchtbarkeit – ist der beste Beweis, dass es ihm gelungen ist, das Lebensgefühl einer jungen Generation mit den christlichen Werten auf eine neue Art zu verbinden: „Auf diese Art zu glauben, auf diese Art Christus nachzufolgen – das passt zu mir."

Das konnte ich erleben, als wir 2014 das 100-jährige Jubiläum der Schönstatt-Bewegung erst am Ursprungsort selber und dann in Rom gefeiert haben. Das Bild war doch sehr geprägt von den jungen Erwachsenen aus vielen Ländern.

Wenn zum Beispiel 84 junge Männer aus 11 Ländern von Neapel nach Schönstatt einen Fackellauf machen und jeder Läufer für seine 5-km-Etappe ein besonderes Gebetsanliegen zieht und dann dafür läuft, dann ist das eine ganz neue Form von Frömmigkeit, als still 30 min in einer Kirchenbank zu knien und in dem Anliegen zu beten. Und wer die Begeisterung dieser 84 jungen Erwachsenen miterleben durfte, als sie nach 9 Tagen in Schönstatt ankamen, der konnte mit Händen greifen: Da wurde der Glaube nicht dadurch attraktiv, dass man es den Gläubigen möglichst bequem gemacht hat, sozusagen eine Nachfolge Christi zu herabgesetzten Preisen, sondern diese Jugendlichen sind immer wieder an ihre körperlichen und mentalen Grenzen gegangen. Sie haben sich etwas abverlangt, und genau das hat die Begeisterung und die tolle Stimmung in der Gruppe hervorgerufen.

Sollen die Männer wieder mehr in der Kirche beheimatet werden, dann braucht es solche typisch männlichen Ausdrucksformen der Frömmigkeit, die also anstrengend oder auch gefährlich sind; und Männer müssen auch unter sich gemeinsam fromm sein können. Der Franziskanerpater Richard Rohr, ein begnadeter Männerseelsorger, veranstaltet stundenlange Trommelkurse – nicht als pure Freizeitbeschäftigung oder musikalische Weiterbildung, sondern als Meditation. Den eigenen Rhythmus finden, sich auf die Rhythmen der anderen einlassen, den eigenen Körper besser wahrnehmen und dafür sorgen, dass Seele und Körper intensiver in Kontakt kommen. Und dann auf diese Weise Gott zu loben. Ich musste auch erst einige Gottesdienste unserer afrikanischen Mitbrüder miterleben, um Trommeln als liturgisch stimmige Musik zu akzeptieren. Andererseits habe ich auf einer Israel-Reise erlebt, dass wir in einer Kirche bei der Messe die Lieder nicht mit der Gitarre begleiten durften. Das sei keine religiöse Musik, hieß es.

Fassen wir zusammen: Es ist typisch für den Umgangsstil Gottes mit uns Menschen, dass er nicht zu allen gleich intensiv unmittelbar spricht bzw. Kontakt aufnimmt. Da gibt es Unterschiede. Es gibt mutige Pfadfinder, die neue Wege der Christusnachfolge anderen erschließen. Sie werden so zu Vorläufern, zu lebendigen Wegweisern auf dem Weg zu Christus. Oft sind sie geprägt vom Lebensgefühl einer neuen Generation oder sie leiden selber an den typischen Problemen einer neuen Zeitepoche. Und weil sie aus der Kraft des Glaubens eine Antwort gefunden haben, ermöglichen sie anderen mit ähnlichen Problemen oder Fragen, sich diesem Stil der Nachfolge Christi anzuschließen.

Jetzt möchte ich auf das Zitat von Pater Kentenich am Anfang unserer Meditation zurückkommen. Wie wird man zu solch einem Vorläufer? Zusammengefasst lässt es sich auf den Fingernagel schreiben: *Gelöste Probleme sind spätere Sendung.*

Ich möchte nun Sie, liebe Leserinnen und Leser bitten, dass Sie sich daran erinnern, wie andere Gläubige Sie neugierig auf Gott gemacht haben, wie andere Gläubige Sie ermutigt haben, intensiver Gott zu suchen.

Wir sind angewiesen auf die Vorläufer, die uns hinweisen auf unseren Erlöser. Dazu braucht es keinen überlangen Zeigefinger, aber ein großes Herz, das anderen Menschen Nähe anbietet und Verständnis aufbringt, und einen wachen Geist, der im Alltag die Spuren Gottes entdeckt.

„Wer als Ausstrahlung des Göttlichen alles echt Menschliche erfolgreich pflegt, ist heute für Gott die brauchbarste Brücke, für die Menschen die sicherste Weichenstellung zu Gott", so schrieb der KZ-Häftling Kentenich an einen Kurs der Marienschwestern in einem illegalen Brief aus dem KZ.

Ich freue mich, wenn Sie zu dieser Grundmelodie viele Variationen für sich finden.

5. Joh 1,31.33: Jesus besser kennen lernen

„Auch ich kannte ihn nicht." – Diese Aussage des Täufers macht ja nur Sinn, (da er ja der Cousin von Jesus ist) dass es nicht darum geht, dass er Jesus nicht kennt, sondern dass er die historische Größe, die Dimension seines göttlichen Auftrags nicht erahnt hat.

In England gibt es einen Abzählreim, sinngemäß: Shakespeare – Für seine Klassenkameraden war er Will, für seinen Vater war er Wilhelm, für die Nachwelt war er „der Shakespeare".

Die Klassenkameraden konnten nicht erahnen, dass in ihrem Nachbarjungen und Mitspieler ein Talent schlummerte, das diesen Will weit über sie hinaus in Dimensionen katapultieren würde, die ihnen verschlossen waren und blieben.

Ähnliche Erfahrungen führten bei Jesus zu der traurigen Feststellung: „Ein Prophet gilt nichts unter seinen Verwandten." oder wörtlich bei Lukas: *„Kein Prophet wird in seiner Heimat anerkannt."* (Lk 4,23)

Worum es mir geht: Dass wir ein Leben lang neugierig bleiben und damit rechnen, dass es in unserer Liebesgeschichte mit Christus noch so manche Überraschungen gibt. Nichts wäre fataler als die Überzeugung: „Das kenne ich doch alles schon! Alles schon mal gehört!" Es gibt bei so manchem getauften Ungläubigen eine Erwartungslosigkeit gegenüber Gott, die mich ratlos und manchmal auch wütend macht. Ganz anders beim Konvertitenunterricht, wenn da junge Menschen zu mir kommen und so richtig staunen können über den großen Unterschied im Lebensgefühl zwischen ihrer früheren atheistischen Existenz und der neuen Glaubensüberzeugung. Doch bevor wir uns intensiver mit der wachsenden Christuserkenntnis beschäftigen, möchte ich noch mal Anlauf nehmen zu unserem Thema, indem ich auf der zwischenmenschlichen Ebene das Thema wachsende Erkenntnis beschreibe:

Auf den vielen Ehevorbereitungskursen und Familientagungen habe ich so manche Kennenlerngeschichte von Paaren gehört. Da gibt es Paare, die sich aus Kindergartenzeiten kennen. Es gibt Paare, die überhaupt erst durch unwahrscheinliche Zufälle – oder sagen wir es als gläubige Christen: durch die Vorsehung – sich begegnet sind und der Funke übergesprungen ist. Es gibt aber auch so manche „Kachelofen-Ehe". Damit meine ich Paare, die sich an der Arbeit, in einem Chor, beim Engagement in der Pfarrgemeinde kennen und schätzen gelernt haben und dann erst im Laufe der Zeit sich gewiss geworden sind: Wir könnten auch gut als Ehepaar zusammenpassen. Aber auch die, denen die sprichwörtliche Liebe auf den ersten Blick geschenkt worden ist, kommen nicht umhin, sich die Mühe zu machen, den anderen besser kennen zu lernen.

- Wie verhält sich der andere in Belastungssituationen?
- Wie geht er mit Stress um?
- Wie zuverlässig ist er?
- Wofür interessiert er sich?
- Was macht ihm Freude?
- Was nervt ihn?
- Ist er nachtragend oder kann er schnell verzeihen, kann er um Verzeihung bitten?

Und dann gibt es diese vielen Fragen, wie der andere auf mich wirkt: Wer verliebt ist, der blüht auf.

- Du bereicherst mich.
- Du weckst so vieles in mir, was bisher verborgen war und vor sich hin schlummerte.
- Du steckst mich an mit deiner Begeisterung und Freude.
- Du bist manchmal richtig anstrengend mit deiner Hartnäckigkeit und Zielstrebigkeit, mit deiner Genauigkeit und Sorgfalt.

Der 90-jährige Benedkitinerpater David Steindl-Rast hat das Interview über sein Leben so betitelt: „Ich bin durch Dich so ich". Anhand der einzelnen Passagen dieses autobiographischen Buches wird deutlich, wie sehr er die einzelnen Begegnungen mit interessanten und inspirierenden Menschen würdigen kann und wie sich das auch auf seine Freundschaft mit Christus positiv auswirkt. Je begegnungsfähiger er wird, desto differenzierter kann er auch seine Freundschaft mit Christus pflegen.

In einem Artikel von 2003 schreibt er: „Hätte sich jemand in der Mitte des 20. Jahrhunderts, als ich Mönch wurde, angemaßt, mystische Erfahrungen zu besitzen, er wäre niemals in ein Kloster aufgenommen worden. Trotzdem zielte meine mönchische Ausbildung in jeder alltäglichen Einzelheit darauf ab, die persönliche Erfahrung der göttlichen Wirklichkeit zu fördern und zu vertiefen. Wir jungen Mönche wären aber wohl ebenso erstaunt gewesen, hätte jemand das 'Mystik im Alltag' genannt. ... Ein Jahrzehnt später zeigte Abraham Maslow von der Psychologie her, dass Gipfelerlebnisse ('Peak Experiences') praktisch im Leben jedes Menschen vorkommen, und von klassischen mystischen Erlebnissen in keiner Weise unterscheidbar sind. Welche Tragweite Maslows Pionierarbeit für die Geistesgeschichte besitzt, wird auch heute noch nicht voll gewürdigt. Damals wusste ich noch gar nichts davon."[13]

---

[13] David Steindl-Rast, Von Eis zu Wasser zu Dampf. – Im Wandel der Gottesvorstellungen – Was schätze ich am Christentum? CiG 39/2003.

Ganz so optimistisch, wie Steindl-Rast hier Maslow zitiert, kann ich nicht sein. Mir klingt noch sehr in den Ohren das Wort vom religiös unmusikalischen Menschen, das sich durch die ganze jahrzehntelange Debatte um die Neuevanglisierung in den neuen Bundesländern durchzieht. Der Begriff „religiös unmusikalisch" wurde von dem Soziologen Max Weber in einem Brief gebraucht. So stufte er sich selber ein. „Unmusikalisch" bedeutet ja nicht, dass der Betreffende das Wertvolle und Schöne der Musik abstreitet, aber für ihn ist es nichts. Er hat gleichsam keine Antenne dafür. Ich kenne einige Musiklehrer, die das für unmöglich halten. Jeder Mensch sei musikalisch. Nun muss ja nicht jedes Mal es einem wie Gänsehaut den Rücken herunterrieseln, wenn man seine Lieblingssymphonie hört. Aber viele Menschen können sich an bestimmte Musikerlebnisse erinnern, die ihnen irgendwie das Herz geweitet haben. Diese vom Komponisten empfundenen Emotionen, die er dann in Töne umzusetzen versuchte, und die die Musiker nachempfinden und beim Spielen in den Zuhörern wieder auslösen. – Dieser Vorgang macht Musik attraktiv. Das Ganze reduzieren zu wollen in ein Protokoll von aufgezeichneten akustischen Frequenzen wird der Wirklichkeit Musik nicht gerecht.

In der Theologie und in der Spiritualität ist das Wort „Transzendenz" ein häufig gebrauchtes Wort. Wörtlich übersetzt bedeutet es nicht mehr als Übersteigen/Überschreiten. Im Gegensatz zur „Immanenz", dem Innewohnen, sprechen wir von Transzendenz, wenn wir etwas benennen wollen, was den Raum der Alltagsfunktionalität überschreitet. Die geistgewirkte Zeugung Jesu und die Geburt Jesu waren Vorgänge, die gab es nicht vorher und wird es auch danach nie wieder so geben. Das sprengte den Erfahrungshorizont von Maria und Josef; und war doch Wirklichkeit. Es gibt manche Leugner der geistgewirkten Zeugung Jesu, die entweder die Gottheit Jesu ganz leugnen und ihn auf einen rechtschaffenen und authentischen Weisheitslehrer reduzieren wollen, oder die behaupten, erst bei der Taufe durch Johannes sei der Mensch Jesus von

Gott adoptiert worden und könne sich erst ab diesem Zeitpunkt als Sohn Gottes verstehen. Bei solchen Leugnern kann ich mich des Eindrucks nicht erwehren, dass die Enge ihres Vorstellungsvermögens die mentale Barriere ist, weshalb sie diese Glaubenswahrheit ablehnen müssen.

„Weil, so schließt er messerscharf, nicht sein kann, was nicht sein darf ..." – so geißelt ja Christian Morgenstern in seinen Galgenliedern die Enge mancher erregter Diskutierer.

Es kann also sein, dass es auch in uns solche mentalen Barrieren gibt, die eine tiefere Christuserkenntnis verhindern. Wir dürfen aber darauf hoffen, dass der Hl. Geist in unserem Innern solche Barrieren so nach und nach wegschmilzt oder wegräumt. Schauen wir ins Johannesevangelium:

Im Johannesevangelium finden wir beide Vorgänge: Da gibt es so etwas wie Liebe auf den ersten Blick, wenn die Johannesjünger diesen Rabbi fragen: „Wo wohnst du?", und dann den ganzen Tag bei ihm bleiben, mit ihm reden und am Ende ihren Kollegen bzw. Brüdern ganz überwältigt erzählen: *„Wir haben den Messias gefunden."* (Joh 1,41) Und dann gibt es diese ausführlich beschriebenen gestuften Erkenntnisse: Wer ist Jesus?

Die Samariterin am Jakobsbrunnen: (Joh 4)

- Du bist ein Jude, der die Samariter nicht verachtet, denn du sprichst mich an und bittest mich um etwas.
- Bist du größer als unser Vater Jakob?
- Du bist ein Prophet und weißt alles über mich.
- Du bist der Messias

Heilung des Gelähmten (Joh 5): Der Mann, der mich gesund gemacht hat (er wusste nicht einmal den Namen). Er heißt Jesus.

Mutmaßungen über Jesus (Joh 7). Heilung des Blingeborenen (Joh 9):

- Der Mann, der Jesus heißt, hat mich geheilt.
- Wir wissen, dass Gott einen Sünder nicht erhört, wer aber Gott fürchtet und seinen Willen tut, den erhört er.
- Wenn dieser Mensch nicht von Gott wäre, ...
- Ich glaube Herr

Wo stehe ich auf meinem Weg der tieferen Christuserkenntnis?

Pater Kentenich, der Gründer der Schönstatt-Bewegung, hat dem Erlebnis, speziell dem religiösen Erlebnis und den sich darauf beziehenden Vorerlebnissen, in seiner Pädagogik und Religionspsychologie eine besondere Bedeutung zuerkannt. Er definiert „das Wesen des religiösen Erlebnisses" als „ein gemüthaftes Aufnehmen und Verarbeiten der religiösen Wahrheiten" und hebt folgende Gesetzmäßigkeiten hervor: – Das Erlebnis hat „eine integrierende, ganzheitliche Funktion".

Diese Funktion ist abhängig

(a) von der „Kenntnis der religiösen Wahrheiten",

(b) von einer entsprechenden „geistigen Hingabe des Willens" an diese und

(c) von dem „Erfasstwerden und Durchdrungensein des Gemütes" von diesen Wahrheiten.

Das Erlebnis berührt die Tiefenseele mit ihrer „schöpferischen Kraft" und „tiefen Innigkeit" im Sinne von Voreinstellungen. – Das Erlebnis setzt entsprechende Vorerlebnisse in der natürlichen Ordnung voraus. Diese Vorerlebnisse führen zu Voreinstellungen und wirken im Sinne positiv-fördernder oder negativ-behindernder Erlebnisübertragung. Da Erlebnisse von primär gemüthafter und irrationaler Qualität und in der Regel dem Bewusstsein nicht direkt zugänglich sind, sondern als un- bzw. unterbewusste Vorerfahrung zur Disposition stehen, sind sie vital wirksamer als rationale Glaubensunterweisung.

Der letzte Abschnitt klang jetzt etwas abstrakt, aber es ist wohl für jeden von uns nachvollziehbar: Wenn jemand als Straßenkind aufgewachsen ist, nur die Solidarität der Bande kennt und in den Erwachsenen gefährliche Gegner sieht, dem fehlt der erlebnismäßige Hintergrund allein schon für die Worte wie „Liebe“ oder „Barmherzigkeit“ oder „Geborgenheit“.

Ein Don Bosco hat die Herzen der Jungen für Gott aufgeschlossen, weil er ihnen als Erwachsener erst einmal Nähe, Sympathie, Wertschätzung und Anregung angeboten hat. Nicht umsonst ermahnte er später seine Mitbrüder: „Die Patres sollten die Seele des Spieles sein und nicht als Beobachter am Rande stehen.“ Mitmachen – Dabeisein – oder ganz poetisch „das Leben teilen“. Dann wurde es für die Jungen leicht, von ihren Erlebnissen mit Don Bosco den Überstieg, die Transzendenz, zu wagen: Aha, genau so und noch viel intensiver oder viel schöner ist Gott zu uns.

Es gibt unter den Gläubigen immer auch Besorgte, die meinen, man dürfe Gott nicht zu klein machen. Er müsse der ganz Große bzw. der ganz Andere bleiben. Doch zu einem Gott, der nur der ganz Andere ist, kann ich keine Liebesbeziehung aufbauen. Der ist und bleibt mir fremd.

Aus menschlicher Perspektive dürfen wir die historische Entwicklung so sehen: Gott muss feststellen, dass das alttestamentliche Bilderverbot eine Überforderung des Menschen ist. Schon Aaron goss ein goldenes Kalb, während Mose auf dem Sinai verschollen war. Mose zertrümmerte zwar dieses Götzenbild und schärfte dem Volk das Bilderverbot ein. Aber Gott in seiner Barmherzigkeit ließ einen von sich Mensch werden. Und so kann Johannes ganz begeistert schreiben: Was von Anfang an war, was wir gehört haben, was wir mit unseren Augen gesehen, was wir geschaut und was unsere Hände angefasst haben, das verkünden wir: das Wort des Lebens.

Denn das Leben wurde offenbart; wir haben gesehen und bezeugen und verkünden euch das ewige Leben, das beim Vater war und uns offenbart wurde. Was wir gesehen und gehört haben, das verkünden wir auch euch, damit auch ihr Gemeinschaft mit uns habt (vgl. 1 Joh 1,1-3).

Die sinnenhafte Nähe Jesu lässt die Apostel zu Zeugen werden. D.h., sie spekulieren nicht und stellen keine Theorien auf, sondern erzählen von dem, was sie erlebt haben.

Auch bei der Wahl des Matthias kommt es auf diese Zeugenschaft an: *„Einer von den Männern, die die ganze Zeit mit uns zusammen waren, als Jesus, der Herr, bei uns ein und aus ging, angefangen von der Taufe durch Johannes bis zu dem Tag, an dem er von uns ging und in den Himmel aufgenommen wurde, – einer von diesen muss nun zusammen mit uns Zeuge seiner Auferstehung sein"* (Apg 1,21f).

Schon der Prophet Jesaja durfte in die ferne Zukunft schauen und die Verheißung seinen Zeitgenossen mitteilen: *„Man tut nichts Böses mehr und begeht kein Verbrechen auf meinem ganzen heiligen Berg; denn das Land ist erfüllt von der Erkenntnis des Herrn, so wie das Meer mit Wasser gefüllt ist"* (Jes 11,9).

D.h., wir können davon ausgehen, dass Gott selber Interesse hat, dass wir Menschen ihn erkennen und lieben. Wir können davon ausgehen, dass er uns goldene Brücken baut, damit es uns leichter fällt ihn zu erkennen und ihn zu lieben.

Im Hebräerbrief liest sich das so: *„Viele Male und auf vielerlei Weise hat Gott einst zu den Vätern gesprochen durch die Propheten; in dieser Endzeit aber hat er zu uns gesprochen durch den Sohn"* (Hebr 1,1f).

Die Art und Weise, wie Gott mit Saulus umgeht, ist und bleibt eine große Ausnahme. Und selbst da können wir beobachten, dass Gott nur den schwierigsten Teil des Unternehmens selber und unmittelbar in die Hand nimmt. Die leichtere Aufgabe delegiert Gott dann an den Jünger Hananias. Der soll ihn tiefer einführen in das Christusgeheimnis (vgl. Apg 9).

Und im Philipperbrief lesen wir: *„Christus will ich erkennen und die Macht seiner Auferstehung und die Gemeinschaft mit seinen Leiden"* (Phil 3,10). Für Paulus ist der Vorgang der Christuserkenntnis ein Prozess, in dem er mittendrin steckt, also kein schon abgeschlossener Prozess. Und damit auch ja keine Zweifel aufkommen, führt er weiter aus: *„Nicht, dass ich es schon erreicht hätte oder dass ich schon vollendet wäre ...“* (Phil 3,12). Es gibt also immer noch ein „mehr“ an Christuserkenntnis und eine je größere Christusliebe. Der bevorzugte „Ort“ der Christuserkenntnis und der Christusbegegnung ist die Tiefe des eigenen Herzens. Wenn wir in der Bibel lesen und das nicht nur als Wissensstoff speichern und verstehen, sondern diese Selbstoffenbarungen Gottes in unser Herz sickern lassen, dann wird es spannend und schön.

6. Joh 1,34: Gottessohn – Menschenkind

Johannes der Täufer bekennt über Jesus: „Er ist der Sohn Gottes.“

Liebe Leserinnen, liebe Leser, wenn der amerikanische Auslandsgeheimdienst die Befreiung amerikanischer Geiseln im Jemen oder in Syrien plant und durchführt, dann schickt er guttrainierte Elitesoldaten – unterstützt von modernster Technik – in diesen Einsatz.

Als Gott die Erlösung und Befreiung der Menschen einfädelte, wählte er einen ganz anderen Weg. Eine der drei göttlichen Personen wurde selber ein Mensch, ohne seine Gottheit zu verlieren.

Ich möchte einen Vergleich gebrauchen, der sicher den meisten Lesern noch präsent ist: Die Rettung des Höhlenforschers Johann Westhauser:

Drei Höhlenforscher stiegen Samstag Mittag, den 7. Juni, in die Höhle ein, die ab dem ersten Meter als technisch anspruchsvolle Schacht- und Wasserhöhle gilt. Am Sonntag, den 8. Juni 2014, wurde der Höhlenforscher Johann Westhauser in rund 1000 Metern Tiefe bei einem Steinschlag schwer am Kopf verletzt. Dabei erlitt er ein Schädel-Hirn-Trauma.

Einer seiner Begleiter blieb nach der Erstversorgung und Lagerung des Verletzten in der Höhle bei Westhauser, während der andere Begleiter aufbrach, um Hilfe zu holen. Im Berg besteht weder Funk- noch Handyempfang. Nach zwölf Stunden Aufstieg (etwa sechs Kilometer Wegstrecke) erreichte der alarmierende Begleiter den Höhleneingang und konnte von dort die Rettungsaktion in Gang setzen. Die Rettung gestaltete sich wegen der komplizierten Höhlenstruktur äußerst schwierig. Nachdem bereits mehrere Höhlenretter den Verletzten erreicht und versorgt hatten, traf am Abend des 11. Juni ein Arzt an der Unglücksstelle ein. Am Freitag, den 13. Juni 2014 begann der langwierige Abtransport des Verletzten, der wegen der Verletzung und der komplizierten Höhlenstruktur schwierig war. Der Zustand Westhausers stabilisierte sich in den Einsatztagen soweit, dass er kurzzeitig aufstehen und an der Rettung mitwirken konnte. Eine besondere Herausforderung war, einen Rettungskollaps während der komplizierten Bergung zu vermeiden. Westhauser war bei der Bergung liegend auf einer Trage festgeschnallt, musste daher auch am 200 Meter hohen, engen und verwinkelten Schacht am Höhleneingang auf dieser mit Muskelkraft hochgezogen werden. Am Donnerstag, den 19. Juni 2014 um 11:44 Uhr, konnte die Rettungsaktion mit der Ankunft Westhausers an der Oberfläche erfolgreich abgeschlossen werden. Die senkrechten Schlote innerhalb der Höhle wurden bewältigt, indem Retter sich als Gegengewichte herunterließen, sowie für den letzten Teil mit einer manuell betätigten Seilwinde, die oberhalb des Höhleneingangs installiert wurde. Für die anschließende Versorgung war extra im Gebirge eine Notfallstation aufgebaut worden, Westhauser wurde dann in die Unfallklinik Murnau geflogen.

Für die Rettung mussten die Wege in der Höhle zusätzlich mit Fixseilen, Bohrhaken und Trittstiften gesichert werden. Zur Kommunikation wurde ein Kabel für ein Telefon verlegt. Zwischenzeitlich befanden sich bis zu 60 Personen in der Höhle und es waren bis zu 90 Prozent der Höhlenretter-Ausrüstung der Bergwacht Bayern in der Höhle verbaut. Eine Herausforderung stellte die Versorgung des Verletzten und der Höhlenretter dar. Am Höhleneingang wurde ein Materiallager, eine notfallmedizinische Versorgungsstation und eine Notunterkunft für die Einsatzkräfte aufgebaut, im Umfeld des Höhleneinganges wurde ein provisorischer Landeplatz für Hubschrauber errichtet. Das Lage- und Pressezentrum wurde durch die Bergwacht Bayern bei der Feuerwehr Berchtesgaden eingerichtet, das Lager für die Einsatzkräfte und der Hubschrauberlandeplatz befanden sich in der Jägerkaserne der Bundeswehr in Bischofswiesen-Strub bei Berchtesgaden. Insgesamt waren 728 Helfer im Einsatz, davon waren 202 Retter aus fünf Nationen in der Höhle: 89 Italiener, 42 Österreicher, 27 Deutsche, 24 Schweizer und 20 Kroaten. Die kroatischen Höhlenretter wurden von der Einsatzleitung angefordert, um die Sicherung der Helfer in der Höhle zu übernehmen.

Ich habe mich mitgefreut, dass Johann Steinhauser gerettet wurde.

Ich habe extra ausführlich diese Höhlenrettung aus Wikipedia zitiert, weil der Vorgang deutlich macht: Es hätte nicht gereicht, einfach zu sagen: Der muss da raus! Sondern es mussten sich Menschen mit ihm solidarisieren und Gefahren auf sich nehmen sowie die Strapazen der Dunkelheit, Kälte und Nässe, um zu dem Verletzten zu gelangen.

Paulus schreibt im Philipper-Brief: *„Er war Gott gleich, hielt aber nicht daran fest, wie Gott zu sein, sondern er entäußerte sich und wurde wie ein Sklave und den Menschen gleich. Sein Leben war das eines Menschen; er erniedrigte sich und war gehorsam bis zum Tod, bis zum Tod am Kreuz“* (Phil 2,7f).

Wir können diesen Bibelvers noch verdeutlichen: Die Armut von Betlehem, die Bedrohung durch den Diktator Herodes, das Flüchtlingsschicksal in Ägypten, der Verrat durch einen seiner engsten Mitarbeiter, nämlich Judas, die Unwilligkeit der Mitläufer, ihr Messiasverständnis zu korrigieren, die machtpolitischen Intrigen der jüdischen Oberschicht und der römischen Besatzungsmacht, schließlich die Angst und Einsamkeit von Getsemane, die körperlichen Qualen der Foltermethoden, die Beraubung der Kleider, der unehrenhafte qualvolle Tod auf Golgota.

Alles, was Menschen durch Menschen erleiden können, hat der Gottmensch Jesus auf sich genommen, damit andere Menschen, die in ähnliche Situationen geraten, nicht schlussfolgern müssen, sie seien von Gott verlassen.

Aber weil Jesus Christus nicht nur ein mitfühlender Mensch war, der den Notleidenden nahe sein wollte, sondern auch Gott, konnte er die Menschen aus ihrer Verlorenheit retten.

Paulus benennt es deutlich: *„Auch die Schöpfung soll von der Sklaverei und Verlorenheit befreit werden zur Freiheit und Herrlichkeit der Kinder Gottes"* (Röm 8,21). Das „auch" weist darauf hin, dass es zuerst um die Befreiung der Menschen geht, aber nicht nur. Denn der von Gott losgelöste Mensch, der sich nicht an die Weisungen Gottes hält, zerstört auch seinen eigenen Lebensraum aus Profitgier und Fahrlässigkeit. Alle Umweltkatastrophen illustrieren das.

Unser Kronzeuge Paulus beschreibt die Rettungsaktion der Menschen durch Jesus so:

„Die Hoffnung aber lässt nicht zugrunde gehen; denn die Liebe Gottes ist ausgegossen in unsere Herzen durch den Heiligen Geist, der uns gegeben ist. Christus ist schon zu der Zeit, da wir noch schwach und gottlos waren, für uns gestorben. Dabei wird nur schwerlich jemand für einen Gerechten sterben; vielleicht wird er jedoch für einen guten Menschen sein Leben wagen. Gott aber hat seine Liebe zu uns darin erwiesen, dass Christus für uns gestorben ist, als wir noch Sünder waren. Nachdem wir jetzt durch sein Blut gerecht gemacht sind, werden wir durch ihn erst recht vor dem Gericht Gottes gerettet werden. Da wir mit Gott versöhnt wurden durch den Tod seines Sohnes, als wir noch (Gottes) Feinde waren, werden wir erst recht, nachdem wir versöhnt sind, gerettet werden

durch sein Leben" (Röm 5,5-10).

Kommen wir wieder auf unseren Anfangsvergleich zurück. Es reicht nicht, dass ein Arzt zu dem Verletzten in die Höhle steigt, ihn dort behandelt und stabilisiert, sondern es braucht viele Helfer und viel moderne Technik, um den Verletzten da heraus zu holen.

Die Vorbereitungen zur Menschwerdung Jesu fangen ja schon damit an, dass der Mensch Maria ohne Erbsünde gezeugt wird. Gott schafft sich in Maria gleichsam noch einmal ein Paradies, in das der Teufel keine Störfeuer und Sabotageakte hineinwirken kann. Das ist die Voraussetzung, dass Maria im entscheidenden Moment ihres Lebens das Ja-Wort sagen kann: „Ich bin die Magd des Herrn. Mir geschehe, wie du gesagt hast."

Agatha Christie hat eine spannende Weihnachtsgeschichte geschrieben. – Ich möchte sie kurz erzählen, aber gleich eindeutig dazu sagen, dass wir hier den Boden der Offenbarung verlassen und uns in das Gebiet der Spekulation begeben. Agatha Christie erzählt in ihrer Weihnachtsgeschichte „Die Versuchung", dass Luzifer zu Maria kommt, nachdem sie Jesus geboren hat, und ihr die Zukunft ihres Kindes zeigt: Die Not von Getsemane, den Vorwurf der Gotteslästerung durch den Hohenpriester, die Kreuzigung. Und dann ihr den Vorschlag macht, sie solle doch dem Kind ein solches Schicksal ersparen und dieses Kind dem Engel zurückgeben. Maria ist total verwirrt. Das kann doch nicht sein, dass ihr Kind ein Verbrecher wird. Sehr weise antwortet sie diesem Engel:

„Es ist nicht an mir, einem unwissenden und einfachen Weib, den hohen Ratschluss Gottes zu verstehen. Der Herr gab mir mein Kind. Wenn der Herr es mir nimmt, dann ist es sein Wille. Aber da Gott ihm das Leben gegeben hat, ist es nicht an mir, ihm dieses Leben zu nehmen. Denn es mag sein, dass es im Leben meines Kindes Geschehnisse gibt, die ich nicht richtig verstehe. Es mag sein, dass ich nur einen Teil eines Bildes gesehen habe und nicht das ganze. Das Leben meines Kindes gehört ihm, nicht mir, und ich habe kein Recht, darüber zu bestimmen."

„Denke noch einmal nach“, drängte der Engel. „Willst du mir nicht dein Kind in die Arme legen, und ich bringe es zurück zu Gott?“

„Nimm es in deine Arme, wenn dies Gottes Gebot ist“, sagte Maria. „Ich aber werde es dir nicht hineinlegen.“

So weit das Zitat aus Agatha Christies Geschichte. Ich betone noch mal: Das ist das Produkt der genialen Phantasie einer Schriftstellerin, keine Offenbarung.

Aber angesichts der Diskussionen in unserer Gesellschaft über aktive Sterbehilfe oder über die Abtreibung von behinderten Kindern kann diese Geschichte doch eine Klärungshilfe sein: Wir sind nicht Gott. Und wir dürfen uns nicht anmaßen, wie Gott zu sein. Es gibt Grenzen, die der Selbstbestimmung des Menschen entzogen sind. Wenn Menschen diese Grenzen trotzdem überschreiten – und sei es aus Mitleid mit dem Betroffenen oder den Angehörigen – dann kann darauf kein Segen ruhen.

Vor kurzem gab im Rahmen einer Ärzteweiterbildung für Neuropädiatrie ein spastisch gelähmter Erwachsener ein Zeugnis. Seine Mutter hatte 5 Fehlgeburten, dann hatte sie ein Kind adoptiert, das an plötzlichem Kindstod starb. Dann wurde er als schwerstbehinderte Frühgeburt geboren. Er kann nicht selber essen, sich nicht selber waschen oder das WC benutzen; er ist ständig auf Hilfe angewiesen, aber er kann gut denken und reden. Er sagte unter anderem: „Warum ich von Geburt an diese Behinderung habe, weiß ich nicht und das will ich auch nicht mehr fragen. Aber ich habe eine Aufgabe: Ich soll meinen Mitmenschen die Grenzen zur Unmenschlichkeit aufzeigen. Jedes Leben hat einen Sinn, und wir können nicht für einen anderen Menschen entscheiden, was sein Leben sinnvoll macht.“

Gott hat keine schöne, heile Welt geschaffen. Wir Menschen haben zwar den Auftrag, diese Welt schöner zu gestalten, aber es bleibt das Unheile, es gibt die Brüche in den Biographien, es gibt das Böse und den Bösen, es gibt den Missbrauch der gottgeschenkten Freiheit und als Folge davon Millionen unschuldiger Opfer.

Gott hat seine Allmacht nicht eingesetzt, damit diese Welt bestens funktioniert. Dann hätten wir Menschen keine Freiheit mehr. Aber er hat sich in diese unheile Welt hineinbegeben und all die Möglichkeiten des Unheils auf sich genommen.

Und er hat uns die Verheißung gegeben, dass die 40 oder 80 Erdenjahre nicht alles sind, was zu uns gehört. Nach dieser Prüfungszeit dürfen wir teilhaben an seiner himmlischen Herrlichkeit. Wir bleiben nicht – um in dem Vergleich zu reden – schwerverletzt in der dunklen, nassen, kalten Höhle. Wir werden da rausgeholt. Und Weihnachten feiern wir, dass Gott ein leidensfähiger Mensch wird. – Als Paulus diese Botschaft in den griechischen Städten verkündet, stößt er auf viel Unverständnis. Denn für Menschen, die in der griechischen Mythologie zu Hause waren, war ein Gott, der leiden könne, kein Gott. Leidensunfähigkeit gehört mit zu den göttlichen Attributen. Und wir spüren ja den Missionspredigten des Paulus im damaligen Griechenland noch die Schwierigkeit nach: Wie soll er den Griechen einen Gott vermitteln, der gelitten hat? – Das sprengte den damals vorherrschenden Vorstellungshorizont.

Die Kritik an solchen Gottesvorstellungen, wie sie bei den Griechen üblich waren, finden wir auch in Bert Brechts Theaterstück „Der gute Mensch von Sezuan". Darin sind den Göttern die Klagen der Menschen zu Ohren gekommen. Sie suchen einen guten Menschen auf der Erde. Den finden sie in der Person der Shen Te, die ihnen Quartier bietet. Dafür belohnen die Götter sie. Sie verspricht, von nun an nur noch gut zu sein. Aber sie erlebt sich von allen ausgenutzt. In ihrer Not, „gut zu sein und doch zu leben", schlüpft sie in die Rolle ihres imaginären Vetters Shui Ta, der rücksichtslos die Menschen ausbeutet. Mit diesem Gewinn kann sie ihre Existenz retten und als Shen Te weiterhin helfen. Als sie jedoch abermals um ihre Existenz betrogen und zugleich schwanger wird, setzt sie im Interesse des ungeborenen Kindes wieder die Maske des Shui Ta auf und baut mit ausbeuterischen Methoden eine florierende Tabakfabrik auf. Als Shen Te monatelang nicht mehr auftaucht, wird vermutet, Shui Ta habe sie umgebracht. Shen Te wird in der Maske des Shui Ta vor Gericht gestellt, das von den drei Göttern gebildet wird. Shen Te erkennt die drei Götter wieder, gibt ihnen ihre wahre Identität preis und erzählt ihre Geschichte. Obwohl deutlich wird, dass der Anspruch der Götter, „gut zu sein und doch zu leben", in dieser Welt nicht erfüllbar ist, ohne dass sich der Mensch in eine gute private und schlechte wirtschaftliche Persönlichkeit aufspaltet, überlassen die Götter die Menschen ihrem Schicksal und schweben auf einer rosaroten Wolke wieder in den Himmel. Am Ende des Stückes sagt ein Sprecher:

„Wir stehen selbst enttäuscht und sehn betroffen den Vorhang zu und alle Fragen offen." (S. 144, Z.7)

„Soll es ein andrer Mensch sein? Oder eine andere Welt? Vielleicht nur andere Götter? Oder keine?" (S. 144, Z.17)

„Sie selber dächten auf der Stelle nach auf welche Weis dem guten Menschen man zu einem guten Ende helfen kann. Verehrtes Publikum, los, such dir selbst den Schluss! Es muss ein guter da sein, muss, muss, muss!" (S. 144, Z.20)

Es ist ganz klar: Von solchen Göttern ist kein Trost zu erwarten. Deshalb kann man auch ganz gut ohne sie leben. Aber selbst wenn man als Atheist leben will, bleibt das Problem des Leids und der Ungerechtigkeit ja bestehen.

Wir glauben und feiern, dass unser Gott an Weihnachten die Rettung eingeleitet hat.

Worin jetzt Ihre konkrete Not besteht, liebe Leserinnen, liebe Leser, das kann ganz unterschiedlich sein, aber in dieser Not ist uns der Gottmensch Jesus Christus nahe. Darum können wir – auch wenn die Not noch nicht behoben ist – Loblieder singen und uns freuen. Diese tiefe Freude erbitte ich Ihnen.

Passend dazu möchte ich Ihnen in einem Nachtrag ein Zitat von Papst Paul VI. vorstellen. Als er am 5. Januar 1954 Nazareth besuchte, sagte er unter anderem: „Die Schule von Nazareth lehrt uns zuerst das Schweigen. Möge in uns eine große Wertschätzung des Schweigens lebendig werden. Denn in dem hektischen und allzu aufgeregten Leben von heute, in dem wir von so vielen lauten Stimmen, von Lärm und geschrei bedrängt werden, ist das Schweigen eine bewundernswerte und notwendige Geisteshaltung."

7. Joh 1, 36: Von Jesus angeschaut

Mein Großneffe bekam zum Geburtstag Inliner geschenkt. Nach den ersten zaghaften Versuchen an der Hand seiner älteren Schwester rief er uns Erwachsenen zu: „Alle mal herschauen!" Er genoss es, dass wir an seiner neuen Fähigkeit Anteil genommen hatten und Beifall klatschten.

Auch das Gegenteil kenne ich: Ein musikalischer Jugendlicher mailte mir, dass sein Vater nie zu einem Vorspielabend in die Musikschule gekommen sei und wie weh ihm das getan habe. Wahrscheinlich hätte mir das der Junge nie geschrieben, aber jetzt will sich sein Vater scheiden lassen und die Familie verlassen. Nun brach sein ganzer Frust über seinen Daddy aus ihm raus. Früher hatte ihm die Scham über ihn den Mund verschlossen.

Zwei entgegengesetzte Situationen, die uns auf etwas aufmerksam machen, das unsere Lebensqualität wesentlich mitbestimmt: Bekomme ich Ansehen geschenkt oder nicht? Wächst mein Selbstwertgefühl, weil andere mich wertschätzen und das nicht nur tief im Herzen verbergen sondern auch ausdrücken können?

„Eine angesehene Person" – damit bezeichnen wir in der deutschen Sprache einen Menschen, der etwas Besonderes geleistet hat und dem wir Respekt und Wertschätzung entgegenbringen.

Wir kennen auch die Redewendung: „Wenn Blicke töten könnten." Man kann mit seinem Blick und seiner Mimik auch Verachtung ausdrücken. Und schließlich kann man andere einfach übersehen, sie wie Luft behandeln, als ob sie nicht da wären.

Wie ist das nun mit dem Blick Jesu? Im Johannesevangelium lesen wir von der Berufung der ersten Jünger:

„Als Jesus vorüberging, richtete Johannes seinen Blick auf ihn und sagte: Seht, das Lamm Gottes! Die beiden Jünger hörten, was er sagte, und folgten Jesus. Jesus aber wandte sich um, und als er sah, dass sie ihm folgten, fragte er sie: Was wollt ihr? Sie sagten zu ihm: Rabbi – das heißt übersetzt: Meister –, wo wohnst du? Er antwortete: Kommt und seht! Da kamen sie mit und sahen, wo er wohnte, und blieben jenen Tag bei ihm; es war um die zehnte Stunde“ (Joh 1,36-39).

Dieser gewinnende Blick Jesu muss eine intensive Erfahrung für die erwählten Jünger gewesen sein. Aber Jesus kann auch anders dreinschauen: Hier einige Beispiele:

Jesus wurde unwillig, als er sah, dass seine Jünger die Mütter mit den Kindern abwimmelten (vgl. Mk 10,14).

Jesus sieht den reichen Jüngling an, als dieser traurig wurde, und kommentiert seine eigene Enttäuschung (vgl. Lk 18,24).

Als Jesus mit seinen Jüngern sich Jerusalem nähert und dann die Stadt erblickt, weint er über Jerusalem (vgl. Lk 19,41).

Jesus beobachtet aufmerksam eine arme Witwe, wie sie ihre Münzen in den Opferstock des Tempels gibt und kommentiert das (vgl. Lk 21,2).

Es gibt den herausfordernden Blick Jesu: *„Dann sagte Jesus zu ihnen: Ich frage euch: Ist es am Sabbat erlaubt, Gutes zu tun oder Böses, ein Leben zu retten oder zugrunde zu richten?* (Lk 6,9)

Jesus kann zornig und traurig zugleich die Pharisäer anschauen: *„Und er sah sie der Reihe nach an, voll Zorn und Trauer über ihr verstocktes Herz“* (Mk 3,5).

Auch wenn Jesus redet, finden es die Evangelisten bemerkenswert, dass er sich den Zuhörern zuwendet und sie ansieht.

Nachdem wir einen kleinen Rundgang durchs Neue Testament

gemacht haben, möchte ich auf den liebevollen Blick Jesu zurückkommen, der als unwiderstehlich von den Jüngern empfunden wurde.

Das Erlebnis ist ja nicht auf die Zeitgenossen des irdischen Jesus beschränkt. Der Pfarrer von Ars fragte einmal einen Mann, der regelmäßig zur eucharistischen Anbetung in die Kirche kam, was er denn da mache. Und der Mann sagte in seiner schlichten Art: „Ich schaue Gott an und er schaut mich an, und das tut mir gut."

Das ist eine ganz andere Grundstimmung als die, die in dem Kinder-Liedtext zum Vorschein kommt: „Pass auf, kleine Hand, was du tust, denn der Vater im Himmel schaut herab auf dich. Pass auf, kleine Hand, was du tust." – Da wird der Blick Gottes zum Stasi-Überwachungsblick, sozusagen der verlängerte Blick der Eltern. Parallelen zu dem „big brother is watching you" von George Orwell aus seinem Roman 1984 legen sich nahe.

Eugen Roth beschreibt in einem seiner Gedichte das Unbehagen, das den Menschen überkommt, wenn er an die Allgegenwart und Allwissenheit Gottes denkt. Die Bitte des braven Menschen, Gott möge doch wenigstens für einen Augenblick mal wegschauen, er werde auch in dieser Zeit nichts Böses tun, endet mit der Zeile: „Gott davon wenig überzeugt, ihn weiter unentwegt beäugt."

Wenn Gott uns anschaut, dann geht es nicht um das Misstrauen Gottes uns gegenüber, sondern um seinen wertschätzenden Blick. Der älteste uns überlieferte Segen aus dem Alten Testament lautet so:

„Sag zu Aaron und seinen Söhnen: So sollt ihr die Israeliten segnen; sprecht zu ihnen: Der Herr segne dich und behüte dich. Der Herr lasse sein Angesicht über dich leuchten und sei dir gnädig. Der Herr wende sein Angesicht dir zu und schenke dir Heil. So sollen sie meinen Namen auf die Israeliten legen und ich werde sie segnen" (Num 6,23-27).

Wenn Gott uns segnet, dann strahlt er uns an voll Wohlwollen. In der Barockzeit wird das sogenannte Vaterauge zum populären

Symbol, das wir in vielen Kirchen an der Spitze der Barockaltäre finden können. Das Dreieck mit einem Strahlenkranz und im Dreieck ein Auge. Nach den traumatisierenden Ereignissen und Grausamkeiten des 30-jährigen Krieges sucht die Kunst nach Symbolen, die das Herz erreichen und in die Lebensbejahung und Lebensfreude führen wollen. Das Vaterauge ist ein solches Symbol. Unter dem liebevoll gütigen Blick eines barmherzigen Vaters lässt sich sorglos und unbekümmert leben.

In das neue Gotteslob hat ein Lied von Claus Peter März Eingang gefunden: „Hände, die schenken, erzählen von Gott" (NGL 893). Die 4. Strophe lautet: „Augen, die sehen, erzählen von Gott; sie sagen, dass er auf mich schaut. Augen, die sehen, sie öffnen die Tür, sie sind die Hoffnung der Welt."

Wenn ich hier in München in der U-Bahn oder im Bus fahre und eine Mutter mit Kleinkind sitzt in der Nähe, dann beobachte ich, wie das Kleinkind den Blickkontakt sucht. Und wenn ich es anlächle, dann lächelt es zurück; und auch wenn die Augen dann im Wagen wandern – das Kleinkind sucht immer wieder neu den Blickkontakt.

Ein Psychologe hat einmal behauptet, es sei eine Sünde, mit ausdruckslosem Gesicht in einen Kinderwagen zu schauen.

Wenn Menschen erleben, wie gut dieser wohlwollende Blick eines anderen Menschen der eigenen Seele tut, dann ist es ein Leichtes, sich auch vorzustellen, dass Gott einen so anschaut. Wenn man solche Blicke auf der zwischenmenschlichen Ebene nie oder viel zu wenig erlebt hat, dann verbaut das einem auch die spontane Intimität zu Gott.

Wenn ich im Sommer Zeltlager für 10-14-jährige Jungen halte, dann habe ich die Söhne von alleinerziehenden Müttern bald an mir hängen. Aber auch die anderen, die Papa und Mama zu Hause haben und nicht so sehr die Nähe zu einer männlichen Bezugsperson suchen, hungern nach anerkennenden Blicken. Ich habe schon mal spätabends in der Auswertungsrunde mit den Gruppenleitern gesagt: „Ich brauche eigentlich den ganzen Tag nichts anderes zu machen, als über den Zeltlagerplatz zu gehen und anerkennende Blicke an jeden verteilen." – Der anerkennende Blick ist genau so wichtig wie der richtige Vorname. Allergisch reagieren die meisten auf „Hey, Du!"

Pater Kentenich, der Gründer der Schönstatt-Bewegung, wurde einmal gefragt, wie man den Glauben vertiefen könne. Er antwortete in seiner lebensnahen und anwendungsorientierten Sprache: Gott in Liebe anschauen, mit Gott in Liebe sprechen und aus Liebe zu Gott kleine Opfer bringen.

Das erste können wir ergänzen mit der Passivform: sich von Gott in Liebe anschauen lassen.

Mir fällt auch auf, dass gerade dann, wenn man sich abmüht und sich anstrengt, doch die anderen gar nicht ahnen, wie viel Kraft es einen jetzt kostet, das oder jenes zu tun, die Versuchung zur Müdigkeit aufsteigt. Wer es gelernt hat, in solchen Momenten sich daran zu erinnern: „Aber Du, Gott, weißt, was es mich gekostet hat. Du weißt, was ich getan habe!", der engagiert sich auch dann weiter, wenn er auf Undankbarkeit oder Gleichgültigkeit trifft und darunter leidet.

Liebe Leserinnen, liebe Leser, ich möchte Sie einladen, sich in die Lage der beiden Jünger zu versetzen, die von Jesus angeschaut werden. Nehmen Sie sich ruhig ein paar Minuten Zeit und lassen Sie dieses Bild auf sich wirken! Und gönnen Sie sich immer wieder solche Momente, um in der Gegenwart Gottes zu verweilen. Am Ende sind sie die Beschenkten.

Wenn man im Trubel des Alltags das vergisst, dann macht es trotzdem Sinn, sich am Abend zu fragen: Wo bist Du, Gott, mir heute begegnet? Kann ich in der kleinen Begebenheit, einem glücklichen Zufall, einer langersehnten Begegnung etwas von Deinem liebenden Blick erahnen? – „Spurensuche" nennen wir Schönstätter diese Form der Erlebnismeditation.

8. Joh 1,42: Menschen zu Jesus führen

„Dieser (Adreas) traf zuerst seinen Bruder Simon und sagte zu ihm: Wir haben den Messias gefunden. Messias heißt übersetzt: der Gesalbte (Christus). Er führte ihn zu Jesus. Jesus blickte ihn an und sagte: Du bist Simon, der Sohn des Johannes, du sollst Kephas heißen. Kephas bedeutet: Fels (Petrus)" (Joh 1,41-42).

„Auch einige Griechen waren anwesend – sie gehörten zu den Pilgern, die beim Fest Gott anbeten wollten. Sie traten an Philippus heran, der aus Betsaida in Galiläa stammte, und sagten zu ihm: Herr, wir möchten Jesus sehen. Philippus ging und sagte es Andreas; Andreas und Philippus gingen und sagten es Jesus. Jesus aber antwortete ihnen: Die Stunde ist gekommen, dass der Menschensohn verherrlicht wird" (Joh 12,20-23)

Johannes der Täufer macht auf Jesus aufmerksam. Andreas spricht seinen jüngeren Bruder Simon an. Philippus spricht Natanael an.

Bei Matthäus und Lukas wird summarisch erzählt, wie Jesus seine Jünger beruft. Es ist Eigenart des Johannes-Evangeliums, dass es diese Zwischenschritte genau benennt.

Einmal hielt ich in der Karwoche zusammen mit einem Team von Referenten-Ehepaaren einen viertägigen Ehevorbereitungskurs. Ein Paar war gekommen, weil die Frau, die in einer Firma als Einkäuferin arbeitete, bei einem Gespräch mit einem Lieferanten so nebenbei erwähnte, dass sie bald heiraten würde. Daraufhin empfahl ihr dieser Lieferant unseren Ehevorbereitungskurs. Das hatte ich in all den Jahren noch nie erlebt. Die meisten melden sich an, weil sie in ihrem Bekanntenkreis von begeisterten früheren Teilnehmern angesprochen worden waren oder weil Eltern oder Taufpaten sie auf diesen Kurs aufmerksam gemacht hatten. Manche googeln im Internet, weil sie nicht nur eine halbtägige Alibiveranstaltung absitzen wollen, sondern sich solide auf ihre Ehe vorbereiten wollen, denn dass Ehe nicht automatisch gelingt, das pfeifen ja die

Spatzen von den Dächern.

Ich erinnere mich an ein Paar, da war ihr Vater ein Sik, ihre Mutter katholisch und er war ein Freikirchler aus Sachsen. Dieses Paar war im Internet auf unseren Kurs gestoßen, weil er einer der wenigen Angebote war, die 4 Tage dauerten. Ich finde es auch total widersprüchlich, dass man einerseits die Erstkommunionvorbereitung und die Firmvorbereitung wenigstens ein halbes Jahr laufen lässt, und andererseits die Ehevorbereitung sträflich vernachlässigt. Dann aber die Unauflöslichkeit der Ehe als Wert hochhalten will.

Doch kommen wir zurück zu der Frau, die von dem Lieferanten angesprochen worden war. Ihr Zukünftiger war ein engagierter Katholik, war während seines Studiums in der Studentengemeinde aktiv und war hocherfreut, dass von seiner Braut dieser Vorschlag kam. Für diese Frau waren die eindrücklichen Liturgien der Kar- und Ostertage so berührend, dass ihr oftmals die Tränen kamen. Ihr war das peinlich, aber ich wies sie darauf hin, dass Tränen der Grundwasserspiegel der Seele sind. Mir sind Leute unheimlich, an denen alles abperlt wie an einem Goretex-Anorak, und die meinen, sie müssten immer ganz cool sein.

Bei der abschließenden Auswertungsrunde meinte diese Frau: „Einerseits hatten die Vorträge der Referentenehepaare, die mit ihren Vorschulkindern angereist waren, eine tolle Bodenhaftung. Da war nichts Idealisiertes. Das war so praktisch und lebensnah. Und doch blitzte immer wieder der Glaube durch, aber nicht als etwas Aufgesetztes, sondern als sich irgendwie natürlich Ergebendes. Das war eine ungeahnte Horizonterweiterung.“

Ich glaube nicht, dass diese Frau in absehbarer Zeit katholisch werden will, aber die Erwartungslosigkeit gegenüber der Kirche ist in sich zusammengefallen wie eine brüchige Mauer und hat einer Neugier Platz gemacht, die mich hoffnungsvoll stimmt.

Was wäre gewesen, wenn der Lieferant aus welchen Gründen auch immer den Mund gehalten hätte?

Vor Jahren durfte ich einen Mann in die katholische Kirche aufnehmen, kurz nachdem seine Frau wieder in die katholische Kirche eingetreten war. Als 14-Jährige war sie aus Trotz ausgetreten. Irgendwie war sie vor ein paar Jahren in Kontakt mit meinem älteren Mitbruder gekommen, von dem sie sich wunderbar verstanden und angenommen gefühlt hatte. Leider war dieser Mitbruder im Dezember 2012 gestorben, und so durfte ich sozusagen sein Erbe antreten. Beide sind auf einem ganz persönlichen Entdeckertrip. Dann kommt mal eine Frage über whatsapp oder eine längere mail, mal ergibt sich ein längeres Telefonat, ganz selten sehen wir uns. Ich bin überrascht, wie der Heilige Geist inzwischen unmittelbar alte Wunden aufdeckt und heilt, die durch die Doppelmoral in den Herkunftsfamilien verursacht worden waren.

Was wäre aus den beiden geworden, wenn nicht mein Mitbruder mit seiner phänomenalen Einfühlungsgabe, seiner Geduld und seinem Gespür für den nächsten möglichen Schritt die beiden jahrelang begleitet hätte?

In seiner Autobiographie „Boxerkind" erzählt Tim Guénard, wie ihm Pater Thomas Philippe[14] durch seine Barmherzigkeit und Lauterkeit zunächst wie ein Besucher von einem anderen Stern vorkommt, aber so nach und nach merkt er: Das ist kein gespieltes Interesse an ihm, dem berühmten Boxer, sondern Pater Thomas Philipe ist die Güte selbst. Auch wenn Tim Guénard in seiner flapsigen Art bemerkt: „Zu jener Zeit steht Gott nicht in meinem Adressbuch."[15], so findet er diesen Pater doch faszinierend. So faszinierend, dass er ihn jeden Tag für 5 min besucht. Rückblickend schreibt er: „Von ihm erhalte ich drei Schätze: die bedingungs-

[14]Pater Thomas Philippe OP starb 1993. Erst um 2014 kam heraus, dass er in den 70er und 80er Jahren 14 Frauen sexuell missbraucht hatte. Als die Gemeinschaft „Arche" davon erfuhr, veröffentlichte sie diese Tatsache, bedankte sich bei den Frauen, die den Mut hatten, darüber zu sprechen und bat die Betroffenen um Vergebung.

[15]Tim Guénard, Boxerkind. Überleben in einer Welt ohne Liebe, Kisslegg 2014, S. 148.

lose Annahme, die Vergebung und die Hoffnung. Ich komme aus dem Nichts und habe nur die Nacht in meinem Herzen. In dieser Finsternis hat der kleine Priester, knotig wie ein Rebstock, zerbrechlich von der Erscheinung her, stark wie ein Felsen in seiner Seele, begonnen, die Sterne zu säen. Dann hat er die Morgenröte der Hoffnung geweckt. Er lässt in mir diese Gewissheit aufkeimen, dass ich für das Glück der Liebe geboren bin, für die Ewigkeit der Liebe, und dass dies selbst für einen Rowdy wie mich erreichbar ist. Er nimmt mich so, wie ich bin, und versucht mich nicht zu ändern. Dieser Priester ist ein Kanal der Liebe."[16]

Für unsere Ohren gewöhnungsbedürftig klingt das, was der Engländer Reshad Feild über seinen ersten Besuch in Ephesus schreibt. Sein spiritueller Lehrer, ein islamischer Mystiker, stimmt ihn ein auf Ephesus, wo nach der griechischen außerbiblischen Tradition Maria ihren Lebensabend verbracht hat: „Hör mir jetzt aufmerksam zu", sagte er. „Dein Körper ist die Jungfrau Maria. Der Geist ist Christus, das Wort, das durch Gabriel, den ewigen Boten mitgeteilt wurde. Der Atem ist der Atem der Gnade Gottes, und dieser Atem ist es, der die Seele zum Leben erweckt. Solange die Seele nicht vom Geist belebt ist, gleicht sie dem Vogel, der noch nicht flügge ist. Viele Pfade führen zu Gott, doch der Weg Mariens ist der süßeste und sanfteste. Wenn du mit Maria, der Matrix des Lebens, der Göttlichen Mutter eins wirst, dann wirst du in Christus und Christus wird in dir geformt werden, und so wirst du durch den Atem der Gnade Gottes ins Leben gerufen werden und Ihn erkennen. ... Maria brachte Jesus zur Welt, weil sie auserwählt war für dieses Werk. ... Maria ist die Göttliche Mutter. Maria ist im Blau der Flamme, und Maria ist die Matrix aller göttlichen Gestaltungsmöglichkeiten, hier, in unserer Welt. Es ist notwendig, dass sie erkannt werde. Lerne, Gott zu lieben mit deinem ganzen Sein, mit allem, was du bist, mit deinem Herzen, deinem Geist und

[16] A.a.O. S. 171.

deiner Seele – und dann, vielleicht, wird uns allen das Verstehen geschenkt für die Bedeutung der jungfräulichen Geburt. Lerne zu beten, und deine Gebete werden zurückkommen von ebendieser Matrix, die das Kind formt.“[17]

Wie schon gesagt: Manches an diesen Formulierungen ist für uns Christen gewöhnungsbedürftig, und doch war ich elektrisiert, als ich diese Zeilen über Maria in einem Umfeld fand, wo ich es nicht vermutet hatte. Dieser islamische Mystiker hat es verstanden, dem englischen Agnostiker, dem aber durchaus der christliche Glaube von den Inhalten her vertraut war, einen lebensmäßigen Zugang zu Christus und Maria neu zu erschließen. Pater Kentenich sprach immer wieder von der marianischen Modalität der Heilsgeschichte.

Vertrauter klingt uns, was der hl. Ludwig Maria Grignon von Montfort, der 1673 in der Bretagne geboren wurde und 1700 zum Priester geweiht wurde, über unser Verhältnis zu Jesus und Maria geschrieben hat: „Maria ist nicht nur Mutter des historischen Jesus, sondern auch Mutter des mystischen Christus. Nach Paulus ist die Kirche der Leib Christi; und auch dieser Leib wird von Maria geboren. Je mehr wir in die Schule Mariens gehen und ihr ähnlicher werden, desto wahrscheinlicher wird der Hl. Geist uns erfüllen und umwandeln.“

Die Kraft für seinen rastlosen apostolischen Einsatz erwuchs Ludwig-Maria aus der Gnade der bleibenden Gegenwart Jesu und Marias in seiner Seele, wie er zwei Jahre vor seinem Tod gegenüber einem Freund bekannt hat. Immer wieder nahm er sich die Zeit, sich im Gebet dem Wirken des Geistes zu öffnen.

Vorbild und Hilfe war ihm dabei Maria, deren Ja zum Wirken des Geistes er sich immer tiefer zu eigen machte. So wurde er immer mehr in ein lebendiges Abbild Christi umgestaltet. Er starb am 28. April 1716, kurz nach seinem 43. Geburtstag. Einige Monate zuvor

---

[17] Reshad Feild, Ich ging den Weg des Derwisch. Das Abenteuer der Selbstfindung, rororo-Sachbuch, Hamburg 2004, S. 101f.

hatte er in einem Brief an Marie-Luise Trichet geschrieben: „Wenn wir nichts für Gott riskieren, werden wir niemals etwas Großes für ihn tun.“

Wie alle großen Lehrer des Glaubens verliert Grignion dieses Ziel nie aus den Augen; wie sie lehrt auch er nichts anderes als den Weg zur Vereinigung mit Gott. Dabei ist ihm in besonderer Weise die Einsicht geschenkt worden, welche Aufgabe Gott der Mutter seines Sohnes für jeden Abschnitt dieses Weges übertragen hat. Grignion von Montfort bietet also nicht eine Spielart christlicher Frömmigkeit, die sich durch eine besondere, äußerliche marianische Prägung von anderen unterscheidet, sondern den Weg zu Gott mit Maria.

Im deutschen Sprachraum ist der Name des heiligen Ludwig-Maria Grignion von Montfort untrennbar verbunden mit einem Buch, dessen vollständiger Titel lautet: „Das Goldene Buch der vollkommenen Hingabe an Jesus Christus durch Maria vom heiligen Ludwig-Maria Grignion von Montfort“. Es enthält die bedeutendsten Schriften des Heiligen, ergänzt mit einem Gebetsteil, der eine Vorbereitung auf die Weihe an Jesus Christus durch Maria bietet.

Das Herzstück des „Goldenen Buches“ ist die „Abhandlung über die wahre Hingabe an Maria“. Montfort hat sie vermutlich in den Jahren 1710-1712 geschrieben. Nach seinem Tode hatte man nicht den Mut, die Schrift zu veröffentlichen. Dann taten die Wirren der französischen Revolution das ihre dazu, so dass die Schrift erst 1843 erstmals gedruckt wurde. Seitdem hat sie einen Siegeszug durch die ganze Welt angetreten. In mehr als 40 Sprachen übersetzt wurde sie zu einem marianischen Bestseller.[18]

Ich möchte noch kurz in Erinnerung rufen, was das Zweite Vatikanische Konzil in diesem Zusammen hang formulierte:

---

[18] Online-Heiligenlexikon: https://www.heiligenlexikon.de/BiographienL/Ludwig_Maria_Grignion_de_Montfort.html

„Diese Mutterschaft Marias in der Gnadenökonomie dauert unaufhörlich fort, von der Zustimmung an, die sie bei der Verkündigung gläubig gab und unter dem Kreuz ohne Zögern festhielt, bis zur ewigen Vollendung aller Auserwählten. In den Himmel aufgenommen, hat sie diesen heilbringenden Auftrag nicht aufgegeben, sondern fährt durch ihre vielfältige Fürbitte fort, uns die Gaben des ewigen Heils zu erwirken. In ihrer mütterlichen Liebe trägt sie Sorge für die Brüder ihres Sohnes, die noch auf der Pilgerschaft sind und in Gefahren und Bedrängnissen weilen, bis sie zur seligen Heimat gelangen. Deshalb wird die selige Jungfrau in der Kirche unter dem Titel der Fürsprecherin, der Helferin, des Beistandes und der Mittlerin angerufen. Das aber ist so zu verstehen, dass es der Würde und Wirksamkeit Christi, des einzigen Mittlers, nichts abträgt und nichts hinzufügt."[19]

„Dieser Heiligen Synode bereitet es große Freude und Trost, dass auch unter den getrennten Brüdern solche nicht fehlen, die der Mutter des Herrn und Erlösers die gebührende Ehre erweisen, dies besonders unter den Orientalen, die sich zur Verehrung der allzeit jungfräulichen Gottesmutter mit glühendem Eifer und andächtiger Gesinnung vereinen. Alle Christgläubigen mögen inständig zur Mutter Gottes und Mutter der Menschen flehen, dass sie, die den Anfängen der Kirche mit ihren Gebeten zur Seite stand, auch jetzt, im Himmel über alle Seligen und Engel erhöht, in Gemeinschaft mit allen Heiligen bei ihrem Sohn Fürbitte einlege, bis alle Völkerfamilien, mögen sie den christlichen Ehrennamen tragen oder ihren Erlöser noch nicht kennen, in Friede und Eintracht glückselig zum einen Gottesvolk versammelt werden, zur Ehre der heiligsten und ungeteilten Dreifaltigkeit."[20]

Wenn wir auf die Erfahrungen der Christen schauen, dann können wir feststellen, dass Christus sich immer wieder unmittelbar

[19]Vat II, Lumen gentium, Art. 62.
[20]Vat II, Lumen gentium, Art. 69.

– ohne irgendeine menschliche Vermittlung – Menschen offenbart, dass er aber häufig den Weg über Menschen wählt, die ihm nahe sind und mit ihm und in ihm leben. Und dann gibt es noch das Damaskus-Phänomen: Saulus wird vor Damaskus von Christus überrumpelt. Und Christus fragt ihn nicht, warum verfolgst du meine Jünger, sondern warum verfolgst du mich? Wir dürfen zu Recht annehmen, dass der Märtyrertod des Diakons Stephanus dem Saulus die Gnade der Bekehrung mit erwirkt hat. Es blieb keine Ausnahme. Diese Erfahrung des Saulus hat sich in dem Baugesetz des Reiches Gottes verdichtet: Das Blut der Märtyrer ist der Same für neue Christen. – Christus selbst deutet sein Erlöserleiden und seinen Erlösertod so: *„Wenn das Weizenkorn in die Erde fällt und stirbt, dann bringt es reiche Frucht“* (Joh 12,24).

Der bevorzugte und fruchtbarste Weg, wie Menschen andere zu Christus führen können, ist die Menschlichkeit.

Lassen wir einfach einmal einen zu Wort kommen, der gleichsam von außen auf die Kirche mit kritischem Blick schaut: Der Schriftsteller Heinrich Böll. Er schreibt: „Ich frage mich vieles, vor allem das eine: Wie ist es möglich, dass 800 Millionen Christen diese Welt so wenig zu verändern vermögen, eine Welt des Terrors, der Unterdrückung, der Angst. ... Eine christliche Welt müsste eine Welt ohne Angst sein, und unsere Welt ist nicht christlich, solange die Angst nicht geringer wird, sondern wächst. Doch die andere Vorstellung ist weit gespenstischer: Wie diese Welt aussähe, hätte sich die nackte Walze einer Geschichte ohne Christus über sie hinweggeschoben. Ich überlasse es jedem Einzelnen, sich den Alptraum einer heidnischen Welt vorzustellen oder eine Welt, in der Gottlosigkeit konsequent praktiziert würde; den Menschen in die Hände des Menschen fallen zu lassen. Nirgendwo im Evangelium finde ich eine Rechtfertigung für Unterdrückung, Mord, Gewalt; ein Christ, der sich ihrer schuldig macht, ist schuldig. ... Unter Christen ist Barmherzigkeit wenigstens möglich, und hin und wieder gibt es sie: Christen, und wo einer auftritt, gerät die Welt in

Erstaunen. ... Selbst die allerschlechteste christliche Welt würde ich der besten heidnischen vorziehen, weil es in einer christlichen Welt Raum gibt für die, denen keine heidnische Welt je Raum gab: für Krüppel und Kranke, Alte und Schwache, und mehr noch als Raum gab es für sie: Liebe für die, die der heidnischen wie der gottlosen Welt nutzlos erschienen und erscheinen."[21]

Werfen wir noch einmal einen Blick in die Vergangenheit: Dem Reichskanzler Bismarck war die katholische Kirche zu mächtig, und so versuchte er, ihren Einfluss zurückzudrängen. Am 31.5.1875 kam es zum Klostergesetz: Alle nicht krankenpflegenden Orden mussten Preußen verlassen, die Einrichtungen wurden beschlagnahmt. Dabei konnte der preußische Staat gar nicht das Personal bereitstellen, um die vielen Einrichtungen wie Waisenhäuser, Schulen, Internate zu übernehmen. – Es gibt auch in unserer Zeit kämpferische Atheisten, die sich die Zeit des Kulturkampfes zurückwünschen und alles unter der machtpolitischen Brille sehen. Aber welcher Verein, welche Gruppe in unserer Gesellschaft kann immer wieder so viele Menschen motivieren, sich für andere einzusetzen?

Im April 2015 hatten wir eine große Gruppe Firmlinge aus Mainz in unserem Haus in München. 12 junge Erwachsene und der Kaplan bereiten die Jugendlichen auf die Firmung vor. Wie viel geballter Idealismus!

Ebenfalls im April 2015 wurde im Pfarrverband, zu dessen Territorium das Schönstatt-Zentrum München zählt, ein neues Jugend- und Pfarrzentrum eingeweiht. Auch hier wieder: Wie viel Engagement, Eigenleistungen, Spendenaktionen waren notwendig, damit diese Sehnsucht in Erfüllung ging!

Klar, viele Zahlen, an denen das kirchliche Leben gemessen wird, gehen zurück, und es wird viel geklagt darüber. Aber es ist ein Jam-

---

[21] H. Böll, Eine Welt ohne Christus, in: K. Deschner (Hrsg.) Was halten Sie vom Christentum?, List-Vlg., München 1957, 22f.

mern auf sehr hohem Niveau. 2021 z.B. traten 1400 Katholiken wieder in die Kirche ein, 359205 traten aus. Aber 21,6 Millionen Einwohner sind nach wie vor katholisch. Von den knapp 6,2 Millionen Ausländern sind rund 2,6 Millionen Christen.

Über ein Palmsonntagswochenende hielt ich einmal 4-tägige Schweige-Exerzitien für Ehepaare. Von der Methodik her sollte jedes Paar für sich allein über die Meditationsimpulse austauschen. Einige Paare nahmen erstmals daran teil. Die Echos dieser Paare sind für mich die beste Motivation, so etwas wieder anzubieten. Es gibt einfach viele Menschen, die sich nach spiritueller Vertiefung sehnen. Und als Seelsorger darf ich diesen Gläubigen helfen, inniger mit Jesus verbunden zu sein.

Wir können uns nicht „nicht-verhalten“. Mit unseren Unerlöstheiten und Sünden können wir Zugangswege zu Gott blockieren, mit unseren Erlöstheiten und Tugenden können wir anderen Menschen Zugangswege zu Gott eröffnen.

9. Joh 2,1: Maria ist dabei

Es war in der Vorbereitungszeit des Miteinander-für-Europa-Kongresses 2007 in Stuttgart. Der evangelische Pfarrer Olaf Digel kündigte unter seinen Kollegen an, dass die Schönstatt-Bewegung sehr involviert sei in den Vorbereitungsprozess und dass er den Bewegungsleiter, Pater Lothar Penners, demnächst in das Konveniat einladen werde. Da meinte ein Kollege von ihm etwas skeptisch: „Schönstatt? Das sind doch die mit Maria!“ – worauf Pfarrer Digel schlagfertig antwortete: „Ich hoffe, dass wir nicht die ohne Maria sind.“

Dieser kleine Wortwechsel bringt uns mitten ins Thema: Welche Rolle spielt Maria im Leben und Wirken Christi? Und welche Rolle spielt Maria für die, die Christus nachfolgen wollen?

Im Johannes-Evangelium erwähnt der Evangelist Maria zweimal: einmal zu Beginn des öffentlichen Auftretens Jesu bei seinem ersten Zeichen, das er wirkt, bei der Hochzeit zu Kana (Joh 2,1), und dann am Ende des irdischen Lebens Jesu unter dem Kreuz, wo Jesus seinen Lieblingsjünger Johannes und Maria aufeinander verweist (Joh 19,26f). Hören wir noch einmal den genauen Wortlaut:

„*Am dritten Tag fand in Kana in Galiläa eine Hochzeit statt, und die Mutter Jesu war dabei. Auch Jesus und seine Jünger waren zur Hochzeit eingeladen*" (Joh 2,1f).

„*Bei dem Kreuz Jesu standen seine Mutter und die Schwester seiner Mutter, Maria, die Frau des Klopas, und Maria von Magdala. Als Jesus seine Mutter sah und bei ihr den Jünger, den er liebte, sagte er zu seiner Mutter: Frau, siehe, dein Sohn! Dann sagte er zu dem Jünger: Siehe, deine Mutter! Und von jener Stunde an nahm sie der Jünger zu sich*" (Joh 19,25-27).

Seit den frühesten uns erhaltenen Auslegungen zum Johannesevangelium war klar, dass es Jesus bei seinem Testament nicht allein um die wirtschaftliche Altersversorgung für seine Mutter ging, sondern dass diese Worte Jesu gehaltvoller, symbolträchtiger gemeint waren: Wer der Lieblingsjünger Jesu sein will, der nimmt seine Mutter zu sich.

Sehr kompakt hat das auch das II. Vatikanum in der Kirchenkonstitution zusammengefasst. Darin lesen wir:

„Im öffentlichen Leben Jesu erscheint seine Mutter ausdrücklich am Anfang, da sie bei der Hochzeit zu Kana in Galiläa durch ihr Mitgefühl den Anfang der Zeichen Jesu als des Messias durch ihre Fürbitte veranlasst hat (vgl. Joh 2,1-11). Im Verlauf seiner Verkündigung nahm sie die Worte auf, in denen der Sohn das die Ansprüche und Bande von Fleisch und Blut übersteigende Reich predigte und die seligpries, die das Wort Gottes hören und bewahren (vgl. Mk 3,35 und Parall.; Lk 11,27-28), wie sie selbst es getreulich tat (vgl. Lk 2,19.51). So ging auch die selige Jungfrau den Pilgerweg des Glaubens. Ihre Vereinigung mit dem Sohn hielt sie in Treue bis zum Kreuz, wo sie nicht ohne göttliche Absicht stand (vgl. Joh 19,25), heftig mit ihrem Eingeborenen litt und sich mit seinem Opfer in mütterlichem Geist verband, indem sie der Darbringung des Schlachtopfers, das sie geboren hatte, liebevoll zustimmte. Und schließlich wurde sie von Christus Jesus selbst, als er am Kreuz starb, dem Jünger zur Mutter gegeben mit den Worten: Frau, siehe da dein Sohn (vgl. Joh 19,26-27)."[22]

„Da es aber Gott gefiel, das Sakrament des menschlichen Heils nicht eher feierlich zu verkünden, als bis er den verheißenen Heiligen Geist ausgegossen hatte, sehen wir die Apostel vor dem Pfingsttag 'einmütig in Gebet verharren mit den Frauen und Maria, der Mutter Jesu, und seinen Brüdern' (Apg 1,14) und Maria mit ihren Gebeten die Gabe des Geistes erflehen, der sie schon bei der Verkündigung überschattet hatte."[23]

Wenn wir einmal nicht so sehr in die lehramtlichen Äußerungen sondern in das praktische Leben der Gläubigen schauen, dann fällt auf, dass es viele unscheinbare aber auch viele große Marienwallfahrtsorte gibt. Menschen sind geheilt worden, Menschen haben ihren Glauben wiedergefunden, Menschen haben sich versöhnt, Menschen fühlten sich getröstet und konnten neu hoffen. All das sind Erfahrungen, die Gläubige in der Begegnung mit Maria gemacht haben.

Auch die künstlerischen Motive mit Maria erfreuen sich weltweiter Beliebtheit über die Jahrhunderte: Mutter mit Kind, Maria begegnet Elisabeth, die Verkündigungsszene, die Krippendarstellungen seit Franziskus von Assisi, die drei Weisen aus dem Morgenland finden das Kind und seine Mutter, Maria unterm Kreuz, Maria im Abendmahlssaal. – So banal es klingt: Maria gehört einfach zu Jesus dazu.

---

[22] Vat II, Lumen gentium, Art. 58.
[23] Vat II, Lumen gentium, Art. 59.

Und doch tun sich Menschen auch schwer damit. In meiner ersten Kaplansstelle hatte ich viele Gespräche mit einer Frau, die in der evangelischen Kirche aufgewachsen war und im Umfeld der Heirat zum katholischen Glauben konvertierte. Emotional tat sie sich schwer mit der katholischen Marienverehrung. Die Befürchtung, hier werde doch aus einem Menschen eine Göttin gemacht, beschlich sie immer wieder bei bestimmten Liedern und Gebeten. Als sie dann schwanger wurde und ihr erstes Kind zur Welt brachte, da waren auf einmal diese Befürchtungen wie weggeblasen. Sie hatte selber an und in sich erlebt, welche innige Verbindung zwischen ihr und ihrem Kind bestand – schon während der Schwangerschaft und erst recht nach der Geburt. Wer Jesus liebt, der muss auch seine Mutter gernhaben.

Eine andere emotionale Barriere erlebe ich in Gesprächen häufig, die als Hintergrundvorstellung von der falschen Annahme ausgeht, Maria sei die Chefsekretärin ihres Sohnes. Bei ihr müsse man sich erst einen Termin holen, damit man vorgelassen wird beim Chef. Diese Vorstellung wird verständlicherweise abgelehnt. Wir dürfen unsere Christusbeziehung in der Unmittelbarkeit pflegen. Wir können direkt zu ihm gehen.

Aber ich finde es problematisch, wenn man Gottunmittelbarkeit und Gottmittelbarkeit gegeneinander ausspielt. Wenn ein Kind Hunger hat, dann betet es nicht, sondern fragt die Mutter oder den Vater: „Schmierst du mir ein Butterbrot?" Gott hat uns Menschen nicht geschaffen und uns dann in die reine Zuschauerrolle seiner Schöpfungs- und Geschichtsmacht gedrängt, sondern er hat uns berufen – zwar in Abhängigkeit von ihm – als freie Mitarbeiter Gottes diese Welt mit zu gestalten.

Thomas von Aquin sprach von den freien Zweitursachen, die wir Menschen darstellen, während Gott die Erstursache ist.

Auch dürfte uns zu denken geben, dass Christus sich so sehr mit uns Menschen identifiziert, dass er im Gerichtsgleichnis sagen kann: Was ihr dem Geringsten getan habt, das habt ihr mir getan (Mt 25,40). Und Saulus hört vor Damaskus nicht: „Warum verfolgst du meine Jünger?", sondern „Warum verfolgst du mich?"

Um es einmal populär auszudrücken: Jesus ist nicht eifersüchtig auf Liebe, die Menschen einander schenken. Jede Liebe, die Menschen einander schenken, betrachtet er, als ob sie ihm geschenkt würde. Das gilt nicht nur für Menschen, die zur selben Zeit leben. Das gilt auch für Menschen, die uns schon vorausgegangen sind in die Herrlichkeit Gottes.

Im Himmel gibt es keine Arbeitslosen. Es gehört mit zur Glückseligkeit des Himmels, dass die Heiligen durch ihre Fürbitte das Erlebnis geschenkt bekommen: „Ich kann etwas bewirken!"

Das Zweite Vatikanische Konzil betont auch noch einmal den Unterschied zwischen Fürbitte und Anbetung.

„Vor allem seit der Synode von Ephesus ist die Verehrung des Gottesvolkes gegenüber Maria wunderbar gewachsen in Verehrung und Liebe, in Anrufung und Nachahmung, gemäß ihren eigenen prophetischen Worten: 'Selig werden mich preisen alle Geschlechter, da mir Großes getan hat, der da mächtig ist' (Lk 1,48). Dieser Kult, wie er immer in der Kirche bestand, ist zwar durchaus einzigartig, unterscheidet sich aber wesentlich vom Kult der Anbetung, der dem menschgewordenen Wort gleich wie dem Vater und dem Heiligen Geist dargebracht wird, und er fördert diesen gar sehr. Die verschiedenen Formen der Verehrung der Gottesmutter, die die Kirche im Rahmen der gesunden und rechtgläubigen Lehre je nach den Verhältnissen der Zeiten und Orte und je nach Eigenart und Veranlagung der Gläubigen anerkannt hat, bewirken, dass in der Ehrung der Mutter der Sohn, um dessentwillen alles ist (vgl. Kol 1,15-16) und in dem nach dem Wohlgefallen des ewigen Vaters die ganze Fülle wohnt (Kol 1,19), richtig erkannt, geliebt, verherrlicht wird und seine Gebote beobachtet werden."[24]

Maria als Vorbild des Glaubens zu verehren war ja auch für

---

[24]Vat II, Lumen gentium, Art. 66.

Martin Luther kein Problem, wie man an seinem Magnifikat-Kommentar sehen kann. Aber zu Maria beten – da waren seine Befürchtungen groß, dass Gott zu klein würde.

Kommen wir noch einmal zurück zum biblischen Befund: Für den Evangelisten Johannes rahmt Maria das öffentliche Wirken Jesu ein.

Damit aus den wenigen Stellen des Neuen Testamentes, in denen Maria erwähnt wird, aber doch der Mensch Maria in seiner Verbundenheit mit Jesus mehr Konturen gewinnt, dürfen wir – auch wenn wir damit den Boden der Offenbarung verlassen – bei den Dichtern Hilfe suchen. Vielleicht kennen einige von Ihnen Eric Emmanuel Schmitt? Bekannt sind seine beiden Erzählungen „Oscar und die Dame in Rosa" über einen krebskranken Jungen und „Monsieur Ibrahim und die Blumen des Koran", in der er von dem Jungen Momo erzählt, der in dem Kolonialwarenhändler Ibrahim einen väterlichen Freund findet, der als sein verlässlicher, gütiger Berater und weitsichtiger, bisweilen verschmitzt-schlitzohriger Mentor ihm die seelische Nähe anbietet, die ihm seine Eltern nicht schenken können oder wollen. Eric Emmanuel Schmitt hat sich aber auch an biblische Stoff herangetraut. Er schreibt in seinem Roman „Das Evangelium nach Pilatus" folgende Passage, in der Jesus im Ich-Stil des Erzählers auftritt:

„'Wenn einer mit mir kommt und nicht Vater und Mutter, Brüder und Schwestern, Frau und Kinder hinter sich lässt, kann er nicht mein Schöner sein', schloss ich und schlug ihnen die Tür vor der Nase zu. Wutschäumend kehrten meine Brüder um. Meine Mutter dagegen blieb verzweifelt und demütig vor der Tür hocken. Nachts ließ ich sie herein, und wir weinten miteinander. Seit jener Nacht hat sie mich nicht mehr verlassen. Sie folgte mir in einigem Abstand mit Myriam und Magdala und den anderen Frauen, so verhalten, dass sie allen einschließlich mir zu vergessen erlaubte, dass ich ihr Sohn war. Ab und zu trafen wir uns und tauschten heimlich flüchtige Küsse. Sie wacht über mich nach dem Bruch mit meinen Brüdern, sie hat mich verstanden. Sie hat eingesehen, dass ich die Liebe im Allgemeinen über die Liebe im Besonderen stelle. Das ist mein größter und schönster Triumph auf dieser Welt: dass ich meine Mutter überzeugen konnte."[25]

Die Weite der Liebe Jesu, die nicht bei den Blutsverwandten eine unsichtbare Grenze zieht, sie ist es, die Schmitt nach einem nur angedeuteten Bekehrungserlebnis in der Wüste an Jesus fasziniert. Bei seinem Versuch, die Menschlichkeit Jesu konsequent darzustellen und psychologisch nachvollziehbar zu beschreiben, wird Schmitt dann doch zum Irrlehrer, weil die Gottheit Jesu zu kurz kommt.

Einen anderen Annäherungsversuch an die innige Verbundenheit zwischen Jesus und seiner Mutter wagt Josef Kentenich. Biographisches, Psychologisches und Theologisches fließen hier ineinander.

Da ist zunächst die Mutter Katharina Kentenich, die ihren Sohn Josef mit achteinhalb Jahren ins Waisenhaus nach Oberhausen geben muss, weil sie als ledige Mutter Geld verdienen muss. Am Tag der Einlieferung geht sie mit ihrem Jungen in die Waisenhauskapelle und übergibt in einem persönlichen Gebet ihr Kind der Gottesmutter mit der innigen Bitte, doch von nun an sich als Mutter ihres kleinen Josef zu zeigen. Der sensible und aufgeweckte Junge hat diese Weihe bewusst mit vollzogen. Später meinte er, diese Weihe sei das Samenkorn der ganzen Schönstatt-Spiritualität gewesen.

In der lang anhaltenden Glaubenskrise während seines Studiums erlebt er am Ende die heilende und befreiende Wirkung der Gottesmutter. Ihrer Fürbitte schreibt er die Lösung seiner seelisch-geistigen Probleme zu. Bei der Frage, wieso Maria eine solche Wirkung entfalten kann, entdeckt er die anthropologische Dimension

---

[25] Eric Emmanuel Schmitt, Das Evangelium nach Pilatus, Fischer-TB Frankfurt ^{3}2014, S. 67f.

des Immaculatadogmas. Das heißt: Weil Maria der einzige Mensch ohne Erbsünde ist, ist sie auch der ganz heile, der voll beziehungsfähige Mensch. Die Theologen sprechen vom donum integritatis, das heißt von der Gabe der Integrität, und meinen damit, dass Verstand, Wille und Gemüt bei Maria eine Einheit bildeten. Was in der theologischen Reflexion zu Kentenichs Zeit üblich war, das war die christologische Dimension des Immaculatadogmas. So heißt es ja bis heute im Tagesgebet vom 8. Dezember: „Im Hinblick auf den Erlösertod Christi hast du die selige Jungfrau Maria schon im ersten Augenblick ihres Daseins vor jeder Sünde bewahrt, um deinem Sohn eine würdige Wohnung zu bereiten."

Kentenich beobachtete: Wer sich in die Nähe des vollerlösten Menschen Maria begibt, in ihr Klima, das sie um sich verbreitet, eintaucht, der erlebt Heilung, Befreiung, wachsende Beziehungsfähigkeit und Belastbarkeit.

Gerne formuliert er: „Maria ist die Dauergefährtin und Dauergehilfin Christi beim ganzen Erlösungswerk." Oder in seinen gläubigen Deutungen geschichtlicher Vorgänge stoßen wir immer wieder auf die Formulierung: „Die marianische Modalität der Heilsgeschichte."

Wenn wir das Lebenswerk von Pater Kentenich würdigen wollen, dann liegt seine Größe nicht so sehr in der theologischen Reflexion über Maria, sondern viel mehr in der konsequenten praktischen Anwendung der Glaubensaussagen über Maria. Es ist eine marianische Spiritualität und ein marianischer Seelsorgsstil entstanden. – Aber auch das ist nichts überraschend Neues in der Kirche.

Wenn wir die ganz handfeste und kindlich-vertrauende Marienliebe eines Don Bosco anschauen, dann hat er ja immer wieder für sein bedrohtes Projekt, eine Heimstatt für Jugendliche zu schaffen, die Hilfe der Gottesmutter erbeten und auch bekommen.

Oder schauen wir auf die Mutter Emmanuelle von Kairo, die nach Jahrzehnten unter den Müllsammlern in Kairo dann doch 1993 ins Altersheim ihres Ordens ging, aber dort noch ein reges

Briefapostolat und Gebetsapostolat betrieb. Unter anderem erzählte sie:

„Vor einigen Jahren habe ich einen Aidskranken bis zu seinem Tod begleitet. Ich besuchte ihn, telefonierte mit ihm und schrieb ihm. Ich habe diesen Verfall und dieses Leiden ganz nah miterlebt. Der Kampf, den ich jetzt führe, verlangt nicht von mir, dass ich laufe und mich bewege. Im Gegenteil. In der Kapelle, beim Verweilen im tiefen Schweigen, lasse ich die Tragödien der Welt und die Leiden meiner Briefschreiber in mein Herz und in meine Gedanken eindringen. Ich weiß, mein Gebet wird den verstorbenen Mann nicht zurückbringen. (Es handelte sich um einen drogenabhängigen Sohn, dessen Mutter nach seinem Tod depressiv geworden war.) Ich wende mich oft an die Jungfrau Maria, die nie verzweifelt ist. Mein Gebet wird meiner Briefschreiberin helfen, durchzuhalten und wieder einen Sinn für ihr Leben zu finden."[26]

Rückblickend auf ihr Leben schreibt Mutter Emmanuelle: „Für mich ist Gott der Gipfel der Liebes-Hingabe, der entschieden hat, eines Tages einzutreten in unser Abenteuer von Leben und Tod, Freude und Leid, Weite und Tränen, bis zum Ende. Das Böse eingeschlossen, das uns aus der Fassung bringt und das mich mehr als einmal ausrufen lässt: 'Aber, Herr, wo bist Du?'. Denn es ist eigenartig, für mich ist letztlich das Böse Teil des Lebens. Gott hat den Menschen so sehr geliebt, dass er ihn frei wollte, frei zu lieben oder zu hassen. Kann also der Monsun, der tötet, der Krieg, der mordet, die verhungernden Kinder, all das zu einem Guten führen? Ich wage zu sagen: Ja. Christus ist es, der weiterhin gegeißelt und gefoltert wird. Aber Achtung! Er ist am dritten Tag auferstanden. Das letzte Wort hat nicht das Böse, nicht das Massaker. Die Jungfrau Maria wusste es. Sie, die nie gezweifelt hat, hat mich gelehrt, wer der Gott der Liebe ist. Für mich, Schwester Emmanuelle, gibt

---

[26] unveröffentlichtes Manuskript – ins Deutsche übersetzt von Anna Handler.

es keine Situation auf Erden, so ausweglos sie erscheinen mag, die nur den Tod brächte. Keine einzige Wirklichkeit, die nicht einen Keim von Auferstehung in sich trägt."[27]

Für Mutter Emmanuelle, die erst als 60-Jährige zu den Müllsammlern zog, dort unter ärmlichsten Bedingungen lebte, mit vielen Vorurteilen zu kämpfen hatte, sich oft ohnmächtig erlebte, aber dann doch Beachtliches dort erreicht hatte, ist Maria die Frau, die ihr die Kraft zum Durchhalten, zum Überwinden der zahllosen Schwierigkeiten und Hindernisse gegeben hat.

Manche Formen der Marienverehrung mögen uns heute fremd erscheinen, wie z.B. die Tatsache, dass der bekehrte Ritter Ignatius von Loyola am 25.3.1522 vor einer Gottesmutterstatue im Kloster Montserrat eine ganz Nacht Nachtwache in voller Ritterrüstung hielt und dann sein Schwert der Gottesmutter schenkte. – Aber der Geist, der dahintersteckte, der ist klassisch und immer aktuell. Und Maria hat die Hingabe des Ignatius reich belohnt und der später von ihm gegründeten Gemeinschaft der Jesuiten eine reiche Fruchtbarkeit geschenkt. Aber nicht nur der Jesuiten-Orden blühte und wuchs. Auch die Laiengemeinschaften, die sogenannten „Marianischen Kongregationen" (abgekürzt MC), entfalteten sich dynamisch. 1563 wurde die erste MC in Rom gegründet, 1574 sprang der Funke nach Ingolstadt über.

In München gründeten 1610 sechs Männer die „Marianische Kongregation der Herren und Bürger". 100 Jahre später konnten die Mitglieder der MC ihre eigene Kirche bauen: den Bürgersaal in der Neuhauser Straße.

Wenn wir in die Biographien von Christen und in die Geschichte religiöser Gemeinschaften schauen, dann stoßen wir auf eine Konstante, die Pius X. einst in die Worte kleidete: „Marienverehrung schenkt eine vitale Christuserkenntnis."

---

[27] unveröffentlichtes Manuskript – ins Deutsche übersetzt von Anna Handler.

Vielleicht können meine Ausführungen den einen oder anderen, der sich noch schwertut mit einer herzlichen Marienliebe, ermuntern, so manche Vorbehalte aus dem Verstand und dem Herzen auszuräumen. Maria bietet jedem ihre mütterliche Liebe an, der ein Lieblingsjünger Jesu werden will.

10. Joh 2,11: An Jesus glauben

„So tat Jesus sein erstes Zeichen, in Kana in Galiläa, und offenbarte seine Herrlichkeit und seine Jünger glaubten an ihn.“

In seinem Jesus-Roman „Das Evangelium nach Pilatus“ lässt der Autor Eric-Emmanuel Schmitt Jesus über seine Wirkung auf die Bevölkerung sinnieren. Er legt Jesus folgende Worte in den Mund: „Sie lauschten mit offenem Mund, denn sie können nur mit dem Mund verstehen; mit den Ohren hören sie nichts. Meine Rede schwang sich von Schädel zu Schädel und prallte ab, ohne Spuren zu hinterlassen. Sie mochten nur meine Wunder. ... Was ich sagte, ging unter, wie man zerstreut an einer Vorspeise kaut, ohne sie zu schmecken. Das Hauptgericht blieb das Wunder. ... Ohne eine einzige Idee aus meinen Reden zu behalten, freuten sie sich darüber, dass sie einen brauchbaren Fürsprecher gefunden hatten, stets bei der Hand, um ihnen das Leben zu erleichtern.“[28]

Eric-Emmanuel Schmitt zeichnet hier mit wenigen Worten das Bild des unverstandenen Jesus. Das ist nichts Neues. Auch der Evangelist Johannes beschreibt in seinen Dialogen zwischen Jesus und seinen Mitmenschen diese eigenartige Spannung: Die Menschen meinen, sie hätten Jesus verstanden, aber an ihren Antworten merkt Jesus, dass sie nichts verstanden haben. Für die Samari-

[28] Eric-Emmanuel Schmitt, Das Evangelium nach Pilatus, Frankfurt 2007, S. 65f.

terin am Jakobsbrunnen ist Jesus zunächst ein Jude, der nicht auf die Samariter herabschaut, dann ein Prophet, schließlich – mit ein bisschen Nachhilfe durch Jesus selbst – der Messias (vgl. Joh 4). Für den Gelähmten war Jesus zunächst der Mann, der ihn gesund gemacht hatte (vgl. Joh 5,11), dann Jesus; und schließlich offenbart sich Jesus als der, der Gott seinen Vater nannte. Doch die Wirkung auf die Pharisäer war nicht freudige Anerkennung sondern Wut und Empörung, die sich in Morddrohungen kanalisierte (vgl. Joh 5,18).

Ähnlich schraubt sich in Spiralform die Erkenntnis des Blindgeborenen über Jesus in die Höhe: Der Mann, der Jesus heißt, heilte mich (vgl. Joh 9,11). Die Pharisäer diskutieren: Dieser Mensch kann nicht von Gott sein, weil er den Sabbat nicht hält (vgl. Joh 9,16). Andere wiederum: Wie kann ein Sünder solche Zeichen tun? (vgl. Joh 9,16). Als der Geheilte nach einem zweiten Verhör hinausgeworfen wird, weil er die Pharisäer mit seinen naheliegenden Schlussfolgerungen provoziert hatte (Joh 9,24-34), nämlich: *„Wir wissen, dass Gott einen Sünder nicht erhört; wer aber Gott fürchtet und seinen Willen tut, den erhört er"* (Joh 9, 31). Als Jesus und der Geheilte wieder zusammentreffen, fragt ihn Jesus: *„Glaubst du an den Menschensohn? Da antwortete jener und sagte: Wer ist das, Herr, damit ich an ihn glaube? Jesus sagte zu ihm: Du hast ihn bereits gesehen; er, der mit dir redet, ist es. Er aber sagte: Ich glaube, Herr! Und er warf sich vor ihm nieder"* (Joh 9,35-38).

Es lohnt sich, einmal das ganze Johannes-Evangelium in einem durchzulesen mit dieser Fragestellung: der missverstandene Jesus – und welche Hilfestellung brauchen die suchenden Menschen, um in ihrem Zeitgenossen mehr zu sehen als den Zimmermann aus Nazareth.

Das Thema dieser Meditation klingt auf den ersten Blick sehr harmlos – an Jesus glauben. Aber was meinen Menschen wirklich, wenn sie sagen, sie würden an Jesus glauben? Für manche ist er nur ein guter Mensch, der tatsächlich gelebt hat; für andere ist er ein interessanter Weisheitslehrer, für andere wiederum ein Vertreter des gewaltlosen Widerstandes, manche sortieren ihn nivellierend ein in die große Schar von Religionsgründern und stellen ihn neben Buddha und Mohammed.

Tasten wir uns an diesen Lebensvorgang „glauben" zunächst von der zwischenmenschlichen Ebene her heran.

„Ich glaube an dich!" – Dieser Satz zu einem Menschen gesprochen, der zur Zeit von Selbstzweifeln, Selbstanklagen, oder gar Selbstverachtung gequält ist, kann Balsam für die wundgescheuerte Seele sein. „Ich glaube an dich" bedeutet dann, dass ich nicht nur auf das schaue, was an Negativem offensichtlich ist, sondern dass ich davon ausgehe, dass in diesem Menschen viel mehr Gutes und viel mehr Chancen zur Entwicklung stecken, als dieser Mensch im Moment selber sehen kann. Jeder gute Trainer kann einem Sportler nach einem Misserfolg dieses neue Selbstvertrauen vermitteln.

Einer, der mit dieser inneren Einstellung hunderte von Jungen von der Straße aufgelesen hatte, ihnen nicht nur ein Bett sondern auch einen Platz in seinem Herzen eingeräumt hatte, war der irischstämmige Priester Edward Flanagan, der 16 km außerhalb von Omaha im Bundesstaat Nebraska 1921 eine Jungenstadt gründete: „Boys Town". Typisch für Father Flanagan war ein Brief, den er an die Behörden schrieb:[29] „Ich habe gelesen, dass Sie diese Jungen für schlecht halten. Ich sehe nicht, wie Sie ihnen viel helfen können, wenn Sie so denken. Sie sind nicht schlecht, vielmehr Opfer eines Trugschlusses, dem auch viele ältere Menschen verfallen – des irrigen Glaubens, ein gutes Ziel könne mit schlechten Mitteln erreicht werden. Diese Jungen fühlen sich wie die einstigen Ritter – und Villa war der Drache, den zu erlegen sie auszogen. Und dies trifft zu, einerlei, ob sie von Rittern und Drachen etwas wissen oder

[29] Fulton und Will Oursler, Pater Flanagan von Boys Town, Konstanz, Stuttgart 1961, S. 180f.

nicht.“

Was war der Anlass von diesem Brief? Zwei Jungen mit offensichtlichen Führungsqualitäten hatten sich in den Kopf gesetzt, illegal von den USA nach Mexico vorzudringen und den berühmten Banditen Villa gefangen zu nehmen. Sie hatten eine Clique von ca. 25 gleichaltrigen Jungen um sich geschart, Lebensmittel, Pistolen und Munition gestohlen und waren schließlich mit einem geklauten Boot den Rio Grande heruntergefahren, dem Golf von Mexico entgegen. Ein Boot der US-Zollbehörde griff sie nach einer einstündigen Verfolgungsfahrt auf. Die meisten Jungen wurden zu ihren Eltern zurückgebracht, aber den beiden Anführern drohten schwere Strafen. Father Flanagan konnte aufgrund seines guten Rufes die Jungen zu sich in seine Jungenstadt holen, wo sie in den Jahren danach keinerlei Schwierigkeiten machten. Diese vorbehaltlose Offenheit weckte das Beste in diesen beiden und in Tausenden von anderen Jungen.

Südlich von München richteten die amerikanischen Besatzungsbehörden nach dem Muster von Boys Town die Jungenstadt Buchhof ein. Sie war eine Einrichtung, die im Mai 1947 gegründet worden war, um sich männlicher Kriegswaisen im Alter von 13 bis 19 Jahren anzunehmen. Die Jugendlichen sollten auf dem ca. 30 Km südlich von München gelegenen Anwesen nicht nur grundlegend versorgt werden, sondern auch in eigenen Lehrwerkstätten eine Berufsausbildung erhalten. Was die Jungenstadt gegenüber anderen Kinder- und Jugend(wohn)heimen der damaligen Zeit zusätzlich auszeichnete, war der Versuch in diesem Zusammenhang Selbstregierungs- bzw. Selbstverwaltungsstrukturen als Erziehungsmittel einzusetzen. Dazu zählten in der Anfangszeit eine eigene Verfassung, ein von den Bewohnern gebildeter Stadtrat, dem ein von ihnen gewählter Bürgermeister vorstand, sowie ein eigenes Gericht, das über die Einhaltung der selbst erlassenen Gesetze wachen und Verstöße ahnden sollte.

Im Rahmen dieser Initiative hatten anfangs die auf dem Flugplatz Oberpfaffenhofen stationierten Einheiten und später die der Air Base Neubiberg die Patenschaft für die Jungenstadt übernommen. Kontaktleute der U.S. -Air Force wirkten folglich bis 1951 an deren Leitung mit. Nach dem Abzug des Militärs erfolgte offenbar bald eine grundlegende konzeptionelle Umgestaltung, in deren Verlauf die Selbstverwaltungsstrukturen zunächst nur modifiziert, dann jedoch wohl gänzlich aufgegeben wurden.

Die Schließung der Jungenstadt Buchhof macht deutlich, dass es nicht ausreicht, die Regeln und die Infrastruktur zu übernehmen. Es braucht auch die charismatische Erzieherpersönlichkeit, die dem ganzen Projekt gleichsam eine Seele einhaucht.

Wenn wir von dieser zwischenmenschlichen Erfahrung ausgehen, dann bedeutet der Satz „Ich glaub an dich“ eine vorbehaltlose Annahme, ein Ja ohne wenn und aber zu diesem Menschen.

Die Pharisäer damals zur Zeit Jesu waren dazu nicht bereit oder nicht fähig. Sie waren so sehr Gefangene ihrer Vorstellungen über einen guten und frommen Menschen, dass bei ihnen seelisch der „Rolladen runterging“, wenn sie Jesus hörten oder beobachteten.

Wir haben heutzutage den großen Vorteil gegenüber den Zeitgenossen des irdischen Jesus, dass wir sein ganzes Erdenleben, sein Reden und Wirken im Lichte von Ostern sehen und deuten können. Das macht es uns leichter. Und doch stoße ich in Beratungsgesprächen immer wieder auf Vorbehalte.

Die auf den ersten Blick unüberwindlich scheinenden Vorbehalte beruhen in den meisten Fällen auf erlebten Schicksalsschlägen: „Wie kann Gott so etwas zulassen?“ – „Wenn Gott allmächtig und die Liebe ist – das passt doch nicht zusammen mit dem, was ich erlebt habe!“

Nicht umsonst sagt man: Das unschuldige Leid ist der Fels des Unglaubens.

Pater Kentenich, der selber drei Jahre Gefangener im KZ Dachau war, formulierte ein paar Jahre später im Rückblick auf seine Gespräche mit Mithäftlingen in Dachau: „Wie Gott sich mit seiner ganzen Last auf Jakob warf, so lastet er mit der unergründlichen Unfassbarkeit, mit der er sich heute beim Schreiten durch die Zeit umgibt, auf begrenzten Menschen, auf denkenden, aber – wie Pascal die Menschen nennt – schwankenden Rohren. Wie Jakob mit Gott die ganze Nacht hindurch bis zum frühen Morgen rang, so muss jeder schöpferische Gotteskämpfer die dunkle Nacht der geistigen Unklarheit und Unsicherheit wegen Sinn und Zweck der geheimnisvollen, rätselhaften Zeitgeschehnisse und Lebensnöte durchwandern, er muss sich durch sittliche Schwächen und Hilflosigkeiten, durch religiöse Abgestumpftheiten durchringen zum Licht, zu geistiger Klarheit, zu religiöser Tiefe und sittlicher Kraft. Er muss mit Gott kämpfen, bis der Allweise und Allgütige sein Antlitz entschleiert, bis er ihn segnet mit dem Segen der Einsicht, der Sicherheit, des Wagemutes und der Sieghaftigkeit. Es mag nicht viele Menschen und Gemeinschaften geben, die aus diesem Kampf als vollendete Sieger hervorgehen."[30]

Wenn ich zu einem Menschen sagen muss, dass ich ihn nicht verstehe, dann bedeutet das ja, dass er mir irgendwie fremd ist. Ich kann seine Gefühle, seine Reaktion auf die Wirklichkeit, seine Schlussfolgerungen nicht nachvollziehen. Manchmal lässt sich in einem längeren Gespräch so etwas klären, und die Äußerungen oder Verhaltensweisen werden für mich nachvollziehbar. Doch nicht immer gibt es dieses happy end. Manchmal bleibt das Fremde trotz aller Erklärungsversuche. Und wir übersetzen diese Fremdheit dann in räumliches Vorstellungsvermögen und klagen: „Du bist so weit weg von mir."

Das, was in einer zwischenmenschlichen Beziehung immer wieder als Problem auftaucht, gilt gleichermaßen auch für unsere lebendige Beziehung zu Jesus Christus, zu Gott Vater und zum Heiligen Geist. Dieser mir fremde und unbegreifliche Gott wird dann zum fernen Gott.

[30] Kentenich, Oktoberbrief 1949. Vallendar-Schönstatt 1970, S. 23f.

An diesem kritischen Punkt kommt es dann darauf an, ob ich von mir aus aktiv werde und Gott intensiver suche und ihn zu verstehen suche, oder ob ich mich resigniert zurückziehe. Die Möglichkeit, die empfundene Leere dann mit irgendetwas Belanglosem vollzustopfen oder mich anderweitig zu trösten oder mich mit Arbeiten so einzudecken, dass ich keine Zeit zum Nachdenken mehr finde, ist real vorhanden. Und ich bin selber leider schon oft in diese Falle getappt. Wie oft habe ich mich in dem notvollen Stoßseufzer des Vaters des besessenen Sohnes wiedergefunden: *„Ich glaube; hilf meinem Unglauben!"* (Mk 9,24).

Pater Kentenich gebraucht für diesen intensiven Suchprozess sogar das Wort „kämpfen". Ich wiederhole noch einmal den Satz von eben: „Er muss mit Gott kämpfen, bis der Allweise und Allgütige sein Antlitz entschleiert, bis er ihn segnet mit dem Segen der Einsicht, der Sicherheit, des Wagemutes und der Sieghaftigkeit."

Wer sich Gott gegenüber verhält wie eine beleidigte Leberwurst, wer sich resigniert in das Schneckenhaus seines Selbstmitleids bzw. in den berüchtigten Schmollwinkel zurückzieht, der betreibt eigentlich intensive Selbstsabotage.

In der Trauerbegleitung kommen wir manchmal an den Punkt, wo Betroffene äußern: „Gott kann es nicht geben!" – Dann frage ich – je nach Klima – zurück: „Ja, und wenn es Gott nicht gibt, wird dann Ihr Leid kleiner?" – Mit anderen Worten: Weil wir an Gott glauben, haben wir wenigstens einen Adressaten für unsere Klagen und für unsere Wut über dieses ungerechte Schicksal.

Und ich ermutige Menschen, sie sollen – wenn sie Gott nicht loben können – wenigstens mit ihm schimpfen, aber sich nicht ins Schweigen einigeln. Vielen gelingt nach einem mehr oder wenigen langen Ringen mit Gott dieses neue Ja zu ihm und zu dem, was er uns zugemutet hat.

Sie spüren: Wenn das mitschwingt bei dem Satz „Ich glaube an Jesus", dann ist das viel mehr als ein bloßes Für-wahr-Halten von Glaubenssätzen.

Ein Vergleich: Sie haben heute bestimmt noch nicht an den Satz des Pythagoras gedacht. Aber jetzt, wenn ich Sie daran erinnere, dann fällt ihnen ein, dass ihnen dieser wichtige Satz aus der euklidischen Geometrie mal in der Schule erklärt worden ist: Bei einem rechtwinkligen Dreieck ist die Summer der beiden Flächen der Kathetenquadrate gleich dem Flächeninhalt des Hypotenusenquadrates. Aber wenn Sie nicht gerade die Beete im Garten neu anlegen wollen und dazu sich einen Strick nehmen, der nach 3, nach weiteren 4 und dann nach weiteren 5 Metern einen Knoten hat, so dass Sie damit einen rechten Winkel in Ihr Beet bekommen, dann brauchen Sie im Alltag diesen Satz nicht.

Ähnlich ist es mit so manchem Getauften, der zwar im Religionsunterricht das Credo gelernt hat und die biblischen Geschichten kennt, aber im Alltag damit nichts anzufangen weiß.

„An Jesus glauben“ bedeutet, eine lebendige Beziehung mit ihm zu pflegen mit all dem Auf und Ab, wie es auch zwischen uns Menschen zu finden ist.

Wer meint, aus Gründen der Echtheit und Authentizität nur dann in die Kirche gehen zu sollen, wenn ihm danach zumute ist, der findet in keine lebendige Beziehung hinein. Nach diesem Prinzip kann man auch keine Freundschaft pflegen. Das ist einfach zu wenig. Die stirbt an Unterernährung.

Kommen wir in die Zielgerade: An Jesus zu glauben heißt im tiefsten Sinne ihn als Gott anzuerkennen und ihn als meinen Erlöser zu lieben. Bei allem kritischen Prüfen und Hinterfragen stehe ich letztlich vor der Entscheidung: Kann ich den Selbstaussagen Jesu trauen oder nicht? Vor dieser Frage standen schon die Zeitgenossen Jesu. Die oft an Jesus herangetragene Zeichenforderung ist ja nichts anderes als die Sehnsucht: „Mach uns doch das Glauben so leicht wie möglich! Überwältige uns mit Sensationen!“ – Doch darauf geht Jesus nicht ein – aus Ehrfurcht vor der Freiheit, die der Schöpfer uns Menschen gegeben hat. Der Evangelist Johannes vermeidet bewusst das Wort „Wunder“. Er spricht immer nur von „Zeichen". Natürlich ist die naheliegende Deutung der Zeichen Jesu: Dieser Sohn des Zimmermanns ist mehr als nur ein leidenschaftlicher Rabbi. Und Menschen, die in diesem Sinne vorurteilsfrei die Zeichen auf sich wirken lassen, erkennen und anerkennen ihn als Sohn Gottes. Gegenüber denen, die sich der Botschaft seiner Zeichen verweigern, findet Jesus harte Worte: *„Die Männer von Ninive werden beim Gericht gegen diese Generation auftreten und sie verurteilen; denn sie haben sich nach der Predigt des Jona bekehrt. Hier aber ist einer, der mehr ist als Jona"* (Mt 12,41).

Die Jünger haben nach dem Weinwunder, dem ersten Zeichen, von dem Johannes schreibt, glauben können: *„So tat Jesus sein erstes Zeichen, in Kana in Galiläa, und offenbarte seine Herrlichkeit und seine Jünger glaubten an ihn"* (Joh 2,11).

An Jesus glauben, das ist mehr als ein bloßes Für-wahr-Halten; das ist mehr als ein gelegentliches Gefühl der Erhabenheit; das beinhaltet auch, dass ich mit ihm ringen muss, wenn er mir fremd vorkommt oder sich verbirgt; das heißt, dass ich mir einfach Zeit für die Pflege der Freundschaft mit ihm nehme; das heißt, dass ich ihn als Gott und Mensch immer tiefer erkenne und anerkenne.

Ein paar Fragen für die persönliche Meditation: Wenn Sie auf Ihre persönliche Liebesgeschichte mit Jesus zurückblicken, was gab es da für Momente, die wie Türen in einen neuen Raum wirkten? Was hat Ihnen geholfen, aus der Distanz und der Fremdheit wieder in eine innige Vertrautheit zu Jesus zu finden?

Mir hat es geholfen, dass der Häftling Kentenich im KZ Dachau seinen Glauben nicht verloren hat. Und aus Ehrfurcht vor diesem festgehaltenen Glauben auch in dunklen Zeiten verliert das unschuldige Leid den Charakter eines unüberwindlichen Hindernisses im Glauben.

11. Joh 2,13-22: Wütend und doch ohne Sünde

Jesus und die Austreibung der Händler aus dem Tempel.

Jesus war nicht die harmoniesüchtige Frau mit Bart, wie er uns von den Nazarener Künstlern vorgestellt wurde. Kunsthistorisch hat es sich eingebürgert, den Begriff „Nazarener“ auf Maler des 19. und frühen 20. Jahrhunderts anzuwenden, die religiöse Inhalte in Altarbildern und Kirchenfresken behandelten und dabei der Kunstauffassung der ursprünglichen Lukasbrüder – so nannte sich die Gruppe der Maler selber – nahestanden.

Ein Arzt meinte einmal bei der Betrachtung eines Jesusbildes aus dieser Kunstschule: „Dem fehlt ein Schuss Testosteron!“ Der wirkliche Jesus hat die Pharisäer provoziert, er hat die Händler im Tempel provoziert. Er konnte wütend werden. Er konnte zornig werden. Und doch müssen wir festhalten, dass Jesus keine Sünde begangen hat.

Wenn ich mal wütend werde, dann erzeugt der erlebte Kontrollverlust in mir Schuldgefühle. Gleichzeitig kann ich aber auch beobachten, dass mein Gegenüber endlich durch meine laute Stimme kapiert, dass er eine Grenzüberschreitung, eine Grenzverletzung begangen hat.

Stellen wir uns einmal ein Fußballspiel vor, bei dem 90 min lang die Spieler sich immer wieder gegenseitig den Ball zuspielen und dazu „Bitteschön!“ oder „Dankeschön!“ sagen. Das wäre stinklangweilig. Fußballspiel ist ein Mannschaftskampfsport aber mit klaren Regeln: Was fair und was unfair ist, das ist eindeutig festgelegt. Und Fouls werden durch den Schiedsrichter auch geahndet.

Der Philosoph Peter Sloterdijk versucht in seinem Werk „Zorn und Zeit“ den Zorn zu rehabilitieren als gestalterische Kraft der Geschichte. Er klagt: „Anstatt aufwallende Energien kollektiv und domestiziert zu nutzen, zerstreuen wir unsere Kräfte wirkungslos. Die Empörung hat keine Weltidee vorzuweisen. Also habe mit großer

Folgerichtigkeit 'die Mitte, das formloseste der Monstren,' das Gesetz der Stunde erkannt: Gefragt seien belastbare Langweiler, von denen erwartet wird, an großen runden Tischen die Weltformeln des Ausgleichs zu finden."[31] Aber in seinen Andeutungen, wie denn eine ressentimentfreie politische Theorie des Zorns aussehen und funktionieren könnte, bleibt er im Nebulosen und uns die Antwort schuldig.

Bekannt ist auch der Wutanfall von Dietrich Mateschitz, dem Red-Bull Chef, vom 14. Oktober 2012. Wie Hunderte Millionen Menschen verfolgt auch er an diesem Tag, wie sich der Extremsportler Felix Baumgartner aus fast 39 Kilometer Höhe in Richtung Erde stürzt und als erster Mensch im freien Fall die Schallmauer durchbricht. Ein beispielloser PR-Coup für Mateschitz' Konzern, der die Aktion sponserte. Sender berichten live, UN-Generalsekretär Ban Ki Moon wird Baumgartner später als „mutigsten Menschen der Welt" bezeichnen. Der Werbewert des „Stratosphärensprungs", wie er genannt wurde, geht in die Milliarden. Trotzdem ist Mateschitz sauer. Baumgartner sagte kurz vor dem Absprung: „I'm coming home now." Eine Abweichung vom Drehbuch, das einen anderen Spruch vorsah: „This is the world of Red Bull." Der Journalist Wolfgang Fürweger hat später herausgefunden, als er zu seinem Buch Die Red-Bull-Story recherchierte, dass Mateschitz schon per Handy Baumgartner eine SMS sendete und ihm die Freundschaft kündigte, als dieser noch dem Boden entgegen trudelte. Die beiden sollen nie wieder ein Wort miteinander gewechselt haben.

Wir dürfen festhalten: Aggression ist eine Erfindung des Schöpfergottes, damit wir überleben können. In der Gefahr stellt uns der Körper Energie zur Verfügung, damit wir entweder fliehen oder kämpfen können. Beides dient dem Überleben. Außerdem hat Gott

---

[31] So die Redakteurin Julia Encke, die in der FAZ vom 4.10.2006 das Werk rezensierte.

jedem von uns ein eigenes Urteilsvermögen und einen eigenen Willen gegeben. Also wird es zwangsläufig zu Konflikten kommen. Nicht dass gestritten wird, entscheidet über die Qualität einer Ehe, einer Familie, einer Partei oder einer Kommune, sondern wie gestritten wird. „Wir haben uns in unserer Ehe noch nie so viel gestritten wie im letzten Jahr und noch nie so wenig verletzt." Das sagte ein Ehepaar, das im Vorjahr bei mir ein Seminar über faires Streiten besucht hatte.

Die Ordensschwester Lea Ackermann, die das Hilfswerk SOLWODI (SOLidarity with WOmen in DIstress, Solidarität mit Frauen in Not) gegen Menschenhandel und Zwangsprostitution ins Leben gerufen hat, meinte einmal: „Der Gründungsimpuls dazu war meine Wut angesichts des Elends und der Ungerechtigkeit." Als sie Anfang der 80er Jahre als Lehrerin in Mombasa war, kam sie dort ins Gespräch mit kenianischen Frauen, die aus Not heraus in der Prostitution arbeiten mussten. Diese schreckliche Situation veranlasste sie, 1985 den Verein SOLWODI ins Leben zu rufen, der bis heute Ausstiegshilfen und Beratung für kenianische Prostituierte anbietet.

Nach ihrer Rückkehr nach Deutschland fielen Lea Ackermann hier die Probleme ausländischer Frauen auf. So gründete sie 1987 den gemeinnützigen Verein SOLWODI e.V. in Deutschland. SOLWODI arbeitet unabhängig und überkonfessionell für die Rechte von Migrantinnen, die in Deutschland in Not geraten sind, seien es Opfer von Menschenhandel, Ausbeutung, Gewalt oder Zwangsheirat. Zu den Arbeitsschwerpunkten gehören psychosoziale Betreuung, Vermittlung juristischer Hilfe, Unterbringung und Betreuung in Schutzwohnungen, Integrationshilfen und ggf. auch Rückkehrberatung.

Wenn wir also nicht gleichgültig die Missstände und Unmenschlichkeiten der Gegenwart hinnehmen, sondern unsere Empörung, unsere Wut, unseren Zorn kontrolliert explodieren lassen, wie das Benzin im Automotor, dann befinden wir uns in guter Gesellschaft zu Jesus und können diese Welt verändern – gegen den Widerstand und die Apathie derer, die sich mit allem abgefunden haben.

Ein weiterer Vergleich: Bis zur Erfindung des Dynamits war der Transport von dem flüssigen Sprengstoff Nitroglyzerin das reinste Himmelfahrtskommando. Zwar war man im Berg- und Straßenbau begeistert von diesem hochwirksamen Sprengstoff, aber die geringste Erschütterung der Flaschen auf dem Transport konnte dazu führen, dass alles in die Luft flog. Da kam Alfred Nobel auf die geniale Erfindung, dass er das flüssige Nitroglyzerin in Kieselgur (ein feiner, grießförmiger Stoff, der Flüssigkeiten absorbieren konnte) schüttete. Nun war aus dem unberechenbaren flüssigen Sprengstoff der berechenbare feste Sprengstoff Dynamit geworden. Dort, wo man mit Presslufthämmern nicht viel weiterkommt und nur ein bisschen an der Oberfläche kratzt, da erweist sich das Dynamit als hochwirksamer Helfer.

Begeben wir uns einmal in die hohe Politik: Bei der ersten Moskaureise von Bundeskanzler Konrad Adenauer im September 1955 erreichte er, dass 9626 deutsche Kriegsgefangene und verschleppte Zivilbürger freigelassen wurden. Auch wenn es über diese Vereinbarung nur das Ehrenwort von Chruschtschow und Bulganin gab und diese Zusage nicht in das Abschlussdokument aufgenommen wurde, hielten sich die Sowjets an diese Abmachung. Adenauer konnte wenigstens erreichen, dass die Sowjets auf der Pressekonferenz diese Vereinbarung erwähnten. Der Legende nach soll Adenauer gegenüber Chruschtschow auch sehr laut geworden sein und gerade dadurch als Verhandlungspartner ernst genommen worden sein.

Das Nachrichtenmagazin SPIEGEL schrieb über Adenauer und seinen Verhandlungsstil damals: „Die Schlichtheit seiner Gedankengänge und seine Hartnäckigkeit kamen ihm dabei zugute. Fern von allen intellektuellen Kapriolen sprach er eine Sprache, die den Sowjetführern verständlich war. Das war schon bei der Grundsatzerklärung offenbar geworden, die auf Order Konrad Adenauers entgegen den Vorschlägen seiner Berufsdiplomaten nicht als ein kühles diplomatisches Dokument, sondern als persönliche Ansprache im Genfer Ich-Stil Eisenhowers abgefasst war. Vom ersten Zusammentreffen an war es dem Kanzler gelungen, den Sowjets in einer Weise zu imponieren, wie ein gelernter Diplomat ... ihnen nie hätte imponieren können. Die Herren des Kreml hatten einen abgefeimten Satelliten-Fürsten erwartet, der versuchen würde, sie mit Phrasen und faulen Ausreden zu überlisten. Statt dessen trafen sie auf einen Mann, der ihnen an Starrsinn in nichts nachstand, dabei seine Karten offen auf den Tisch legte und sich nie scheute, ihnen die Meinung zu sagen. Der Kanzler seinerseits machte in Moskau, anders als nach seiner Rückkehr in Bonn, kein Hehl daraus, dass ihm Bulganin und Chruschtschow gefielen; die kommunalpolitische Korrektheit des einen beeindruckte den ehemaligen Kölner Oberbürgermeister genauso wie die polternde Bauernschläue des anderen."[32]

Adenauer meinte – gerade im Rückblick auf die Münchner Verträge zwischen Hitler und Großbritannien mit Frankreich im September 1938 – einmal: „Mit einem totalitären Staat kann man nun einmal nicht sprechen wie mit einem lieben, guten Bruder. Ein totalitärer Staat versteht nur eines: Er hört dann, wenn der, mit dem er spricht, auch Macht hat."[33]

„Wir haben unsere Erfahrungen mit Hitler vor Augen, und ich möchte Ihnen mit allem Nachdruck sagen: Ein totalitärer Staat lässt sich nur mit einem starken Staat auf Verhandlungen ein."[34]

Im Nachhinein sind natürlich alle klüger. Frankreich und Großbritannien wollten damit einen Krieg verhindern (Appeasement-Politik) und feierten den Vertragsabschluss – zu dem die Tsche-

---

[32] `http://www.spiegel.de/spiegel/print/d-31971227.html`

[33] Kanzler Konrad Adenauer am 20. Juli 1952 auf der Schlusskundgebung der „Gemeinschaft katholischer Männer Deutschlands" in Bamberg.

[34] Adenauer am 19. April 1953 vor dem amerikanischen Senatsausschuss für Auswärtige Angelegenheiten.

choslowakei nicht einmal eingeladen war – als Sieg. Aber indirekt war es eine Ermutigung des Diktators Hitler, mit allen Mitteln eine aggressive Expansionspolitik zu betreiben.

Verlassen wir die internationale Politik und kommen wir in die Alltagssituationen: In den 80er Jahren planten wir Patres die Errichtung einer Filiale in Stuttgart. Dazu sollte der Teil eines größeren Hauses, das den Frauen von Schönstatt gehörte, umgebaut werden. Die Bauarbeiten gingen nicht voran. Als mein Mitbruder, der sich um die Gründung der Filiale zu kümmern hatte, wieder einmal keine Fortschritte feststellen konnte, explodierte er gegenüber dem Baustellenleiter. Und siehe da: Am nächsten Morgen waren Arbeiter aller Gewerke auf der Baustelle und werkelten fleißig. Mein Mitbruder analysierte: Die kleine Firma hatte zu viele Baustellen übernommen und ihre Handwerker dorthin geschickt, wo sie den größten Druck erlebten. Die bisherige verständnisvolle Art meines Mitbruders hatten sie als Schwäche interpretiert und entschieden: Die können wir warten lassen. – Nach dieser Diagnose setzte mein Mitbruder immer ein grimmiges Gesicht auf, wenn er mit dem Baustellenleiter zu verhandeln hatte. so konnte dann der Umzug nach Stuttgart doch plangerecht über die Bühne gehen.

Ein Beispiel aus der Ordensgeschichte: Der hl. Ignatius von Loyola schreibt über die Geschichte seiner damals jungen Ordensgründung: „In Salamanca ist es ... zu starkem Widerspruch gegen uns von seiten einiger Dominikaner gekommen, wobei mir jene mehr von gutem Eifer als von der gebührenden Sachkenntnis geleitet scheinen. Da nun nach bereits zehn Monaten noch keine Ruhe eingetreten, im Gegenteil ... die Verschärfung über alles Maß gediehen ist, sehe ich mich gezwungen, Gegenvorkehrungen zu treffen. Ich berufe mich hierfür auf das Beispiel ... vieler heiliger Lehrer. ... Der heilige Thomas lehrt: 'Wir müssen bereit sein, Schmähungen zu ertragen, wenn es dem Guten dient. Manchmal aber wird es für uns notwendig, eine gegen uns erhobene Beschimpfung zurückzuweisen. ... Daher sagt der heilige Gregor: Jene, bei denen es vor allem auf das Beispiel und den guten Ruf ankommt, müssen womöglich die Auslassungen ihrer Verleumder in Schranken halten, damit sich nicht die Seelen von ihnen fernhalten, die sonst aus ihrem Zuspruch Nutzen ziehen könnten.' ... Dementsprechend gedenken wir uns um der größeren Ehre Gottes willen zu verhalten. Zunächst werden wir jenen in aller Freundlichkeit den Brief eines Kardinals zuschicken, der bei ihnen etwas gelten dürfte. Dann unterbreiten wir ihnen ein Schreiben ihres Ordensgenerals. Wenn aber keines von diesen beiden Mitteln etwas hilft, so sind wir um Gottes und des Nächsten willen verpflichtet, dem Feind der menschlichen Natur tüchtig zu Leibe zu gehen, da er sogar gelehrten Ordensleuten den Kopf verdreht ...: Wir werden mit einem Prozess anrücken, dass es nur so blitzt, und mit einem Breve des Papstes. ... Widerwärtigkeiten sind für uns die beste Schule."[35]

Dieser kleine Streifzug durch die Politik, die Kirchengeschichte und das Alltagsleben macht deutlich, dass man das aggressive Potential, das im Menschen steckt, nicht tabuisieren und auch nicht von vornherein verteufeln darf. Erst wenn wir uns eingestehen, was alles in uns lebendig ist und aufbrechen kann, können wir auch lernen, damit umzugehen.

Es gibt die von Psychologen geäußerte – nicht unwidersprochen gebliebene – Theorie, dass einer der Faktoren, die aus der evangelischen Pastorentochter Gudrun Ensslin die RAF-Terroristin werden ließ, der ausgesprochene Pazifismus in ihrer Herkunftsfamilie war.

Eltern erklärten mir, dass die Grenzen, dass man bei Raufereien sich nicht tritt, an den Haaren zieht, nicht kratzt, nicht beißt, nicht ins Gesicht schlägt und wenn der andere sich als besiegt erklärt, die Kinder nur verinnerlichen können, wenn sie beim Raufen daran erinnert werden und so diese Grenzen verinnerlichen.

Der begabte Jugenderzieher und Erbauer von Boys Town in den USA, Father Edward Flanagan, führte in seinen Jugendhilfeein-

[35] Hier zit.n. Kentenich, Studie 1960

richtungen Kampfsoprtarten ein, damit einerseits diese angestaute Wut der vielfach traumatisierten Landstreicherkinder ein Ventil fand und gleichzeitig dabei auch Regeln der jeweiligen Sportart verinnerlicht werden konnten. Ähnliches beschreibt auch Tim Guénard in seiner Autobiographie „Boxerkind. Überleben in einer Welt ohne Liebe“ Erst durch den Boxsport kann er seinen ganzen Frust und seine Wut über seinen gewalttätigen und alkoholabhängigen Vater und die sadistischen Erzieher in den Kinderheimen und Jugendgefängnissen „abarbeiten“ und gleichzeitig Regeln verinnerlichen.

Der Blick auf den wütenden Jesus, der die Händler aus dem Tempel treibt, kann uns helfen, mit dem uns innewohnenden Energiepotential vertraut zu werden und es gezielt und kontrolliert einzusetzen. Damit tragen wir viel dazu bei, ein faires Miteinander trotz unterschiedlicher Meinungen, Interessen und Anliegen zu entwickeln.

12. Joh 3,1-21: Zwiesprache mit Jesus

Das Stress-Hormon Cortisol kann man relativ einfach nachweisen, indem man eine Speichelprobe analysiert. Deshalb konnte man schon bei Babys nachweisen, dass Einsamkeit oder das Gefühl verlassen worden zu sein, genauso einen hohen Stress-Pegel erzeugt wie körperliche Schmerzen. Wir Menschen sind nun mal Gemeinschaftswesen. Wenn wir uns verstanden und angenommen erleben, dann schenkt und das Sicherheit und Geborgenheit.

Der kürzlich verstorbene Dirigent des Leipziger Gewandhausorchesters meinte einmal: „Egal, wo ich auf der Welt bin, wenn ich meine Frau neben mir fühle, dann fühle ich mich zu Hause.“

Bei unseren Familienfreizeiten in den Sommerferien gibt es meist auch einen Abend, an dem die Paare sich erzählen, wie sie sich kennen gelernt haben und warum sie sich füreinander entschieden haben. Eine Frau erzählte: „Der wollte nicht gleich nach dem zweiten Tanz mit mir ins Bett, sondern der wollte erst einmal mit mir reden. Ich glaubte schon gar nicht mehr, dass es Jungs gibt, die über Gefühle reden konnten – und nun saß mir einer gegenüber, der es aushielt, mir lange in die Augen zu schauen, der den Gesprächsfaden aufgriff, den ich ihm zuspielte, der sich einfühlen konnte und der über sein eigenes Innenleben souverän und locker erzählen konnte. Es war, als ob er mich bei der Hand nahm und mich durch die Parklandschaft seiner Seele führte." – In den folgenden Tagen, als ich den Mann näher kennen lernte, konnte ich das Urteil der Frau voll unterstreichen.

Der russische Schriftsteller Daniil Granin schreibt in seinem Buch „Die verlorene Barmherzigkeit", wie er als Patient im Krankenhaus in Leningrad nachts nicht schlafen konnte und über die Korridore wanderte. „Viele Betten standen im Gang. Die Patienten schliefen. Aber von einem der Betten war ein Stöhnen zu hören. Ich begab mich dorthin und erblickte eine alte, ergraute Frau mit aufgelösten Haaren. Ich fragte sie, ob ich eine Schwester rufen soll. Und sie erwiderte: 'Das ist nicht nötig, lieber setzen Sie sich zu mir!' Ich nahm Platz. Sie fing an, von sich selbst zu erzählen, stockend und mühselig. sie war 75 Jahre alt. Ihre Tochter lebte im Fernen Osten. Der Mann war im Krieg gefallen. sie selbst hatte in einer Kleiderfabrik gearbeitet und in einem Chor gesungen. Und wurde einmal ins Gefängnis gesperrt, weil sie den Fabrikdirektor geschlagen hatte. Plötzlich sagte sie zu mir: 'Hören Sie, ich werde den Morgen nicht mehr erleben und bald sterben, verlassen Sie mich jetzt nicht!' Ich versicherte ihr, sofort den Arzt zu rufen, aber sie antwortete: 'Nein, nein, da ist nichts mehr zu machen. Nur, bitte gehen Sie nicht weg!' Sie ergriff meine Hand und schloss die Augen, als hätte sie sich beruhigt, dann war ein Stoßseufzer zu hören. Sie öffnete die Augen und lächelte mich fast an. Die Augen blieben stehen, und ich fühlte, wie ihre Seele fortflog – ich kann das nicht erklären, aber ich habe im Krieg und im Lazarett immer gespürt, wie die Seele fortfliegt. Ich hielt ihre Hand, die allmählich erkaltete und ersteifte. Dann rief ich den Stationsarzt. ... Ja, sie war tatsächlich gestorben. Ich dachte daran, wie schwer es dieser Frau fiel, allein zu sterben, im Krankenhaus, bei Nacht; sie konnte niemandem mehr ein letztes Wort mitteilen; keine Menschenseele war, die sie anhörte. 'Ich verlange doch nicht zu viel, nur das eine, dass jemand dabei ist und mir die Hand hält.' Sie hatte nichts hinterlassen und um nichts gebeten. Es gab keine Worte des Abschieds, sondern nur ein gewöhnliches Gespräch, aber das war es ja – jemand hat sie begleitet."[36]

Am Lebensanfang, am Lebensende und oftmals zwischendurch – diese drei kleinen Momentaufnahmen sollen uns einstimmen auf das Thema der heutigen Meditation: Zwiesprache mit Jesus.

Das ist ja der große Vorteil, den wir als Christen haben, dass wir jederzeit und überall Zwiesprache mit Jesus halten können – gerade auch dann, wenn wir uns einsam fühlen oder nicht verstanden von Menschen. Als biblischen Ausgangspunkt der Meditation habe ich das dritte Kapitel vom Johannesevangelium ausgewählt: Da geht es um das Gespräch zwischen Jesus und Nikodemus.

Von dem vielen, das Jesus getan und gesagt hatte, hat uns der Evangelist Johannes exemplarisch sieben Wunder, die öffentlichen Reden und eine Reihe Einzelgespräche, wie z.B. das mit der Samariterin am Jakobsbrunnen, überliefert; und eben auch das nächtliche Gespräch mit Nikodemus. Nikodemus wird nur im Johannes-Evangelium erwähnt. In Joh 7,50f tritt er im Hohen Rat für Jesus ein; in Joh 19,39 sorgt er mit für die ehrenvolle Bestattung Jesu. Hier im 3. Kapitel beginnt die Begegnung mit einer wertschätzenden Begrüßung: *„Rabbi, wir wissen, du bist ein Lehrer, der von Gott gekommen ist, denn niemand kann die Zeichen tun, die du tust, wenn nicht Gott mit ihm ist"* (Joh 3,2). Diese Wertschätzung ermöglicht es Jesus auch, sich dem Nikodemus zu öffnen.

[36] Daniil Granin, Die verlorene Barmherzigkeit, Freiburg i.Br. 1993, S. 12f.

Bei anderen Dialogen zwischen Jesus und einzelnen Menschen arbeitet der Evangelist die Missverständnisse heraus, auf die Jesus trifft. Die Menschen meinen Jesus verstanden zu haben, aber Jesus merkt aus den Antworten, dass sie eigentlich nichts kapiert haben. Bis der geheilte Blindgeborene Jesus als den gottgesandten Menschensohn erkennt und anerkennt, braucht es etliche Anläufe (vgl. Joh 9). Ähnliches schildert Johannes nach der Heilung des Gelähmten am Teich von Betesda (vgl. Joh 5).

Die Rätselrede Jesu über die Neugeburt aus Wasser und Geist überfordert den Nikodemus. Doch Jesus geht nicht einfühlsam auf die Begriffsstutzigkeit des Nikodemus ein, sondern fragt eher erstaunt zurück: *„Du bist Lehrer Israels und verstehst das nicht?"* (Joh 3,10). Es gibt ein Erwachen der Seele, es gibt einen Zugang zu den Tiefen der Seele, von denen die Mystiker vieler Religionen Zeugnis geben.

Der Konvertit und spätere Trappist Thomas Merton (* 1915, † 1968) schreibt in seiner Autobiographie „Der Berg der sieben Stufen" davon. Auch Theresa von Avila mit ihrem Buch „Seelenburg" beschreibt das seelische Wachstum in die Tiefe. Andeutungsweise finden wir es in dem schönen Weihnachtslied „Ich steh an deiner Krippe hier" Da heißt es: „Ach, dass mein Sinn ein Abgrund wär und meine Seel ein weites Meer, dass ich dich möchte fassen." (Gotteslob 256/4) Mit anderen Worten: Der bevorzugte Ort der Gottesbegegnung ist die Tiefe des eigenen Herzens.

Jesus setzte voraus, dass Nikodemus bereits das aus eigenem Erleben kennen würde. Aus dem Dialog wird immer mehr ein Monolog Jesu. Man hat den Eindruck, als ginge es dem Evangelisten gar nicht mehr um das Gespräch zwischen Nikodemus und Jesus, sondern um die späteren Leser des Evangeliums und deren Gewissheit, dass *„Gott die Welt so sehr geliebt hat, dass er seinen einzigen Sohn dahingab, damit jeder, der an ihn glaubt, nicht zugrunde geht, sondern das ewige Leben hat"* (Joh 3,16). Jesus eröffnet dem Nikodemus gleichsam neue Perspektiven für dessen eigene

Seelenlandschaft und für die Großartigkeit Gottes, die sich vor allem in seiner maßlosen Liebe zeigt. Diese Selbstoffenbarung Jesu ist sein Geschenk an Nikodemus. Auch wenn uns der Evangelist keine ausdrückliche Reaktion des Nikodemus auf Jesu Selbstmitteilung überliefert – anders als bei der Begegnung zwischen dem Apostel Thomas und dem Auferstandenen –, so können wir doch in der Sorge des Nikodemus um das würdige Begräbnis Jesu (Joh 19,39) eine Antwort sehen. Ca. 35 kg kostbare Salbe stellt er zur Verfügung. Wenigstens diesen letzten Dienst möchte er „seinem" Jesus leisten, wenn er ihn schon nicht aus den Fängen des Hohen Rates hatte retten können (vgl. Joh 7,50f).

Verlassen wir jetzt den unmittelbaren biblischen Text und wenden uns den Erfahrungen von Christen zu. Dann können wir feststellen, dass dieses Zwiegespräch mit Jesus an keine Altersbeschränkung gebunden ist. Vorschulkinder können genau wie Jubilare eine sehr persönliche Christusbeziehung pflegen.

Die spätere Gründerin der Waldbreitbacher Schwestern, Margaretha Flesch (* 24.2.1826) hatte schon als Kind gern und lang gebetet. Ähnliches wird von der späteren Gründerin der Armen Dienstmägde Jesu Christi, Katharina Kasper (* 26.5.1820), berichtet.

Und damit die Jungen nicht zu kurz kommen: der heilige Dominikus Savio, einer der Schüler von Don Bosco, war 14, als er starb. Mit zwölf Jahren wurde Dominikus von Don Bosco ins Oratorium in Turin aufgenommen. Dominikus bat ihn, ihm zu helfen, „heilig zu werden". Er war mild, heiter und fröhlich und zeigte großen Eifer bei der Erfüllung der Pflichten als Schüler und wenn es darum ging, den Kameraden auf jede Weise behilflich zu sein. Er lehrte sie den Katechismus, stand den Kranken bei und schlichtete Streitigkeiten. Eines Tages sagte er zu einem seiner Kameraden, der gerade erst im Oratorium angekommen war: „Du musst wissen, dass die Heiligkeit für uns hier darin besteht, fröhlich zu sein. Wir bemühen uns nur, die Sünde als einen großen Feind, der uns die

Gnade Gottes und den Frieden des Herzens raubt, zu meiden und unsere Pflichten genau zu erfüllen."

Dominikus wurde von Gott mit Gaben reich beschenkt, sodass er seinem Lebensprogramm treu blieb. Hierbei halfen ihm die regelmäßige Teilnahme an den Sakramenten, eine kindliche Verehrung Mariens sowie die Freude am Verzicht. Am 8. Dezember 1854, als das Dogma von der Unbefleckten Empfängnis durch Pius IX. proklamiert wurde, weihte sich Dominikus der Jungfrau Maria und begann, in seiner Heiligkeit rasch voranzuschreiten. Im Jahr 1856 gründete er mit seinen Freunden das „Immaculata-Bündnis" mit dem Ziel eines gemeinschaftlichen Apostolates. Mama Margareta, die Mutter Don Boscos, die nach Turin gekommen war, um ihrem Sohn zu helfen, sagte eines Tages zu Don Bosco: „Du hast so viele gute Jungen; aber keiner überragt die Schönheit des Herzens und der Seele Dominikus Savios." Und sie fügte erklärend hinzu: „Ich sehe ihn immer beten; er bleibt auch nach den anderen noch in der Kirche; täglich geht er vom Frühstück weg, um das allerheiligste Altarssakrament zu besuchen. Er kniet in der Kirche wie ein Engel, der im Paradies wohnt."

Die drei Seherkinder von Fatima Lucia, Francisco und Jacinta waren 10, 8 und 7 Jahre alt, als ihnen die Gottesmutter erschien. Francisco sagte seiner jüngeren Schwester immer wieder, dass er durch seine Zeit und seine Gebete Jesus trösten wollte.

Wenn ich mir von Gläubigen ihre Liebesgeschichte mit Christus erzählen lasse, dann ist häufig die Jugendzeit eine kritische Zeit mit größerer Distanz zur Kirche. – Aber auch da gibt es viele Ausnahmen, wie die Teilnahme von jungen Leuten an den Anbetungsnächten „night-fever" oder „stay and pray" zeigt.

Wer Namen von Jugendlichen hören möchte, der sei auf Aloisius Gonzaga hingewiesen, der als Erstgeborener drei lange Jahre mit seinem Vater gestritten hat, ehe er in den Jesuitenorden eintreten konnte. Bei der Pflege von Pestkranken zog er sich selber diese Krankheit zu und starb mit 23 Jahren († 1591).

Gläubige, die ein sehr inniges Verhältnis zu Christus haben und auch hin und wieder oder regelmäßig deutliche Eingebungen haben, nennen wir Mystiker. – Ich möchte gar nicht groß auf mögliche Abgrenzungen und Unterscheidungen in Sachen Mystik eingehen. Worauf es mir ankommt, dass ich die Sehnsucht – ja, ich sage es auch einfach mal platt – die Neugier wecken möchte. Es ist in der ganz persönlichen Liebesgeschichte mit Christus mehr drin als ein paar religiöse Übungen zu den kirchlichen Feiertagen und den Ritualen an den Wendepunkten des Lebens.

Viele Christen haben in ihren geistlichen Tagebüchern gleichsam Gesprächsprotokolle von ihren Zwiesprachen mit Jesus angefertigt. Diese Tagebücher waren mehr als Hilfe gedacht, um diese erlebnismäßigen Kostbarkeiten besser bewahren zu können. Entgegen dem letzten Willen, dass diese Tagebücher verbrannt werden sollten, haben oft die Mitbrüder oder Mitschwestern von Ordensmitgliedern diese Bücher dann doch aufbewahrt oder sogar veröffentlicht. Wer spektakuläres Neues erfahren will, wird enttäuscht sein beim Lesen dieser Werke. Es sind oft inhaltliche Wiederholungen von uns bekannten Bibelversen – keine abstrakten theoretischen Texte, sondern eher Liebesbriefe mit viel Poesie. Das lässt sich bei Johannes vom Kreuz, dem großen Reformer der Karmeliten, beobachten.

Nun sind solche Reifungsprozesse keineswegs auf Ordensleute beschränkt. Es gibt auch viele Ehepaare, die ein intensives geistliches Leben führen und ihre Gebete nicht als Monologe in einen echolosen Raum hinein verstehen, sondern als Zwiegespräch mit Jesus. Bezeichnender Weise heißt es in einem Psalmvers: „Rede, Herr, dein Diener hört." Es heißt nicht: „Höre, Herr, dein Diener redet."

Allerdings taucht häufig folgendes Problem auf: Die Ungleichzeitigkeit der spirituellen Entwicklung. Da wird dem einen in seiner Seele eine Tür geöffnet; er bekommt durch den Hl. Geist intensive Erlebnisse oder auch Botschaften geschenkt, und der Partner kann das aus eigenem Erleben nicht nachvollziehen. Ein authentisches

Bsp. für den eben beschriebenen Lebensvorgang:

Eine Ehefrau schrieb: „Die eheliche Liebe wollte alles zu zweit machen und entdecken, und doch rief mich Gott plötzlich im tiefsten Innern meiner Seele auf geheimnisvolle Weise, die ich nicht verstand. Es scheint mir, dass es umso mehr kostet, diesen tiefgehenden Ruf alleine vernehmen zu müssen, je mehr die Eheleute auf geistlicher Ebene vereint sind. Gott, der mir derjenige zu sein schien, der uns vereinte, zeigte sich mir als jener, der trennte, der durch diese Einsamkeit, mit der ER die Seele umhüllte und durch jene Distanz, die ER zwischen den Eheleuten aufbaute, eine grundsätzliche Spaltung verursachte. Ich bin die Ehe zu seiner Ehre eingegangen. Doch ich hätte niemals vermutet, dass ER mich auf diese Weise führen könnte, auf diesem Weg, der mir für unsere Liebe verloren schien. ... Ach, jetzt, wo ich Gott ein wenig besser kenne, wie sehr möchte ich der ganzen Welt sagen, was ER mich gelehrt hat. Jetzt weiß ich, dass die Heiligkeit zuerst und immer darin besteht, sich IHM mit geschlossenen Augen hinzugeben, sich IHM im Glauben auszuliefern ohne etwas zu begreifen.“[37] – Dieser Text macht deutlich, dass diese unterschiedliche Geschwindigkeit der jeweils persönlichen Entwicklung durchaus zu Spannungen in der Ehe führen kann.

Ein Ehepaar, das dieses schmerzliche Auseinanderdriften im spirituellen Wachstum ausführlich beschrieben hat, ist das ursprünglich protestantische (presbyterianische) Pastorenehepaar Kimberly (* 1957) und Scott Hahn (* 1957). Beide heirateten am 18.8.1979. Aufgrund seiner Studien und der Erkenntnis, dass die katholischen Positionen doch biblisch begründbar seien, konvertierte Scott am Osterfest 1986 zur katholischen Kirche. Seine Frau Kimberly konnte diesen Schritt vor ihrer eigenen Vernunft und ihrem Gewissen erst Ostern 1990 vollziehen. Sehr ehrlich beschrieben sie in ihrem Buch „Unser Weg nach Rom“ (englische Originaltitel „Rom sweet

[37] Henri Caffarel, Die Ehe auf dem Weg der Heiligkeit, Freiburg 2014, S. 69.

home") diese vier schmerzlichen Jahre der spirituellen und konfessionellen Trennung. Umso größer war dann die Freude, sich wieder gefunden zu haben.[38]

Ja, es gibt sogar Formen der Illusion, des Selbstbetruges. Ein Ehepaar schreibt ganz ehrlich: „Es ist nach 20 oder 25 Jahren Ehe viel einfacher, sich mit Gott zu unterhalten (oder zu glauben, dass man sich mit ihm unterhält) als mit dem Ehepartner, dessen Persönlichkeit sich weiterentwickelt und behauptet hat und deshalb viel öfter mit der eigenen aneinandergerät. Im Glauben, sich Gott zuzuwenden, wendet man sich in Wirklichkeit von seinem Ehepartner ab."[39]

Auf dem Hintergrund dieser Gefahr verstehe ich heute viel tiefer, was ein älterer in der Familienarbeit erfahrener Mitbruder mir einmal so nebenbei sagte: „Der bevorzugte Ort der Gottesbegegnung ist für Eheleute der Ehepartner. Denn das ist eine Konsequenz aus der Sakramentalität der Ehe."

Zwiesprache mit Gott kann also auch heißen: Ich führe ein geistliches Gespräch mit einem Menschen, der ein intensives geistliches Leben führt.

Wir glauben ja, dass durch die Taufe der Dreifaltige Gott in unserer Seele wohnt und wir ein Tempel des Heiligen Geistes sind. Je geläuteter ein Mensch ist, desto ungefilterter kann Gott durch ihn wirken. Je reiner sein Herz, desto unverfälschter kommt Gottes Wort aus ihm heraus. Wir können wirklich mit Gott Zwiesprache halten, wenn wir mit einem gottergriffenen Menschen uns austauschen.

Viele von Ihnen können sich sicher noch an die Filme über Don Camillo und Pepone erinnern. Die Gespräche zwischen Don Camillo und Gott haben so etwas Urwüchsiges und Echtes an sich! Es ist ganz korrekt biblisch, und doch irgendwie immer ein Grund zum

---

[38]Scott und Kimberly Hahn, Unser Weg nach Rom, Christiana Verlag.

[39]Henri Caffarel, a.a.O., S. 70.

Schmunzeln.

Die Linzer Religionspädagogin Monika Nemetschek schrieb einmal: „Gebet ist Vertrauenskundgebung, ist ein Sich-Gott-geöffnet-Hinhalten. Das heißt also, sich frei, sich leer machen vor Gott und von ihm alles, die Fülle erwarten. Nur wenn der Mensch in dieser Weise zu Gott kommt, kann sich auch Gott diesem Menschen ganz persönlich offenbaren, sich ihm erschließen, ihn führen."[40]

Mit Gott Zwiesprache halten wie Nikodemus mit Jesus. Darüber will ich mit Ihnen ins Gespräch kommen. Für viele ist eine bestimmte Zeit oder ein bestimmter Ort eine Hilfe, um in die Sammlung hineinzufinden. Ich finde es schade, wenn Gläubige ihre Fußwege oder Reisen mit Knopf im Ohr verbringen. Mutter Teresa rät ihren Schwestern, auf deren Wegen immer den Rosenkranz zu beten. Das ist dann nicht immer so andächtig wie in einem Meditationsraum, aber die Wahrscheinlichkeit steigt beträchtlich, dass man auch im Getriebe eines großen Bahnhofs oder einer Fußgängerzone in der Sammlung bleiben kann.

13. Joh 3,16: Was muss ich Gott wert sein, wenn er sein Leben für mich hingibt!

„Denn Gott hat die Welt so sehr geliebt, dass er seinen einzigen Sohn hingab, damit jeder, der an ihn glaubt, nicht zugrunde geht, sondern das ewige Leben hat."

„Ich bin Papas und Mamas Liebling!", so meinte neulich eine Fünfjährige im Brustton tiefster Überzeugung bei einem Familienbesuch. Ihre zwei Jahre ältere Schwester kam hereingstürmt und rief: „Ich bin auch Papas und Mamas Liebling!" – Die Mutter lachte und nahm sie beide auf den Schoß. Was sind das für glückliche

[40] Nemetschek, Gott im Leben des Kindes, S. 97.

Wachstumsbedingungen, wenn Kinder in einem solchen Klima groß werden können! Die wichtigsten Quellen für ein gesundes Selbstwertgefühl sind die Erfahrung geliebt zu sein und der immer wieder neue Beweis, dass man etwas kann. Das gilt nicht nur für den zwischenmenschlichen Bereich, das gilt auch für unsere Beziehung zu Gott.

In einer der ältesten Liebeserklärungen Gottes an das Volk Israel heißt es: *„Denn du bist ein Volk, das dem Herrn, deinem Gott, heilig ist. Dich hat der Herr, dein Gott, ausgewählt, damit du unter allen Völkern, die auf der Erde leben, das Volk wirst, das ihm persönlich gehört. Nicht weil ihr zahlreicher als die anderen Völker wäret, hat euch der Herr ins Herz geschlossen und ausgewählt; ihr seid das kleinste unter allen Völkern. Weil der Herr euch liebt und weil er auf den Schwur achtet, den er euren Vätern geleistet hat, deshalb hat der Herr euch mit starker Hand herausgeführt und euch aus dem Sklavenhaus freigekauft, aus der Hand des Pharao, des Königs von Ägypten. Daran sollst du erkennen: Jahwe, dein Gott, ist der Gott; er ist der treue Gott; noch nach tausend Generationen achtet er auf den Bund und erweist denen seine Huld, die ihn lieben und auf seine Gebote achten"* (Dtn 7,6-9).

Dieses „du bist mein und ich bin dein" kennen wir auch aus der Liebeslyrik. Deutlich in diesem alttestamentlichen Text wird auch, dass Gottes Liebe zu seinem Volk nicht auf einem besonderen Vorzug des Volkes beruht. Gott reagiert nicht. Gott erwählt in aller Freiheit. Und er ist der treue Gott, der zu seinen Verheißungen steht, die er Abraham und seinen Nachkommen gegeben hatte. Im heilsgeschichtlichen Credo, wie es Maria singt, ist diese Treue Gottes eine wichtige Aussage (vgl. Lk 1,55).

Die Erwählung des Volkes – durchaus in Exklusivität – durchzieht das ganze Alte Testament. Erst später, bei den Prophetentexten finden wir Aussagen über den Universalismus des Heils und die Anerkennung Jahwes durch alle Völker. Sehr bildhaft und plastisch wird das ausgedrückt beim Propheten Sacharja: *„So spricht der*

Herr der Heere: In jenen Tagen werden zehn Männer aus Völkern aller Sprachen einen Mann aus Juda an seinem Gewand fassen, ihn festhalten und sagen: Wir wollen mit euch gehen; denn wir haben gehört: Gott ist mit euch" (Sach 8,23).

Bevor ich zum Neuen Testament komme, möchte ich noch zwei Texte aus dem Propheten Jesaja zitieren, in denen sehr schön zum Ausdruck kommt, dass Israel allen Grund hat, ein entsprechendes Selbstwertgefühl zu entwickeln, weil es von Gott geliebt ist.

„Dann sehen die Völker deine Gerechtigkeit und alle Könige deine strahlende Pracht. Man ruft dich mit einem neuen Namen, den der Mund des Herrn für dich bestimmt. Du wirst zu einer prächtigen Krone in der Hand des Herrn, zu einem königlichen Diadem in der Rechten deines Gottes. Nicht länger nennt man dich 'die Verlassene' und dein Land nicht mehr das 'Ödland', sondern man nennt dich 'meine Wonne' und dein Land 'die Vermählte'. Denn der Herr hat an dir seine Freude und dein Land wird mit ihm vermählt. Wie der junge Mann sich mit der Jungfrau vermählt, so vermählt sich mit dir dein Erbauer. Wie der Bräutigam sich freut über die Braut, so freut sich dein Gott über dich" (Jes 62,2-5).

„Jetzt aber – so spricht der Herr, der dich geschaffen hat, Jakob, und der dich geformt hat, Israel: Fürchte dich nicht, denn ich habe dich ausgelöst, ich habe dich beim Namen gerufen, du gehörst mir. Wenn du durchs Wasser schreitest, bin ich bei dir, wenn durch Ströme, dann reißen sie dich nicht fort. Wenn du durchs Feuer gehst, wirst du nicht versengt, keine Flamme wird dich verbrennen. Denn ich, der Herr, bin dein Gott, ich, der Heilige Israels, bin dein Retter. Ich gebe Ägypten als Kaufpreis für dich, Kusch und Seba gebe ich für dich. Weil du in meinen Augen teuer und wertvoll bist und weil ich dich liebe, gebe ich für dich ganze Länder und für dein Leben ganze Völker. Fürchte dich nicht, denn ich bin mit dir. Vom Osten bringe ich deine Kinder herbei, vom Westen her sammle ich euch. Ich sage zum Norden: Gib her!, und zum Süden: Halt nicht zurück! Führe meine Söhne heim aus der Ferne,

meine Töchter vom Ende der Erde! Denn jeden, der nach meinem Namen benannt ist, habe ich zu meiner Ehre erschaffen, geformt und gemacht" (Jes 43,1-7).

Es befremdet mich, dass so manche Passionslieder von einem ganz anderen Lebensgefühl geprägt sind. Da herrscht der Blick auf die Sündhaftigkeit, auf Schuld und Versagen vor.

Zwei Beispiele: „Was du, Herr, hast erduldet, ist alles meine Last; ich, ich hab es verschuldet, was du getragen hast. Schau her, hier steh ich Armer, der Zorn verdienet hat; gib mir o mein Erbarmer, den Anblick deiner Gnad." (GL 289/4) (dt. Text um 1656)

„Was ist doch wohl die Ursach solcher Plagen? Ach, meine Sünden haben dich geschlagen. Ich, mein Herr Jesu, habe dies verschuldet, was du erduldet." (290/3) (Text um 1630)

Therese von Lisieux († 1897) hatte ja auch noch all diese verkrampften Demutsübungen, wie sie damals in Klöstern üblich waren, über sich ergehen lassen. Sie konnte sich aber innerlich davon befreien und fand ganz eigenständig zurück zu dem Erwählungsbewusstsein, wie wir es im AT finden und wie ich es im Telegrammstil versucht habe, darzulegen. Der Weg der Kindlichkeit, wie ihn Therese entdeckt hatte, war kein religiös verbrämter Infantilismus oder selbst gewählte Unmündigkeit. Sie brachte die Quelle eines gesunden Selbstwertgefühls zum Fließen, die sich aus dem Erlebnis speist, von Gott geliebt zu sein – ohne Vorbedingungen zu leisten.

Springen wir wieder zurück in Biblische Zeiten! Nachdem wir das AT gestreift haben, möchte ich jetzt auf das Selbstverständnis Jesu kommen.

Das Gespräch Jesu mit Nikodemus entwickelt sich vom Dialog immer mehr zum Monolog Jesu; oder – so dürfen wir annehmen – zur Meditation des Johannes über Jesus. So lesen wir:

„Denn Gott hat die Welt so sehr geliebt, dass er seinen einzigen Sohn hingab, damit jeder, der an ihn glaubt, nicht zugrunde geht, sondern das ewige Leben hat. Denn Gott hat seinen Sohn nicht in die Welt gesandt, damit er die Welt richtet, sondern damit die

Welt durch ihn gerettet wird" (Joh 3,16f).

Ich muss, wenn ich diesen Bibelvers meditiere, öfters an das Grubenunglück in Lassing in der Obersteiermark am 17. Juli 1998 denken. Nach dem ersten Wasser- und Schlammeinbruch fuhr eine Rettungsmannschaft von 10 Bergleuten in den Schacht, um einen vermissten Bergmann zu suchen. Als sie unten waren, kam es zu einem neuerlichen Schlammeinbruch und die ganze Rettungsmannschaft wurde verschüttet. Der gesuchte 24-jährige Bergmann Georg Hainzl hatte in einer verschütteten Kammer überlebt und konnte nach 10 Tagen durch eine spezielle Bohrung geborgen werden.

Das Motiv für den Rettungsversuch der Welt, das der Evangelist Johannes angibt, ist die Liebe Gottes. Der Sühnegedanke, der durchaus zur alttestamentlichen Frömmigkeit und Spiritualität gehörte, spielt im Johannesevangelium keine Rolle. Nur im Römerbrief, im 1. Johannesbrief und sehr ausführlich im Hebräerbrief wird darauf Bezug genommen.

Der Rettungsversuch Jesu, der ihn den Tod gekostet hat – wie können wir ihn verstehen? Gott in seiner Gemeinschaft der drei Personen kennt das Glück des Liebens und Geliebtwerdens. Deshalb möchte er Wesen schaffen, die daran teilhaben und es auch können. Nun gehört es zur Natur der Liebe, dass sie ein Kind der Freiheit ist. Liebe kann ich nicht erzwingen. Also musste Gott Wesen schaffen, die ebenfalls frei waren, so frei, dass sie ihre Freiheit auch missbrauchen konnten. Die Folge des Missbrauchs der Freiheit durch Einzelne sind die unschuldigen Opfer. Das war der Preis, der sich aus der Logik der Liebe ergibt und den Gott den Menschen zumuten wollte, weil das Glück der Liebe das aufwiegen würde. Sehr menschlich gesprochen war dann die Menschwerdung der zweiten göttlichen Person die Botschaft an alle unschuldigen Opfer: Einer von uns solidarisiert sich mit euch. Und so führte Jesus in seinem irdischen Leben ein Leben auf der Seite der Opfer: Die Armut in Betlehem, das Flüchtlingsschicksal in Ägypten, das Unverständnis und die Enge seiner Anhänger, die Ablehnung durch die politische und religiöse Elite seines Landes, der Verrat durch einen Freund, schließlich die grausame und entehrende Form der Hinrichtung. – Der Mensch gewordene Gottessohn hält also auch in der Ablehnung durch die Menschen an seinem Respekt vor der Freiheit des Menschen fest. Wir können ihm die Worte in den Mund legen: „Ihr könnt mich zwar körperlich vernichten, aber ihr bringt es nicht fertig, dass ich Nein zu euch sage und meinen Rettungsversuch der Menschen für gescheitert erkläre."

Wagen wir ein Gedankenexperiment: Jesus hätte ja, nachdem er die Ablehnung durch die religiöse Führerschicht nicht durchbrechen konnte, am Gründonnerstag mit seinen Jüngern noch ein Abschiedsmahl feiern können und dann in den Himmel auffahren können mit dem resignierten Kommentar: „Ich wollte Euch ja gerne alle wieder ganz neu und ganz innig mit Gott verbinden, aber ihr seid zu engstirnig, zu machtbesessen, zu böse und zu feige." – Wenn die Weltgeschichte so verlaufen wäre, dann wäre tatsächlich das Böse mächtiger gewesen als der Heilswille Gottes. – Aber die Weltgeschichte ist anders verlaufen. Gottes Ja zu uns Menschen war mächtiger als alle Bosheit und Dummheit der Menschen. Der Retter kam um, aber er nahm sein Ja nicht zurück.

Zu dieser radikalen Liebe fordert er seine Jünger auf. Nach der Fußwaschung sagt er zu ihnen: *„Begreift ihr, was ich an euch getan habe? Ihr sagt zu mir Meister und Herr und ihr nennt mich mit Recht so; denn ich bin es. Wenn nun ich, der Herr und Meister, euch die Füße gewaschen habe, dann müsst auch ihr einander die Füße waschen. Ich habe euch ein Beispiel gegeben, damit auch ihr so handelt, wie ich an euch gehandelt habe"* (Joh 13,12-15).

Es geht also um eine tapfere Liebe, die sich nicht als Belohnung für gewünschtes Verhalten versteht. Dann wäre Liebe nur Reaktion. Reagierende Liebe ist typisch für das Verliebtsein: Man ist elektrisiert, begeistert und angesprochen durch die Vorzüge des anderen. Aber für eine dauerhafte Liebe ist das zu wenig. Da braucht es die Liebe, die auf einer einmal getroffenen Entscheidung beruht. Und diese Entscheidung muss immer wieder erneuert werden; denn die Enttäuschung oder gar Verletzung durch den Geliebten löst als Überlebensreflex und als Schmerzvermeidungsimpuls zunächst ein Nein aus. Man möchte spontan auf Distanz gehen. Zu einer tapferen Form der Liebe gehört also auch eine Portion heiliger Trotz: „Ich liebe dich trotzdem! Verdient hast du es nicht, aber du brauchst jetzt meine Liebe umso mehr.“ – Damit schließt sich der Kreis zum Erwählungsgedanken, mit dem wir unsere Meditation begonnen haben.

„Nicht weil ihr zahlreicher als die anderen Völker wäret, hat euch der Herr ins Herz geschlossen und ausgewählt; ihr seid das kleinste unter allen Völkern. Weil der Herr euch liebt und weil er auf den Schwur achtet, den er euren Vätern geleistet hat, deshalb hat der Herr euch mit starker Hand herausgeführt und euch aus dem Sklavenhaus freigekauft, aus der Hand des Pharao, des Königs von Ägypten“ (Dtn 7,7f).

Kommen wir im Schlussteil zu den praktischen Konsequenzen, die sich für uns aus dieser Art der göttlichen Liebe ergeben: Wir werden also Gott ähnlich, wenn wir auf diese Weise lieben. Sehr schön hat das die Psychologin Brené Brown in ihrer Liebeserklärung an ihren Mann ausgedrückt, dem sie eines ihrer Bücher widmete. Sie schreibt: „Du machst die Welt zu einem besseren Ort und mich zu einem besseren Menschen!“[41]

Wenn ich bei einem Ehevorbereitungskurs merke, wie sich die Partner beide durch ihre Freundschaft zum Positiven hin verändert haben, dann bin ich guter Dinge. Ich erlebe aber auch immer wieder Spielarten neurotischer Partnerwahl. Da entscheidet sich eine Frau, die selber Tochter eines alkoholkranken Vaters ist, für einen Alkoholiker; und meint es sei Liebe; dabei ist es nur das ver-

---

[41] Brené Brown, Verletzlichkeit macht stark, Kailash-Vlg. 2013, S. 9 Widmung

traute Elend, mit dem sie von klein auf gelernt hat umzugehen. Da entscheidet sich ein junger Mann für eine Frau, die vom Typ her eher seine Mutter sein könnte, weil er sich von seiner Mutter noch nicht innerlich gelöst hat. Vertraute Muster im Verhalten und im Reden lassen grüßen. Das hat nichts mit innerer Freiheit, der Voraussetzung für wahre Liebe, zu tun. Solche Menschen sitzen in einem unsichtbaren Gefängnis und sind Gefangene ihrer Verhaltensmuster.

Noch krasser können wir es im Leben von Wilhelm Buntz beobachten, der seine Autobiographie unter dem Titel „Der Bibelraucher“ herausgegeben hat. Seine Mutter hatte ihn schon vor der Geburt abgelehnt und nach der Geburt sträflich vernachlässigt, bis schließlich das Jugendamt einschritt und der Vater sich von seiner Frau trennte. Aber auch mit der Stiefmutter lief es nicht viel besser. Schließlich landete er im Heim für Schwererziehbare, später im Hochsicherheitsgefängnis Stammheim und dann in der Justizvollzugsanstalt in Bruchsal. Es muss auch für Gott Schwerarbeit gewesen sein, diesen hartgesottenen Mörder und Verbrecher zu bekehren. Aber es gelang. Er, vor dem alle Mitgefangenen Angst hatten, weil er so leicht reizbar und aggressiv war, ändert sich, bekehrt sich; und nach seiner Entlassung kontaktiert er alle 100 Personen, die er irgendwie geschädigt hatte. Am bewegendsten ist die Begegnung mit der Polizistenwitwe, deren Mann er als Jugendlicher überfahren hatte und die mit ihren Kindern seit Jahren für die Bekehrung dieses Jungen gebetet hatte. Zum ersten Mal seit seiner Kindheit kann Wilhelm Buntz wieder weinen.[42]

Es dauert noch ein paar Jahre, bis er wirklich beziehungsfähig wird und eine Familie gründet. Auch zur Versöhnung mit seinem Vater und seiner Mutter kommt es erst Jahre später, aber es kommt dazu. Das Buch endet mit einem Gespräch zwischen ihm und einem Häftling, der dreimal lebenslänglich bekommen hatte,

---

[42] Wilhelm Buntz, Der Bibelraucher, Holzgerlingen ^{3}2019, S. 193-195.

im Gefängnis in Pforzheim. Dieser ehemalige Mitinsasse sagte ihm: „Weißt du, Willi, als ich gehört habe, dass du fromm geworden bist, da habe ich gedacht: Was für eine gute Show! Richtig klasse! Und wenn du wieder entlassen bist, dann ist es vorbei. Aber heute habe ich dir in die Augen geschaut. Früher hattest du eiskalte Augen, sie waren mausetot. Wenn ich dir heute in die Augen sehe, dann sind sie lebendig. Ich glaube, es lohnt sich tatsächlich, mal darüber nachzudenken, was du eben gesagt hast."[43]

Bei diesem Extremfall wird wie unter einer Lupe sichtbar, wie Menschsein gelingen kann. Nur dort, wo Menschen einander lieben und sich lieben lassen, entsteht ein Klima der Menschlichkeit. Und zur Liebe gehört, dass wir einander dienen. Nur im Klima der Liebe behalten wir unsere Würde beim Dienen. Wer hilft, sorgt als unerwünschte Nebenwirkung oft dafür, dass sich der Hilfeempfänger unterlegen fühlt. Wer dient, hat das Große und Ganze im Blick oder zumindest im Gefühl. Dienen ist eine Beziehung zwischen Gleichen. Dienen ist, wie das Heilen, etwas Gegenseitiges. Die selber behinderte Ärztin Rachel Naomi Remen schreibt: „Vielleicht ist das Reparieren nur eine Weise, wie man mit Sachen umgeht. Geht man mit Menschen auf diese Weise um, dann leugnet man auf tiefgreifende und subtile Weise die Macht des Lebens und das Mysterium des Lebens in ihnen und entwürdigt sie. ... Nur das Dienen heilt."[44].

„Sollte ich einmal sehr alt werden, dann werde ich mich wahrscheinlich nicht an die Momente erinnern, in denen ich besonders cool war; dann werden nur die Erinnerungen an jene Zeiten mein Herz erwärmen können, in denen ich mich leidenschaftlich engagiert und alles riskiert habe, um etwas zu bewegen. (Es sind dieselben Zeiten), in denen ich wusste, wer ich war."[45]

---

[43]Wilhelm Buntz, Der Bibelraucher,Holzgerlingen ^{3}2019, S. 248.

[44]Rachel Naomi Remen, Aus Liebe zum Leben. Geschichten, die der Seele gut tun. Arbor-Vlg., Freiamt 2002, S. 205.

[45]A.a.O. S. 203.

Gott handelt aus Liebe, er wirbt um Liebe und er ermutigt uns zur Liebe. Franz von Sales spricht vom Weltgrundgesetz der Liebe. Pater Kentenich hat in Anlehnung an Franz von Sales dieses Weltgrundgesetz der Liebe zu einer Säule seiner Spiritualität gemacht. Es ist eine Liebe, die bis zum Äußersten geht.

14. Joh 3,21: Wer aber die Wahrheit tut, kommt zum Licht, damit offenbar wird, dass seine Taten in Gott vollbracht sind.

Mutter Emmanuelle von Kairo erzählt von einer Begebenheit mit den Müllsammlern von Kairo, unter denen sie lebte. Eines Morgens kamen aufgeregt einige Mädchen vor die Hütte von Mutter Emmanuelle und riefen: „Baazak ist tot!" Ja, Baazak lag in einer Blutlache vor einem Bistro, in dem er mit ein paar anderen jungen Männern Karten gespielt hatte. Wegen des Spielgewinns von lächerlichen 50 Piastern (= 5 ct) waren sie unter Alkoholeinfluss mit den Messern aufeinander losgegangen und hatten Baazak tödlich verletzt. Die Polizei verhaftete die drei Spieler. Dann erfuhr Mutter Emmanuelle, dass die Angehörigen von Baazak einen Gefängniswärter bestochen hatten. Dieser sollte die Mörder nachts freilassen. Sie wollten dann denen auflauern und sie nach den uralten Rachegesetzen umbringen. Mutter Emmanuelle war schockiert, fasste sich aber und diskutierte so lange mit den Männern, dass sie diesen Plan fallen ließen. – Dass es überhaupt zu diesem Gespräch kam, lag daran, dass Mutter Emmanuelle unter den Müllsammlern wohnte und sich nach und nach das Vertrauen der Menschen in dieser Siedlung erworben hatte. Die den Mord planten, waren Christen, aber Christi Gebot von Vergebung und Feindesliebe war nicht in die Herzmitte dieser Männer gedrungen. Da herrschte der alte Rachegedanke gespeist aus Gerechtigkeitsempfinden.

Was Mutter Emmanuelle hier leistete, war – ich darf es einmal etwas martialisch ausdrücken – pädagogischer Nahkampf. Wie schafft man es, im Konfliktfall christliche Werte so zum Leuchten zu bringen, dass sie handlungsbestimmend werden?

Mutter Emmanuelle erzählt weiter, dass später diese Männer sich bei ihr bedankt hätten. Sie habe sie vor einer großen Dummheit bewahrt. Interessant, dass das Wort „Verbrechen“ oder das Wort „Böse“ ihnen nicht über die Lippen kam, obwohl sie diese Worte kannten.

Unser Thema lautet diesmal: *„Wer aber die Wahrheit tut, kommt zum Licht, damit offenbar wird, dass seine Taten in Gott vollbracht sind“* (Joh 3,21).

Es ist – auch wenn uns die Formulierung aus dem Johannes-Evangelium vertraut ist – eine eigenartige Formulierung „die Wahrheit tun“. Normalerweise bringen wir Wahrheit nur in Verbindung mit Aussagen: Aussagen können wahr oder falsch sein. Also hat der Begriff Wahrheit nur etwas mit Kommunikation zu tun, aber nicht mit Handlung. Und doch macht diese verkürzte Redeweise Jesu Sinn.

Wenn ich mich so verhalte, wie es der Wirklichkeit des Gottes-, Menschen- und Gemeinschaftsbildes entspricht, wie es Jesus verkündet, dann tue ich die Wahrheit. Bei der Selbstaussage Jesu *„Ich bin der Weg und die Wahrheit und das Leben“* (Joh 14,6) ist die Reihenfolge beachtenswert. Erst kommt der Weg, dann die Wahrheit. Das heißt, dass manche Wahrheiten sich erst erschließen, wenn ich einen gewissen Weg der Nachfolge gegangen bin. Und Jesus wird nicht müde, die Notwendigkeit von Vergebung und Barmherzigkeit für das menschliche Zusammenleben immer wieder seinen Zuhörern einzuschärfen.

Jesus selbst stellt sich auch dem „pädagogischen Nahkampf“. Er hat ja nicht nur eine Lehre verkündet und in Schriftrollen niedergelegt. Nein, er hat einen Jüngerkreis um sich gesammelt und im

Alltag des Gemeinschaftslebens dann seine neue Lehre in der Praxis eingefordert. Einige Andeutungen über solche Konflikte unter den Jüngern finden wir in den Evangelien. Wer unter ihnen der Größte sei – darüber streiten sie; und Jesus mischt sich ein und sagt: Wer der Erste sein will, soll der Diener aller sein (vgl. Mk 9,35). In einer emotional aufgeladenen Situation Wertekorrektur vorzunehmen – das prägt sich ein. Das meine ich mit pädagogischem Nahkampf.

Ein Rentner erzählte mir einmal. Als kleines Kind hatte ihn seine Mutter beim Lügen ertappt. Sie schimpfte nicht groß rum, sondern erzählte eine Geschichte aus dem Leben des hl. Franziskus: Der war mit einem Bruder unterwegs. Dieser wollte einfach einen Scherz machen und sagte: „Franziskus, schau mal! Dort auf dem Scheunendach sitzt ein Ochse." Franziskus schaute hin, und der Mitbruder lachte nur und meinte: „Reingefallen!" – Franziskus darauf sehr ernst: „Lieber glaube ich, dass ein Ochse auf dem Scheunendach sitzt, als das ein Mitbruder mich anlügt." Diese kleine Geschichte hatte sich dem Kind so eingeprägt in der emotional aufgeladenen Situation, dass er sie sein Leben lang nicht vergessen hatte; und er ergänzte: Ich habe danach meine Mutter nie mehr belogen, auch wenn es manchmal schwer war, zur Wahrheit zu stehen.

Wie werden Werte erfolgreich vermittelt? Wie werden Werte so verinnerlicht, dass sie spontan das Handeln bestimmen?

Aus dem 30-jährigen Krieg ist bekannt, dass die Truppe Wallensteins verinnerlicht hatte: Ein Wallensteiner tötet keinen Schlafenden. Also nur im Kampf gehörte das Töten mit zu den traurigen Ergebnissen des Krieges.

Alle Eltern kennen die Anstrengungen dieses pädagogischen Nahkampfes. Wenn es um die Schlafenszeit geht, wenn es um die Zeit für Computerspiele geht, wenn es um Zeit fürs Lernen geht, wenn es um die gerechte Aufteilung der Arbeiten im Haushalt unter den Geschwistern geht, wenn sie sich wieder vertragen sollen. – Das geschieht nicht automatisch von selbst. Das muss mühsam im jeweiligen Konfliktfall vermittelt werden. Eltern stöhnen manchmal, dass das eine reine Sisyphos-Arbeit sei. Sisyphos in der griechischen Sage war ja von den Göttern dazu verurteilt, einen schweren Stein auf einen Bergesgipfel zu rollen. War er endlich oben angelangt, rollte der Stein wieder herunter und die Arbeit begann von Neuem. So ist Sisyphos oder in der lateinischen Schreibweise Sisyphus, zur sprichwörtlichen Redensart geworden für zermürbende eigentlich erfolglose und doch notwendige Arbeit.

Nun schließt sich aber an die Aussage Jesu noch eine Verheißung an: „... der kommt ans Licht." Was meint Jesus damit? Wenn jemand das tut, was Autoritätspersonen ihm sagen und er es anfangs vielleicht nur deshalb tut, weil er gehorchen muss oder der Autoritätsperson vertraut, der erkennt dann im Tun oder danach: Ja, das macht Sinn, dass ich mich so verhalte. Wer die Wirkungen seines konstruktiven Verhaltens beobachten kann, der sieht selber ein, dass es besser war, so zu handeln.

Ein Vergleich: Ich war mit vielen Mitarbeitern unserer Einrichtung 206 in Südtirol, in Meran, bei den barmherzigen Schwestern. Es ging um Fragen der Palliativmedizin und der Begleitung der Menschen am Lebensende in Hospizen. Eines Nachmittags gönnten wir uns eine Wanderung am sogenannten „Waalweg". Das ist ein schmaler Fußweg entlang eines Wassergrabens, der oberhalb des Ortes das Wasser von einer Quelle zu den einzelnen Obstplantagen leitet. Es ergaben sich immer wieder neue Ausblicke auf den malerischen Ort. Das Zueinander der verschiedenen markanten Gebäude änderte sich je nach Standort des Beobachters. Mal war das Bettenhaus des Krankenhauses neben dem Kirchturm, mal hinter ihm. Mal konnte man einen schönen Giebel sehen, mal war er durch ein anderes Haus verdeckt.

So ähnlich ist es auch mit unseren christlichen und humanistischen Werten. Großzügigkeit oder Sparsamkeit, Zuverlässigkeit oder Spontaneität, Disziplin oder Freiheit, Verantwortungsbewusstsein oder Lockerheit, Gerechtigkeit oder Barmherzigkeit, Zuneigung oder Selbstbestimmung, Durchsetzungsvermögen oder

Geschmeidigkeit, Ressourcenorientierung oder Zielorientierung. – Bei vielen Werten, die in Spannung zueinander stehen, kommt es auf den richtigen Mix an, auf die Balance. Egal ob es sich um Kindererziehung und Mitarbeiterführung handelt, um mein Agieren im Team oder auch in den Bereichen, wo ich mit mir allein bin.

Jesus vertritt die Ansicht: Wer die Wahrheit tut, kommt zum Licht. Das heißt, er rechnet ganz fest damit, dass die, die sich entsprechend dem christlichen Menschenbild verhalten, zur Einsicht kommen, dass es am besten ist, mit sich selbst und mit anderen so und nicht anders umzugehen.

Es gibt sehr pessimistische Menschen- und Gemeinschaftsbilder. Da gibt es die Theorie, das Leben sei ein Kampf aller gegen alle und nur die Fittesten würden überleben; und das sei auch richtig so im Sinne der Evolution. Wir sprechen da vom Sozialdarwinismus. Dieser ist mit dem christlichen Menschenbild unvereinbar.

Der katholische aber auch sehr kirchenkritische Schriftsteller Heinrich Böll schrieb 1957: „Ich frage mich vieles, vor allem das eine: Wie ist es möglich, dass 800 Millionen Christen diese Welt so wenig zu verändern vermögen, eine Welt des Terrors, der Unterdrückung, der Angst. ... Eine christliche Welt müsste eine Welt ohne Angst sein, und unsere Welt ist nicht christlich, solange die Angst nicht geringer wird, sondern wächst. Doch die andere Vorstellung ist weit gespenstischer: Wie diese Welt aussähe, hätte sich die nackte Walze einer Geschichte ohne Christus über sie hinweggeschoben. Ich überlasse es jedem Einzelnen, sich den Alptraum einer heidnischen Welt vorzustellen oder eine Welt, in der Gottlosigkeit konsequent praktiziert würde; den Menschen in die Hände des Menschen fallen zu lassen. ... Nirgendwo im Evangelium finde ich eine Rechtfertigung für Unterdrückung, Mord, Gewalt; ein Christ, der sich ihrer schuldig macht, ist schuldig. ... Unter Christen ist Barmherzigkeit wenigstens möglich, und hin und wieder gibt es sie: Christen, und wo einer auftritt, gerät die Welt in Erstaunen. ... Selbst die allerschlechteste christliche Welt würde ich der besten heidnischen vorziehen, weil es in einer christlichen Welt Raum gibt für die, denen keine heidnische Welt je Raum gab: für Krüppel und Kranke, Alte und Schwache, und mehr noch als Raum gab es für sie: Liebe für die, die der heidnischen wie der gottlosen Welt nutzlos erschienen und erscheinen."[46]

Der Stern brachte 2016 eine Reportage über die Taufe von ehemaligen Muslimen in Hamburg. Deutschlandweit verzeichnen die christlichen Gemeinden einen regen Zulauf. Allein in der persischen Gemeinde in Hamburg wurden im ersten Halbjahr 2016 bereits 196 Afghanen und Iraner getauft, wie Pastor Albert Babajan erzählte. Bis zu 500 könnten es noch werden, denkt seine Frau Nasrin. „Das Motiv für den Glaubenswechsel ist bei vielen dasselbe: Sie sind vom Islam enttäuscht", sagt Babajan.

So wie die Iranerin Shima. „Ich habe mein ganzes Leben lang nach Frieden und Glück gesucht, doch im Islam habe ich sie nicht gefunden", sagt die junge Frau. „Christ zu sein, bedeutet für mich Glück". Auch das junge iranische Ehepaar Mehdi und Solmaz hat in der christlichen Religion das gefunden, was es im Islam lange vermisst hat: Liebe. „Im Islam lebten wir stets in Angst. Angst vor Gott, Angst vor der Sünde, Angst vor der Strafe", sagt Solmaz. „Christus hingegen ist ein Gott der Liebe."

Einer Taufe geht in der persischen Gemeinde etwa ein mehrmonatiger Glaubenskurs voraus. Und der sei noch lange keine Garantie für eine Aufnahme in die christliche Gemeinschaft. „Wenn ich den Eindruck habe, dass jemand nicht von Herzen glaubt, dann taufe ich ihn auch nicht", sagt Pastor Babajan. „Ich frage keine auswendig gelernte Psalmen oder Gebete ab", hebt er hervor. „Ich frage die Menschen, wie sich ihr Leben verändert hat. Denn der christliche Glaube verändert die Denkweise, die Weltsicht. Wenn mir jemand dann erzählt, dass er nachts wieder schlafen kann oder

[46] H. Böll, Eine Welt ohne Christus, in: K. Deschner (Hrsg.), Was halten Sie vom Christentum?, München; List 1957, 22f.

einem alten Feind vergeben konnte, dann weiß ich, dass er auch in seinem Herzen Christ ist", so der 64-Jährige.[47]

In der langen Zeit als Eheberater und Familienseelsorger hatte ich immer wieder mit dem Problem zu tun: Wie können nach einem Ehebruch die beiden wirklich wieder neu anfangen? Natürlich wäre es besser, wenn es erst gar nicht dazu kommen würde, aber wenn es nun mal passiert ist, was dann? Dass der Betrogene dann herausgefordert ist, in die göttliche Souveränität hineinzufinden und aus dem Reagieren in die Freiheit zu finden – das ist eine unwahrscheinliche Wachstumsherausforderung.

„Ihr sollt also vollkommen sein, wie es auch euer himmlischer Vater ist" (Mt 5,48). So fasst Jesus den neuen Umgangsstil der Menschen miteinander in der Bergpredigt zusammen.

Der reuige Sünder möchte wieder neu anfangen, aber der in seinem Inneren verletzte Partner tut sich häufig sehr schwer, dem anderen eine neue Chance zu geben. Der Seelen-Eiter bildet sich immer wieder neu und muss abfließen können. Die seelische Wunde gehört immer wieder neu gereinigt, bis sie endlich vernarben kann.

Damit ich mir nicht den Vorwurf des Täterschutzes auf Kosten des Opferschutzes zuziehe und das Missverständnis von vornherein ausräume, möchte ich klarstellen: Wer regelmäßig in die Pflege seiner ehelichen Beziehung Zeit und Aufmerksamkeit investiert und nicht meint, das würde automatisch rennen, der kommt ganz selten in die Versuchbarkeit des Ehebruches. Aber häufig kam es zum Ehebruch, weil die eigene Beziehung verödet war. In der Schönstatt-Familienbewegung legen wir ganz viel Wert darauf, dass Paare regelmäßig in ihre Beziehung investieren. Seit 2013 veröffentlichen wir monatlich einen online-Ehe-Newsletter, der Paaren Anregung gibt, was sie tun können, damit ihre Beziehung lebendig bleibt. Und die Echos auf diesen kostenlosen Service sind ermuti-

---

[47] http://www.stern.de/panorama/gesellschaft/massentaufen-fluechtlinge-konvertieren-vom-islam-zum-christentum-6837644.html

gend.

Ehebruch ist nach wie vor eine schwere Sünde, aber kein Grund, eine Ehe zu beenden. Auch die Täter entdecken, dass sie oftmals zu leichtfertig, ja fahrlässig sich in Situationen hineinbegeben haben, die dann eine Eigendynamik entwickelt haben. Wenn einer auf einer schiefen Ebene steht, die mit Schmierseife eingestrichen ist, dann braucht er sich nicht zu wundern, dass er sich nicht halten kann. Gesellschaftlich sind in unseren europäischen Ländern viele Hürden weggefallen, die schon im Vorfeld den hohen Wert der ehelichen Treue sichern halfen. Wer durch Schaden klug geworden ist und auch ein gesundes Misstrauen gegenüber seiner Standfestigkeit und Widerstandskraft entwickelt hat, wird in Zukunft die Grenzen früher ziehen, nicht weil er prüde geworden ist, sondern weil er aus Erfahrung klug geworden ist.

Paare, die die Goldene Hochzeit feiern, Schwestern, die ihre Goldene Profess feiern, geben ein lebendiges Zeugnis, dass Treue auch heutzutage als Wert gelebt werden kann. Am 4. Mai 2016 feierten hier in Dernbach 25 Schwestern ihr silbernes, goldenes, diamantenes oder eisernes Professjubiläum. Wer in so manchen Konfliktsituationen sein Ja vom Traualtar oder Klosteraltar erneuert hat und sich durchgekämpft hat, der gibt durch sein eigenes Leben seinen Mitmenschen eine Ahnung von der Bundestreue Gottes.

Der Jesuit Hugo Rahner SJ hat einmal gesagt: „Hätte ich gewusst, was alles im Jesuitenorden auf mich zukommt, hätten mich keine 10 Pferde hineingebracht. Heute bringen mich keine 100 wieder raus." Um diese Mentalität geht es. Mein Ja gewinnt durch jeden gemeisterten Konflikt an Gewicht. Ich erlebe in vielen Konfliktgesprächen, dass im Namen der Echtheit, der Spontaneität oder der Gefühle der Wert Treue in Frage gestellt wird. Ich kann aber auch dankbar feststellen: Wenn sich die Betroffenen durchgekämpft haben und zu ihrem Ja-Wort sich neu bekennen, dass sie dann in ihrer Persönlichkeit stärker geworden sind und eine größere Ausstrahlungskraft entwickeln.

Am Wert Vergebungsbereitschaft und am Wert Treue habe ich einmal durchbuchstabiert, was Jesus meint, wenn er sagt: „Wer aber die Wahrheit tut, kommt zum Licht, damit offenbar wird, dass seine Taten in Gott vollbracht sind."

Zu dem letzten Teil des Verses möchte ich noch ein paar Sätze schreiben: „... dass seine Taten in Gott vollbracht sind."

Wenn ich mit Menschen ein paar Monate durch Dunkelheiten und Unsicherheiten gegangen bin, dann kommt am Ende der Krise oft eine Bemerkung in der Richtung: „Aus mir selbst hätte ich das nie geschafft. Wenn mir nicht Gott die Kraft gegeben hätte zu verzeihen, hätte ich das nicht gekonnt." Oder: „Wenn mich nicht Gott getröstet hätte, hätte ich den Verlust meines Partners nicht so verkraftet. Ich wäre zerbrochen und hätte nicht wieder zurück ins Leben gefunden."

Wenn Sie zur Zeit vor so einer Wand stehen, die ihnen unbezwingbar erscheint, dann brauchen Sie nicht zu resignieren oder zu verzweifeln. Aber was notwendig und sehr hilfreich ist, dass man sich einen seelsorglichen Begleiter (das muss kein Hauptamtlicher sein) sucht und immer wieder im Gebet Gott darum bittet, diesen göttlichen Wert der Treue zu verwirklichen. Solche Bitten nimmt Gott sehr ernst.

Erinnern Sie sich an solche Begebenheiten aus Ihrem Leben, als ein anderer Sie ermutigt hat, in Frage gestellte Werte zu verwirklichen und wie Sie nach langem Ringen wieder ins Licht gekommen sind.

Beeindruckend sind auch die Zeugnisse von christlichen Vergebungs- und Heilungsseminaren im ehemaligen Bürgerkriegsland Rwanda.[48]

---

[48] Artikel über Versöhnung in Rwanda: Ursula Ott (Text) und Anne Ackermann (Fotos), Den Mördern die Hand geben? in: Chrismon 5/2016, S. 13-19.

15. Joh 4,10: Wenn du wüsstest – Ahnungslosigkeit

„Wenn du wüsstest, worin die Gabe Gottes besteht und wer es ist, der zu dir sagt: Gib mir zu trinken!, dann hättest du ihn gebeten, und er hätte dir lebendiges Wasser gegeben."

Am 31.1.1980 lief die erste Sendung von „Verstehen Sie Spaß". Kurt Felix und andere Entertainer haben diese Sendung zum Publikumsliebling werden lassen. Häufig wiederholt wurde die Sendung, in der der damals junge Hans Peter Kerkeling seinen Auftritt hatte, aber durch Lichtsignale oberhalb der Bühne das Publikum dirigiert wurde, ob es lachen, klatschen oder still sein soll.

„Warum lachen Sie denn?", fragt ein verzweifelter Hape Kerkeling sein Publikum. Der Komiker versteht die Welt nicht mehr: Ständig ertönt schallendes Gelächter an den völlig falschen Stellen des Programms. Tapfer zieht er seine Show durch, ahnt aber sehr wohl, dass ihn irgendwer auf die Schippe nehmen will, und ruft: „Irgendjemand macht doch da was!" Einige Minuten später ist der Auftritt vorbei, Kerkeling zieht sich in seine Garderobe zurück. Dann klopft es an der Tür. Kurt Felix betritt den Raum und stellt die Frage aller Fragen: „Verstehen Sie Spaß?" Der Reingelegte schreit: „Nein, nein, nein!"

Natürlich versteht jemand wie Hape Kerkeling Spaß, aber gerade als Komiker hat man natürlich ein ausgeprägtes Interesse daran, selbst zu bestimmen, wie man die Leute zum Lachen bringt. Überhaupt liegt die Faszination der Show gerade in den Momenten, die zum totalen Kontrollverlust der Veräppelten führen.

An bunten Abenden haben wir etwas Vergleichbares auch schon öfters gemacht. Ein paar Versuchspersonen werden aus dem Saal geschickt und bekommen draußen die Aufgabe mitgeteilt, pantomimisch ein bestimmtes Tier darzustellen. Die Menschen im Saal sollen möglichst schnell raten, was es ist. Wer am schnellsten erraten wird, hat gewonnen. Der Letzte soll einen Pinguin darstellen. Den Anwesenden im Saal wird gesagt, dass sie beim letzten alles Mögliche sagen sollen, nur nicht „Pinguin". Die Komik und der Leistungsdruck, schnell geraten zu werden, lässt dem Pinguin manchmal richtig Schweißperlen auf die Stirn treten; und die Zuschauer amüsieren sich.

Dieses „Wenn du wüsstest, wer es ist" irritiert die Frau am Jakobsbrunnen. Sie ist die Ahnungslose. Allein schon die Tatsache, dass ein Jude sie anspricht und um etwas bittet ist irritierend.

Aus der Routine raus, in die Neugier rein; und das Fragen beginnt.

Julian Barnes, der sich selbst als Atheist versteht, sagte einmal: „Ich glaube nicht an Gott; aber ich vermisse ihn." Diese Leerstelle deutlich zu machen, gerade auch bei Menschen, die vielleicht denken, ich glaub nix, mir fehlt nix, das ist für mich der Anfang der Mission in Westeuropa.

In der Lehre über das christliche Menschenbild ist immer wieder betont worden, dass es im Menschen eine naturhafte Sehnsucht des Geschöpfs nach dem Schöpfer gibt.

Seit Thomas von Aquin († 1274) wird das Hingeordnetsein des menschlichen Geistes auf die Anschauung Gottes als „desiderium naturale", als natürliche Sehnsucht, bezeichnet. Diese Betonung des Geistes unterscheidet sich z.B. von der Auffassung des Augustinus († 430), dass das Gottverlangen des Menschen auf dessen Glücksstreben beruht.

Pater Kentenich, der Gründer der Schönstatt-Bewegung, schrieb in einer Studie und Zeitanalyse 1949:

„Damit berühren wir den Zug, der – so unwahrscheinlich das auch scheinen mag – dem modernen Menschen im Blute liegt. Sein Fehler, seine Sünde liegt darin, dass er ihn (= den Zug ins Unendliche) ins Endliche hineingezogen, dass er ihn säkularisiert und naturalisiert hat. So erklärt sich das Drängen der abendländischen Menschheit hin zur Welteroberung: zur geistigen, zur politischen und wirtschaftlichen Weltherrschaft. Die neuen Völker haben denselben Zug übernommen und lassen sich von ihm vorwärtstreiben. Deshalb auch überall das Bestreben, der Natur restlos alle Geheimnisse und Kräfte abzulauschen und zu entlehnen.

Jede Neueroberung hat dieselbe Wirkung, wie sie jedem Irdischen und Geschöpflichen eignet: Es bleibt ein tiefes Unbefriedigtsein zurück. Das Suchen und Forschen beginnt von neuem. Schließlich ist es gelandet beim Stoff, bei der Materie, beim Kollektiv. Tiefer kann es kaum hinabsinken, stärker sich nicht verirren.

Vielleicht hat es keine Zeit in der Geschichte gegeben, die so stark von der Unruhe des Unendlichkeitstriebes bewegt worden ist, aber auch keine, die diesen Trieb so stark und einseitig im Diesseits zu befriedigen suchte, deshalb keine, die so unbefriedigt, unruhig und unglücklich ist wie die unsere.“[49]

Ein Katholikentagsteilnehmer in Leipzig 2016 erzählte mir: „Ich fuhr mit der Straßenbahn und hatte den grünen Katholikentagsschal um. Da sprach mich eine ältere Frau an: 'Sie sind doch von der Kirche. Ich bin jetzt Rentnerin und merke: Arbeit ist nicht alles. Das mit dem Menschen, dass Sie den in den Mittelpunkt stellen, das finde ich gut.'“ Zur Erklärung: Das Leitwort des Katholikentages lautete damals: „Seht, da ist der Mensch.“ Und der Katholikentagsteilnehmer fuhr fort: „Wenn es uns doch durch diese Tage in Leipzig gelingen könnte, so manchen Ungläubigen neu zum Fragen zu bringen, das wäre doch was!“

Was mich hin und wieder ratlos macht, ist die Erwartungslosigkeit – selbst von Christen – gegenüber dem Potential, das im lebendigen Glauben steckt. Gerade solchen möchte ich dann zurufen: „Wenn du wüsstest ... !“

Eine Seelsorgerin schrieb: „Als ich Menschen fragte, die eine Tragödie durchgemacht hatten, wie wir mehr Mitgefühl für sie entwickeln und ausdrücken können, lautete die Antwort: 'Schrecken

[49] Kentenich, Oktoberbrief 1949, S. 100f.

Sie nicht davor zurück, sich am Ihrem Kind zu freuen, nur weil ich meins verloren habe. Nehmen Sie das, was Sie haben, nicht als selbstverständlich hin – feiern Sie es. Entschuldigen sie sich nicht für das, was Sie haben. Seien sie dankbar und teilen Sie Ihre Dankbarkeit mit anderen. Sind Ihre Eltern gesund? Seien Sie begeistert. Sagen Sie ihnen, wie viel sie Ihnen bedeuten. Immer wenn Sie ehren, was Sie haben, ehren Sie auch das, was ich verloren habe.'"[50] Die Seelsorgerin war von dieser Antwort überrascht.

Wir kommen da in einen Bereich, der auch mit dem Toleranzverständnis zu tun hat. Viele Christen bemühen sich seit Jahrzehnten um Toleranz; aber manchmal sind diese toleranten Christen dann doch überrascht, wenn ich ihnen sage: Dann dürfen Sie auch von anderen im gleichen Maße Toleranz erwarten und sich mit Ihrem Glauben den anderen zumuten.

Als ein ganz interessantes Projekt sehe ich die Lebenswendefeiern für Jugendliche in den neuen Bundesländern. Zu DDR-Zeiten gab es die Jugendweihe als Initiationsritual für Jugendliche, die nicht christlich gebunden waren und weder Firmung noch Konfirmation feiern konnten. In manchen Schulen wurde die Jugendweihe auch zum Test für die Staatstreue hochstilisiert und Druck auf Christen ausgeübt, ebenfalls daran teilzunehmen, obwohl das Gelöbnis ja ein Bekenntnis zum Atheismus beinhaltete und seitens der Kirche immer als Akt des öffentlichen Glaubensabfalls bewertet worden war. Feiern und Rituale haben eine eigene Beharrungstendenz; und so stellte sich nach dem Ende der DDR die Frage: Können wir als Christen diesem Ritual eine neue Tiefendimension geben – gerade auch als Dienst an unseren nicht getauften Zeitgenossen?

In Halle nahmen 2016 ca. 600 nicht getaufte Jugendliche das Angebot der katholischen Kirche wahr. Der ständige Diakon Reinhard Feuersträter, der hauptberuflich als Krankenhaus-Seelsorger arbei-

---

[50] Brené Brown, Verletzlichkeit macht stark, kailash-verlag 2013, S. 153.

tet, leitet das Team seiner ehrenamtlichen Mitarbeiter. Er sagt: „Mit Jugendlichen und Eltern, die sonst keine Beziehung zur Kirche finden würden, kommen wir über diese Veranstaltungen ins Gespräch darüber, was ihnen in ihrem Leben wichtig ist. Die Lebenswendefeiern haben keine missionarische Intention, wohl aber eine missionarische Dimension. ... Gespräche über Gott und die Welt entspinnen sich mit den Jugendlichen meistens eher am Rande." Zunehmend kommen Teilnehmer oder ihre Eltern Jahre nach der Feier in Feuersträters Sprechstunde. In einer Lebenskrise erinnern sie sich wieder an die Begegnungen rund um die Lebenswendefeier und knüpfen an das gewachsene Vertrauen an.[51] Die immer wieder geäußerte Befürchtung, die Kirchen könnten sich mit dem Angebot der Lebenswendefeier selbst das Wasser abgraben, findet der Diakon haltlos.

Wenn du wüsstest – Aus dem small talk am Brunnenrand zwischen Jesus und der Samariterin wird ein tiefgründiges Gespräch, das in eine echte Begegnung mündet. Die Frau fühlt sich erkannt, durchschaut und trotzdem angenommen. Sie erkennt in dem durstigen und müden Juden den Messias.

Der Mainzer Schriftsteller Curt Goetz († 1960 in der Schweiz) hat in seiner scharfzüngigen Weise einmal gesagt: „Es gibt keine Leute, die nichts erleben, es gibt nur Leute, die nichts davon merken."

Wenn wir diesen Satz als Gewissenserforschung an uns heranlassen, dann können wir die Frage noch einmal neu formulieren: Worauf müssen wir achten, damit wir in der Schnelllebigkeit unserer Zeit die Möglichkeiten der Gottesbegegnungen als solche erkennen und würdigen?

Auf vielen Katholikentagen hat der Mainzer Theologieprofessor Hubertus Brantzen in der Mittagszeit Spurensuch-Gottesdienste

---

[51] Dorothee Wanzek, Warum zur Kirche? Interview mit Reinhard Feuersträter, in Tag des Herrn, Mai 2016, S. 8f.

angeboten. Bei der Spurensuche geht es darum, dass man einander Erlebtes erzählt und dann sich die Frage stellt: Was könnte Gott mir mit dem, was ich erlebt habe, sagen wollen? Nach der Deutung bedankt man sich bei Gott für diese kleine zärtliche Aufmerksamkeit oder man erklärt sich bereit, den Aufruf, der in der Situation steckte, als Aufruf Gottes anzunehmen. Auch wenn die Spurensuch-Gottesdienste seit vielen Jahren fester Bestandteil des Katholikentagsprogramms sind, so kann ich doch diese Art der Erlebnismeditation auch allein für mich vollziehen. Und ich kann auch andere ermuntern, nicht nur im Alltag gut zu funktionieren, sondern immer wieder sich zu fragen: Lieber Gott, was willst du mir dadurch sagen? Viele Heilige haben ihr Leben als Such- und Findspiel Gottes gedeutet.

Die italienische Ordensschwester Mutter Elvira trat mit 19 Jahren bei den Barmherzigen Schwestern der heiligen Jeanne-Antide Thouret ein. Sensibilisiert durch das Schicksal des eigenen Vaters, der alkoholabhängig war, wollte sie etwas für Jugendliche tun, die in die Drogenabhängigkeit reingeschlittert waren. Ihre Ordensobern trauten ihr eine solche Arbeit nicht zu. Nach jahrelangem, gehorsamen Warten durfte sie dann am 16.7.1983 ein leerstehendes Gebäude übernehmen und die ersten Jugendlichen aufnehmen. Die Gemeinschaft Coenacolo war geboren. In der Folgezeit entwickelte diese Schwester, die nie Psychologie oder Sozialpädagogik studiert hatte, ein in sich stimmiges Konzept, wie Jugendliche von ihren Süchten befreit werden können. Aus der Scham über den eigenen Vater, aus der eigenen seelischen Verwundung gründete sie eine Gemeinschaft, die inzwischen in vielen Ländern segensreich wirkt. Die Rückfallquote nach einjährigem Aufenthalt in den Einrichtungen ist bemerkenswert niedrig. – Wenn du wüsstest.

Unsere Grenzerfahrungen und Erbärmlichkeitserlebnisse sollten uns nicht in irgendwelche Verstecke treiben sondern in die Nähe Jesu. Wenn wir uns ihm öffnen und daran glauben lernen, dass er ein vorbehaltloses Ja zu uns spricht, dann können Heilungs- und

Befreiungsprozesse in unserer Seele stattfinden.

Wie viel Hoffnungslosigkeit und Selbstverachtung bestimmen oft das Klima und den Alltag von Drogenabhängigen und Alkoholkranken! Die Gemeinschaft Coenacolo schenkt denen, die neu anfangen wollen, eine echte Perspektive. – Wenn du wüsstest.

Jesusbegegnungen können geschehen, wenn uns gotterfüllte Menschen begegnen. Jesusbegegnungen können geschehen, wenn wir in Notleidenden IHN erkennen. In der Tiefe des Herzens von solchen Begegnungen berührt zu werden ist eine Gnade, die uns umso häufiger geschenkt wird, je aufmerksamer und achtsamer wir einander begegnen.

16. Joh 4,34: Den Willen Gottes tun

„Jesus sprach zu ihnen: Meine Speise ist es, den Willen dessen zu tun, der mich gesandt hat, und sein Werk zu Ende zu führen."

Vor längerer Zeit hatte ich ein für mich überraschendes Gespräch mit einem erfolgreichen Büromöbelverkäufer. Aufgrund seiner kommunikativen Art und der Balance zwischen Spontaneität und Zielstrebigkeit hatte er sich hochgearbeitet zum Regionalverantwortlichen. In den Filialen in den einzelnen Bundesländern sah man ihn gern. Er konnte begeistern, ohne dass der Druck von Umsatzsteigerungen, der selbstverständlich wie in allen Firmen von der Konzernleitung kam, als unerträgliche Last empfunden wurde. Und dieser erfolgreiche Geschäftsmann fragte sich und fragte mich: „Will ich das wirklich bis an mein Lebensende machen? Natürlich sind Büromöbel eine sinnvolle Sache. Keiner kann vernünftig im Stehen arbeiten mit einem Block in der Hand. Aber ist das wirklich meines?" – Damit hatte ich nicht gerechnet. Er arbeitet immer noch in dieser Firma, aber ist auf der Suche nach einem interessanten sozialen Projekt, das er bei seiner knappen Freizeit und bei seinem Begabungsprofil umsetzen kann.

Ein promovierter Jurist und Personalchef hat für sich eine andere Entscheidung getroffen: Es geht um Dr. Hans Günther Ullrich. Er ist katholischer Priester und seit Dezember 2010 Leiter der Abteilung Ehrenamt, Bildung und Gesellschaft im Bischöflichen Generalvikariat Trier. Das Besondere ist aber der Lebenslauf von Dr. Ullrich, der nach Jurastudium und Promotion 1990 in die Industrie ging. Drei Jahre später war er Personalchef von 1200 Mitarbeitern. Sein schönstes Projekt – so Dr. Ullrich: „Wir haben die Produktion umstrukturiert, um das volle Potenzial der Arbeiter zu entfalten – durch mehr Freiheit und Verantwortung für die Mitarbeiter auf der Basis von mehr Information und Qualifikation." Ab 1998 war Dr. Ullrich bei einem internationalen Autozulieferer mit der Globalisierung betraut. „Es war lehrreich und stressig. Ich war mal an 21 aufeinanderfolgenden Tagen an 21 verschiedenen Orten auf 4 Kontinenten." Als Vertriebsleiter und später Geschäftsführer strukturierte er den Betrieb um, positionierte das Unternehmen im globalen Geschäft und konnte trotz Rationalisierung die Mitarbeiter halten. Trotz – oder sogar gerade durch diese internationale Karriere spürte Dr. Ullrich 2005, dass es andere Dinge im Leben gibt, die ihm noch wichtiger sind. Er entschied sich 2006, seiner Berufung auf andere Weise als bisher zu folgen und wurde 2008 zum Priester geweiht.

Damit will ich unter keinen Umständen suggerieren, dass nur der Priesterberuf eine sinnvolle Beschäftigung sein kann, aber die Sinnfrage ist auf jeden Fall eine wichtige Frage für die eigene Motivation. Jesus drückt das aus im Bildwort von der Speise aus. Was nährt seine Seele? Was schenkt ihm Sinnerfahrung? – Den Willen des Vaters zu tun. Und was für den Gottmenschen Jesus Christus gut ist, das ist es auch für uns.

Es gibt diese kleine Geschichte, in der ein Wanderer drei Steinmetze, die in der Dombauhütte des Kölner Domes arbeiten, nach dem fragt, was sie so tun. Der erste antwortet: „Ich behaue Steine." Der zweite antwortet: „Ich verdiene Geld für meine Familie." Der dritte richtet sich auf, schaut zu den Türmen hinauf und sagt voller Stolz: „Ich baue mit an einem Dom!" Es ist leicht nachvollziehbar, dass der Dritte die höchste Zufriedenheit im Beruf hat.

Vor vielen Jahren hatte ich ein Gespräch mit einem Webemeister. Einige seiner Wandteppiche waren aufgrund des Designs prämiert worden. Trotzdem war er unzufrieden. Warum? Viele seiner Kunden, die sich einen solch teuren Wohnungsschmuck leisten konnten, waren in seinen Augen arrogante überhebliche Snobs. Und er wollte seine Lebensstunden nicht dafür verbringen, dass diese Menschen noch einen Grund mehr hätten um angeben zu können. Das Weben machte ihm nach wie vor Spaß. So entschied er sich, in einer Behindertenwerkstätte der Caritas eine Weberei aufzubauen. Seine designerischen Fähigkeiten konnte er da voll einbringen und weiterentwickeln, und die Produkte ließen sich zu erschwinglichen Preisen kostendeckend verkaufen. Sie wurden auch gekauft, nicht aus Mitleid, sondern weil sie gut waren.

Ein weiteres Beispiel: Ein leitender Angestellter eines großen Elektronik-Konzerns erzählte mir: „Das A und O ist: Die Mitarbeiter ernst nehmen und sich für sie Zeit nehmen!" In der Firmenkultur ist das jährliche Mitarbeitergespräch fest verankert, doch er achtet in seiner Abteilung darauf, dass ca. alle 4 Wochen ein ein- bis zweistündiges Mitarbeitergespräch stattfindet. Da geht es dann durchaus auch um persönliche Fragen. Vor kurzem hat er mit einem Mitarbeiter dessen Beziehung zu dessen Schwester aufgearbeitet. Seitdem dieses persönliche seelisch sehr belastende Problem halbwegs gelöst ist, ist der Mitarbeiter viel belastbarer. „Ich nehme dich in deiner Ganzheit wahr. Mich interessiert nicht nur deine Leistung in der Firma." – Diese Botschaft ist bei den Mitarbeitern angekommen und wird geschätzt und genutzt.

Ca. alle 6 Wochen bieten die drei Geschäftsführer einen einstündigen chat an, wo die über 1000 Mitarbeiter mit nicknames – also anonym – ihre Fragen und Beiträge einbringen und die Geschäftsführer persönlich dazu Stellung nehmen. Das Medium wird intensiv genutzt, so dass die drei Sekretärinnen vollauf zu tun haben.

Ein letztes Beispiel: In einer Zulieferfirma der Mobilfunkbranche war der Umsatz um ein Drittel gesunken. Es mussten dringend die Kapazitäten der neuen Marktlage angepasst werden. Ein Sanierer wurde eingestellt. Dieser erzählte mir: Auch hier war eine intensive Kommunikation das A und O. Die Mitarbeiter, der Bürgermeister des Standortes, Medien, Lieferanten und Kunden wurden von den Sanierungsmaßnahmen zeitgleich informiert. Ein Sozialplan mit dem Betriebsrat wurde entwickelt, so dass auch kommunizierbar war: Die Dauer der Firmenzugehörigkeit, die familiäre Situation oder sonstige Notsituationen wurden berücksichtigt. Der Grund der Umstrukturierung wurde offen kommuniziert. Nicht das „Dass" sondern das „Wie" der Entlassungen hat in dieser schwierigen Situation auch denen, die gehen mussten, das Gefühl der Würde gegeben. Häufig sind ja gerade notwendig gewordene Entlassungen für christliche Führungskräfte ein Tabu-Thema. Der Konflikt zwischen cost-cutting und Arbeitsplatz-Erhalt darf nicht dazu führen, dass notwendige Sanierungsmaßnahmen auf später verschoben werden. Das gefährdet die ganze Firma.

Auch jetzt, nach der Sanierung ist dem Verantwortlichen eine offensive Informationspolitik ein wichtiges Anliegen. Außer den Aufsichtsratssitzungen mit dem Betriebsrat gibt es wöchentlich eine Sitzung mit allen, die Mitarbeiter führen. In der Firmenzeitung, die der Betriebsrat drei- bis viermal jährlich herausgibt, hat der Vorstand zwei Seiten. 4-Augen-Gespräche mit den Mitarbeitern sind selbstverständlich.

Dieser Manager sagt aber auch: „Ich kann den Menschen im Innersten nicht motivieren. Die Motivation muss jeder Mitarbeiter selber mitbringen. Aber ich kann ein Klima schaffen, in dem Motivation wachsen kann und nicht abstirbt. Interesse und Begeisterung an der Sache, Ehrgeiz, der Reiz, etwas Neues auszuprobieren, die Freude an der Verantwortung, die Fähigkeit, im Team zu arbeiten – all das muss im Ansatz vorhanden sein. Ich kann es nur fördern."

Damit sind wir wieder bei unserem Thema: „Meine Speise ist es, den Willen dessen zu tun, der mich gesandt hat." – Wer etwas als gut und nachhaltig erkannt hat, der darf sich in Übereinstimmung mit dem Willen Gottes fühlen und das verleiht Kraft.

Bei aller Unterschiedlichkeit der Firmensituation und der jeweiligen Stellung der Führungskräfte haben sie doch eines gemeinsam: Sie sind fasziniert und lassen sich inspirieren von einer christlichen Führergestalt, die am Anfang des 20. Jh's eine Bewegung aufgebaut hat, die sich inzwischen in über 40 Länder verbreitet hat und weltweit ca. 2 Mill. Menschen umfasst. Gemeint ist Joseph Kentenich, der Gründer der Schönstatt-Bewegung.

Doch bevor ich ihn vorstelle, möchte ich etwas zum Thema Sinn sagen: Was meinen wir eigentlich damit, wenn wir sagen, ein Job ist sinnvoll, eine Institution ist sinnvoll? Etwas macht Sinn, etwas hat Sinn, wenn uns ganz unmittelbar ein Ja dazu aus tiefem Herzen aufsteigt. Sinn hat etwas zu tun mit dem Blick aufs ganze Leben. Sinn ist eng verknüpft mit Werten und Zielen. Das kann durchaus am Anfang Geld, Luxus oder Karriere bedeuten. Doch diese Werte werden im Laufe des Lebens an Bedeutung verblassen und neu die Frage nach dem Ganzen auftauchen.

Selbst dem zunächst Sinnlosen, nämlich das Übel und das Böse, kann ich durch die Hinordnung auf ein entsprechendes Ziel einen Sinn – zumindest für mich – verleihen. So kann Paulus im Römerbrief schreiben: *„Wir wissen, dass Gott bei denen, die ihn lieben, alles zum Guten führt"* (Röm 8,28). Nach dieser Strategie, die sich natürlich nur dem gläubigen und tapferen Menschen erschließt, kann ich allem einen Sinn verleihen. Und damit erschließe ich mir die Motivationsquelle: Meine Speise ist es, den Willen dessen zu tun, der mich gesandt hat.

Nach christlichem Grundverständnis ist der tiefste Sinn des Lebens Gott und den Nächsten zu lieben wie sich selbst, dadurch Gemeinschaft aufzubauen und sich letztlich auf den Himmel vorzubereiten, wo wir in Gemeinschaft mit Gott ganz glücklich sein dürfen. Zur Selbstliebe gehört dann auch die Selbstentfaltung: Ich mache das Beste aus mir und aus den Talenten, die Gott, der Schöpfer in mich hineingelegt hat. Dadurch kann ich für die Anderen noch mehr zum Segen werden. Zur Nächstenliebe gehört dann auch die Qualitätsarbeit, als die nüchternste Form der Nächstenliebe: D.h., auch wenn ich den Kunden gar nicht sehe und seine Zufriedenheit, Freude und Dankbarkeit nicht selber genießen kann, so ist doch mein Bemühen um Qualität meiner Produkte oder Dienstleistungen Nächstenliebe. Der Kunde muss sich nicht ärgern über meinen Pfusch, den er teuer bezahlt hat. Im Ringen um Qualität werde ich Gott, dem Vollkommenen ähnlich. Im schöpferischen Gestalten habe ich Anteil an der schöpferischen und sich verschenkenden Allmacht Gottes. So ist Arbeit wirklich eine unersetzliche Glücksquelle – das ist übrigens einer der wenigen Punkte, wo Christentum und Marxismus übereinstimmen.

Nächstenliebe bedeutet dann auch: Ich habe Ehrfurcht vor dem Ebenbild Gottes im Gegenüber. Und ich darf Trainer sein, damit das Beste, was im Gegenüber steckt, zur Entfaltung kommen kann. Ich darf Leistung fordern.

Natürlich stellt sich da die Frage, ob in Kurzzeitseminaren, in denen der Umgang mit Mitarbeitern und Kunden trainiert wird, wirklich ein Verhalten eingeübt wird, das aus tiefster Überzeugung dann gepflegt werden kann. Wenn es nur Methode bleibt, um den Umsatz zu erhöhen oder mehr Leistung aus den Mitarbeitern heraus zu pressen, dann kann darauf kein Segen liegen.

Nun müssen wir aber noch ein anderes Problem in den Blick nehmen: In der pluralistischen Gesellschaft gibt es viele Sinnanbieter. Die Religionen und Kirchen haben da ihre Monopolstellung verloren. Doch auf dem freien Markt der Sinnanbieter können einzelne Christen, die dem lebendigen Gott wirklich auf die Spur gekommen sind, das christliche Sinnpotential ihren Mitmenschen erschließen.

Ich möchte Ihnen heute einen solchen Christen vorstellen: Joseph Kentenich (* 1885, † 1968). Da er für viele noch ein unbekannter Außenseiter ist, möchte ich einige Momente aus seinem Leben herausgreifen.

Mit 28 Jahren gewinnt er als Spiritual seine Schüler, zukünftige Theologiestudenten, für einen Plan, aus einem vergammelten Friedhofskapellchen eine Wallfahrtskapelle zu machen.

Hören wir einen Ausschnitt aus seinem Vortrag vom 18.10.1914: „Diese langsame Entwicklung unserer Berufsgnade und der dadurch herbeigeführte höhere Grad des religiösen apostolischen Geistes ist aber auch nicht das, was ich Ihnen zum Ziele setzen möchte. Meine Forderung geht ungleich höher. Jeder von uns muss den denkbar höchsten Grad standesgemäßer Vollkommenheit und Heiligkeit erreichen. Nicht schlechthin das Große und Größere, sondern geradezu das Größte soll Gegenstand unseres gesteigerten Strebens sein. Sie werden verstehen, dass ich eine solche außergewöhnliche Forderung nur in Form eines bescheidenen Wunsches vorzutragen wage. ... Während ich dies ausspreche, meine lieben Schüler, fühle ich, dass ich den rechten Ton getroffen. Ihre Herzen haben Feuer gefangen. Sie haben meinen Plan zu dem Ihrigen gemacht. Getrost lege ich ihn und seine Ausführung in Ihre Hand und trage keine Bedenken, ihn in unsere Chronik einzutragen. Spätere Generationen mögen dann über uns zu Gerichte sitzen. Ob wir unser Ziel erreichen? Soweit es auf uns ankommt – und das spreche ich jetzt nicht mehr schwankend und zweifelnd, sondern mit voller Zuversicht aus –, wir alle, meine lieben Schüler, werden es an nichts fehlen lassen."

Mir geht es bei unserem heutigen Thema nicht um das konkrete religiöse Projekt. Mir geht es um den Geist, der aus diesen Worten spricht: Da wagt es jemand, Spitzenleistungen zum Ziel zu erklären. Da gibt sich jemand nicht zufrieden mit Mittelmäßigkeit, sondern versteht es, die jugendliche Begeisterungsfähigkeit zu wecken. Andererseits bleibt er nicht in kühnen Visionen stecken bzw. schweben, sondern er erdet sie. Diesen Schlüsselvorgang nennt er „Beiträge zum Gnadenkapital". Was meint er damit?

Der Lebensvorgang ist alte christliche Tradition: Es geht um die sogenannte „gute Meinung". Im Gotteslob steht das Lied „Alles meinem Gott zu Ehren in der Arbeit in der Ruh ..." (GL 455). Der Text beruft sich auf die Stelle aus dem 1. Korintherbrief: *„Ob ihr also esst oder trinkt oder etwas anderes tut: Tut alles zur Verherrlichung Gottes!"* (1Kor 10,31). Wir können also neben dem rein funktionalen Tun allem noch einen Sinn verleihen, indem wir es zur Ehre Gottes tun. Der Mystiker und Seelsorger Grignion von Montfort hatte geraten, diesen sogenannten verdienstlichen Wert der guten Taten der Gottesmutter zu schenken. Kentenich greift diese spirituelle Tradition auf und umschreibt sie mit einem modernen Begriff aus dem Finanzwesen: „Beiträge zum Gnadenkapital". Um die Faszination der Schüler für diesen Begriff heute überhaupt verstehen zu können, müssen wir wissen, dass Schönstatt am Rande des Westerwaldes liegt, und der Westerwälder Bürgermeister Friedrich Wilhelm Raiffeisen, der 1888 gestorben war, einige Jahrzehnte zuvor die Idee der Genossenschaftsbank erfunden und verwirklicht hatte. Damit hatte er den Lebensstandard in der armen Region des Westerwaldes spürbar heben können. Kentenich hebt also diese Begrifflichkeit der natürlichen Solidarität ins Übernatürlich-Gnadenhafte. Hören wir noch mal in den Vortrag vom 18. Oktober 1914 hinein:

„Und glaubt nicht, dass es in der heutigen ernsten und großen Zeit etwas Außergewöhnliches ist, wenn Ihr die Anforderungen an Euch höher als frühere Generationen, ja aufs höchste steigert. ... Bringt mir fleißig Beiträge zum Gnadenkapital: Erwerbt Euch nur durch treue und treueste Pflichterfüllung und eifriges Gebetsleben recht viele Verdienste und stellt sie mir zur Verfügung. Dann werde ich mich gerne unter Euch niederlassen und reichlich Gaben und Gnaden austeilen, dann will ich künftig von hier aus die jugendlichen Herzen an mich ziehen, sie erziehen zu brauchbaren Werkzeugen in meiner Hand. ..."[52]

Dieses kleine Häufchen Schüler wird durch den 1. Weltkrieg hinausgewirbelt in Europa. Anderen Mitsoldaten fällt auf, dass es da irgendetwas gibt, was diese Schönstätter befähigt, besser mit dem Stress des Soldatenalltags umzugehen, eben diese „Beiträge zum Gnadenkapital". Mit anderen Worten noch einmal formuliert: Indem ich alle Schwierigkeiten, die der Alltag so mit sich bringt, tapfer annehme und sie dann der Gottesmutter schenke, kann ich bei mir Stress abbauen, und sie kann etwas Großes draus machen. Sie werden neugierig auf Pater Kentenich, und nach Kriegsende kommt es 1919 zur Gründung der eigentlichen Schönstatt-Bewegung.

Mitten in der Zeit der Arbeitslosigkeit und Rezession der Zwischenkriegsjahre wagt es Kentenich, junge Lehrerinnen aus ihrem gesicherten Beamtenstatus heraus zu holen und eine neue Frauengemeinschaft zu gründen.

Den Nazis ein Dorn im Auge, muss er erst ins Gefängnis, dann ins KZ Dachau. Dort gründet er mit einem Mithäftling 1942 die Schönstatt-Familienbewegung und mit einem anderen Mithäftling die Brüdergemeinschaft. Das Besondere an dieser Situation: Alle Beteiligten wissen nicht, ob sie überhaupt lebend aus Dachau herauskommen. Sie haben keinerlei Mittel. Das, worauf Kentenich setzt, ist Humankapital oder man-power. 1945 gibt es im KZ ca. 100 Priester, die illegal in Schönstatt-Gruppen arbeiten, ein Schönstatt-Diakon wird illegal zum Priester geweiht. Pater Kentenich nutzt die Möglichkeiten, um über die Gärtnerei des KZ, in der Leute aus der Umgebung Blumen und Gemüse kaufen konnten, einen reichen illegalen Briefverkehr mit den Führungskräften in Schönstatt zu entfalten. In der Schönstatt-Bewegung ist so „Dachau" zur Chiffre geworden, wenn man in besonders schwie-

[52] MTA IV, 60 f. (vom 15. Juni 1919) hat diese Version

rigen Situationen mit Risikobereitschaft und Gottvertrauen neue Wege geht.

In einer Studie von 1951 für die deutsche Bischofskonferenz schreibt Kentenich im Blick auf die verflossenen Verfolgungsjahre: „So wird die Schönstattgeschichte zu einem Wettlauf (das assoziiert Schnelligkeit) zwischen göttlicher Führung durch das Gesetz der geöffneten Tür (d.h., dass mir Gott durch die Verhältnisse Chancen zuspielt, die ich mit wachem Herzen und Verstand ergreifen soll) und menschlicher Fügsamkeit (= das assoziiert Flexibilität) zu einem spannungsreichen heiligen Spiel (das assoziiert Leichtigkeit und Begeisterung, Lockerheit und Freude) zwischen verschwenderischem göttlichem Liebeswerben und hochgemuter menschlicher Liebesantwort (das bedeutet: in Freiheit bin ich bereit, das Beste zu geben) zu einem Drama hochherziger göttlicher Wegweisung und -bereitung und menschlicher wagemutiger Wegbeschreitung." (Das macht den Ernst der Lage wiederum deutlich. Es geht immer wieder um alles oder nichts. Es geht um Belastbarkeit und Größe auch im Scheitern.)[53]

Wettlauf – Spiel – Drama: Wenn Sie aus dieser Umschreibung der Schönstatt-Geschichte die menschlichen Anforderungen herausfiltern und übersetzen, dann kommen Sie auf folgende Eigenschaften: wach, schnell, flexibel, begeisterungsfähig, locker, leistungsfähig und -willig, risikobereit, tapfer, verantwortlich.

Kentenich hat in seiner Bewegung ein Klima geschaffen, in dem Menschen so werden können. Auch wenn er noch ein Außenseiter ist, so haben doch die, die sich mit ihm auseinandergesetzt haben, gemerkt: Seine Art, das Leben zu meistern und Menschen zu führen, tut gut – einem selbst und den anderen.

„Meine Speise ist es, den Willen dessen zu tun, der mich gesandt hat." Dieses Jesuswort aus dem Johannes-Evangelium steht über

[53] Schlüssel zum Verständnis Schönstatts, in: Kentenich, Joseph, Texte zum Verständnis Schönstatts, Vallendar 1974, S. 148-228 , hier: S. 185

unserer heutigen Meditation. Ich hoffe, dass durch meine Ausführungen deutlich geworden ist, dass Jesus hier nicht Exklusivität beansprucht, als ob das nur für ihn gelten würde. Nein, er hat uns damit einen Weg gewiesen, wie wir unsere tagtäglichen Aufgaben in einen großen Sinnzusammenhang stellen können – egal ob es jetzt um berufliche, familiäre oder ehrenamtliche Tätigkeiten geht. Wenn wir uns immer wieder fragen, ob das, was wir tun, dem Willen Gottes ganz konkret für mich entspricht, dann wird das Ja auf diese Frage unsere Seele nähren und es werden uns Kräfte zuwachsen, die uns nie zur Verfügung stehen würden, wenn wir bei dem, was wir tun, von Sinnlosigkeit geplagt würden.

17. Joh 4,38: Ernten, was andere gesät haben

Jesus sagte: *„Ich habe euch gesandt zu ernten, wofür ihr nicht gearbeitet habt; andere haben gearbeitet und ihr erntet die Frucht ihrer Arbeit."*

Vincent van Gogh malte im November 1888 in Arles das Bild „Der Sämann vor untergehender Sonne". Dieses 32x40 cm große Ölgemälde hängt heute in Amsterdam im Rijksmuseum. Von diesem Bild habe ich eine Postkarte, die ich immer wieder mal für mehrere Wochen in mein Hausheiligtum stelle. Wenn ich eine Predigt oder einen Vortrag vorbereite und dann halte, dann fühle ich mich wie ein Sämann. Und dann schwingt in mir immer die Sehnsucht und die Bitte mit: Heiliger Geist, lass meine Worte nicht unter die Dornen oder auf felsigen Grund fallen, sondern auf gutes Erdreich und Frucht bringen. Ich bin schon oft versetzt worden. Bei den jeweiligen Verabschiedungen fühlten sich Menschen gedrängt, sich zu bedanken. Selten im öffentlichen Rahmen aber häufig im persönlichen Gespräch wurden die Gläubigen dann konkreter und erzählten, wie ein bestimmter Satz, ein Wort oder eine Formulierung ihnen geholfen hatte, mit einer konkreten Lebenssituation besser umzugehen. Solche Momente habe ich immer als persönliches Erntedankfest erlebt und als kostbares Geschenk in Empfang genommen.

In dem Satz aus dem Johannes-Evangelium für diese Meditation geht es aber nicht um Aussaat sondern um Ernte: *„Sagt ihr nicht: Noch vier Monate dauert es bis zur Ernte? Ich aber sage euch: Blickt umher und seht, dass die Felder weiß sind, reif zur Ernte. Schon empfängt der Schnitter seinen Lohn und sammelt Frucht für das ewige Leben, so dass sich der Sämann und der Schnitter gemeinsam freuen. Denn hier hat das Sprichwort recht: Einer sät und ein anderer erntet. Ich habe euch gesandt zu ernten, wofür ihr nicht gearbeitet habt; andere haben gearbeitet und ihr erntet die Frucht ihrer Arbeit. Viele Samariter aus jenem Ort kamen zum Glauben an Jesus auf das Wort der Frau hin, die bezeugt hatte: Er hat mir alles gesagt, was ich getan habe. Als die Samariter zu ihm kamen, baten sie ihn, bei ihnen zu bleiben; und er blieb dort zwei Tage. Und noch viel mehr Leute kamen zum Glauben an ihn aufgrund seiner eigenen Worte“* (Joh 4,35-41).

Der evangelische Theologe Adolf Schlatter deutete die Stelle so: „Jesus sah vor sich schon ein zur Ernte reifes Feld. Davon sahen aber die Jünger nichts. Für ihren Blick sah nicht nur die weite Ebene, auf die man vom Jakobsbrunnen sieht, noch winterlich aus, sondern nach ihrer Meinung gab es auch in den Dörfern ringsum für Jesus nichts zu tun. Wie konnte er auch nur an eine Ernte auf dem samaritischen Boden denken? Er kannte ja den Hass der Samariter gegen die Juden und wusste, wie versteckt sie an ihrer sektenhaften Absonderung von Jerusalem festhielten. Selbst wenn die Samariter geneigt würden, auf Jesus zu hören, konnte er nach der Meinung der Jünger in keine Gemeinschaft mit ihnen treten. Denn er war in Kraft seiner Meditation der König Israels; folglich gab es in Samaria keine Ernte für ihn. Öffnet eure Augen und schaut hin, sagt ihnen Jesus; jetzt habt ihr die Arbeit der Schnitter zu tun und dies da, wo ihr meintet, dass keine Ernte wachsen könne. Was damals am Jakobsbrunnen geschah, war nicht nur für Jesus die Speise, die ihn erquickte, und nicht nur für die Samariter der Aufgang eines neuen Tages, sondern auch für die Jünger Jesu ein neuer Anfang, der ihrem Leben mit starkem Stoß eine neue Richtung gab. Die Überraschung, die ihnen dort zuteil wurde, zerbrach ihr angebliches Wissen und erzog sie zum Sehen, das auf Gottes Werk achten lernt. Wie heilsam sind auch uns diese Überraschungen! Sie können uns betrüben, wenn sich Felder als leer erweisen, von denen wir meinten, sie seien zur Ernte reif; sie können aber auch erfreuen und stärken, wenn sich auch da, wo wir meinten, es sei nichts zu hoffen, Gottes Werk zeigt, das den Menschen für sein Wort bereitet, und heilsam sind sie immer, weil sie uns verwehren, mit fertigen Urteilen mit den Menschen zu verkehren, als wüssten wir, was in ihnen verborgen ist. Ob es Erntezeit ist oder nicht, ob hier Ähren reifen oder Dornen wuchern, das weiß nur der, der die Herzen kennt.“[54]

Weiße Felder? Vermutlich handelt es sich um Weizen. Weizenfelder können weiß aussehen. Dies bestätigt auch Reuven Zimmermann, der einen antiken Paralleltext in seiner Auslegung dieses Textes gefunden hat.

Werfen wir einmal einen Blick in unsere Pfarreien: In vielen Pfarreien sind die 30- bis 50-Jährigen die Säulen des Pfarrlebens. Die meisten Erwachsenen, die sich ehrenamtlich in der Pfarrei engagieren, sind in ihrer Jugend von einem Kaplan oder Gemeindereferenten zu einem tieferen Verständnis und einer innigeren Praxis des Glaubens geführt worden. Wenn ich also heute mit diesen Erwachsenen das Pfarrleben gestalte, dann darf ich ernten, was mein Vor-vor-gänger investiert hat.

Hin und wieder gibt es auch Quereinsteiger. Ich denke an eine

---

[54] https://www.evangeliums.net/predigten/bibel_predigt_zu_johannes_4_35.html

Frau im PGR. Sie hatte sich nach einer Volksmission der Redemptoristen entschieden, ihren Glauben intensiver zu leben. Ich durfte sozusagen „ernten“, was Vorgänger bzw. Volksmissionare gesät hatten.

Unter diesem Aspekt dürfen wir auch auf all die verschiedenen Spiritualitäten und Ordenstraditionen blicken. Charismatisch begabte Ordensgründer haben ihre Menschenkenntnis, ihre Erfahrungen und die unmittelbaren Eingebungen des hl. Geistes einfließen lassen in ihre Regeln. Die nachfolgenden Generationen brauchten das Rad nicht neu zu erfinden, sondern konnten die Bräuche übernehmen.

Wenn der hl. Benedikt vorschreibt, dass die Brüder, die den Tischdienst versehen, vorher essen sollen, damit sie nicht hungrig den anderen servieren, dann steckt in einer solchen Regel Weisheit. Oder wenn er im Sinne der Gastfreundschaft vorschreibt, dass ein Gast freundlich aufgenommen werden soll, aber wenn er länger bleiben will, ab dem dritten Tag genau wie die anderen Mönche zur Arbeit eingeteilt werden soll, dann ist damit dem Missbrauch der Gastfreundschaft ein Riegel vorgeschoben.

In der Wirtschaft verläuft es ja ähnlich. Da erfindet Rudolf Diesel den Verbrennungsmotor mit Direkteinspritzung der brennbaren Flüssigkeit. Am 10. August 1893 lief in Augsburg dann der erste Prototyp des neuen Motors aus eigener Kraft. Natürlich hat es in den 100 Jahren viele Weiterentwicklungen und Patente gegeben, aber all das baut auf der genialen Erfindung von Rudolf Diesel auf.

Oder denken wir an die Mehmed-Pasa-Sokolovic-Brücke in Visegrad über die Drina aus dem 16. Jh., die 2007 in die Liste des Weltkulturerbes aufgenommen worden ist, und die vielen anderen Brücken, die unsere Vorfahren gebaut haben: Wir dürfen sie nutzen, also im übertragenen Sinn „ernten“, was sie unter großen und jahrelangem Mühen gebaut haben.

Paulus verwendet nicht das Bild der Ernte sondern das Bild vom Bau. Im 1. Korintherbrief schreibt er: *„Der Gnade Gottes entspre-*

chend, die mir geschenkt wurde, habe ich wie ein guter Baumeister den Grund gelegt; ein anderer baut darauf weiter. Aber jeder soll darauf achten, wie er weiterbaut. Denn einen anderen Grund kann niemand legen als den, der gelegt ist: Jesus Christus. Ob aber jemand auf dem Grund mit Gold, Silber, kostbaren Steinen, mit Holz, Heu oder Stroh weiterbaut: das Werk eines jeden wird offenbar werden; jener Tag wird es sichtbar machen, weil es im Feuer offenbart wird. Das Feuer wird prüfen, was das Werk eines jeden taugt. Hält das stand, was er aufgebaut hat, so empfängt er Lohn" (1 Kor 3,10-13).

Für die meisten Menschen ist dieses lebendige Wissen um die Abhängigkeit von unseren Vorfahren eine Selbstverständlichkeit und mündet immer wieder neu in die eigene Dankbarkeit. Es gibt aber auch Menschen, die meinen, mit ihnen würde die Weltgeschichte bzw. die Kirchengeschichte erst so richtig beginnen. Das Alte ist schlecht, weil es alt ist. Das Neue ist automatisch gut, weil es neu ist.

Pater Kentenich, der Gründer der Schönstatt-Bewegung, pflegte in besonderer Weise einen aktiven Vorsehungsglauben und sah darin auch einen wesentlichen Pfeiler seiner Spiritualität. Ganz im Sinne des hl. Augustinus möchte er Weltgeschichte und Heilsgeschichte zusammensehen. In einer Studie von 1949 legt er die gläubige Deutung der vergangenen Jahre vor und wagt einen Ausblick in die Zukunft. Für ihn ist der lebendige und engagierte Gläubige eine "geschichtsschöpferische Persönlichkeit". Er schreibt:

„Sie stellen sich Gott zur Verfügung – willenlos und wagemutig, wie das einst Sankt Michael getan, um Gottes Schlachten hier und jetzt zu schlagen, um sein Reich mit allen Mitteln aufzurichten und den Teufel und sein Reich in der konkreten Gestalt der Zeitsituation zu überwinden."[55]

Der geschichtsschöpferischen Persönlichkeit stellt Pater Kente-

[55] J.Kentenich, Oktoberbrief 1949, Vallendar-Schönstatt 1970, S. 23.

nich die „Geschichtspassivisten" und die „Geschichtsaktivisten" gegenüber. Die Geschichtspassivisten sind und bleiben die reinen Beobachter, die sich für ohnmächtig halten und die chaotischen Abläufe nur beschreiben oder fasziniert sind von allen möglichen Verschwörungstheorien. Im Zusammenhang der heutigen Meditation ist ein Blick auf die Definition der „Geschichtsaktivisten" interessant: Im Original lesen wir:

„Die Aktivisten sind geschichtslos. Ihre Ahnenreihe beginnt mit ihnen selbst. Sie kennen keinen Gott, der einen unabänderlichen Weltenplan entworfen und mit souveräner Sicherheit die Zügel des Weltgeschehens in der Hand hält und siegesgewiss einem eindeutigen Ziele zustrebt. Sie sehen in der Weltgeschichte kein Ineinander, keine organische Entfaltung einer großen einheitlichen Gottesidee, sondern nur ein mechanisches Nacheinander ohne inneren Zusammenhang. Deshalb ist für sie die Geschichte nicht – wie für Cicero – Lehrmeisterin des Lebens und beredtes Zeugnis für erprobte Weisheit der Alten, auch nicht eine nie versiegende bewährte Triebkraft zu hochgemutem Streben und bezwingender Tat wie für Nietzsche. ... Sie schneiden absichtlich alle Fäden dieser Art ab. Sie wiederholen mit Goethes Prometheus: 'Hier sitze ich und forme Menschen nach meinem Bilde.' Sie arbeiten mit rücksichtsloser Grausamkeit und unerbittlichem Fanatismus an der Verwirklichung ihrer Zukunftsvision. Sie tun es mit Ausnutzung zusammengeballter ungeahnter technischer Hilfsmittel und berückend ausgeklügelter Agitations- und Propagandakunst."[56] P. Kentenich bringt dann in seiner Studie noch ein paar historische Belege aus dem 20. Jahrhundert, wie nach Revolutionen nicht das verheißene Paradies sondern eine neue und unmenschlichere Diktatur entstanden ist. Außerdem kritisiert er die Haltung und Rechtfertigung so mancher Revolutionäre: „Der Zweck heiligt die Mittel."

Im Zusammenhang unserer Meditation geht es mehr um die auf-

---

[56] J.Kentenich, Oktoberbrief 1949, Vallendar-Schönstatt 1970, S. 18f.

geblähte Selbstüberschätzung dieser Revolutionäre, die ja mitunter auch bei Erneuerungsprozessen in der Kirche eine unrühmliche Rolle spielt.

Die Problematik, die Pater Kentenich hier umreißt, ist nicht neu. Schon Paulus kritisiert in Korinth bestimmte Wichtigtuer: *„Denn wer räumt dir einen Vorrang ein? Und was hast du, das du nicht empfangen hättest? Wenn du es aber empfangen hast, warum rühmst du dich, als hättest du es nicht empfangen?“* (1 Kor 4,7).

Es gibt aber nicht nur eine Fruchtbarkeit, die auf den Mühen der Vorfahren beruht. Es gibt auch eine Fruchtbarkeit, die unmittelbar gottgewirkt ist:

Wenn Bernhard von Clairvaux († 20.8.1153) nicht Hunderte von jungen Männern begeistert hätte, Zisterzienser zu werden, dann wäre der Reformansatz des hl. Robert von Molesme eingegangen. Rein natürlich betrachtet muss man dem hl. Bernhard eine außergewöhnliche rhetorische Begabung beimessen. Aber das allein erklärt nicht seine Fruchtbarkeit. Durch die intensive Gottverbundenheit dieses Mönches konnte Gott Wunderbares wirken.

In Medjugorje gab die Gottesmutter den Seherkindern zu verstehen, dass sie nicht deshalb erwählt worden waren, weil sie besonders gut oder besonders fromm gewesen wären. Es war die freie Initiative Gottes, diese jungen Menschen für dieses Projekt zu erwählen. Dass diese Seherkinder, die heute Erwachsene sind, im Glaubensgehorsam über sich hinausgewachsen sind und allen Einschüchterungsversuchen der damaligen jugoslawischen politischen Administration erfolgreich Widerstand geleistet haben, ist ihr Verdienst, ist ihre Treue. Aber auch sie würden – ähnlich wie Paulus – sagen: *„Nicht ich, sondern die Gnade Gottes zusammen mit mir“* (1 Kor 15,10).

Alan Ames wurde 1953 in London geboren. Als Jugendlicher war er Mitglied einer Motorrad-Gang und führte ein Leben, das von Alkohol und Kriminalität geprägt war. In dieser Zeit begannen er, die Kampfsportart Aikidō zu trainieren und wanderte später nach Australien aus, wo er es bis ins Nationalteam schaffte und schließlich dessen Kapitän wurde. 1993 hatte Ames eine Gotteserfahrung, woraufhin er sein Leben von Grund auf änderte. Er gab seine Arbeit auf und widmet sich seitdem mit Erlaubnis seines Erzbischofs nur noch der Evangelisation als Vortragsreisender und Buchautor. Er ist verheiratet und Vater zweier Kinder. Im Sept 2017 gab er in vielen europäischen Städten Zeugnis von seinen Glaubenserfahrungen.

Weitere Lebensbeispiele: Für mich ist mit dem Bibelvers dieser Meditation auch noch eine traurig-schöne Geschichte aus Münchner Zeit verknüpft. Zu unserer Filiale gehörte Pater Tilmann Beller, der jahrelang mein geistlicher Begleiter war. Er starb mit 74 Jahren am 20.12.2012 an Leukämie. Ich hatte vorher noch mit dem behandelnden Arzt überlegt, ob und wie er Weihnachten bei uns im Kloster hätte mitfeiern können. Aber dann ging es doch rapide mit ihm zu Ende. Bald danach meldete sich eine Frau bei mir, die seit vielen Jahren bei Pater Beller in geistlicher Begleitung war. Sie meinte, jetzt sei der Zeitpunkt gekommen, wieder in die katholische Kirche einzutreten. Als Jugendliche war sie ausgetreten. Damals sah sie in diesem Schritt die einzig mögliche Form des Protestes für sie gegen die Doppelmoral ihrer Eltern. Inzwischen hatte sie mit meinem Mitbruder viele ihrer seelischen Wunden gut verarbeitet und konnte die Selbstheilungskräfte ihrer Seele aktivieren. Dass ich diese Frau wieder aufnehmen konnte in die Kirche verdanke ich dieser Frau selber, aber auch der Geduld, der therapeutischen Kompetenz und der Hoffnungskraft meines Mitbruders.

Eine andere Begebenheit: Im August 2017 war ich mit acht Ehepaaren unterwegs auf dem Balkan. Zu dem Programm gehörte nicht nur eine Wallfahrt nach Medjugorje sondern auch eine Raftingtour auf der Tara in Montenegro. Als der Lenker unseres Schlauchbootes mitbekam, was für eine Truppe wir waren, fing er ein Glaubensgespräch an. Zum Glück konnte einer unserer Männer gut Englisch und war Religionslehrer. Ich musste da leider passen. Mit meinen paar Brocken Tarzan-Englisch kann ich keine Glaubensgespräche führen. Unser Guide verlangsamte unsere Fahrt, um die gemeinsame Zeit zu verlängern. Was daraus wird und wie der weitere Weg zum Glauben für diesen jungen Mann aussieht – das weiß nur Gott.

Im Juni 2017 lief die alljährliche Themenwoche der ARD unter dem Motto: Was glauben die Deutschen? – Für das Glaubensthema hatte sich die ARD wegen des 500-jährigen Reformationsgedenkens entschieden. Im Vorfeld konnte man auf der Homepage der ARD persönliche Glaubenszeugnisse schreiben. Aufgrund meines Zeugnisses meldete sich ein ca. 40-jähriger Mann, der katholisch aufgewachsen war, aber als Jugendlicher die Kirche verlassen hatte. In der Folgezeit ergab sich ein mail-Wechsel, wobei die Phase der Anklage und Infragestellung christlicher und biblischer Positionen bis heute immer noch nicht überwunden ist. Im Rahmen dieses Dialogs wurde ich auf viele kämpferische Internetseiten aufmerksam gemacht, die die christlich-jüdische Tradition massiv kritisieren. In diesem Prozess ist also eine Ernte noch lange nicht in Sicht.

Ein hoffnungsvolles Zeichen war für mich ein Theaterbesuch in Köln im Herbst 2016. Dort wurde das Stück „Glaubenskämpfer" aufgeführt. Das Besondere an dem Stück: Es gab keine fertige Textvorlage. Der Autor und Regisseur Nuran David Calis suchte nach überzeugten Gläubigen und fand die Benediktinerin Johanna Domek, einen in Israel geborenen und in Deutschland lebenden Psychotherapeuten, einen ehemaligen Salafisten, der mit 17 Jahren zum Islam konvertiert war, sich hatte radikalisieren lassen und dann 2012 den Ausstieg schaffte, sowie drei türkischstämmige Muslime aus der Nachbarschaft des Theaters. Die Berufsschauspieler sollten diese Gläubigen mit ihren Fragen und Zweifeln konfrontieren. Einer der Schauspieler, Martin Reinke, stellte während der Erarbeitung des Stückes fest, dass sein Regisseur ihn der falschen Seite zugeordnet hatte. Er, der viele Jahre in einer Klosterschule gelernt hatte, dann aber sich vom Glauben distanziert hatte, musste sich zwangsläufig während der Erarbeitung des Stückes intensiv mit dem Glauben bzw. Unglauben auseinandersetzen. Und er bemerkte erstaunt über sich selbst, dass tief in seiner Seele doch mehr an Gläubigkeit vorhanden war, als er selber vermutete. Im Programmheft konnten wir lesen: „Ich glaube an Jesus Christus als den Prototyp des Neuen Menschen (vgl. Eph 4), frei von allem Bösen, eins mit dem Vater (vgl. Joh 10,30) und als solcher der Weg, die Wahrheit und das Leben (vgl. Joh 14,6)."

Für mich stellt sich die Frage: Wie komme ich an die Ränder? Papst Franziskus schickt uns ja eindringlich dahin. Wie gelingt es mir, aus den Kommunikationsblasen Gleichgesinnter auszubrechen und mit denen ins Gespräch zu kommen und im Gespräch zu bleiben, die auf der Suche sind?

Und dann erlebe ich es in der geistlichen Begleitung von Gläubigen, dass – meist ausgelöst durch unschuldiges Leid – Zweifel aufkommen und Menschen mit Gott ringen, wie es Jakob tat.

Vor längerer Zeit sah ich ein Werbeplakat der Bundeswehr, auf dem für medizinische Berufe in der Bundeswehr geworben wurde. Die provozierende Frage auf dem Plakat: Wer stärkt eigentlich die Abwehrkräfte unserer Abwehrkräfte? – So darf ich mich auch als Hausgeistlicher in einem Kloster verstehen: Wenn ich in der geistlichen Begleitung der Schwestern mit denen durch ihre Phasen der Dunkelheit und Trockenheit gehe und andererseits auch intellektuell mich mit aufkommenden Fragen und Zweifeln auseinandersetze, dann stärke ich die seelisch-geistigen Immunkräfte der Schwestern. Und so ein Kloster ist ja keine Insel. Es kommen immer wieder Besucher ins Kloster und Gläubige aus Dernbach und Umgebung zu den Gottesdiensten. Auch diese machen gerne Gebrauch von dem Angebot des seelsorglichen Gesprächs.

„Ernten, was andere gesät haben" – so heißt das Motto dieser Meditation. Mir ist es ein Anliegen, dass wir uns der vielfältigen Abhängigkeiten bewusstwerden und aus diesem Grund eine tiefe Dankbarkeit entwickeln. Erfolg, auch Erfolg in der Kirche – wobei wir da wohl treffender von Fruchtbarkeit sprechen –, sollte uns nicht eitel werden lassen. Viele Faktoren tragen dazu bei, dass Menschen dann Entscheidungen treffen können, die öffentlich wahrgenommen werden bzw. sich statistisch niederschlagen. Das ruhige und unspektakuläre Wachstum gehört dazu. Dem zu dienen sollte unsere vornehmste Aufgabe sein als Apostel Jesu Christi.

18. Joh 5,6: Willst du gesund werden?

Verzeihen Sie mir bitte, wenn ich einmal ganz unbiblisch anfange: Vor ein paar Jahren war ich mit einer Jugendgruppe im Hallenbad. Ich schwamm meine Bahnen, und als ich wieder einmal in die Nähe des Beckenrandes kam, erklärte gerade ein Mann, der im Wasser war und sich am Rand festhielt, einer Frau, die über ihm am Beckenrand stand, warum er ihren Schlüssel, der ihr ins Wasser gefallen war, nicht hoch holen konnte. Er könne mit seinen empfindlichen Trommelfellen nicht so tief tauchen, um den Schlüssel hoch zu holen. Im klaren Wasser sah ich den Schlüssel am Beckenboden liegen, krallte ihn mit den Zehen fest, hob den Fuß, so dass ich mit der Hand den Schlüssel ergreifen konnte, und gab ihm der Frau. Ich brauchte keinen Zentimeter zu tauchen, um das Problem zu lösen. Die Frau bedankte sich. Der Fall war erledigt. Im Geheimen machte ich mich lustig über den Mann, der seine Intelligenz nur gebraucht hatte, um zu begründen, warum etwas nicht geht und er nicht helfen kann. Denn so, wie ich den Schlüssel nach oben gebracht hatte, hätte auch er mit seinen empfindlichen Ohren das Problem lösen können.

Nach ein paar Minuten kam einer meiner Jugendlichen und sagte, er habe seinen Schlüssel im Wasser verloren. Ich fragte eine

Lehrerin, ob sie mit ihren Schülern für ein paar Minuten mir helfen könne, den Beckenboden abzusuchen. Sie fragte zurück, was wir denn suchen würden. „Ja, einen Schlüssel." Da meinte sie: „Einer meiner Schüler hat vor kurzem einen Schlüssel gefunden und ihn zur Aufsicht gebracht." Tatsächlich handelte es sich um den vermissten Schlüssel. – Diesmal war ich peinlich berührt, hatte ich doch den gleichen Denkfehler begangen wie der Mann, über den ich mich lustig gemacht hatte: „Bevor ich der Lehrerin das Grundproblem mitgeteilt hatte, hatte ich mir schon eine Lösungsstrategie überlegt und die Lehrerin und ihre Schüler um Mithilfe bei der Verwirklichung meiner Lösungsstrategie gebeten. Dabei war das Problem schon gelöst. Der Schlüssel brauchte gar nicht mehr gesucht zu werden. Hätte ich gleich von unserer Not gesprochen, hätte ich gleich die befreiende Antwort bekommen. – In diesem Fall hat mein Denkfehler nur eine Lösungsverzögerung von ein paar Sekunden ausgelöst – eine Kleinigkeit.

Der gleiche Denkfehler kann sich aber auch problematischer auswirken. Als der Bakteriologe Alexander Fleming[57] 1928 einen Impfstoff entwickeln wollte, ärgerte er sich, und er hatte allen Grund dazu. Denn die Bakterienkulturen des Krankheitserregers, waren von Pilzen zerstört. Irgendjemand von seinen Mitarbeitern hatte unsauber gearbeitet. Und das konnte er nun unter keinen Umständen leiden. Wieder war kostbare Zeit verstrichen, wieder musste er Tage warten, bis die neuen Kulturen sich so weit vermehrt hätten, dass er mit ihnen etwas hätte anfangen können. – Doch plötzlich ging ihm ein Licht auf: Wenn die aggressiven Pilzsporen in der Lage waren, die Krankheitserreger zu zerstören, dann waren sie ja eigentlich genau das Mittel, das er suchte. – Aus einem Störfaktor war die Lösung geworden, weil er wieder den Blick frei bekam

[57]Fleming, Alexander, Sir (seit 1944), britischer Bakteriologe, * Lochfield (bei Ayr) 6.8.1881, † London 11.3.1955; entdeckte (1928) das Penicillin; erhielt 1945 mit Sir H. Florey und E.B. Chain den Nobelpreis für Physiologie oder Medizin.

für das, was er eigentlich wollte. Wäre er mit einem engen Tunnelblick auf die selber entworfene Vorgehensweise fixiert geblieben – das Penicillin wäre 1928 nicht entdeckt worden.

Wir haben unser Problembewusstsein geschärft durch zwei Alltagsbeobachtungen und einen Ausflug in die Medizingeschichte und wenden uns jetzt dem Text zu: Jesus kommt nach Jerusalem und geht in die Säulenhallen am Teich Betesda. Dort liegt ein Mann, der schon 38 Jahre krank ist. Jesus, der erkennt, dass er schon lange krank ist, fragt ihn: „Willst du gesund werden?“ Der Kranke antwortet: ihm: „Herr, ich habe keinen Menschen, der mich, sobald das Wasser aufwallt, in den Teich trägt. Während ich mich hinschleppe, steigt schon ein anderer vor mir hinein.“

Fällt Ihnen, liebe Leser, etwas auf? Genau! Der Kranke antwortet gar nicht auf die Frage Jesu. Da hätte ein kurzes Ja genügt.

Wenn wir die Heilungswunder Jesu in den Evangelien lesen, dann stoßen wir häufig auf diese Frage Jesu wie z.B. bei dem Blinden: *„Was soll ich dir tun? Er antwortete: Herr, ich möchte wieder sehen können“* (Lk 18,41). Oder ein Aussätziger sucht von sich aus die Nähe Jesu und spricht ihn an: *„Herr, wenn du willst, kannst du machen, dass ich rein werde“* (Mt 8,2). Das heißt, die Kranken selber formulieren ihr Ziel: Sie wollen gesund werden.

Ganz anders der Gelähmte am Teich von Betesda. Er ist fixiert auf die Art und Weise, wie an diesem Teich Heilungen passieren, und gleichzeitig weiß er aber auch, dass er unter diesen Bedingungen nie eine Chance haben wird. Denn es müsste jemanden geben, der ihn im rechten Moment blitzschnell schnappt und zum Wasser trägt, doch den hat er nicht.

Eine ausweglose und deswegen hoffnungslose Situation. Eigentlich würde es keine Rolle spielen, ob er nur 8 m oder 1000 m von dem Teich entfernt liegt. Beide Strecken sind für ihn unüberbrückbar. Ja, es macht die Lage nur noch schlimmer, dass er hin und wieder Zeuge werden muss, wie andere geheilt werden, weil sie die Ersten sind.

Er gleicht einem Kind, das sich die Nase am Schaufensterglas platt drückt vor lauter Sehnsucht nach den schönen Sachen hinter der Scheibe, aber weil es kein Geld hat, bleiben die Sachen unerreichbar.

Und dann passiert das Unerwartete. Jesus heilt diesen Kranken. Und die Art und Weise, wie Jesus das macht, hat nichts zu tun mit dem Lösungsweg, von dem der Gelähmte jahrelang geträumt hatte.

Wann, wo und bei wem Jesus auch heute sein Heil, ja sogar Wunder wirken möchte, darüber wage ich keine Prognose abzugeben. Aber dass wir von unserer Seite ihm keinen Stein in den Weg legen, wenn er eines wirken wollte – das ist mir ein großes Anliegen.

Keinen Stein in den Weg legen – sicher gibt es viele Formen, wie wir uns dem Liebeswerben Gottes verweigern, wie wir seinen Lockruf aus Ängstlichkeit oder Bequemlichkeit glatt überhören.

Im Zusammenhang mit dem heutigen Text aus dem Johannes-Evangelium geht es mir um diese eine Form der Selbstsabotage, wenn wir den Kontakt zu unseren Sehnsüchten verloren haben, aber fixiert sind auf einen Lösungsweg, der so nicht machbar ist. Diese Enge des Geistes und des Herzens betrachtete der Gründer Schönstatts, Pater Kentenich, als eine der Hauptursachen, warum Menschen nicht weiter seelisch wachsen. Gerade bei so manchem sauer gewordenen Idealisten im Raum der Kirche musste er diese traurige Diagnose stellen. Denn es bleibt ja nicht dabei, dass derjenige nicht weiterwächst. Sondern diese selbst konstruierte ausweglose Situation lässt ja auch die Hoffnung umschlagen in Verzweiflung.

Nicht immer wird es so „einfach" sein wie bei Alexander Fleming, dass die Störung auf den ersten Blick die eigentliche Lösung darstellt. – Oft müssen Menschen richtig schmerzhaft Abschied nehmen von liebgewordenen Denkansätzen. Erst nach einer Trauerzeit sind sie richtig offen für einen neuen Weg hin zur Erfüllung der alten Sehnsucht.

Für mich persönlich ist ein Zitat von Franz von Sales zu einem Schlüsseltext geworden, der mir immer wieder hilft, von liebgewordenen aber verbauten Lösungswegen Abschied zu nehmen und nach neuen Wegen zu suchen. Er schreibt:

„Wenn alle Engel, alle Genies der Welt studiert hätten, was wohl in dieser oder jener Lage nütze, dieses Opfer oder jenes Leiden, diese Versuchung oder jener schmerzhafte Verlust, also was das alles nützen sollte, sie hätten nicht finden können, was für Dich passender gewesen wäre, als was Dich getroffen hat. So hat Gottes ewige Weisheit von Urbeginn an gesonnen, um Dir dieses Kreuz aus seinem Herzen als kostbarstes Geschenk zu geben. Er hat es, ehe er es Dir schickte, mit seinem allwissenden Auge betrachtet, mit seinem göttlichen Verstande durchdacht, mit seiner weisen Gerechtigkeit geprüft und seinem liebenden Erbarmen durchwärmt. Er hat es mit seinen beiden Händen gewogen, ob es nicht um einen Millimeter zu groß, ein Milligramm zu schwer sei. Dann hat er es gesegnet, mit seinem heiligen Namen, mit seiner Gnade gesalbt und mit seinem Troste durchhaucht und noch einmal auf Dich und Deinen Mut geblickt, ob beides – Kreuzesschwere und der eigene Mut – wirklich sich harmonisieren lassen. So kommt es nun geradezu aus dem Himmel zu Dir als ein Ruf Gottes und als ein Geschenk seiner erbarmenden Liebe, damit Du ganz Du selber werdest und in Gott Deine Erfüllung findest.“[58]

Entscheidend ist der letzte Satz: „Damit Du ganz Du selber werdest und in Gott Deine Erfüllung findest.“ Leiden darf niemals Selbstzweck werden. Aber auf dem Wege zur Selbstwerdung kommen wir um solche schmerzlichen Läuterungsprozesse nicht herum. Und wenn wir uns dem verweigern, dann richten wir uns in einer Sackgasse häuslich ein. Sind verzweifelt und letztlich unbrauchbar

[58] Das Zitat wird Franz von Sales zugeschrieben, konnte aber in seinen Schriften nicht verifiziert werden. Information von P. Herbert Winklehner OSFS Provinzialat der Sales-Oblaten, Wien.

für Gottes Heils- und Erlösungspläne mit uns Menschen.

Einige Beispiele für solche schmerzhaften Umdenkprozesse. Der sogenannte Priestermangel in Deutschland: In vielen deutschen Diözesen wird geklagt über Priestermangel. Manche Diözesen versuchen dem gegenzusteuern, indem sie Priester aus Polen oder Indien oder einem anderen Land mit vielen Berufen holen. Der Stil der Seelsorge bleibt der alte. Bischof Wanke von Erfurt fragt offen: Welche Chancen stecken denn in der Situation, die wir als Priestermangel definieren, denn im Weltdurchschnitt – also rein statistisch – kommen im Osten Deutschlands auf einen Priester 1000 Gläubige. In Lateinamerika kann es – je nach Land – das Zehn- bis Zwanzigfache betragen. Woran also liegt es, dass dieser vermeintliche Mangel so schmerzlich empfunden wird? In vielen Pfarreien wird ganz selbstverständlich damit gerechnet, dass der Pfarrer die Beerdigung hält. Das ist in Burundi z.B. überhaupt nicht üblich. Bei der Hitze muss innerhalb von 24 Stunden die Beerdigung erfolgen. Also hält der jeweilige Katechist der Siedlung die Beerdigung. Im Zuge der liturgischen Erneuerung in den 60er Jahren sind viele gemeinsame Frömmigkeitsformen zugunsten der Hochform der Liturgie, der Eucharistiefeier, abgeschafft worden, oder sind einfach eingeschlafen. Aus der Artenvielfalt der Liturgie entwickelte sich die Monokultur der Eucharistiefeier. Eine Verarmung der Formen fand statt, die einherging mit dem Ruf nach Priestern. Denn nur sie dürfen ja die Messe feiern.

Vor 220 Jahren kam einmal im Monat ein katholischer Priester in die Residenzstadt Gotha, um für die wenigen Katholiken in diesem evangelischen Herzogtum in einer Wohnung eine Messe zu feiern. Dabei durfte nicht gesungen werden. Wir könnten jetzt die ganze Analyse abwürgen mit dem Hinweis auf „Notsituation“, „Unterdrückungssituation“. Aber ich frage mich: Waren diese Katholiken, denen es unter diesen schwierigen Umständen gelang, ihr Christsein zu leben und erfolgreich an die nächste Generation weiter zu geben, die schlechteren Christen? In der Verfolgung des Christentums in Japan hat die Kirche sich 200 Jahre im Untergrund erfolgreich behaupten können durch die Taufe, das Ehesakrament, das Gebet und die Bereitschaft zum Martyrium. Ich feiere selbst täglich die Eucharistie – wenn es nicht anders möglich ist, auch allein für mich. Also bin ich mir sicher, dass ich die Eucharistie nicht geringschätze. Wenn die Suche nach neuen Formen bzw. die Wiederentdeckung der alten Formen der Liturgie nicht motiviert ist aus Bequemlichkeit oder mangelnder Wertschätzung der Messe, wenn also die Grundsehnsucht, wir wollen Gott begegnen, wir wollen seine Nähe spüren – und das nicht allein, jeder für sich, sondern in Gemeinschaft –, wenn diese Grundsehnsucht wieder klar ist, dann werden die Christen Formen finden, wie sie ihre Grundsehnsucht erfüllen können.

Einmal klagte eine Frau, die eine Firmgruppe leitete: Was mache ich mit den Jugendlichen, denen Gott eigentlich egal ist, die nur wegen der spendablen Tante dies alles über sich ergehen lassen? – Ich möchte die Frage noch radikalisieren: Investieren wir als Kirche nicht zu viel Zeit und Energie in die Betreuung von Menschen, deren Grundsehnsucht nach Gott verschüttet ist und die wir auch nicht mit allen didaktischen und erlebnispädagogischen Anstrengungen in ein paar Monaten wirklich auf den Empfang eines Sakramentes vorbereiten können? Und fehlt uns dann nicht der Blick, die Kraft und die Zeit für die Menschen, die spirituell erwacht sind, überall suchen – nur nicht bei der Kirche?

Ich war in Stuttgart einige Male bei einem Treffen von Geschäftsleuten. Da ging es wirklich nur darum, dass aus den Kontakten über ein virtuelles soziales Netzwerk persönliche Begegnungen wurden. Es gibt bei diesen Treffen kein Programm, sondern die Teilnehmer tauschen sich in kleinen Gruppen oder in Zweiergesprächen aus. Manches neue Projekt wird dort angedacht, neue Teams entstehen, neue Geschäftsbeziehungen werden geknüpft. Da ich als Priester – schon von der Kleidung her – erkenntlich war, haben sich oft Gespräche ergeben, die zumindest das Suchen nach Transzendenz offenbar werden ließen. Manche haben sich gleich als Christen zu erkennen gegeben und waren froh, dass ein Priester in diesen Kreis kam. Ich muss aber auch ehrlich sagen, dass ich dann doch nicht die Zeit und Energie in diese Spur investiert habe, die nötig gewesen wäre, um daraus eine Suchgemeinschaft zu entwickeln. Ich ließ mich dann vom laut schreienden Tagesgeschäft wieder vereinnahmen. Aber die wenigen Treffen, an denen ich teilnehmen konnte, haben mir eine meiner Grundsehnsüchte wieder lebendig werden lassen: Ich sehne mich danach, dass viele Menschen Gott entdecken und lieben lernen. Darum bin ich eigentlich Priester geworden. Und diese Sehnsucht hat eine Breitendimension: also möglichst viele Menschen; und eine Tiefendimension: Menschen zur Heiligkeit führen und selber heilig werden. Denn wer Gott immer inniger lieben lernt, der wird wie er: Heilig.

Noch ein Feld möchte ich zur Sprache bringen, wo mir diese Form der Selbstblockade, wie sie der Gelähmte so treffend zum Ausdruck brachte, begegnet ist: das ist die Ehe.

Ein Beispiel: Eine Frau ist unglücklich über ihren Mann. Sie hatte damals bei der Partnerwahl darauf geachtet, dass sie auch einen fürsorglichen Vater für die zukünftigen Kinder findet. Den hat sie auch gefunden und geheiratet. Insofern ging die Rechnung auf, aber irgendetwas in ihr rebelliert immer wieder: Sie sehnt sich tief im Herzen auch nach einem Mann der Stärke zeigt, indem er aggressiv ist und leidenschaftlich um Dinge kämpft. Sie will auch mal stolz sein können und zu ihm aufblicken können. Nun hat dieser Mann etwas vorzuweisen. Er hat seinen Doktor im Maschinenbau. Er ist also tüchtig, und trotzdem fehlt der Frau etwas. Sie hat eine Freundin, die mit einem richtigen Macho verheiratet ist. Diese Freundin klagt ihr oft ihr Leid, wie sie unter der mangelnden Partnerschaftlichkeit leidet, wie es ihr wehtut, dass er sich einfach Zeit für seine Hobbies nimmt ohne mal nach den Wünschen seiner Frau zu fragen. Sie hört also von der Freundin, wie schwer deren Mann ihr das Leben macht, und doch: sie kann nicht anders. Immer wieder schleicht sich die Bewunderung dieses anderen Mannes in ihr Herz und ihre Phantasie. Bei den geheimen Vergleichen, die einfach immer wieder im Kopf ablaufen, sieht der eigene Mann auf diesen Feldern schwach aus. Und das macht sie unglücklich. Sie denkt überhaupt nicht an Scheidung, aber sie kann sich nicht über die Stärken ihres Mannes freuen.

Um dieser Machofalle zu entgehen, in die sie in letzter Zeit häufig getappt ist, möchte sie jetzt darauf achten, dass sie sich, wenn im Kopf und Herz dieses zerstörerische Spielchen beginnt, auf ihre Grundentscheidung und Grundsehnsucht besinnen: Ich wollte und ich will einen guten, fürsorglichen Vater für meine Kinder. Ich wollte und ich will einen partnerschaftlichen Ehemann. Damit ich das, was ich bekommen habe, auch genießen kann, muss ich bereit sein, den Preis zu zahlen: Es gibt keine Alleskönner.

Seitdem die Frau so in ihrem Herzen und in ihrer Phantasie aufräumt, ist sie ausgeglichener geworden. Jedes Mal, wenn die Machofalle zugeschnappt ist, und sie sich aber daraus befreien konnte, genießt sie jetzt diese Freiheit. Sie kann aber noch nicht offen mit ihrem Mann darüber reden, und ich habe ihr zum gegenwärtigen Zeitpunkt auch abgeraten, das zu tun. Ihr Mann merkt nur, dass sich etwas positiv verändert hat.

Ausgehend von der Begegnung zwischen Jesus und dem Gelähmten habe ich mit Ihnen eine Grundversuchung angeschaut, die in vielen Variationen uns das Leben unnötig schwer machen kann: sich auf ein bestimmtes „Wie?“ zu fixieren und an der Unmöglichkeit der Erfüllung zu leiden und dabei den Kontakt mit der eigentlichen Sehnsucht zu verlieren.

Erst wenn wir das, was da im Innern abläuft, durchschauen, können wir uns davon befreien. Das wird nicht von heute auf morgen gehen. Da sind vielleicht die Denk- und Verhaltensmuster auch zu sehr eingeschliffen. Aber wir dürfen immer wieder diese Frage Jesu an unser Herz lassen: Willst du geheilt werden?

Wir können uns von ihm auch alle anderen Fragen stellen lassen:

Willst du geliebt werden? Willst du anerkannt werden? Willst du ein erfülltes Leben führen? Und, und, und.

Und wenn wir diese Frage Jesu mit einem herzhaften Ja beantwortet haben, dann fängt der Glaube an in dem Sinne, wie uns Franz von Sales auf eine neue Fährte lockt: Kann es nicht sein, dass das, was ich momentan nur als Störung, als Hindernis, als Kreuz ansehe, genau zu dem Weg werden kann, auf dem ich meine Sehnsucht erfüllen kann?

Es ist ein gefährlicher Weg, den ich Ihnen hier aufzeige. Denn manchmal ist einfach nur die Flucht aus einer schwierigen Situation der einzig vernünftige Weg, um nicht zu zerbrechen. Aber mithilfe eines erfahrenen geistlichen Begleiters können Sie sich auf den eben beschriebenen Weg einlassen. Wenn Sie bei sich außerdem noch ein Gefühl neuer Hoffnung, ein Erlebnis neuer Freiheit, und neuer Stärke wahrnehmen als Frucht Ihres Bemühens, dann sind Sie auf dem richtigen Weg.

19. Joh 5,1-9: Zwischen Sehnsucht und Erfüllung

„Einige Zeit später war ein Fest der Juden, und Jesus ging hinauf nach Jerusalem. In Jerusalem gibt es beim Schaftor einen Teich, zu dem fünf Säulenhallen gehören; dieser Teich heißt auf Hebräisch Betesda. In diesen Hallen lagen viele Kranke, darunter Blinde, Lahme und Verkrüppelte. Dort lag auch ein Mann, der schon achtunddreißig Jahre krank war. Als Jesus ihn dort liegen sah und erkannte, dass er schon lange krank war, fragte er ihn: Willst du gesund werden? Der Kranke antwortete ihm: Herr, ich habe keinen Menschen, der mich, sobald das Wasser aufwallt, in den Teich trägt. Während ich mich hinschleppe, steigt schon ein anderer vor mir hinein. Da sagte Jesus zu ihm: Steh auf, nimm deine Bahre und geh! Sofort wurde der Mann gesund, nahm seine Bahre und

ging. Dieser Tag war aber ein Sabbat.“

In unserem Leben gibt es die eigenartige Spannung zwischen Sehnsucht und Erfüllung. Ich möchte diese Spannung mit einem Brückenbogen vergleichen. Ein aktuelles Beispiel ist die ICE-Talbrücke über den Froschgrundsee an der Grenze zwischen Bayern und Thüringen. Mit dem Winterfahrplan 2017 wurde die neue Strecke von München über Nürnberg nach Erfurt in Betrieb genommen. Der überquerte Froschgrundsee ist ein Hochwasserrückhaltebecken, das die Stadt Coburg gegen Hochwasser des Flusses Itz schützt. Mit einer Gesamtlänge von 789 m und einem Stahlbetonbogen mit einer Stützweite von 270 m ist die Talbrücke Froschgrundsee gemeinsam mit der Talbrücke Grümpental die größte Betonbogenbrücke Deutschlands und die größte Eisenbahnbrücke dieses Typs in Europa. Größer sind nur noch die Hängebrücken.

Es sind faszinierende Bilder, die man von dieser Brücke im Internet finden kann. Leider hatte ich noch keine Gelegenheit, unter der Brücke hindurch zu wandern.

So ein Brückenbogen ist für mich das ansprechendste Symbol, wenn es um die Spannung zwischen Sehnsucht und Erfüllung geht.

Der Evangelist Johannes hält es für erwähnenswert, dass der Gelähmte schon 38 Jahre krank war. Eine wirklich lange Zeit! Aber der Text hält auch noch eine Überraschung bereit. Doch bevor ich dazu komme, möchte ich zwei kleine Erlebnisse schildern:

Vor ein paar Jahren war ich mit einer Jugendgruppe im Hallenbad. Ich schwamm meine Bahnen, und als ich wieder einmal in die Nähe des Beckenrandes kam, erklärte gerade ein Mann, der im Wasser war und sich am Rand festhielt, einer Frau, die über ihm am Beckenrand stand, warum er ihren Schlüssel, der ihr ins Wasser gefallen war, nicht hoch holen konnte. Er könne mit seinen empfindlichen Trommelfellen nicht so tief tauchen, um den Schlüssel hoch zu holen. Im klaren Wasser sah ich den Schlüssel am Beckenboden liegen, krallte ihn mit den Zehen fest, hob den Fuß, so dass ich mit der Hand den Schlüssel ergreifen konnte, und gab ihm der Frau. Ich brauchte keinen Zentimeter zu tauchen, um das Problem zu lösen. Die Frau bedankte sich. Der Fall war erledigt. Im Geheimen machte ich mich lustig über den Mann, der seine Intelligenz nur gebraucht hatte, um zu begründen, warum etwas nicht geht und er nicht helfen kann. Denn so, wie ich den Schlüssel nach oben gebracht hatte, hätte auch er mit seinen empfindlichen Ohren das Problem lösen können.

Nach ein paar Minuten kam einer meiner Jugendlichen und sagte, er habe seinen Schlüssel im Wasser verloren. Ich fragte eine Lehrerin, ob sie mit ihren Schülern für ein paar Minuten mir helfen könne, den Beckenboden abzusuchen. Sie fragte zurück, was wir denn suchen würden. „Ja, einen Schlüssel." Da meinte sie: „Einer meiner Schüler hat vor kurzem einen Schlüssel gefunden und ihn zur Aufsicht gebracht." Tatsächlich handelte es sich um den vermissten Schlüssel. – Diesmal war ich peinlich berührt, hatte ich doch den gleichen Denkfehler begangen wie der Mann, über den ich mich lustig gemacht hatte: „Bevor ich der Lehrerin das Grundproblem mitgeteilt hatte, hatte ich mir schon eine Lösungsstrategie überlegt und die Lehrerin und ihre Schüler um Mithilfe bei der Verwirklichung meiner Lösungsstrategie gebeten. Dabei war das Problem schon gelöst. Der Schlüssel brauchte gar nicht mehr gesucht zu werden. Hätte ich gleich von unserer Not gesprochen, hätte ich gleich die befreiende Antwort bekommen. – In diesem Fall hat mein Denkfehler nur eine Lösungsverzögerung von ein paar Sekunden ausgelöst – eine Kleinigkeit.

Der gleiche Denkfehler kann sich aber auch problematischer auswirken. Als der Bakteriologe Alexander Fleming[59] 1928 einen Impfstoff entwickeln wollte, ärgerte er sich, und er hatte allen Grund

---

[59]Fleming, Alexander, Sir (seit 1944), britischer Bakteriologe, * Lochfield (bei Ayr) 6.8.1881, † London 11.3.1955; entdeckte (1928) das Penicillin; erhielt 1945 mit Sir H. Florey und E.B. Chain den Nobelpreis für Physiologie oder Medizin.

dazu. Denn die Bakterienkulturen des Krankheitserregers, waren von Pilzen zerstört. Irgendjemand von seinen Mitarbeitern hatte unsauber gearbeitet. Und das konnte er nun unter keinen Umständen leiden. Wieder war kostbare Zeit verstrichen, wieder musste er Tage warten, bis die neuen Kulturen sich so weit vermehrt hätten, dass er mit ihnen etwas hätte anfangen können. – Doch plötzlich ging ihm ein Licht auf: Wenn die aggressiven Pilzsporen in der Lage waren, die Krankheitserreger zu zerstören, dann waren sie ja eigentlich genau das Mittel, das er suchte. – Aus einem Störfaktor war die Lösung geworden, weil er wieder den Blick frei bekam für das, was er eigentlich wollte. Wäre er mit einem engen Tunnelblick auf die selber entworfene Vorgehensweise fixiert geblieben – das Penicillin wäre 1928 nicht entdeckt worden.

Wir haben unser Problembewusstsein geschärft durch zwei Alltagsbeobachtungen und einen Ausflug in die Medizingeschichte und wenden uns jetzt dem Text zu: Jesus kommt nach Jerusalem und geht in die Säulenhallen am Teich Betesda. Dort liegt ein Mann, der schon 38 Jahre krank ist. Jesus, der erkennt, dass er schon lange krank ist, fragt ihn: „Willst du gesund werden?" Der Kranke antwortet: ihm: „Herr, ich habe keinen Menschen, der mich, sobald das Wasser aufwallt, in den Teich trägt. Während ich mich hinschleppe, steigt schon ein anderer vor mir hinein."

Fällt Ihnen, liebe Leser, etwas auf? Genau! Der Kranke antwortet gar nicht auf die Frage Jesu. Da hätte ein kurzes Ja genügt.

Wenn wir die Heilungswunder Jesu in den Evangelien lesen, dann stoßen wir häufig auf diese Frage Jesu wie z.B. bei dem Blinden: *„Was soll ich dir tun? Er antwortete: Herr, ich möchte wieder sehen können"* (Lk 18,41). Oder ein Aussätziger sucht von sich aus die Nähe Jesu und spricht ihn an: *„Herr, wenn du willst, kannst du machen, dass ich rein werde"* (Mt 8,2). Das heißt, die Kranken selber formulieren ihr Ziel: Sie wollen gesund werden.

Ganz anders der Gelähmte am Teich von Betesda. Er ist fixiert auf die Art und Weise, wie an diesem Teich Heilungen passieren, und gleichzeitig weiß er aber auch, dass er unter diesen Bedingungen nie eine Chance haben wird. Denn es müsste jemanden geben, der ihn im rechten Moment blitzschnell schnappt und zum Wasser trägt, doch den hat er nicht.

Eine ausweglose und deswegen hoffnungslose Situation. Eigentlich würde es keine Rolle spielen, ob er nur 8 m oder 1000 m von dem Teich entfernt liegt. Beide Strecken sind für ihn unüberbrückbar. Ja, es macht die Lage nur noch schlimmer, dass er hin und wieder Zeuge werden muss, wie andere geheilt werden, weil sie die Ersten sind.

Er gleicht einem Kind, das sich die Nase am Schaufensterglas platt drückt vor lauter Sehnsucht nach den schönen Sachen hinter der Scheibe, aber weil es kein Geld hat, bleiben die Sachen unerreichbar.

Und dann passiert das Unerwartete. Jesus heilt diesen Kranken. Und die Art und Weise, wie Jesus das macht, hat nichts zu tun mit dem Lösungsweg, von dem der Gelähmte jahrelang geträumt hatte.

Wann, wo und bei wem Jesus auch heute sein Heil, ja sogar Wunder wirken möchte, darüber wage ich keine Prognose abzugeben. Aber dass wir von unserer Seite ihm keinen Stein in den Weg legen, wenn er eines wirken wollte – das ist mir ein großes Anliegen.

Keinen Stein in den Weg legen – sicher gibt es viele Formen, wie wir uns dem Liebeswerben Gottes verweigern, wie wir seinen Lockruf aus Ängstlichkeit oder Bequemlichkeit glatt überhören.

Im Zusammenhang mit dem heutigen Text aus dem Johannes-Evangelium geht es mir um diese eine Form der Selbstsabotage, wenn wir den Kontakt zu unseren Sehnsüchten verloren haben, aber fixiert sind auf einen Lösungsweg, der so nicht machbar ist. Diese Enge des Geistes und des Herzens betrachtete der Gründer Schönstatts, Pater Kentenich, als eine der Hauptursachen, warum Menschen nicht weiter seelisch wachsen. Gerade bei so manchem sauer gewordenen Idealisten im Raum der Kirche musste er diese traurige Diagnose stellen. Denn es bleibt ja nicht dabei, dass derjenige nicht weiterwächst. Sondern diese selbst konstruierte ausweglose Situation lässt ja auch die Hoffnung umschlagen in Verzweiflung.

Nicht immer wird es so „einfach" sein wie bei Alexander Fleming, dass die Störung auf den ersten Blick die eigentliche Lösung darstellt. – Oft müssen Menschen richtig schmerzhaft Abschied nehmen von liebgewordenen Denkansätzen. Erst nach einer Trauerzeit sind sie richtig offen für einen neuen Weg hin zur Erfüllung der alten Sehnsucht.

Für mich persönlich ist ein Zitat von Franz von Sales zu einem Schlüsseltext geworden, der mir immer wieder hilft, von liebgewordenen aber verbauten Lösungswegen Abschied zu nehmen und nach neuen Wegen zu suchen. Er schreibt:

„Wenn alle Engel, alle Genies der Welt studiert hätten, was wohl in dieser oder jener Lage nütze, dieses Opfer oder jenes Leiden, diese Versuchung oder jener schmerzhafte Verlust, also was das alles nützen sollte, sie hätten nicht finden können, was für Dich passender gewesen wäre, als was Dich getroffen hat. So hat Gottes ewige Weisheit von Urbeginn an gesonnen, um Dir dieses Kreuz aus seinem Herzen als kostbarstes Geschenk zu geben. Er hat es, ehe er es Dir schickte, mit seinem allwissenden Auge betrachtet, mit seinem göttlichen Verstande durchdacht, mit seiner weisen Gerechtigkeit geprüft und seinem liebenden Erbarmen durchwärmt. Er hat es mit seinen beiden Händen gewogen, ob es nicht um einen Millimeter zu groß, ein Milligramm zu schwer sei. Dann hat er es gesegnet, mit seinem heiligen Namen, mit seiner Gnade gesalbt und mit seinem Troste durchhaucht und noch einmal auf Dich und Deinen Mut geblickt, ob beides – Kreuzesschwere und der eigene Mut – wirklich sich harmonisieren lassen. So kommt es nun geradezu aus dem Himmel zu Dir als ein Ruf Gottes und als ein Geschenk seiner erbarmenden Liebe, damit Du ganz Du selber werdest und in Gott Deine Erfüllung findest."[60]

Entscheidend ist der letzte Satz: „Damit Du ganz Du selber werdest und in Gott Deine Erfüllung findest." Leiden darf niemals Selbstzweck werden. Aber auf dem Wege zur Selbstwerdung kommen wir um solche schmerzlichen Läuterungsprozesse nicht herum. Und wenn wir uns dem verweigern, dann richten wir uns in einer Sackgasse häuslich ein. Sind verzweifelt und letztlich unbrauchbar für Gottes Heils- und Erlösungspläne mit uns Menschen.

Berühmt ist das Beispiel von Nelson Mandela: 1964 wurde Nelson Mandela auf der gefürchteten Gefängnisinsel Robben Island eingesperrt. Prügel, Erniedrigung und Hunger gehörten zum Alltag. 18 Jahre blieb er in Gefangenschaft auf Robben Island; danach noch 8 Jahre in einem Gefängnis auf dem Festland. Er kämpfte friedfertig gegen die Haftbedingungen – und verwandelte das Zuchthaus in eine Kaderstätte für Freiheitskämpfer. Schließlich wurde er am 11. Februar 1990 entlassen. Es war ein bedeutender Tag. Nach 27 Jahren der Abwesenheit tauchte Mandela wieder in der Öffentlichkeit auf. Er war total überwältigt von den Menschenmassen, die gekommen waren, um ihn zu begrüßen.

1990 beendete die ANC ihre bewaffneten Kämpfe nach fast 30 Jahren. Mandela versöhnte sich mit Prädsident F. W. de Klerk und erhielt 1993 gemeinsam mit ihm den Friedensnobelpreis für ihre Bemühungen in der Erreichung eines demokratischen Südafrikas. F. W. de Klerk, der damalige Präsident Südafrikas, war ein wichtiger Mann bei der Befreiung Mandelas und brachte die ANC zurück in die Legalität. Am 27. April 1994 fand die erste demokratische Wahl in Südafrika statt. Nach einer massiven politischen Kampagne gewann der ANC diese Wahl und im Mai 1994 wurde Nelson Mandela zum Präsidenten gewählt.

Viele seiner Anhänger wollten jetzt die Apartheid mit umgekehr-

[60] Das Zitat wird Franz von Sales zugeschrieben, konnte aber in seinen Schriften nicht verifiziert werden. Information von P. Herbert Winklehner OSFS Provinzialat der Sales-Oblaten, Wien.

ten Vorzeichen, so sehr waren sie mental die Gefangenen dieses Musters. Das Muster sollte bleiben, nur aus Opfern sollten Täter werden. Es kostete Nelson Mandela viele geduldige Diskussionen in den eigenen Reihen, um die alten Denkvorstellungen zu sprengen.

Schon 1962, also noch vor seiner Verbannung nach Robben Island, hatte er in einem Gerichtsprozess zu seiner Verteidigung gesagt: „Ich habe das Ideal der demokratischen und freien Gesellschaft, in der alle Personen in Harmonie zusammenleben, immer geschätzt. Es ist ein Ideal, für das ich lebe und hoffe, es eines Tages erreichen zu können. Und falls es nötig ist, ist es ein Ideal für das ich bereit bin zu sterben."

Sich in all den Jahren nicht brechen zu lassen oder verbittert zu werden, nicht einen Hass auf die Peiniger immer mehr wuchern zu lassen – das ist die menschliche Größe eines Nelson Mandela.

Ein anderes Beispiel: In der DDR wurden im Herbst 1961, nachdem am 13.8. die Mauer in Berlin gebaut worden war, aus jedem Dorf entlang der Grenze drei bis sechs Familien zwangsevakuiert. Eine reine Abschreckungsmaßnahme wie schon mal 1952, um den Angstlevel in der Bevölkerung in die Höhe zu treiben und möglichen Widerstand, wie er sich am 17. Juni 1953 artikuliert hatte, von vornherein zu unterdrücken. Völlig überraschend standen morgens früh um 5 Uhr Armee-LKWs vor den Wohnungen; ein Offizier teilte den verstörten Bewohnern mit, was jetzt passieren würde, und dann luden Soldaten die Habseligkeiten der Menschen auf die LKWs und ab ging die Fahrt. Für Bürger der Bundesrepublik, die vor Verwaltungsgerichten gegen tatsächliche oder vermeintliche Willkürmaßnahmen des Staates klagen können, ist eine solche Vorgehensweise unvorstellbar.

Ein Onkel und eine Tante meiner Mutter traf auch dieses Schicksal. Die beiden waren 1961 schon Rentner. Der Onkel war der Schmied des Heimatdorfes. Auch der Cousin meiner Mutter arbeite in der Schmiede. Die verheirateten Kinder durften mit ihren Familien im Dorf bleiben. Großonkel und Großtante kamen in ein kleines

Dorf, 130 km von ihrer Heimat entfernt. Da sie die einzigen Katholiken in diesem Dörfchen waren und die nächste Gottesdienstmöglichkeit 17 km entfernt war, kamen die beiden über Weihnachten viele Jahre zu uns. Am Heiligabend flossen immer Tränen. Am 2. Weihnachtstag kamen die Kinder mit ihren Familien zu uns. Da wurde es richtig eng. Aber für meine Eltern war das irgendwie eine Selbstverständlichkeit, sich auf diese Weise solidarisch mit der Verwandtschaft zu zeigen. Als die beiden pflegebedürftig wurden, aber kein Altersheimplatz zur Verfügung stand, erhielten sie 1977 die Erlaubnis, in das Haus ihrer Tochter zurückzukehren, die sich um die beiden kümmerte. Im folgenden Jahr konnten sie ihre Goldene Hochzeit feiern. Ich kann mich noch gut an einen Besuch bei den beiden in ihrem Exil erinnern, nachdem sie die Nachricht bekommen hatten, dass sie wieder nach Hause durften. „Das war immer meine große Sehnsucht und der Inhalt meiner Gebete", meinte die Großtante damals. 16 Jahre dauerte dieses Exil. Ich kann mich noch daran erinnern, wie meine Eltern damals die Nachricht von der Zwangsevakuierung erhielten. „Einen alten Baum verpflanzt man nicht. Das bricht den beiden das Herz." Doch die düsteren Prophezeiungen bewahrheiteten sich nicht. Soweit ich das als Kind und Jugendlicher beurteilen konnte, hatte sich durch die Diaspora-Erfahrung der beiden auch ihr Glaube noch einmal vertieft.

Für mich persönlich ist der friedliche Fall der Mauer das gesellschaftliche Wunder schlechthin. Auch wenn kirchliche Verantwortungsträger in den ersten Jahren nach 1989 sehr vorsichtig und sparsam mit dem Wort „Wunder" umgingen, so hat sich doch diese Deutung durch den historischen Abstand und durch den Vergleich mit anderen politisch-gesellschaftlichen Umwälzungen in Nordafrika und dem nahen Osten immer mehr durchgesetzt. Gott hat sich unseres Volkes neu erbarmt. Gott hat den Mut und die klare Entscheidung zur Gewaltlosigkeit bei den Demonstrationen „belohnt". Die mit Ewigkeitsanspruch auftretende Diktatur brach wie ein Kartenhaus zusammen.

Die drei Beispiele machen deutlich, dass es im Leben oft einen langen Atem braucht. Können wir an Zielen festhalten, auch wenn die Erfüllung weit vor uns liegt? Können wir die Sehnsucht lebendig erhalten, wenn die Erfüllung auf sich warten lässt?

Der Kranke am Teich von Betesda wartete 38 Jahre. Abraham musste lange auf den Sohn der Verheißung warten.

Der Verhaltensforscher Konrad Lorenz weist auf eine Problematik hin, die erst einmal mit dem Glauben nichts zu tun hat, aber die sich auf die Glaubensfähigkeit der Seele auswirkt.

Im Hebräerbrief wird Glaubenkönnen so umschrieben: *„Glaube aber ist: Feststehen in dem, was man erhofft, Überzeugtsein von Dingen, die man nicht sieht“* (Hebr 11,1).

Auf welche Gefahr wies Konrad Lorenz hin? In seinem Buch „Die 8 Todsünden der zivilisierten Menschheit“, das 1973 erschien, schreibt er: „Der Schwund aller starken Gefühle und Affekte durch Verweichlichung: Fortschreiten von Technologie und Pharmakologie fördern eine zunehmende Intoleranz gegen alles im geringsten Unlust Erregende. Damit schwindet die Fähigkeit der Menschen, jene Freude zu erleben, die nur durch herbe Anstrengung beim Überwinden von Hindernissen gewonnen werden kann. Der naturgewollte Wogengang der Kontraste von Leid und Freude verebbt in unmerklichen Oszillationen namenloser Langeweile.“[61]

Halten Sie an Ihren Zielen fest! Pflegen Sie Ihre Sehnsucht! Wunder sind auch heute möglich.

Jüngstes Beispiel ist ein Heilungswunder, das auf die Fürsprache der seligen Katharina Kasper als Wunder vor einigen Wochen in Rom anerkannt worden ist: Nach einem schweren Verkehrsunfall in Dhani, in Nordindien, am 25.11.2011 galt der 47-jährige Bruder Leo Prabhakar als Todeskandidat. Die indischen Dernbacher Schwestern begannen gleich mit einer Novene zur Gründerin. Am

[61] Konrad Lorenz „Die 8 Todsünden der zivilisierten Menschheit“ 1973, S. 107.

29.11. galt er schon als gestorben. Zwei Schwestern wollten sich mit den Sterbegebeten von ihm verabschieden; da bemerkte die eine Schwester, dass der vermeintlich Tote die Augen wieder öffnete. Am 31.12.2011 konnte er ohne Operationen oder aufwändige Behandlungen als geheilt aus dem Krankenhaus entlassen werden. Die ärztlichen Befunde und Röntgenaufnahmen unmittelbar nach dem Unfall und dann kurz vor seiner Entlassung hielten auch der strengen römischen Prüfung stand, so dass die Heilung als nicht erklärbar nach dem Stand des heutigen medizinischen Wissens beurteilt wurde. Jetzt hoffen wir, dass die Gründerin Katharina Kasper 2019 heiliggesprochen werden kann.

Natürlich sind solche Wunder selten. Aber wenn ich mir die Wahrscheinlichkeiten auf einen Hauptgewinn im Lotto ausrechne, dann ist ein solcher Hauptgewinn noch seltener. Und trotzdem fiebern viele Menschen der Ziehung der Lottozahlen am Mittwoch und am Samstag entgegen. Wenn wir also mit der gleichen leidenschaftlichen Sehnsucht Gott um Wunder bestürmen wie so manche Lottospieler, dann wird Gott seine Allmacht unter Beweis stellen.

20. Joh 5,44: Zum Glauben kommen

Jesus sagte: *„Wie könnt ihr zum Glauben kommen, wenn ihr eure Ehre voneinander empfangt, nicht aber die Ehre sucht, die von dem einen Gott kommt?“*

Vor längerer Zeit hatte ich innerhalb von wenigen Tagen zwei Erstkontakte. Männer um die 50, die einen tollen Job hatten und gut verdienten, aber doch irgendwie ein Gefühl der Leere verspürten: War es das jetzt? Jeder hatte schon ein paar Ratgeber zur Midlifecrisis gelesen, aber viel hatte das nicht gebracht. Jetzt suchten sie Kontakt mit einem Priester, um einmal zu sondieren, ob es vielleicht auf dem Sektor der Religion etwas geben könnte, was diese Leere ausfüllen könnte. Beide waren katholisch sozialisiert, aber irgendwann in der Jugend war der Kontakt abgerissen. Nun saß der jeweilige mir gegenüber und schaute mich mit großen Augen an. Die Fremdelphase war schnell vorüber und ein intensives Gespräch entwickelte sich. Inzwischen sind aus den Erstkontakten mehr oder weniger regelmäßige Besuche geworden und die Entdeckerfreude hält an.

Konvertitenunterricht gehört sowieso zu meinen Lieblingsbeschäftigungen. Denn ich bin im katholischen Glauben groß geworden. Und manchmal kann ich mich des Eindrucks nicht erwehren, dass mein Glaube für mich zu einem Paar bequemer Pantoffel geworden ist, in dem ich mich wohl fühle, aber wo zu wenig Staunen und zu viel Selbstverständlichkeit da ist. Deshalb tut mir die Entdeckerfreude der Konvertiten so gut. Sie können den Unterschied zwischen vorher und nachher so gut beschreiben und der Mehrwert des Glaubenkönnens wird zur staunenswerten Kostbarkeit.

Es gibt viele Gläubige, die geradlinig und zielstrebig ihren Weg gehen – auch ihren Glaubensweg, der ohne dramatische Krisen oder ekstatische Erweckungserlebnisse verläuft. Denken wir z.B. an die Biographie von Papst em. Benedikt XVI. oder Kardinal Walter Kasper oder Kardinal Karl Lehmann.

Es gibt Menschen, die atheistisch aufgewachsen dann irgendwann den Glauben entdecken. Es gibt Getaufte, die sich nach der Erstkommunion von der Kirche abwenden und wirklich erst im Zuge ihrer Midlifecrisis den Glauben neu entdecken.

Es gibt Menschen, denen ist ihre Karriere so wichtig, dass sie alles andere diesem Ziel unterordnen. Es gab in der DDR Gläubige, die ihr Fähnchen nach dem Wind gedreht haben und denen wir heute skeptisch begegnen, weil der offensichtliche Opportunismus einen dann doch drei Fragezeichen machen lässt im Blick auf die Charakterstärke eines solchen Überlebenskünstlers.

Für mich war eine Entdeckung der besonderen Art die Lektüre von Navid Kermanis Buch „Ungläubiges Staunen. Über das Christentum". Darin beschreibt ein in Deutschland lebender Muslim christliche Kunstwerke in einer kindlich anmutenden Entdeckerfreude, die nicht durch einen distanzierten Zynismus getrübt ist. Die Mitfeier einer orthodoxen Liturgie im Kosovo wird ebenso ehrfürchtig beschrieben und gewürdigt in ihrem Wert wie die vielen Bilder von berühmten Malern mit christlichen Motiven.

Zum Glauben kommen – ich habe einmal eine Reihe von Möglichkeiten einfach aufgezählt.

Nun beleuchtet Johannes in diesem Streitgespräch Jesu mit den Juden eine Nuance, auf die ich bisher noch nicht eingegangen bin: Was hat Ehre mit Glauben zu tun? Jesus analysiert deutlich: Wer die Ehre von Menschen sucht, der kann nicht zum Glauben kommen. Nun erleben wir ja immer wieder spektakuläre Ehrungen von Menschen durch Menschen, zum Beispiel die Siegerehrungen bei den olympischen Spielen. Jesus geht von der Vermutung aus: Wer sich nur darum kümmert, von den Menschen geehrt zu werden, der findet schwer zum Glauben.

Und die andere Formulierung, die er gebraucht, ergibt sich für mich nicht selbstverständlich daraus: Ich tue mich schwer zu sagen, Gott ehrt mich. Noch schwerer fällt mir, in dem Lebensgefühl auszuruhen, von Gott geehrt zu werden.

Womit ich mich leichter tue, wenn ich mir sage: Weil ich von Gott als sein Ebenbild geschaffen worden bin, habe ich eine Würde, die mir niemand absprechen kann. Das war vor allem in den Jahren in der DDR so, wo auf vielfältige – manchmal sehr subtile – Weise dem Einzelnen vermittelt worden ist, dass er nichts, die Partei aber alles ist. Gegen diesen permanenten Druck war die Gottebenbildlichkeit eine wirksame Immunisierung.

Aufgrund der eigenen Erfahrungen aus dieser Zeit ist für mich auch leicht nachvollziehbar, weshalb der christliche Glaube für diejenigen, denen keine Ehre von Menschen erwiesen wurde, so attraktiv war. Denken wir an die Sklaven im römischen Reich. Den Sklaven wurde durch den Glauben und das darin enthaltene christliche Menschenbild eine Würde verliehen, die ihnen von der Gesellschaft sonst abgesprochen wurden war. Das war eine froh machende, attraktive Botschaft. Derselbe Vorgang wiederholte sich Jahrhunderte später, als der Jesuit und Indienmissionar Franz Xaver unter den Kastenlosen die meisten Christen gewinnen konnte.

In der Zeit der Nazidiktatur, in der ja dem Einzelnen auf viele Weise die Botschaft entgegenschlug, als Einzelner bist du nichts, die Rasse ist alles, hat Pater Kentenich viele Gläubigen dadurch immunisieren können, dass er ihnen riet, sich immer wieder zu sagen: „Ich bin die Lieblingsbeschäftigung Gottes." Erst recht, als er als Häftling nach Dachau kam, hat diese griffige Formulierung einer alten Glaubenswahrheit die Mithäftlinge immunisieren können, denn sie erfuhren ja massiv das Gegenteil von dem, was Jesus mit den Juden diskutiert: die Annahme von Ehrungen durch Menschen.

Pater Kentenich, der ja weit über den Kreis der Schönstätter als Priesterseelsorger tätig war, riet auch anderen Ordensmitgliedern: „Auch eine Gemeinschaft darf sich als Lieblingsbeschäftigung des lieben Gottes fühlen und verstehen."

Als dann 1951 die Visitation Schönstatts durch das Heilige Offizium begann, schickte Rom einen Priester, der zwar ein guter Theologe aber ein schlechter Psychologe war. Er verbot direkt diese Redewendung, weil sie zu einem übersteigerten Sendungsbewusstsein führen könne. Wieder einmal bewahrheitete sich, dass Angst ein schlechter Ratgeber ist, denn viele Einzelpersonen und viele kleinere Ordensgemeinschaften standen ja gar nicht in der Gefahr, in eine arrogant wirkende Selbstüberschätzung zu kippen, sondern eher im Gegenteil, sich kleiner und schlechter zu machen, als sie wirklich waren. Objektiv-theologisch hatte der Visitator Recht, aber seelsorglich war dieses Verbot des Visitators eine verheerende Sabotage.

Ich darf einen Vergleich anführen: Bei Ehevorbereitungskursen, aber auch bei Familientagungen, wenn man eine Erzählrunde darüber durchführt, wie sich die einzelnen Paare kennen gelernt haben, dann wird immer wieder deutlich, wie gut das dem Selbstwertgefühl des Einzelnen getan hat, wenn in der Liebeserklärung der andere zu verstehen gegeben hat: „Ich habe mich für dich entschieden. Du bedeutest mir ganz viel." Noch sehr lebendig ist mir die Äußerung einer korpulenten Frau, die sagte: „Er hat sich für mich entschieden, als ich noch 20 kg mehr auf den Rippen hatte." Was also die Ermahnungen der Ärzte und der Eltern nicht erreicht hatten, etwas gegen die Adipositas zu tun, das hatte ihr Partner, der nun auch gerade nicht der Schlankeste war, mit seiner Liebe und seiner Entscheidung für sie erreicht.

Jetzt noch einmal derselbe Vorgang aus der Perspektive des Liebenden und Ehrenden: Der tschechische Akademikerseelsorger Tomáš Halík schreibt: Einst hat mir mein Vater von einem jüdischen Kollegen erzählt, den auf einer Party jemand – wohl schon ziemlich betrunken – fragte: „Herr Silberstein, wie kam es, dass Sie, ein so charmanter Mensch, eine so hässliche Frau geheiratet haben?" Der alte Herr ließ seinen Charme durch diese Unverschämtheit nicht ins Wanken bringen und erwiderte: „Junger Mann, wenn Sie meine Augen hätten, wäre sie auch für Sie die schönste Frau auf der Welt!"[62]

Da Glauben ja nicht nur darin besteht, bestimmte Glaubenssätze für wahr zu halten, sondern vor allem eine liebende Gottesbeziehung aufzubauen und zu pflegen, gelten da dieselben Gesetzmäßigkeiten. Derjenige, der sich von Gott geliebt und angenommen erlebt, erlebt sich dadurch aufgewertet. Wir können das mit dieser – in meinen Augen – etwas sperrigen Formulierung aus dem Johannesevangelium wiedergeben: „... die Ehre suchen, die von dem einen Gott kommt."

Sehr schön drückt das Paulus im Philipperbrief aus: *„Doch was mir damals ein Gewinn war, das habe ich um Christi Willen als Verlust erkannt. Ja noch mehr: ich sehe alles als Verlust an, weil die*

[62] Tomáš Halík, Geduld mit Gott. Freiburg 2010, S. 100.

Erkenntnis Christi Jesu, meines Herrn, alles übertrifft. Seinetwegen habe ich alles aufgegeben und halte es für Unrat, um Christus zu gewinnen und in ihm zu sein" (Phil 3,7-9).

Wenn wir die uns überlieferten Schriften der großen Mystikerinnen aus Magdeburg und Helfta aus dem 12. und 13. Jh. auf uns wirken lassen, dann spüren wir: Diese Brautschaftsmystik in den kontemplativen Frauenklöstern lebt aus Ansatz: „Ich möchte Gott gefallen. Du, Christus, hast mich erwählt, und das tut meinem Selbstwertgefühl gut."

Auch in dem reichen Schrifttum der Karmeliterklöster finden wir etliche Zeugnisse für diesen Lebensvorgang.

Interessant ist außerdem, dass die Wertschätzung durch Gott und das damit verbundene höhere Selbstwertgefühl durchaus zusammen gesehen werden kann mit der eigenen Geschöpflichkeit. Demut und ausgeprägtes Selbstwertgefühl werden so keine Gegensätze sondern gehören zur realistischen Selbsteinschätzung zusammen.

Wieder ein Seitenblick auf Paulus als unseren Gewährsmann für eine reife Spiritualität: *„Doch durch Gottes Gnade bin ich, was ich bin, und sein gnädiges Handeln an mir ist nicht ohne Wirkung geblieben. Mehr als sie alle habe ich mich abgemüht – nicht ich, sondern die Gnade Gottes zusammen mit mir"* (1 Kor 15,10).

Ich möchte nicht bei der zugespitzten Konkurrenz in der Argumentation Jesu stecken bleiben, also entweder Ehre von Menschen oder Ehre von Gott. Ich möchte es so beschreiben: Manchmal ermöglicht erst die Ehre, die Menschen einem anderen schenken, diesem eine Ahnung davon zu bekommen, wie schön es sein kann, von Gott geehrt zu werden.

Andererseits hat natürlich Jesus Recht, dass der Hunger nach Ehre so sehr von anderen Menschen gestillt werden kann, dass sie gar keinen Hunger mehr spüren, von Gott geehrt zu werden. In solcher geistig-seelischen Genügsamkeit kann kein Glaube wachsen. Das sieht Jesus ganz klar. Der Mensch bleibt Gefangener seines rein natürlichen Horizonts.

Mögliche seelsorgliche Konsequenzen: Gerade in der seelsorglichen Begleitung von Missbrauchsopfern merke ich, welche heilende Dynamik in dieser Glaubenswahrheit steckt: Ich darf mich als Lieblingsbeschäftigung Gottes fühlen. – Oder johanneisch: ich darf die Ehre suchen, die mir von Gott zukommt. Natürlich kommt zuerst massiver Protest, der sich dann so äußert: Wo war denn Gott, als mir das passiert ist? Aber wenn man dann mit Fingerspitzengefühl deutlich macht, dass Jesus ja deshalb Mensch geworden ist und ein solches Schicksal auf sich genommen hat, um jedem Opfer nahe zu sein, dann kann diese emotionale Blockade überwunden werden.

Es gehört ja leider zu den heimtückischen Folgen von Missbrauch, dass sich die Opfer selber irgendwie als Fußabtreter fühlen. Wer sich das nicht vorstellen kann oder wer das nicht nachvollziehen kann, der kann ja mal das eine oder andere Zeugnis von Opfern in der #metoo-Debatte nachlesen. Und wenn so etwas über Jahre im Verwandtenkreis geschieht, dann brennt sich dieses Minderwertigkeitsgefühl immer tiefer in die Seele ein.

Aber auch in der seelsorglichen Begleitung von eitlen und arroganten Menschen, die auf den ersten Blick keine Bestätigung zu brauchen scheinen, entwickelt dieser Ansatz Jesu eine befreiende Wirkung. Wenn Eitelkeit sich ins Extrem ausweitet, dann sprechen wir heute von narzisstischer Persönlichkeitsstörung. In der griechischen Mythologie war Narziss der schöne Sohn des Flussgottes Kephissos und der Leiriope, der die Liebe anderer zurückwies und sich in sein eigenes Spiegelbild verliebte. Als Narziss eines Tages an einer klaren Quelle seinen Durst stillen wollte, beugte er sich über das Wasser und erblickte darin das Bild eines wunderschönen Jünglings. Er war entzückt von diesem Anblick, konnte aber nicht erkennen, dass er es selbst war und verliebte sich in das Bild. Bei dem Versuch, sich dem geliebten Gesicht im Wasser zu nähern, sich mit seinem Ebenbild zu vereinen, beugte er sich voller Liebesschmerz immer tiefer und tiefer über das Wasser bis er in den See stürzte und ertrank. So weit die Mythologie.

Eitle Menschen scheinen keine Bestätigung zu brauchen, erst recht nicht eine, die von Gott kommt. Doch in einem Moment des Vertrauens, wenn vielleicht Alkohol die Zunge gelöst hat, gestehen solche Menschen ein, dass vieles an ihnen nur Fassade ist und dass sie ganz viel Zeit und Energie aufwenden, um diese Fassade aufrecht zu erhalten. Dahinter verbirgt sich ganz viel Unsicherheit. Auch Menschen, die in ihrer Kindheit wenig Liebe erfahren haben und sich über Erfolg und Leistung die Anerkennung der Eltern und anderer wichtiger Bezugspersonen erkämpfen wollten, haben solche Tendenzen zum Narzissmus. Sie können sich nicht vorstellen, dass sie einfach so geliebt sind.

Schon in der Weisheitsliteratur des Alten Testamentes erahnt der Schriftsteller, dass allein die Tatsache, dass es mich gibt, schon ein Hinweis darauf ist, dass Gott der Schöpfer mich liebt. Wir lesen: *„Du schonst alles, weil es dein Eigentum ist, Herr, du Freund des Lebens"* (Weish 11,26).

Natürlich sprengt es den Erfahrungshorizont der lieblos aufgewachsenen Jugendlichen, aber wenn sie anfangen, so etwas für möglich zu halten, und wenn Gott ein bisschen unmittelbar „nachhilft" durch intensive innere Erlebnisse, dann kann die Neuentdeckung der bedingungslosen Liebe Gottes wahre Wandlungswunder bewirken. Aber welche Befreiung und Entlastung stellt es für die Betroffenen dar, wenn sie nicht mehr dem Irrtum aufsitzen, alle Energie in die Aufrechterhaltung ihrer Fassade investieren zu müssen. Zu erleben, dass sie auch dann noch angenommen und geliebt bleiben, wenn sie sich in ihren Grenzen zeigen, das beschrieben sie als überwältigende Erfahrung.

Überwindung von Feindbildern: In den Briefen der Ordensgründerin Katharina Kasper von Dernbach kann man eine interessante Formulierung finden. Sie spricht von den Kranken und von den armen Kindern bzw. Waisenkindern als von seinen Kranken und von seinen Kindern. Das heißt die Kranken sind Gottes Kranke, die Kinder sind Gottes Kinder. Und deshalb spielt es für sie keine Rolle, ob die Notleidenden katholisch oder evangelisch oder jüdisch oder atheistisch sind. Weil es Gottes Geschöpfe sind, sollen sich ihre Schwestern um alle kümmern. Aus diesen Zeilen sprechen eine Weite und eine Toleranz, die für das konfessionelle Lagerdenken im 19. Jh. ganz untypisch sind.

Wir kommen zum Schluss: Die Ehre zu suchen, die von Gott kommt, oder alltagssprachlich ausgedrückt, ich darf mich als Lieblingsbeschäftigung Gottes fühlen, ist für viele Menschen heutzutage eine froh machende, befreiende und heilende Botschaft. Natürlich ist es oft eine unwahrscheinliche Schwerarbeit auf argumentativer und einfühlender Ebene, die aufgebauten Verteidigungs- und Festungsmauern der Seele zum Einsturz zu bringen. Ich habe auch schon so manche Belagerung einer Seelenburg, deren Zugbrücke hochgezogen blieb, abbrechen müssen, weil sich nichts bewegte. Solche Misserfolge gehören zur Seelsorge dazu. Aber die Freude derer, die aus ihrem tiefverwurzelten Misstrauen herausfinden und dann zu mehr Echtheit und dadurch auch zu mehr seelisch-geistiger Nähe fähig sind, diese Freude entschädigt einen für all die Anstrengungen auf diesem Weg der seelischen Abrüstung.

21. Joh 6, 56: Wer mein Fleisch isst und mein Blut trinkt, der bleibt in mir und ich bleibe in ihm.

An welche Menschen haben Sie heute schon gedacht? Klar, die Menschen, mit denen wir zusammenwohnen, die erleben wir. Aber wie ist das mit den „Fernen“? Welche Menschen kommen uns in den Sinn, wenn wir Kartoffeln schälen oder Fenster putzen? Wenn wir konzentriert arbeiten müssen, dann können unsere Gedanken nicht abschweifen. Dann wären wir ja zerstreut. Aber zu den Eltern, zu den Kindern, zum Ehepartner und zu Freunden wandern unsere Gedanken gerne, wenn unsere Konzentration nicht so gefordert ist.

Was uns Liebeslieder lehren: Eines der ältesten uns überlieferten Liebeslieder in deutscher Sprache ist das Lied „All mein Gedanken, die ich hab“. Es ist ein Minnelied unbekannter Autorschaft, das aus dem „Lochamer Liederbuch“ von 1460 überliefert ist. Die im frühen 19. Jahrhundert wiederentdeckte Liederhandschrift wurde 1867 erstmals veröffentlicht. Zu Beginn des 20. Jahrhunderts nahm die Jugendbewegung das Lied „All mein Gedanken, die ich hab“ auf, wodurch eine breite Rezeption einsetzte, die bis heute ungebrochen ist. Lassen wir den Text einmal auf uns wirken:

„All mein Gedanken, die ich hab, die sind bei dir, du auserwählter ein'ger Trost, bleib stets bei mir. Du, du, du sollst an mich gedenken, hätt ich aller Wunsch Gewalt, von dir wollt ich nicht wenken.

Du auserwählter ein'ger Trost, gedenk daran, Leib und Gut das sollst du ganz zu eigen han. Dein, dein, dein will ich immer bleiben, du gibst mir Freud und hohen Mut und kannst mir Leid vertreiben.“

Aber es gibt auch jede Menge moderner Liebeslieder, deren Texte man bei Hochzeitsratgeberseiten im Internet finden kann. Ein Beispiel von 2013 ist das Lied von Tim Bendzko, das er mit Cassandra Steen singt:

„Das geht mir unter die Haut, wie ein warmer Sommerwind. Ich habe es erst nicht geglaubt, dass ich hier nicht alleine bin. Das geht mir unter die Haut, dass wir verbunden sind. Zieht mich immer weiter gerade aus, ooh, bis ich zu Hause bin.“

Egal, ob es nun Gedichte oder Lieder oder Prosatexte sind – wenn es um die Liebe geht, dann kommt man um diese Formulierung „du in mir und ich in dir“ nicht herum. Auch wenn die Variationen unendlich sind, der Ostinato bleibt derselbe.

Göttliche Provokation und Liebeserklärung: Die so genannte Brotrede von Kapharnaum, die wir heute im Evangelium gehört haben, ist eine einzigartige Liebeserklärung Jesu an alle Menschen. „Ich liebe euch alle!" Und weil er nicht nur ein Mensch sondern der Gottessohn ist, hat er sich als sinnenhaftes Zeichen seiner Liebe etwas Besonderes ausgedacht. Er bindet seine Gegenwart an ein Grundnahrungsmittel, an Brot. „Auf diese Weise könnt ihr mich in euch aufnehmen", ist seine Botschaft. Es geht also nicht nur um die geistig-seelische Verbundenheit mit dem heiligen Geist, sondern um das körperliche Einswerden mit dem menschgewordenen Gottessohn.

Kein Wunder, dass dieses Angebot Jesu Empörung auslöst! Schließlich sprengt das total den Erfahrungshorizont seiner Zuhörer: *„Wie kann er uns sein Fleisch zu Essen geben?"* (Joh 6, 52).

Und an diesem provozierenden Angebot Jesu reiben sich bis heute die Christen. Da können Erstkommunionmütter noch so oft mit den Erstkommunionkindern Brot backen und essen – es bleibt der Sprung des Vertrauens in die Worte Jesu.

Der scharfsinnige Theologe Thomas von Aquin hat die möglichen Schwierigkeiten gut ins Wort gebracht. In seinem populär gewordenen Lied „Gottheit tief verborgen" beschreibt er den Glaubenssprung:

„Augen, Mund und Hände täuschen sich in dir, doch des Wortes Botschaft offenbart dich mir. Was Gott Sohn gesprochen, nehm' ich glaubend an; er ist selbst die Wahrheit, die nicht trügen kann. Einst am Kreuz verhüllte sich der Gottheit Glanz, hier ist auch verborgen deine Menschheit ganz. Beide sieht mein Glaube in dem Brote hier; ... Kann ich nicht wie Thomas schaun die Wunden rot, bet ich dennoch gläubig: Du mein Herr und Gott!"

Mehr als Bedeutungsumwandlung: Versuchen wir noch einmal eine andere Annäherung an das Angebot Jesu.

Rosen in einem Blumenladen sind Ware. Jede Rose hat ihren Preis. Wenn ein Ehemann einen Strauß Rosen kauft und ihn danach seiner Frau schenkt, dann hat sich an den Rosen physikalischchemisch nichts geändert, aber sie sind keine Ware mehr, sondern sinnenhafter Ausdruck der unsichtbaren Liebe des Mannes. Sie sind mit einer neuen Bedeutung aufgeladen, auch wenn sich äußerlich nichts geändert hat. Entscheidend ist die Absicht des Schenkenden.

Für das Wunder der Eucharistie reicht die Absicht eines Christen allein nicht aus. Seit den ersten Zeugnissen über die Feier der Eucharistie, wie z.B. Paulus das in 1 Kor 11,23-26 beschreibt, braucht es den beauftragten Priester, der die wirkmächtigen Wandlungsworte über Brot und Wein spricht. Der Brauch, dass man die nicht benötigten Hostien in kostbaren Tabernakeln aufbewahrte, weist auf die bleibende Präsenz Christi in den gewandelten Hostien hin. Im 13. Jahrhundert kommen Monstranzen auf, also kostbare Zeigegefäße mit einer Hostie hinter Glas. Ab 1247 wurde, ausgehend von Lüttich, das Fronleichnamsfest gefeiert und entsprechende Prozessionen veranstaltet. An vielen Wallfahrtsorten gibt es den Brauch der eucharistischen Anbetung. Viele Beter, die diese Frömmigkeitsform lieb gewonnen haben, betonen, dass die Sichtbarkeit des unsichtbaren Gottes in der Hostie ihnen hilft, liebend bei Gott zu verweilen. Auch zwischen Ehepartnern, Eltern und Kindern sowie Freunden ist der liebevolle Blick im Unterschied zum flüchtigen Aufblicken eine kostbare Brücke, über die Herz zu Herzen finden kann.

Die Mystikerin Mechthild von Magdeburg hat es einmal so ausgedrückt: „Gott hat an allen Dingen genug, allein die Berührung der Seele wird ihm nie genug.“

Die Kommunion ist eine der möglichen Formen, die Liebesbeziehung mit Jesus Christus zu pflegen; und für viele ist sie die intensivste Form der Verbundenheit mit Gott.

22. Joh 8,1-11: Wie wird das Gute mächtig in einem Menschen?

Zwei gegensätzliche Beispiele aus der jüngeren Geschichte: Tim Guénard wurde 1959 geboren; er stammt aus einer zerrütteten Familie. Der Vater ist ein gewalttätiger Alkoholiker und schlägt ihn, als er fünf Jahre alt war, so zusammen, dass er vom Krankenhaus in ein Kinderheim kommt. Er durchläuft verschiedene Heime, flieht aus einem der Heime, schlägt sich als Straßenkind in Paris durch und hält sich mit Kleinkriminalität über Wasser. Das Katz- und Maus-Spiel mit der Polizei findet ein Ende, als er mit 15 einer Jugendrichterin vorgeführt wird. Im Rückblick beurteilt er das so: „Das nenne ich eine gute Richterin. Sie empfängt einen, nimmt sich Zeit zu erkennen, wer man wirklich ist. Sie ist eine Richterin, die nicht richtet. Sie sieht sich erst den Menschen an, dann die Akte. Sie sucht gemeinsam mit Betroffenen einen Weg, sein Leben neu aufzubauen. Sie reicht einem die Hand, auch wenn alles verloren erscheint. Ich hätte nicht geglaubt, dass es solche Menschen gibt. Zu oft bin ich an Richter oder Erzieher geraten, die einem ein Etikett aufdrücken, einen niedermachen, zu Fall bringen und das bisschen, was noch bleibt, zerstören."[63] Diese Richterin vermittelt ihm eine Stelle als Steinmetz; und immer, wenn es schwierig wird und er alles hinschmeißen möchte, dann besinnt er sich auf diesen vertrauensvollen Blick der Richterin. Als er endlich nach zwei Jahren den Gesellenbrief in der Hand hält, fährt er zu der Richterin. Die ist überrascht und freut sich mit ihm. Ab dem Moment geht es mit ihm bergauf. Heute betreibt Tim Guénard mit seiner Frau in der Nähe von Lourdes einen Bauernhof, auf dem er entlassene jugendliche Häftlinge einen Weg in ein geordnetes Leben ermöglichen will.

---

[63] Tim Guénard, Boxerkind. Überleben in einer Welt ohne Liebe. Fe-Verlag Kisslegg ^{2}2014, S. 124

Dieses Beispiel aus den 70er Jahren verdeutlicht den Vorgang, den wir heute im Evangelium gehört haben. Jesus sieht zuerst den Menschen und er glaubt an das Gute in diesem Menschen. Und er erteilt den selbstgerechten Sittenwächtern eine Lektion: „Wer von euch ohne Sünde ist, der werfe den ersten Stein!"

Leider ist dieser Mechanismus der Verurteilung kein Schnee von gestern. Die junge iranische Kurdin Mahsa Amini starb am 16.9.2022 in Polizeigewahrsam. Weil unter ihrem Kopftuch ein paar Haarsträhnen zu sehen waren, wurde sie von der Sittenpolizei verhaftet und schon im Polizeiwagen geschlagen, noch mehr dann später auf der Wache. Bewusstlos wurde sie zwar noch ins Krankenhaus gebracht, erwachte aber nicht mehr aus dem Koma. Zu Recht brachen danach heftige Proteste im Land aus, die leider gewaltsam niedergeknüppelt worden sind.

Wenn wir mit solchen Schicksalen konfrontiert werden, dann kann man nur dankbar sein, dass wir in einem freien Land leben. Die älteren von uns werden sich sicher noch erinnern, dass es in der ersten Hälfte des 20. Jh. in Deutschland noch viele Konventionen gab, die von großen Teilen der Gesellschaft als selbstverständlich betrachtet wurden: „Das macht man doch nicht!" oder: „Das gehört sich doch nicht." Und solche Konventionen waren wie die Leitplanken an der Autobahn. Auch wenn jemand die Kontrolle über sein Fahrzeug verloren hatte, schützten die Leitplanken davor, dass das Auto den Abhang hinunterstürzte oder auf die Gegenfahrbahn geriet.

Solche symbolischen „Leitplanken" von Konventionen gibt es fast nicht mehr. Um so wichtiger ist es, dass wir als Christen in einer pluralen Gesellschaft für unsere Wertvorstellungen werben und die Werte auch begründen. Warum tut es langfristig gut, wenn Menschen so miteinander umgehen?

Eltern können ein Lied davon singen, wie mühsam der „pädagogische Nahkampf" ist, wenn sie mit ihren heranwachsenden Kindern diskutieren, warum es gut ist, sich an christlichen Werten zu orientieren. Häufig erleben Eltern, dass die Jugendlichen die inhaltliche Auseinandersetzung umgehen mit dem Hinweis, dass die Ansichten der Eltern altmodisch sind. Manchmal hilft es, wenn Eltern im Gedankenexperiment ihren Kindern erschließen, welches Leid damit verbunden ist, wenn feste Freundschaften einseitig gekündigt werden oder wenn in der Ehe einer der Partner untreu wird. Die Intimität der Sexualität braucht den Schutzraum der Treue. Und durch das Herz der Kinder geht ein Riss, wenn Eltern sich trennen, weil ein Partner sich für einen Dritten entschieden hat.

So ist es auch mit den Geboten der Kirche: Sie sind Schutzbestimmungen, um auf dem Weg zu einem glücklichen und erfüllten Leben, Risiken und Unfälle zu vermeiden. Deshalb werden sie immer wieder gekündet und zum Leuchten gebracht. Aber wenn dann doch mal ein schwerer Ausrutscher passiert ist, dann bringt die absolute Verurteilung nicht viel.

Wenn das Haus brennt, gibt's keine Brandschutzbelehrung. – Wir können einen Vergleich anstellen: In öffentlichen Einrichtungen macht die Feuerwehr immer wieder Brandschutzbegehungen. Da sind die Kontrolleure sehr streng. Und mancher betrachtet die Arbeitsschutzbestimmungen und die Brandschutzbestimmungen als kleinlich und teuer. Aber solche Regeln sind ja entwickelt worden, weil man aus früheren Katastrophen lernen wollte: Worauf muss man achten, dass das nicht wieder passiert? Derselbe Feuerwehrmann, der sehr streng bei der vorbeugenden Brandschutzbegehung vorgeht, wird aber, wenn es brennt, keine Brandschutzbelehrung erteilen, sondern löschen und versuchen, den Schaden so klein wie möglich zu halten. Es gibt also klare Unterschiede zwischen vorher und nachher.

Jesus findet den Ehebruch nicht gut. Deshalb sagt er auch: „Sündige von nun an nicht mehr!" Aber vorweg sagt er: „Hat dich keiner verurteilt? Auch ich verurteile dich nicht."

Gerechtigkeit – Barmherzigkeit: Manche Moralapostel haben die

Befürchtung, dass durch Vergebung und Barmherzigkeit die Normen und Werte relativiert werden und brüchig werden. Aber die Angst ist unbegründet. Das Gute ist nicht nur gut, sondern es fühlt sich auch gut an. Bei Tim Guénard können wir auch beobachten: Er will die Richterin nicht enttäuschen, weil sie an das Gute in ihm glaubt.

In Deutschland engagieren sich ca. 31 Millionen Bürger ehrenamtlich, von der Freiwilligen Feuerwehr bis hin zu TAXI-Diensten für Schülermannschaften, damit sie zu den Auswärtsspielen kommen. Auch bei den großen Überschwemmungen in der Vergangenheit haben viele spontan freiwillig geholfen, die Dämme zu stabilisieren oder danach die Schäden zu beseitigen. Unsere Gesellschaft ist doch nicht so egoistisch und individualistisch, wie manche Pessimisten behaupten. Aber es braucht oft Einzelne, die mit etwas Gutem anfangen und dann andere mitreißen.

23. Joh 10,4f: Vertraut sein mit IHM

„Wenn er alle seine Schafe hinausgetrieben hat, geht er ihnen voraus, und die Schafe folgen ihm; denn sie kennen seine Stimme. Einem Fremden aber werden sie nicht folgen, sondern sie werden vor ihm fliehen, weil sie die Stimme des Fremden nicht kennen."

„Der ist vertraut mit der Materie." – Wenn wir eine solche Äußerung hören, dann vermuten wir einen Fachmann, der sowohl das theoretische Wissen wie die praktische Erfahrung mit dem Stoff, mit dem Problem, mit den jeweiligen Umständen hat.

Ein Beispiel: Im November 1991 wurden in Kuweit die letzten von über 690 brennenden Ölquellen, die von den abziehenden irakischen Truppen in Brand gesteckt worden waren, gelöscht. Neben Spezialisten aus den USA und Kanada war auch ein ungarisches Team im Einsatz mit einer ganz besonderen Konstruktion.

Die ungarischen Techniker nennen sie ehrerbietig „den großen Wind“, ihre amerikanischen Konkurrenten gaben dem seltsamen Technik-Zwitter missgünstig den Spitznamen „Gulasch-Schleuder“. Millionen von Fernsehzuschauern in aller Welt konnten sich damals von der Wirksamkeit des ungewöhnlichen Feuerlöschfahrzeugs überzeugen.

Ratternd rollte es auf Ketten durch die kuweitische Brandlandschaft. Auf dem Chassis eines sowjetischen T-34-Panzers waren zwei Triebwerke eines MiG-21-Jets montiert. Aus einer hitzegeschützten Steuerkanzel neben den Luftansaugöffnungen der Triebwerke richtete der Fahrzeuglenker die beweglichen Düsen auf die brennende Ölquelle im Raudatein-Ölfeld im Norden Kuweits. Dann ließ er die Triebwerke aufheulen – voller Schub.

Als würden die Kerzen einer Geburtstagstorte ausgepustet, fegte der mit Schaum und Wasser angereicherte Triebwerksstrahl in die hochlodernden Flammen und trieb sie flach über den Boden. Die Flamme riss ab, das Feuer war aus. Annähernd ein Dutzend brennende Ölfeuer konnten die ungarischen Techniker während ihres fünfwöchigen Einsatzes in Kuweit auf diese Art löschen.[64]

Die Ungarn waren vertraut mit den Problemen, die ein brennendes Erdölförderloch mit sich bringt.

In der Zeit des kalten Krieges gab es zwischen den Supermächten sogenannte „vertrauensbildende Maßnahmen“ um das Misstrauen abzubauen: Militärbeobachter bei Manövern wurden zugelassen. Die Zahlen der Atomraketen und der konventionellen Waffen wurden ausgetauscht und Obergrenzen festgelegt. Abrüstungsverträge wurden vereinbart.

Etwas anderes ist es, wenn wir gegenüber einem Menschen sagen: Mit dem bin ich vertraut. Andere Formulierungen umschreiben dieselbe Wirklichkeit: „Die Chemie stimmt zwischen uns.“ „Zwischen uns gibt es eine Seelenverwandtschaft.“

---

[64] http://www.spiegel.de/spiegel/print/d-13491220.html

Eigentlich sehnt sich jeder Mensch nach dieser geistig-seelischen Nähe. Körperliche Nähe allein reicht nicht aus, um unser Gefühl von Einsamkeit zu überwinden. Es braucht diese tabufreie Kommunikation. Es braucht diesen geistig-seelischen Stoffwechsel zwischen uns.

Und da Gott Person ist, genauer: drei Personen, gilt das auch für unsere Gottesbeziehung.

Vertraut sein mit Gott: Dann erst ist mein Glaube über das Fürwahr-halten von Glaubenssätzen hinausgewachsen.

Märchenhaft verfremdet finden wir das Thema „Vertraut-sein" in Saint Exuperys Erzählung „Der kleine Prinz":

„'Man kennt nur die Dinge, die man zähmt', sagte der Fuchs. 'Die Menschen haben keine Zeit mehr, irgend etwas kennenzulernen. Sie kaufen sich alles fertig in den Geschäften. Aber da es keine Kaufläden für Freunde gibt, haben die Leute keine Freunde mehr. Wenn du einen Freund willst, so zähme mich!' – 'Was muss ich da tun?', fragte der kleine Prinz. 'Du musst sehr geduldig sein', antwortete der Fuchs. 'Du setzt dich zuerst ein wenig abseits von mir ins Gras. Ich werde dich so verstohlen, so aus dem Augenwinkel anschauen, und du wirst nichts sagen. Die Sprache ist die Quelle der Missverständnisse. Aber jeden Tag wirst du dich ein bisschen näher setzen können. ...' Am nächsten Morgen kam der kleine Prinz zurück. 'Es wäre besser gewesen, du wärst zur selben Stunde wiedergekommen', sagte der Fuchs. 'Wenn du zum Beispiel um vier Uhr nachmittags kommst, kann ich um drei Uhr anfangen, glücklich zu sein. Je mehr die Zeit vergeht, um so glücklicher werde ich mich fühlen. Um vier Uhr werde ich mich schon aufregen und beunruhigen; ich werde erfahren, wie teuer das Glück ist. Wenn du aber irgendwann kommst, kann ich nie wissen, wann mein Herz da sein soll. ... Es muss feste Bräuche geben.' – 'Was heißt fester Brauch?', sagte der kleine Prinz. 'Auch etwas in Vergessenheit Geratenes', sagte der Fuchs. 'Es ist das, was den einen Tag vom andern unterscheidet, eine Stunde von den anderen Stunden. Es gibt zum Beispiel einen Brauch bei meinen Jägern. Sie tanzen am Donnerstag mit den Mädchen des Dorfes. Daher ist der Donnerstag der wunderbare Tag. Ich gehe bis zum Weinberg spazieren. Wenn die Jäger irgendwann einmal zum Tanze gingen, wären die Tage alle gleich und ich hätte niemals Ferien.' So machte denn der kleine Prinz den Fuchs mit sich vertraut."

In der DDR gab es ein anderes Schulsystem als im Westen: Wer das Abitur machen wollte, ging ab der 9. Klasse für vier Schuljahre auf die sogenannte Erweiterte Oberschule. Dann kamen die Abiturprüfungen. Unsere neu zusammen gewürfelte 9. Klasse ging damals gleich Anfang September für drei Tage in eine Jugendherberge. Am Ende sagte einer der Lehrer: „In drei Tagen Klassenfahrt lernt man die Schüler besser kennen als in einem halben Jahr Unterricht." Diese Beobachtung ist leicht nachvollziehbar. In der Schulstunde gibt es bestimmte Rollen und bestimmte Verhaltensweisen, aber das Leben ist vielfältiger. Wenn man dagegen den ganzen Tag und die Abende miteinander verbringt, dann lernt man sich viel besser kennen. Man wird vertraut.

Das war auch der Grund, weshalb Jesus eine Lebensgemeinschaft mit seinen Jüngern aufbaute und nicht nur ein Lehrhaus. Erst im „pädagogischen Nahkampf", in den kleinen Konflikten des Alltags konnte Jesus die gängigen Wertevorstellungen seiner Jünger korrigieren.

Einige Andeutungen über solche Konflikte unter den Jüngern finden wir in den Evangelien. Wer unter ihnen der Größte sei – darüber streiten sie; und Jesus mischt sich ein und sagt: Wer der Erste sein will, soll der Diener aller sein (vgl. Mk 9,35). In einer emotional aufgeladenen Situation Wertekorrektur vorzunehmen – das prägt sich ein. Das meine ich mit „pädagogischem Nahkampf".

Der Evangelist Johannes kann im Rückblick auf diese Lebensgemeinschaft in seinem 1. Brief schreiben: *„Was von Anfang an war, was wir gehört haben, was wir mit unseren Augen gesehen, was wir geschaut und was unsere Hände angefasst haben, das verkünden* *wir: das Wort des Lebens. ... damit auch ihr Gemeinschaft mit uns habt. Wir aber haben Gemeinschaft mit dem Vater und mit seinem Sohn Jesus Christus*" (1 Joh 1,1-3). – Das Ziel seines Briefes, das Ziel seiner Erzählungen ist die Gemeinschaft.

Mutter Emmanuelle von Kairo erzählt von einer Begebenheit mit den Müllsammlern von Kairo, unter denen sie lebte. Eines Morgens kamen aufgeregt einige Mädchen vor die Hütte von Mutter Emmanuelle und riefen: „Baazak ist tot!" Ja, Baazak lag in einer Blutlache vor einem Bistro, in dem er mit ein paar anderen jungen Männern Karten gespielt hatte. Wegen des Spielgewinns von lächerlichen 50 Piastern (= 5 ct) waren sie unter Alkoholeinfluss mit den Messern aufeinander losgegangen und hatten Baazak tödlich verletzt. Die Polizei verhaftete die drei Spieler. Dann erfuhr Mutter Emmanuelle, dass die Angehörigen von Baazak einen Gefängniswärter bestochen hatten. Dieser sollte die Mörder nachts freilassen. Sie wollten dann denen auflauern und sie nach den uralten Rachegesetzen umbringen. Mutter Emmanuelle war schockiert, fasste sich aber und diskutierte so lange mit den Männern, dass sie diesen Plan fallen ließen. – Dass es überhaupt zu diesem Gespräch kam, lag daran, dass Mutter Emmanuelle unter den Müllsammlern wohnte und sich nach und nach das Vertrauen der Menschen in dieser Siedlung erworben hatte. Die den Mord planten, waren Christen, aber Christi Gebot von Vergebung und Feindesliebe war nicht in die Herzmitte dieser Männer gedrungen. Da herrschte der alte Rachegedanke gespeist aus Gerechtigkeitsempfinden.

Was Mutter Emmanuelle hier leistete, war – ich darf es einmal etwas martialisch ausdrücken – pädagogischer Nahkampf. Wie schafft man es, im Konfliktfall christliche Werte so zum Leuchten zu bringen, dass sie handlungsbestimmend werden?

Mutter Emmanuelle erzählt weiter, dass später diese Männer sich bei ihr bedankt hätten. Sie habe sie vor einer großen Dummheit bewahrt. Interessant, dass das Wort „Verbrechen" oder das Wort „Böse" ihnen nicht über die Lippen kam, obwohl sie diese Worte kannten.

Junge Ehepaare berichten immer wieder von folgendem Problem: Jeder bringt aus seiner Herkunftsfamilie seinen Umgangsstil mit, den er für selbstverständlich hält. Tausende Male ist man so miteinander umgegangen. Und nun merkt man erst, dass der Partner andere Selbstverständlichkeiten mitbringt. „Das macht man so! Das ist doch selbstverständlich!", heißt meist die vorgetragene Rechtfertigung, die auch erklären soll, warum man es nicht für nötig fand, vorher eine Feinabstimmung mit dem Partner durchzuführen. „Wie konntest du nur so reagieren?" – Für den anderen war das nicht selbstverständlich. Erst wenn die Paare Eltern werden und sie vor den Erziehungsherausforderungen stehen, werden solche Unterschiede bewusst. Der andere ist einem überraschend fremd. In mühsamer Kleinarbeit erarbeiten sich Eltern dann einen gemeinsamen Stil und lernen es, den Kindern gegenüber als Einheit aufzutreten. Das wiederum schenkt den Kindern Sicherheit und Geborgenheit. Das Verhalten der Eltern ist für die Kinder berechenbar.

Mit Gott vertraut werden: Das Thema rückt genau diesen Lebensvorgang in den Fokus unserer Aufmerksamkeit.

Augustinus hatte es einmal so umschrieben. „Erst wenn ich liebe, kann ich erkennen. Und wenn ich erkenne, kann ich intensiver lieben."

Das große Problem dabei ist aber: Wenn zwei Menschen miteinander vertraut werden, dann ist das ein Vorgang unter gleichen. Wenn ein Mensch mit Gott vertraut werden will, dann sind Probleme vorprogrammiert, weil Gott der ganz Andere, der unendlich größere, der allwissende und allmächtige ist.

Ich möchte es einmal so umschreiben: Im Vertrautwerden mit Gott gibt es das Ijob-Paradox. In der Phase des Ringens mit Gott, wo Ijob die Unbegreiflichkeit Gottes erkennt und anerkennt, ist er viel vertrauter mit Gott als vorher. *„Vom Hörensagen nur hatte ich von dir vernommen; jetzt aber hat mein Auge dich geschaut"* (Ijob

42,5).

Ein Gott, der befremdend ist und unbegreiflich, stellt ja auch die große Not für Jeremia dar. Wir hören seine Klage im 15. Kapitel:

„Kamen Worte von dir, so verschlang ich sie; dein Wort war mir Glück und Herzensfreude; denn dein Name ist über mir ausgerufen, Herr, Gott der Heere. Ich sitze nicht heiter im Kreis der Fröhlichen; von deiner Hand gepackt, sitze ich einsam; denn du hast mich mit Groll angefüllt. Warum dauert mein Leiden ewig und ist meine Wunde so bösartig, dass sie nicht heilen will? Wie ein versiegender Bach bist du mir geworden, ein unzuverlässiges Wasser. Darum – so spricht der Herr: Wenn du umkehrst, lasse ich dich umkehren, dann darfst du wieder vor mir stehen. Redest du Edles und nicht Gemeines, dann darfst du mir wieder Mund sein" (Jer 15,16-18).

Gott ist ihm nicht nur fremd geworden, sondern lebensbedrohlich fremd: Das Bild vom versiegenden Bach in der Wüste ist ja ein harter Vorwurf Gott gegenüber. Interessant an diesem Dialog zwischen Jeremia und Gott ist, dass Gott kein mitfühlendes Verständnis für die Not des Jeremia zeigt, sondern ihn hart kritisiert.

Ich möchte einen Vergleich bringen: Ich erinnere mich an einen Gebirgsbach, der munter um einen Felsen herum fließt und sich durch den Felsen nicht aufhalten lässt. Als der Felsen ins Bachbett gerollt war, hatte sich wahrscheinlich das Wasser dahinter gestaut. Aber mit der Zeit hat sich das Wasser einen Weg gesucht und gefunden. Nun fließt es um den Felsen herum.

Mir wurde vor Jahren ein Text von Pater Kentenich wichtig, den ich schon etliche Male gelesen hatte, aber der mich nie besonders angesprochen hatte:

„Wenn Glauben und Vertrauen von Hingabe gelockert werden, machen sie unruhig. Harmonie zwischen allen dreien schafft Mariengestalten. 'Beata, quia credidisti' (Selig bist du, weil du geglaubt hast). Darin besteht die Wurzel ihrer Größe. Je mehr wir gläubig übernatürlich Unbegreiflichkeiten umfangen, desto mehr werden wir echt christlich.[65]

Dieser Text stammt aus einem geheimen Brief vom 13.2.1942 an einen Mitbruder Pater Kentenichs, an Pater Menningen, den Pater Kentenich aus dem Gefängnis im Koblenz herausschmuggeln lassen konnte. Und in einem anderen geheimen Brief aus dieser Zeit schreibt er: „Wir haben jetzt die günstigste Gelegenheit, den Wurf ins Übernatürliche mit heroischer Geste zu wagen. Helfen Sie, die Familie auf diese Höhe zu führen. Sie selbst gewinnen dadurch am meisten. Ich finde darin einen überaus hohen Akt und Beweis des Vertrauens, dass die heilige Dreifaltigkeit und die Gottesmutter unsere Bitten nicht so schnell erhören. Alle trauen uns etwas zu. Das täten sie nicht, wenn sie das übernatürliche Gebäude unseres Tugendlebens nicht vorher fest fundiert hätten. Deshalb immer festhalten: Vertrauen gegen alles Vertrauen, Glauben gegen alles Glauben."[66]

Pater Kentenich riet damals also den Schönstättern, genau das zu tun: Nicht die Unbegreiflichkeiten mit dem Verstand durchdringen und lösen zu wollen, damit die Beziehung zu Gott wieder stimmt, sondern die Unbegreiflichkeit einfach umfangen!

Hingabe, statt Problemlösung. Nicht meinen, es müsse erst das Problem gelöst sein, damit die Beziehung wieder stimmt. – Nein, wir können die eingestürzte Brücke des Vertrauens wieder aufbauen, auch wenn das Problem, das zum Einsturz geführt hat, noch nicht gelöst ist. „Ich verstehe Gott nicht, aber ich bin einverstanden mit seinem Plan", sagte eine krebskranke Mutter zu ihren erwachsenen Kindern, die zunächst nur den Kopf schüttelten über diese Form der Ergebenheit in den Willen Gottes.

Sehr bewegt hat mich einmal die Antwort einer trauernden Mutter, die zum zweiten Mal am Grab eines ihrer Kinder stand. Die Nachbarn meinten einfühlsam: „Jetzt wird dir das Glauben wohl

---

[65] Kentenich, Das Lebensgeheimnis Schönstatts. 1.Teil: Geist und Form, Vallendar 1971, S. 133.

[66] A.a.O., S. 135f.

schwerfallen." Sie antwortete gefasst: „Ich habe nichts anderes."[67]

Wir dürfen uns die Gnade eines festen Glaubens erbitten. Wir dürfen uns die Gnade einer innigen Vertrautheit mit Gott erbitten. Das bedeutet nicht, dass es keine Zweifel gibt, aber es bedeutet, dass wir auch ins Dunkel hinein Gott einen Vertrauensvorschuss geben. So wird der Glaube zum Wagnis. Dazu wünsche ich Ihnen Mut.

24. Joh 10,10: Leben in Fülle

Eine Rentnerin schickte mir einmal einen Brief mit einem längeren Alfred Delp-Zitat, das ich Ihnen gerne vorlesen möchte:

„Der Mensch, der mit seiner Lebensmitte in die seinsgerechte Beziehung getreten ist, mit Gott das personale Ich-Du-Verhältnis vollzieht – dieser Mensch erst kommt zu sich, weil er erst richtig ist. Und im Vollzug dieses Lebens wachsen ihm längst verlorene oder verkümmerte Fähigkeiten neu zu oder wachen wieder auf. Die Substanz weitet sich, die Augen werden heller und klarsichtiger, er bleibt trotz allem gespürten Beben und Schwanken sicherer und zuversichtlicher, immer noch Mensch unterwegs, immer noch Mensch in der Schwebe und Bedrängnis, immer noch Mensch in Bewährung und Prüfung, aber er ist doch über das Gröbste hinaus. Die Seele kennt wieder Lieder und hört die heimlichen Brunnen wieder rauschen. Sie vollzieht den Durchbruch zur Verwirklichung des 'in Domino' und einmal wird sie singen das alte jubelnde Preislied der gesegneten Begegnung: Halleluja!"

Die Rentnerin schreibt dann nach diesem Zitat weiter: „Der Text, den Alfred Delp zum 3. Adventssonntag 1944 in seiner Einzelzelle mit gefesselten Händen auf einen Kassiber gekritzelt hat,

[67] Franz Lackner / Clemens Sedmak, Kaum zu glauben. Annäherungen an Grundworte christlichen Lebens. Tyrolia-Vlg., Innsbruck 2018, S. 28.

trifft meine Lage ganz genau. Sie haben mit Ihrem Gebet und Ihrer Begleitung mich ermutigt, meinen Weg in die Fülle zu gehen. Danke."

Liebe Leserinnen und Leser, ich weiß nicht, welche Assoziationen in Ihnen wach geworden sind, als Sie den Titel der heutigen Meditation gelesen haben: Leben in Fülle.

Jesus fasst ja seinen Lebensauftrag so zusammen: *„Ich bin gekommen, damit sie das Leben haben und es in Fülle haben"* (Joh 10,10). Jesus versteht sich nicht als Weisheitslehrer oder als Moralapostel. Es geht ihm nicht zuerst um die Vermittlung von Wahrheiten. Er gründete keine philosophische Schule. Er wollte uns Menschen die göttliche Lebensfülle vermitteln. Seine Selbstoffenbarung ist Lebensmitteilung. Heutzutage rutscht uns das Wort „Vitalität" vielleicht leichter über die Lippen als das Wort „Lebensmitteilung".

Und im Zusammenhang des heutigen Bibelverses setzt sich Jesus auch ab von Dieben und Räubern, die stehlen, schlachten und vernichten.

Mit welch einer strahlenden Vision sind die Propheten einer paradiesischen Zukunft angetreten! Denken wir an Marx, Lenin, Mao Tse Tung! Und welch schreckliche und menschenverachtende Diktaturen sind daraus geworden! Und welche Selbstrechtfertigungen konnten wir von den Tätern und Mitläufern hören: „Der Zweck heiligt die Mittel." – Diebe und Räuber der Freiheit und der Menschlichkeit!

Oder denken wir an die Zeit der NS-Diktatur! Wie vielen wurde da die Würde, die Freiheit und schließlich das Leben geraubt! Bei einem Gedenkakt anlässlich des 80. Jahrestages der Annexion Österreichs erzählte der Künstler André Heller von einer Begegnung mit Carl Zuckmayer im Oktober 1970:

„'Für unsereins war's aber ganz anders' und jetzt begann Zuckmayer leidenschaftlich das zu schildern, was er auch in seinen Erinnerungen 'als wär's ein Stück von mir' festhielt. Ich zitiere wörtlich: 'Die Hölle brach los. Die Unterwelt hat ihre Pforten aufgetan und ihre niedrigsten, scheußlichsten, unreinsten Geister losgelassen. Die Stadt verwandelte sich in ein Albtraumgemälde des Hieronymus Bosch: Lemuren und Halbdämonen schienen aus Schmutzeiern gekrochen und aus versumpften Erdlöchern gestiegen. Was hier entfesselt wurde, war der Aufstand des Neids, der Missgunst, der Verbitterung, der blinden, böswilligen Rachsucht; und alle anderen Stimmen waren zum Schweigen verurteilt. Hier war nichts losgelassen, als die dumpfe Masse. Die blinde Zerstörungswut und ihr Hass richteten sich gegen alles, durch Natur oder Geist veredelte. Es war ein Hexensabbat des Pöbels und ein Begräbnis aller menschlichen Würde.' Soweit die Wahrnehmung eines begnadeten Beobachters und literarischen Analytikers, die ich nie vergessen habe und nie vergessen werde.“[68]

Diebe und Räuber – diesmal nicht die Hohen und Mächtigen, sondern die Mitläufer.

Von daher ist es beruhigend, daran zu glauben, dass der vollkommene Gott sich selbst genügt und uns zu seinem Glück nicht braucht. Er muss uns nicht instrumentalisieren, um noch mehr Macht oder mehr Glück zu bekommen. Das hat er nicht nötig. Wir dürfen daran glauben, dass Gott die Welt aus einer schöpferischen Ekstase heraus geschaffen hat. Sehr schön hat das Paul Roth ausgedrückt:

„Wenn ich so im Grase liege, über mir am blauen Himmel Lämmerwölkchen, rundherum roter Mohn, gelbe Butterblumen, krabbelnde Käfer, dann staune ich über Deine Phantasie, Schöpfer der Welt. Wie viel Farben sind auf Deiner Palette! Wie viele Arten hast Du entworfen, wie viele Formen gestaltet: Berge in glitzerndem Eis, smaragdgrüne Seen, sonnendurchglühte Ebenen. Schattige Wälder, die im Wind orgeln, hat Deine Hand gepflanzt, bunte Wiesen,

---

[68] http://www.kleinezeitung.at/politik/innenpolitik/5386453/80-Jahre-Anschluss_Die-bewegende-Rede-von-Andre-Heller-im-Wortlaut

das einsame Edelweiß am Grat, die Alge auf dem Meeresboden. Hätten wir Menschen Pflanzen und Tiere entworfen, dann gäbe es nur Standardviecher und Normgewächse: A fürs Wasser, B fürs Land, C für die Luft. Dazu einige Spezialmodelle und Untergruppen. Alles in allem: Nutztiere – zum Ziehen der Brauereiwagen, zum Eierproduzieren, eventuell etwas Buntes fürs Aquarium. Dazu Gemüse, Obst und Bauholz.

Weiter hätte unsere Phantasie nicht gereicht. Wären Künstler am Werke gewesen, sie hätten alles barock oder neureich, surrealistisch oder picassohaft gemacht. Aber Deine Phantasie, Schöpfergott, ist unerschöpflich schön. Ständig bringt sie Neues hervor, lässt mich staunen und ehrfürchtig werden. Ich danke Dir, dass du die Welt bunt, vielgestaltig und abwechslungsreich gemacht hast. Als hätten Deine allmächtigen Hände ein heiliges Spiel gespielt, als hättest Du selber Freude an der Ausschmückung der Erde gehabt. Ich bitte Dich, lass über uns das große Staunen kommen, wenn wir Deine Schöpfung betrachten: die Brandung des Meeres, den Gletscher im Abendrot, den Käfer in der Hand, das Pantoffeltierchen unterm Mikroskop. Lass uns ein wenig ahnen von Deiner Allmacht und Größe, die sie geschaffen, von der sie zeugen. Denn wie ein Prisma bricht die Schöpfung das Licht Deiner Herrlichkeit und Schönheit – in vielen Farben und Formen. Ihren vollen Anblick könnten wir noch nicht erfassen, noch nicht ertragen. Darum sollen wir uns freuen an Farbe und Vielfalt. Daran dürfen wir Deine Liebe erkennen, Daran richten wir unsere Hoffnung auf, dass wir einst im vollen Anblick Deiner Herrlichkeit leben dürfen. Unsichtbarer Schöpfer, ich danke Dir, dass Deine Welt so schön ist. Wie herrlich wird es einst bei Dir sein.“[69]

Das Wort „Artenvielfalt“ bzw. der wissenschaftliche Begriff „Biodiversität“ hat seit Jahren Konjunktur. – Eben weil diese Wirk-

---

[69] Paul Roth, Gott ist jederzeit zu sprechen. Echter-Vlg., Würzburg ^{3}1975, S. 42f.

lichkeit bedroht ist. Und wenn wir weiter fragen, warum hat Gott in einer Ekstase die Welt geschaffen, dann ist es naheliegend zu antworten: Weil er die Liebe ist. Die Liebe ist die schöpferischste Kraft im Menschen. Menschen, die lieben, lassen sich etwas einfallen, um beim Geliebten zu sein und um ihre Liebe zu zeigen. Und andererseits gilt auch: Menschen, die entdecken, dass sie geliebt sind, blühen auf. Und die spontane Antwort des Herzens, das sich geliebt erlebt, ist Liebe.

Das wusste auch der begnadete Erzieher Don Bosco. Er schreibt an seine Mitbrüder: „Willst du, dass man dir gehorcht, so mache, dass du geliebt wirst. Wollt ihr geliebt werden! Wohlan, so müsst ihr lieben. Und das allein genügt noch nicht, ihr müsst einen Schritt weitergehen. Eure Schüler müssen nicht nur von euch geliebt werden, sondern das muss ihnen auch zum Bewusstsein kommen. Und wie soll das geschehen? Darüber sollt ihr euer Herz befragen. Das weiß Bescheid."[70]

Ein Arbeiter mittleren Alters in einen städtischen Bauhof wurde von seinem Kollegen einmal gefragt: „Du sag mal, hast du eine Freundin?" Der Kollege wusste, dass dieser Mann schon 15 Jahre verheiratet war. So fragte er leicht irritiert zurück: "Wie kommst du denn darauf?" – „Ja, du bist einfach in letzter Zeit so gut drauf, so beschwingt, so kenne ich dich gar nicht." Darauf antwortete der Mann: „Ja, ich habe eine neue Freundin. Aber das ist meine Frau." – Dem Kollegen fiel die Kinnlade herunter. Als mir der Mann diese kleine Begebenheit erzählte, musste er selber wieder schmunzeln über die gelungene Überraschung, mit der er seinen Kollegen verblüfft hatte. – Doch wie kam es dazu? Denn die Beobachtung des Arbeitskollegen stimmte ja. Das Ehepaar hatte von dem Angebot der Familienakademie in Memhölz gehört und hatte die Ausbildung zum Familientrainer begonnen. Ein wichtiges Element der Ausbildung ist das regelmäßige wöchentliche Partnergespräch. Au-

[70] zit.n. King (Hrsg.), Kentenich – Durchblick in Texten, Bd. 2, S. 323.

ßerdem wird die Fähigkeit, Positives bewusst wahrzunehmen und auszudrücken, ständig trainiert. Dadurch hatten sich die beiden im Laufe der Ausbildung einfach wieder neu ineinander verliebt. Beide meinten: „Unabhängig von all dem, was wir gelernt haben, allein deswegen hat sich die Familienakademie für uns schon gelohnt."

In die Fülle hineinwachsen ist also kein Privileg der Jugend, sondern Geschenk an die, die gelernt haben, sich neu zu öffnen und ihr Herz verwundbar zu machen. Und dabei spielt es zunächst keine Rolle, ob diese intensive Begegnung mit einem menschlichen Du oder mit dem göttlichen Du stattfindet.

Pater Kentenich schrieb im Dezember 1952 an seinen Generalobern: „Die Lebensgeschichte der Heiligen zeigt, dass alle ohne Ausnahme erst von dem Augenblick anfingen, ganz für das Gute geöffnet zu sein und den Weg zum Gipfel der Vollkommenheit wie Riesen zu laufen, wo der Glaube an die providentia divina specialis tief in Seele und Leben Wurzel schlug, d.h., wo sie sich persönlich vom persönlichen Vatergott aufgenommen, sich wie sein persönlicher Augapfel von ihm gewertet und behandelt wussten, glaubten und fühlten, wo sie mit St. Paulus das Wort aus lebendigster Überzeugung wiederholen konnten: Er hat mich geliebt und sich für mich hingegeben (Gal 2,20) und mit Ignatius bei allen Situationen des Kreuzweges beteten: Und das alles meinetwegen!"[71]

Für Pater Kentenich war das Leben der Theresa von Avila ein Beweis für die aufgestellte These. Theresa, die mit 19 ins Kloster ging, aber unter den 130 bis 180 Mitschwestern ca. 18 Jahre lang ein bequemes Leben der Mittelmäßigkeit führte, wurde von Gott in der Tiefe ihrer Seele angerührt. Sie erblickte eine Statue des blutüberströmten Heilands an der Geißelsäule, die in ihrer realistischen Darstellung sie derart erschütterte, dass sie, die schon 20 Jahre im Kloster weilte, auf der Stelle Umkehr gelobte. Und als Gott sie bald in mystischer Vereinigung an sich zog, urteilte sie nüchtern:

[71] Texte zum Vorsehungsglauben, S. 92

„Der höchste Grad der Vollkommenheit besteht offenbar nicht in erhabenen Verzückungen, auch nicht in Visionen, sondern nur in der Gleichförmigkeit unseres Willens mit dem göttlichen Willen." Interessant ist, dass mit zunehmender Innigkeit ihrer Gottesliebe gleichzeitig ihre Aktivität nach außen wuchs. Im Laufe ihres weiteren Ordenslebens gründete sie über 30 Klöster des reformierten Karmelordens.

Um den Unterschied noch einmal herauszuarbeiten: Menschen können in die Fülle hineinwachsen, wenn sie die Liebe Gottes nicht so erleben, als sei Gott eine Sonne, die einfach Wärme und Licht verstrahlt. Wenn ich aus dem Schatten in das Licht trete, dann treffen mich die Wärme und das Licht. Nein, die Liebe Gottes ist auf den einzelnen Menschen ganz zielgerichtet. Gott hat jeden Einzelnen von uns im Blick. Und seine Allmacht und seine Allgegenwart stellt er in den Dienst seiner persönlichen Liebe zu jedem Einzelnen. Und er legt seiner Allmacht nur Selbstbeschränkungen auf, um uns Freiheit zu ermöglichen – selbst die Freiheit, zu ihm Nein zu sagen. Gott zwingt uns seine Liebe nicht auf, aber er wirbt um sie.

Leider hat jeder von uns eine Menge Enttäuschungen im Laufe seines Lebens erfahren. Dazu kommen bei vielen Menschen auch noch jahrelange seelische Unterernährung und leider auch massive seelische Verletzungen. Statt Leben in Fülle ein kümmerliches Dahinvegetieren! Diese Deformationen unserer Seele blockieren oftmals unsere Fähigkeiten, Gott und seine Liebe wahrzunehmen. Wie viel Misstrauen – gerade auch Gott gegenüber hat sich da im Herzen angehäuft wie eine unsichtbare Mauer! Für mich besteht Seelsorge zum großen Teil genau darin, solche unsichtbaren und meistens auch unbewussten Mauern aufzuspüren und sie in mühevoller und geduldiger Kleinarbeit abzutragen. Die Frau, aus deren Brief ich anfangs zitierte, hat 9 Jahre gebraucht, um endlich mit ihrem Bruder über ein Thema zu reden, wo er sie in ihrer Jugend sehr verletzt hat. Fast 50 Jahre Sprachlosigkeit liegen dazwischen. Sie ist nicht die einzige Rentnerin, bei der ich solche Heilungs- und Versöhnungsprozesse mit der Vergangenheit erlebe. Es ist, als ob ein Vogel, der jahrelang mit gebrochenen Flügeln auf der Erde herumgehüpft und herumgehumpelt ist, auf einmal wieder seine Flügel gebrauchen kann. Wenn wir uns ihm öffnen, dann kann er uns ganz erfüllen.

Als damals die deutsche Übersetzung von Paul Young[72], „Die Hütte", erschienen war, bekam ich viele Mails und Briefe, in denen Menschen voller Dankbarkeit schrieben, was ihnen die Lektüre des Romans gebracht hat. In diesem Roman darf ein Vater, dessen Tochter das Opfer eines Gewaltverbrechens geworden war und der seitdem sich nur mit Schuldvorwürfen und einer nicht enden wollenden Traurigkeit durchs Leben quält, ein Wochenende mit Gott verleben. In den Dialogen, die dieser Vater mit jeder Person der Dreifaltigkeit führt, und in denen seine Vorstellungen von Gott einer grundlegenden Korrektur unterzogen werden, finden sich viele Leser wieder. In den Antworten des Vaters und sein nun endlich sichtbar werdendes Misstrauen gegen Gott nach dem schrecklichen Verbrechen finden sich Gläubige wieder, die durch Krankheit und Leid ebenfalls an Gottes Liebe zu zweifeln angefangen haben. In dem Roman darf der Vater der personifizierten göttlichen Weisheit gegenübertreten und er soll über Gott und seine Vorsehung ein Urteil fällen. Auf dem für den Menschen viel zu großen Richterstuhl vollzieht sich dann die Wandlung des Vaters vom verbitterten und anklagenden Richter zum barmherzig liebenden Vater. Und da darf er spüren, wie er Gott ähnlicher geworden ist.

Sicher, der ganze Roman nimmt sich einige Freiheiten heraus und entwickelt Bilder, die zunächst ungewohnt erscheinen. Aber die Dialoge zwischen den drei göttlichen Personen und dem leidenden Vater sind präzise und arbeiten sehr gut das Verhältnis zwischen Mensch und Gott heraus. Die klassischen Fragen des

[72]Wm. Paul Young, The Shack, Windblown Media, Newbury Park, USA.

Leids, der Freiheit, der Schuld, der Liebe und die jede menschliche Vorstellungskraft sprengende göttliche Barmherzigkeit – all das wird in diesem Buch dem Herzen des Lesers so nahe gebracht, wie es eine theologische Vorlesung über die Dreifaltigkeit nicht immer leisten kann. – Nach diesem Wochenende mit Gott kann der Vater – versöhnt mit der Vergangenheit – auch seiner ganzen Familie helfen, das Leben zu bejahen, wie es nun einmal ist, und trotzdem an der Liebe zu Gott festhalten. So wird er zum Segen für seine Familie.

Nun wieder weg von dem Roman zur Wirklichkeit: Klemens Maria Hofbauer, der Bäckerjunge aus Znaim war der erste deutschsprachige Redemptorist. 1785 empfing er in Rom die Priesterweihe. 1787 kam er nach Warschau, wo er eine Armenschule für 350 Schüler aufbaute. 1808 zerstörten die Folgen der napoleonischen Kriege sein Lebenswerk, er musste Warschau verlassen und ging wieder nach Wien, wo er 1779 sein Theologiestudium begonnen hatte. Er sammelte um sich in Wien einen bunten Kreis von Künstlern, Adeligen, Bürgern. Und rückblickend meinten alle: „Die Begegnungen mit Klemens haben uns geholfen, innerlich zu wachsen, kreativer zu werden, das Beste aus uns zu machen."

In Wien zog Hofbauer mit seiner natürlichen, bäuerlichen, manchmal auch derben Art, die dem aufgeklärt-rationalistischen Zeitgeist des Josephinismus widersprach, die Menschenmassen an; das brachte ihm den Beinamen „Apostel von Wien" ein. Seinen Predigten widersetzten sich ganz massiv dem Zeitgeist, was bald auch die Aufmerksamkeit der Polizei auf sich zog; die Staatspolizei bespitzelte ihn. Während er von einer nicht geringen Schar von Anhängern verehrt wurde, lehnten andere sein Wirken ab. Im Jahr vor seinem Tod stand er sogar kurz vor der Ausweisung, nur dank des persönlichen Eingreifens des Kaisers, durfte er in Wien bleiben.

Als Verfechter einer ausgesprochenen Einzelseelsorge wurde er zum Erfinder der Hausbesuche. Hofbauer pflegte Kontakt und Freundschaft auch zu Künstlern, v. a. der Deutschen Romantik; im

Hofbauer-Kreis traf er sich mit Clemens von Brentano, Joseph von Eichendorff und Friedrich von Schlegel. Er verkehrte mit Studenten und Gelehrten ebenso wie mit einfachen Leuten und Armen, denen er – unter seinem Mantel verborgen – Essensreste brachte. Gegen Ende seines Lebens erfüllte sich ein Lebenstraum: zur Wiedergutmachung für Verfolgung und Kontrolle durch die staatliche Sicherheitspolizei erlaubte Kaiser Franz die Zulassung des Redemptoristenordens in Österreich.

Ein anderes Beispiel: Ignatius von Loyola und Philipp Neri begegneten sich in Rom, sie sprachen viel miteinander. Jeder von ihnen wollte eine Gemeinschaft gründen, doch aufgrund ihrer Verschiedenheit spürten sie, dass jeder *seine* Gemeinschaft gründen musste. Sie haben sich also gegenseitig in ihrer Originalität gestärkt.

Die mit 99 Jahren verstorbene Ordensschwester Emmanuelle von Kairo sagte in einem Interview rückblickend auf ihr Leben: „Auf Erden können wir nicht satt werden. Ausgefüllt sein bedeutet, dass man das Maß des Glückes erreicht hat und nichts seiner Fülle entgegensteht. Aber im diesseitigen Leben durchkreuzen immer große und kleine Dinge unsere Erwartungen. Gelegentlich war ich gesättigt – im Gebet mit dem Herrn, im Teilen mit den anderen. Das waren immer nur Momente."

Ich möchte aber hier keinem reinen Vitalismus verfallen. Und ich möchte auch nicht der Selbstverwirklichung um jeden Preis das Wort reden. Auf dem Weg in die Lebensfülle haben alle diese Heiligen auch die Kreuzesordnung zu spüren bekommen, manchmal sehr intensiv, häufig als dunkle und dauernde Begleitmusik zu ihren Dankeshymnen.

Sehr treffend schreibt der christliche Philosoph Sören Kierkegaard einmal an einen seiner Verwandten, der körperbehindert war: „Vergiss vor allem nicht die Pflicht, dich selbst zu lieben; lass dir dadurch, dass du gewissermaßen aus dem Leben herausgenommen bist und dadurch dich verhindert fühlst, tätig in es einzugreifen, lass dir dadurch, dass du in den törichten Augen einer geschäftigen

Welt etwas Überflüssiges bist, lass dir dadurch vor allem nicht die Selbstachtung rauben; als ob in den liebevollen Augen einer allweisen Vorsehung dein Leben – wenn es in Innerlichkeit vollbracht wird –, nicht die gleiche Bedeutung und Gültigkeit hätte wie jedes anderen Menschen Leben."[73]

Was Kierkegaard hier seinem Cousin rät, ist genau dieser Zusammenklang von Kreuz und Auferstehung, von Miserere-Klagen und Halleluja-Rufen. Ich wünsche Ihnen solche tiefen Gottesbegegnungen.

Der Mensch, der den Erlösungsweg Christi am nächsten und am intensivsten miterlebt hat und ihn mitgegangen ist, das ist Maria. In unserem Liedschatz haben wir für beide Extremsituationen ergreifende Texte: ihr Mitleiden, ihre Freude.

So dürfen wir sie bitten: Nimm uns an der Hand, dass wir mit Dir unseren Kreuzweg als Nachfolge Christi deuten lernen und ihn mutig und tapfer gehen. Nimm uns an der Hand, dass wir voll Freude und Staunen dem Auferstandenen begegnen können. Sorge mit dafür, dass es zu einer innigen, herzlichen Begegnung mit ihm kommt, so dass wir in ein Leben in Fülle finden und so zum Segen für andere werden können.

25. Joh 10,14: Hirte sein

In meiner Gebetsecke in meinem Wohnzimmer, auf die ich von meinem Schreibtisch aus leicht draufschauen kann, gibt es ein Regal mit vielen kleinen Fächern. Darin stehen auch zwei ca. 13 cm hohe hölzerne Hirtenfiguren, die ich 2012 geschenkt bekommen habe. Meine Gebetsecke nenne ich gerne auch „Hausheiligtum". Die eine Figur schenkte mir ein Ehepaar, das nach einer schweren Ehekrise

[73] Texte zum Vorsehungsglauben, S. 81.

eine Pilgerfahrt ins heilige Land unternommen hatte. Aus Betlehem brachte dieses Paar die Figur mit. Es wollte sich mit diesem Symbol für meine geistliche Begleitung in den schwierigen Monaten bedanken. Die andere Hirtenfigur bekam ich zu Weihnachten von einer Frau, die in ihrer Kindheit und Jugend Opfer sexualisierten und satanistischen Missbrauchs geworden war. Ihr hatte ich in den vergangenen Jahren viel Zeit und seelische Energie geschenkt.

Für diese drei Personen war das Symbol des guten Hirten das stimmige Symbol für personifizierte Fürsorglichkeit. Genau darum geht es Jesus, wenn er sagt: *„Ich bin der gute Hirt; ich kenne die Meinen und die Meinen kennen mich, wie mich der Vater kennt und ich den Vater kenne; und ich gebe mein Leben hin für die Schafe“* (Joh 10,14f).

Andererseits können wir beobachten, wie seit den 68er Jahren mehr oder weniger lautstark auch Skepsis und Ablehnung gegenüber diesem Ursymbol geäußert wurde und wird. Die Kritiker äußern den Verdacht, dass mit diesem Symbol auch oftmals Machtmissbrauch verschleiert worden ist. Was in den Argumentationsketten der Skeptiker sich oft als blinder Fleck erweist, ist die Beobachtung, dass mit der Ablehnung des Machtmissbrauchs oft der entgegengesetzte „Straßengraben“, nämlich die Führungsschwäche, nicht thematisiert wird. Das menschliche Miteinander lässt sich nicht auf rein egalitäre, partnerschaftliche Beziehungen reduzieren. Brüderlichkeit bzw. Geschwisterlichkeit ist nicht alles. Es gibt nicht nur die Asymmetrie in den Beziehungen, sondern sie ist auch gut.

Wenn Kinder zu ihren Eltern nicht mehr „Papa“ bzw. „Mama“ sagen dürfen, sondern sie mit ihren Vornamen anreden sollen, dann machen die Eltern seelisch gesehen ihre Kinder zu Waisenkindern. Freunde werden die Kinder später noch viele haben und die auch mit ihren Vornamen anreden können, aber die Einzigartigkeit der Beziehung zu Papa und Mama sollte auch ihren sprachlichen Ausdruck haben. Asymmetrische Beziehungen sind nicht schon in sich schlecht. Ich habe nicht die Kompetenz eines Kfz-Schlossers, deshalb bringe ich mein Auto in die Werkstatt. Und wenn ich mir ein Bein gebrochen habe, lasse ich es mir vom Chirurgen eingipsen. Und wenn Menschen durch irgendwelche dramatischen Ereignisse total durcheinander sind, dann kann ein Notfallseelsorger stabilisierend und beruhigend auf die Betroffenen einwirken, damit aus Trauma Trauer werden kann.

Um aus diesem argumentativen Ringkampf zwischen Verdächtigungen und Rechtfertigungen herauszufinden, tut es gut, wenn wir einmal ein bisschen zurücktreten und aus kritischer Distanz auf die Thematik schauen.

Da kann uns ein Buch zu Hilfe kommen, das 2005 auf dem deutschen Büchermarkt erschien und zum Bereich Unternehmensberatung zu zählen ist. Es ist die Übersetzung aus dem Amerikanischen und heißt: Das Hirtenprinzip von Kevin Leman und William Pentak.[74]

Ein angesehener Firmenleiter Amerikas (Theodor McBride, Chef von General Technologies) verrät einem jungen Reporter (William Pentak) den Schlüssel zu seinem beruflichen Erfolg. McBride hat das als BWL-Doktorand von seinem Professor, Dr. Jack Neumann, vermittelt bekommen, der als Hobby eine Schaffarm hatte. Am Bild des Hirten, anhand dessen Führung und Umgang mit den Schafen zeigt er anschaulich, wie wir Menschen führen sollen. Er beschreibt sieben Erfolgsrezepte.

1. Kenne immer genau den Zustand deiner Herde
2. Entdecke das Format deiner Schafe
3. Hilf deinen Schafen, sich mit dir zu identifizieren
4. Gewährleiste die Sicherheit deines Weideplatzes
5. Dein Stab, mit dem du führst
6. Dein Stecken, mit dem du korrigierst

---

[74] Kevin Leman und William Pentak, Das Hirtenprinzip, 7 Erfolgsrezepte guter Menschenführung, 2010, Goldmann.

7. Das Herz des Hirten

1. *Kenne immer genau den Zustand deiner Herde:* Verfolge den Zustand deiner Leute genauso aufmerksam wie den Zustand deiner Arbeit. Lerne deine Herde genau kennen, ein Schaf ums andere. Kümmere dich regelmäßig persönlich um jede/n Einzelne/n. Halte die Augen und Ohren offen, stelle Fragen und gehe die Geschichte jeder/jedes Einzelnen mit.

2. *Entdecke das Format deiner Schafe:* Entscheidend ist, welche Art von Schafen du dir aussuchst. Das erleichtert oder erschwert das Management deiner Herde. Fang mit gesunden Schafen an, sonst erbst du die Probleme anderer Leute. Sieh dir bei jedem Schaf Folgendes an: Stärken, Herz, Einstellung, Charakter, Erfahrungen. Das hilft zu gewährleisten, dass du die findest, die bei dir in der Herde richtig sind.

3. *Hilf deinen Schafen, sich mit dir zu identifizieren:* Gewinne das Vertrauen deiner Mitarbeiter, indem du dich bemühst, authentisch, integer und einfühlsam zu sein. Setze hohe Leistungsstandards. Kommuniziere unermüdlich deine Wertvorstellungen und dein Meditationsbewusstsein mit ihnen. Definiere für deine Leute genau die Sache, um die es geht, und kläre mit jedem, wo er oder sie am besten hinpasst. Denke immer daran, dass hervorragende Führungsqualitäten nicht nur eine professionelle Kunst sind, sondern etwas ganz Persönliches.

4. *Gewährleiste die Sicherheit deines Weideplatzes:* Halte deine Leute immer gut informiert. Zeige, dass dir jeder Arbeitsplatz ganz wichtig ist. Nimm chronische Meckerer aus der Herde. Setze regelmäßig die Schafe reihum auf frische Weiden. Schenke den Schafen ein Gefühl der Sicherheit, indem du dich sehen lässt. Lass Problemen keine Zeit zum Schwelen.

5. *Dein Stab, mit dem du führst:* Sei dir bewusst, wohin du gehst, gehe an der Spitze voraus und halte deine Herde am Gehen. Beim

Lenken verwende das Überzeugen, nicht den Zwang. Lass deinen Leuten Bewegungsfreiheit, aber stell sicher, dass sie wissen, wo die Zaungrenze verläuft. Verwechsle nicht Grenzen mit Zaumzeug. Wenn deine Leute in Schwierigkeiten geraten, geh hin und hol sie heraus. Zeige deinen Leuten, dass ein Versagen kein Weltuntergang ist.

6. *Dein Stecken, mit dem du korrigierst:* Schütze: Spring in die Bresche und kämpfe für deine Schafe. Weise zurecht: Gestalte Maßnahmen zum Disziplinieren als Gelegenheit zum Unterricht. Überprüfe: Frage regelmäßig jeden deiner Leute, wie es ihm/ihr geht.

7. *Das Herz des Hirten:* Starke Führungsqualität ist ein Lebensstil, keine Technik. Du musst jeden Tag entscheiden, wer den Preis für deine Führung zahlt: du oder deine Leute. Vor allem anderen, habe ein Herz für deine Schafe.

Diese 7 Lektionen hatte Professor, Dr. Jack Neumann seinem Doktoranden Theodor McBride vermittelt. Und aus dem Abteilungsleiter Theodor McBride ist im Laufe der Jahre der Firmenchef McBride geworden; und das Unternehmen, das er führt, ist ein erfolgreiches Unternehmen.

Wir Schönstatt-Patres sind erst 1965 gegründet worden. Und es war eine ganz turbulente um nicht zu sagen chaotische Geschichte. Der Gründer der Schönstatt-Bewegung, Pater Josef Kentenich, war ja selber Pallottiner und hoffte, dass die Pallottiner die priesterlichen Seelsorger für diese neue Bewegung sein könnten. Es gab bei allen Konflikten durchaus hoffnungsvolle Strömungen in der Gemeinschaft, die diesem Konzept Zukunft versprachen.

Doch in den Auseinandersetzungen von 1956 zwischen dem Heiligen Offizium, der Generalleitung der Pallottiner und Schönstatt kommt der Gründer zu der Schlussfolgerung: Die Pallottiner können nicht mehr die priesterlichen Seelsorger der Schönstatt-Bewegung sein. Es muss eine neue Gemeinschaft gegründet werden. Nach neun Jahren war es endlich so weit. Bischof Bolte von Fulda gründete diese neue Gemeinschaft als Priestergemeinschaft bischöflichen Rechtes. In diese Gemeinschaft traten nun Pallottiner aus Chile, der Schweiz und Deutschland ein, die wegen Schönstatt Pallottiner geworden waren; dann gab es Schönstatt-Diözesanpriester, die darauf warteten, dass diese neue Gemeinschaft gegründet werden könnte; dann gab es einige wenige, die von einem argentinischen Bischof geweiht worden waren und gleich freigestellt worden waren für die Bewegungsarbeit. Es war also ein bunter Haufen, der sich da einfand; und auch die Altersspanne war beträchtlich.

In dieser turbulenten Gründungszeit war Pater Bodo Erhard, der im Dezember 2020 im Alter von 96 Jahren gestorben ist, der erste Generalobere. Von Haus aus Physiker hatte er sich erst spät entschieden, Priester zu werden. Mit 40 wurde er geweiht. Seine nüchterne, objektive Art, seine Konfliktfähigkeit, mit der er keine Ungereimtheiten unter den Teppich kehrte sondern thematisierte, ließen ihn bald das Vertrauen der Mitbrüder gewinnen. Er wurde zum Felsen in der Brandung. Und wenn ein Mitbruder ihn von einem Projekt überzeugt hatte, dann schützte er diesen Mitbruder und kämpfte für ihn und sein Projekt. Ich lernte ihn 1973 kennen, als er zu uns in die DDR kam und das zarte Pflänzchen der Patresgründung kennenlernen wollte. Es gab ja in der DDR nur Schönstatt-Diözesanpriester aber noch keine Patres; und die Gründung wurde nur durch jede Menge Ausnahmeregelungen von den geltenden Bestimmungen der Gemeinschaft, was die Ausbildung betrifft, möglich. Bis zu meiner Priesterweihe 1980 lernte ich viele Schönstatt-Patres kennen, die bei aller Unterschiedlichkeit ihres Charakters und ihrer Begabungen zu Recht als Hirte bezeichnet werden konnten.

Pater Kentenich wurde 1965 rehabilitiert und konnte aus seinem Exil in Milwaukee in den USA nach Schönstatt zurückkehren, wo er bis zu seinem Tod am 15. September 1968 wirkte.

Als im November 1967 ein deutscher Schönstatt-Pater zur Arbeit in den USA ausgesandt wurde, sagte Pater Kentenich Folgendes:

„Hirtenliebe, Hirtentreue, Hirtensorge. Das sollte an sich das große Geschenk sein, das der liebe Gott durch die Gottesmutter allen, die hinausgesandt werden, nunmehr zur Verfügung stellt.

Hirtenliebe – sagen wir dafür Vaterliebe. 'Ich kenne die Meinen, und die Meinen kennen mich, wie mich der Vater kennt und ich den Vater kenne' (Joh 10,14b-15a). Wir wissen, dass im Sinne der Heiligen Schrift 'kennen' gleichbedeutend ist mit einer überaus innigen Liebesvereinigung, Liebesverschmelzung, Herzensverschmelzung. Vaterliebe, das ist also das große Geschenk, das wir unserem Mitbruder wünschen.

Aber eine Herzensverschmelzung, die auch gleichzeitig den Mut aufbringt, mit der Vaterliebe Vatertreue zu verbinden. Wenn wir heute sprechen durften von einem göttlichen Geschmack, Geschmack am Göttlichen, von Gottseligkeit, um die Weltseligkeit zu überwinden, dann wollen wir uns daran erinnern, wie schwer es ist, die Weltseligkeit heute durch Gottseligkeit zu ersetzen. 'Der gute Hirt gibt sein Leben für seine Schafe' (Joh 10,11). Das ist die Hirtentreue, die wir unserm Mitbruder wünschen.

Und diese Hirtentreue will ergänzt werden durch Hirtensorge. 'Es gibt ja noch andere Schafe, die nicht in diesem Schafstalle sind' (Joh 10,16). Auch die müssen wir herbeiholen, und es soll ein Hirt und eine Herde werden. Das ist die Sorge um die Vermehrung all derer, die aus dem Liebesbündnis leben. Sorge gilt also nicht nur denen, die sich der Familie direkt oder indirekt angeschlossen, sondern auch ungezählt vielen andern.

Und der letzte Grund (ist): 'Ich glaube fest, dass nie zugrunde geht, wer treu zu seinem Liebesbündnis steht.' Amen."

Um noch einmal auf die anfangs angeführten Bedenken der Skeptiker einzugehen: Hirte sein bedeutet nicht, sich für unersetzlich zu halten und die Begleiteten in Unmündigkeit klein zu halten.

Für Pater Kentenich gehörte es zur Grundhaltung des guten Hirten, dass er sich überflüssig macht. Das Ziel der geistlichen Begleitung war für ihn, dass der Einzelne sich selber führt. Immer wieder nannte Pater Kentenich drei Zielgruppen die auf geistliche Begleitung angewiesen seien: Jugendliche, Menschen in Krisensituationen und mystisch Begnadete.

Ich erlebe es immer wieder, dass Jugendliche, die als Kinder mit mir Zeltlager mitgemacht hatten, mit ihren Fragen wegen ihrer Freundin oder auch bei Liebeskummer sich bei mir melden über die modernen Medien. Dann gibt es einige Wochen intensive mail- oder whatsapp-Dialoge oder auch Telefonate, und danach ist dann wieder fünf Jahre Pause. Manche sagen schon zu Anfang: „Darüber möchte ich mit meinen Eltern nicht reden."

Einige können das am Ende dieser Intensivzeit auch thematisieren: „Es schenkt einfach Sicherheit, jemanden zu haben, den man im Notfall kontaktieren kann."

Natürlich erlebe ich auch Menschen mit schweren Schicksalen, wo es verantwortungslos wäre, nur allein aus der Ferne per Email oder Telefon diese Menschen zu begleiten. Denen rate ich, einen Therapeuten in ihrer Nähe regelmäßig zu kontaktieren. Und ich mache dann sozusagen den Hintergrunddienst. Ich kann mich noch an eine Frau mit schweren Depressionen erinnern, die mir nach ihrer Heilung sagte: „Der Therapeut hat mir inhaltlich auch nichts anderes gesagt als Sie, aber er hat es mir alle zwei Wochen gesagt. Wenn man so schwer depressiv ist, wie ich es war, dann denkt man auch falsch über sich und die Welt."

Ein Problem für mich ist die Hirtentreue. Oft fängt ja so ein seelsorglicher Kontakt relativ harmlos an. Und je mehr die Menschen Vertrauen aufbauen, desto offener werden sie und können dann im Laufe der Zeit auch über Erlebnisse sprechen, die sie bisher verdrängt hatten oder wo ihnen die Scham den Mund verschlossen hat. Da fühle ich mich immer wieder fachlich überfordert. Für einen Hausarzt ist es kein Problem, einen Patienten an einen entsprechenden Facharzt oder ins Krankenhaus zu überweisen. Und am Ende bekommt er dann vom Facharzt den Entlassungsbericht zugeschickt. Bei seelischen Verletzungen fällt es Menschen schwer, einem Fachtherapeuten noch einmal die ganze traurige Geschichte erzählen zu müssen. Da gilt es, innere Widerstände und Blockaden zu überwinden.

Und natürlich ist es auch hilfreich, wenn Therapeut vor Ort und Seelsorger nicht Hü oder Hot spielen, sondern vom gleichen Menschenbild ausgehen. Dazu ist es notwendig, dass die Klienten beide von der Schweigepflicht entbinden. Dann kann es eine gute Kooperation geben.

Jesus hat uns mit dem Bildwort vom guten Hirten einen Maßstab und eine Motivation mitgegeben, die helfen, gute Seelsorger zu sein; und er selbst ist der gute Hirt, an den sich die menschlichen Hirten wenden können. Wie meinte einmal mein geistlicher Begleiter zu mir: „Wenn du nicht schlafen kannst, zähl nicht die Schäfchenwolken, sondern sprich mit dem Hirten." Für mich ist es eine wichtige Entlastung, wenn ich das Problem, mit dem mich Menschen konfrontiert haben, nach oben delegieren kann. Der gute Hirte Jesus hat schließlich mehr Phantasie und mehr Möglichkeiten, um dem Betroffenen Heilung und Erlösung zu schenken.

26. Joh 11,32: Jesus, wo warst du?

„Als Maria dorthin kam, wo Jesus war, und ihn sah, fiel sie ihm zu Füßen und sagte zu ihm: 'Herr, wärst du hier gewesen, dann wäre mein Bruder nicht gestorben."

Der traurige und enttäuschte Unterton in der Begrüßung Jesu durch Maria, die Schwester des Lazarus, ist nicht zu überhören.

Vor längerer Zeit hatte ich einer Patientin die Krankenkommunion in die Wohnung gebracht. Nach der Bestrahlung war sie wieder zu Hause, aber fühlte sich miserabel. Dieses Leiden am unbeantworteten Warum machte ihr zu schaffen und stand wie eine Mauer zwischen ihr und Gott. Da war das sinnenhafte Zeichen des Kommunionempfanges eine Hilfe. „Jesus, du kommst wirklich zu mir. Ich kann dich spüren."

Einmal war ich bei einer Familienfeier. Zwei Gäste suchten unabhängig voneinander ein Einzelgespräch. In beiden Fällen ging es um Krebskranke, einmal um ein Kind und einmal um eine junge Mutter im jeweiligen Bekanntenkreis. Die eine Ratsuchende meinte so als Entschuldigung Gottes: „Ich sehe ja ein, dass an ganz vielem Leid in der Welt Menschen schuld sind, die machthungrig oder profitgierig sind oder die sich von Hass und Menschenverachtung hinreißen lassen. Aber diese Krankheit? Da hat doch von den Betroffenen niemand vorher etwas falsch gemacht, so dass man sagen könnte, selber schuld!"

So hallt die enttäuschte Begrüßung der Maria durch die Jahrhunderte: Wo warst du, Jesus, als ich dich am meisten brauchte?

Es gibt immer wieder neue Versuche, angesichts des Leids, besonders des unschuldigen Leids, Gott zu entschuldigen. Ein Versuch, der sich über Jahrzehnte einer gewissen Popularität erfreute, ging davon aus, dass Gott die Welt am Anfang der Schöpfung ins Dasein gerufen habe, ihr gewisse Naturgesetze und andere Gesetzmäßigkeiten mitgegeben habe, aber dann die Welt sich selbst überlassen habe. Dann wären Krankheiten und Naturkatastrophen wie eine Fehlkonstruktion einer Maschine, wo die Fehler des Ingenieurs erst so richtig im ständigen Betrieb der Anlage zum Vorschein kämen. Man könne dann höchstens die Natur anklagen, aber Gott sei fein raus, weil er sich zurückgezogen hätte.

Einer der berühmtesten Entschuldiger Gottes entsprechend diesem Muster war der evangelische Leipziger Philosoph und letzte Universalgelehrte Gottfried Wilhelm Leibniz. (* 1646 in Leipzig, † 1716 in Hannover). 1710 erschien sein Essay über die Rechtfertigung Gottes, die Theodizee. Ausgehend vom Schöpfungsbericht im Alten Testament, wo Gott am Ende jedes Schöpfungstages feststellt, dass alles sehr gut ist, nennt Leibniz diese Welt die beste aller möglichen Welten:

„Die Idee der 'besten aller möglichen Welten' soll nicht in naiver Weise tatsächliches und großes Übel in der Welt leugnen oder schönreden. Vielmehr weist Leibniz auf einen notwendigen Zusammenhang zwischen Gutem und Üblem hin: Es gebe nämlich Gutes, das nur zum Preis der Existenz von Übel zu haben ist. Die wirkliche Welt ist die beste u. a. in dem Sinne, dass das Gute in ihr auch von Gott nicht mit einem geringeren Maß an Übel verwirklicht werden kann. Außerdem ist die 'beste aller möglichen Welten' dynamisch gedacht: Nicht der derzeitige Zustand der Welt ist der bestmögliche, sondern die Welt mit ihrem Entwicklungspotential ist die beste aller möglichen Welten. Gerade dieses Entwicklungspotential ermöglicht es, den derzeitigen Zustand zu verbessern, nicht hin auf einen utopischen Endpunkt, sondern immer weiter, in einem nicht endenden Prozess der ständigen sich überbietenden Entwicklung."[75]

In der Seelsorgsausbildung warnte uns unser Dozent, dass das zwar eine elegante und faszinierende Abhandlung sei, aber angesichts des konkreten Leids der Menschen nur zynisch wirken würde. Im Rückblick auf meine Priesterjahre kann ich diese Warnung nur bestätigen. Doch was hilft dann weiter angesichts des Elends in der Welt?

Denn wenn wir an einen Gott glauben, der allgegenwärtig und allmächtig ist und die Liebe ist, dann bleibt diese Wirklichkeitswahrnehmung des unschuldigen Leids ja nicht allein in der Sachebene, sondern wirkt sich aus auf die Beziehungsebene zwischen Gott und dem einzelnen Gläubigen.

Gerade in der geistlichen Begleitung von Menschen, die einen schweren Schicksalsschlag zu verarbeiten haben, oder von chro-

[75] https://de.wikipedia.org/wiki/Gottfried_Wilhelm_Leibniz

nisch Kranken oder von Angehörigen von Behinderten ist das ein Dauerthema. Dann aber gibt es immer wieder Betroffene, die Ja sagen können zu der Wirklichkeit, wie sie nun einmal ist. Und gleichzeitig wieder an die Liebe Gottes glauben können. Es muss also einen Weg geben aus dem Zweifel, aus der Auflehnung, aus der Resignation.

Ich möchte Sie auf einen Unterschied aufmerksam machen, der entscheidend ist für den inneren Frieden: Nämlich welche Bedeutung messe ich dieser Krankheit, dieser Not zu? Ist es etwas, was unter keinen Umständen sein darf, oder ist es etwas, was einfach irgendwie zur Wirklichkeit, zu meiner Lebenswirklichkeit dazugehört?

Dann hat sich an der Wirklichkeit nichts geändert, aber sie bekommt eine andere Bedeutung. Und erst beides zusammen, Wirklichkeit und Bedeutung, die ich ihr beimesse, lässt mich noch einmal darauf reagieren.

Und bei diesem Lebensvorgang, also welche Bedeutung messe ich gewissen Beobachtungen in mir und meiner Seele und in der äußeren Wirklichkeit zu, können uns die Heiligen und die heiligmäßigen Christen Helfer werden, insofern sie ihre seelischen Kämpfe und Etappen ihres geistlichen Weges mitgeteilt haben.

Pater Kentenich schrieb nach seinen drei Jahren als Häftling im KZ Dachau eine Meditation über den Kampf, den Jakob mit Gott kämpfte:

„Wie Gott sich mit seiner ganzen Last auf Jakob warf, so lastet er mit der unergründlichen Unfassbarkeit, mit der er sich heute beim Schreiten durch die Zeit umgibt, auf begrenzten Menschen, auf denkenden, aber – wie Pascal die Menschen nennt – schwankenden Rohren. Wie Jakob mit Gott die ganze Nacht hindurch bis zum frühen Morgen rang, so muss jeder schöpferische Gotteskämpfer die dunkle Nacht der geistigen Unklarheit und Unsicherheit wegen Sinn und Zweck der geheimnisvollen, rätselhaften Zeitgeschehnisse und Lebensnöte durchwandern, er muss sich durch sittliche Schwächen und Hilflosigkeiten, durch religiöse Abgestumpftheiten durchringen zum Licht, zu geistiger Klarheit, zu religiöser Tiefe und sittlicher Kraft. Er muss mit Gott kämpfen, bis der Allweise und Allgütige sein Antlitz entschleiert, bis er ihn segnet mit dem Segen der Einsicht, der Sicherheit, des Wagemutes und der Sieghaftigkeit."[76]

Wenn wir diese Zeilen auf uns wirken lassen, dann wird deutlich, dass es nicht um Gedankenspielerei geht, sondern um ein seelisch-geistiges Ringen mit Gott; und erst nach einer gewissen Zeit (das können manchmal Jahre sein) wandelt sich der unbegreifliche Gott in den nahen Gott.

Auch dafür möchte ich zwei Beispiele nennen: An Pfingsten 2018 bekam ich ein Email aus der Diözese München, wo ich vier Jahre lang als Familienpater tätig war, bevor ich nach Dernbach ging. In diesem Email schrieb ein Ehepaar ganz begeistert, dass ihre erwachsene Tochter nach drei Monaten Krankenhaus- und Rehabilitationsaufenthalt auf einem sehr guten Weg der Besserung ist. Drei Monate zuvor bekam sie Gehirnblutungen. Die Prognose war, dass sie ein schwerer Pflegefall bleiben würde, wenn sie überhaupt überlebt. Das war natürlich ein ganz schwerer Schock für ihre ganze Umgebung. Die Ärzte überlegten bereits, ob sie die Geräte abstellen sollen. Die Eltern der Frau haben ihren ganzen Bekanntenkreis alarmiert und ums Gebet gebeten. Jetzt, nach drei Monaten, sind bis auf eine gewisse Einschränkung des Sehfeldes, alle Funktionen wieder zurückgekommen. Damit hatte bei Ausbruch der Krankheit niemand gerechnet.

Vor einigen Jahren, als ich noch in Wien tätig war, wurde eine junge bosnische Flüchtlingsfrau, die in unserem Zentrum mitgearbeitet hatte, wegen hohem Fieber vom Rettungsarzt ins Krankenhaus eingeliefert und wurde dort ohnmächtig. Am Abend bekamen wir telefonisch die Nachricht, dass das Mädchen an einer Autoimmunkrankheit sterben wird. Wir waren ganz geschockt und haben

[76] Kentenich, Oktoberbrief 1949. Vallendar-Schönstatt 1970, S. 23f.

gebetet. Beim Beten kam mir der wütende Gedanke: Das kann doch nicht sein, dass die beiden Schwestern den Wirren des Balkankrieges entkommen sind und dieses Mädchen an einer solchen Infektionskrankheit sterben soll. Ich bin dann mit meinen Utensilien für die Feier der Krankensalbung zu ihr in die Klinik gefahren. Ich habe die junge Frau gar nicht mehr wiedererkannt, weil sie durch die vielen Fieber senkenden Infusionen ganz blau angelaufen und aufgedunsen war. Mit meinen Utensilien zur Krankensalbung kam ich mir inmitten der ganzen High-Tech-Medizin vor wie ein Neandertaler. Wenn man die Kranken und die ganzen Geräte in so einer Intensivstation sieht, fällt es schwer, um ein Wunder zu beten. Leichter wäre es, zu denken, dass das kranke Mädchen aller Wahrscheinlichkeit nach sterben wird. Sicherlich ist diese vorweggenommene Resignation in vielen Fällen eine Schmerzvermeidungsstrategie, die wir aus eigenem Erleben kennen. Ich habe in meinem Inneren mit meinem Unglauben gerungen und trotzdem für das Mädchen um das Wunder gebetet, dass sie gesund wird. An den nächsten Abenden bin ich dann regelmäßig wieder zu ihr in die Klinik gefahren. Dann musste ich allerdings zu einer Vortragsreise aufbrechen. Nach drei Monaten war die Frau, abgesehen von immer wieder mal auftauchenden Schmerzen im Knie, geheilt. Der Arzt meinte, dass in den vergangenen drei Monaten einige Wunder mit ihr passiert sind. Wenn sie nur 15 min später eingeliefert worden wäre, wäre sie gestorben. Zweimal hat sie einen Herzstillstand überlebt. D.h. der Arzt spielte modernste Schulmedizin und Wunder nicht gegeneinander aus, sondern sah darin einen Synergie-Effekt.

Welche Schlussfolgerungen ziehe ich daraus, dass ich solche Dinge immer wieder einmal erlebt habe? Sind die die Realisten, die nicht mit Wundern rechnen, oder gehört es zu einem gesunden Realismus dazu, mit Wundern zu rechnen? Als wir die Nachricht erhielten, dass unser Flüchtlingsmädchen schwer erkrankt ist, haben wir uns zunächst gefragt, was mit ihr jetzt wird. Dann durften wir doch ihre wunderbare Heilung erleben. Diese Heilung war nicht gerade ein Wunder in dem Sinn, dass dadurch Naturgesetze ausgehebelt worden wären. Ich möchte die High-Tech-Medizin und Wunder nicht gegeneinander ausspielen. Beides greift ineinander.

Die Heilungen, die ich erlebt habe, sind wieder ein neuer Beweis dafür, dass es Wunder auf der Welt gibt. Die Frage ist tatsächlich, ob sie unser Lebensgefühl prägen. Es gibt zwar das Sprichwort „Pessimisten sind Optimisten mit Erfahrung". Doch wir müssen uns fragen, was in unserem Inneren die Lufthoheit hat. Sind es die Enttäuschungen oder die Erwartungen?

Im Ps 40 lesen wir: *„Ich hoffte, ja ich hoffte auf den Herrn. Da neigte er sich mir zu und hörte mein Schreien. Er zog mich herauf aus der Grube des Grauens, aus Schlamm und Morast. Er stellte meine Füße auf den Fels, machte fest meine Schritte. Er legte mir ein neues Lied in den Mund, einen Lobgesang auf ihn, unsern Gott. Viele werden es sehen, sich in Ehrfurcht neigen und auf den Herrn vertrauen"* (Ps 40,2-4).

Worin die „Grube des Grauens" bestand, können wir nur erahnen. Aber es gibt dieses Nacheinander von Elend und Rettung, ähnlich wie es Pater Kentenich beschrieben hat.

Das Klagen über den verborgenen Gott, den schweigenden Gott, den abwesenden Gott, den scheinbar tatenlos zusehenden Gott durchzieht die spirituelle Literatur angefangen von den Psalmen bis heute.

Ein zur Zeit viel gelesenes Buch ist das von dem Prager Studentenpfarrer Tomáš Halík geschriebene „Glaube und sein Bruder Zweifel". Allein schon der Titel weist darauf hin, dass Zweifel nicht etwas ist, das nicht sein darf, sondern dass der Zweifel zum Glauben dazu gehört. Glauben ist ja einerseits das Für-wahr-halten von Glaubensinhalten. Dafür haben wir den Weltkatechismus und viele theologische Bücher, die sich mit den Argumenten dafür oder dagegen auseinandersetzen. Aber Glauben ist vor allem eine Beziehungsangelegenheit zwischen Gläubigen und Gott, zwischen Ich und Du. Und so, wie es zwischen befreundeten oder verheirateten Menschen Phasen der Sicherheit und Nähe aber auch Phasen der Verunsicherung und Entfremdung gibt, so gibt es solche Phasen auch in einer lebendigen Gottesbeziehung.

Die Mystikerin Maria Magdalena von Pazzis lässt uns in ihren Aufzeichnungen an einem Zwiegespräch zwischen ihr und Christus teilnehmen. Sie schreibt:

„Freitag, den 6. Juli 1584, nachdem ich kommuniziert hatte, sah ich Jesus ganz erfüllt von Liebe. Er schien mich wie zum Spiele zu rufen und sagte mir sanft ein liebendes Zwiegespräch beginnend: 'Ich rief dich, und du gabst mir nicht Antwort.' Und ich entgegnete ihm: 'Ich suchte und fand dich nicht.' Er sagte mir: 'Ich rief dich, meine Taube, und du gabst mir nicht Antwort.' Und ich erwiderte: 'Ich rief dich, mein Geliebter, ich sehnte mich nach dir, mein Geliebter, und fand dich nicht.' Und Jesus, den ich immer Amore nenne, sagte: 'O meine Braut, ich habe dich so sehr gerufen, und du hast nicht geantwortet.' Und ich entgegnete ihm: 'Ich habe dich so sehr gesucht, und du hast dich nicht finden lassen, Amore.' Jesus sprach: 'Weißt du, warum du mich nicht gefunden hast? Weil du mich nicht gut gesucht hast.' Und ich antwortete ihm: 'Weißt du, Amore, warum ich dir nicht geantwortet habe? Weil du nicht laut genug gerufen hast, damit ich es höre.' Jesus, Amore, sagte: 'Suche mich gut, meine Braut, und du wirst mich finden.' Und ich sprach: 'Rufe laut, und ich werde dich hören.' Jesus meinte: 'Es ist an dir, meine Braut, mich zu suchen.' Und ich, in Liebesungeduld, sagte: 'O Amore, du hast doch gesagt, wer mehr besitzt, gibt mehr. Du hast mehr als ich. Du musst geben.' (Die Dichterin und Ordensfrau Oda Schneider hat uns diesen Text aus dem Italienischen übersetzt.)[77]

Wenn Gott schweigt oder sich verbirgt, dann haben wir heutzu-

[77] hier zit. nach J.Kentenich, Maria – Mutter und Erzieherin. Eine angewandte Mariologie, Vallendar-Schönstatt, 1973.

tage viel mehr Möglichkeiten, diese Leere mit allerlei Tröstungen zu füllen. Süßigkeiten, Alkohol, Nachrichten, Filme, Musik, ja selbst Bücher mit religiösen Inhalten können uns von der eigentlichen persönlichen Suche nach Gott abhalten. Die Leere aushalten und das als aktive, von innen motivierte Suche nach Gott zu verstehen! Dazu wollte ich Sie ermutigen.

Klagen Sie! Klagen Sie Gott an! Schimpfen Sie mit ihm! Aber bleiben Sie IHM zugewandt!

27. Joh 11,35: Da weinte Jesus

In dieser Meditation wollen wir uns genauer damit beschäftigen, warum Jesus weinte, als er zum Grab des Lazarus kam.

Betanien – dieser Ort unweit von Jerusalem, auf dem Ölberg etwa 3 km außerhalb von Jerusalem, war für Jesus eine Tankstelle, eine Oase. Besonders das Haus der drei Geschwister Maria, Marta und Lazarus war ein Ort, an den er sich gern zurückgezogen hat. Betanien, ins Deutsche übersetzt, bedeutet „Stadt der Palmen". Der Name Lazarus ist eine Abkürzung des hebräischen Eleazar und bedeutet „dem geholfen wird". Nach dem Evangelisten Johannes war Maria diejenige, die Jesus mit Duftöl gesalbt und seine Füße mit ihren Haaren abgetrocknet hatte. Jesus nannte Lazarus seinen Freund. Johannes ist der einzige der Evangelisten, der sowohl über die Auferweckung des Lazarus, als auch über die Entscheidung der Hohenpriester, auch Lazarus zu töten (vgl. Joh 12,10), berichtet. Der Überlieferung nach floh Lazarus nach der Morddrohung nach Zypern und wurde der erste Bischof von Larnaka.

Nach dem Zeugnis von Bischof Epifanios von Konstantia, lebte Lazarus dreißig Jahre lang in Zypern. Gemäß einer Chronik von Konstantinopolis wurde der Heilige in einem Marmorsarg mit der Aufschrift „Lazarus, der Viertägige und Freund Christi" begraben.[78]

Es ist nicht die einzige Totenerweckung, die uns das Neue Testament erzählt. Jesus erweckt auch die Tochter des Synagogenvorstehers Jaïrus (vgl. Mk 5,21-23.35–43) und den Jüngling zu Naïn (Lk 7,11–17). Da heißt es im Vorfeld: *„Als Jesus die Frau sah, hatte er Mitleid mit ihr"* (Lk 7,13). Bei der Tochter des Jairus wird uns keine Gefühlsregung Jesu überliefert. Cool und pragmatisch ordnet er nur an, man solle dem Mädchen etwas zu essen geben.

Wenn man die Evangelien nach Gefühlsregungen Jesu durchforstet, dann fällt auf, wie dürftig die Mitteilungen darüber sind. Dass Jesus lachte, ist kein einziges Mal überliefert. Aber es wäre ein fataler Irrtum, wollte man aus der Nicht-Erwähnung schlussfolgern, dass der reale Jesus nie gelacht hätte. Diese Position legt der italienische Schriftsteller Umberto Eco in seinem Roman „Der Name der Rose" dem Benediktinermönch Jorge von Burgos in den Mund. Wir lesen:

„'Die Komödien wurden von Heiden geschrieben, um die Leute zum Lachen zu bringen, und das war schlecht.' Der Klosterbruder ist davon überzeugt: 'Unser Herr Jesus hat weder Komödien noch Fabeln erzählt, ausschließlich klare Gleichnisse, die uns allegorisch lehren, wie wir ins Paradies gelangen, und so soll es bleiben!' Der Franziskaner William von Baskerville entgegnet ihm: 'Ich frage mich, warum Ihr so abweisend gegen den Gedanken seid, dass Jesus gelacht haben könnte. Ich für meinen Teil halte das Lachen durchaus für ein gutes Heilmittel, ähnlich dem Baden, um die schlechten Körpersäfte und andere Leiden des Körpers zu kurieren, insbesondere die Melancholie.'"[79]

Wenn Jesus bei der Hochzeit zu Kana den verlegenen Brautleuten 600 l Wein schenkt und als Fresser und Säufer kritisiert wird (vgl. Mt 11,19), dann kann ich mir nicht vorstellen, dass er

[78] Entnommen aus `https://docplayer.org/53490090-Der-heilige-lazarus-und-das-kirchenmuseum-von-larnaka.html`

[79] Umberto Ecco, Der Name der Rose, dtv München 1998, S. 175.

nicht gelacht hat. Das Lachen unterscheidet den Menschen vom Tier. Und wenn wir von Jesus sagen, er sei wahrer Mensch und wahrer Gott, dann gehört zum wahren Menschsein auch das Lachen. Auch wenn es vom 4. bis 12. Jahrhundert eine vorzufindende Theologenmeinung gab, Jesus hätte nie gelacht, weil das nicht mit seiner Gottheit vereinbar gewesen wäre.

Jesus kann auch wütend werden. Erinnern wir uns nur daran, wie er die Händler aus dem Tempel getrieben hat. Doch in dieser Meditation soll es um das Weinen Jesu gehen.

Später schreibt der Verfasser des Hebräerbriefes: *„Wir haben ja nicht einen Hohenpriester, der nicht mitfühlen könnte mit unserer Schwäche, sondern einen, der in allem wie wir in Versuchung geführt worden ist, aber nicht gesündigt hat“* (Hebr 4,15).

Da finden wir den Schlüssel für das Weinen Jesu: Sein Mitfühlenkönnen. Vor den Toren Naïns heißt es: Jesus hatte Mitleid mit der Witwe, die ihren einzigen Sohn verloren hatte.

Griechische Philosophen haben über die Vollkommenheit philosophiert. Die Stoiker kamen zu dem Schluss, dass die Leidenschaftslosigkeit, die Apatheia, die Vollkommenheit schlechthin sei. Also müsse ein vollkommener Gott auch leidenschaftslos sein.

Es hat im Laufe der Jahrhunderte durchaus Theologen gegeben, die sich von diesen Gedankengängen anstecken ließen. Aber wenn unser christlicher Gott die Liebe ist, dann muss er mitfühlen können, dann muss er sich mitfreuen und mitleiden können und demzufolge auch lachen und weinen können.

Nun gibt es aber einen Stolperstein. Wenn Jesus nach dem Erhalt der Nachricht, dass Lazarus krank sei, sich Zeit lässt und seinen Jüngern vorhersagt, dass diese Krankheit nicht zum Tode, sondern zur Verherrlichung Gottes führen wird (vgl. Joh 11,4), dann kann Jesus nicht um den Tod des Lazarus trauern. Er wird ihn ja auferwecken.

Was ihn weinen lässt, ist das Erlebnis der Trauer seiner Freunde. Der Evangelist betont: Jesus liebte Marta, ihre Schwester und

Lazarus. (Joh 11,5)

Später wird Paulus im Römerbrief schreiben: *„Freut euch mit den Fröhlichen und weint mit den Weinenden“* (Röm 12,15). Interessant ist, dass Paulus die Römer nicht auffordert, die Weinenden zu trösten.

Am Anfang steht das Mitschwingen. Kann ich mich einfühlen? Genau diese Fähigkeit zeichnet Jesus aus. Dadurch stellt er seelische Nähe her zu seinen Mitmenschen.

Der Geigenbauer und Schriftsteller Martin Schleske kreist in seinen Meditationen um diese Frage: Was fördert meine Fähigkeit mitzuschwingen? Was dämpft sie?[80]

Und es ist nachvollziehbar, dass ein Mensch, der um seine eigenen Probleme kreist und dadurch innerlich besetzt ist, sich schwertun wird, innerlich frei zu sein für das, was den anderen bewegt.

Eine Familie, die in einer Mietwohnung lebte, erzählte mir einmal: „Unser Sohn lernte Schlagzeug. Er hielt sich an die Zeiten der Mittagsruhe und der Nachtruhe. Trotzdem wurde es den Mietern über uns unerträglich, und sie beklagten sich bei der Wohnungsbaugenossenschaft. Diese bestellte einen Gutachter. Bevor der kam, riet der Schlagzeuglehrer unseres Sohnes, wir sollten doch alle Leerräume in den Schränken seines Zimmers mit Kissen und Decken ausfüllen, denn diese Leeräume und die Schranktüren wären wunderbare Resonanzkörper, die den Schall verstärken würden. Wir befolgten den Rat des Lehrers; und der Sachverständige konnte beim Spielen des Jungen nur Lärmwerte innerhalb des für Wohnungen geltenden Toleranzbereiches messen.“ – Ein ähnliches Urteil wurde einmal gefällt, dass nämlich Trompetenlärm zumutbar für die Nachbarn ist. Es gibt also viel mehr Resonanzräume als die Resonanzräume der Musikinstrumente, den Korpus einer Geige oder eines Chellos.

---

[80]Martin Schleske, Herztöne. Lauschen auf den Klang des Lebens, Asslar 2016.

Auch das Gegenteil kennen wir: Wenn z.B. der Lärm von rollenden Güterzügen oder Autobahnen stört, dann werden Lärmschutzwände gebaut. In Speisesälen werden Schallschluckdecken angebracht.

Manche Menschen wirken auf die Sehnsucht von anderen Menschen wie Schallschluckdecken. Sie können nicht durch Resonanz diese Sehnsüchte wachsen lassen sondern durch Spott oder Skepsis ersticken sie die aufkeimende Sehnsucht in anderen.

Zurück zu unserem Thema: Dass Jesus mit Marta und Maria so mitfühlen konnte, weist uns darauf hin, dass er mit sich im Reinen war. Es fügt sich in das Gesamtbild, das wir uns von Jesus machen können, dass an anderer Stelle von ihm berichtet wird: *„Als er die vielen Menschen sah, hatte er Mitleid mit ihnen; denn sie waren müde und erschöpft wie Schafe, die keinen Hirten haben“* (Mt 9,36).

Aber es ist nicht nur reines Mitleid, was wir bei Jesus beobachten können. Es ist ein Mitschwingen, das das Gute im Menschen zum Vorschein bringt.

Exemplarisch können wir das bei der Samariterin am Jakobsbrunnen beobachten. Aus der Alltagsbitte um Wasser wird mehr. Am Ende kann die Samariterin zu ihrem zügellosen Lebenswandel stehen, sich davon distanzieren, und sie kann Jesus als den Messias anerkennen.

Pater Kentenich, der Gründer der Schönstatt-Bewegung, hat für diesen Kommunikationsstil Jesu das Wort geprägt „emporbildendes Verstehen“. Es ist mehr ein Wecken als ein Fordern. Weil Jesus davon ausgeht, dass wir Ebenbilder Gottes sind, möchte er das Göttliche, das manchmal ganz tief in der menschlichen Seele schlummert, wecken. Im Streitgespräch mit den Juden anlässlich des Tempelfestes sagt Jesus:

„Heißt es nicht in eurem Gesetz: Ich habe gesagt: Ihr seid Götter? Wenn er jene Menschen Götter genannt hat, an die das Wort Gottes ergangen ist, und wenn die Schrift nicht aufgehoben wer-

den kann, dürft ihr dann von dem, den der Vater geheiligt und in die Welt gesandt hat, sagen: Du lästerst Gott – weil ich gesagt habe: Ich bin Gottes Sohn? Wenn ich nicht die Werke meines Vaters vollbringe, dann glaubt mir nicht. Aber wenn ich sie vollbringe, dann glaubt wenigstens den Werken, wenn ihr mir nicht glaubt" (Joh 10,34-38)

Und doch gibt es Menschen, die sich in ihrem Leid unverstanden fühlen. Einmal hatte ich ein längeres Gespräch mit einer jungen Frau, die an den Missbrauchserfahrungen aus dem familiären Umfeld leidet, die mir die Frage stellte: „Wieso sollte Jesus mich verstehen, wo er das doch nicht erleiden musste?" Etwas vorschnell antwortete ich, dass Jesus auch nicht die Folgekrankheit von radioaktiver Verstrahlung gelitten hat, weil es das damals noch nicht gab. Was ich eigentlich zum Ausdruck bringen wollte, war die Beobachtung, dass sich Leidende in andere Leidende – auch wenn es nicht dasselbe Leiden ist – leichter einfühlen können, als Menschen, die sich noch im Vollbesitz ihrer Kräfte fühlen und auf der Karriereleiter munter und schnell nach oben klettern. Also kann sich Jesus, nachdem er so viel und so vielfältig gelitten hat, sich bestimmt in Menschen, die heute leiden, einfühlen. Darum geht es uns in dieser Meditation über den Bibelvers: Jesus weinte.

Tasten wir uns noch einmal von einer anderen Seite an diese Fähigkeit Jesu heran. Einsamkeit im Leid ist eine viel beschriebene Wirklichkeit. Als ein Beispiel möchte ich ein Lied von Reinhard Mey zitieren:

„Er drang mir in die Seele, weiß Gott, wie er mich traf, der Spott der guten Kinder, ich war das schwarze Schaf. Im Pausenhof, die Tränen niederkämpfend, stand ich stumm, der Inhalt meines Ranzens lag verstreut um mich herum. Wie wünscht ich mir beim Aufsammeln eine helfende Hand, ein Lächeln, einen Trost, und da war keiner, der sich fand. Und ich hatte keinen Freund, und schlechte Noten, ist ja wahr, und unmoderne Kleider und widerspenstiges Haar.

Allein – wir sind allein. Wir kommen und wir gehen ganz allein. Wir mögen noch so sehr geliebt, von Zuneigung umgeben sein, die Kreuzwege des Lebens gehen wir immer ganz allein. Allein – wir sind allein. wir kommen und wir gehen ganz allein.

Wir waren uns alle einig in dem großen Saal, wir hatten große Pläne und ein großes Ideal. Ich war der Frechste und der Lauteste und hatte Schneid, ich wusste unsere Stärke war unsere Geschlossenheit. Doch mancher, der von großer gemeinsamer Sache sprach, ging dabei doch nur seiner kleinen eigenen Sache nach. Und als ein Held sich nach dem anderen auf die Seite schlich, stand einer nur im Regen, und der eine, der war ich.

Und noch ein Glas Champagner, und sie drückten mir die Hand, und alle waren freundlich zu mir, alle waren charmant. Und mancher hat mir auf die Schulter geklopft, doch mir scheint, es hat wohl mancher eher sich als mich damit gemeint. Die Worte wurden lauter und sie gaben keinen Sinn, das Gedränge immer enger und ich stand mitten drin, und fühlte mich gefangen wie ein Insekt im Sand, je mehr es krabbelt desto weiter rückt der Kraterrand.

Nun, ein Teil meines Lebens liegt hinter mir im Licht, von Liebe überflutet und gesäumt von Zuversicht. In Höhen und in Tiefen auf manchem verschlungenen Pfad fand ich gute Gefährten und fand ich guten Rat. Doch je teurer der Gefährte, desto bitterer der Schluss, dass ich den letzten Schritt des Wegs alleine gehen muss. Wie sehr wir uns auch aneinander klammern, uns bleibt nur die gleiche leere Bank auf einem kalten leeren Flur."

Ein sehr schwermütiges, um nicht zu sagen pessimistisches Lied. Kann bei einer solchen Stimmungslage die Aussage, dass Jesus weint, nicht doch eine frohe Botschaft sein – so paradox das auf den ersten Blick wirkt?

Es braucht aber von Seiten des Menschen eine Voraussetzung, die ich so umschreiben möchte: Ich muss meine Seelentür von innen öffnen.

Vor längerer Zeit hatte ich mit einer 14-Jährigen ein Gespräch.

Ich habe mich gefreut, wie aus diesem lustigen, aber manchmal etwas oberflächlichen Mädchen jetzt auf einmal eine kleine Philosophin geworden ist, die ganz neue Fragen hat. Und wir haben wirklich angeregt miteinander geredet. Aber sie behauptete dann ganz ernsthaft: „Nein, meine Mutter, die kann mich nicht verstehen." Dabei kenne ich die Mutter und weiß, dass sie genügend Einfühlungsvermögen hat. Das Problem liegt woanders: Weil jetzt in dieser 14-Jährigen selbst etwas ganz Neues aufgebrochen ist, die Seele gleichsam einen neuen Wachstumsschub erlebt hat; erlebt sie bei sich etwas Neues, das sie zur Zeit noch nicht kommunizieren kann. Und weil es für sie so neu ist, und sie sich vorher so recht und schlecht mit der Mutter verstanden hat, glaubt sie allen Ernstes: „Nein, die kann mich ja nicht verstehen." Ich hoffe, dass es in der nächsten Zeit einige Gespräche geben wird, und diese 14-Jährige entdeckt: Mein Feindbild, das ich mir von meiner Mutter gemalt habe, das muss ich doch korrigieren. Sie ist ja doch einfühlsamer und verständiger als ich das je für möglich gehalten hätte.

So ähnlich kann ich mir das auch zwischen einem Gläubigen und Jesus vorstellen: „Wie kannst Du, Jesus, Dich in meine Situation hineinversetzen?"

Diese Meditation möchte Sie ermutigen, nicht selber die Grenzen so eng zu ziehen, sondern sich aus dem Gefängnis der Einsamkeit und des Unverstandenseins zu befreien, indem Sie sich an Jesus wenden, der sich einfühlen kann.

28. Joh 11,42: Der vertrauende Jesus

Jesus sagte: *„Ich wusste, dass du mich immer erhörst; aber wegen der Menge, die um mich herum steht, habe ich es gesagt; denn sie sollen glauben, dass du mich gesandt hast."*

Der Schriftsteller Axel Hacke lässt in seinem Buch „Die Tage, die ich mit Gott verbrachte" den Ich-Erzähler sagen: „Mein Vater fehlt mir. Aber er hat auch schon gefehlt, als er noch lebte. Er hat mir immer gefehlt. Er war immer weit weg, verstrickt in seine Ängste. Schwierig, wenn einem der Vater im Leben nicht das zeigt, was man wollen könnte. Sondern nur das, was man nicht will. Wenn man nicht Mut geerbt hat, sondern Angst."[81]

Das Thema Vater-Sohn durchzieht die deutsche Literatur spätestens seitdem der deutsche Psychoanalytiker Alexander Mitscherlich 1963 seine Studie veröffentlicht hatte „Auf dem Weg zur vaterlosen Gesellschaft". Pater Kentenich, der als uneheliches Kind aufwuchs und den die Mutter aus wirtschaftlichen Gründen mit knapp neun Jahren ins Waisenhaus geben musste, wurde schon als Kind für diese Thematik sensibilisiert. Er, der an seiner Vaterwunde litt wie Martin Buber an seiner Mutterwunde, hat das eigene Defizit schöpferisch bewältigt, indem er Priester wurde und sein Priestertum verstand als „priesterliche Väterlichkeit".

Die Psychotherapeutin und Buchautorin Astrid von Friesen schreibt: „Dass Jungen ohne Väter leiden, ist evident. Dass Mädchen ebenso leiden, weniger. Doch gehört auch zu ihrer Entwicklung der männliche Part. Beide Geschlechter erlangen keine produktiven Vorbilder in Sachen Partnerschaft, was dazu führt, dass fast 50 Prozent aller jungen Akademiker keine eigenen Kinder haben wollen. Eine Gesellschaft, die immer vaterloser wird, in der nur 5 Prozent der Kindergärtner und 15 Prozent der Grundschullehrer männlich sind, verliert die Hälfte ihrer Kraft, ihrer Erneuerungsfähigkeit, ihrer Orientierung. So wie die Kinder und Jugendlichen."[82]

Dieser erste kurze Blick in unsere Zeit kann uns sensibilisieren für die Aktualität des Themas, der vertrauende Jesus. Denn da stellt sich ja sofort die Frage: Wem vertraut er? Und diese Frage wird im

---

[81] Axel Hacke, Die Tage, die ich mit Gott verbrachte, München 2016, S. 79.

[82] Astrid von Friesen, `https://www.deutschlandfunkkultur.de/die-vaterlose-gesellschaft.1005.de.html?dram:article_id=159453`

Johannes-Evangelium eindeutig und zweifelsfrei so beantwortet:

Jesus vertraut seinem himmlischen Vater. Über 100-mal kommt im Johannes-Evangelium das Wort „Vater“ vor. In keinem der anderen drei Evangelien wird so intensiv und so ausführlich über die Vater-Sohn-Beziehung von Jesus erzählt wie im Johannes-Evangelium. Auch für die Entfaltung und Klärung unseres Glaubens an die Dreifaltigkeit in den ersten drei Jahrhunderten war der Evangelist Johannes Kronzeuge für das innige Mit- und Ineinander der drei göttlichen Personen, so dass sie nach außen als ein Gott wirken.

Wir werden also nicht nur den Vers 11,42 unter die Lupe nehmen, sondern immer wieder auch Querverweise zu anderen Stellen im Johannes-Evangelium anschauen.

Wenden wir uns zunächst der Haltung des Vertrauens zu: Auf der 123 km^2 großen Insel St. Helena im Südatlantik mit ihren knapp 5000 Einwohnern schließen die wenigsten ihr Auto ab, wenn sie parken. Ein gestohlenes Auto ließe sich auch nicht von der Insel bringen. Heißt das aber schon, dass sich alle Einwohner gegenseitig vertrauen? Es ist wohl eher die isolierte Lage dieser Insel, die die Bewohner zu kooperativem Verhalten zwingt.

Bei verschiedenen Vater-Sohn-Wochenenden hatte ich folgende Vertrauensübung ins Programm genommen: Den Söhnen wurden die Augen verbunden, und dann mussten sie einen Hindernisparcours nach Stoppuhr überwinden, wobei die Väter von der Startlinie aus durch Zurufe ihre Söhne dirigieren mussten. Hatte sich ein Junge an einem Stuhl oder einer Bank gestoßen, wurde er deutlich langsamer. Die meisten Pannen gab es jeweils auf dem Rückweg, da ja rechts und links für die entgegenkommenden Jungen anders war, als für die Väter. Nach dieser Übung wechselten Väter und Söhne die Rollen. Nach diesen intensiven Erfahrungen konnten wir leidenschaftlich über Vertrauen und Misstrauen, über Enttäuschungen und die Bedeutung der Wahrhaftigkeit in der Kommunikation diskutieren.

Eltern eines Pflegekindes erzählten mir einmal, dass sich ihr Pflegekind vor kurzem ganz weinerlich beklagte: „Keiner vertraut mir!" Die Pflegemutter reagierte spontan: „Wunderst du dich darüber? Wenn du so oft lügst und später dabei ertappt wirst, wie sollen dann andere dir vertrauen?" Tatsächlich hatte dieses Pflegekind in den vielen Jahren im Heim sich das Lügen so angewöhnt, dass es geduldiger und konsequenter Erziehungsarbeit der neuen Pflegeeltern braucht, um aus diesem eingefahrenen Muster wieder rauszufinden. Ich wünsche den Eltern einen langen Atem wie beim Marathon, um ihrer Pflegetochter den Wert der Wahrhaftigkeit als Voraussetzung für Vertrauen immer mehr zum Leuchten zu bringen.

Wie prägend eine gelungene Erziehung zur Wahrhaftigkeit als Voraussetzung zum Vertrauen sein kann, erzählte mir ein Rentner.

Als kleines Kind hatte ihn seine Mutter beim Lügen ertappt. Sie schimpfte nicht groß rum, sondern erzählte eine Geschichte aus dem Leben des hl. Franziskus: Der war mit einem Bruder unterwegs. Dieser wollte einfach einen Scherz machen und sagte: „Franziskus, schau mal! Dort auf dem Scheunendach sitzt ein Ochse." Franziskus schaute hin, und der Mitbruder lachte nur und meinte: „Reingefallen!" – Franziskus darauf sehr ernst: „Lieber glaube ich, dass ein Ochse auf dem Scheunendach sitzt, als das ein Mitbruder mich anlügt." Diese kleine Geschichte hatte sich dem Kind so eingeprägt in der emotional aufgeladenen Situation, dass er sie sein Leben lang nicht vergessen hatte; und er ergänzte: Ich habe danach meine Mutter nie mehr belogen, auch wenn es manchmal schwer war, zur Wahrheit zu stehen.

Ein positives Beispiel: Therese von Lisieux schilderte eine ihrer ersten intensiven Erfahrungen einer Gebetserhörung:

„Am 31. August 1887 soll der Mörder Pranzini hingerichtet werden. Er zeigt keine Reue und will auch keinen Priester sehen. Therese betet um die Bekehrung dieses Mörders. Sie ist 14 Jahre alt. Und tatsächlich: vor der Hinrichtung bekennt er seine Sünden und erhält die sakramentale Lossprechung. Therese erlebt sich in ihrem leidenschaftlichen Bittgebet erhört. Und auch später wird sie mit dieser Zuversicht ihre Bittgebete zu Gott richten.

Der Grund der Gebetserhörung ist nicht der, weil sie so brav war oder weil sie Opferleistungen Gott gebracht hatte, sondern einfach dieses kindliche Vertrauen, mit dem sie Gott bestürmte. Auf ihrem Weg zu einer spezifischen Form der Heiligkeit kann sie die Kernanliegen ihres Weges so benennen:

Mich selber größer zu machen ist unmöglich! Ich muss mich ertragen wie ich bin. Es ist gar nicht nötig, durch mein eigenes Bemühen wachsen zu wollen Jesus verlangt von mir keine großen Taten, sondern nur Hingabe und Dankbarkeit. Ich habe kein anderes Mittel, um Gott meine Liebe zu beweisen, als aus Liebe zu ihm auch die allerkleinsten Dinge zu tun. Ich lasse mich wegen meiner Fehler nicht entmutigen."[83]

1895 beginnt sie mit ihrer Autobiographie: „Geschichte einer Seele". In der ersten Ausgabe nach ihrem Tod sind viele Passagen gefälscht. Das, was sie selbst geschrieben hatte, passte damals nicht in das Bild einer Heiligen. Erst die späteren Ausgaben bringen Thereses Originaltext.

Für Therese ist Demut und leidenschaftliches Bitten kein Widerspruch. Weil sie Gott gegenüber Kind ist und weil sie dem barmherzigen Gott vertraut, kann sie auf charmante Weise Gott gegenüber maßlos sein in ihren Bitten. Und weil sie meist nicht für sich sondern für andere bittet, entsteht auch kein Egoismus durch Verwöhnung.

Nach diesen Einblicken in menschliches Vertrauen untereinander und Gott gegenüber kommen wir zum Vertrauen Jesu. Das bewegendste Zeugnis des Vertrauens Jesu gegenüber seinem Vater ist das 17. Kapitel des Johannes-Evangeliums, das auch als

[83] http://zeitzubeten.org/christliche-spiritualitaet/beten-lernen/beten-mit-zeugen-des-glaubens/theresia-vom-kinde-jesu/

Abschiedsgebet des Herrn betitelt wird.

Da geht es um

- die gegenseitige Verherrlichung, die Macht über die Menschen, die der Vater dem Sohn verliehen hat,
- den Auftrag des Sohnes, den Vater bekannt zu machen,
- die Gütergemeinschaft von Vater und Sohn,
- Jesu Fürbitte für seine Jünger,
- die Einheit der Menschen als Abbild der Einheit von Vater und Sohn (vgl. 17,21),
- die Verherrlichung der Menschen durch Begnadigung (vgl. 17,22),
- schließlich die Liebe zwischen Vater und Sohn (vgl. 17,26).

Nicht erst im 17. Kapitel, sondern schon bei der Auferweckung des Lazarus gibt Jesus den Umstehenden Zeugnis von seiner innigen Verbundenheit mit dem Vater. Jesus sagte: *„Ich wusste, dass du mich immer erhörst; aber wegen der Menge, die um mich herum steht, habe ich es gesagt; denn sie sollen glauben, dass du mich gesandt hast“* (Joh 11,42).

Hätte Jesus geschwiegen, wären die Umstehenden angewiesen auf ihre Intuition und ihre Vermutungen. Das heißt die Fehlerwahrscheinlichkeit wäre sehr hoch gewesen. Und wie sollen selbst die, die Jesus als Messias erkannt und anerkannt haben, sich hineinversetzen in die Verbundenheit des Gottmenschen Jesus Christus mit seinem Vater-Gott? Da muss Jesus ihnen auf elegante und einladende Weise Nachhilfeunterricht geben!

Als die Jünger von ihrer Missionsreise in die Städte, in die er selbst gehen wollte (vgl. Lk 10,1-17), zurückkommen und voll Freude über ihre Wirksamkeit erzählen, wendet sich Jesus an den Vater: *„Ich preise dich, Vater, Herr des Himmels und der Erde, weil du all das den Weisen und Klugen verborgen, den Unmündigen aber* *offenbart hast. Ja, Vater, so hat es dir gefallen. Mir ist von meinem Vater alles übergeben worden; niemand weiß, wer der Sohn ist, nur der Vater, und niemand weiß, wer der Vater ist, nur der Sohn und der, dem es der Sohn offenbaren will"* (Lk 10,21f). D.h., Jesus ist nicht einfach nur begeistert, sondern seine Begeisterung wird personalisiert und adressiert – nämlich an den Vater.

Auf endlos tieferer Ebene können wir ja denselben Vorgang beobachten: Am Ende eines gewonnenen Fußballspiels freuen sich die Fans nicht nur über den Sieg ihrer Mannschaft sondern sind auch begeistert über den oder die Spieler, die die Tore geschossen haben.

Mit dem Vater im Rücken kann Jesus seinen eigenen Weg gehen. Das macht ihn stark – gerade auch in der Auseinandersetzung mit den Pharisäern und Schriftgelehrten. Es gehörte zur damaligen Zeit Mut dazu, die politischen und religiösen Autoritäten anzugreifen und die gewohnten Bräuche in Frage zu stellen, wie wir das im 23. Kapitel des Matthäus-Evangeliums nachlesen können. In unseren Breiten, wo Kabarettisten auch seriöse Politiker zu Schießbudenfiguren degradieren und die Lacher auf ihrer Seite wissen, ist es ungefährlich Kritik zu üben. Deshalb können wir uns nur schwer vorstellen, wie einsam sich Jesus gefühlt haben muss, wenn er z.B. sagt: Der Sabbat ist für den Menschen da und nicht umgekehrt. In dieser Einsamkeit vor sich und neben sich weiß er aber den Vater in seinem Rücken. Das schenkt ihm Sicherheit.

Die Entwicklungspsychologen sprechen vom Urvertrauen, das dem Menschen in die Wiege gelegt worden ist. Als ein Beispiel von vielen zum Thema Urvertrauen möchte ich ein kurzes Zitat aus dem neuesten Buch von Stefanie Stahl, „Jeder ist beziehungsfähig", bringen. Sie schreibt: „Erlebt der Säugling bzw. das Kleinkind, dass jemand kommt, wenn es schreit, dass es gehalten, gestreichelt und gefüttert wird, dann entsteht in ihm auf einer tiefen körperlichen Ebene ein Vertrauen in diese Welt und andere Menschen, das sich in dem Gefühl manifestiert, willkommen zu sein.

Aber nicht nur durch die körperbezogenen Pflegehandlungen erfährt das Kind etwas über seinen Wert, sondern auch durch die Mimik seiner nächsten Bezugspersonen. Wenn die Eltern häufig lächeln und strahlen, wenn sie ihr Kind betrachten, dann spiegelt dies dem Kind, dass seine Eltern froh und glücklich mit ihm sind. In der Psychologie spricht man deshalb vom gespiegelten Selbstwertempfinden. Es ist eine tiefe Konditionierung, die uns ein Leben lang erhalten bleibt."[84]

Wenn wir diese Beschreibung der Entstehung des Urvertrauens auf uns wirken lassen, dann fällt auch noch mal ein helles Licht auf Maria und Josef. Wie müssen die mit dem kleinen Jesus umgegangen sein, dass er sich so leicht damit getan hat, das Urvertrauen von seinen Eltern auf seinen himmlischen Vater übertragen zu können! Denn bei aller Mystik, die sich in dem Gottmenschen Jesus Christus abgespielt hat, dürfen wir doch davon ausgehen, dass nicht ständig die menschlichen und zwischenmenschlichen Voraussetzungen für gelungenes Menschsein auf wunderbare Weise bei Jesus außer Kraft gesetzt worden sind. Der Umgang der Eltern mit Jesus hat gleichsam die guten Startbedingungen dafür geschaffen, dass er später – am deutlichsten uns überliefert in der Taufe am Jordan – zu diesem innigen Verhältnis zu seinem himmlischen Vater gefunden hat.

Wenn wir diesem Jesus nachfolgen wollen, dann kommt es unter anderem auch darauf an, im Vertrauen zu wachsen. Die größte Herausforderung auf diesem Gebiet ist unser Umgang mit unseren Ängsten und Sorgen. Pater Kentenich hatte als Häftling sich selbst und seinen Mitgefangenen das Mantra mitgegeben: „Meine größte Sorge ist es, endlos sorglos zu sein." Und in einem der ersten Schönstatt-Lieder, entstanden in schwerer Zeit, heißt es am Ende des Refrains: „Wir werden nicht untergehn." Wie schwer es manchmal sein kann, aus dem Gefängnis der eigenen Angst her-

[84] Stefanie Stahl, Jeder ist beziehungsfähig, München 2017, S. 66f.

auszufinden, davon können die ein Lied singen, die in eine richtige Angststörung, in eine sogenannte Phobie, hineingeschlittert sind. Flugangst z.B. kann eine Stewardess zur Aufgabe ihres Berufes zwingen. Dank der Fortschritte in der Psychotherapie sind die meisten Angststörungen heute heilbar und können Menschen davon befreit werden.

Eine hilfreiche Übung, um angeknackstes Vertrauen in das Leben und in die göttliche Führung überhaupt wieder zu bekommen und zu stärken, ist die Erlebnismeditation am Ende des Tages, für die sich auch der Begriff „Spurensuche“ eingebürgert hat. Da geht es im Sinne einer Achtsamkeitsübung darum, noch einmal auf den Tag zurückzuschauen und die kleinen Zärtlichkeiten Gottes, die überraschenden angenehmen Zufälle, die empfangenen Liebeserweise anderer Menschen, die eigenen kleinen und großen Erfolge zu würdigen, Raum für Lob und Dank im eigenen Herzen freizumachen und diese Freude hinüberfließen zu lassen zum himmlischen Vater, so wie es Jesus getan hat.

Argumente helfen oft nicht, Ängste kleiner werden zu lassen. Also sich vorzureden, wie unvernünftig diese oder jene Angst ist. Aber wenn Sie mit der aufkommenden Angst so in den inneren Dialog treten, dass Sie Ihre Erfahrungen dem gegenüberstellen, dann können Sie die Ängste dämpfen. Selbst Erlebtes, das heißt auch körperlich-ganzheitlich Durchlebtes hat Gewicht im inneren Dialog mit aufsteigenden Ängsten.

Gerade auch in diesem Bereich können uns die Heiligen, die es zu einer gewissen Meisterschaft in der Nachfolge Christi gebracht haben, Lehrmeister und Ermutiger sein.

Lassen Sie sich von ihnen anstecken, wenn Ihnen der Abstand zwischen Ihnen und Jesus zu groß erscheint! Vertrauen ist ein kostbarer Klimafaktor, den es genau so zu schützen und zu pflegen gilt, wie das Klima, mit dem sich die Meteorologie beschäftigt.

29. Joh 12,7: Verschwenderische Liebe

„Jesus erwiderte: Lass sie, damit sie es für den Tag meines Begräbnisses tue."

Maria nahm ein Pfund (ca. 320 g) kostbares Nardenöl, um Jesus die Füße zu salben. Was heißt in dem Zusammenhang „kostbar"? Solch eine Salbung war damals wegen der Kostbarkeit, die das Nardenöl darstellte, lediglich den höchsten Priestern und Königen vorbehalten. In der Bibel wird der Wert des verwendeten Öls mit 300 Denaren angegeben. Dieser Betrag entspricht heute ungefähr 29200 Euro. Heute kann man 10 ml Nardenöl für 22 EUR im online-Shop kaufen.

Judas Iskariot kritisiert diese Verschwendung mit den Worten: *„Warum hat man dieses Öl nicht für dreihundert Denare verkauft und den Erlös den Armen gegeben? Das sagte er aber nicht, weil er ein Herz für die Armen gehabt hätte, sondern weil er ein Dieb war; er hatte nämlich die Kasse und veruntreute die Einkünfte. Jesus erwiderte: Lass sie, damit sie es für den Tag meines Begräbnisses tue. Die Armen habt ihr immer bei euch, mich aber habt ihr nicht immer bei euch"* (Joh 12,5-8).

Im Matthäus-Evangelium wird kein Name der Frau genannt; dafür wird eine genauere Ortsangabe gemacht: In Betanien im Haus Simons des Aussätzigen (vgl. Mt 26,6). Im Lukas-Evangelium findet die Salbung der Füße Jesu viel früher statt und findet im Haus eines Pharisäers statt. Die salbende Frau ist eine öffentliche Sünderin, damit wird eine Prostituierte beschrieben (vgl. Lk 7,37ff).

Es gibt Exegeten, die die Ansicht vertreten, dass Maria Magdalena Jesus zweimal die Füße gesalbt hat, dass es also nicht Maria, die Schwester von Marta und Lazarus war. Die Frage müssen wir offen lassen. Uns fehlen einfach die Hintergrundinformationen; und aufgrund der wenigen Informationen ergeben sich verschiedene Thesen, die durchaus möglich sind. Bei aller Unbestimmtheit, welche Maria es nun war, die in Betanien kurz vor dem Leiden Jesu ihm die Füße gesalbt hat, wollen wir uns auf den Vorgang der Salbung konzentrieren.

Es ist – ich nehme es schon mal vorweg – ein Akt der verschwenderischen Liebe.

Viele von Ihnen kennen die Fotos vom Petersplatz in Rom. Rechts und links auf dem Platz stehen zwei Brunnen mit je drei Schalen, oben die kleinste, unten die größte. Dieser Brunnentyp hat den Schweizer Dichter Conrad Ferdinand Meyer (* 1825, † 1898) zu folgendem Text inspiriert:

„Aufsteigt der Strahl und fallend gießt er voll der Marmorschale Rund, die, sich verschleiernd, überfließt in einer zweiten Schale Grund; die zweite gibt, sie wird zu reich, der dritten wallend ihre Flut, und jede nimmt und gibt zugleich und strömt und ruht."[85]

Dieses Gedicht nahm der Arzt und Therapeut Udo Derbolowsky († 2005) als Ausgangspunkt, um in seiner Psychopädie (TM), einer Anleitung zur seelischen Gesundheit, die Selbstliebe, die Gottesliebe und die Nächstenliebe und ihr Zueinander darzustellen. Sein früher erschienenes Buch „Liebenswert bist du immer" wurde vom seinem Sohn Jakob noch einmal überarbeitet und unter dem Titel „Stärken Sie Ihre seelische Gesundheit" 2018 herausgegeben.

Wer sich von Menschen und von Gott angenommen und geliebt erlebt, dessen Hunger nach Liebe wird gestillt. Ich erinnere mich an eine Frau, die mit einem psychisch kranken Mann verheiratet war. Als ich mal wieder eine Szene bei ihnen zu Hause erlebt hatte, wie der Mann ausrastete, sie beschimpft hatte und dann abgehauen war, fragte ich die Frau: „Wie halten Sie das bloß aus?" Sie erinnerte mich dann daran, dass sie mir ja schon öfters erzählt hatte, dass sie drei ältere Brüder habe. Ihre Eltern und die Brüder wünschten sich sehnlichst ein Mädchen. Als sie dann auf die Welt gekommen war, wurde sie von fünf Personen liebevoll um-

[85] https://de.wikipedia.org/wiki/Der_römische_Brunnen

hegt, und das über Jahre. Abschließend sagte sie dann: „Ich habe über viele Jahre von fünf Menschen so viel Liebe erfahren und die Botschaft vermittelt bekommen, dass ich kostbar und liebenswert bin, – das ist ein solches Fundament für mein Selbstwertgefühl. Das kann mein Mann gar nicht erschüttern. Da prallt vieles von dem, was er mir an den Kopf knallt, einfach ab. Natürlich tut das im ersten Moment weh, aber ich kann es schnell wieder abgeben und loslassen." Ich bewundere diese Frau. Und es ist die einzige Ehe, die bei diesem Krankheitsbild eines der Ehepartner noch Bestand hat. Viele Ehen, wo einer der beiden diese Krankheit hat, sind zerbrochen.

Kommen wir zum Bild der Brunnenschale zurück: Wenn ein Mensch sich so mit Liebe beschenkt erlebt und er das nicht als Selbstverständlichkeit einfach so konsumiert, sondern in staunender Dankbarkeit sich daran freuen kann, der möchte einfach seine Liebe weiterschenken. Die eben erwähnte Frau fand das irgendwie normal, wie sie aufwuchs, und merkte erst in späteren Jahren in Gesprächen mit ihren Schulfreundinnen, dass das gar nicht so selbstverständlich war. Umso dankbarer wurde sie. Die ganze Familie ist sich der Kostbarkeit bewusst und schützt dieses Netzwerk der Beziehungen, auch wenn die vier Kinder einen ganz gesunden Abnabelungsprozess vollzogen haben und nicht in einer symbiotischen Verschmelzung stecken geblieben sind.

Nun wird so mancher von Ihnen vielleicht mit einer Portion Wehmut, vielleicht sogar ein bisschen neidisch auf die eigene Kindheit zurückblicken, vergleichen und zu der Feststellung gelangen: So einen guten Start ins Leben hatte ich nicht.

Trotzdem dürfen wir uns einen Buchtitel von einem finnischen Autor zu Herzen nehmen, der provozierend formuliert: „Es ist nie zu spät, eine glückliche Kindheit zu haben."[86]

---

[86]Ben Furman, Es ist nie zu spät, eine glückliche Kindheit zu haben, Dortmund 2008.

In einem Lied, das gerne bei Tauffeiern gesungen wird, heißt es: „Du bist gewollt, kein Kind des Zufalls, keine Laune der Natur, ganz egal, ob du dein Lebenslied in moll singst oder Dur. Du bist ein Gedanke Gottes, ein genialer noch dazu. Du bist Du. Das ist der Clou.“[87]

Natürlich ist es für jugendliche Kinder ein Schock, wenn Eltern meinen, ihnen sagen zu müssen, dass sie eigentlich nicht gewollt bzw. geplant waren. Noch schwieriger erlebe ich es in der Entwicklung von Adoptivkindern, wenn diese realisieren, dass ihre biologischen Eltern sie nicht angenommen hatten. Gerade auch für solche Kinder ist die Glaubenswirklichkeit, dass Gott dieses Kind gewollt hat, ein unwahrscheinlich stabilisierender Faktor.

In dem Lied heißt es auch: „Vergiss es nie, dass du lebst war keine eigene Idee, und dass du atmest, kein Entschluss von dir. Vergiss es nie, dass du lebst war eines anderen Idee und dass du atmest, sein Geschenk an dich.“

Wer das immer wieder durchmeditiert, kann so manche seelische chronische Mangelernährung aus der Kindheit überwinden.

Der junge Josef Kentenich wurde von seiner alleinerziehenden Mutter und deren Familienverband großgezogen, weil der biologische Vater nichts von ihm wissen wollte und seine Mutter auch nie geheiratet hatte. Aus wirtschaftlichen Gründen musste die Mutter ihren fast neujährigen Josef in ein Waisenhaus geben, um als ungelernte Kraft in einem Kölner Haushalt arbeiten zu können und Geld verdienen zu können. – Diesen biographischen Hintergrund gilt es mit zu bedenken, wenn wir die Faszination Kentenichs für den Begriff „Lieblingsbeschäftigung des lieben Gottes“ verstehen wollen. Immer wieder taucht sie in seinen Predigten und Vorträgen auf. Gerade auch in der Zeit der NS-Diktatur, wo dem Einzelnen auf vielfältige Weise zu verstehen gegeben wurde, als Einzelner bist du ein Nichts!, half diese meditative Vergewisserung dem Einzelnen,

[87] Lied: Vergiss es nie, Text: Jürgen Werth, Melodie: Paul Janz.

sich nicht unterkriegen zu lassen und in der Masse nicht unterzugehen. Als äußerst wirksame Medizin gegen die Entpersönlichung hat Pater Kentenich in den 30er und 40er Jahren und erst recht als Häftling im KZ Dachau diese Glaubenswirklichkeit immer wieder als Wert zum Leuchten gebracht.

Der römische Visitator, der 1951 im Auftrag des Heiligen Offiziums Schönstatt auf seine Rechtgläubigkeit überprüfen sollte, war zwar ein gescheiter Theologe, aber ein schlechter Psychologe. Er fand die Rede von der „Lieblingsbeschäftigung Gottes" – egal, ob ein Einzelner das auf sich bezog oder eine ganze Gemeinschaft sich so definierte, – als anmaßend. Dabei hatte Pater Kentenich immer betont, dass jeder Einzelne und jede religiöse Gemeinschaft das auf sich beziehen könne. Er wollte es also nicht exklusiv nur für Schönstatt geltend verstanden wissen, als ob die anderen Orden und Gemeinschaften nicht auch „Lieblingsbeschäftigung des lieben Gottes" sein könnten. – In der damaligen Zeit gab es auch viele verkorkste Vorstellungen darüber, was Demut sei und wie man Gläubige zur Demut erziehen müsse.

Kommen wir zurück zum römischen Brunnen. Wenn die kleine Schale voll ist, läuft sie über in die darunterliegende größere Schale. Wenn kein Wind weht und das Wasser ruhig strömt, dann sieht es aus wie ein durchsichtiger Vorhang. Und wenn die mittlere Schale gefüllt ist, dann ergießt sich das Wasser in die unterste und größte Schale. Hören wir noch einmal die wenigen Zeilen von Conrad Ferdinand Meyer:

„Aufsteigt der Strahl und fallend gießt er voll der Marmorschale Rund, die, sich verschleiernd, überfließt in einer zweiten Schale Grund; die zweite gibt, sie wird zu reich, der dritten wallend ihre Flut, und jede nimmt und gibt zugleich und strömt und ruht."

Liebe ist kein Zustand. Liebe hat Fließqualität. Liebe strömt. Und nur, wenn wir das berücksichtigen, können wir die Salbung Jesu verstehen: Das Kostbarste, was Maria hat, möchte sie ihrem Jesus schenken. Es ist eine verschwenderische Liebe. Das kostbare

Nardenöl wird zum sichtbaren Zeichen für die unsichtbare Liebe, die vom Herzen Marias zum Herzen Jesu fließt.

Stellen Sie sich vor, es gäbe einen Mineralwasserfabrikanten, der die Idee hat, ich baue diesen Brunnen ab, fülle das Wasser in Glasflaschen und verkaufe es. Die ganze Poesie wäre hin. Der Zauber des Brunnens wäre zerstört.

Natürlich gibt es auch ein anderes Phänomen: Nämlich, dass jemand mit teuren Geschenken, die er macht, sich von der erwarteten Hingabe gleichsam freikauft. In dem Film „Liebe ist nur ein Wort" fängt ein junger Mann eine leidenschaftliche Affäre mit der Frau des Geschäftsfreundes seines Vaters an. Die Frau, die aufgrund des Reichtums ihres Ehemannes sich durchaus ein luxuriöses Leben leisten kann, spürt gleichzeitig die Kälte und kühle Berechnung ihres Mannes, der die Ehe genau so auffasst, wie die Geschäftsbeziehung zu seinen Kunden. Eine knallharte Kosten-Nutzen-Analyse bestimmt die Beziehung. Die Frau blüht auf angesichts der Sympathie des jungen Mannes, der ihr Sohn sein könnte. Er kann ihr etwas geben, was sie jahrelang vermisst hat. Doch dann kommt der Ehemann dahinter und stellt seine Frau vor die Wahl: Mich oder diesen jugendlichen Habenichts! Die Frau entscheidet sich für den goldenen Käfig, in dem sie Jahre verbracht hat. Der junge Mann begeht Selbstmord.

Die Problematik, die in diesem Film so verdichtet dargestellt wird, ergibt sich auch Gott gegenüber. Wie oft kritisieren die alttestamentlichen Propheten den entseelten Opferkult am Tempel!

Ein Beispiel: Ein Abschnitt aus dem Ps 50: *"Höre, mein Volk, ich rede. Israel, ich klage dich an, ich, der ich dein Gott bin. Nicht wegen deiner Opfer rüg ich dich, deine Brandopfer sind mir immer vor Augen. Doch nehme ich von dir Stiere nicht an noch Böcke aus deinen Hürden. Denn mir gehört alles Getier des Waldes, das Wild auf den Bergen zu Tausenden. Ich kenne alle Vögel des Himmels, was sich regt auf dem Feld, ist mein Eigen. Hätte ich Hunger, ich brauchte es dir nicht zu sagen, denn mein ist die Welt und was sie erfüllt. Soll ich denn das Fleisch von Stieren essen und das Blut von Böcken trinken? Bring Gott als Opfer dein Lob und erfülle dem Höchsten deine Gelübde! Rufe mich an am Tag der Not; dann rette ich dich und du wirst mich ehren. Zum Frevler aber spricht Gott: Was zählst du meine Gebote auf und nimmst meinen Bund in deinen Mund? Dabei ist Zucht dir verhasst, meine Worte wirfst du hinter dich. Siehst du einen Dieb, so läufst du mit, du machst dich mit Ehebrechern gemein. Dein Mund redet böse Worte und deine Zunge stiftet Betrug an. Von deinem Bruder redest du schändlich, auf den Sohn deiner Mutter häufst du Verleumdung. Das hast du getan und ich soll schweigen? Meinst du, ich bin wie du? Ich halte es dir vor Augen und rüge dich. Begreift es doch, ihr, die ihr Gott vergesst! Sonst zerreiße ich euch und niemand kann euch retten. Wer Opfer des Lobes bringt, ehrt mich; wer rechtschaffen lebt, dem zeig ich mein Heil„* (Ps 50,7-23).

Der Verfasser des Hebräerbriefes knüpft an der Kritik der alttestamentlichen Opfer an und legt Christus folgende Worte in den Mund: *„Darum spricht Christus bei seinem Eintritt in die Welt: Schlacht und Speiseopfer hast du nicht gefordert, doch einen Leib hast du mir geschaffen; an Brand- und Sündopfern hast du kein Gefallen ... Da sagte ich: Ja, ich komme, um deinen Willen, Gott, zu tun"* (Hebr 10,5-7).

Wenn die Geschenke – und Opfer sind ja Geschenke an Gott – Ausdruck der Hingabe sind, dann passt es. Wenn die Geschenke anstelle der Hingabe überreicht werden, dann sind sie vergiftet und können nicht die Seele des Beschenkten nähren. Bei Maria in Betanien passt es: Ihre überströmende Liebe findet ein passendes Symbol: das kostbare Nardenöl.

Wenn wir uns an Maria ein Beispiel nehmen, dann ist es naheliegend, dass dann, wenn wir die Hingabe Christi an den Vater feiern, wir das nicht mit Pappbechern und Kunststofftellern tun, sondern dafür kostbares Material verwenden. Kelch und Hostienschale sind meistens innen vergoldet. Es gibt auch Kunstwerke aus Keramik.

Der so genannte Tassilo-Kelch im Stift Kremsmünster aus der 2. Hälfte des 8. Jahrhunderts wird im Kloster nur am Gründonnerstag bei der Feier des letzten Abendmahles verwendet. Wie viel Liebe, wie viele Stunden konzentrierter Arbeit hat der Goldschmied damals in diesen Kelch gesteckt!

Natürlich verstummen die Stimmen nicht, die der Kirche Prunk und Protz vorwerfen. Es ist das funktionale Denken, das auch den Judas Iskariot beherrscht hatte. Maria hätte das Öl verkaufen sollen und den Erlös den Armen geben sollen. Interessant ist in dem Zusammenhang die Antwort Jesu: Arme habt ihr immer unter euch.

Ein Fachmann für katholische Soziallehre meinte einmal: Das sei der pessimistischste Satz des ganzen Neuen Testamentes. Mit anderen Worten: Das ist ein Fass ohne Boden.

So gesehen steht jede Pfarrei, jede Gemeinschaft, jeder einzelne Christ immer wieder neu vor der Herausforderung, eine Balance zu finden zwischen dem sozialen Engagement und der Feier der Liebe Gottes.

Der evangelische Liedermacher Gerhard Schöne hat diese Spannung in einem seiner Lieder sehr pointiert zum Ausdruck gebracht:

„Ich kann nicht immer daran denken, dass unsre Welt ein Riss zertrennt. Ich möchte singen mit den Gästen, ein Lied, das jeder von uns kennt. Ich kann nicht immer daran denken: Wir sitzen auf dem Pulverfass. Ich möchte mich aalen in der Sonne und kichern über einen Spaß.

Ich mag nicht an die Kinder denken, die jetzt vor Hunger Erde fressen. Ich möchte nach der Hühnerbrühe auch noch den Braten fröhlich essen. Ich mag nicht an die Tiere denken, die im Labor hinvegetieren. Ich möchte sorglos meiner Liebsten französisches Parfüm spendieren.

Mag nicht an Folterschreie denken in Chile hinter Polstertüren. Mich soll das große 'Halleluja' aus dem 'Messias' jetzt berühren. Und doch, es will mir nicht gelingen, ganz unbeschwert, ganz froh zu sein. In das Vergnügen schleicht sich Zweifel und in mein Lachen Trauer ein.

Und wenn ich singe mit den Gästen ein Lied, das jeder von uns kennt, dann schmerzt mich heimlich der Gedanke, dass unsre Welt ein Riss zertrennt. Wenn ich mich aale in der Sonne und kicher über einen Spaß, ich kann es doch nie ganz vergessen: Wir sitzen auf dem Pulverfass.

Ich lese gerne Speisekarten und freue mich aufs leckre Essen und kann und darf die um ihr Breichen betrognen Kinder nicht vergessen. Und führt man mir im Seifenladen die auserlesnen Düfte vor, dann fällt mir ein, was ich gehört hab, von Tierversuchen im Labor.

Mich kann das große 'Halleluja' aus dem 'Messias' nicht berühren, solange man Freunde meiner Freunde noch foltert hinter Polstertüren. Ich sehne mich nach tiefer Freude, und doch, sie zieht nicht ein bei mir, solange meine Brüder leiden, ob Mensch, ob Pflanze oder Tier."[88]

Bei Gerhard Schöne ist die Sehnsucht da, aber es fällt immer ein Wermutstropfen in die Freude oder den Genuss. Schade! Ich bin überzeugt, dass wir uns freuen dürfen, dass wir feiern dürfen, dass wir uns erholen dürfen ohne wenn und aber. Wenn für beides Raum ist, für soziales Engagement und für verschwenderische Liebe Gott und den Menschen gegenüber, wenn das Leben bestimmt wird vom Rhythmus zwischen diesen beiden Polen, dann sind wir auf einem guten Weg.

Immer wieder haben Christen aus der Feier des Glaubens neue Kraft geschöpft, um sich sozial zu engagieren. Immer wieder haben müde gewordene Helfer die leere Schale ihres Herzens Gott hingehalten, um sie von ihm neu füllen zu lassen. Möge der römische Brunnen in Ihrem Herzen immer fließen!

---

[88]Lied: Ich kann es nicht vergessen, Text und Meldoie: Gerhard Schöne

30. Joh 14,3: Himmlische Platzreservierung

Unweit von meinem Wohnort Dernbach gibt es den ICE-Bahnhof Montabaur. Wenn ich neben meiner Tätigkeit als Hausgeistlicher mal irgendwo in Deutschland ein Wochenende zu gestalten habe, ist das sehr praktisch. Weil sowohl am Freitag wie am Sonntag mit hohem Reiseaufkommen zu rechnen ist, habe ich mir seit einigen Jahren angewöhnt, mit der Fahrkarte auch eine Platzkarte online zu reservieren. Davor habe ich einmal von Kassel bis Frankfurt in einem überfüllten ICE stehen müssen. Und da ich gerne auf Reisen lese, wenn sich keine Gespräche ergeben, schenkt ein reservierter Sitzplatz Sicherheit – egal wie viele Reisende auf dem Bahnsteig auf den einfahrenden Zug warten.

Eine viel weitere Dimension von Sicherheit kommt in den Blick, wenn wir auf das Leben als Ganzes achten. Wohin sind wir unterwegs? Wo kommen wir her? Endet mit dem Tod alles? Diese Fragen beschäftigen Menschen seit altersher.

Jesus gibt in seinen Abschiedsreden eine eindeutige Antwort: *„Euer Herz lasse sich nicht verwirren. Glaubt an Gott und glaubt an mich! Im Haus meines Vaters gibt es viele Wohnungen. Wenn es nicht so wäre, hätte ich euch dann gesagt: Ich gehe, um einen Platz für euch vorzubereiten? Wenn ich gegangen bin und einen Platz für euch vorbereitet habe, komme ich wieder und werde euch zu mir holen, damit auch ihr dort seid, wo ich bin. Und wohin ich gehe – den Weg dorthin kennt ihr. Thomas sagte zu ihm: Herr, wir wissen nicht, wohin du gehst. Wie sollen wir dann den Weg kennen?“* (Joh 14,1-5).

Wir merken an dem Einwand des Thomas: diese eindeutige Erklärung Jesu sprengt seinen Vorstellungshorizont. Was bedeutet das, wenn Jesus davon spricht, dass er zu seinem Vater geht? Es braucht die Eingießung des Hl. Geistes, damit die schwerfälligen Jünger die Horizonterweiterung, die Jesus bewirken will, in ihr bisheriges Weltbild integrieren konnten. Ganz so fremd waren ja die

Vorstellungen über ein Jenseits den Aposteln nicht. Nur die Splittergruppe der Sadduzäer glaubte nicht an ein Weiterleben nach dem Tod. Für die Pharisäer war es selbstverständlicher Glaubensinhalt, dass es nach dem Tod ein Weiterleben bei Gott gab. (vgl. Apg 23,6-8)

Der Himmel oder – anders gesagt – das Bei-Gott-sein bekommt durch Christus eine neue Qualität. Es ist der Christusraum.

Auf die Menschheitsfragen – Wohin sind wir unterwegs? Wo kommen wir her? Endet mit dem Tod alles? – gibt Christus eine Antwort, die bewirken soll, dass die Jünger Zuversicht und Gelassenheit entwickeln können. Aber sie tun sich schwer damit.

Doch genau das ist ein wesentlicher Baustein unseres christlichen Glaubens: Wir versinken nicht im Nichts, sondern haben ein ewiges Leben.

Mir ist die Bedeutung dieses Glaubensinhalts einmal so richtig bewusst geworden, als ich in den 80er Jahren in Thüringen an einer atheistischen Trauerfeier teilgenommen hatte. Der Redner stellte immer wieder heraus, dass wir in den ewigen Kreislauf der Natur, den Kreislauf des Werdens und Vergehens hineingenommen sind. So wie im Herbst ein Blatt vom Baum fällt, so ist dieser Mensch von uns gegangen. Natürlich waren die marxistischen Atheisten nicht die einzigen, die dem Menschen die Ewigkeit absprachen.

Der Schweizer Philosoph uand Schriftsteller Pascal Mercier legt in seinem Roman „Nachtzug nach Lissabon“ einem portugiesischen Abiturienten folgende Worte in den Mund:

„Wer möchte im Ernst unsterblich sein? Wer möchte bis in alle Ewigkeit leben? Wie langweilig und schal es sein müsste zu wissen: Es spielt keine Rolle, was heute passiert, in diesem Monat, diesem Jahr: Es kommen noch unendlich viele Tage, Monate, Jahre. Unendlich viele buchstäblich. wir bräuchten nicht mehr mit der Zeit zu rechnen, könnten nichts verpassen, müssten uns nicht beeilen. Es wäre gleichgültig, ob wir heute etwas tun oder morgen, vollkommen gleichgültig. Millionenfache Versäumnisse würden vor der

Ewigkeit zu einem Nichts, und es hätte keinen Sinn, etwas zu bedauern, denn es bliebe immer Zeit, es nachzuholen. Nicht einmal in den Tag hinein leben könnten wir, denn dieses Glück zehrt vom Bewusstsein der verrinnenden Zeit, der Müßiggänger ist ein Abenteurer im Angesicht des Todes, ein Kreuzritter wider das Diktat der Eile. Wenn immer und überall Zeit für alles und jedes ist: Wo sollte da noch Raum sein für die Freude an Zeitverschwendung? ... Es ist der Tod, der dem Augenblick seine Schönheit gibt und seinen Schrecken. Nur durch den Tod ist die Zeit eine lebendige Zeit. Warum weiß das der HERR nicht, der allwissende Gott? Warum droht er uns mit einer Endlosigkeit, die unerträgliche Ödnis bedeuten müsste?"[89]

Klar, diese Rede eines Abiturienten ist vom Schriftsteller erfunden, aber die Argumente wiegen.

Ganz anders geht der Schriftsteller James Bryan Smith in seinem phantastischen Roman „Der Traum" mit dem Thema Himmel um:

Innerhalb von drei Jahren verliert der erfolgreiche Autor Tim Hudson seine Mutter, seinen besten Freund und auch noch seine kleine Tochter. Tief erschüttert und voller Trauer gerät sein Glaube an einen liebenden Gott ins Wanken. Ausgebrannt zieht sich Tim in ein Kloster zurück. Dort wird ihm ein „geistlicher Begleiter" zur Seite gestellt: der unkonventionelle Bruder Taylor. Eines Nachts hat Tim einen außergewöhnlichen Traum. Er begegnet im Himmel den Menschen, die seinen Glauben und sein Leben geprägt haben – und den dreien, die ihm so sehr fehlen. Weiter träumt er, dass Jesus ihn in eine Art Museum führt, das er extra für ihn gebaut und eingerichtet hat. Einen Raum des Staunens. An den Wänden sind unzählige Bilder angebracht. Wenn Tim sie berührt, läuft ein Kurzvideo ab mit einer Szene aus seinem Leben, wo er etwas Gutes aus Liebe für einen anderen Menschen getan hatte. In dem pas-

[89] Pascal Mercier, Nachtzug nach Lissabon, btb-Verlag München ^{2}2006, S. 201f.

senden zweiten Film zu der jeweiligen Szene erzählt der jeweilige Empfänger der Liebestat, wie bedeutsam dieser Moment in seinem Leben war und welche Konsequenzen sich für ihn daraus ergeben haben. Tim kommt aus dem Staunen nicht mehr raus, weil er gar nicht geahnt hatte, wie wichtig so manche kleine Liebestat von ihm für den Betroffenen gewesen war. Dass er viel Zeit braucht, um alle Kurzvideos aus den Tausenden Begegnungen seines Lebens zu sehen, das ist ihm sofort einleuchtend. Und dann deutet ihm Jesus an, dass er auch zu seinen Freunden und Verwandten in deren Raum des Staunens eingeladen wird, um mit denen deren Leben nachzukosten. – Da kommt keine Langeweile auf!

Ein Beispiel aus der Kirchengeschichte: Der italienische Benediktiner und Missionar Augustinus landete von Rom kommend im Frühjahr 597 auf der Insel Thanet im damaligen Königreich Kent. Als er die Möglichkeit bekam, vor den führenden Menschen über den neuen Glauben zu reden, meinte danach einer der Zuhörer: „Das Leben ist wie ein Vogel, der zum einen Fenster hereinfliegt und zum anderen Fenster hinausfliegt. Woher er kommt, wissen wir nicht, wohin er fliegt, wissen wir nicht. Wenn nun der neue Glaube uns darauf eine Antwort gibt, dann wollen wir ihn annehmen.“ – So die Überlieferung.

Doch bis es dazu kam, gab es einige Turbulenzen. Papst Gregor der Große hatte Augustinus zusammen mit 40 Mönchen im Jahr zuvor schon einmal nach England zur Mission geschickt. Doch im Gebiet des heutigen Frankreich hörten sie Berichte über die wilden Inselbewohner, worüber sie so entsetzt waren, dass sie umkehrten. Doch der zielstrebige Papst Gregor – er wird nicht umsonst der Große genannt – schickte ihn ein Jahr später wieder los. Zur Ermutigung gab er ihm Empfehlungsschreiben an die fränkischen Fürsten und Bischöfe mit, in denen der Papst bat, die Franken mögen doch diese Missionsreise unterstützen.

Die Gruppe wählte den Weg über Tours, wo sie am Grab des hl. Martin sich noch unter den Schutz und die Fürsprache dieses

Heiligen stellen wollten.

Bertha, eine Enkelin von König Chlodwig in Frankreich, die Ehefrau des Königs Ethelbert von Kent, war bereits Christin. Die römischen Mönche wurden von Ethelbert freundlich aufgenommen, dem König von Kent gefiel Augustinus, er durfte in Südengland lehren und predigen und erhielt das heutige Canterbury als Bischofssitz zugewiesen.

Den anfänglichen Erfolgen in der friedlichen Mission war keine lange Dauer beschieden. Nach dem Tod von Augustinus von Canterbury wurde Kent wieder heidnisch.

Es gibt in den verschiedenen Religionen die verschiedensten Vorstellungen darüber, was nach dem Tod mit uns Menschen geschieht. Bei vielen Naturvölkern ist der Animismus verbreitet. D.h., die Seelen der Vorfahren sind präsent, der Schamane kann mit ihnen Kontakt aufnehmen, und die Geister sind entweder wohlgesonnen oder stiften Verwirrung und Unheil. Heute wird der Begriff Animismus umgangssprachlich und vor allem in Zusammenhang mit theologischen Schriften häufig als synonyme Bezeichnung für die schriftlosen ethnischen Religionen verwendet.

Aufsehen und großes mediales Echo löste das Buch „Den Himmel gibt's echt." von Todd Burpo aus, in denen er die Nahtoderfahrungen seines 4-jährigen Sohnes Colton beschrieb. Dieser hatte einen geplatzten Blinddarm im Alter von drei Jahren und zehn Monaten, den der erste untersuchende Arzt nicht als solchen erkannt hatte. Erst nach fünf Tagen kam es zur Notoperation. Die Ärzte waren sich nicht sicher, ob der Kleine überleben würde. Ein halbes Jahr später überraschte der Sohn seine Eltern mit Aussagen über den Himmel. Das Buch wurde auch verfilmt.

Eine kleine methodische Zwischenbemerkung: Ich habe gerade den Raum des verbindlichen Glaubensinhalts verlassen und mich in den Bereich der so genannten Privatoffenbarungen begeben. Solche gibt es viele, aber wir haben die volle Freiheit, das zu glauben oder nicht.

Verbindlich gehört zu unseren Glaubensinhalten das, was im Credo steht und was die Kirche feierlich als Glaubensinhalt, als so genanntes „Dogma“ definiert. Außerhalb der Kirche hat das Wort „Dogma“ oder „dogmatisch“ einen negativen Klang. Es wird benutzt, wenn Menschen Thesen aufstellen und fest behaupten, aber nicht begründen können. Wenn wir dagegen uns einmal vertiefen, was für jahrelange Vorbereitungen laufen, bevor es zu einer feierlichen Dogmatisierung kommt, dann hat das nichts mit mangelnder Begründung zu tun.

Die letzte feierliche Dogmatisierung war am 1. November, dem Fest Allerheiligen 1950, als erklärt wurde, dass Maria mit Leib und Seele in den Himmel aufgenommen worden ist.

Der Inhalt dieses Dogmas passt ja zu unserem Thema, der himmlischen Platzreservierung. Maria ist bei Gott. Und da sie ohne Erbsünde war, musste sie nicht den Tod wie wir erleiden. Nach biblischem Befund ist der Tod, wie wir ihn erleben, die Folge der Erbsünde (vgl. Röm 5,12). Die Erbsündelosigkeit Mariens wurde 1854 feierlich als Dogma erklärt. Es gehört ja mit zur theologischen Vorbereitung eines Dogmas, dass man den biblischen Befund klärt, Zeugnisse aus der Vergangenheit sammelt, dass wenigstens implizit Christen das schon immer geglaubt haben. Das kann man feststellen anhand von alten Liedern und Gebeten sowie anhand von Meditationen und theologischen Reflexionen durch die Jahrhunderte.

Schauen wir uns den Text der Dogmatisierung noch einmal genauer an: „... verkünden, erklären und definieren Wir ..., dass die unbefleckte, immer jungfräuliche Gottesmutter Maria nach Vollendung ihres irdischen Lebenslaufes mit Leib und Seele zur himmlischen Herrlichkeit aufgenommen ist“ (Pius XII., Munificentissimus Deus, 1.11.1950). Man kann auch von der „eschatologischen Verherrlichung“ sprechen.

Die Dogmatisierung setzte unbefangen einen Zwischenzustand der menschlichen Existenz – die Trennung von Leib und Seele, das Weiterleben der Seele und die Auferstehung des Leibes am Jüngsten Tag – voraus. Selbst wenn man die Voraussetzungen nicht teilt und die „Sofortauferstehung“ des ganzen Menschen annimmt, bleibt doch die Hoffnung schenkende Wirklichkeit, Maria ist schon erhöht, bestehen. Das Assumpta-Dogma ist die logische Konsequenz aus dem Immaculata-Dogma und der Sündenlosigkeit Mariens: Wo Gott ungehindert wirken kann und der Mensch sich ganz darauf einlässt, da kann Gott gleich sein unbeeinträchtigtes Heil, d.h. die Gemeinschaft mit ihm in seiner Herrlichkeit schenken.

Als Zeittrend möchte ich dem Assumpta-Dogma die Todesverdrängung gegenüberstellen. Als ich in meinem Diakonatspraktikum in einem Eichsfelddorf meine erste Beerdigung zu halten hatte, erlebte ich es als Selbstverständlichkeit, dass zu jeder Beerdigung viele Dorfbewohner – auch jüngere Kinder – mitgingen. In dem gläubigen Milieu des Eichsfeldes wurde der Tod als etwas Natürliches, zum Leben Dazugehörendes, vor allem aber als Tor zum ewigen Leben angesehen und war auch dem Erlebnishorizont der Kinder nichts absolut Fremdes.

Als Kaplan in Gotha fragte ich in der 5./6. Klasse des Religionsunterrichtes die Kinder, wer schon mal bei einer Beerdigung oder Trauerfeier dabei gewesen wäre. Ganze zwei Kinder meldeten sich. Keiner hatte je einen Toten gesehen. Man kann diesen Unterschied nicht nur soziologisch erklären, sondern hier wird schon deutlich, dass es in einer atheistisch geprägten Stadt nicht üblich ist, zu Beerdigungen zu gehen, wenn man nicht unbedingt muss.

Wer nicht an ein Weiterleben nach dem Tode glauben kann, für den ist der Tod das Sinnloseste, was es gibt. Aller Sehnsucht nach persönlicher Ewigkeit spricht der Tod Hohn. Kein Wunder, dass man an etwas so Unangenehmes nicht erinnert werden möchte – nicht mal im Entferntesten!

Wie ich schon anfangs erwähnt habe: Bei der Teilnahme an einer sozialistischen Trauerfeier fiel mir das Dilemma eines solchen Redners auf: Entweder ist er konsequent, dann klingt's brutal; oder er versucht zu trösten und wird dabei inkonsequent.

Vielfach stoße ich auf eine Mentalität, die man so umschreiben könnte: Für Kinder ist die Teilnahme an Trauerfeiern unzumutbar, wo doch die Erwachsenen kaum damit fertig werden.

Gerade bei Trauerfeiern und im Umgang mit den Hinterbliebenen wird mit klar, welch befreiende Wirklichkeit sich durch unseren Glauben an das ewige Leben auftut. Das ist keine billige Jenseitsvertröstung.

Gott hat nun – um unsere Hoffnung zu stärken – bei Maria das schon vollzogen, was er auch mit uns zu tun beabsichtigt. Wenn wir auf Maria schauen, hat Gott das Problem „Sehnsucht nach Unsterblichkeit" grundsätzlich schon gelöst. Für uns ist er nur noch eine Frage der Zeit. Christus, dem Auferstandenen, ist schon ein „Nur-Mensch" nachgefolgt in die Herrlichkeit. Deshalb dürfen wir hoffen.

Ein Beispiel aus jüngerer Zeit für diese christliche Heilsgewissheit sind die Äußerungen von Gertraud von Bullion, die Gründerin des Frauenbundes in Schönstatt. Sie ist am 11. Juni 1930 im Alter von 38 Jahren an Lungentuberkulose gestorben.

Als Rotkreuz-Schwester lernt sie im Lazarett während des ersten Weltkrieges durch einen Sanitätsunteroffizier Schönstatt kennen und ist begeistert von dieser neuartigen Form der Christusnachfolge. Das Problem ist nur: Schönstatt ist zu der Zeit ein reiner „Männerbetrieb". Sie nimmt Kontakt auf zum Gründer, Pater Kentenich. Hartnäckig und zielstrebig bleibt sie dran. 1920 ist es dann endlich so weit: Am 8. Dezember 1920 weihen sich Gertraud von Bullion und ihre Kusine Marie Christmann der Dreimal Wunderbaren Mutter von Schönstatt. Das ist der Gründungsakt des Schönstatt-Frauenbundes, der Anfang der Schönstätter Frauenbewegung. Der Aufbau und die Ausbreitung des Apostolischen Bundes nach den Wegweisungen des Gründers sind zu ihrer Lebensaufgabe geworden.

Bald nach Kriegsende, nach dem ersten Kontakt mit Schönstatt, bricht die Krankheit aus, mit der sie mit unbändigem Lebensmut durch Täler und Höhen, zehn Jahre lang kämpft: die Lungentuberkulose. Viele Wochen und Monate verbringt sie in Sanatorien und Kliniken, im „Stimmungskarussell" zwischen Hoffnung auf Heilung und der Realität der fortschreitenden Erkrankung.

Die Zugehörigkeit und Berufung zu einer großen Aufgabe in Schönstatt geben ihr den Mut zur Kreuzesnachfolge. Sie bietet ihr Leben an für den Aufbau des Bundes. Die letzte Leidensstation ist das Krankenhaus in Isny, wo sie am Mittwoch in der Pfingstwoche 1930 ihr Leben in Gottes Hand zurückgibt.[90]

Ein halbes Jahr vor ihrem Tod schreibt sie an ihren geistlichen Begleiter, Pater Michael Kolb: „Am 23.12. starb, ganz aus dem Leben gerissen, eine junge Mitkranke, eine Zimmernachbarin. 'Memento mori!' Sie ist erstickt. – Ich bin auf alles gefasst, aber im tiefsten Innern ist ein Etwas in mir, das sagt, es ist noch nicht zu Ende; es kann auch kaum sein, ich empfange noch viel zu viel Liebe von Geschwistern und Freunden. Wohl sind's lauter Aufmerksamkeiten Gottes, aber es fehlt noch was, wenn ich so heimgehen soll. Sie schreiben: Sie hoffen, dass ich eine große Überraschung erleben werde, wenn ich Jesus sehen werde. O, ist denn das nicht Gewissheit, dass meiner die größte Überraschung harrt, werde ich doch dann erst erfassen die unerschöpfliche Barmherzigkeit des guten himmlischen Vaters, mit der er mich stündlich umgibt."[91]

Diese frohe Gewissheit, die aus den Zeilen spricht, beschreibt am besten, welche Bereicherung unser Glaube an ein ewiges Leben darstellt.

Hier in Dernbach gibt es seit einem Jahr ein Hospiz. Medizinisches Personal kann in unseren Einrichtungen eine Spezialisierung zur Palliativ-Fachkraft absolvieren.

---

[90] `https://www.s-fb.org/index.php?lang=ge&page=gertraudvonbullion_lebenslauf`

[91] Brief an P. Michael Kolb, ihren Seelenführer, vom 28.12.1929, in Lauer, Serviam 1991, S. 184 und in ihren Briefen und Schriften S. 410f.

Wir brauchen als Christen den Tod nicht zu tabuisieren. Im Gegenteil: Wir dürfen glauben, dass wir als Menschen das Beste immer noch vor uns haben, weil Jesus uns einen Platz reserviert hat.

31. Joh 14,6: Jesus sagte zu Thomas: Ich bin der Weg und die Wahrheit und das Leben; niemand kommt zum Vater außer durch mich.

Im August 1990 erfüllte ich mir einen Traum: Mit meinem Kletterfreund sind wir durch die Watzmann-Ostwand zum Gipfel gestiegen. Warum spreche ich von einem Traum? Ich bin ja in der DDR aufgewachsen und kannte die Alpen nur vom Fernsehen und von den Bildern. Im Thüringer Wald und in der Sächsischen Schweiz konnten wir zwar auch klettern, aber da waren die Routen höchstens 100 m. Ab 1986 gab es Reiseerleichterungen in den Westen. Mein Kletterfreund hatte seinen Verwandtenbesuch zum runden Geburtstag genutzt, um an den Königssee zu fahren und mit einem Teleobjektiv die Watzmann-Ostwand fotographiert. Nachdem er zurückgekommen war und seine Dias gerahmt hatte, hatte er mich mal eingeladen, und er hat die Bilder auf die weiße Wohnzimmerwand projiziert. Seine Begeisterung war so ansteckend, dass auch mich das Watzmann-Fieber gepackt hatte. Als dann am 9. November 1989 die Mauer fiel, war uns beiden klar: Im nächsten Sommer erfüllen wir uns unseren Traum. Zum Glück hat eine wohlhabende Cousine von ihm, die im Westen wohnte, entschieden: Ihr klettert nicht allein da hoch. Ich finanziere euch einen Kletterführer. Die 500 DM, die der kostete, hätten wir ja gar nicht gehabt. Wir sind am Vorabend mit dem letzten Schiff über den Königssee nach St. Bartholomä gefahren, haben in der Alpenvereinshütte übernachtet und sind am nächsten Morgen um 4 Uhr losmarschiert. Das Bild vom Watzmann auf einer Wohnzimmerwand im Format von 2x3 m zu sehen ist etwas ganz anderes, als dann am Fuße des Berges ein 2000 m hohes Bergmassiv vor sich zu erleben. Es war überwältigend!

Unterwegs erzählte der Kletterführer, dass einige von seinen Kameraden in der Woche zuvor ein paar Dresdener Bergsteiger aus Bergnot gerettet hatten. Irgendwann hatten diese die kleinen Markierungszeichen übersehen, waren von der Route abgekommen und dann in schwieriges Gelände geraten. Am Ende waren sie total erschöpft. Es ging weder vorwärts noch rückwärts. Damals gab es noch keine Handys. Zufällig hatten seine Kameraden im Berg die Rufe gehört und hatten dann die Gruppe gerettet. Mein Kletterfreund und ich hatten anhand des Buches, wo die möglichen Routen genau und detailliert beschrieben worden waren, uns für eine bestimmte Route entschieden und diese genau studiert, aber im Nachhinein muss ich sagen: Wir hätten so viel Zeit für die jeweilige Orientiertung gebraucht, dass der Aufstieg um Stunden länger gedauert hätte. Klettertechnisch war der Weg nicht schwierig. Wir sind den Berchtesgadener Weg gegangen, der nur in einigen Passagen den Schwierigkeitsgrad drei hat. Und von den 2000 Höhenmetern sind wir nur an den ausgesetzten Stellen geschätzte 200 m in der Seilsicherung geklettert. Um 12:30 Uhr waren wir am Südgipfel. Dann ging es über den Grat zurück nach Schönau, wo wir um 18 Uhr ankamen – erschöpft, aber glücklich.

Ich habe deshalb so ausführlich am Anfang dieser Meditation von meiner ersten Alpentour erzählt, weil mir dieses Erlebnis einen neuen Blick auf das Bibelwort erschlossen hat, über das ich mit Ihnen meditieren möchte.

Die Reihenfolge, die Jesus in seinen Selbstaussagen verwendet, ist nicht willkürlich, sondern darin steckt eine eigene Logik. Es hätte ja auch heißen können: Ich bin die Wahrheit, der Weg und das Leben. Das würde dann bedeuten: Ich studiere erst die Wahrheiten, die Jesus als jüdischer Weisheitslehrer verkündet, und wenn ich die als in sich stimmig beurteile und wenn mich diese Wahrheiten ansprechen, dann lasse ich mich auf den Weg ein.

Ähnlich gehen wir ja auch vor, wenn wir einen Wanderurlaub planen und nicht eine All-inclusive-Pauschalreise bei einem Reisebüro buchen. Wir studieren Karten, googeln nach Sehenswürdigkeiten, erkundigen uns nach öffentlichen Verkehrsmitteln am Urlaubsort und vieles andere mehr. Und wenn wir Spezialausrüstung wie Teleskopwanderstöcke oder Moskitonetze brauchen werden, dann kaufen wir die vorher in der Heimat, weil dort die Dinge meist viel billiger sind als in den Urlaubsorten.

Aber Jesus wählt die umgekehrte Aufzählung: erst der Weg, dann die Wahrheit. Warum? Manche Wahrheiten erschließen sich erst, wenn man sich auf den Weg begeben hat.

Wir kennen alle die vielen Aufforderungen Jesu zur Vergebung und zur Barmherzigkeit. Und trotzdem fällt es auch vielen Christen schwer, sich darauf einzulassen. Manche verwechseln Vergebung mit dem Vorgang, dass man um des lieben Friedens willen nachgibt. Vergebung wird dann immer mit Schwäche assoziiert.

Erst wer nach einer schwerwiegenden seelischen Verletzung sich bemüht, dass der Seeleneiter des Hasses, des Selbstmitleids oder der Verbitterung abgeflossen ist und sich nicht mehr neu bildet, wird an sich selbst beobachten, dass Vergeben-können eine Wohltat ist, die man sich selber bereitet. Das Geschenk des Vergebenkönnens wartet am Ende des Heilungsprozesses der Seele. Wer solch einen Prozess einmal selber durchlaufen hat, für den ist es klar, dass Vergebung nicht ein Zeichen von Schwäche, sondern ein Zeichen von Stärke und neu gewonnener innerer Freiheit ist. Nur der, der den Weg der Vergebung gegangen ist, kann aus tiefster Überzeugung sagen, dass alle anderen Versuche, auf die Verletzung zu reagieren, Sackgassen sind.

Einer meiner deutschen Mitbrüder war als junger Priester viele Jahre in Argentinien in der Jugendarbeit tätig. Ein Jugendlicher aus einer seiner Gruppen ließ sich vom marxistischen Gedankengut seiner Mitstudenten anstecken; er diskutierte viel mit dem Pater und kam immer wieder darauf zurück, dass die christliche Nächstenliebe nur dazu führe, dass die ungerechten Herrschaftsstrukturen bestehen blieben, ja sogar stabilisiert würden. Nächstenliebe allein würde die Gesellschaft nicht verändern, es braucht auch den Hass als Motivationsquelle für den Kampf zur Veränderung. Dieser Jugendliche taucht irgendwann unter, entscheidet sich für den bewaffneten Kampf und wird schließlich von Sicherheitskräften erschossen. Das Schicksal dieses hochbegabten und sensiblen Jugendlichen ist meinem Mitbruder noch lange nachgegangen.

Ähnliche Gedankenketten finden wir auch bei den RAF-Terroristen, die 1968 die Bundesrepublik in Atem hielten: Man ermordet die Symbolfiguren der strukturellen Macht, um gesellschaftliche Veränderungen herbeizuführen.

Nach dem Fall der Mauer und dem Zusammenbruch des kommunistisch geprägten Ostblocks hat der Marxismus viel von seiner Attraktivität verloren. Doch die Beobachtung der Korruption und Machtmissbrauch von Herrschaftseliten in vielen Ländern der Erde löst nicht nur bei den Reportern, die so manche Skandale aufdecken, sondern auch bei vielen Bürgern die empörte Frage aus: Wie lässt sich so etwas ändern?

Der Wiener Schriftsteller Marc Elsberg hat einen Technik-Thriller geschrieben mit dem Titel „Black out. Morgen ist es zu spät." 2013 waren 130000 Exemplare der deutschsprachigen Ausgabe verkauft: Eine gut vernetzte Terroristengruppe legt das Stromnetz in Europa lahm. Ein italienischer Informatiker Manzano kommt den Terroristen auf die Spur, wird aber selber verdächtigt. Schließlich gelingt es Interpol die beiden Großrechner in Istanbul und Mexico-City als Schaltzentralen zu identifizieren und zu erobern. Einigen Terroristen gelingt aber die Flucht. Der flüchtige Terrorist Jorge Pucao dringt in das Hotelzimmer ein und nimmt die darin Anwesenden als Geiseln. Er erklärt sein Motiv, wonach die Terroristengruppe durch den Blackout bewusst eine Anarchie und damit einen Ausgleich der gesellschaftlichen Ungleichheiten und Ungerechtigkeiten herbeiführen wollte.

Die Resonanz, die dieser Roman ausgelöst hat, macht deutlich, wie viele Menschen von der Frage umgetrieben werden, wie eine menschlichere Welt herbeigeführt werden kann.

In Lateinamerika werden viele kirchliche Mitarbeiter umgebracht, nicht zuerst wegen ihres Glaubens, sondern weil sie gegen ungerechte Strukturen kämpfen und die Menschenrechte gerade auch der Schwachen verteidigen. Prominentes Beispiel ist der am 14. Oktober 2018 heiliggesprochene Bischof Oscar Romero, der am 24. März 1980 in San Salvador von bezahlten Killern ermordet worden war:

„Romero galt als Konservativer, der ein gutes Einvernehmen mit der Regierung garantierte. Doch die Brutalität der Militärs und die Not der Landbevölkerung bewirkten eine deutlich kritische Positionierung des neuen Erzbischofs. Schlüsselerlebnisse waren für Romero das im Februar 1977 von Militärs und Sicherheitskräften verübte Massaker an Demonstranten, die sich auf der Plaza Libertad, dem Platz der Freiheit, in San Salvador versammelt hatten, um gegen den Betrug bei den Präsidentschaftswahlen zu protestieren, und dann im März 1977 die Ermordung des Jesuitenpaters Rutilio Grande, der in Aguilares für die Kirche der Armen arbeitete, und zweier seiner Begleiter. Unmittelbar danach nahmen viele Menschen eine spürbare Veränderung bei Oscar Romero wahr. Er selbst sagte später: Als ich den toten Rutilio ansah, dachte ich: Wenn sie ihn für das umgebracht haben, was er getan hat, dann muss ich denselben Weg gehen wie er. ... Er setzte sich nun eindeutig ein für die Armen, Entrechteten und Ausgebeuteten und für Gerechtigkeit und wurde bald schon zur herausragenden Stimme der lateinamerikanischen Befreiungstheologie. Der Apostolische Nuntius und – mit einer Ausnahme – alle Mitglieder der salvadorianischen Bischofskonferenz stellen sich nun gegen ihn und seinen offenen Protest, denn sie wünschten keine Missklänge im Verhältnis zum Staat und schreckten auch vor Verleumdungskampagnen nicht zurück."[92]

Kommen wir zur Watzmannbesteigung zurück: Je höher man klettert, desto mehr verschiebt sich auch das Panorama und desto weiter wird der Horizont. Manche Wahrheiten erschließen sich erst dem, der einen bestimmten Weg geht.

Ein historisches Beispiel: Der Sohn Francesco des reichen Tuchhändlers Pietro Bernadone in Assisi kämpft als 20-Jähriger gegen die Stadt Perugia, wird gefangen genommen und verbringt rund ein Jahr im Kerker. Ende 1203 kommt ein Vertrag zustande, und die Gefangenen werden frei. Dieser Bruch in der Biographie löst weitere Veränderungen aus. Zwischen 1205 und 1206 wird dieser gesellige Lebemann nachdenklicher, entdeckt die Einsamkeit, entdeckt die Freiheit einer äußersten Bedürfnislosigkeit, gerät mit seinem Vater in Konflikt, der den Verrückten enterbt. Mancher Spötter wandelt sich und ist fasziniert von der Authentizität und der charismatischen Ausstrahlung dieses Alternativen. Junge Männer schließen sich dem Lebensstil an. Die Franziskaner sind gegründet. 1221 entsteht der so genannte „Dritte Orden", d.h. Laien, die verheiratet sind und ihrem Beruf nachgehen, aber von den franziskanischen Idealen begeistert sind. Zu den Regeln des Dritten Ordens gehört auch, dass man keine Waffen trägt. 50 Jahre später kann man in Italien einen drastischen Rückgang der zahlreichen Städtekriege feststellen. Der Entschluss, keine Waffen zu tragen, ist nicht bloß eine symbolische Geste eines utopischen Pazifismus, sondern ein wirksamer Beitrag zur Befriedung des Landes. Der ursprünglich rein spirituelle Aufbruch führt zu zivilgesellschaftlichen Veränderungen.

Ein weiteres Beispiel: Vinzenz von Paul ist entsetzt über die Lebensbedingungen von Häftlingen im Pariser Gefängnis Conciergerie: „Waren dies noch Gefängnisse? Waren dies nicht in Felsen

[92] `https://www.heiligenlexikon.de/BiographienO/Oscar_Romero.html` (abgerufen am 16.8.2019).

gehauene Löcher, an denen das Wasser herunter lief? Und dort kauerten sie, die Armseligen, elenden, angeschmiedet an Ketten, sie lagen auf Haufen in verwahrlosten Lumpen, strotzend vor Unrat und Ungeziefer."[93] Er kämpft mit dem Grafen Gondi und kann erreichen, dass die Häftlinge eine andere Unterkunft bekommen. Die Wächter – abgestumpft durch Gewöhnung und Verachtung – sind überrascht, dass dieser Priester auch in den Schwerverbrechern Menschen sieht. Der Schriftsteller Leo Weismantel legt dem Vinzenz die Worte in den Mund: „Wer nimmt die Fratze der Hölle von ihren Gesichtern, dass sichtbar wird, was darunter ist? Dies ist die von Gott ihnen eingehauchte Seele!"[94]

Der Weg der immer innigeren Verbindung mit Gott, den Vinzenz von Paul gegangen ist, lässt ihn auch in den Schwerverbrechern das verborgene Ebenbild Gottes erkennen. Eigentlich stand auch zu seinen Zeiten diese Glaubenswahrheit schon in der Bibel und in den Katechismen, aber im praktischen Umgang mit den Verbrechern behandelten die Verantwortlichen und die Wärter die Gefangenen so, als ob es diese Wahrheit nicht gäbe.

Ein Beispiel hier aus Dernbach: Die Not im Westerwald des 19. Jh. war groß. Eltern sahen sich gezwungen eines oder mehrere Kinder als Bettelmannskinder oder Musikantenkinder an skrupellose Menschenhändler zu verkaufen, damit ein Esser weniger war und die kargen Lebensmittel für die übrigen reichten. Das war halt so! Das machte man so, auch wenn viel Herzeleid auf beiden Seiten damit verbunden war. Die junge Frau Katharina Kasper konnte und wollte sich mit diesem Elend nicht abfinden. Sie sammelte Freundinnen um sich, die sich um Waisenkinder kümmern wollten, baute ein Häuschen für ihre Gefährtinnen und die ersten aufgenommenen Kinder, gründete einen Verein und ein paar Jahre später, nämlich 1851, wurde aus dem Verein ein Orden.

---

[93] Leo Weismantel, Die guten Werke des Herrn Vinzenz, Leipzig 1956, S. 138.

[94] A.a.O., S. 139.

Der Dichter Franz Kafka formulierte einmal: Wege entstehen dadurch, dass man sie geht.

Dieser Weg, den Katharina Kasper gegangen war, eröffnete vielen jungen Frauen eine Perspektive, die sie so nicht gehabt hätten. Am Ende ihres Lebens konnte sie auf 2000 Frauen zurückblicken, die in die von ihr gegründete Gemeinschaft eingetreten waren und das Leid von vielen Menschen gelindert hatten.

Bisher habe ich nur den Zusammenhang zwischen Weg und Wahrheit betrachtet. Die Selbstaussage Jesu umfasst aber noch ein drittes Wort: Leben.

Wer sich auf Jesus einlässt, findet in ein intensives Leben. Das ist keine Einzelaussage in den Evangelien. Wir erinnern uns an das Wort Jesu: *„Wer sein Leben um meinetwillen verliert, der wird es gewinnen"* (Mt 10,39). Dabei geht es nicht nur um das Martyrium. Jesus verheißt Leben in Fülle auch denen, die ihr Leben minuten-, stunden- oder tageweise an andere verlieren.

Es gibt hier in Dernbach ein Altersheim mit 70 Schwestern. Wenn ich mit Einzelnen ins Gespräch komme, und sie aus ihrem Leben erzählen, dann fällt mir bei vielen diese innere Freude und Dankbarkeit auf: „Ja, ich hatte ein erfülltes Leben!" oder: „Die Gemeinschaft hat mir eine Ausbildung ermöglicht, die ich so nie hätte ergreifen können."

Neulich, als wir eine 78-jährige Schwester beerdigt haben, kamen ganz viele ihrer ehemaligen Mitarbeiter und Mitarbeiterinnen sowie eine Reihe von Heimbewohnerinnen hierher nach Dernbach. Beim anschließenden Kaffee sprachen die Trauergäste voller Hochachtung und Dankbarkeit über diese Schwester, die – wie man im Volksmund so sagt – das Herz am rechten Fleck hatte.

Ich kenne ja auch das andere. Da gibt es Menschen, die kreisen nur um sich und ihre Probleme und machen es dadurch oftmals schlimmer als es ist. Die Angst, im Leben zu kurz zu kommen, lässt sie in ihren Mitmenschen nur Konkurrenten sehen, die es mit fairen oder auch unfairen Mitteln auszustechen gilt. Und dann klagen diese Menschen im Alter über Einsamkeit und fehlende Freunde. Dass dieses Elend häufig selbstverschuldet ist – dieser schmerzlichen Wahrheit können sich nur die ganz Mutigen stellen. Doch für Bekehrungen ist es nie zu spät.

Die Australierin Bronnie Ware hatte sich, um sich irgendwie einen Unterhalt zu verdienen, in Südengland acht Jahre lang um Sterbende gekümmert. Die Erfahrungen hat sie auf ihrem Blog veröffentlicht – „Erst die Sterbenden haben mir gezeigt, wie ich leben sollte“ – und später sogar ein Buch daraus gemacht. Es wurde ein Bestseller, der 2013 in deutscher Übersetzung erschien:

“5 Dinge, die Sterbende am meisten bereuen“, heißt ihr Werk. 2012 schaffte es Ware damit in die deutschen Medien – obwohl es damals nur in englischer Sprache erhältlich war. Inzwischen ist es in 26 Sprachen übersetzt worden. „Offenbar kam meine Botschaft zur richtigen Zeit“, sagt die Autorin, aber, ja, gewundert habe sie sich auch über das große Interesse an ihren im Grunde simplen und traurigen Geschichten.

Diese fünf am häufigsten genannten unerfüllten Wünsche lauten:

- Ich wünschte, ich hätte den Mut gehabt, mir selbst treu zu bleiben, statt so zu leben, wie andere es von mir erwarteten.
- Ich wünschte, ich hätte nicht so viel gearbeitet.
- Ich wünschte, ich hätte den Mut gehabt, meinen Gefühlen Ausdruck zu verleihen.
- Ich wünschte, ich hätte den Kontakt zu meinen Freunden gehalten.
- Ich wünschte, ich hätte mir mehr Freude gegönnt.

Nur etwa 30 Prozent der Menschen würden nichts bereuen am Ende ihres Lebens, sagte Ware. „Um zu dieser Minderheit zu gehören, kann ich nur empfehlen, die fünf Punkte zu beherzigen.“

Über diesen Umweg, wo Menschen auf ein verfehltes Leben zurückblicken, können wir wieder neu das Angebot Jesu wertschätzen: „Ich bin der Weg, die Wahrheit und das Leben." Wer sich auf ihn einlässt, wer den Weg geht, auf den Christus ihn lockt, der wird die Wahrheit über sich selbst, die Wahrheit über den Menschen allgemein und die Wahrheit über gelingendes Miteinander entdecken und so in ein erfülltes Leben finden.

Leben ist immer wie Zeichnen ohne Radiergummi. Wir können Geschehenes nicht ungeschehen machen; und wir können unser Leben auch nicht ein paar Jahre zurückspulen und eine andere Entscheidung treffen. Deshalb ist so wichtig, dass junge Menschen, die das Leben noch vor sich haben, Christus als ihren Lebensweg entdecken und nicht erst mühsam durch Versuch und Irrtum die verschiedensten Lebenskonzepte ausprobieren, sich blutige Nasen am Ende der Sackgassen holen und dann sich neu orientieren müssen. Dazu braucht es die erfahrenen älteren Christen, die authentisch und durch Fakten untermauert den jungen Menschen die Nachfolge Christi erschließen und sie ermutigen, sich auf diesen Weg einzulassen.

Zum Schluss ein Wortspiel von Kurt Marti: „Wo kämen wir hin, wenn alle sagten, wo kämen wir hin, und niemand ginge, um einmal zu schauen, wohin man käme, wenn man ginge."

32. Joh 14,9: Auf Gott hin durchlässig – Wer mich sieht, sieht den Vater

Einmal habe ich meine Digitaluhr im Auto liegen gelassen. Die Sonne hat das Display so erhitzt, dass das ganze Display schwarz war. Wie ist das möglich? So ein Display besteht aus zwei Glasplättchen, auf deren Innenseite eine hauchdünne Goldschicht aufgedampft ist – die eine Glasplatte komplett, die andere in den spiegelverkehrten Formen, die die Zahlen oder Symbole auf der Anzeige dann darstellen sollen. Zwischen diesen Glasplättchen befindet sich eine Substanz, die bei höheren Temperaturen in einen flüssigklaren Zustand gerät. Dann wird der Untergrund komplett sichtbar: Schwarz. Bei Zimmertemperatur befindet sich diese Substanz nicht im festen Zustand, sondern im sogenannten Flüssigkristall-Zustand. Die Moleküle schwimmen und schwirren durcheinander und reflektieren das Licht. Deshalb sieht die Fläche silbergrau aus. Wird nun an die Goldelektroden eine geringe Spannung gelegt, dann richten sich die Moleküle in dem elektrischen Feld alle gleichmäßig aus, die Substanz wird durchsichtig und der schwarze Untergrund wird nur an den Symbol-Elektroden, wo die Spannung anliegt, sichtbar. Diese sogenannten Flüssigkristallanzeigen oder abgekürzt (LCD) sind das Herzstück von Digitaluhren oder Handys, von Flachbildschirmen oder Displays von CD-Playern und anderen elektrischen Geräten ist.

Aus unserem Alltag sind diese praktischen Helfer nicht mehr wegzudenken. Doch es war ein langer Weg zur technischen Nutzung des Effektes, den der Prager Chemiker und Biologe Friedrich Reinitzer an seinem späteren Wirkungsort in Graz entdeckte und beschrieb. Als er mit Ester-Derivaten des Cholesterins experimentierte, konnte er eine Farberscheinung im Bereich des Schmelzpunktes feststellen. Neu war jedoch, dass diese Substanz zwar bei 145° C ihren Schmelzpunkt hat, aber die Schmelze trübe Flüssigkeit darstellte. Durch weiteres Erhitzen bei 178,5° C wurde aus der trüben Flüssigkeit eine klare. Der Vorgang war beim Abkühlen reversibel und reproduzierbar. Er trat in Briefkontakt zu dem Aachener Kristallforscher Otto Lehmann. Dieser konnte besondere optische Effekte, die für Kristalle typisch waren, nachweisen. Er prägte auch den Ausdruck „fließende Kristalle“. So gilt das Jahr 1888 als Geburtsstunde der Flüssigkristallforschung.

Doch blieben die „fließenden Kristalle“ nahezu 80 Jahre lang ein Phänomen ohne größere praktische Anwendung. Der Amerikaner George Heilmeier († 2014) entdeckte in den 60er Jahren das Phänomen, dass diese Flüssigkristalle sich in einem elektrischen Feld gleich ausrichteten und so das Material transparent wurde. Die Forscher der Darmstädter Merck-Werke fanden einen Stoff, der sich bei Zimmertemperatur in diesem sogenannten vierten Aggregatzustand befand. Die Entwicklung und die Produktion dieser Materialien sind heute die „Kronjuwelen" dieses Chemiekonzerns. Der prinzipielle Aufbau der Flüssigkristallanzeige sieht so aus: Zwei Glasplatten oder durchsichtige Plastikfolien werden mit Gold beschichtet, aber so dünn, dass sie noch durchsichtig bleiben, die eine Innenseite ganz, die andere nur in den Formen (Buchstaben oder Symbolen), die später auf dem Display sichtbar werden sollen. Dazwischen kommt die Substanz – auch nur wenige Molekülschichten stark. Wird nun an die Goldelektroden eine Spannung angelegt, dann richten sich die dazwischen liegenden Moleküle wie in einem Kristall aus, die Substanz wird durchsichtig, und der schwarze Hintergrund wird sichtbar.

Dieser kleine Ausflug in die Entwicklungsgeschichte einer Alltagsanwendung kann uns helfen, einen Vorgang besser zu verstehen, den Jesus so umschreibt: *„Wer mich sieht, sieht den Vater"* (Joh 14,9).

Jesus kritisiert seinen Apostel Philippus: *„Schon so lange bin ich bei euch, und du hast mich nicht erkannt, Philippus? Wer mich gesehen hat, hat den Vater gesehen, Wie kannst du sagen: Zeig uns den Vater? Glaubst du nicht, dass ich im Vater bin und dass der Vater in mir ist"* (Joh 14,9f).

Sicher ist es für uns alle leichter nachvollziehbar, dass auf dem Berg Tabor bei der Verklärung es den drei Jüngern Petrus, Jakobus und Johannes leichter fiel, an die Göttlichkeit Jesu zu glauben als im Alltag, wenn dieser Jesus auch mal müde wurde und im Boot schlief oder hungrig war oder durstig und eine Samariterin um Wasser bat (vgl. Joh 4,7).

In diesem Zusammenhang ist interessant, dass der Evangelist

Johannes nicht von „Wundern“ sprach, sondern von „Zeichen“. Johannes wählt von den vielen Wundern Jesu nur sieben aus. Das erste ist die Hochzeit von Kana. Am Ende heißt es: *„So tat Jesus sein erstes Zeichen, in Kana in Galiläa, und offenbarte seine Herrlichkeit, und seine Jünger glaubten an ihn“* (Joh 2,11).

Aus dem Gespräch mit der Samariterin am Jakobsbrunnen ergibt sich am Ende die Erkenntnis für diese Samariterin: Ist er vielleicht der Messias? (vgl. Joh 4,29) Und danach kommen viele der übrigen Dorfbewohner aufgrund ihrer Gespräche mit Jesus zu der Erkenntnis: Er ist wirklich der Retter der Welt (vgl. Joh 4,42). Wir könnten die Aufzählung noch beliebig fortsetzen. In der Begegnung mit Jesus entdecken die Menschen eine Tiefendimension. Und mit ein bisschen Nachhilfe durch Jesus, der anhand der Antworten der Menschen erlebt, dass sie ihn immer noch nicht richtig erkannt haben, kommen sie dann doch am Ende zur tieferen Erkenntnis wie z.B. der Blindgeborene, den Jesus heilte: *„Ich glaube Herr! Und er warf sich vor ihm nieder“* (Joh 9,38).

Und gleichzeitig ist diese durchschimmernde Göttlichkeit so verborgen, dass die Erkenntnis seiner Gottheit nicht zwangsläufig erfolgt. Wir können das nachverfolgen, wenn wir die Auseinandersetzung mit den Pharisäern auf uns wirken lassen:

„Da sprach Jesus: Um zu richten, bin ich in diese Welt gekommen: damit die Blinden sehend und die Sehenden blind werden. Einige Pharisäer, die bei ihm waren, hörten dies. Und sie fragten ihn: Sind etwa auch wir blind? Jesus antwortete ihnen: Wenn ihr blind wärt, hättet ihr keine Sünde. Jetzt aber sagt ihr: Wir sehen. Darum bleibt eure Sünde“ (Joh 9,39ff).

Was für Jesus in außergewöhnlicher Weise galt, gilt für alle, die sich ernsthaft darum bemühen, mit ihm und in ihm zu leben. Menschen können zum Fenster auf Gott hin werden.

Als zum Beispiel die verunglückte Anna Schäffer ihre Schmerzen und ihr ans Bett-Gefesselt-sein angenommen hatte, wurde sie unwahrscheinlich fruchtbar in ihrem Briefapostolat. Sie konnte Menschen ermutigen. Ihr nahm man es ab, wenn sie von Hoffnung und Geduld schrieb. Manche Menschen empfahlen ihre Gebetsanliegen der Anna Schäffer und hatten das Gefühl, dass Gott diese Frau eher erhört als sie selbst.

Aus diesen Beobachtungen ergibt sich für uns eine doppelte Aufgabe:

1. Je mehr wir uns darum bemühen, dass Gott in uns und durch uns wirkt, je mehr wir uns also um Menschlichkeit bemühen, desto leichter fällt es anderen Menschen, durch uns eine Ahnung von Gottes Liebe und Barmherzigkeit zu bekommen.

2. Je mehr wir unsere Aufmerksamkeit auf die Spuren des Göttlichen in anderen Menschen und Geschöpfen lenken und zu entdecken versuchen, desto leichter gelingt es uns, an die Allgegenwart Gottes nicht nur zu glauben, sondern sie auch zu erleben. Es geht also um die Überwindung der pharisäischen Blindheit.

Pater Kentenich, der Gründer der Schönstatt-Bewegung, umschrieb die Wachstumsherausforderung im Glauben so: Durchsichtigmachung alles Geschöpflichen auf Gott hin.

Das ist der Vergleichspunkt zu den Flüssigkristallanzeigen, über die ich am Anfang unserer Meditation gesprochen hatte. Es war eine mühsame Forschungsarbeit, ehe man dieses physikalische Phänomen technisch anwenden konnte. Heute sind die Verfahren so ausgereift, dass viele Hersteller solche Digitalanzeigen produzieren können.

Wie würde die Kirche in unserem Land an Dynamik gewinnen, wenn von den 23 Millionen Katholiken die Hälfte einige Jahre trainieren würde, Gott in allem zu suchen und zu finden!

Eine solche Grundeinstellung ist ganz verschieden von der der „Essig-Pharisäer". Wen meine ich damit? Die Pharisäer zur Zeit Jesu waren so auf die Einhaltung der Gesetze und Vorschriften fixiert, dass sie sowohl Gott wie die Menschen aus dem Blick verloren hatten. Die „Essig-Pharisäer" sind Menschen, die immer wieder nach einem äußeren Grund suchen, um sauer sein zu können.

Und der Grund muss außerhalb von ihnen liegen, so dass sie sich als Opfer von Verhältnissen oder Autoritäten fühlen können. Die damaligen Pharisäer haben den Menschen schwere Lasten auferlegt, die nicht zu tragen waren. Die „Essig-Pharisäer" wollen den Menschen Probleme aufladen, die momentan so nicht zu lösen sind. Nach etlichen Diskussionen um Zölibat, Frauenpriestertum, kirchlicher Anerkennung homosexueller Lebensgemeinschaften und weitere Standardthemen blieb bei den Teilnehmern immer nur ein Gefühl der Ohnmacht und des Frustes übrig. Es ist wie beim Essig: Essig macht Früchte haltbar, aber nicht fruchtbar. Und deshalb werden – mit langweiliger Monotonie – immer wieder dieselben Litaneien abgespult.

Auch das Jammern über rückläufige Zahlen macht blind für das Wirken Gottes in den Herzen der Einzelnen und schafft keine Aufbruchstimmung. Es gibt durchaus verantwortliche Christen, die leider ihre Erosionsbrille nicht absetzen können. Sie sehen nur das, was nicht mehr ist und trauern dem nach. Wir brauchen Christen, die es sich zur Lebensaufgabe machen, die Spuren des Göttlichen im Heute zu suchen und Ihn letztlich auch zu finden. Mit dieser Haltung befinden wir uns in guter Gesellschaft von Heiligen:

Der Gründer des Jesuitenordens, Ignatius von Loyola hatte als Motto für seinen Orden ausgegeben: Gott suchen und finden in allen Dingen. Hinter einem solchen Motto steht natürlich die eigene Erfahrung des Ignatius, dass so etwas möglich ist. Aber auch er gesteht sinngemäß: In jungen Jahren, als mich der Ehrgeiz nach weltlichem Ruhm und Ehre verblendet hatte, hatte ich keine Antenne für Gott, obwohl ich die religiösen Pflichten eines Adeligen erfüllte.

Der jugendliche Atheist und spätere Bischof von Hippo in Nordafrika, der hl. Augustinus, hat seine Gottsuche sinngemäß so umschrieben: „Ich suchte nach Schönheit und hielt sie für Gott, aber die schönen Blumen, die schöne Landschaft, die schönen Menschen, der schöne Sternenhimmel gaben mir zu verstehen, dass sie nicht Gott sind, ich solle höher hinaufsteigen. So fand ich schließlich Gott. Unruhig ist unser Herz, bis es ruht in Dir, o mein Gott!"

Wir können unsere Nachfolge Christi, unsere ganz persönliche Glaubensgeschichte auch als Such- und Find-Geschichte Gottes beschreiben.

Für Ehepartner ergibt sich daraus eine besondere Chance und Herausforderung: Wie wird mein Partner für mich zum bevorzugten Ort der Gottesbegegnung? Und wie werde ich für meinen Partner zum bevorzugten Ort der Gottesbegegnung?

Wir glauben daran, dass ab der Taufe der dreifaltige Gott in der begnadeten Seele wohnt und wirkt. Je mehr sich also ein Mensch darum bemüht, dass er für den in ihm wohnenden Gott transparenter, durchscheinender wird, desto leichter fällt es anderen, in diesem Menschen Gott zu finden. Je mehr ein Mensch lernt, desto mehr Anteil hat er an der göttlichen Allwissenheit und Allmacht. Dass jeder Fortschritt im Mehr-Wissen und Mehr-Können für den Menschen mit Glücksgefühlen verbunden ist, ist eine heiße Spur, dass wir Gott nähergekommen sind. Sollte das aber zu Stolz und Überheblichkeit statt zur Dankbarkeit gegenüber dem Schöpfer führen, dann hat sich der Mensch selber von Gott weg katapultiert.

„Die wirklich etwas können, sind bescheiden und können sich über die Leistungen anderer mitfreuen und sie würdigen", meinte einmal ein Professor zu mir. Neben der wachsenden Teilhabe an der göttlichen Allmacht und Allwissenheit ist die Reifung in der Liebe der Königsweg, um Gott immer ähnlicher zu werden und ihm näher zu kommen. Wer durch die erlebten Grenzen und Schwächen des Partners nicht in die Selbstmitleidsfalle tappt und in der Verachtung landet, sondern solche Erlebnisse als Chance zum Wachsen in barmherziger Liebe einordnet und nutzt, dessen Liebe wird reifer. „Sei hoch gelobt in Ewigkeit, du Mittel meiner Heiligkeit!" – Mit einem Augenzwinkern hat Pater Kentenich diesen Spruch den Ehepaaren in Milwaukee immer wieder gesagt und damit eine Wachstumsherausforderung umschrieben, die das Geheimnis glücklicher Paare darstellt. Pater Kentenich hat häufig betont, dass es auf der zwischenmenschlichen Ebene Erlebnisse braucht, damit der Mensch überhaupt fähig wird, glauben zu können.

Als besonders hilfreich fand er erlebte Ehrfurcht; Sehnsucht nach Reinheit des Herzens; erlebte Barmherzigkeit, die es ermöglicht, die eigenen Grenzen und die eigene Schuld zu erkennen und zu bekennen; und geschenkte Liebe, die man sich nicht erst verdienen muss. Letzteres umschrieb er mit Mütterlichkeit bzw. Väterlichkeit.

Bei allem Austarieren einer partnerschaftlichen Ehe darf sich jeder auch immer wieder erlauben, sich „bevatern“ oder „bemuttern“ zu lassen. Das sollte nur nicht chronisch und damit einseitig werden. Wenn Paare sich um eine so gestaltete Bündniskultur bemühen, dann wird Nähe nicht mehr bedrohlich, verletzend und anstrengend, sondern nährend und heilend.

Pater Kentenich verwies auf den Menschen mit der innigsten Christusnähe, auf Maria, und verfasste im KZ Dachau folgendes Gebet:

„Lass uns gleichen deinem Bild, ganz wie du durchs Leben schreiten; stark und würdig, schlicht und mild, Liebe Fried und Freud verbreiten. In uns geh durch unsere Zeit, mach für Christus sie bereit.“

Damit beschreibt er die eine Herausforderung: Ich bemühe mich um eine innige Verbundenheit mit Gott, und das veredelt meinen Charakter.

Schon in den Psalmen finden wir folgende Bitte: *„Wer auf dich hofft, Herr, du Herr der Heere, soll durch mich nicht scheitern; wer dich sucht, Gott Israels, gerate durch mich nicht in Schande.“* (Ps 69,7).

Es ist selbstverständlich: Wenn wir durch Gleichgültigkeit, Hartherzigkeit oder Ungerechtigkeit anderen Menschen schaden, dann fällt es diesen Menschen schwerer, an einen liebenden Gott glauben zu können.

Positiv beschrieben: Je menschlicher wir sind, desto leichter machen wir es unseren Mitmenschen, an einen guten Gott glauben zu können.

Als der Asienmissionar und Jesuitenpater Franz Xaver vor der Küste Chinas auf einer kleinen Insel darauf wartete, eine Einreiserlaubnis zu bekommen, kümmerte er sich um einen kranken Chinesen. Dieser fragte ihn nach ein paar Tagen, warum er das denn tue denn sie waren sich ja fremd. Franz Xaver antwortete: Weil mein Gott mir das gebietet. Darauf schlussfolgerte der Chinese: Dann muss es ein guter Gott sein, wenn er dir so etwas gebietet.

Als einige spöttische Skeptiker den ganzen Schwindel rund um den Pfarrer von Ars, Johannes-Maria Vianney aufdecken wollten, fuhren sie von Lyon nach Ars, ließen sich im Wirtshaus nieder und schickten einen Kundschafter zur Kirche. Da es eine lange Warteschlange von Menschen gab, die mit dem Pfarrer von Ars reden wollten, dauerte es lange, bis er zurückkam. Seine Kumpane, die in der Zwischenzeit entsprechend Alkohol konsumiert hatten, wollten sich in ihren Vorurteilen bestätigt wissen, aber der Kundschafter meinte voller Ernst: „Seid still! Ich bin Gott in einem Menschen begegnet!“

Natürlich lässt es sich Gott nicht nehmen, einfach unmittelbar – ohne irgendeine menschliche Vermittlung – Menschenherzen anzurühren. Bekannte Beispiele sind Saulus, André Frossard und Paul Claudel.

Manchmal „erledigt“ Gott die Herausforderungen selber, sozusagen in Gottunmittelbarkeit, wie bei Paulus vor Damaskus. Das hätte keiner sonst so hinbekommen bei dem Fanatismus des Saulus (vgl. 1 Kor 15). Aber dann zieht sich Gott zurück und verweist Paulus auf Hananias und umgekehrt. Blaise Pascal hat sein intensivstes Gotteserlebnis am 23.11.1654, 22:30 bis 1:00 Uhr, in seinem Zimmer. Da brauchte er keinen sakramentenspendenden Priester dazu. Aber er besucht danach sehr regelmäßig die hl. Messe und bringt das Argument vom Lotteriegewinn, den man auch dann einlösen würde, wenn heute der letzte Tag wäre und draußen das Wetter schlecht wäre.

Der französische Dichter Paul Claudel hatte mit 18 Jahren bei der Vesper am Weihnachtstag 1886 in der Pariser Kathedrale Notre-Dame (als die Sängerknaben das „Magnificat“ sangen) ein Erweckungserlebnis und war hinfort gläubiger Katholik. Ähnlich beim atheistisch-marxistisch aufgewachsenen Andre Frossard:

Wie er in seinem Konversionsbuch „Gott existiert. Ich bin ihm begegnet“ schildert, wuchs André Frossard in einem Umfeld „vollkommener Atheisten“ auf, welche die Nichtexistenz Gottes für so offenbar hielten, dass sie sich nicht einmal mehr die Mühe machten, ihn zu leugnen. Ganz zufällig, weil er auf einen Freund wartete, ging er 1935 als 20-Jähriger in eine kleine Kirche in Paris, wo er eine Gottesbegegnung hatte, die so intensiv war, dass er – wie er berichtet – selbst bei späteren Schicksalsschlägen (wie dem Tod seiner beiden Kinder) nicht mehr möglich war, an der Existenz Gottes auch nur den leisesten Zweifel zu hegen.

Als Frossard die Kirche betrat, hörte er, wie er später berichtete, als spräche jemand leise zu ihm die Worte „geistliches Leben“. Daraufhin stürzte nach seiner Beschreibung wie eine Lawine der Himmel auf ihn zu, und eine Freude überwältigte ihn, „die nichts anderes ist als der Jubel des vom Tod Erretteten“. „Es ist“, so Frossard, „ein unzerstörbarer Kristall, von einer unendlichen Durchsichtigkeit, einer beinahe unerträglichen Helle (ein Grad mehr würde mich vernichten) einem eher blauen Licht, eine Welt, eine andere Welt, von einem Glanz und einer Dichte, dass unsere Welt vor ihr zu den verwehenden Schatten der nicht ausgeträumten Träume zurücksinkt. Es ist die Wirklichkeit, es ist die Wahrheit, ich sehe sie vom dunklen Strand aus, wo ich noch festgehalten bin. Es ist eine Ordnung im Universum, und an ihrer Spitze, jenseits dieses funkelnden Nebelschleiers, ist die Evidenz Gottes, die Evidenz, die Gegenwart ist, die Evidenz, die Person ist, die Person dessen, den ich vor einer Sekunde noch geleugnet habe, den die Christen unseren Vater nennen und dessen milde Güte ich an mir erfahre, eine Milde die keiner anderen gleicht, die nicht die manchmal mit diesem Namen bezeichnete passive Eigenschaft ist, sondern eine aktive, durchdringende, eine Milde, die alle Gewalt übertrifft, die fähig ist, den härtesten Stein zu zerbrechen und was härter ist als der Stein – das menschliche Herz."

Solche unmittelbaren Eingriffe Gottes in die Biographie von Menschen gibt es also auch. Aber das darf uns nicht davon dispensieren, den unspektakuläreren Weg für viele gangbar zu machen, indem wir uns einerseits um Gottähnlichkeit bemühen und andererseits unseren Blick für das Göttliche im anderen zu schärfen.

Ein erfahrener Tischlermeister wird auf den ersten Blick erkennen, ob in diesem Zimmer, das er gerade betritt, Qualitätsmöbel stehen oder große Zigarrenkisten. Ein erfahrener Arzt wird natürlich all die modernen Diagnosemethoden und Laboranalysen nutzen, aber auch er wird das gesamte Erscheinungsbild des Patienten in den Blick nehmen. Ein erfahrener Förster sieht an den Blättern oder den Nadeln der Bäume, ob diese gestresst sind, oder ob der Wald gesund ist, ob es zu viele Verbissschäden durch Wild gibt oder nicht.

Wie in vielen Berufen können also auch wir Christen unseren Blick schulen und die Spuren des Göttlichen besser wahrnehmen lernen.

33. Joh 14,12: Machtvolles Wirken

„Amen, amen, ich sage euch: Wer an mich glaubt, wird die Werke, die ich vollbringe, auch vollbringen und er wird noch größere vollbringen, denn ich gehe zum Vater."

Dieser Vers aus dem Johannesevangelium ist für mich einer der provozierendsten Aussagen Jesu. Woran will ich die Größe der Werke messen? Ist das vielleicht ein größenwahnsinniges leeres Versprechen Jesu?

Im Johannesevangelium hat der Evangelist nur sieben typische Heilungswunder erwähnt. In den synoptischen Evangelien sind es mehr.

Nach dem Johannesevangelium wirkt Jesus sieben „Wunder“: Das Weinwunder zu Kana (vgl. Joh 2,1-12), die Heilung des Sohnes des königlichen Beamten in Kapharnaum (vgl. Joh 4,43-54), die Heilung des Gelähmten am Sabbat beim Teich Bethesda (vgl. Joh 5,1-18), die Speisung des Volkes am See von Tiberias (vgl. Joh 6,1-15), der Gang Jesu auf dem Wasser (vgl. Joh 6,16-21), die Heilung des Blindgeborenen beim Teich Schiloach (vgl. Joh Joh 9,1-12) und die Auferweckung des Lazarus (vgl. Joh 11,1-57).

Nach Ostern bewirkt der auferstandene Jesus das Fischfangwunder. Es ist das achte Wunder im Johannesevangelium. Der Höhepunkt, der alle bisherigen Erfahrungen sprengt, ist natürlich die Auferstehung Jesu, das neunte Wunder, auch wenn sich im Zusammenhang mit der Auferstehung Jesu das Wort „Zeichen“ nicht findet. Interessanterweise berichtet der Evangelist Johannes keine Dämonenaustreibungen.

Johannes verwendet das Wort „Zeichen“ für die Wunder Jesu, während die drei anderen Evangelisten, die so genannten Synoptiker, das Wort „Machttaten“ verwenden.

Wenn im Johannes-Evanglium dagegen das Wort „Werk“ verwendet wird, dann ist das umfassender gemeint als das Wort „Zeichen“.

Die Werke und die Zeichen sollen beide hinführen zum Anerkennen der Göttlichkeit Jesu, denn die Werke legen Zeugnis für Jesus ab (vgl. Joh 10,25). Wer sich dem verweigert, macht sich schuldig. Das drückt Jesus so aus: *„Wenn ich bei ihnen nicht die Werke vollbracht hätte, die kein anderer vollbracht hat, wären sie ohne Sünde. Jetzt aber haben sie die Werke gesehen und doch hassen* *sie mich und meinen Vater"* (Joh 15,24).

Das Umfassendere, das mit dem Begriff „Werk" gemeint ist, können wir in folgenden Versen wiederfinden:

„Jesus sprach zu ihnen: Meine Speise ist es, den Willen dessen zu tun, der mich gesandt hat, und sein Werk zu Ende zu führen" (Joh 4,34)

„Jesus aber entgegnete ihnen: Mein Vater ist noch immer am Werk und auch ich bin am Werk" (Joh 5,17).

„Ich aber habe ein gewichtigeres Zeugnis als das des Johannes: Die Werke, die mein Vater mir übertragen hat, damit ich sie zu Ende führe, diese Werke, die ich vollbringe, legen Zeugnis dafür ab, dass mich der Vater gesandt hat" (Joh 5,36).

Die innige Verbundenheit zwischen Gott-Vater und Jesus kommt in den Aussagen Jesu über das Werk zum Ausdruck: Es ist sein Werk und gleichzeitig das Werk des Vaters. Jesus verwendet das Wort „Werk" aber auch, wo es gar nicht um ein äußeres Tun geht, sondern um das Glaubenwollen und Glaubenkönnen:

„Da fragten sie ihn: Was müssen wir tun, um die Werke Gottes zu vollbringen? Jesus antwortete ihnen: Das ist das Werk Gottes, dass ihr an den glaubt, den er gesandt hat" (Joh 6,28f).

Nachdem wir im Schnelldurchgang auf das geschaut haben, was alles mitschwingt bei dem Wort „Werk", so wie es der Evangelist Johannes verwendet, können wir uns dem Vers der heutigen Meditation zuwenden:

„Amen, amen, ich sage euch: Wer an mich glaubt, wird die Werke, die ich vollbringe, auch vollbringen und er wird noch größere vollbringen, denn ich gehe zum Vater" (Joh 14,12).

Aus dem Leben des hl. Benedikt wird berichtet, dass eine Einsiedlergruppe ihn zur Reform ihrer Gruppe berufen hatte. Als die Vorschläge aber zu anstrengend erschienen, beschlossen sie, diesen unbequemen Sanierer zu vergiften. Dem Benedikt rutscht der Becher mit dem vergifteten Wein aus der Hand, zerbricht am Boden und eine Schlange, die auf einmal auf dem Boden erscheint, verschwindet zischelnd. Für Benedikt ein deutliches Zeichen: Diese Einsiedler sind nicht bereit, den Preis zu zahlen, den die notwendige Veränderung ihnen abverlangen würde. Er geht weg und sammelt selber junge Männer um sich.

Ein Ereignis aus dem Leben und Wirken des hl. Don Bosco möchte ich erwähnen: Im Jahre 1854 bricht in Turin Cholera aus und wütet besonders im Bezirk Borgo Dora. In diesem Stadtteil, ganz in der Nähe des Oratoriums, wohnen hauptsächlich die Immigranten. In Genua starben bereits 3000 Einwohner. In Turin sind 800 Menschen von der Epidemie betroffen und 500 sind schon verstorben. Der Bürgermeister wendet sich an die Einwohner, aber es melden sich keine Freiwilligen als Krankenpfleger. Alle sind mit Angst erfüllt. Am 5. August, dem Fest Maria Schnee, ruft Don Bosco seine Buben und verspricht ihnen: „Wenn ihr in der Gnade Gottes lebt und keine Todsünde begeht, so versichere ich euch, dass keiner erkrankt." Er ersucht alle, sich der Krankenpflege zu widmen.

Er bildet drei Gruppen. Die ältesten arbeiten im Lazarett und in den Wohnungen. Die anderen suchen die Kranken und die im Sterben liegenden auf. Die kleinsten Buben bleiben im Oratorium und warten auf Einsatz. Jeder hat eine Flasche mit Essig bei sich. Damit waschen sie sich die Hände, nachdem sie die Kranken berührt hatten. Die Stadt, die Behörden, auch wenn sie gegen die Kleriker sind, sind überrascht und beeindruckt. Die Epidemie endet am 21. November. Zwischen August und November erkrankten 2500 Menschen und 1400 starben. Kein Bub von Don Bosco erkrankte.

Aber auch die Heilung von Don Bosco selber ist wunderbar: „Nach einem anstrengenden Tag, im Juli 1846 hustet er Blut und wird ohnmächtig. Er ist in Lebensgefahr und erhält die Letzte Ölung. Acht Tage kämpft er zwischen Leben und Tod. Einige Buben arbeiteten unter der prallen Sonne und tranken trotzdem keinen Tropfen Wasser während dieser acht Tage. Sie flehten Gott um seine Genesung an. Nach zwölfstündiger Arbeit wechselten sie sich Tag und Nacht im Heiligtum der Consolata ab und beteten für ihn. Einige versprachen jeden Tag den Rosenkranz zu beten. Andere gelobten nur bei Wasser und Brot in den nächsten Monaten zu leben. Manche wollten ihr ganzes Leben so verbringen. Die Ärzte waren überzeugt, dass Don Bosco am Samstag stirbt. Der Bluthusten wurde immer stärker. Unglaublich, aber wahr, Don Bosco genas. Bleich und kraftlos fand er sie alle in der Kappelle. Er sagte nur: 'Ich verdanke euch mein Leben. Von nun an werde ich es euch widmen.' Den Rest des Tages verbrachte er im Gespräch mit ihnen und verwandelte ihre maßlosen Versprechungen, welche sie Gott gebracht hatten, in ausführbare Dinge."

Als am 14. Oktober 2018 die Gründerin der Armen Dienstmägde Jesu Christi in Rom heiliggesprochen wurde, kam auch der Bruder Leo nach Rom und nach Dernbach. An ihm war 2011 auf die Fürbitte der seligen Katharina Kasper das Heilungswunder geschehen, das die Voraussetzung für die Heiligsprechung darstellte.

Die vatikanische Kommission hatte am 7. März 2018 das Heilungswunder an Bruder Leo aus dem Jahre 2011 als Wunder anerkannt. Bruder Leo erlitt am 25. Novmeber 2011 einen Verkehrsunfall im indischen Indore im Bundesstaat Madhya Pradesh. Bruder Leo hatte bei dem Unfall auf der Mumbai-Agra-Autobahn schwerste Kopfverletzungen, Halswirbelsäulenverletzungen, innere Blutungen und weitere Verletzungen im Bauchbereich erlitten. Einen Tag, nachdem die Ärzte Bruder Leo aufgegeben hatten und sein Orden bereits Begräbnis und Trauerfeierlichkeiten vorbereitete, schlug der Geistliche unerwartet die Augen auf und war ansprechbar. Der Ordensbruder erholte sich ohne die geplanten Operationen von seinen lebensgefährlichen Verletzungen und konnte die Klinik schließlich Anfang Januar 2012 gesund verlassen.

Die Begegnung mit diesem geheilten Bruder war für mich eine provozierende Wirklichkeit: Wunder gibt es auch heute. Und ich durfte ihm begegnen.

Kommen wir wieder zurück zu dem Begriff „Werk", der umfassender ist als der Begriff „Zeichen“. Bei dem eben beschriebenen Heilungswunder geht es wirklich um die Durchbrechung der Naturgesetze. Schließlich muss eine Ärztekommisssion, zu der auch Nichtkatholiken gehören, anhand der vorgelegten Röntgenbilder und anderer Befunde aus dem Stadium unmittelbar nach dem Unfall und danach zu dem Urteil kommen, dass diese Heilung nach dem Stand der heutigen medizinischen Forschung nicht erklärbar ist.

Für mich ist es ein „größeres Werk“, dass Katharina Kasper es zu ihren Lebzeiten geschafft hat, 2000 junge Frauen dafür zu begeistern, dass sie sich auf diese Form der Christusnachfolge eingelassen haben und in den von ihr gegründeten Orden eingetreten sind.

Blicken wir auf eine andere Deutsche, die noch nicht seliggesprochen worden ist: Auf die Ärztin Ruth Pfau aus Leipzig, die am 10. August 2017 gestorben ist. Sie war Ärztin und Ordensfrau und seit über 50 Jahren in Pakistan tätig. Unermüdlich setzte sie sich für Menschen ein – besonders solche, die an Krankheiten der Armut leiden. Mehr als 50000 Menschen wurden in Pakistan dank Dr. Ruth Pfau von Lepra geheilt.

Dies brachte ihr den Namen „Mutter der Leprakranken“ ein. 1979 wurde sie zur Ehrenbürgerin und nationalen Beraterin für Leprafragen im Rang einer Staatssekretärin ernannt. Für ihre aufopfernde Arbeit, auch bei der Nothilfe nach Erdbeben oder Flutkatastrophen, hatte sie zahlreiche Anerkennungen erfahren, darunter den Marion-Dönhoff-Preis, den Klaus-Hemmerle-Preis, den Albert-Schweizer-Preis, den Damian-Dutton-Award, den Ramon-Magsaysay-Award, den pakistanischen Lifetime-Achievement-Award, sowie den deutschen Fernsehpreis Bambi als „Stille Heldin“. Bis zu ihrem Tod setzte sie sich immer für Menschenrechte, Völkerverständigung sowie die Achtung aller Religionen ein.

Dabei fing alles mit einem Visumsproblem an: Es war eigentlich von ihr und ihrem Orden geplant, dass sie als Ärztin nach Indien geht. Wegen eines Problems mit dem Visum musste sie jedoch im pakistanischen Karachi einen Zwischenstopp machen. Eine Mitschwester nahm sie in eine Bretterbude – eine Lepra-Ambulanz in einem Slum – mit. Dort lebten unter schrecklichen Bedingungen etwa 150 aussätzige Bettler. Nachdem Ruth Pfau dieses Elend gesehen hatte, entschied sie sich, zu bleiben. Die erste Begegnung mit leprakranken Menschen in einem Elendsviertel Karachis war bestimmend für ihr ganzes Leben geworden.

In dieser Lepra-Ambulanz wurden gleichzeitig Patienten untersucht, Medikamente ausgegeben und Zehen- und Fingerknochen der Leprakranken operiert. Später kam ein Labor hinzu. Es gab weder Elektrizität noch fließendes Wasser. Als monatlich rund 2500 Patienten zu versorgen waren wurde dem Orden für seine Lepraarbeit ein Gebäude mitten in der Stadt gestiftet.

Menschen können über sich hinauswachsen und sich so für Gott öffnen, dass seine Gnade durch sie hindurchfließt und anfangs scheinbar Unmögliches dann doch möglich wird.

Pater Kentenich, der Gründer der Schönstatt-Bewegung, nannte dieses Phänomen, das er im Leben vieler Heiliggesprochener beobachten konnte, „schöpferische göttliche Resultante".

Wenn es also angesichts der Geringfügigkeit der menschlichen Mitwirkenden und der Größe der zu überwindenden Hindernisse und Schwierigkeiten dann doch zu einer unerwarteten Breitenwirkung kommt, dann dürfen wir darin die Wahrheit der Verheißung Jesu überprüfen, die heute das Thema unserer Meditation darstellt: *„Wer an mich glaubt, wird die Werke, die ich vollbringe, auch vollbringen und er wird noch größere vollbringen, denn ich gehe zum Vater."*

Es wäre mir aber zu wenig, wenn wir uns auf das Bewundern beschränken würden. Die spannende Frage lautet doch: Rechne ich damit, dass Gott durch mich Großes vollbringen kann? Das hört sich einfacher an, als es ist.

Der 50-jährige britische Musiker Thom Yorke erzählte im Juli in einem Interview Folgendes: Der Reporter fragte ihn: „Sie haben mal gesagt, Sie gehörten zu der Generation, die aufgegeben hat. Wie meinen Sie das?“ Yorke antworte: „Darüber habe ich neulich mit meinem Sohn gesprochen, der 18 ist und Politik studiert. Ich habe ihm erklärt, was schiefgegangen ist. Ich kannte früher so viele Leute in meinem Alter, die nicht wählen gingen. Meine Generation dachte: Was soll das nutzen? Wir ändern ohnehin nichts. Und ich antwortete denen: 'Vielleicht wird alles noch viel unangenehmer wenn ihr euch nicht einbringt.' Und da sind wir nun.“ In dem Interview erzählt er von seiner Teilnahme an einer Demonstration, als er 19 war: „Ich bin in der Thatcher-Ära aufgewachsen, da wurden alle jungen Menschen automatisch politisiert. Es ging um die Erhöhung der Studiengebühren, wir waren ziemlich viele. ... Ich war mittendrin, als die Lage brenzlig wurde, da uns die Polizisten auf der Brücke einkesselten und alle Ausgänge blockiert hatten. Dann drängten sie uns zusammen und hofften auf eine Eskalation, sie suchten einfach einen Grund, um auf uns losgehen zu dürfen. ... Das war es! Und es hat mein Leben verändert, weil ich verstand, dass die Leute auf der anderen Seite der Brücke kein Interesse daran hatten, überhaupt mit uns zu kommunizieren. Damit nicht genug: Sie hatten sogar Spaß daran, Gewalt gegen uns einzusetzen. Eine erschütternde Erkenntnis. Auf dieser Brücke hatte ich wirklich Angst. Wenn ein berittener Polizist auf dich zukommt, ist das einfach furchteinflößend. Ich bin schnell in Deckung gegangen, drängte mich an die Wand und hatte Glück, dass ich unversehrt blieb. Ich sah dann zu, dass ich irgendwie unbeschadet wegkam. Dieses Erlebnis hat mein Verhältnis zur Staatsmacht nachhaltig geprägt.“

Was dieser Sänger und Musiker ausspricht, ist keine Ausnahme. Viele unterschätzen die Möglichkeiten, die sie haben. Sie nehmen die Resignation vorweg. Natürlich ist die öffentliche Demonstration eine notwendige aber auch eine erste Stufe des Engagements. Was mich an den Heiligen fasziniert, ist die Tatsache, dass sie nicht nur gegen etwas gekämpft haben, sondern konstruktiv die aktuellen Probleme – zumindest in ihrem Einflussbereich – gelöst haben.

Kommen wir noch einmal auf Don Bosco zu sprechen. In einer Aufzeichnung, die Don Bosco an Francesco Crispi schrieb, liest man:

„Aus dem Register ist zu entnehmen, dass mehr als hunderttausend Jugendliche aufgenommen und mit dieser Methode erzogen wurden. Sie lernten, Musik, Literatur, Kunst und Handwerke. Sie wurden ehrliche Handwerker, Verkäufer, Kaufleute, Lehrer, Angestellte und viele ergriffen sogar die militärische Laufbahn. Viele, besonders Begabte konnten auch die Universität besuchen und schlossen ihr Studium in Mathematik, Medizin und Justiz ab. Sie wurden Ingenieure, Notare, Apotheker usw."[95]

Er versteht sich auch nicht als „sozialer Priester" oder als Politiker. Er fühlte seine Berufung in dem unmittelbaren Reagieren auf die beobachtete Not der Jugendlichen. Sein Liebe und Kreativität ließ ihn sofort mit der Arbeit beginnen. es gibt Menschen, die kämpfen gegen die Ursachen der Ungerechtigkeit, andere gegen die Folgen der Ungerechtigkeit. Jeder fühlt seine Berufung und alle sind bedeutend. Wichtig ist es, die Lage zu analysieren und neue Pläne auszuarbeiten. Wichtig ist aber auch, sofort zu lieben und zu helfen, denn die Armen können die großen Analysen und Pläne nicht abwarten. Don Bosco sagte: „Überlassen wir anderen religiösen Orden Pläne und politische Aktion. Wir gehen direkt zu den Armen."

Ähnliches können wir bei der französischen Ordensschwester Emmanuelle beobachten, die von ihrem 60. bis fast zu ihrem 90. Lebensjahr bei den Müllsammlern in einem Vorort von Kairo gelebt hat und Bewundernswertes für die Verbesserung der Lebensbedingungen dieser Menschen bewirkt hat. Im Nachruf anlässlich Ih-

[95] `http://kath-zdw.ch/maria/don.bosco.html` (abgerufen am 4.10.2019)

res Todes am 20. Oktober 2008, kurz vor ihrem 100. Geburtstag, schrieb der Journalist der Süddeutschen Zeitung, Gerd Kröncke:

„Wenn nach dem beliebtesten Menschen in Frankreich gefragt wurde, dann rangierte Sœur Emmanuelle vor allen Sportlern und Politikern. Die Ordensfrau war so etwas wie das Gewissen der Nation. Im Alter war sie immer kleiner geworden, aber ihre moralische Größe überragte alle.“[96]

Wenn Jesus von den größeren Werken spricht, die Menschen nach seiner Himmelfahrt wirken werden, dann geht es nicht um das Erlösungsgeschehen für die ganze Menschheit. Nur der Gottmensch Jesus Christus konnte durch sein Leben, Leiden, Sterben und Auferstehen die Erlösungsgnade für alle Menschen erwerben. Es gibt nichts Größeres. Rein menschlich gesprochen ist das Lebenswerk Jesu ein kleines Häufchen seiner Jünger, von denen sich nach der Brotrede von Kafarnaum viele von ihm abwenden und nach seiner Verurteilung und Kreuzigung noch mehr davonlaufen. Zu Lebzeiten ist es also armselig, was dieser Wanderprediger nach menschlichen Maßstäben bewirkt. In diesem Horizont macht es Sinn, wenn Jesus sagt:

„Wer an mich glaubt, wird die Werke, die ich vollbringe, auch vollbringen und er wird noch größere vollbringen, denn ich gehe zum Vater.“

Paulus bringt diese doppelte Perspektive von Christusverbundenheit und Fruchtbarkeit im Apostolat sehr treffend zum Ausdruck. Er schreibt im ersten Korintherbrief, als er die Erscheinungen des Auferstandenen aufzählt: *„Als Letztem von allen erschien er auch mir, dem Unerwarteten, der Missgeburt. Denn ich bin der geringste von den Aposteln; ich bin nicht wert, Apostel genannt zu werden, weil ich die Kirche Gottes verfolgt habe. Doch durch Gottes Gnade bin ich, was ich bin, und sein gnädiges Handeln an mir ist nicht*

[96] `https://www.sueddeutsche.de/panorama/schwester-emmanuelle-tot-die-mutter-der-muellmenschen-1.528854`
(abgerufen am 4.10.2019)

ohne Wirkung geblieben. Mehr als sie alle habe ich mich abgemüht – nicht ich, sondern die Gnade Gottes zusammen mit mir" (1 Kor 15,8-10).

Der evangelische Liedermacher Gerhard Schöne bringt es in seinem Lied „Alles muss klein beginnen" gut zum Ausdruck. Die 4. Strophe lautet:

„Manchmal denk ich traurig: Ich bin viel zu klein. Kann ja doch nichts machen. Und dann fällt mir ein: Erst einmal beginnen, hab ich das geschafft, nur nicht mutlos werden, dann wächst auch die Kraft. Und dann seh ich staunend: Ich bin nicht allein. Viele Kleine, Schwache stimmen mit mir ein:

Ref.: Alles muss klein beginnen. Lass etwas Zeit verrinnen, es muss nur Kraft gewinnen und endlich ist es groß."

In diesem Sinne wünsche ich Ihnen diesen unternehmerischen Mut. Packen Sie die Probleme an, die Ihnen unmittelbar vor den Füßen liegen! Erkennen Sie – ähnlich wie die Goldmarie im Märchen von Frau Holle – die Herausforderungen, die in den Missständen in Ihrer Umgebung zu finden sind und bleiben Sie nicht beim Analysieren und Klagen stehen! Nur im Märchen sprechen Brote aus dem Backofen und Äpfel vom Baum. Aber dass es auf die Wachheit und die Tatkraft einer Goldmarie ankommt, das ist kein Märchen. Wenn wir ein mutiges und tapferes Ja zum Leben sagen, dann sagt das Leben auch Ja zu uns.

Wir dürfen der Verheißung Jesu trauen, dass er durch uns und mit uns diese Welt zu einer menschlicheren und besseren Welt gestalten will. Lassen wir uns von ihm provozieren durch seine Verheißung: *„Wer an mich glaubt, wird die Werke, die ich vollbringe, auch vollbringen und er wird noch größere vollbringen, denn ich gehe zum Vater."*

34. Joh 14,16: Beistand für immer

„Und ich werde den Vater bitten und er wird euch einen anderen Beistand geben, der für immer bei euch bleiben soll."

Eiger-Nordwand-Drama 1936: Im Sommer 1936 versuchten einige Bergsteiger, die Eiger-Nordwand zu durchklettern. Das war bisher noch niemandem gelungen. Eine der Seilschaften waren der Bad Reichenhaller Anderl Hinterstoißer und der Berchtesgadener Toni Kurz. Die andere bestand aus zwei Österreichern. Die ersten zwei Tage kamen beide Seilschaften gut voran. Dann verschlechterte sich das Wetter. Die vier stiegen zurück. Vom so genannten Stollenloch der Jungfraubahn, die 1912 in Betrieb genommen worden war, versuchten Bergretter zu Toni Kurz zu gelangen. Die anderen drei waren vermutlich schon tot.

Kurz schaffte es nach längerer Zeit, eine Abseilstelle einzurichten und sich am Seil langsam nach unten zu bewegen. Aufgrund seiner Erfrierung konnte er nicht im Dülfersitz abseilen, sondern hatte sich eine Sitzschlinge geknüpft. Das an Haken befestigte Seil hatte er zweimal um einen Karabiner gewickelt und in die Sitzschlinge eingehängt. Mit seiner gesunden Hand hielt er sich am Seil fest, um nicht rückwärts zu kippen. Durch Straffen und Lockern des Seiles konnten die Bergführer zudem seine Abfahrt steuern.

Etwa sechs bis acht Meter über den Bergführern kam die Abseilfahrt von Toni Kurz zum Stillstand, da der Seilverbindungsknoten nicht durch seinen Karabiner passte. Er versuchte verzweifelt diesen durch den Karabiner zu pressen, während ihm die Bergführer Mut zusprachen und ihn aufmunterten. Arnold Glatthard rief ihm zu, er solle das Seil durchtrennen und sich zu den Rettern hinunterfallen lassen, doch Kurz hatte keine Kraft mehr. Er stöhnte noch einmal auf, kippte nach vorne und starb mit seinen Händen und Füßen nach unten hängend an dieser Stelle. Seine letzten Worte sollen „Ich kann nicht mehr" gewesen sein.

Ein paar Meter, die die Rettung bedeutet hätten! Aber sie waren unüberwindbar. Dieses Drama von 1936 kann uns auf zwischenmenschlicher Ebene eine Ahnung von dem vermitteln, was Jesus seinen Jüngern in seiner Abschiedsrede verheißt: Einen Beistand, der für immer bei ihnen bleiben soll. Eine beeindruckende Verheißung!

Dem gegenüber steht die immer wieder beschriebene und besungene Erfahrung der Einsamkeit und des Alleinseins. Ganz banal beschrieben von Florian Praher: „Das Lokal ist voll, aber sie ist da. Die Stimmung steigt, aber sie ist da. Der Alkohol fließt, aber sie ist da. Die Sonne geht auf, aber sie ist da. Die Einsamkeit."

Heiter locker sieht es Wilhelm Busch (1832 – 1908):

„Der Einsame: Wer einsam ist, der hat es gut, Weil keiner da, der ihm was tut. Ihn stört in seinem Lustrevier kein Tier, kein Mensch und kein Klavier, und niemand gibt ihm weise Lehren, die gut gemeint und bös zu hören.

Der Welt entronnen, geht er still in Filzpantoffeln, wann er will. sogar im Schlafrock wandelt er bequem den ganzen Tag umher. Er kennt kein weibliches Verbot, drum raucht und dampft er wie ein Schlot.

Geschützt vor fremden Späherblicken, kann er sich selbst die Hose flicken. Liebt er Musik, so darf er flöten, um angenehm die Zeit zu töten, und laut und kräftig darf er prusten, und ohne Rücksicht darf er husten,

Und allgemach vergis man seiner. Nur allerhöchstens fragt mal einer: Was, lebt er noch? Ei, Schwerenot, ich dachte längst, er wäre tot. Kurz, abgesehn vom Steuerzahlen, lässsich das Glück nicht schöner malen.

Worauf denn auch der Satz beruht: Wer einsam ist, der hat es gut.[97]

Ganz anders Reinhard Mey: „Er drang mir in die Seele, weiß

---

[97] Busch, W., Gedichte: Zu guter Letzt, 1904.

Gott, wie er mich traf der Spott der guten Kinder, ich war das schwarze Schaf im Pausenhof, die Tränen niederkämpfend, stand ich stumm der Inhalt meines Ranzens lag verstreut um mich herum wie wünscht ich mir beim Aufsammeln eine helfende Hand ein Lächeln, einen Trost, und da war keiner, der sich fand und ich hatte keinen Freund, und schlechte Noten, ist ja wahr und unmoderne Kleider und widerspenstiges Haar.

Allein – wir sind allein, wir kommen und wir gehen ganz allein, wir mögen noch so sehr geliebt, von Zuneigung umgeben sein, die Kreuzwege des Lebens gehen wir immer ganz allein. Allein – wir sind allein, wir kommen und wir gehen ganz allein.

Wir waren uns alle einig in dem großen Saal, wir hatten große Pläne und ein großes Ideal, ich war der Frechste und der Lauteste und hatte Schneid, ich wusste unsere Stärke war unsere Geschlossenheit. Doch mancher, der von großer gemeinsamer Sache sprach, ging dabei doch nur seiner kleinen eigenen Sache nach. Und als ein Held sich nach dem anderen auf die Seite schlich, stand einer nur im Regen, und der eine, der war ich.

Und noch ein Glas Champagner und sie drückten mir die Hand, und alle waren freundlich zu mir, alle waren charmant, und mancher hat mir auf die Schulter geklopft, doch mir scheint, es hat wohl mancher eher sich als mich damit gemeint. Die Worte wurden lauter und sie gaben keinen Sinn, das Gedränge immer enger und ich stand mitten drin und fühlte mich gefangen wie ein Insekt im Sand, je mehr es krabbelt desto weiter rückt der Kraterrand.

Nun, ein Teil meines Lebens liegt hinter mir im Licht, von Liebe überflutet und gesäumt von Zuversicht, in Höhen und in Tiefen auf manchem verschlungenen Pfad fand ich gute Gefährten und fand ich guten Rat. Doch je teurer der Gefährte, desto bitterer der Schluss, dass ich den letzten Schritt des Wegs alleine gehen muss. Wie sehr wir uns auch aneinander klammern, uns bleibt nur die gleiche leere Bank auf einem kalten leeren Flur."

Wer auf youtube sucht, dem werden schnell 150 Lieder zum Thema Einsamkeit vorgeschlagen. Da geht es nicht nur um das Verlassenwerden oder um Liebeskummer. Einsamkeit ist eine Grunderfahrung des Menschen.

Angesichts dieser Ausgangslage bekommt die Verheißung Jesu einen besonderen Glanz: *„Und ich werde den Vater bitten und er wird euch einen anderen Beistand geben, der für immer bei euch bleiben soll."*

Nun können wir das sicher nicht so verstehen, dass es nur darauf ankommt zu glauben und schon sind wir vor aller Einsamkeit geschützt.

Sehr einfühlsam beschreibt der Philosoph und Schriftsteller C.S. Lewis dieses Gefühl, auch von Gott verlassen zu sein. Kurz nach dem Tod seiner Frau schreibt er: „Ich komme mir vor, als ob ich an Gottes Haustür klopfe und schreie und bettle um Trost – und man schlägt mir die Tür vor der Nase zu". Er fragt sich sogar, ob Gott ein „satanischer Spieler" ist, der die Leiden seiner Geschöpfe genießt. Und dann zählt Lewis auf, woran er von nun an nicht mehr glauben kann: an ein „glückliches Wiedersehen im Jenseits" zum Beispiel, denn das „ist billiger Trost". Er kann auch nicht beten für die Seele seiner Frau. Sein Gefühl sagt ihm: Das ist unnütz und vergebens.

Ja, aber was da wiederkehrt, ist ein Glauben in völlig anderer Gestalt. Erstens stellt Lewis irgendwann mit großem Erstaunen fest: Diese verloren geglaubte Beziehung zu seiner Frau stellt sich auf wundersame Weise wieder her. Freilich als eine Beziehung im Geiste. Denn er hat den Eindruck, sie ist wieder da, in seinem Kopf, in seinem Herzen. Und er fühlt auch, dass das der „Heilige Geist" sein könnte: diese Verbindung zwischen Menschen auch über den Tod hinaus. Und zweitens: Lewis dämmert, dass er kurz nach dem Tod seiner Frau für „himmlischen Trost" überhaupt nicht empfänglich gewesen ist. Er schreibt:

„Ich habe damals gebettelt und geschrieen, eigentlich wollte ich einfach nur meine Frau wiederhaben. Aber so ist das Leben nicht gemacht. – Jetzt kann ich Gott wieder hören."[98]

Für Menschen, die gerade mitten in der Trauer stecken, kann die Lektüre dieses Esssays von C.S. Lewis sehr hilfreich sein. Manchmal tut man sich in extremen Situationen schwer, die richtigen Worte zu finden. Wenn man sie dann liest, und sich der Eindruck einstellt „Ja, genau so ist es!", dann können die Worte eines anderen Menschen, der aber die gleiche Erfahrung gemacht hat, hilfreich sein.

Es gibt also durchaus auch für Christen das Gefühl, allein zu sein, schlimmer noch, von Gott verlassen zu sein. Selbst Christus wurde am Kreuz diese Erfahrung nicht erspart.

Der schottische presbyterianische Pfarrer George Macdonald († 1905), ein Freund von Mark Twain, schrieb einmal: „Der Sohn Gottes hat das Todesleiden auf sich genommen, nicht damit die Menschen nicht leiden, sondern damit ihr Leiden dem Seinen ähnlich sei."

Begeben wir uns von der Situation der Trauer in den normalen Alltag! Auch da kann die Verheißung Jesu bedeutsam werden: *„Und ich werde den Vater bitten und er wird euch einen anderen Beistand geben, der für immer bei euch bleiben soll."*

Ich halte es für legitim, wenn auch ungenau übersetzt, dass wir diese Verheißung Jesu auch so verstehen können: „Und ich werde den Vater bitten und er wird euch einen anderen Beistand geben, der für immer *in* euch bleiben soll."

Viele Heilig-Geist-Lieder beschreiben diese Glaubenserfahrung. Am dichtesten finden wir die Geisterfahrungen in der so genannten Pfingstsequenz, die um 1200 verfasst wurde:

„Komm herab, o Heilger Geist, der die finstre Nacht zerreißt, strahle Licht in diese Welt.

[98] Aus der Rezension von Susanne Mack im DLF, https://www.deutschlandfunkkultur.de/ausnahmezustand-trauer.950.de.html?dram:article_id=133935

Komm, der alle Armen liebt, komm, der gute Gaben gibt, komm, der jedes Herz erhellt.

Höchster Tröster in der Zeit, Gast, der Herz und Sinn erfreut, köstlich Labsal in der Not.

In der Unrast schenkst du Ruh, hauchst in Hitze Kühlung zu, spendest Trost in Leid und Tod.

Komm, o du glückselig Licht, fülle Herz und Angesicht, dring bis auf der Seele Grund.

Ohne dein lebendig Wehn kann im Menschen nichts bestehn, kann nichts heil sein noch gesund.

Was befleckt ist, wasche rein, Dürrem gieße Leben ein, heile du, wo Krankheit quält.

Wärme du, was kalt und hart, löse, was in sich erstarrt, lenke, was den Weg verfehlt.

Gib dem Volk, das dir vertraut, das auf deine Hilfe baut, deine Gaben zum Geleit.

Lass es in der Zeit bestehn, deines Heils Vollendung sehn und der Freuden Ewigkeit."[99]

Klar, die einzelnen Strophen sind als Bitten formuliert. Aber wenn Gläubige genau das vom Hl. Geist erbitten, dann haben sie oder ihre Vorgänger schon entsprechende Erfahrungen gemacht, dass der Hl. Geist das kann und demzufolge berechtigterweise darum gebeten werden kann.

Paulus, der ja ein Charismatiker war und uns wunderschöne Aussagen über seine Geisterfahrungen in seinen Briefen schenkt, ist gleichzeitig auch ein Christusmystiker. Mal beschreibt er es so, mal so: Mal als Geisterfahrung, mal als Christuserfahrung. Im Römerbrief lesen wir:

„So nimmt sich auch der Geist unserer Schwachheit an. Denn wir wissen nicht, worum wir in rechter Weise beten sollen; der Geist selber tritt jedoch für uns ein mit Seufzen, das wir nicht in

[99] Gotteslob, Nr. 344.

Worte fassen können. Und Gott, der die Herzen erforscht, weiß, was die Absicht des Geistes ist: Er tritt so, wie Gott es will, für die Heiligen ein. Wir wissen, dass Gott bei denen, die ihn lieben, alles zum Guten führt, bei denen, die nach seinem ewigen Plan berufen sind; denn alle, die er im voraus erkannt hat, hat er auch im voraus dazu bestimmt, an Wesen und Gestalt seines Sohnes teilzuhaben, damit dieser der Erstgeborene von vielen Brüdern sei. Die aber, die er vorausbestimmt hat, hat er auch berufen, und die er berufen hat, hat er auch gerecht gemacht; die er aber gerecht gemacht hat, die hat er auch verherrlicht. Was ergibt sich nun, wenn wir das alles bedenken? Ist Gott für uns, wer ist dann gegen uns? Er hat seinen eigenen Sohn nicht verschont, sondern ihn für uns alle hingegeben – wie sollte er uns mit ihm nicht alles schenken? ... Was kann uns scheiden von der Liebe Christi? Bedrängnis oder Not oder Verfolgung, Hunger oder Kälte, Gefahr oder Schwert? ... Doch all das überwinden wir durch den, der uns geliebt hat. Denn ich bin gewiss: Weder Tod noch Leben, weder Engel noch Mächte, weder Gegenwärtiges noch Zukünftiges, weder Gewalten der Höhe oder Tiefe noch irgendeine andere Kreatur können uns scheiden von der Liebe Gottes, die in Christus Jesus ist, unserem Herrn" (Röm 8,26-39).

Wir dürfen also auf diese Verheißung Jesu bauen. Wir dürfen mit diesem Unterstützer rechnen. Gerade dann, wenn wir menschlich gesehen, sehr einsam sind – denken wir an das Lied von Reinhard Mey – dann kann uns diese Verheißung Jesu stärken.

Es gibt ja gerade jetzt in der Adventszeit und beginnenden Weihnachtszeit viele Menschen, die allein leben und sich ihres Alleinseins schmerzlich bewusst werden. Manchmal lässt sich an den äußeren Umständen etwas ändern.

Unsere Schönstätter Marienschwestern haben den Brauch, dass verwitwete Väter oder Mütter der Schwestern über die Weihnachtstage in das Haus Marienland in Schönstatt kommen können, wenn sie wollen.

Es gibt Jugendgruppen, die am Nachmittag des 24. Dezembers Menschen kontaktieren, die Dienst tun müssen: Busfahrer, Straßenbahnschaffner, Pflegepersonal in Krankenhäusern und andere.

Es ist einleuchtend, dass solche zwischenmenschlichen Erfahrungen von körperlich-seelischer Nähe uns Menschen geneigter machen, offen zu sein für das Angebot, das Christus uns macht: *„Und ich werde den Vater bitten und er wird euch einen anderen Beistand geben, der für immer bei euch bleiben soll."*

Der Zisterzienser Bernhard v. Clairvaux sagte in einer Adventspredigt: „Du, Mensch, brauchst keine Meere zu überqueren, musst keine Wolken durchdringen oder die Alpen überqueren. Du brauchst keinen weiten Weg zu machen, sage ich. Geh deinem Gott entgegen bis zu dir selbst."[100]

35. Joh 14,18: Christen sind keine Waisenkinder

Jesus sagte: *„Ich werde euch nicht als Waisen zurücklassen, sondern ich komme wieder zu euch."*

Jedes Jahr zu Weihnachten lenken wir unsere Aufmerksamkeit auf das Kind in der Krippe und hoffen und beten, dass in den Kriegs- und Krisengebieten dieser Erde Vernunft die Oberhand bekommt, und Hass und Rache nicht mehr die entscheidenden Faktoren für die Akteure sind. In viele Pfarreien haben die Pfadfinder das Friedenslicht von Betlehem gebracht. Und doch ist uns bewusst, wie leicht dieses Licht der Hoffnung ausgelöscht werden kann.

Mich hat bei der ersten Lektüre des folgenden Textes des amerikanischen Ökonomen, Politologen und Publizisten Jeremy Rifkin die friedenstiftende Kraft von Weihnachten tief berührt. Er schreibt:

---

[100] Lektionar zum Stundenbuch, 1. Jahresreihe, Band 1, S. 55.

„Es war in Flandern, am Abend des 24. Dezember 1914. Der Erste Weltkrieg ging in seinen fünften Monat. Millionen Soldaten hatten sich verschanzt in den verzweigten, provisorisch ausgehobenen Gräben, die die europäischen Frontlinien markierten. Auf vielen Schlachtfeldern lagen sich die gegnerischen Armeen nur 30 bis 50 Meter gegenüber – in Rufweite. Die Bedingungen waren höllisch. Die Eiseskälte des Winters drang bis in die Knochen. In den Gräben stand das Wasser. Die Männer schliefen im Stehen, um nicht im Dreck und Matsch ihrer unzulänglichen Quartiere liegen zu müssen. Das 'Niemandsland' zwischen den feindlichen Fronten war mit toten Soldaten übersät, deren Leichen wenige Meter von ihren Kameraden entfernt vor sich hin faulten, weil sie nicht geborgen und begraben werden konnten.

Als die Dämmerung über den Schlachtfeldern hereinbrach, geschah etwas Unerhörtes. Die Deutschen entzündeten Kerzen an Tausenden von kleinen Christbäumen, die man ihnen aus der Heimat geschickt hatte. Dann fingen sie an, Weihnachtslieder zu singen – als erstes 'Stille Nacht', gefolgt von anderen Weisen. Die britischen Soldaten waren perplex. Sie starrten fassungslos zu den feindlichen Linien hinüber, und einer von ihnen bemerkte, die hell erleuchteten Gräben sähen aus wie 'das Rampenlicht im Theater'. Die Engländer reagierten mit Applaus, erst zaghaft, dann mit Begeisterung. Schließlich stimmten sie ihrerseits Weihnachtslieder an, begleitet vom ebenso donnernden Applaus ihrer Feinde. Auf beiden Seiten begannen einzelne Soldaten aus den Gräben zu klettern und über das Niemandsland aufeinander zuzugehen. Hunderte folgten ihrem Beispiel.

Die Geschichte begann sich in Windeseile an den Fronten herumzusprechen, und Tausende strömten aus ihren Gräben. Sie schüttelten sich die Hände, tauschten Zigaretten und Plätzchen, zeigten Familienfotos herum. Sie unterhielten sich darüber, woher sie kamen, schwelgten in Erinnerungen an vergangene Weihnachtsfeste und machten Witze über die Absurdität des Kriegs. Als am nächsten Morgen die Weihnachtssonne über dem Schlachtfeld Europa aufging, standen Zehntausende Männer – manche Schätzungen gingen gar von 100000 aus – friedlich beieinander und unterhielten sich.

Soldaten, die noch 24 Stunden zuvor Feinde gewesen waren, begruben jetzt gemeinsam ihre toten Kameraden. Berichte von manch einem spontan organisierten Fußballspiel machten die Runde. Während die Offiziere an der Front mit von der Partie waren, reagierten die Stabsoffiziere, als die Nachricht von den Ereignissen zu den Heeresführungen im Hinterland durchsickerte, weniger begeistert. Weil die Generäle fürchteten, der Waffenstillstand könne die Kampfmoral der Soldaten unterminieren, riefen sie ihre Truppen eilends zur Ordnung.

Der surreale 'Weihnachtsfrieden' endete so abrupt, wie er begonnen hatte – alles in allem nur ein winziges Lichtsignal in einem Krieg, der im November 1918 nach dem bis dato größten Gemetzel in der Geschichte der Menschheit mit achteinhalb Millionen Toten zu Ende gehen sollte. Für ein paar Stunden, nicht mehr als einen Tag lang, verweigerten Zehntausende von Männern nicht nur ihren Heeresführungen die Gefolgschaft, sondern ignorierten auch ihre Treueeide aufs Vaterland, um ihre elementare Menschlichkeit zu bekunden. An die Front geschickt, um zu verstümmeln und zu töten, missachteten sie mutig ihre militärischen Pflichten, um miteinander zu fühlen und das Leben zu feiern."[101]

Sonst finden wir viele Texte, die das Weltgeschehen und den Menschen umgekehrt deuten: Unter einer dünnen Schicht von Zivilisation und Anständigkeit lauert das gierige, brutale und gewaltsame Tier im Menschen darauf, endlich wieder losgelassen zu werden. Jeremy Rifkin beschreibt präzise, wie unter der dünnen Schicht von Nationalismus dann doch das Menschliche des Menschen zum

[101] Jeremy Rifkin, Die empathische Zivilisation, Campus, Frankfurt 2009, S. 17f.

Vorschein kam.

Wie lassen sich diese Prozesse der Vermenschlichung fördern? Ein möglicher Schlüssel ist für mich die Verheißung Jesu: *„Ich werde euch nicht als Waisen zurücklassen, sondern ich komme wieder zu euch."*

Paulus kann schon nach ein paar Jahren Missionstätigkeit die wunderbare Wirkung des neuen Glaubens beobachten. Er schreibt: *„Denn er ist unser Friede. Er vereinigte die beiden Teile (Juden und Heiden) und riss durch sein Sterben die trennende Wand der Feindschaft nieder"* (Eph 2,14). Noch radikaler formuliert er es im Galaterbrief: *„Es gibt nicht mehr Juden und Griechen, nicht Sklaven und Freie, nicht Mann und Frau; denn ihr alle seid einer' in Christus Jesus"* (Gal 3,28).

Paulus beobachtet einerseits die unwahrscheinliche integrative Kraft des christlichen Glaubens, durch den soziale Gräben bedeutungslos werden. Andererseits ist er sich durchaus der Gefahr bewusst, die in Neid und Eifersucht, Geltungsbedürfnis und Überheblichkeit liegen und die einen möglichen Spaltpilz in den jungen Gemeinden darstellen. In Korinth muss Paulus dagegen angehen.

Die harmonisierende Sicht des Lukas, wie er die Geschichte der ersten Gemeinden in der Apostelgeschichte beschreibt, dürfen wir durchaus mit einer Portion Skepsis betrachten. Denn nicht immer waren die Christen ein Herz und eine Seele, wie es Lukas behauptet (vgl. Apg 4,32).

Gibt es ein Bild, gibt es ein Wort für diese Wirklichkeit der integrativen Kraft des christlichen Glaubens? Wenn wir uns an eine Antwort herantasten, dann ist das Thema dieser Meditation eine mögliche Antwort: Wir sind Kinder Gottes!

Jesus verheißt am Abend vor seinem Leiden: *„Ich werde euch nicht als Waisen zurücklassen, sondern ich komme wieder zu euch"* (Joh 14,18). Und im übernächsten Vers sagt er: *„An jenem Tag werdet ihr erkennen: Ich bin in meinem Vater, ihr seid in mir und ich bin in euch* (Joh 14,20).

Ein exemplarisches Einzelschicksal: Wie schwierig es für Waisenkinder sein kann, zu einer stabilen und beziehungsfähigen Persönlichkeit heranzuwachsen, das beschreibt uns Tim Guénard in seiner Autobiographie, die unter dem Titel „Boxerkind“ erschienen ist. Tim Guénard war ein Sozialwaise. Der Vater ein alkoholabhängiger Security-Mann, die Mutter bindet ihn, als er drei Jahre alt ist, an einen Telegraphenmasten und verschwindet. Total verwirrt und unterkühlt wird er am nächsten Morgen von der Polizei gefunden und landet wieder bei seinem brutalen Vater. Als er fünf Jahre ist, schlägt der Vater den Sohn so zusammen, dass er nach drei Tagen im Krankenhaus aufacht. Drei Jahre verbringt er im Krankenhaus, danach kommt er ins Kinderheim, wo es auch sehr lieblos und brutal zuging. Er flieht aus dem Heim, schlägt sich als Kleinkrimineller in Paris durch. Mit 15 gerät er an eine Jugendrichterin, die nicht nur in die Akten schaut, sondern mit Tränen in ihren Augen ihn anschaut und ihn fragt, was er will. Sie vermittelt ihn in eine Steinmetzlehre, die er dann auch erfolgreich absolviert, weil er den Glauben an das Gute in ihm, den er bei der Richterin wahrgenommen hatte, nicht enttäuschen wollte. Über den Steinmetzkollegen Jean-Marie kommt er in Kontakt mit der Arche, dieser Einrichtung, wo Gesunde und Behinderte miteinander leben. Er lernt den Pater Thomas Philippe, den priesterlichen Betreuer der Arche, kennen.

Er will diesem Pater mit einer wilden Motorradfahrt imponieren und dem Pater auf dem Sozius Angst einjagen – doch weit gefehlt. Danach: „Willst du nicht die Vergebung Jesu?“ – Er starrt ihn fragend an: „Die Vergebung ... Was erzählen Sie mir da?“ – „Das könnte gut für dich sein. ... “

Tim berichtet: „Gerne sehe ich dem Vater zu, wenn er mit geschlossenen Augen betet. Ich nenne ihn Vater, weil er es ist. Aus dem Kumpel ist ein Freund geworden. Und diesen Freund habe ich mir zum Vater auserkoren. Ich hatte einen gewalttätigen Vater, und Gott gibt mir in diesem Pfarrer einen Vater der Barmherzigkeit, der mich ganz zu sich nimmt. Er krempelt mein Bild von einem Vater völlig um. Ich beginne, mir die Idee eines Gottvaters vorstellen zu können, ohne die Lust zu verspüren, gleich loszuboxen. ... Ich werde zum unersättlichen Konsumenten der Barmherzigkeit. Zum Hungernden nach Vergebung. Das Häuschen von Pater Thomas ist meine Tankstelle der Liebe, ich tanke voll, so oft wie möglich."[102]

Am Ende seiner Autobiographie schreibt er: „Meine Kinder sind meine Wurzeln geworden. Durch sie hat der verletzte Mann, der ich bin, Heilung erfahren. Wenn sie mich 'mein Papa' nennen, läuft mir ein köstlicher Schauer über den Rücken. Ein herrliches Gefühl. Ich will mich nicht daran gewöhnen, dass man mich Papa nennt. Es ist das Schönste auf der Welt. Ich erinnere mich an all diese 'mein Papa', die mir so gefehlt haben. Ich danke dem Herrn. Und ich vertraue Gottvater all die Kinder an, die niemanden haben, zu dem sie 'mein Papa' sagen können."[103]

Tim Guénard betreibt heute mit seiner Frau einen Bauernhof unweit von Lourdes, wo er jugendliche entlassene Strafgefangene aufnimmt, um ihnen einen Weg in ein geordnetes Leben zu bahnen. In einem Interview von 2019 spricht er von Gott als dem Big Boss, der trotz des Versagens der Menschen deren Leben lenkt. „Der Big Boss ist kein Zauberer, er ist ein Vater." – So die Liebeserklärung gegenüber Gott am Ende des Interviews.[104]

Nicht ganz so krass verlief die Biographie eines unehelichen Kindes, das 1885 geboren wurde: Josef Kentenich. Er litt Jahrzehnte darunter, dass sein biologischer Vater nichts von ihm wissen wollte. Doch diese Vaterwunde wurde in ihm zum Stachel, um später als Priester für viele ein geistlicher Vater zu werden. Sein psychologisches Einfühlungsvermögen und seine reflexiven Fähigkeiten ließen ihn zu einem gefragten Religionspädagogen heranreifen, zu dessen Tagungen Tausende Priester und Lehrer in den 20er und 30er Jah-

[102] Tim Guénard, Boxerkind. Überleben in einer Welt ohne Liebe, Kisslegg ^{2}2014, S. 168f.

[103] A.a.O., S. 240.

[104] Interview durch Magdalena Hegglin in Melchior 10/2019, S. 16.

ren kamen. Sein nachhaltigstes Werk ist aber die Gründung der Schönstatt-Bewegung mit ihrer eigengeprägten Spiritualität. Der Religionspädagoge Kentenich betonte immer wieder, wie wichtig auf der zwischenmenschlichen Ebene so genannte „Nacherlebnisse" sind. Er meinte damit, wenn Erwachsene, die eine schwere Kindheit hatten, später die Möglichkeit haben, gegenüber einem Seelsorger, einer Seelsorgerin, einem Lehrer oder einer Lehrerin echt Kind sein zu können, dann können ganz viele Heilungs- und Befreiungsprozesse in der verwundeten Seele stattfinden. Aus einem beziehungsunfähigen Menschen kann so ein Mensch werden, der seelisch-geistige und körperliche Nähe aushalten, annehmen aber auch geben kann.

In unserer Zeit werden Beziehungen auf Augenhöhe, also partnerschaftliche Beziehungen sehr hoch geschätzt. Asymmetrische Beziehungen, also Mutter-Kind- oder Vater-Kind-Beziehungen werden misstrauisch beäugt, vor allem, wenn die Kinder aus dem biologischen Kindesalter herausgewachsen sind. Erschwerend kommt hinzu, dass durch die aufgedeckten Missbrauchsfälle asymmetrische Beziehungen ganz schnell das Etikett „Machtmissbrauch" aufgeklebt bekommen.

Dabei beobachte ich, dass in lebendigen Ehen es durchaus an der Tagesordnung ist, dass man sich nicht ständig krampfhaft um Partnerschaftlichkeit bemüht, sondern sich gegenseitig einräumt, sich auch mal bemuttern oder bevatern zu lassen – und wenn es nur für Minuten ist, bis der seelische Energietank wieder voll ist.

Auf diesem Erfahrungshintergrund bekommt die Verheißung Jesu ein neues Gewicht und einen neuen Glanz: Wir sind keine Waisenkinder. Die Letztverantwortung, die wir im Beruf, in einer Gemeinschaft oder in einer Familie tragen, kann leicht zur Überforderung werden. Da tut es einfach gut, zu sehen, dass da „hinter einem" noch jemand ist, der wirklich der Letztverantwortliche ist. Ob wir ihn nun Big Boss oder schlicht „Vater im Himmel" oder „barmherziger Vater" nennen spielt keine Rolle. An Ihn können wir all das Belastende und uns Überfordernde delegieren, denn schließlich ist er der Allmächtige, der Allwissende, der Allgegenwärtige und der mit der größten Phantasie.

Wenn wir in jedem Gottesdienst die Nöte der Welt und der einzelnen Menschen in den Fürbitten zu ihm bringen, dann schenken wir Ihm unser kindliches Vertrauen, dass er immer wieder das Heil wirkt.

Aus diesem Geborgenheitserlebnis heraus haben viele wache Christen Einrichtungen und Gemeinschaften gegründet, die sich der Waisenkinder oder anderer benachteiligter Menschen in besonderer Weise angenommen haben. Hier in Dernbach war es das arme Bauernmädchen Katharina Kasper, die 1851 einen Orden für die Krankenpflege und die Kinderbetreuung ins Leben gerufen hat. Der fromme Verein zur Verbreitung des Glaubens durch Belehrung, Beispiel und Gebet, den sie 1848 gegründet hatte, mauserte sich schnell zu einem dynamischen Orden mit der Gründung vieler Filialen. Als sie 1998 stirbt, kann sie auf 2000 Frauen blicken, die diese Art der Christusnachfolge für sich gewählt hatten.

Zum Abschluss meines Impulses stelle ich Ihnen einen Text vor aus dem Oratorium „Beati Pauperes“ (Selig die Armen) von Johannes Schröder, das aus Anlass der Heiligsprechung von Katharina Kasper in Auftrag gegeben worden war und am 13. Oktober 2019 in der Pfarrkirche zu Wirges uraufgeführt wurde: „Kinder der Erde sind wir. Du, Gott, unser Dank gehört dir.“

Das Solo der Katharina Kasper: „Ein Gruß euch, ihr Kinder: Von Herzen willkommen! Wir alle sind Kinder von Gott angenommen. Ein Gruß euch, erwachsen, doch Kinder geblieben. Wie sie dürft ihr staunen und lachen und lieben.“

Kinderchor: „Kinder der Erde sind wir. Bei Gott sind wir geborgen, helft uns dafür zu sorgen, dass die Gewalt nicht siegt. Kinder der Erde sind wir, wir werden einmal erben die Schätze und die Scherben, die ihr uns hinterlasst.“

36. Joh 14,23: Bei uns wohnen

„Jesus antwortete ihm: Wenn jemand mich liebt, wird er an meinem Wort festhalten; mein Vater wird ihn lieben und wir werden zu ihm kommen und bei ihm wohnen.“

Vielleicht kennen sie das auch? Man hat eine Melodie im Kopf und muss sie immer wiederholen. Für dieses Phänomen gibt es sogar einen eigenen Begriff: den „Ohrwurm“.

Auch über beide Ohren Verliebte beschreiben, dass sie immer wieder an den Geliebten denken müssen. Poetisch verfremdet hat das der Schriftsteller Antoine de Saint Exupéry im „Kleinen Prinzen“, wo der Fuchs dem kleinen Prinzen erklärt: „Ich habe die Farbe des Weizens liebgewonnen. Sie wird mich immer an deine blonden Haare und damit an dich erinnern.“

In vielen Liebesliedern finden wir die Formulierung „Du in mir und ich in dir“. Vom Ausdruck her ganz anders klingt: „Du bist mein und ich bin dein.“ Aber beide Formulierungen möchten die Innigkeit einer liebenden Zweierbeziehung zum Ausdruck bringen.

Eines der ältesten uns überlieferten Liebeslieder in deutscher Sprache ist das Lied: „All mein Gedanken, die ich hab“. Es ist ein Minnelied unbekannter Autorschaft, das aus dem „Lochamer Liederbuch“ von 1460 überliefert ist. Die im frühen 19. Jahrhundert wiederentdeckte Liederhandschrift wurde 1867 erstmals veröffentlicht. Zu Beginn des 20. Jahrhunderts nahm die Jugendbewegung das Lied „All mein Gedanken, die ich hab“ auf, wodurch eine breite Rezeption einsetzte, die bis heute ungebrochen ist. Lassen wir den Text einmal auf uns wirken:

„All mein Gedanken, die ich hab, die sind bei dir, du auserwählter ein'ger Trost, bleib stets bei mir. Du, du, du sollst an mich gedenken, hätt ich aller Wunsch Gewalt, von dir wollt ich nicht wenken.

Du auserwählter ein'ger Trost, gedenk daran, Leib und Gut das sollst du ganz zu eigen han. Dein, dein, dein will ich beleiben, du gibst mir Freud und hohen Mut und kannst mir Leid vertreiben.

Die allerliebst und minniglich, die ist so zart. Ihres gleich in allem Reich find't man hart. Bei dir, dir, dir ist kein Verlangen, da ich von ihr scheiden sollt, da hätt sie mich umfangen.

Die werte Rein, die ward sehr wein'n, da das geschah, du bist mein und ich bin dein, sie traurig sprach. Wann, wann, wann ich soll von dir weichen, ich nie erkannt noch nimmermehr erkenn ich dein geleichen."

Genau an dieser zwischenmenschlichen Erfahrung der Liebe knüpft Christus an, wenn er seinen Jüngern verheißt: „Wenn jemand mich liebt, werden wir zu ihm kommen und bei ihm wohnen." Das Bei-ihm-wohnen wird noch intensiviert: *„Bleibt in mir, dann bleibe ich in euch"* (Joh 15,4).

Kein anderer Evangelist hat die liebevolle Beziehung zwischen Jesus und seinen Jüngern so deutlich und so häufig beschrieben wie Johannes. Nicht umsonst hat er den Ehrentitel „Lieblingsjünger".

Aber diese innige persönliche Verbindung bleibt ja nicht auf den Kreis der Jünger und den irdischen Jesus beschränkt. Christen aus allen Jahrhunderten geben Zeugnis, dass diese Wirklichkeit das Schönste am Glauben ist.

In dem Osterlied, das den Emmausgang der Jünger meditiert, heißt es:[105] „Weihe uns ganz in dein Geheimnis ein. Lass uns dich sehn im letzten Abendschein. Herr, deine Herrlichkeit erkennen wir: Lebend und sterbend bleiben wir in dir."

Als zweites Beispiel für die beglückende Erfahrung des Verbundenseins mit Christus möchte ich den eucharistischen Hymnus von Thomas von Aquin zitieren: „Denkmal, das uns mahnet an des Herren Tod! Du gibst uns das Leben, o lebendig Brot. Werde gnädig Nahrung meinem Geiste du, dass er deine Wonnen koste immer-

[105] GL 325, 3. Strophe, Text: Peter Gerloff

zu."[106]

In dem schönen Weihnachtslied von Paul Gerhardt von 1653 „Ich steh an deiner Krippen hier" heißt es in der letzten Strophe: „Eins aber, hoff ich, wirst du mir, mein Heiland, nicht versagen: dass ich dich möge für und für in, bei und an mir tragen. So lass mich doch dein Kripplein sein; komm, komm und lege bei mir ein dich und all deine Freuden."[107]

In dem ersten Buch, das die Schönstatt-Spiritualität darlegt, dem Buch „Werktagsheiligkeit", wird der Jesuit Georg Bichlmair, der viele Jahre österreichischer Provinzial war, zitiert:

„Der dreifaltige Gott wohnt in mir, will heißen: Er ist in mir und zieht mich in geheimnisvoller Weise in den Strom des innergöttlichen Lebens hinein. Gott nimmt den Menschen in sich auf und lässt ihn teilnehmen an seinem Innenleben. Er gewährt durch die übernatürliche Offenbarung nicht nur dem menschlichen Geiste einen erkennenden Einblick in sein allerheiligstes Wesen, der Mensch selbst mit seiner Natur darf eintreten in das Allerheiligste, dorthin, wo nach Christi Wort an die Apostel die vielen Wohnungen des Vaters sind. Gott zieht auf eine ganz neue Art in den Menschen ein und entfaltet in dessen Seele sein dreipersönliches Leben."[108]

Auch die Philosophin und Konvertitin Edith Stein, die spätere Karmeliterin Schwester Benedicta vom Kreuz, beschäftigte sich intensiv mit der Möglichkeit und der Wirklichkeit, dass und wie Gott im Menschen wohnt. Sie schreibt:

---

[106]GL 497, 5

[107]GL 256 – da fehlt diese letzte Strophe

[108]A. Nailis, Werktagsheiligkeit, Vallendar-Schönstatt 1974, S. 35f. – Leider ist da keine Quellenangabe gemacht, aus welchem Aufsatz von Bichlmair das ist. P. Georg Bichlmair SJ (* 1890, † 1953) war als religiöser Schriftsteller und ab 1946 als Herausgeber der Zeitschrift „Der große Entschluss" sowie als vielgehörter Prediger in Wien tätig. Von 1940-49 war er Provinzial der österreichischen Ordensprovinz des Jesuitenordens.

„Zum Einwohnen Gottes in der Seele und zur Verankerung ihres Seins im Göttlichen gibt es noch einen anderen Zugang von der inneren Erfahrung her: vom Erlebnis des Könnens und Sollens her oder, was damit zusammenhängt, vom Verhältnis der Freiheit des Ich zu der ihm zu Gebote stehenden Kraft. Die Kraft, die einem Menschen jeweils als bereits vorhandener Besitz zur Verfügung steht, und selbst das ihm seiner Wesensbestimmtheit nach zugedachte Höchstmaß ist ein Maß, d.h. 'bemessen', eine endliche Größe. Jede freie Tat ist eine Leistung, die Kraft verbraucht, und so kann schließlich eine natürliche Erschöpfung eintreten, wenn nicht aus den früher behandelten Quellen ausreichende Zuströme kommen. So kann der Fall eintreten, dass das Ich sich einer Forderung, die es vernimmt, nicht mehr gewachsen fühlt. Der Arzt, der nach übermäßiger Tagesarbeit nachts wiederum zu einem Kranken gerufen wird, mag sich außerstande fühlen, noch einmal hinauszugehen. Aber die Forderung schweigt davor nicht still. Es steht ein Menschenleben auf dem Spiel – 'du kannst, denn du sollst'."

An dieser Stelle möchte ich das Zitat von Edith Stein unterbrechen und auf Paulus hinweisen. Er kennt das, was Edith Stein beschreibt, aus eigener Erfahrung. Er schreibt:

„Doch durch Gottes Gnade bin ich, was ich bin, und sein gnädiges Handeln an mir ist nicht ohne Wirkung geblieben. Mehr als sie alle habe ich mich abgemüht – nicht ich, sondern die Gnade Gottes zusammen mit mir." (1 Kor 15,10). – *„Alles vermag ich durch ihn, der mir Kraft gibt."* (Phil 4,13) – *„Diesen Schatz tragen wir in zerbrechlichen Gefäßen; so wird deutlich, dass das Übermaß der Kraft von Gott und nicht von uns kommt"* (2 Kor 4,7).

Das heißt: Paulus spürt sehr deutlich, dass er rein physisch unwahrscheinlich viel, ja sagen wir ruhig „Außergewöhnliches" geleistet hat. Die Motivation und die Kraft dazu erlebt er als Geschenk Gottes. Drastisch drückt er das so aus:

„Wenn ich nämlich das Evangelium verkünde, kann ich mich deswegen nicht rühmen; denn ein Zwang liegt auf mir. Weh mir,

wenn ich das Evangelium nicht verkünde." (1 Kor 9,16)

Diese wenigen Zitate aus seinen Briefen lassen uns erahnen, was ihn angetrieben hat. Noch einmal: nicht nur Motivation, sondern auch die Kraft dazu erlebt er als Gnadengeschenk, als Wirkung des in ihm wohnenden Gottes.

Kommen wir wieder zurück zu Edith Stein. In ihrer Abhandlung, aus der ich eben zitiert hatte, schreibt sie weiter:

„Der Glaube lehrt es, und die Erfahrung des Lebens aus dem Glauben bestätigt es. Das Innerste der Seele ist ein Gefäß, in das der Geist Gottes (das Gnadenleben) einströmt, wenn sie sich ihm kraft ihrer Freiheit öffnet. Und Gottes Geist ist Sinn und Kraft. Er gibt der Seele neues Leben und befähigt sie zu Leistungen, denen sie ihrer Natur nach nicht gewachsen wäre, und er weist zugleich ihrem Tun die Richtung."

Und dann entwickelt sie ihre Gedanken weiter. Eine Gedankenkette, die uns aus dem Märchen von Frau Holle vertraut ist: Die Goldmarie hört die Brote und die Äpfel sprechen. Die Pechmarie hört zwar auch den Anruf der Brote und Äpfel, aber hat Angst oder ist zu bequem. Das Märchenhafte sind die sprechenden Brote und Äpfel. Das Realistische oder anders gesagt, die Lebensweisheit, die in dem Märchen verborgen ist, lautet: Wenn du auf den Anruf, der aus deiner Umgebung an dich ergeht, schnell, kompetent und mutig reagierst, dann wirst du ein erfülltes und glückliches Leben führen. Dann wirst Du zur Goldmarie.

Diese Lebensweisheit jetzt noch einmal mehr im sprachlichen Gewand der Philosophie von Edith Stein:

„Im Grunde ist jede sinnvolle Forderung, die mit verpflichtender Kraft vor die Seele tritt, ein Wort Gottes. Es gibt ja keinen Sinn, der nicht im Logos seine ewige Heimat hätte. Und wer ein solches Wort Gottes bereitwillig in sich aufnimmt, der empfängt eben damit die göttliche Kraft, ihm zu entsprechen. Jeder Zuwachs an Gnade ist aber auch eine Stärkung des geistigen Seins und erschließt der Seele ein reicheres und feineres Verständnis für das göttliche Wort, für den übernatürlichen Sinn, der aus allem Geschehen spricht und der sich auch als 'Einsprechung' in ihrem Inneren vernehmlich macht. Darum ist die Seele, die sich kraft ihrer Freiheit auf den Geist Gottes oder auf das Gnadenleben stützt, zu einer vollständigen Erneuerung und Umwandlung fähig. Ihr von der Gnade getragenes freies Tun hat Macht gegenüber allem unwillkürlichen seelischen Verhalten."[109]

Ich muss ehrlich gestehen, dass ich diesen Text erst zweimal lesen musste, um ihn zu verstehen.

Ich denke da an die Ärztin und Ordensschwester Ruth Pfau, die in Pakistan ein Netzwerk an medizinischen Einrichtungen aufgebaut hatte, so dass die Lepra in diesem Land inzwischen als besiegt gilt.

Ich denke an die Ärztin Anna Dengel, die die „Missionsärztlichen Schwestern" gegründet hat und jahrelang darum gekämpft hatte, dass ein 700 Jahre altes Berufsverbot für Ordensleute, als Arzt oder Hebamme zu arbeiten, endlich 1936 von Rom aufgehoben wurde. So konnte die 1925 von Ärztinnen und Hebammen gegründete Gemeinschaft endlich in einen Orden umgewandelt werden, und am 15. August 1941 legten die Gründerin und ihre ersten Gefährtinnen die ewigen Gelübde ab.

Welcher Pioniergeist, welcher weite Horizont, welche Zähigkeit wurde diesen Frauen geschenkt, um Gottes Willen für das jeweilige Heute zu erkennen und zu erfüllen!

Nun möchte ich noch auf die Erfahrungen des Volkes des Alten Bundes eingehen. Auch im Judentum gibt es einen reichen Erfahrungsschatz und viele Reflexionen zu dem Thema Einwohnung Gottes in der begnadeten Seele.

Das hebräische Wort für die Einwohnung Gottes im Menschen heißt „Schechina". Sie bedeutet in der jüdischen Religion die „Ein-

[109] Der Text ist dem philosophischen Hauptwerk Edith Steins, Endliches und ewiges Sein, Versuch eines Aufstiegs zum Sinn des Seins, entnommen.

wohnung“ oder „Wohnstatt“ Gottes in Israel, die als Inbegriff der Gegenwart Gottes bei seinem Volk verstanden werden kann. Zu den Nebenbedeutungen des Begriffes gehören „Ruhe“, „Glück“, „Heiligkeit“ oder „Frieden“, immer als Merkmale, die den Wirkungskreis der Gegenwart Gottes charakterisieren und für die Menschen spürbar werden lassen. Die Schechina bezeichnet die Gegenwart Gottes in der Welt, also seine Immanenz. Sie trägt verschiedene Namen (z.B. die hier erwähnten Malchut und Schabbath). Sie bietet Anknüpfungspunkte für das interreligiöse ökumenische Gespräch.[110]

Wenn ich mir vorstelle, dass die Gründerin der Armen Dienstmägde Jesu Christi im Laufe von 47 Jahren 2000 junge Frauen begeistern konnte, in den von ihr gegründeten Orden einzutreten, dann ist offensichtlich, dass die im Menschen wohnende Herrlichkeit Gottes rein menschlich gesprochen als Attraktivität erlebt worden ist.

Für diese Beobachtung sprechen auch die Zeugnisse von Zeitgenossen der Katharina von Siena († 20.4.1380). Ihr Biograph schreibt: „Ohne dass sie sich darum bemühte, fand sich ein Kreis um sie zusammen, der sich nur noch als 'famiglia' betrachete und zu dem auch viele Männer gehörten. Und die Mitglieder dieser 'famiglia' – auch die Männer – nannten Katharina 'La mamma', oder 'mama dolce', Mutter!“[111]

Pater Kentenich, der Gründer der Schönstatt-Bewegung, musste als Häftling im KZ Dachau wie viele andere Häftlinge Schikanen und Verdemütigungen erleiden. Dass die Peiniger seine Persönlichkeit nicht brechen konnten, lag genau an der Pflege dieses christlichen Selbstbewusstseins: Gott wohnt in mir. In einem seiner in Dachau verfassten Gebete schreibt er:

„Du, Gott, erhöhest unser Sein, ziehst in die Seel als Tempel

---

[110] `https://de.wikipedia.org/wiki/Schechina`

[111] N.G. van Doornik, Katharina von Siena, eine Frau, die in der Kirche nicht schwieg. Herder-Vlg., Breisgau 1980, S. 48

ein, wo mit dem Sohn und Heiligen Geist du dich als Dauergast erweist!

Der Leib, die Seele ist geweiht der heiligsten Dreifaltigkeit, die in uns wie im Himmel thront, mit ihrem Reichtum in uns wohnt.

So sind wir über alle Welt ins Göttliche hineingestellt, sind mehr in deinen Augen wert als ohne uns die ganze Erd.

Die Werke jeglicher Kultur sind wie ein kleines Stäubchen nur, gemessen an der Herrlichkeit, die deine Liebe uns verleiht."[112]

Wenn die Pflege dieses Lebensgefühls, Gott wohnt in mir, eine solche seelische Widerstandsfähigkeit dem Menschen schenkt und andererseits eine solche Attraktivität verleiht, dann können Sie sicher verstehen, dass dies mein innigster Wunsch für Sie alle ist.

Pflegen Sie dieses Wissen, dass Gott mit seiner Herrlichkeit in uns wohnt! Auch wenn es für uns nicht immer spürbar und erlebbar ist – es ist trotzdem Wirklichkeit. Und wir dürfen damit rechnen, dass Gott uns in seiner Barmherzigkeit immer wieder Augenblicke schenkt, in denen wir das nicht nur glauben müssen, sondern erleben dürfen.

37. Joh 14,26: Göttliche Nachhilfe

„Der Beistand aber, der Heilige Geist, den der Vater in meinem Namen senden wird, der wird euch alles lehren und euch an alles erinnern, was ich euch gesagt habe."

Das Osterfest am 4./5. April 2021 war das seltsamste Osterfest, das wir alle erlebt haben. Noch ein Vierteljahr zuvor hätten wir uns so etwas nicht vorstellen können. Wenn mich vor dem Corona-Lockdown jemand gefragt hätte, wie es möglich wäre, dass aus einem caritativen Orden ein kontemplativer Orden mit strenger

[112] J. Kentenich, Himmelwärts, Vallendar-Schönstatt 1996, S. 24f.

Klausur würde, ohne dass die Ordenssatzungen oder das Kirchenrecht geändert würde, hätte ich nur ratlos mit den Achseln gezuckt. Nach dem Lockdown, der am 18.4.2021 endete, wusste ich, wie das geht.

Da ich im Kloster wohne, feierten wir hinter verschlossenen Kirchentüren die Eucharistie und das Stundengebet. Der Großhandel lieferte nach wie vor die Lebensmittel und die Arbeiter in der Küche versahen ihren Dienst. So entstand zumindest im Innern des Klosters der Anschein der Normalität – auch wenn uns allen bewusst war, wie unnormal die Situation war.

Der Wert der Stellvertretung fing auf ganz neue Weise an zu leuchten. Ich war mir dankbar meiner privilegierten Situation bewusst, wenn mir auf meinen Ruf „Der Herr sei mit euch" vierzig Schwesternstimmen antworteten und ich nicht in eine schweigende Kamera schauen musste, was ja Gottseidank in vielen Gemeinden als Notlösung installiert worden war.

Zurück zum Bibelvers: *„Der Beistand aber, der Heilige Geist, den der Vater in meinem Namen senden wird, der wird euch alles lehren und euch an alles erinnern, was ich euch gesagt habe"* (Joh 14,26).

Da steht Jesus vor uns als der unverstandene Jesus. Eine Reaktion der Gesprächspartner Jesu, die in den Evangelien einige Male dokumentiert ist, ist das Unverständnis von dem, was Jesus sagte. Hier ein paar Beispiele:

Als Maria und Josef den 12-jährigen Jesus endlich im Tempel gefunden hatten, bat er ja nicht um Entschuldigung, sondern kritisierte seine Eltern mit den Worten: *„Warum habt ihr mich gesucht? Wusstet ihr nicht, dass ich in dem sein muss, was meinem Vater gehört? Doch sie verstanden nicht, was er damit sagen wollte"* (Lk 2,49f).

Nach der Verklärung und der Heilung eines Besessenen folgt die zweite Leidensankündigung im Lukasevangelium. Lukas kommentiert die Reaktion der Jünger: *„Doch die Jünger verstanden den*

Sinn seiner Worte nicht; er blieb ihnen verborgen, sodass sie ihn nicht begriffen. Aber sie scheuten sich, Jesus zu fragen, was er damit sagen wollte" (Lk 9,45).

Wir finden den Text auch bei Markus: *„Aber sie verstanden den Sinn seiner Worte nicht, scheuten sich jedoch, ihn zu fragen"* (Mk 9,32).

Nach der dritten Leidensankündigung Jesu schreibt Lukas treuherzig: *„Doch die Zwölf verstanden das alles nicht; der Sinn der Worte war ihnen verschlossen und sie begriffen nicht, was er sagte"* (Lk 18,34).

Im Blick auf die Juden, die mit Jesus diskutierten, kommentiert der Evangelist: *„Sie verstanden nicht, dass er damit den Vater meinte"* (Joh 8,27).

„Dieses Gleichnis (vom guten Hirten) erzählte ihnen Jesus; aber sie verstanden nicht den Sinn dessen, was er ihnen gesagt hatte." (Joh 10,6).

Nun ist das ja ein weitverbreitetes Phänomen, dass man sich missversteht. Im Rahmen unseres mehrtägigen Ehevorbereitungskurses, den wir von der Schönstatt-Familienbewegung anbieten, führen wir eine einfache Kommunikationsübung durch. Die Paare sitzen Rücken an Rücken, einer bekommt ein Bild in die Hand gedrückt und soll dem anderen unter Zeitdruck und ohne die Möglichkeit der Rückfrage beschreiben, was er sieht. Dann wird mit neuen Bildern gewechselt. Im dritten Durchlauf wieder mit neuen Bildern wird mehr Zeit gelassen und der Hörende kann Rückfragen stellen. Im vierten werden unter den gleichen Bedingungen die Rollen vertauscht. – Der Sinn dieser Übungen im Rahmen eines Ehevorbereitungskurses besteht darin, dass Partnern bewusst wird, wie ungenau man oftmals kommuniziert oder von Selbstverständlichkeiten ausgeht, die für den anderen überhaupt nicht selbstverständlich sind. Da erwähnt z.B. jemand gar nicht am Anfang, ob er das Bild jetzt im Hochformat oder im Querformat vor sich hat. Demzufolge verzerren sich beim Hörer dann die Proportionen der beschriebenen Details.

Ungeübte Partner tappen häufig in die Falle, dass sie sich schmollend in die Opfer-Ecke zurückziehen und dem anderen den Vorwurf machen: „Du verstehst mich nicht!“ oder noch härter: „Du willst mich nicht verstehen!“ – Dabei könnte ja das Missverständnis darin liegen, dass der Redende sich so ungenügend und ungenau ausgedrückt hat. Deshalb grenzt es schon an Selbstsabotage, wenn man sich gleich nach dem wahrgenommenen Missverständnis in den Schmollwinkel des unverstandenen Opfers zurückzieht und in Schweigen hüllt. Wenn Du mich nicht verstehst, dann muss ich dir das vielleicht ausführlicher oder mit anderen Worten erklären. Oftmals hilft es, wenn der Empfänger der unverständlichen Botschaft direkt zurückmeldet: „Du, ich kann mir keinen Reim machen auf das, was Du mir gesagt hast. Bitte erzähle mir mehr!“

Im Johannes-Evangelium wird uns die stufenweise bessere Erkenntnis, wer denn dieser Jesus sei, aufgezeigt.

Erstes Beispiel: Die Samariterin am Jakobsbrunnen: Erst ist sie verwundert, dass ein Jude mit ihr spricht und sie um etwas bittet. – Dann die erstaunte Frage: Bist du größer als unser Vater Jakob, der uns diesen Brunnen geben hat? Dann: Herr, ich sehe, dass du ein Prophet bist. Dann spricht die Frau vom Messias und Jesus antwortet ihr: Ich bin es, der mit dir spricht. (vgl. Joh 4,1-42)

Zweites Beispiel: Der geheilte Blinde vom Teich Schiolach: Der spricht zunächst von dem Mann, der Jesus heißt, der ihn gesund gemacht hat (vgl. Joh 9,11). Vor den Pharisäern bekennt dieser Mann: Er ist ein Prophet (vgl. Joh 9,17). Bei einem weiteren Verhör durch die Pharisäer sagt er: *„Wir wissen, dass Gott einen Sünder nicht erhört; wer aber Gott fürchtet und seinen Willen tut, den erhört er“* (Joh 9,31). Schließlich treffen Jesus und der Geheilte wieder aufeinander; und der Geheilte glaubt an Jesus als den Menschensohn und wirft sich vor ihm nieder (vgl. Joh 9,38).

Aber selbst bei den Aposteln trifft Jesus immer wieder auf Unverständnis: Sei es bei der Verklärung auf dem Berg (vgl. Mt 17,2 par); beim Verständnis des Messias, ob er das Volk von der römischen Besatzungsmacht befreien würde; beim Rangstreit der Jünger (vgl. Mt 18,1-5); beim Wunsch der Zebedäussöhne nach einem Ehrenplatz im Reich Gottes (vgl. Mk 10,35); oder bei der Bitte des Philippus: Zeige uns den Vater (vgl. Joh 14,8).

Immer wieder kritisiert Jesus den Kleinglauben oder das Unverständnis seiner Jünger. Es muss eine wahnsinnige Überforderung für die Jünger gewesen sein, Jesus in die weiten Horizonte hinein zu begleiten, in denen er sich bewegte. Andererseits muss sich Jesus sehr einsam und unverstanden gefühlt haben in der Vermittlung seiner ureigensten Anliegen.

Auf diesem Hintergrund ist die Verheißung Jesu für beide Seiten eine Hoffnung. Jesus deutet seine Hoffnung an: Dann endlich werdet ihr mich verstehen. Und die Jünger erahnen: Da kommt etwas auf uns zu, das uns hilft, unseren Meister besser zu verstehen.

Werfen wir einmal einen Blick in die Kirchengeschichte, zuerst ins 16. Jh.: Ignatius von Loyola beschreibt, dass lange nach seiner Bekehrung auf dem elterlichen Schloss ihm Gott noch einmal eine besondere Klarheit des Geistes geschenkt habe, wodurch sich sein Urteilsvermögen darüber, was von Gott komme und was vom Widersacher komme, deutlich verbessert habe. In Barcelona, wo er 1524 zu studieren anfing, überkam ihm beim Lateinlernen oft eine solche Verzückung, dass er nicht weiterlernen konnte. Interessanterweise kamen diese Verzückungen nicht beim Mitfeiern der hl. Messe oder bei den geplanten Gebetszeiten. Er deutete diese Ablenkungen vom Studium als Versuchung. Nachdem er das so beurteilt hatte, hörten diese Verzückungen auf.[113]

Ein Blick in die erste Hälfte des 20. Jh.: Wir können im Rückblick auf den aufkommenden Nationalsozialismus feststellen, dass nicht jeder gescheite Christ oder jeder Theologieprofessor das Ur-

[113] Ignacio Tellechea, Ignatius von Loyola. Allein und zu Fuß, Benzinger Vlg., Düsseldorf ^{2}1995, S. 149f.

teilsvermögen hatte, um das Dämonische im Auftreten und Wirken Hitlers zu durchschauen. In der Schönstatt-Bewegung ist eine Bemerkung des Gründers vom Dezember 1935 bekannt, als ihn der damalige Bischof von Münster Clemens August Graf von Galen fragte, ob es denn nicht doch das eine oder andere gäbe, was am Nationalsozialismus zu taufen sei. Kentenich antwortete ihm: „Ich wüsste keine Stelle, wo das Taufwasser auftreffen könnte."[114]

Die aktuelle Situation: Um uns die Problematik einmal anhand einer aktuellen Situation bewusst zu machen, möchte ich hinweisen auf eine Vision die die Seherin Conchita 1965, damals 12 Jahre alt, in Garabandal hatte. Dort soll von 1961 bis 1965 vier Mädchen die Muttergottes als Maria vom Berge Karmel erschienen sein. Die katholische Kirche hat bezüglich der Erscheinungen festgestellt, dass es bis jetzt nicht erwiesen ist, dass es sich um übernatürliche Ereignisse gehandelt hat, aber der zuständige Bischof hat am 7. Mai 2007 erst einmal alle restriktiven Erlasse und Verbote aufgehoben. Die Anerkennung steht also noch aus.

Diesen Text verdanke ich Michael Hesemann und seinem Artikel vom 31. März dieses Jahres:

„Wenn sie sehen, dass die hl. Messe nicht mehr frei gefeiert werden kann; dann wird die Welt es am notwendigsten haben, dass Gott eingreift." Als Conchita 1982, 17 Jahre nach der letzten Erscheinung, zu dieser Aussage interviewt wurde, glaubten viele, nur eine Besetzung Westeuropas durch die Sowjets, eine Herrschaft der Kommunisten könne der Grund für ein Verbot der Messen sein. Doch die Seherin weigerte sich, einen Grund zu nennen. Sie beließ es dabei, zu bestätigen, „es werde sehr schwierig werden, die Religion zu praktizieren; es werde für Priester sehr schwierig werden, die Messe zu lesen und für die Leute, die Türen der Kirchen zu öffnen, ... öffentliche Messen werden offensichtlich verboten

[114] Dorothea M. Schlickmann, Josef Kentenich. Ein Leben am Rande des Vulkans, Herder-Vlg., Freiburg 2019, S. 134.

werden."[115]

1965, mitten im Kalten Krieg konnte man sich diese Schwierigkeiten also nur vorstellen als Ergebnis einer politisch verursachten Kirchenverfolgung. Aber das waren die menschlichen Schlussfolgerungen, die nichts mit den Visionen zu tun hatten. Heute sind wir schlauer und kennen die andere Ursache. Die Covid 19-Pandemie.

Was lehrt der Hl. Geist? Diese Beispiele mögen genügen, um deutlich zu machen, dass es bei der Verheißung des Hl. Geistes nicht so sehr um die Erweiterung des Wissens als Faktenwissen ging, sondern es ging um die Verbesserung des Urteilsvermögens und die Erweiterung des Horizontes.

Dann nach Ostern im Gespräch mit den Emmaus-Jüngern geht es Jesus ja nicht um neue Fakten, sondern um die Neuzuordnung dieser Fakten. Die beiden wissen ja alles, selbst die Auferstehung! Nach dem Verschwinden ihres Weggefährten sagten sie zueinander: *„Brannte nicht das Herz in uns, als er unterwegs mit uns redete und uns den Sinn der Schrift erschloss?"* (Lk24,32).

Nicht immer erschließt uns Jesus direkt oder ein vom ihm Beauftragter den Sinn von persönlich erlittenen Schicksalsschlägen. Manchmal muss man sich durch Jahre des Haderns und des Selbstmitleids quälen und schleppen. Aber die Möglichkeit, aus dem, was einem geblieben ist, etwas zu machen und damit der Katastrophe einen Sinn zu verleihen, diese Möglichkeit besteht. Und dann macht das Ganze Sinn.

Ich möchte einen Vergleich bringen: ein Puzzle. Viele von Ihnen haben vor der Schließung der Läden noch Spiele gekauft, um die Zeit mit den Kindern in den eigenen vier Wänden schön zu gestalten. Manche holten auch die Kartons mit den Riesenpuzzles mit 1500 oder mehr Teilen aus dem Regal, für die man sich noch nie die Zeit genommen hatte. Puzzle – ein Klassiker. Wir sind aber nicht nur mit puzzeln beschäftigt, wenn wir Bildkärtchen zusam-

[115] `http://www.kath.net/news/71173`

menfügen. Weil wir Sinnsucher sind, steckt in jedem von uns die Sehnsucht, aus den vielen kleinen Puzzle-Erlebnissen eines jeden Tages ein großes Ganzes mit Sinn zusammenzusetzen.

Der strategische Nachteil: Wir haben kein Gesamtbild, was aus den Einzelteilen zusammengesetzt werden könnte. Wir sind auf Intuition, auf Ahnungen angewiesen. Was für einen Sinn machte das qualvolle Sterben Jesu? Das war ja die leidvolle Frage der Emmausjünger. Sie können nur das Scheitern Jesu sehen. Sie leiden an ihren zerplatzten Träumen, an ihren verbrannten Hoffnungen.

Das Leiden Jesu können wir nicht interpretieren als: Da ließ sich einer immer alles gefallen. – Sonst hätte er früher nicht ausweichen können, das hat er ja auch gemacht; oder durch geschickte Fragen die Leute auf's Glatteis geführt. Der große Konflikt, den Jesus hatte, war, „Was mach' ich jetzt als Gottes Sohn, als Erlöser, wenn die Menschen mich ablehnen?" Dann hätte er ja – wir spielen das mal durch – am Gründonnerstag sagen können: „Projekt Erlösung gescheitert. Ihr seid zu blöd dazu. Jetzt mach ich mit euch noch ein Abschiedsmahl und dann ab in den Himmel. Macht doch euren Dreck hier alleine. ..." Das wäre denkbar gewesen.

Dann wäre aber die Dummheit und Bosheit der Menschen stärker gewesen als das Ja Gottes zu den Menschen, diese seine Erlösungsbereitschaft. In dem Moment hat Christus keine andere Wahl mehr, wollte er seinen Erlösungsplan aufrechterhalten. Er wollte beweisen: Meine Liebe ist größer als eure Dummheit und Bosheit! Aber gleichzeitig hält er den Respekt vor der Freiheit des Menschen aufrecht. Dazu hat sich Gott verpflichtet, als er den Menschen am Schöpfungsmorgen Freiheit gegeben hat. Dann muss er sie auch respektieren. Unter diesen Umständen blieb Christus nichts anderes übrig als einzuräumen, dass er körperlich vernichtet wird. Ihr könnt mich ablehnen, ihr könnt mich töten, aber ihr könnt eines nicht: Ihr schafft es nicht, dass ich Nein zu euch sage. Das ist der tiefe Sinn. Das Ja Gottes ist stärker als die Bosheit und Dummheit der Menschen. Er kann nicht anders als Ja zum Menschen sagen.

Dieses Ja Gottes respektiert gleichzeitig in großer Ehrfurcht die Freiheit, die Gott dem Menschen gegeben hat. In dem Moment, in dem der sündige Mensch Gott ablehnt, lässt er nicht seine Allmacht spielen und offenbart seine Herrlichkeit. So wollten es die Pharisäer haben: „Steig herab vom Kreuz, dann wollen wir gerne an dich glauben." Mach's uns doch möglichst billig. Manipulier uns doch! Das macht Jesus nicht, und damit hat er uns erlöst. Sein Ja zu uns war stärker als die Dummheit und Bosheit der Menschen. Mit seinem durchgehaltenen Ja hat er eine Brücke gebaut über den Abgrund des Nein, von dem wir uns mal mehr, mal weniger stark umgeben fühlen.

„Das Ich, das wahrhaft liebt, geht aus sich heraus, um bei Gott und bei seinem Nächsten zu wohnen, und erst dann ist es wirklich zu Hause. Wo dies geschieht, sind wir aus dem Land der Ichbezogenheit über die Brücke in das Land der echten, erfüllenden Großherzigkeit gegangen", schreibt Miroslav Volf.[116]

Solche Momente gehören auch zur Vergebung. Vergeben tut auch weh. Das Ja zu dem aufrecht zu erhalten, der mich verletzt, das ist nichts für schwache Typen. Das tut weh! Aber wir müssen uns sagen: „Das halt ich aus. Ich lasse mich von dir nicht in die Defensive treiben."

Am Karfreitag durften wir mit Staunen und Schaudern neu zur Kenntnis nehmen, mit welcher Radikalität und mit welcher inneren Freiheit Jesus das verwirklicht hat.

Paulus kann im Römerbrief drastisch formulieren: *„Wo jedoch die Sünde mächtig wurde, da ist die Gnade übergroß geworden"* (Röm 5,20). Und für die, die sich selbst ihre Versagen nicht verzeihen können, schreibt Johannes: *„Denn wenn das Herz uns auch verurteilt, Gott ist größer als unser Herz, und er weiß alles"* (1 Joh 3,20).

[116] Miroslav Volf, Umsonst. Geben und Vergeben in einer gnadenlosen Kultur, Brunnen-Vlg., Wetzlar 2012, S. 64.

Es gibt keine Alternative zur Vergebung, wenn Zukunft möglich sein soll und wenn diese Zukunft entgiftet sein soll. Nur wer vergeben kann, kann auch treu sein, d.h., sein Ja vom Anfang auch durchhalten.

So vermittelt Jesus seinen beiden Jüngern den hohen Preis, den Gott bereit war zu zahlen, um sein Ja zu uns Menschen durchzuhalten. „Musste nicht der Messias all das erleiden?“, fragt Jesus die beiden Jünger. So ist das Handeln Jesu am Karfreitag eine Ermutigung: Mit seiner Unterstützung, mit seiner Gnade sind auch wir in der Lage, unser Ja durchzuhalten und immer wieder zu erneuern. Und – das kommt dazu: Der Karfreitag ist ja nicht das Letzte, sondern die Auferstehung.

Es gibt also eine innere Logik des Leidens Jesu. „Musste nicht der Messias all das erleiden?“

Ich muss ehrlich zugeben, dass es mir manchmal sehr schwerfällt, zu akzeptieren, dass Gott uns Menschen die Freiheit gegeben hat. Vor allem, wenn Opfer von Verbrechen mir ihr Leid klagen und ihre Seele noch blutet oder gar der Seeleneiter herausquillt.

Aber die Alternative wäre noch schrecklicher. Wenn wir Menschen nicht frei wären, dann wären wir auch nicht zur Liebe fähig, denn Liebe ist ein Kind der Freiheit. Ich brauche immer wieder den Lehrmeister, den heiligen Geist, um in der Freiheit der Kinder Gottes mich heimisch zu fühlen und den Preis der Freiheit zu akzeptieren, der oftmals damit verbunden ist.

Ich durfte aber auch in meinen fast 40 Priesterjahren die Erfahrung machen, dass Jesus sich den Verletzten und Enttäuschten zugesellt und ihnen hilft, ihren seelischen Wunden Heilung zukommen zu lassen und ihnen die Kraft gibt, ein neues tapferes Ja zu ihrem Schicksal zu sagen und zu leben.

Noch ein letztes historisches Beispiel: Die Seherin Alphonsine in Kibeho in Ruanda bekommt am 15.8.1982 Bilder vom Genozid der Tutsis durch die Hutus 1994 gezeigt. Sie ist schockiert. Allerdings verhallen ihre Warnungen vor Rassismus und Hass wirkungslos. So kommt es dann tatsächlich 1994 zu den Massakern – auch eines mit 20000 Toten in Kibeho. Alphonsine wurde später Klausurnonne im Kloster Saint Claire in Abidjan, der Hauptpstadt der Elfenbeinküste, später lebte sie in Benin.

Lassen wir uns also ein auf die Nachhilfestunden des lieben Gottes!

38. Joh 14,27: Frieden mit Mehrwert

„Frieden hinterlasse ich euch, meinen Frieden gebe ich euch; nicht einen Frieden, wie die Welt ihn gibt, gebe ich euch. Euer Herz beunruhige sich nicht und verzage nicht."

Wenn wir ins Lexikon blicken, dann lesen wir: Frieden oder Friede (von althochdeutsch fridu, „Schonung", „Freundschaft") ist allgemein definiert als ein heilsamer Zustand der Stille oder Ruhe, als die Abwesenheit von Störung oder Beunruhigung und besonders von Krieg. Frieden ist das Ergebnis der Tugend der „Friedfertigkeit" und damit verbundener Friedensbemühungen.

Ich möchte mit der Darstellung eines jahrzehntelangen Konfliktes beginnen: In Kolumbien fand über rund fünfzig Jahre ein bewaffneter Konflikt statt, dessen Beginn auf die Jahre 1964 bis 1966 datiert wird. Am 22. Juni 2016 vereinbarte die kolumbianische Regierung mit der größten Guerilla, der FARC-EP, einen endgültigen Waffenstillstand.

Der Friedensvertrag wurde Ende November 2016 durch den kolumbianischen Senat und das Repräsentantenhaus gebilligt, nachdem ein vorheriger Entwurf in einem Volksentscheid mit knapper Mehrheit abgelehnt worden war. Über 6500 FARC-Guerilla gaben bis im Juni 2017 ihre Waffen ab und sollten in Entwaffnungszonen zum Leben in der Zivilgesellschaft befähigt werden. Für seine Bemühungen im Friedensprozess wurde dem kolumbianischen

Präsidenten Juan Manuel Santos 2016 der Friedensnobelpreis zuerkannt.

Welche Etappen gab es auf dem Weg zum Waffenstillstand? Beachtenswert ist die Initiative, die der Verteidigungsminister 2006 gestartet hatte. Juan Manuel Santos war gerade zum neuen Verteidigungsminister ernannt worden. Er beauftragte eine renommierte Werbeagentur, sich etwas einfallen zu lassen, um Guerilleros zur Rückkehr ins zivile Leben zu bewegen. Mutige Mitarbeiter der Werbeagentur machen also Marktforschung, wie sie es gelernt haben. Sie sprechen mit 100 ehemaligen Guerillakämpfern und versuchen zu verstehen, was sie in den Dschungel getrieben hat und was sie dort hält. Ein ums andere Mal kommen sie zu derselben Schlussfolgerung: Es handelt sich hier um normale Menschen. Die Rebellen haben die gleichen Bedürfnisse, Träume und Sehnsüchte wie wir alle. Carlos Andrés Rodríguez, einer der Agenturmitarbeiter sagte: „Sobald einem bewusst wird, dass es keine Guerillakämpfer sondern Menschen sind, ändert sich die Kommunikation komplett." Das Team entdeckt, dass jedes Jahr um die Weihnachtszeit die Zahl der Demobilisierungen einen Höhepunkt erreicht. Sie unterbreiten dem Verteidigungsminister den Plan, im Dschungel Bäume als Weihnachtsbäume zu schmücken.

An neun strategisch wichtigen Punkten werden auf jeden der ca. 25 m hohen Bäume Lichterketten mit 2000 LED-Lämpchen angebracht. Dazu werden ein Bewegungsmelder und ein Leuchtbanner installiert. Wenn jemand dort vorbeikommt, leuchtet das Banner auf, und man kann lesen: „Wenn Weihnachten in den Dschungel kommen kann, dann kannst du auch nach Hause kommen. Leg die Waffen nieder. An Weihnachten ist alles möglich." – Die Operation ist ein überwältigender Erfolg. Innerhalb eines Monats geben 331 Guerilleros den Kampf auf. Viele von ihnen sagen, dass die Weihnachtsbäume den letzten Anstoß dazu gegeben haben.

Unterdessen setzt die Werbeagentur die Interviews mit ehemaligen Rebellen fort. Man erfährt, dass fast alle Guerillakämpfer von den Weihnachtsbäumen gehört, die meisten sie aber nicht gesehen haben. Die FARC bewegt sich nämlich über die Flüsse, die Schnellstraßen des Dschungels. Im Dezember 2011 wird die nächste Aktion gestartet:

In knapp 7000 durchsichtigen Christbaumkugeln werden je ein LED-Lämpchen und ein handschriftlicher Brief von Kolumbianern, die Familienangehörige bei den Kämpfern wissen, verpackt. Auch wenn diese Briefe persönlich formuliert sind, die Botschaft sollte jedes Mal darauf hinauslaufen: „Komm nach Hause, wir halten hier einen Platz für dich frei." Dazu ein ganz kleines Geschenk. Diese Operation „Flüsse aus Licht" bewegte 180 Kämpfer zurückzukehren.

Vor dem nächsten Weihnachtsfest bekommt die Werbeagentur vom Geheimdienst die Namen und Adressen von Frauen, die einen Sohn oder eine Tochter bei der FARC haben. Diese Mütter werden gebeten, ein Kinderfoto ihres Vermissten zur Verfügung zu stellen. Diese Fotos sind mit einer einfachen Botschaft beschriftet: „Bevor du zum Rebellen wurdest, warst du mein Kind. Diese Weihnacht werde ich zu Hause auf dich warten." 218 verlorene Söhne und Töchter kommen zurück zu ihren Familien. Ihnen wird Amnestie gewährt, und sie werden in einem Wiedereingliederungsprogramm gefördert. Dort erlernen sie einen Beruf und bekommen Unterstützung bei der Suche nach einem Job.

Das Erfolgsgeheimnis dieser Kampagnen? „Die Rebellen werden nicht als Monster, sondern als Menschen betrachtet. Wir suchen nach einem Kind, das im Dschungel verschollen ist, nicht nach einem Kriminellen." Im kolumbianischen Verteidigungsministerium ist man überzeugt, dass die Friedenspropaganda einen entscheidenden Beitrag geleistet hatte. Diese kreativen Kampagnen der Werbeagentur waren ein wichtiger Beschleuniger des Friedensprozesses in Kolumbien. 2009 wurde der Verteidigungsminister Präsident. Am Tag der feierlichen Unterzeichnung des Waffenstillstandsabkommens, am 22. Juni 2016, sagte er: „Heute ist ein besonderer Tag, der Tag, an dem Waffen gegen Worte eingetauscht werden."[117]

Leider kündigte im September 2019 ein Teil der FARC die Wiederbewaffnung an, da eine Armutsbekämpfung und ein Ende der Verfolgung von ehemaligen FARC-Mitgliedern, trotz Zusagen nicht eingehalten worden seien.

Trotzdem kann man aus dieser Kampagne der Werbefirma in Zusammenarbeit mit dem Verteidigungsministerium sehen: Wenn es gelingt, im Feind nicht den Feind, sondern einen Menschen zu sehen, dann ist das ein Weg, der zum Frieden führt.

Damit sind wir mitten im Thema. Was verheißt Jesus, wenn er seinen Jüngern seinen Frieden gibt? – *„Frieden hinterlasse ich euch, meinen Frieden gebe ich euch."*

Bevor ich die Frage beantworte, möchte ich noch eine kleine Legende erzählen: Ein junger Mann betrat im Traum einen Laden. Hinter der Theke stand ein Engel. Hastig fragt er ihn: „Was verkaufen Sie, mein Herr?" Der Engel antwortete freundlich: „Alles, was Sie wollen." Der junge Mann begann aufzuzählen: „Dann hätte ich gern das Ende aller Kriege in der Welt, bessere Bedingungen für die Randgruppen der Gesellschaft, Beseitigung der Elendsviertel in Lateinamerika, Arbeit für die Arbeitslosen, mehr Gemeinschaft und Liebe in der Kirche und ... und ..." Da fiel ihm der Engel ins Wort: „Entschuldigen Sie, junger Mann, Sie haben mich falsch verstanden. Wir verkaufen keine Früchte, wir verkaufen nur den Samen."

Was diese kleine Legende verdeutlicht: Frieden ist eine Frucht. Frieden ist das Ergebnis eines oftmals langen Ringens. Wenn Jesus also seinen Frieden verspricht, dann drückt er damit aus: Ich habe euch das notwendige Handwerkszeug, die notwendigen Strategien aufgezeigt und mitgegeben, womit ihr Frieden erreichen könnt.

---

[117] Rutgar Bregman, Im Grunde gut. Eine neue Geschichte der Menschheit, Rowohlt Vlg., Hamburg 2020, S. 405-409.

Sehr deutlich und zugleich aufrüttelnd hat Papst Johannes XXIII. in seiner Enzyklika „Pacem in Terris" auf diese Voraussetzungen zur Ermöglichung des Friedens hingewiesen.

Diese Enzyklika erschien am 11. April 1963. Die Kuba-Krise vom Oktober 1962 lag erst einige Monate zurück, der Bau der Berliner Mauer knapp zwei Jahre. Mitten im Kalten Krieg wandte sich damals Papst Johannes XXIII. nicht nur an die Katholiken sondern an alle Menschen guten Willens. Ein Novum bei Enzykliken. Die allgemeinen Menschenrechte werden als mit dem christlichen Menschbild vereinbar dargestellt und deren Anerkennung als wichtige Voraussetzung für den Frieden benannt.

Statt einer Erörterung über erlaubten und unerlaubten Gebrauch von Waffen, legt er das Gewicht auf die Wege und Möglichkeiten, mit deren Hilfe Krieg als Mittel der Politik weitgehend gebannt werden soll. Durch die Bemühungen von Johannes XXIII. wird die traditionelle Lehre vom „gerechten Krieg" endgültig verabschiedet und durch die Lehre vom „gerechten Frieden" ersetzt.[118] Das Wettrüsten und das Gleichgewicht des Schreckens werden als Geißel der Menschheit kritisiert. Kontrollierte Abrüstung und die Ächtung der Atomwaffen werden gefordert. Vor allem fordert er gerechte gesellschaftliche und wirtschaftliche Verhältnisse als Voraussetzung für den Frieden.

In Art. 114 erklärt er: „Zunächst handelt es sich um eine Sache, die die Vernunft gebietet. Denn, wie alle wissen oder wenigstens wissen sollten, sind die Beziehungen der Staaten untereinander, ebenso wie die der einzelnen Menschen, nicht durch Waffengewalt, sondern nach den Gesetzen der gesunden Vernunft, also nach den Gesetzen der Wahrheit, Gerechtigkeit und der tätigen Solidarität zu regeln."

---

[118] Kommentar zu Pacem in Terris von Markus Lingen in: `https://www.kas.de/de/web/geschichte-der-cdu/kalender/kalender-detail/-/content/veroeffentlichung-der-friedens enzyklika-pacem-in-terris-durch-papst-johannes-xxiii.`

Leider ist die Geschichte der Kirche auch eine Geschichte der Gewalt, der Verbrechen, der Intrigen, der Korruption. Aber alle diese Machtmenschen, die Amtsinhaber waren, konnten sich nicht auf Jesus Christus berufen.

Andererseits ist die Geschichte der Kirche auch eine Geschichte der Friedensstifter und der Knüpfer von Netzen der Solidarität bis heute.

Am bekanntesten aus der Geschichte ist wohl das Treffen zwischen Franziskus und dem Sultan von Ägypten: „1219 machte sich Franziskus mit dem Schiff auf nach Akko im Heiligen Land. Von dort fuhr er weiter nach Damiette an der Nordküste Ägyptens, wo die Kreuzfahrer waren. Als junger Mann hatte Franziskus selbst im Militär gedient und die Leiden des Krieges am eigenen Leib gespürt. Deshalb wandte er sich ab von jeglichem kriegerischen Bemühen. Franz kam also in das Lager der Kreuzfahrer, sah deren Lebensweise, die er für schlecht befand und prophezeite ihnen ihre Niederlage. Nahe Damiette war ein Feldlager, in dem sich der Sultan von Ägypten, al-Malik al-Kamil, aufhielt. Franz wollte zu ihm, wohl um ihn zu bekehren – damals gab es noch keinen interreligiösen Dialog. Doch er stellte fest, dass die Menschen dort gläubig waren, zu Gott beteten, dass der Sultan ein frommer Mensch war. Der Sultan wiederum war den Christen gegenüber sehr gewogen, hatte in seinem Reich mit den Kopten viele Christen. Insofern war es für den Sultan nicht ungewöhnlich, dass er mit einem christlichen Mönch wie Franziskus zu tun hatte. Er hatte den Kreuzfahrern viele Friedensangebote gemacht und erwartete vielleicht, dass Franziskus kam, um Frieden zu bringen. Und obwohl die Erwartungen beider nicht erfüllt wurden, wurde Franziskus während der drei Wochen Aufenthalt in dem Lager gut aufgenommen."[119]

Das bedeutsamste Werkzeug, das Jesus seinen Jüngern mitgab

[119] https://weltkirche.katholisch.de/Aktuelles/20190129_Als_Franz_von_Assisi_den_Sultan_traf

zur Erreichung des Friedens, war die Aufforderung zur Feindesliebe und die Bereitschaft zur Vergebung. Einen Aufruf zum Hass oder die Rechtfertigung der Rache ist nirgendwo bei Jesus zu finden. Im Mitmenschen ein Ebenbild Gottes zu sehen und ihn deshalb in seiner Würde zu respektieren durchzieht ebenfalls den Umgang Jesu mit seinen Mitmenschen ebenso wie seine Lehre.

Die folge ist eine unwahrscheinliche integrative Kraft des Glaubens, die Paulus später so beschreiben kann: *„Es gibt nicht mehr Juden und Griechen, nicht Sklaven und Freie, nicht Mann und Frau; denn ihr alle seid einer in Christus Jesus"* (Gal 3,28).

Mit anderen Worten aber demselben Sinn nach schreibt er im Römerbrief: *„Darin gibt es keinen Unterschied zwischen Juden und Griechen. Alle haben denselben Herrn; aus seinem Reichtum beschenkt er alle, die ihn anrufen"* (Röm 10,12).

Der christliche Glaube sprengt die Standesunterschiede: *„Durch den einen Geist wurden wir in der Taufe alle in einen einzigen Leib aufgenommen, Juden und Griechen, Sklaven und Freie; und alle wurden wir mit dem einen Geist getränkt"* (1 Kor 12,13).

Und noch ein letztes Pauluszitat: *„Wo das geschieht, gibt es nicht mehr Griechen oder Juden, Beschnittene oder Unbeschnittene, Fremde, Skythen, Sklaven oder Freie, sondern Christus ist alles und in allen"* (Kol 3,11).

Leider sieht die Praxis in unseren Gemeinden vielfach nicht so aus. Gerade in den letzten Tagen bekam ich über den Radio horeb-Hörerservice einen Anruf, in dem mir eine Frau ihr Leid klagte: Sie hatte es gewagt, in der tagsüber offenen Filialkirche einen Strauß verwelkter Blumen zu entsorgen und durch frische Blumen aus ihrem Garten zu ersetzen. Das löste eine heftige Kritik durch den Küster aus, dessen eigentliche Aufgabe dort in der Filialkirche auch der Blumenschmuck ist – aber nur, falls dort Gottesdienste gefeiert werden, was natürlich in Corona-Zeiten nicht der Fall ist. Die Frau äußerte den Verdacht, dass der alteingesessene Küster ihr, der Eingeheirateten, der Zugereisten und immer noch Fremden, nach 20 Jahren einfach demonstrieren wollte, wer hier das Sagen hat. Leider gibt es in so manchen Pfarreien kleine Diktatoren, die ihr Ehrenamt nicht als Ermöglicher verstehen, wobei dann jede Initiative von der Basis freudig begrüßt werden würde, sondern als Bühne der eigenen Machtdemonstration oder der Eitelkeit. Es wäre schön, wenn die integrative Kraft des Glaubens die alten archaischen Abwehrreflexe gegenüber allem Fremden überwinden könnte. In Orten mit viel Fremdenverkehr ist das auch nicht so ein Problem wie in kleinen Orten, wo es verhältnismäßig wenige Zuzüge gibt.

Wie schwierig die Feindesliebe ist, muss ich immer wieder in der Begleitung von Menschen erleben, denen massives Unrecht zugefügt worden ist. Auch wenn oftmals Gerichte die verletzte Gerechtigkeit wiederherstellen können – die seelische Verletzung bleibt. Aber es gibt keine dauerhafte Alternative zur Vergebung, soll Friede möglich werden.

Sicherlich ist es eine legitime Position, wenn jemand sich eingesteht: Ich möchte gerne vergeben, aber ich kann noch nicht. Wenn man dann aber den Selbstheilungskräften der Seele traut und die Wunden vernarben lässt, dann ist nach verheilter seelischer Wunde der Schritt zur Versöhnung oft leicht. Die inständige Bitte an Jesus, gib du mir doch die Kraft zur Vergebung, wird von ihm gern erhört. Manchmal dauert das trotzdem Monate, bis die seelische Wunde vernarbt ist. Wir dürfen aber damit rechnen, dass bei allem Bemühen, den Idealen Christi gerecht zu werden, wir auch reichliche Gnadenunterstützung bekommen, denn wir bitten ja darum, wirklich eine neue Schöpfung zu werden. Das bedeutet, dass wir aus den alten unerlösten Denkmustern, Redemustern und Verhaltensmustern ausbrechen können und in ein erlöstes Miteinander hineinfinden können.

Manchmal braucht es auch einen ehrfürchtigen Schutzraum, wo der Verletzte seinen Seeleneiter abfließen lassen kann, seinen Schmerz und auch seine Wut ausdrücken kann, ohne den Täter wiederum neu zu verletzen.

Der Friede mit Mehrwert, den Jesus gibt, ist wie ein kostbares Geschenk, wie ein modernes technisches Gerät, wo ich mich erst in die Bedienungsanleitung hineinlesen, hineinverstehen und hineinüben muss. Erst dann kann ich all die Möglichkeiten des Geschenkes voll nutzen.

Mich hat es sehr bewegt, als ich die Biographie des Schwerverbrechers Wilhelm Buntz gelesen habe, der sich im Gefängnis bekehrt hatte. Nach seiner Entlassung aus dem Strafvollzug im Februar 1985 hatte er sich vorgenommen, alle zu besuchen und um Verzeihung zu bitten, denen er jemals Schaden zugefügt hatte. Neben seiner Berufstätigkeit war das eine Schwerarbeit, die sich über Monate hinzog. Aber mit jedem klärenden Gespräch zog ein tieferer Friede in sein Herz. Manche erzählten ihm auch, dass sie jahrelang für ihn und seine Bekehrung gebetet hatten. Den allerersten, den er um Verzeihung bitten konnte, war ein Bankdirektor, dessen Wohnung er ausgeräumt hatte, als dieser mit seiner Frau im Urlaub war. Kurz vor seiner Entlassung bekam Wilhelm Buntz einen so genannten Freigang, auf dem ihn eine Bewährungshelferin begleitete. Zufällig trafen sich die drei in einem Naherholungsgebiet, wo Wilhelm mit seiner Begleiterin auf einer Bank saß und auf der Gitarre der Begleiterin fromme Lieder spielte und dazu sang. Als Kind in einem Heim hatte er diese Lieder erlernt. Der Bankdirektor, der ihn vom Gerichtsprozess wiedererkannte, war erstaunt und überrascht, diesen Gangster in der Freiheit solche Lieder spielen zu hören. Im Nachhinein deutete Wilhelm Buntz diese Überraschungsbegegnung so: „Gott hatte mir das erste meiner früheren Opfer auf dem Silbertablett serviert. Diese Erkenntnis traf mich wie ein Schlag. Gott sorgt für mich! Gott nimmt ernst, was ich vorhabe und arrangiert die Dinge.“[120]

Der im 5. Jh. v.Chr. lebende griechische Philosoph Heraklid schrieb einmal: „Der Krieg ist der Vater aller Dinge und der König

[120] Wilhelm Buntz, Der Bibelraucher, Holzgerlingen ^{3}2019, S. 182.

aller. Die einen macht er zu Göttern, die andern zu Menschen, die einen zu Sklaven, die andern zu Freien."

Der Gottessohn Jesus Christus hat uns seinen Vater offenbart als den, der den Frieden will und uns das Handwerkszeug beziehungsweise die Strategien und vor allem die Kraft zur Verfügung stellt, damit wir den ersehnten Frieden verwirklichen.

Ich möchte schließen mit dem Liedtext: „ Wie ein Fest nach langer Trauer, Wie ein Feuer in der Nacht. Ein off'nes Tor in einer Mauer, für die Sonne aufgemacht. Wie ein Brief nach langem Schweigen, wie ein unverhoffter Gruß. Wie ein Blatt an toten Zweigen Ein-ich-mag-dich-trotzdem-Kuss.

So ist Versöhnung, so muss der wahre Friede sein. So ist Versöhnung, so ist vergeben und verzeihn. (2x)

Wie ein Regen in der Wüste, frischer Tau auf dürrem Land. Heimatklänge für vermisste, alte Feinde Hand in Hand. Wie ein Schlüssel im Gefängnis, wie in Seenot – Land in Sicht. Wie ein Weg aus der Bedrängnis wie ein strahlendes Gesicht.

So ist Versöhnung, so muss der wahre Friede sein. So ist Versöhnung, so ist vergeben und verzeihn. (2x)

Wie ein Wort von toten Lippen, wie ein Blick der Hoffung weckt. Wie ein Licht auf steilen Klippen, wie ein Erdteil neu entdeckt. Wie der Frühling, wie der der Morgen, wie ein Lied wie ein Gedicht. Wie das Leben, wie die Liebe, wie Gott selbst das wahre Licht.

So ist Versöhnung, so muss der wahre Friede sein."[121]

Fragen Sie sich einmal, wie Sie sich von Feindbildern befreien konnten. Aus den Erzählungen der so genannten Kriegskinder, die also bei Kriegsende zwischen sechs und 13 Jahre alt waren, wird deutlich, welch seelisch-geistige Schwerarbeit das war, sich von indotkrinierten Feindbildern zu verabschieden. Manche haben als alte Menschen uns teilhaben lassen an der schwierigen Neuorientierung nach dem Krieg. Manche von ihnen haben vielleicht

[121] T: Jürgen Werth, M: Johannes Nitsch

an dem deutsch-französischen Jugendaustausch teilgenommen, der dieses zerstörerische Narrativ vom „Erbfeind Frankreich“ überwinden half. Manchmal gab es auch berührende Szenen, wenn im Zuge der Pfarreizusammenlegung bisher konkurrierende Nachbargemeinden auf einmal zusammenarbeiten mussten. Ich möchte Sie, liebe Leserinnen und Leser, ermuntern, Ihre Friedenserfahrungen mit anderen Gemeindemitgliedern zu teilen.

39. Joh 15,2: Nachhaltige Wirkung

„Jede Rebe an mir, die keine Frucht bringt, schneidet er ab und jede Rebe, die Frucht bringt, reinigt er, damit sie mehr Frucht bringt.“

In meiner ersten Kaplansstelle hörte ich einmal ein mir bis dahin unbekanntes Sprichwort: „Geiz stirbt im dritten Glied.“ Als ich die ältere Frau nach dem Sinn dieses mir seltsam klingenden Sprichwortes fragte, meinte sie: Wenn in einer Familie ein Klima des Geizes herrschen würde und sich diese Haltung von Generation zu Generation übertragen würde, dann würden in der dritten Generation die erwachsenen Kinder nicht mehr heiraten und ledig bleiben oder die Verheirateten bekämen keine Kinder. Deshalb würde diese Familie aussterben. Leider bin ich kein Historiker, um den Wahrheitsgehalt dieser Volksweisheit zu überprüfen. Wenn Leserinnen oder Leser mir Belegmaterial zukommen lassen würden für die Wahrheit dieses Sprichwortes, würde ich mich sehr freuen. Was unbestritten ist: Geiz gehört zwar nicht zu den sieben Hauptsünden Hochmut, Neid, Zorn, Trägheit, Habgier, Völlerei und Wollust, kommt aber in jedem Beichtspiegel vor. Geiz ist ja übertriebene Sparsamkeit, die das Ziel aus den Augen verloren hat: Man hält sein Geld zusammen, um dann die eine oder andere größere Anschaffung machen zu können.

Das Gegenteil von Geiz ist Freigiebigkeit. Großzügig schenken können – ein solches Verhalten fordert schon Jesus, wenn er sagt: *„Gebt, dann wird auch euch gegeben werden! Ein gutes, volles, gehäuftes, überfließendes Maß wird man euch in den Schoß legen; denn nach dem Maß, mit dem ihr messt, wird auch euch zugemessen werden"* (Lk 6,38).

Und als der hl. Paulus sein großes Hilfsprojekt für die Jerusalemer Urgemeinde startet, schreib er den Korinthern: *„Denkt daran: Wer kärglich sät, wird auch kärglich ernten; wer mit Segen sät, wird mit Segen ernten. Jeder gebe, wie er es sich in seinem Herzen vorgenommen hat, nicht verdrossen und nicht unter Zwang; denn Gott liebt einen fröhlichen Geber. In seiner Macht kann Gott alle Gaben über euch ausschütten, sodass euch allezeit in allem alles Nötige ausreichend zur Verfügung steht und ihr noch genug habt, um allen Gutes zu tun"* (2 Kor 9,6-8).

Fruchtbarkeit ist die Großzügigkeit der Natur. Ein Weizenkorn, in den Acker gesät, kann je nach Art und Bodenbeschaffenheit 40 bis 50 Körner hervorbringen.

Jesus verwendet in seinen Gleichnissen viele Alltagsbeobachtungen aus dem landwirtschaftlichen Bereich, weil er weiß, dass er damit an Bekanntem seiner Zuhörer anknüpfen kann. Nun konnte mir bisher kein Winzer erklären, wie man Reben reinigen kann; und in vielen kontrollierten Anbaugebieten für Prädikatswein sind nur eine oder zwei Reben pro Weinstock zugelassen, um die Menge zu reduzieren. Aber Jesus hält ja keinen Kurs für angehende Weinbauern, sondern er will auf Wachstums- und Reifungsprozesse in der menschlichen Seele aufmerksam machen und bedient sich dafür des Bildes vom Weinstock.

„Wir Menschen können uns nicht nicht verhalten." Darauf hat der Kommunikationsforscher Paul Watzlawik hingewiesen.[122] Das heißt, egal, was wir sagen oder nicht sagen, ob wir Blickkontakt

[122] `https://www.paulwatzlawick.de/axiome.html`

zum anderen suchen oder nicht. – Immer gibt es eine Ursache-Wirkungskette.

Jesus sagt mit dem heutigen Vers, dass die positive Wirkung eines Menschen erhöht werden kann, wenn er sich vom Vater reinigen lässt.

In den letzten Jahren hat sich in den sozialen Netzwerken ein Phänomen herausgebildet, das es durchaus auch schon vor der Erfindung des Internets gab, aber nicht in dieser Reichweite. Es geht um die so genannten „Influencer" – bitte nicht verwechseln mit „Influenza" (lateinische Bezeichnung für Grippe)! Als Influencer (von englisch to influence – beeinflussen) werden seit den 2000er Jahren Personen bezeichnet, die aufgrund ihrer starken Präsenz und ihres hohen Ansehens in sozialen Netzwerken als Träger für Werbung und Vermarktung in Frage kommen. Im Deutschen können wir das mit „Beeinflusser", „Multiplikatoren" oder mit „Verbreiter" – je nach Zusammenhang – wiedergeben. Am erfolreichsten in der deutschen Szene sind die Zwillinge Lisa und Lena Mantler, 2001 geboren, die auf ihrem Tik-Tok-Account 8 Millionen Follower haben.

In der großen Zeit der Printmedien sprach man auch von „Leitmedien" oder abfälliger von „Meinungsmachern".

Wenn Jesus von sich als Weinstock spricht und seine Jünger als die Rebzweige bezeichnet, dann setzt das voraus, dass er sich der Problematik bewusst ist: Wie soll aus einer kleinen Bewegung am Rande des römischen Reiches, das zur damaligen Zeit mindestens 45 Millionen Einwohner hatte[123] – so die heutigen Schätzungen –, eine weltweite Gemeinschaft werden?

Er konnte in der Anfangszeit seines öffentlichen Auftretens viele Menschen begeistern und deren Interesse gewinnen. Aber unter dem Kreuz standen nur noch wenige Treue. Bei seiner Himmelfahrt

[123] `https://de.statista.com/statistik/daten/studie/252065/umfrage/geschaetzte-bevoelkerung-des-roemisches-reiches-zur-zeit-des-augustus/`

gab er deutlich den Auftrag: *„Geht hinaus in die ganze Welt und verkündet das Evangelium der ganzen Schöpfung!“* (Mk 16,15).

In der Sprache der heute üblichen Aufmerksamkeitsökonomie könnte man diesen Auftrag Jesu auch übersetzen in: Gewinnt Einfluss!

Ganz anders ist die Mentalität bei den Drusen, einer islamisch geprägten Religion, die im 11. Jahrhundert entstanden ist. Mission und Konvertierung Andersgläubiger wird von den Drusen nicht betrieben, auch freiwillig kann man nicht zum Drusentum übertreten. Außenstehende wurden nur zur Zeit der Gründung der Religion aufgenommen. Heute ist nur Druse, wer Kind drusischer Eltern ist.

Das Christentum ist ohne Mission oder Evangelisierung unvorstellbar. Es gehört zum Wesen des christlichen Glaubens zu missionieren.

Werfen wir einmal einen Blick auf die Ordensgeschichte, in der wir das besonders prägnant beobachten können:

Hl. Benedikt: Während er das Kloster einrichtet, predigt der Hl. Benedikt der Bevölkerung der tiefer gelegenen Ebene das Evangelium: diese Missionstätigkeit ist noch heute Aufgabe der Mönchsgemeinde, da die Stadt Cassino und die umliegenden 20 Gemeinden unter die geistliche Gerichtsbarkeit des Abtes von Montecassino fallen.[124] Weltweit gibt es heute etwa 8000 Benediktinermönche, die 341 selbständigen Mönchsklöstern angehören und etwa 16000 Nonnen und Schwestern (Benediktinerinnen) in 840 Klöstern. In Deutschland gehören 34 Männer- und 27 Frauenklöster zum Benediktinerorden, in Österreich 15 Männer- und 4 Frauenklöster und in der Schweiz 9 Männer- und 12 Frauenklöster.

Hl. Franziksus: Er kann am Ende seines Lebens auf ca. 8500 junge Männer blicken, die sich seiner Art, Christus nachzufolgen, angeschlossen hatten. Wir können eine unwahrscheinliche Nach-

---

[124] http://www.benediktiner.de/index.php/der-hl-benedikt-von-nursia/stationen-eines-lebens/leben-und-wirken.html

haltigkeit feststellen, die sich auch 800 Jahre nach der Gründung in vielen Klöstern zeigt. Der Orden der Franziskaner ist nach den Jesuiten und Salesianern weltweit mit ca. 13.600 Mitgliedern der drittgrößte Orden. Und auch heute ist man sich des missionarischen Auftrags, wie ihn Franziskus für sich neu entdeckte, bewusst. Bruder Stefan Federbusch beschreibt als ein Element franziskanischer Spiritualität die missionarische Grundeinstellung:

„Die franziskanische Lebensgemeinschaft verstand sich von Anfang an als missionarische 'Bruderschaft in Sendung' (missio(n) = Sendung). Fior 16: 'Denn er hat dich nicht allein erwählt um deiner selbst willen, sondern auch zum Heil anderer.' Franziskus ging es vor allem um die Übereinstimmung von Verkündigung und Lebensstil. Vorrang vor dem Wort hat das Zeugnis des Lebens. 'Der Knecht Gottes muss durch sein heiligmäßiges Leben so sehr zu einer Flamme werden, dass er durch das Licht des guten Beispiels und durch die Sprache, die sein Lebenswandel spricht, alle Gottlosen im Gewissen trifft' (1/2 C 103). Franziskus wählte wie oben erwähnt das Wanderleben Jesu und seiner Jünger zum Vorbild. Primäres Ziel war für ihn nicht die Predigt (diese Entwicklung vollzog sich erst später im Orden), sondern das Zeugnis eines brüderlichen und Evangeliums gemäßen Lebens unter den Menschen. 'Geht, verkündet den Menschen den Frieden und predigt Buße zur Vergebung der Sünden! Seid in der Trübsal geduldig, im Gebet wachsam, bei der Arbeit fleißig, im Reden bescheiden, in euren Sitten ernst und dankbar für Wohltaten, denn zum Lohn für all dies wird euch das ewige Reich bereitet' (LM III, 7). Dieser Auftrag galt allen Brüdern gleichermaßen, unabhängig davon, ob sie Priester waren oder nicht. Alle Brüder lebten den Auftrag der Sendung des Evangeliums. Franziskus hat diesen Auftrag (als er durch Krankheit in seinem 'Durch-die-Welt-ziehen' eingeschränkt war) auch in brieflicher Form vollzogen (vgl. 1/2 Gl 2f.).“[125]

[125] https://franziskaner.net/27-elemente-franziskanischer-

Nachhaltigkeit: Mit insgesamt 16090 Brüdern und Priestern (Anfang 2017) ist der Jesuitenorden zahlenmäßig der größte Orden der katholischen Kirche. Dieser 1534 gegründete Orden war zeitweise in Frankreich, Spanien und Portugal verboten. Diese Länder übten politischen Druck auf den Papst aus, so dass der Papst 1773 den Orden verbot. Erst 1814 wurde er wieder zugelassen. Ignatius von Loyola, der Gründer, soll Gott gebeten haben, dass der Orden immer verfolgt wird, damit sich nicht die Trägheit breitmacht. Er konnte nicht ahnen, wie radikal ernst Gott diese seine Bitte später genommen hat.

Din Bosco gründete Die Salesianer: Rund 14500 Salesianer und über 200000 Mitarbeiterinnen und Mitarbeiter betreuen weltweit 16 Millionen Mädchen und Jungen – egal welcher Hautfarbe oder Religion. In über 1900 Niederlassungen in 119 Ländern bieten die Salesianer Obdach für Straßenkinder. Sie engagieren sich in der Jugendsozialarbeit, im Schulunterricht, in der Berufsbildung und Arbeitsvermittlung.

Wikipedia verzeichnet 257 verschiedene Männerorden und 336 Frauenorden in der katholischen Kirche. Und am Anfang steht immer eine charismatische Gründerpersönlichkeit, der es gelang, Menschen für diese Art der Christusnachfolge zu begeistern.

Auch in anderen als den kirchlichen Bereichen hat sich das Wort „charismatische Persönlichkeit" für Menschen eingebürgert, die eine gewisse Attraktivität, eine Ausstrahlung, eine ansteckende Begeisterungsfähigkeit besitzen.

Vielleicht werden sich manche noch erinnern, wie der indische Guru Bhagwan in Poona ein Meditationszentrum, einen Ashram, eröffnet hatte und reiche Europäer, die an Sinnvakuum litten, sogenannte Zivilisationsmüden, haufenweise in diesen Ashram strömten und ihre Geldbörsen öffneten. Denn Bhagwan liebte Luxus, teure Autos, Uhren und Gold. 1981 zog der ganze Ashram um in

---

spiritualitaet-22-sendung/

die USA. Ein deutscher Journalist, der 1978 nach Poona geflogen war, erzählt seine Eindrücke: Der ausgebildete Philosophiedozent zelebrierte seine Auftritte wie ein Popstar: wallender weißer Bart, Strickmütze, Kaftan, hypnotische Augen, leise Stimme, und große Gesten. Er machte sich über die etablierten Religionen lustig, zitierte Platon und Nietzsche, Siddhartha, den Begründer des Buddhismus. Er predigte die bedingungslose Freiheit des Individuums, verspottete überkommende Moralvorstellungen und pries Sex, jederzeit und mit jedem, als Weg der Erkenntnis. Seine Vorträge waren teils brillant, teils amüsant, teils auch nur auf dem Niveau von Kalender- und Glückskeks-Sprüchen. Aber vor allem eines hatte Bhagwan, der Menschenfänger, begriffen: Er musste seinen Jüngern das Gefühl geben, einem Kreis von Auserwählten anzugehören. Die Pressesprecherin Sheela, deren Vater als Lehrer noch an der Seite von Mahatma Gandhi für die indische Unabhängigkeit gekämpft hatte, war als 16-Jährige dem damals noch unbekannten Bhagwan begegnet und auf Anhieb von ihm fasziniert. Erst viele Jahre später, im September 1985, floh sie mit 20 Abtrünnigen von den USA nach Europa. Die Ernüchterung umschrieb sie so: „Das war keine Spiritualität mehr, nur noch Ausbeutung. Es widerte mich an. Ich wollte nicht mehr eine Marionette sein, die nach seinem Willen tanzt.“ Heute leitet sie zwei Altersheime in der Schweiz.[126]

Dieses Beispiel aus einem ganz anderen Kulturkreis macht deutlich, dass charismatische Ausstrahlung allein nicht dazu führt, dass die anderen durch den Einfluss des Charismatikers zu freieren und beziehungsfähigeren Menschen werden. Es braucht die Läuterung des Charismatikers, oder wie Jesus es sagt: Der Vater reinigt die Rebe.

Pater Kentenich, der in den 20er und 30er Jahren viele Pries-

[126] Erich Follath, Die Frau an Bhagwans Seite. In: ZEIT-Magazin Nr. 10 vom 27.2.2020, S. 21-31.

terexerzitien und Pastoralkurse hielt, gestand den jungen Priestern zu, dass in den ersten Dienstjahren durchaus die Selbstentfaltung das Hauptmotiv sein dürfe. Durch Misserfolge in der Seelsorge und Undankbarkeit derer, denen man geholfen hatte, würde dann die Läuterung der Motive stattfinden und aus der „Selbstentfaltung" würde die „Werkgestaltung". Ignatius von Loyola hatte als Motto für seinen Orden formuliert: „Alles zur größeren Ehre Gottes!" Damit hatte er das Ziel benannt, was im Laufe der Jahre für jeden Jesuiten zum Hauptmotiv allen Handelns werden sollte.

Natürlich hatte schon Paulus in den Gemeinden damit zu kämpfen, dass einzelne Christen die Gemeinde als ideale Plattform gesehen haben, um ihr Geltungsbedürfnis oder ihre Eitelkeit, ihr Machtstreben oder ihren Ehrgeiz zu befriedigen. Im Brief an die Philipper schreibt er:

„Einige verkünden Christus zwar aus Neid und Streitsucht, andere aber in guter Absicht. Die einen verkünden Christus aus Liebe, weil sie wissen, dass ich zur Verteidigung des Evangeliums bestimmt bin, die andern aus Streitsucht, nicht in redlicher Gesinnung; womit sie meinen Fesseln weitere Bedrängnis hinzufügen möchten. Aber was liegt daran? Auf jede Weise, ob vorgetäuscht oder in Wahrheit, wird Christus verkündet und darüber freue ich mich" (Phil 1,15-18).

Den Korinthern liest er die Leviten, weil Eifersucht und Zwietracht das Gemeindeklima bestimmen. Er schreibt:

„Denn ihr seid immer noch irdisch eingestellt. Oder seid ihr nicht irdisch eingestellt, handelt ihr nicht sehr menschlich, wenn Eifersucht und Streit unter euch herrschen?" Denn wenn einer sagt: Ich halte zu Paulus!, ein anderer: Ich zu Apollos!, urteilt ihr da nicht zu menschlich? Was ist denn Apollos? Und was ist Paulus? Diener, durch die ihr zum Glauben gekommen seid, und jeder, wie der Herr es ihm gegeben hat: Ich habe gepflanzt, Apollos hat begossen, Gott aber ließ wachsen. So ist weder der etwas, der pflanzt, noch der, der begießt, sondern nur Gott, der wachsen lässt. Wer pflanzt

und wer begießt: Beide sind eins, jeder aber erhält seinen eigenen Lohn entsprechend seiner Mühe. Denn wir sind Gottes Mitarbeiter; ihr seid Gottes Ackerfeld, Gottes Bau" (1 Kor 3,3-9).

Läuterung bedeutet also für Paulus, dass der Einzelne lernt, sich in den Dienst eines größeren Ganzen zu stellen.

Pater Kentenich umschrieb einmal Seelsorge als selbstlosen Dienst an fremdem, eigenständigem Leben. – Leider musste er erleben, dass einige von seinen Schützlingen, denen er helfen wollte, um aus dem verklemmten und prüden Milieu, das in den 30er Jahren ja durchaus noch in vielen katholischen Gruppen vorherrschte, herauszufinden und in eine neue Unbefangenheit und Körperbejahung hineinzufinden, sich intrigenhaft und verleumderisch gegen ihn gewandt haben. Zwar wurden damals die Verleumdungen als haltlos entlarvt, aber vor kurzem wurden sie wiederum von einer Archivarin des Vatikans als Sensation aufgewärmt und in der Tagespost veröffentlicht.

Einen ähnlichen Vorgang hat es ja in der Geschichte der Jesuiten gegeben. Der vom Orden entlassene polnische Ex-Jesuit Hieronim Zahorowski rächte sich am Orden, indem er 1614 eine angebliche Schrift des 5. Ordensgenerals Claudio Acquaviva „Geheime Anweisungen" in Umlauf brachte. Der Text schien zu bestätigen, was immer schon vermutet worden war: Eigentlich ging es den Jesuiten um gezieltes und unlauteres Streben nach ökonomischem Reichtum und politischem Einfluss unter Hintanstellung aller moralischen und religiösen Prinzipien, so konnte man dort lesen. Claudio Acquaviva wurde mit 38 Jahren der 5. Ordensgeneral und war damit der bis dahin jüngste General der Jesuiten; und er war der erste Nicht-Spanier.

Dass eine geläuterte und gereinigte Rebe viel Frucht bringen kann, das feiern wir morgen in der Schönstatt-Bewegung. Am 16. Juli, dem Gedenktag unserer lieben Frau vom Berge Karmel, gründete Pater Kentenich mit einem Ehemann und Zentrumspolitiker im KZ Dachau den Familienzweig der Schönstatt-Bewegung und mit einem österreichischen ledigen Mithäftling die Schönstätter Brüdergemeinschaft, die Marienbrüder. Weltweit ist die Familienbewegung die dynamischste im Organismus der Schönstatt-Gemeinschaften. Und ich als Schönstatt-Pater erkenne immer mehr, dass eine Spiritualität, die auf dem biblischen Bundesgedanken aufbaut, natürlich für Ehepaare noch mehr zugeschnitten und 1:1 anwendbar ist als für uns ehelos lebende Patres oder Schwestern.

Natürlich habe ich auch zur Kenntnis nehmen müssen, dass 2019 272000 Menschen aus der katholischen Kirche in Deutschland ausgetreten waren, in den darauffolgenden Jahren noch mehr. Über mögliche Ursachen wird intensiv diskutiert. Meines Erachtens macht es aber viel mehr Sinn, wenn wir in der katholischen Kirche auf Gruppen und Gemeinschaften schauen, die wachsen. Nur von denen kann man lernen, wie man es besser machen kann.

Der Vers aus dem Johannes-Evangelium möchte uns aufmerksam machen auf mögliche Motive, aus denen heraus sich jemand in der Kirche engagiert. Mit dem großzügigen Blick von Pater Kentenich sollten wir aber nicht gleich die edelsten Motive als die einzig legitimen Motive ansehen. Als Starthilfe dürfen durchaus auch andere Motive eine Rolle spielen. Hauptsache, jemand engagiert sich. Die Läuterung der Motive geschieht im Laufe der Jahre im Einsatz für die Menschen. Es kann im Extremfall allerdings auch mal notwendig sein, dass jemand mit Führungsverantwortung einen machthungrigen Möchtergern-Guru in die Wüste schicken muss zum Wohl der Pfarrei. Ein Machtvakuum gibt es nicht. Wir haben sicher in Deutschland vielfältige Formen der Mitverantwortung und Mitgestaltung aller Gläubigen entwickelt, und dieser Prozess ist auch noch nicht am Ende. Aber jeder Verantwortungsträger muss sich vom heutigen Evangeliumsvers sagen lassen, dass er um die Läuterung hinein in eine größere Selbstlosigkeit und Lauterkeit nicht herumkommt. Die je größere Fruchtbarkeit entschädigt für die Schmerzen. Es lohnt sich also, sich in den Dienst Jesu zu stellen und Frucht zu bringen, sich läutern zu lassen, um mehr Frucht zu bringen.

Nachtrag: Von manchen Ordensgründern verlangte Gott das Abrahamsopfer. Sie sollten ihr „Kind" Gott opfern, um sich so weit davon zu lösen, dass wirklich Gott an erster Stelle stand. Ignatius meditierte das durch und schrieb darüber. Benedikt bekam in einer Vision gezeigt, dass Monte Cassino in der Zukunft mal zerstört werden würde. Charles de Foucauld wollte einen Orden gründen, aber die Interessenten liefen alle wieder weg. Erst ca. 50 Jahre nach seinem Tod entstand in Paris die Gemeinschaft, von der er träumte und wo er die Gewissheit hatte, dass Gott die Gründung durch ihn wollte.

Meditationen aus Band 2

40. Joh 15,4: Eng verbunden
41. Joh 15,7: Provozierendes Vertrauen
42. Joh 15,11: Freude im Gegenwind
43. Joh 15,13: Hingabe contra Egoismus-Gen
44. Joh 15,15: Vertraut mit Gott
45. Joh 15,16: Was bleibt von uns?
46. Joh 15,18-25: Böse Welt?
47. Joh 16,13: Wenn Gott uns auf die Sprünge hilft
48. Joh 16,22: Freude ist göttlichen Ursprungs
49. Joh 16,22: Göttliches Versteckspiel
50. Joh 16,24: Erhörte Bitten
51. Joh 16,27: Jesu besonderer Liebling
52. Joh 16,32: Der verlassene Jesus
53. Joh 16,33: Frieden in Jesus
54. Joh 17,1: Sehnsucht nach Verherrlichung
55. Joh 17,6: Wir – Eigentum Gottes
56. Joh 17,10: In ihnen bin ich verherrlicht
57. Joh 17,12: Fürsorglichkeit Gottes
58. Joh 17,18: Wie du mich in die Welt gesandt hast, so habe auch ich sie in die Welt gesandt.
59. Joh 17,19: Und ich heilige mich für sie, damit auch sie in der Wahrheit geheiligt sind.
60. Joh 18,23: Selbstverteidigung Jesu
61. Joh 18,25: Sklave der eigenen Angst

Pater Elmar Busse

Das Christusgeheimnis umkreisen

Meditationen über 75 ausgewählte Verse aus dem Johannes-Evangelium

Band 2

PATRIS VERLAG · VALLENDAR-SCHÖNSTATT

2026

Bibliografische Information Der Deutschen Bibliothek

Die Deutsche Nationalbibliothek verzeichnet diese Publikation in der Deutschen Nationalbibliografie; detaillierte bibliografische Daten sind im Internet über https://d-nb.info abrufbar.

Das Christusgeheimnis umkreisen

Meditationen über 75 ausgewählte Verse aus dem Johannes-Evangelium

Band 1 und 2

1. Auflage

Patris Verlag
Höhrer Str. 109
56179 Vallendar
info@patris-verlag.de

Satz und Layout: Andreas Neubauer, Leonding, Österreich
Umschlag: Judith Bihlmaier, Vallendar
Druck: WIRmachenDRUCK GmbH, Backnang

ISBN (Set): 978-3-946982-47-0
ISBN (Band 1): 978-3-946982-48-7
ISBN (Band 2): 978-3-946982-49-4

Inhaltsverzeichnis

Vorwort

Die literarische wie theologische Bedeutung des Autors des vierten Evangeliums ist unbestritten. Nicht umsonst wird der Evangelist Johannes seit der Patristik mit dem Adler verglichen. Schon Hieronymus († 430), der große Teile der Bibel kommentierte und ins Lateinische übersetzte, betonte: „Johannes erhielt den Adler, weil er im Prolog über das Wort, das am Anfang bei Gott war, höher steigt als die anderen und sich in die höchsten Regionen aufschwingt, so wie ein Adler sich zur Sonne erhebt."

Tatsächlich unterscheidet sich das Johannesevangelium in Aufbau und Inhalt erheblich von den drei anderen Evangelien. Nur wenige Abschnitte lassen sich mit diesen synoptisch lesen. Bereits im Prolog (Joh 1,1-18) blickt der Evangelist in die Sonne: Er spricht von der Präexistenz des Sohnes Gottes in seiner Ewigkeit. Dieser wird vom Vater auf die Erde gesandt. Er wird Mensch in der Zeit. Dabei zeigt sich in Jesus Christus Gott nicht nur als einziger und einer, sondern auch als ein Gott, der diese Einheit mitteilen will: als Liebe. Daher ist der Vater mit dem Sohn eins und der Sohn mit ihm. Vom Himmel auf die Erde gesandt, führt Jesus die Menschen zusammen und wieder hinauf zum himmlischen Vater.

Der Adler fliegt hoch und schaut tief. Er blickt mitten ins Herz. Er sieht, wer Jesus ist. Kennzeichnend für das Johannesevangelium sind die „Ich-bin"-Worte Jesu: „Ich bin das Brot des Lebens" (Joh 6,35), „das Licht der Welt" (Joh 8,12), „die Tür zu den Schafen" (Joh 10,7); „der rechte Hirt" (Joh 10,11), „die Auferstehung und das Leben" (Joh 11,25); „der Weg, die Wahrheit und das Leben" (Joh 14,6), „der wahrhaftige Weinstock" (Joh 15,1).

Jesus fordert eine Entscheidung. Es ist eine Entscheidung auf Leben und Tod: für ihn oder gegen ihn, für den Glauben oder gegen ihn, für die Finsternis oder für das Licht. Dabei lässt Jesus den Menschen nicht allein. Er sendet den Heiligen Geist, der im Johannesevangelium einen besonderen Namen trägt: Paraklet. Er ist nicht nur der Tröster, sondern auch der Helfer und der Anwalt. Erfüllt vom Heiligen Geist erkennt der Mensch die Wahrheit des Wortes Gottes, seine Zugehörigkeit zu Jesus Christus und seine Geborgenheit in Gottes Liebe. Diese Liebe will anderen mitgeteilt und weitergegeben werden; weswegen zum Glauben an Jesus Christus die Bereitschaft gehört, über ihn Rechenschaft zu geben, ihn zu verantworten.

Pater Elmar Busse ISch lädt uns im Folgenden zur Meditation des Johannesevangeliums ein. Er zeigt, dass, wer christlich glaubt, zu denken hat und zum Danken kommt. Dabei gelingt es ihm, dass wir nicht nur Zuschauer bleiben, sondern mit dem Adler in die Höhe steigen und mit Christus um den Vater kreisen.

Weihnachten 2025

Univ.-Prof. Dr. Manfred Gerwing

Einleitung

2014 fing ich bei meiner monatlichen Sendung in der Sendereihe „Spiritualität heute“ von Radio Horeb damit an, einzelne Verse aus dem Johannesevangelium zu meditieren. Inzwischen ist das Projekt zum Abschluss gekommen. Viele Hörer haben von den Sendungen CDs bestellt oder übers Internet in der Mediathek des Senders die Meditation noch einmal nachgehört. Immer wieder wurde der Wunsch an mich herangetragen, ob man diese Texte nicht auch schriftlich haben könnte. Dem Wunsch konnte ich im Einzelfall nachkommen. Hier nun liegt die Gesamtausgabe der Meditationen vor.

Dem Evangelisten Johannes bescheinigen die Exegeten ein kreisendes Denken, d.h., er kommt von verschiedenen Seiten immer wieder auf dieselben Kernaussagen zurück; in der Musik spricht man von Variationen zum Thema. Von daher wird verständlich, dass ich in der Auslegung auch wiederholte Male auf dieselben Äußerungen oder Anekdoten von Heiligen und großartigen Christen zurückgegriffen habe. Sie sind nicht nur aus dem jeweiligen Charakter des Christen oder den Zeitumständen zu verstehen, sondern bringen etwas Typisches und Zeitloses im Umgangsstil Gottes mit den Menschen zum Ausdruck. Deshalb waren mir die Wiederholungen wichtig, auch wenn das Buch dadurch einen mäandernden Charakter bekommt.

Da das Buch ein Meditationsbuch ist und keine wissenschaftliche Arbeit, möchte ich Ihnen das Zurückblättern ersparen, was den meditativen Vorgang stören würde, und wiederhole die Texte, damit Sie als Leser im Fluss der Gedanken bleiben können.

Die direkten Bibelzitate sind kursiv gesetzt und beruhen mehrheitlich auf der revidierten Einheitsübersetzung von 2016. Wenn mir der alte Text der Einheitsübersetzung passender schien – was natürlich sehr subjektiv ist – habe ich diesen verwendet.

Tauchen Sie mit mir ein in den tiefgründigen Erfahrungsschatz, den uns der Evangelist Johannes aufgrund seiner wortgewaltigen Sprache erschließen möchte!

Pater Elmar Busse

40. Joh 15,4: Eng verbunden

„Bleibt in mir, dann bleibe ich in euch."

Am 2. Januar 2006 stürzte das Dach über der Eislaufhalle in Bad Reichenhall ein, dabei starben 15 Menschen und 34 weitere wurden verletzt. 2007 wurden die Reste der gesamten Anlage endgültig abgerissen. Die Eislauf- und Schwimmhalle Bad Reichenhall war eine kombinierte Eissport- und Schwimmhalle. Sie war im Auftrag der Stadt Bad Reichenhall in den Jahren 1971 bis 1973 errichtet worden.

Bei den anschließenden Untersuchungen wurde festgestellt, dass es nicht allein an der Schneelast auf dem Dach lag, dass die Halle eingestürzt war, sondern dass im Laufe der Jahre der Leim, mit dem die Dachträger verbunden waren, wegen der hohen Feuchtigkeit seine Klebekraft eingebüßt hatte. Es wurde Leim auf Harnstoffbasis verwendet, dessen Klebewirkung unter Einwirkung von Feuchtigkeit nachlässt. Dieser Leim neigt dazu, Wasser aufzunehmen, und verliert dadurch seine Klebewirkung. Dies ist unter Fachleuten seit langem bekannt. In der Halle in Bad Reichenhall sammelte sich unter dem Dach das Kondenswasser – der Leim war damit großer Feuchtigkeit ausgesetzt. Die Halle war ursprünglich als offenes Gebäude 1973 errichtet worden. Nach Umbauarbeiten wenige Jahre später wurden Seitenwände aus Glas eingebaut. Die Fachleute vermuten, dass damit der Effekt noch verstärkt wurde, dass durch unterschiedliche Außen- und Innentemperaturen Feuchtigkeit in der Halle auftrat.

„Harnstoffformaldehyd ist ein sehr sprödbrüchiger Klebstoff", erklärte damals Simon Aicher, Leiter der Abteilung Holzbau bei der Materialprüfungsanstalt an der Universität Stuttgart, gegenüber dem Fernsehmagazin „Frontal 21". Das Institut überwacht im Bundesauftrag alle Unternehmen, die Schichtleimholz herstellen. „Diese Sprödbrüchigkeit ist dann ein Problem, wenn wechselnde Umgebungseinwirkungen auf die Fuge einwirken." Umgebungsveränderungen etwa der Luftfeuchtigkeit führten dann durch Schwinden und Quellen der Leimfuge zu Mikrorissbildungen. Besser geeignet zum Bau dieser Halle wäre aus Sicht Aichers der stabilere Resorcinharzleim gewesen.

Ich möchte die Ursache dieses tragischen Unglücks als Vergleich nehmen für die Frage: Wie kann die Verbindung zwischen Gott und dem Menschen dauerhaft Bestand haben, egal, welchen Belastungen diese Freundschaft ausgesetzt ist? Gibt es einen besonderen „Klebstoff" für unsere Verbundenheit mit Gott?

Der Schöpfergott hatte ja die Idee mit dem von den Medien so bezeichneten „Kuschelhormon" Oxytocin. Es wurde beobachtet, dass ein höherer Oxytocinspiegel die Bindung zwischen Paaren und zwischen Eltern und Kindern verbessert. Allgemein soll es soziale Interaktionen positiv beeinflussen, sich beruhigend auf das Stresszentrum im Gehirn auswirken und Angstgefühle vermindern. Menschen, die einen Mangel an Oxytocin haben, sollen sich kritischer und misstrauischer der Umwelt gegenüber verhalten. Sie neigen eher zu Streitereien und können sich nur schwer auf andere Menschen einlassen.[1] Der Schöpfer hat also mit diesem Hormon eine biochemische Mithilfe für treue und verlässliche Beziehungen zur Verfügung gestellt.

Wie sieht es aus mit der Beziehung zu Gott? Worum geht es Jesus, wenn er uns verheißt: „Bleibt in mir, dann bleibe ich in euch?"

Im Blick auf die seelisch-geistige Beziehungspflege zu Gott gilt dort vieles, was auch für die Beziehungspflege zwischen Menschen gilt. Auf die Besonderheiten der Beziehungspflege zu Gott werde ich am Ende meiner Meditation eingehen.

Schauen wir noch mal auf die Klebstoffe und auf Klebeverbin-

[1] https://www.rtl.de/cms/gesundheitslexikon-oxytocin-4047133.html

dungen. Die Klebeflächen müssen trocken und fettfrei sein: Eine schwungvolle Skifahrt über Firn ist eigentlich ein Gleiten auf einem hauchdünnen Wasserfilm. Ein Boot gleitet eleganter durchs Wasser, als dass es sich über den Ufersand schieben lässt. Ein angefeuchteter Korken lässt sich leichter wieder in den engen Flaschenhals schieben als ein trockener. Wasser verhindert, dass sich die Oberflächen der beiden Gegenstände direkt berühren und aneinander reiben. Eine ähnliche Funktion haben Fette. „Es läuft wie geschmiert", sagen wir, wenn ohne große Reibungsverluste Projekte vorankommen. Überall da, wo Teile sich nicht reiben sollen, werden Fette und Öle eingesetzt, damit ein hauchdünner Film entsteht, auf dem die Teile gleiten. Beim Kleben möchte man ja genau den umgekehrten Effekt bewirken. Die Teile sollen aneinanderhaften. Wasser oder Fett sind Gift für die Haltbarkeit.

Übertragen auf die Partnerschaft: Man kann auch in derselben Wohnung wunderbar nebeneinander her leben. Es gibt kaum noch Berührungspunkte und deshalb auch keine Reibeflächen. Jeder lebt sein Leben, und irgendwie arrangiert man sich. Das sieht nur auf den ersten Blick wie Toleranz aus. In Wirklichkeit verbirgt sich dahinter eine gewisse Gleichgültigkeit, und diese beruht wiederum auf vielen kleinen und großen Enttäuschungen aneinander. Auch wenn nach außen vieles „funktioniert", der seelisch-geistige Abstand ist riesig.

In Beziehung zu Gott können wir ähnliche Mentalitäten beobachten. Er wird als „Handwerker-Gott" oder als „Krisen-Manager-Gott" betrachtet. Was meine ich damit? Mancher denkt: Es ist doch beruhigend zu wissen, dass drei Häuser weiter eine Installateursfirma ist, an die ich mich im Notfall wenden kann; aber noch besser ist es, ich brauche sie gar nicht. In eine solche Mentalität passt dann auch der Spruch: „Not lehrt beten." Doch wer Menschen in schwierigen Situationen begleitet, wird auch erleben, dass Not nicht unbedingt beten lehrt, sondern oftmals auch Fäuste ballen lehrt. Ich wage keine Antwort auf die Frage, ob denn die Corona-Krise dazu geführt habe, dass die Menschen frömmer geworden sind.

Wenn – um auf unseren Vergleich mit den Klebeflächen zurück zu kommen – diese Klebeflächen trocken und fettfrei sind, also kein Wasser- oder Fettfilm dazwischen ist, dann kann die Verbindung mit Gott ganz stabil sein. Diese frohmachende Gewissheit drückt Paulus so aus:

„Was kann uns scheiden von der Liebe Christi? Bedrängnis oder Not oder Verfolgung, Hunger oder Kälte, Gefahr oder Schwert? ... Doch all das überwinden wir durch den, der uns geliebt hat. Denn ich bin gewiss: Weder Tod noch Leben, weder Engel noch Mächte, weder Gegenwärtiges noch Zukünftiges, weder Gewalten der Höhe oder Tiefe noch irgendeine andere Kreatur können uns scheiden von der Liebe Gottes, die in Christus Jesus ist, unserem Herrn" (Röm 8,35.37-39).

Ein zweiter Hinweis steht auf vielen Klebstofftuben: Nicht die Länge der Zeit sondern der Anpressdruck beim Aushärten ist entscheidend für die Haltbarkeit einer Klebeverbindung.

Was für manche Partner Grund zur Scheidung ist, ist für andere ein Grund, enger zusammen zu wachsen. Es liegt nicht an den äußeren Umständen, sondern an den inneren Einstellungen. Wollen wir den „Preis" für die Erfüllung unserer Sehnsucht nach Dauer bezahlen? In der Multioptionsgesellschaft ist es selbstverständlich, sich viele Möglichkeiten offen zu halten. Doch das Paradoxe der Freiheit ist, dass ich nur dann, wenn ich von der Freiheit Gebrauch mache und mich entscheide, auch weiterkomme. Ein Ja bedeutet immer auch, hundertmal Nein zu anderen Optionen. Wer dazu den Mut nicht hat, stirbt im Warteraum seines Lebens.

Der spanische Eroberer Hernán Cortés landete von Cuba kommend 1519 in Mexico. Nachdem die Schiffe ausgeladen waren, ließ er sie verbrennen. Die eindeutige Botschaft: „Es gibt kein Zurück!" Manche Partner sabotieren sich selbst und missbrauchen den anderen, wenn sie sich ein Hintertürchen offenhalten wollen: „Probieren wir's mal miteinander. Wenn's nicht klappt, gehen wir wieder auseinander." – Was hier in ehrlicher Absicht formuliert wird, gleicht der Aufforderung: „Komm, wandere mit mir zum Südpol, aber zieh nur Dein Sommerkleidchen an!" Die Seele erfriert in dieser Ungeborgenheit. Und vorher befindet sie sich ständig in Alarmbereitschaft, bleibt er/sie oder geht er/sie? Es tut uns Menschen gut, wenn andere sich nicht auf Probe, sondern vorbehaltlos auf uns einlassen, wenn ihr Ja zu uns bedingungslos geschenkt wird: „Du bist für mich einzigartig." In der Unsicherheit der Arbeits- und Lebensbedingungen ist Treue auf einmal wieder ein Wert, der Lebensqualität mit sich bringt. Und dieses unbedingte Ja ist nur möglich, wenn man auch Nein-Sagen gelernt hat. Denn nur wer auch Nein sagen gelernt hat, wird den vielfältigen Versuchungen zur Untreue widerstehen können.

Was für eine verlässliche Freundschaft oder Partnerschaft gilt, das gilt sinngemäß auch für unsere Freundschaft zu Gott. Der große Mehrwert in unserer Beziehung zu Gott: Er ist der treue Bundesgott. Wenn Gott sich Menschen offenbart, dann erwähnt er am häufigsten, dass er der treue Gott ist. Er nimmt sein Ja zu uns nicht zurück. Allein, dass es uns gibt, ist schon der Hinweis, dass er ein definitives Ja zu uns gesagt hat. Sehr poetisch ist das in dem Tauflied durchbuchstabiert:

„Vergiss es nie: Dass du lebst war keine eigene Idee und dass du atmest, kein Entschluss von dir. Vergiss es nie: Dass du lebst, war eines anderen Idee und dass du atmest, sein Geschenk an dich.

Ref.: Du bist gewollt, kein Kind des Zufalls, keine Laune der Natur, ganz egal, ob du dein Lebenslied in moll singst oder Dur. Du bist ein Gedanke Gottes, ein genialer noch dazu. Du bist du, das ist der Clou, ja der Clou, ja du bist du.

Vergiss es nie: Niemand denkt und fühlt und handelt so wie du, und niemand lächelt so, wie du's gerade tust. Vergiss es nie: Niemand sieht den Himmel ganz genau wie du, und niemand hat je, was du weißt, gewusst.

Vergiss es nie: Dein Gesicht hat niemand sonst auf dieser Welt und solche Augen hast allein nur du. Vergiss es nie: Du bist reich, egal ob mit, ob ohne Geld, denn du kannst leben. Niemand lebt wie du.[2]

Pater Kentenich, der ähnlich wie Martin Luther „dem Volk aufs Maul schauen konnte", hat es sehr einfach ausgedrückt, wie man eine Beziehung – also auch die Beziehung zu Gott, lebendig erhalten kann: Häufig mit Gott in Liebe sprechen! Gott häufig in Liebe anschauen! Aus Liebe zu ihm kleine Opfer bringen!

Das Wort Jesu – *„Bleibt in mir, dann bleibe ich in euch"* – ist ja eine Verheißung. Wenn wir uns darum bemühen, mit ihm bzw. in ihm zu sein, dann bleibt er mit uns verbunden, dann bleibt er in uns. Nun kann wohl jeder Gläubige bestätigen, dass es bei der gefühlten Nähe zu Gott ein Auf und Ab gibt. Gerade dann, wenn uns Schicksalsschläge treffen, oder wenn wir ganz aktuell um einen lieben Menschen trauern, dann haben wir oft das Gefühl: Da ist nichts als eine leere Wand oder eine verschlossene Tür.

Über diese leidvollen Phasen der Gottesferne gibt es in den Psalmen schon viele Klagen. Aber dort wendet sich der Klagende dann doch wieder an Gott. Am markantesten in Ps 63,3: *„Gott, du mein Gott, dich suche ich, meine Seele dürstet nach dir. Nach dir schmachtet mein Leib wie dürres, lechzendes Land ohne Wasser."*

Es kommt also darauf an, in den so genannten Phasen der Trockenheit trotzdem die eigene Leere nicht mit oberflächlichem Info-Müll oder bedeutungsloser Unterhaltung zu überdecken, sondern die Leere auszuhalten und sie Gott hinzuhalten. Das meint der Psalm mit „Gott suchen" oder „nach Gott Ausschau halten".

Es kann eventuell eine Irritation auftreten, wenn wir von Jesus hören: *„Wenn ihr betet, sollt ihr nicht plappern wie die Heiden, die meinen, sie werden nur erhört, wenn sie viele Worte machen"* (Mt 6,7). Und als Begründung erwähnt Jesus: *„Denn euer Vater*

[2] Lied: Vergiss es nie, Text: Jürgen Werth, Melodie: Paul Janz.

weiß, was ihr braucht, noch ehe ihr ihn bittet“ (Mt 6,8). Wenn wir das radikal buchstäblich nehmen würden und außerdem jedes Gespräch mit Informationsaustausch gleichsetzen, dann bräuchten wir gar nicht zu beten, denn Gott weiß ja sowieso alles. Bei einem Beziehungspflege-Gespräch dagegen geht es aber nicht um Informationsaustausch, sondern um die gegenseitige Herzensöffnung, um Mitteilung von Gefühlen, um Ausdruck von Wertschätzung, manchmal auch um das gemeinsame sich in Begeisterung-reden im Blick auf Zukunftsprojekte. Gott braucht nicht unser Gebet, sonst wäre er nicht vollkommen in sich ruhend. Wenn Gott sich einem Menschen mitteilt, dann sprechen wir auch von Offenbarung. Diese Logik, dass Gott nicht um der Information willen auf unser Gebt angewiesen ist, wird auch schon in den Psalmen durchbuchstabiert:

„Hätte ich Hunger, ich brauchte es dir nicht zu sagen, denn mein ist die Welt und was sie erfüllt. Soll ich denn das Fleisch von Stieren essen und das Blut von Böcken trinken? Bring Gott als Opfer dein Lob und erfülle dem Höchsten deine Gelübde! Rufe mich an am Tag der Not; dann rette ich dich und du wirst mich ehren“ (Ps 50,12-15).

Wir brauchen das Gebet, um unsere Beziehung zu Gott lebendig zu erhalten.

Gott häufig in Liebe anschauen! – Gerade in Corona-Zeiten, in der die lebendige Mitfeier der Messe mit Gesang nicht möglich war, gab es aber in vielen Kirchen die Möglichkeit der stillen Anbetung vor dem ausgesetzten Allerheiligsten in einer Monstranz. In der Stille einer Kirche durch nichts abgelenkt zu werden und sich optisch auf Jesus in der Hostie zu konzentrieren, das hat vielen gut getan.

Der dritte Rat Kentenichs lautet: Aus Liebe zu ihm kleine Opfer bringen. Manchmal können es auch große sein.

Die Orientierung an Gottes Willen schließt ja in sich, dass man nicht immer den bequemsten Weg gehen kann. Wir sprechen von

Versuchungen zur Sünde: *„Nicht jeder, der zu mir sagt: Herr! Herr!, wird in das Himmelreich kommen, sondern nur, wer den Willen meines Vaters im Himmel erfüllt"* (Mt 7,21).

Glauben bedeutet also nicht nur, sich von der Welle eines erhabenen Gefühls tragen zu lassen – das kann es auch geben –, sondern kleine und große, leichte und schwere Entscheidungen zu treffen, um mit Gott verbunden zu bleiben.

In dem Klebstoffvergleich vom Anfang der Meditation sprach ich vom Anpressdruck der Klebeflächen.

Ich erlebe in der geistlichen Begleitung, dass manche meinen, das Gefühl wäre der Sitz der Personmitte. Also wenn man etwas nicht fühlt, aber dann doch mit Verstand und Willen sich für eine Gebetszeit oder die Mitfeier einer Werktagsmesse entscheidet, dann sei das doch nicht echt, sondern nur ein „so tun als ob". Das christliche Menschenbild in Übereinstimmung mit der humanistischen Psychologie definiert die Personmitte aber durch die Freiheit einer Willensentscheidung. Auch unsere ganze Rechtsprechung geht von dieser Voraussetzung aus, sonst könnte der Mensch nicht für das verantwortlich gemacht werden, was er tut bzw. getan hat. Zwar gibt es für Morde aus Affekthandlung nicht so harte Strafen wie für kaltblütig geplante Morde. Diese juristische Regelung zeigt ja, dass die Rechtsprechung die Motivationskraft der Gefühle durchaus berücksichtigt, aber Verantwortlichkeit wird auch in unseren Gerichten am Willen und am Verstand festgemacht.

Pater Kentenich vergleicht das Zusammenspiel von Wille und Gefühl beim Beten mit Singen und Orgelspiel. Und er führt weiter aus. Am schönsten ist es, wenn die Orgel den Gesang gut begleitet, man kann aber auch a capella – also ohne Instrument – singen, und – jetzt sträuben sich einem Musiker die Haare – man kann auch gegen die Orgel singen. Wir können z.B. dem Impuls zur Rache erfolgreich Widerstand leisten. Wir können uns aus dem Kreisen um uns selbst voller Selbstmitleid herauskatapultieren und uns den anstehenden Aufgaben widmen. Sehr drastisch wird dieser nüchterne Pragmatismus sichtbar nach dem Erdbeben und dem Tsunami, als am 1. November 1755 Lissabon von diesen Katastrophen heimgesucht worden war.

Der Premierminister Sebastião de Mello, der spätere Marquês de Pombal, überlebte das Beben. Der Pragmatismus seiner Regierungsmethoden wird charakterisiert durch den ihm zugeschriebenen Ausspruch: „Und nun? Beerdigt die Toten und ernährt die Lebenden." Er begann sofort, die Rettungs- und Wiederaufbaumaßnahmen zu organisieren.

Er stellte Truppen auf, die die Brände zu bekämpfen hatten, andere Truppen mussten Tausende von Leichen aus der Stadt entfernen. Um das Entstehen von Epidemien zu vermeiden, ließ er die Leichen auf Schiffe laden und im Meer bestatten, obwohl dies den damaligen Gebräuchen nicht entsprach.[3]

Ein Jugendlicher fand aus seinem depressiven Kreisen um sich selbst heraus, als er neben den Medikamenten und der Gesprächstherapie für ein paar jüngere Nachbarskinder Englisch-Nachhilfeunterricht gab. Das konnte er; da hatte er Erfolgserlebnisse, da konnte er seine Konzentration nach außen lenken und erlebte das als befreiend.

Also nicht das Gefühl ist das Zentrum der Person, sondern das sich in Freiheit entscheidende Ich, das bereit ist Verantwortung zu übernehmen. – Natürlich ist es schwer, gegen die Orgel zu singen, und man kann leicht umkippen. Und doch ist es möglich.

„Bleibt in mir, dann bleibe ich in euch." – Um diese Verheißung Jesu kreiste unsere Meditation. Der Vergleich mit dem Klebstoff und den Klebeflächen machte deutlich, dass manchmal gar keine feste und belastbare Beziehung zustande kommen kann, weil zwischen dem Menschen und Gott dieser Wasser- oder Fettfilm einen engen Kontakt verhindert. Die Selbstgenügsamkeit, ich brauche doch keinen Gott, aber auch das Verharren in Denk-, Rede- und

[3] https://de.wikipedia.org/wiki/Erdbeben_von_Lissabon_1755

Verhaltensweisen, die eindeutig dem Willen Gottes widersprechen, verhindern eine innige Verbindung mit Gott.

Die einfachen Achtsamkeitsübungen, die Pater Kentenich vorschlägt, – häufig in Liebe mit Gott sprechen, Gott häufig in Liebe anschauen, und aus Liebe zu ihm kleine Opfer bringen (manchmal können es auch große sein), – haben uns einen Weg gewiesen, wie wir die Beziehung zu Gott lebendig erhalten können. Wenn wir uns daran halten, dann gilt die Verheißung Jesu auch uns:

„Bleibt in mir, dann bleibe ich in euch."

41. Joh 15,7: Provozierendes Vertrauen

„Wenn ihr in mir bleibt und meine Worte in euch bleiben, dann bittet um alles, was ihr wollt: Ihr werdet es erhalten."

Am 3. August 2020 verstarb in Derry in Nordirland John Hume. Er hatte 1998 gemeinsam mit David Trimble, dem Vorsitzenden der UUP, den Friedensnobelpreis für ihre intensiven Bemühungen im Friedensprozess in Nordirland erhalten. Das so genannte Karfreitagsabkommen vom 10. April 1998 beendete einen 30-jährigen Bürgerkrieg in Nordirland. Zwar hörten die Gewalttaten nicht gänzlich auf, aber die IRA hatte keinen Rückhalt in der Bevölkerung mehr. Dass es zu diesem Karfreitagsabkommen kam, war das Verdienst von John Hume. Als Kind wurde er mit der Unterdrückung der irischstämmigen Katholiken durch die Protestanten konfrontiert. Nach Studium und Arbeit als Lehrer wurde er 1968 der Führer der gewaltlosen Bürgerrechtsbewegung in Derry. Von 1979 bis 2004 war John Hume Mitglied des europäischen Parlaments in Brüssel.

Durch Geheimverhandlungen sowohl mit der Partei Sinn Féin und deren Führer Gerry Adams als auch mit der UUP (= Ulster

Unionist Party) und deren Führer David Trimble schuf er die Voraussetzungen, die schließlich zu dem Karfreitagsabkommen führten.

Ein anderes geschichtliches Beispiel, diesmal aus Südafrika: Zwischen der Freilassung Nelson Mandelas am 11. Februar 1990 und seiner Wahl zum Präsidenten am 26.4.1994 wäre in Südafrika beinahe ein Bürgerkrieg zwischen Weißen und Schwarzen ausgebrochen. Dass es nicht dazu kam, war auch das Verdienst zweier Brüder, der eineiigen Zwillinge Constand und Abraham Viljoen. Sie wurden am 28. Oktober 1933 geboren. Sie stammten von französischen Hugenotten ab und waren Afrikaner. Abraham studierte Theologie und Constand ging zur Armee und kämpfte in Angola und Sambia. Abraham studierte auch im Ausland und erwarb sich da einen kritischen Blick auf die Apartheid-Politik und eine Sensibilität für Menschenrechte. Mit der Überzeugung, dass alle Menschen gleich sind, kehrte er in seine Heimat zurück und wurde von den Weißen als Deserteur, als Ketzer, als Landesverräter beschimpft. „Du hättest nie ins Ausland gehen dürfen", warfen ihm seine alten Freunde vor. In den 80er Jahren kandidierte er für eine Partei, die die Apartheid abschaffen wollte. Sein Bruder Constand machte Karriere in der Armee und wurde schließlich Oberbefehlshaber. Die beiden Brüder trafen sich immer seltener und hatten sich immer weniger zu sagen. 1956 untersuchte der amerikanische Psychologe Gordon Allport die Situation in Südafrika, geleitet von den zwei Fragen: Wo kommen Vorurteile her? Und: Wie vermeidet man sie? – Seine auf den ersten Blick simple Antwort: Durch Kontakt.

Intuitiv hatten Charles De Gaulle und Adenauer auf dieselbe Karte gesetzt und hatten durch den staatlich geförderten Jugendaustausch zwischen Frankreich und Deutschland nach dem Zweiten Weltkrieg die durch den Nationalismus jahrzehntelang geförderte

Erbfeindschaft in großen Teilen der Bevölkerung überwunden.[4]

Allport erkannte: Vorurteile, Hass und Rassismus entstehen aus einem Mangel an Kontakt. Der Mensch neigt dazu, wenn es um Fremde geht, zu generalisieren. Für viele Südafrikaner war Allports Theorie ein Schock: Der Wissenschaftler erläuterte, dass Apartheid nicht die Lösung, sondern die Ursache der Konflikte war. Am 7. Mai 1993 trafen sich 15000 weiße Afrikaner im Stadion von Potchefstroom. Der von Adolf Hitlers Rhetorik faszinierte Eugène Terre'Blanche hetzt die Massen im Stadion auf. Constand – inzwischen als Renter und Farmbesitzer – ist ebenfalls im Stadion. Die Massen fordern ihn in Sprechchören auf, der Anführer zu werden. Er brüllt ins Mikrophon: „Das afrikaanse Volk muss sich auf seine Verteidigung vorbereiten. Ein blutiger Konflikt, der Opfer fordern wird, ist unvermeidlich. Aber wir werden uns gerne opfern, da unsere Sache gerecht ist.“ So wird er der Führer der Afrikaner-Volksfront. Es ist eine paramilitärische Organisation.

In Johannesburg – ca. 100 km von dem Stadion entfernt – gerät sein Bruder Abraham, der die Veranstaltung vor dem Fernseher verfolgt, in Verzweiflung: „Manchmal glaube ich, dass hier klassische Elemente der Tragödie zusammenkommen.“ – So eine Kurznachricht an Nelson Mandela. Abraham weiß, dass er der Einzige ist, der vielleicht seinen Bruder umstimmen kann.

Im Juli, also zwei Monate danach, sucht er das Gespräch mit seinem Bruder. Unter dem Siegel der Verschwiegenheit offenbart er seinem Bruder, dass er mit Nelson Mandela zusammenarbeitet und unterbreitet ihm den Vorschlag, unter strengster Geheimhal-

---

[4]Mehr dazu: `https://www.dfjw.org/`; gelegentlich ist das Deutsch-Französische Jugendwerk in geradezu lyrischer Überzeichnung als „das schönste Kind“ des Deutsch-Französischen Vertrages von 1963 bezeichnet worden. Darüber mag man streiten. Indem mit seiner Gründung eine Institution geschaffen wurde, die den Jugendaustausch in einer bis dahin nicht gekannten Form stimuliert und gefördert hat, stellt es aber „mit Sicherheit das erfolgreichste unmittelbare Ergebnis des Elysée-Vertrags“ dar (A. Baumann).

tung direkt mit Nelson Mandela zu verhandeln. Constand hat zu diesem Zeitpunkt schon neun Gesprächsangebote ausgeschlagen. Aber jetzt fragt ihn sein Bruder. So besuchen am 12. August die beiden Brüder Nelson Mandela. Sie erwarten jemand vom Hauspersonal, als sie an der Villa klingeln, doch Nelson Mandela macht ihnen selber die Tür auf. Nelson bietet im freundlichen Ton Tee, Milch und Zucker an. „Ich musste nur noch umrühren", wird Jahre später Constand in einem Interview von diesem denkwürdigen ersten Besuch erzählen.

Nelson Mandela zieht Parallelen zwischen der Geschichte der Afrikaaner im Kampf gegen die englischen Kolonialisten 100 Jahre zuvor und dem jetzigen Kampf gegen Apartheid. Mandela versteht es, den ehemaligen General in dessen Sprache anzusprechen und ihm deutlich zu machen, dass es keinen Sieger geben wird, wenn beide Seiten sich den Krieg erklären.

Aus diesem ersten Besuch ergeben sich viele Kontakte in den nächsten Monaten. Nicht einmal Präsident Frederik Willem de Klerk weiß davon. Zwischen Mandela und Viljoen wächst Vertrauen. Viljoen sieht nicht mehr den Terroristen in Mandela, Mandela bewundert den Mut und die Geradlinigkeit Viljoens. De Klerk ist immer noch misstrauisch gegenüber dem Ex-General, der sich bereit erklärt, die Waffen niederzulegen und sich an den Wahlen zu beteiligen.[5]

Als dann Nelson Mandela am 10. Mai 1994 in sein Amt eingeführt wurde, hielt er seine berühmt gewordene Rede, in der er Marianne Williamson zitiert:

„Unsere größte Angst ist nicht unzulänglich zu sein, unsere größte Angst besteht darin, grenzenlos mächtig zu sein. Unser Licht – nicht unsere Dunkelheit – ängstigt uns am meisten. Es dient der Welt nicht, wenn du dich klein machst, nur damit sich andere um

[5] Der ganze Vorgang ist entnommen aus: Rutger Bregman, Im Grunde gut. Eine neue Geschichte der Menschheit, Rohwolt-Vlg., Hamburg 2020, S. 380-394.

dich nicht unsicher fühlen. Wir wurden geboren um die Herrlichkeit Gottes, der in uns ist, zu manifestieren. Er ist nicht nur in einigen von uns, er ist in jedem Einzelnen. Wenn wir unser Licht scheinen lassen, geben wir damit unbewusst anderen Menschen die Erlaubnis, es auch zu tun. Wenn wir von unserer eigenen Angst befreit sind, befreit unsere Gegenwart automatisch die anderen."[6]

Diese beiden historischen Beispiele belegen: Vertrauen ist immer ein großes Risiko. Aber wer nicht vertraut, bleibt Gefangener seines eigenen Misstrauens. Er kann seine Feindbilder nicht überwinden und bleibt gefangen in seinen Ängsten.

Was zwischen Menschen gilt, gilt auch für das Verhältnis vom Menschen zu Gott. Ein Mann, der eine sehr schwierige Kindheit erlebt hatte – sein Vater war ein gewalttätiger Alkoholiker, seine Mutter war seelisch krank – zweifelte nicht an der Existenz Gottes, aber hielt Gott für pervers, angesichts des Leids und der Ungerechtigkeiten, die er nicht nur in der eigenen Familie erlebte, sondern durch die Nachrichten auf der ganzen Welt beobachtete. Erst nach jahrelangem Gefängnisaufenthalt offenbarte sich Gott ihm als der barmherzige Gott. Heute ist dieser ehemalige Mörder unter einem anderen Namen als Prediger tätig. Sein Hauptthema ist die Barmherzigkeit. Ein extremes Beispiel – aber wirklich so passiert!

Jeder von uns hat schon erlebt, dass seine Bittgebete nicht erhört worden sind. Und da geht es nicht um solche unmöglichen Kinderbitten wie: „Lieber Gott, mach doch Athen zur Hauptstadt von der Türkei, sonst bekomme ich im Erdkundetest eine schlechte Note." Nein, es gibt ja ganz viele Bitten, die durchaus Sinn machen und vernünftig sind. Es geht nicht um den großen Lottogewinn, sondern dass man trotz Verspätung doch noch den Anschlusszug erwischt, oder um einen Parkplatz in der überfüllten Innenstadt. Da kann es gehen um die Versöhnung zwischen Eltern und Kindern, um einen

[6]Das Zitat stammt aus dem Buch „A Return To Love: Reflections on the Principles of A Course in Miracles", es war im Jahr 1992 von Marianne Williamson erschienen.

Neuanfang zwischen entfremdeten Ehepartnern. – Und trotz der Bitten eines der Betroffenen passiert das erhoffte Wunder nicht.

Von daher hat die Verheißung Jesu, über die wir heute meditieren, etwas Provozierendes, weil er keine Einschränkungen vornimmt: „*„Wenn ihr in mir bleibt und meine Worte in euch bleiben, dann bittet um alles, was ihr wollt: Ihr werdet es erhalten.*“

Wir kennen auch die inhaltliche Parallele: *„Bittet und es wird euch gegeben; sucht und ihr werdet finden; klopft an und es wird euch geöffnet! Denn wer bittet, der empfängt; wer sucht, der findet; und wer anklopft, dem wird geöffnet. Oder ist einer unter euch, der seinem Sohn einen Stein gibt, wenn er um Brot bittet, oder eine Schlange, wenn er um einen Fisch bittet? Wenn nun ihr, die ihr böse seid, euren Kindern gute Gaben zu geben wisst, wie viel mehr wird euer Vater im Himmel denen Gutes geben, die ihn bitten“* (Mt 7,7-11).

Zu einem reifen Glauben gehört, dass wir nicht die Enttäuschungen an Gott das letzte Wort behalten lassen, sondern dass wir – trotz Enttäuschungen – immer wieder ein Vertrauensverhältnis zu ihm aufbauen. Das ist ein Risiko. Es fordert Mut. Und doch ist es die bessere Lebenseinstellung, als wenn wir die Resignation vorwegnehmen würden und nichts mehr oder zumindest nichts Gutes von Gott mehr erwarten würden.

Diese eigenartige Spannung können wir auch beim Propheten Jeremia feststellen. Wie beschreibt er seine Enttäuschung an Gott angesichts der Eroberung von Jerusalem durch die Babylonier, und wie verarbeitet er sie? Schauen wir uns einmal ein Beispiel bei ihm genauer an:

„Meine Augen fließen über von Tränen bei Tag und bei Nacht und finden keine Ruhe. Denn großes Verderben brach herein über die Jungfrau, die Tochter, mein Volk, eine unheilbare Wunde. Gehe ich aufs Feld hinaus – seht, vom Schwert Durchbohrte! Komme ich in die Stadt – seht, vom Hunger Gequälte! Ja, auch Propheten und Priester werden verschleppt in ein Land, das sie nicht

kennen. Hast du denn Juda ganz verworfen, wurde dir Zion zum Abscheu? Warum hast du uns so geschlagen, dass es für uns keine Heilung mehr gibt? Wir hofften auf Heil, doch kommt nichts Gutes, auf die Zeit der Heilung, doch ach, nur Schrecken! Wir erkennen, Herr, unser Unrecht, die Schuld unsrer Väter: Ja, wir haben gegen dich gesündigt. Um deines Namens willen verschmäh nicht, verstoß nicht den Thron deiner Herrlichkeit! Gedenke deines Bundes mit uns, und löse ihn nicht! Gibt es etwa Regenspender unter den Götzen der Völker? Oder ist es der Himmel, der von selbst regnen lässt? Bist nicht du es, Herr, unser Gott? Wir setzen unsre Hoffnung auf dich; denn du hast dies alles gemacht" (Jer 14,17b-22).

Jeremia appelliert an Gott, dass er um seines Namens willen und um der Bundestreue willen das Unglück Zions beenden solle. Neulich hatte ich einer Familie, die kurz hintereinander einige schwere Schicksalsschläge erlitten hatte, diese Stelle zur Meditation empfohlen. Und ich hatte hinzugefügt: Mit anderen Worten: „Du, Gott, blamierst dich doch, wenn deine Diener ein Unheil nach dem anderen trifft. Vielleicht solltet Ihr auch mal so bitten?" – Vier Tage später erhielt ich die Nachricht: „Er hat sich blamiert: heute ist gleichzeitig die Kaffeemaschine und der Geschirrspüler 'eingegangenen'."

Also eine neue Enttäuschung und damit auch eine tiefere Enttäuschung an Gott. Dieser Familie aber auch mir fällt es schwer, nach Enttäuschungen wieder neu Gott zu bitten.

Bei solchem inneren Ringen, nicht in der Resignation und Erwartungslosigkeit Gott gegenüber steckenzubleiben, sondern ihm neu zu vertrauen, geht mir neu die Stärke des Glaubens einer Marienschwester auf, die zu den Gründungsmitgliedern der 1926 gegründeten Schwesterngemeinschaft gehörte: Emilie Engel. Als Novizenmeisterin hat sie ca. 400 junge Frauen auf deren Weg in die neue Gemeinschaft begleitet. Eine Lungentuberkulose-Erkrankung beendete nach neun Jahren 1935 vorerst ihren aktiven Einsatz für die neue Gründung. Mit drei schweren Operationen und Phasen totaler Isolierung und Einsamkeit in verschiedenen Krankenhäusern und Lungenheilstätten war die Heilung sehr langwierig.

Die schweren Leidensjahre mit absoluter Untätigkeit und völlig ungewisser Zukunft wurden für sie eine Zeit der Läuterung und der Nachfolge Christi, in der sie immer klarer Gottes Liebe und weise Führung entdeckte. Langsam löste sie sich von allem eigenen Wollen und Planen und überließ sich ganz vorbehaltlos Gott. Ihr bereites „Ja, Vater" zu ihrem Leidensweg und zu einer ungewissen Zukunft musste sie sich hart erringen und im Gebet erbitten: „Ich bin gewiss, dass du mich nicht fallen und versinken lässt, sondern mich für ewig in dein Vaterherz ziehst."

Ihre Antwort, wenn Mitschwestern enttäuscht waren, dass sich nach einem Gebetssturm im Rahmen von Wallfahrten oder Novenen doch kein Heilungswunder ereignete, lautete: „Ich lasse auf den lieben Gott nichts kommen."

Hinter einer solchen Haltung stehen viele kleine und große Entscheidungen und steht ein Ringen, nicht die Enttäuschungen an Gott das letzte Wort haben zu lassen, sondern ihm immer wieder neu zu vertrauen. Angeregt zu diesem Ringen wurde sie durch den Gründer selber, der im Vertrauen auf die Bundestreue Gottes vieles gewagt hatte. Wie hat er als Gefangener die drei Jahre Konzentrationslager Dachau überlebt! Und was hat er dort alles gewagt!

Eine Begebenheit möchte ich etwas ausführlicher schildern. Im Zuge seiner Reformbestrebungen der Kirche war ihm in den 20er und 30er Jahren immer mehr klargeworden: Die Reform muss in der Familie anfangen. Wenn die Kinder mit 10 oder 14 Jahre in kirchliche Internate kommen, dann ist oft schon so viel falsch gelaufen, dass es sich nur mühsam korrigieren lässt. 400 Jahre lang hatten sich kirchliche Internate als Erziehungsstätten bewährt – von einigen schwarzen Schafen einmal abgesehen. Aber dieses Modell hatte sich überlebt. Man muss früher anfangen. Die eigentlichen

Erziehungs- und Persönlichkeitsprozesse finden in der Familie statt. Einer seiner Mitbrüder war in den 30er Jahren schon dafür freigestellt worden, eine solche Familienbewegung aufzubauen, aber es war noch zu neu. Was sollte denn da passieren? Worin bestand das Neue einer Familienseelsorge?

Mit dieser offenen Frage und dem ungelösten Problem kam Kentenich im März 1942 nach Dachau. Dort lernte er den Zentrumspolitiker und Ehemann Fritz Kühr kennen. Kühr war Dr. der Sozialwissenschaften. Als die Nazis an die Macht kamen, emigrierte er nach Österreich und engagierte sich dort in den Gewerkschaften. Als 1938 Österreich annektiert wurde, war Kühr eines der Opfer der ersten Verhaftungswellen. Über Sachsenhausen kam er nach Dachau. Vermutlich durch die Vermittlung des Zentrumspolitikers Joseph Joos lernten die beiden sich kennen. Die Chemie zwischen diesen beiden Männern stimmte; und beide fanden immer wieder Möglichkeiten zu langen Gesprächen. Am 16. Juli 1942 kam es dann zu der denkwürdigen Feier der Gründung der Familienbewegung unter ärmlichsten und gefährlichen Bedingungen: Kühr und Kentenich waren an diesem Tage eingeteilt zum Strohsackflicken auf Block 14. Auf Stube drei, getarnt durch ein paar aufgestellte Keilkissen, hatte Pater Albert Eise einen Mini-Altar aufgebaut: eine Dose mit dem Allerheiligsten, ein Marienbild, zwei Kerzen.

Im Vorfeld hatte Kühr mit dem Problem zu kämpfen: Wie kann er zu so etwas Ja sagen, wenn er seine Ehefrau, die im fernen Brasilien im Exil lebte, nicht fragen konnte? Als partnerschaftlich denkender Ehepartner wollte er sie ja nicht einfach vor vollendete Tatsachen stellen. Sein Gewissen kam zur Ruhe, als er mit Kentenich klärte, dass er diesen Schritt unter Vorbehalt machen dürfe: Vorausgesetzt, seine Frau würde dem zustimmen, dann wollte er mit ihr sich dafür einsetzen, eine solche Familienbewegung aufzubauen.

Ich frage mich immer wieder neu: Warum hat Kentenich nicht mit einem solchen Schritt gewartet, bis er eventuell wieder aus dem KZ kommt? Warum hat er sich nicht gesagt: Ich weiß nicht, ob ich hier überhaupt wieder lebend herauskomme. Also lege ich alle meine Pläne auf Eis und vertage Entscheidungen auf später. In einer solch unsicheren und lebensbedrohlichen Situation eine solche Entscheidung zu treffen und eine solche Feier zu begehen – in der gläubigen Gewissheit, dass damit der Wille Gottes richtig gegriffen ist – das ist für mich immer noch nicht nachvollziehbar.

Dahinter steckt ein Gottvertrauen, das eigentlich nichts anderes ist als die konsequente Antwort auf die Aufforderung Jesu, die über unserer heutigen Meditation steht: *„Wenn ihr in mir bleibt und meine Worte in euch bleiben, dann bittet um alles, was ihr wollt: Ihr werdet es erhalten."*

Am 16. Juli 1967 konnte Pater Kentenich zur 25-jährigen Gründung der Familienbewegung wieder in Dachau sein. In seiner Ansprache sagte er dort: „Ich meine, wenn wir einmal überlegen, was Dachau uns gebracht (hat), dann meine ich zunächst: eine Unsumme tollkühner Husarenstückchen. Was darf ich also sagen? Jetzt müssen wir diesen Schlüssel anlegen an diese Husarenstückchen. Sie sind nur erklärbar durch unser unerschütterliches Stehen auf einem anderen Boden, dem jenseitigen Boden, aus der felsenfesten Überzeugung, dass der liebe Gott Großes durch uns wirken (kann), dass er alle Hemmnisse überwinden (und) alle teuflischen Angriffe, auch im Konzentrationslager, niederschlagen würde. Jetzt wäre es am Platze, dass ich Ihnen eine Auswahl dieser Husarenstückchen aneinanderreihen würde. Das würde ja wohl interessieren. (Ich) fürchte aber, wir halten uns dann dabei zu lange auf. ... Immer wieder, wenn uns das Wasser gleichsam bis an die Nase und darüber hinaus reichte, die stille Überzeugung: Beweis, wie stark Schönstatt in den Plänen Gottes dazu bestimmt ist, das Reich des Teufels hier auf Erden zu zerstören."[7]

Sich nicht vom Leben unterkriegen zu lassen ist eine besondere

---

[7] J. Kentenich, Ansprachen von 1967, als Manuskript gedruckt.

Form der Alltagstapferkeit. Die Psychologen sprechen von Resilienz und meinen damit die seelische Widerstandsfähigkeit gegenüber den Widrigkeiten des Lebens. Wir können unsere Resilienz stärken, wenn wir uns von Jesus provozieren lassen zu einem unbegrenzten Vertrauen. Wenn wir nach einer Enttäuschung an Gott ihm wieder etwas zutrauen und uns mit unseren Bitten an ihn wenden, dann sind wir auf einem guten Weg.

42. Joh 15,11: Freude im Gegenwind

„Dies habe ich euch gesagt, damit meine Freude in euch ist und damit eure Freude vollkommen wird."

In diesem Satz Jesu – gesprochen am Abend vor seinem Leiden – drückt er seine Sehnsucht aus: Er will, dass sich seine Jünger freuen. Und den tiefsten Grund für diese Freude hat er in den Zeilen zuvor zum Ausdruck gebracht: Ihr könnt in mir bleiben. Wir bleiben verbunden. Bildhaft ausgedrückt im Gleichnis vom Weinstock und den Reben. Und er spricht davon, dass die Freude vollkommen werden kann. Aber was könnte das heißen: Vollkommene Freude?

Freude als Gabe Jesu wird auch genannt in Joh 16,24: *„Bittet und ihr werdet empfangen, damit eure Freude vollkommen ist."* Und in Joh 17,13 richtet sich Jesus an den Vater und bittet für seine Jünger: *„Aber jetzt komme ich zu dir und rede dies noch in der Welt, damit sie meine Freude in Fülle in sich haben."* Und in Joh 16,22 betont Jesus, dass diese Freude euch niemand nehmen kann.

Zwar wird in den vier Evangelien an keiner Stelle erwähnt, dass Jesus lachte. Aber die Freude ist ihm ein zentrales Anliegen. Und so schlussfolgerte der Bischof von Genf, der hl. Franz von Sales, der von 1567 bis 1622 lebte: „Ein Heiliger; der traurig ist, ist ein trauriger Heiliger."

Auch für Paulus ist das Thema Freude bedeutsam: Er freut sich, wenn Gefährten wieder zu ihm stoßen (vgl. 1 Kor 16,17), er freut sich über das Wachstum der von ihm gegründeten Gemeinden (vgl. 2 Kor 7,7; 7,16; Phil 1,18) und auch der römischen Gemeinde, die er besuchen will (vgl. Röm 16,19), er fordert auf zur Freude (vgl. Phil 2,14; 3,1; 4,4). Die Ehre eines Gemeindegliedes ist ein Grund zur Mitfreude (vgl. 1 Kor 12,26). Ja, selbst eigene Grenzen sind kein Grund zur Scham, sondern zur Freude, weil Gottes Barmherzigkeit noch deutlicher sichtbar wird (vgl. 2 Kor 13,9).

Freude hat sowohl bei Jesus wie bei Paulus etwas zu tun mit seelischer Widerstandsfähigkeit, oder nennen wir es ruhig auch seelischer Immunstärke. Poetisch drückt diese Widerstandsfähigkeit der französische Schriftsteller Albert Camus aus, wenn er schreibt: „Mitten im Winter habe ich erfahren, dass es in mir einen unbesiegbaren Sommer gibt."[8]

Der Konvertit und Schriftsteller Clive Staple Lewis gibt seiner Bekehrungsgeschichte den Titel „Überrascht von Freude"[9]. Und in einem seiner phantastischen Romane lässt er einen Teufel sagen, Freude sei eine göttliche Erfindung.

Schauen wir uns diesen Text einmal genauer an. Er steht in dem Roman „Dienstanweisung an einen Unterteufel". Da schreibt der Teufel Screwtape an seinen Teufelsneffen Wormwood regelmäßig Lehrbriefe, denn er ist der Ausbilder. Jeder Mensch hat nicht nur seinen persönlichen Schutzengel, sondern auch seinen persönlichen Teufel. Und Screwtape gibt seinem Teufelslehrling folgende Ratschläge (dabei wird mit „Feind" Gott bezeichnet):

„Ich habe vor allem die eine Erfahrung gemacht, dass die Perioden der Tiefpunkte in der Wellenbewegung der menschlichen Seele eine ungemein gute Gelegenheit bieten zu allerlei sinnlichen Versuchungen, ganz besonders geschlechtlicher Art. Dies mag dich

[8] Albert Camus: Heimkehr nach Tipasa

[9] C.S. Lewis, Überrascht von Freude, Brunnen-Vlg., Gießen 2014.

überraschen: denn natürlich verfügt er auf den Höhepunkten auch über mehr körperliche Energie und daher auch über größere Begierlichkeit. Du darfst aber nicht vergessen, dass auch die Widerstandskräfte in diesen Zeiten am stärksten sind. Gesundheit und Hochstimmung, die Du benutzen kannst, Lust zu erregen, können leider auch leicht der Arbeit, dem Sport, dem Denken oder harmlosen Freuden dienen. Der Angriff hat viel mehr Aussicht auf Erfolg, wenn das ganze innere Leben des Menschen grau, kalt und leer ist. Merke Dir auch, dass sich die Geschlechtslust in den Zeiten des seelischen Tiefstandes auf eine ganz feine Weise von der Geschlechtslust bei geistiger und seelischer Gesundheit unterscheidet. Sie ist viel weniger geeignet für jenes Zuckerwasser-Phänomen, das die Menschen 'Verliebtheit' nennen, sie ist dem Perversen viel näher und viel weniger verdorben von jenen großmütigen, schöpferischen, ja sogar spirituellen Begleitumständen, die die menschliche Geschlechtlichkeit häufig so enttäuschend machen. Ganz dasselbe gilt von den anderen fleischlichen Lüsten. Es wird dir viel eher gelingen, aus Deinem Manne einen richtigen Trunkenbold zu machen, wenn du ihm in Zeiten der Leere und Niedergeschlagenheit den Alkohol als Betäubung schmackhaft machst, als wenn du ihn ermutigst, den Alkohol zur Förderung der gemütlichen Stimmung unter Freunden zu genießen, wo er glücklich und aufgeschlossen ist. Vergiss nie, dass wir uns auf Feindesboden begeben, wenn wir uns mit irgendeinem Vergnügen in seiner gesunden, normalen und befriedigenden Form befassen. Ich weiß, wir haben durch Vergnügungen schon manche Seele gewonnen. Trotzdem, die Freude ist seine Erfindung, und nicht die unsrige. Er hat sie geschaffen; trotz unserer ganzen so weit entwickelten Forschung ist es uns bisher nicht gelungen, eine einzige wahre Freude hervorzubringen. Alles, was wir tun können, ist, die Menschen anzuspornen, die vom Feind geschaffenen Freuden zu Zeiten oder in einer Weise oder in einem Grade zu genießen, die Er nicht erlaubt. Darum versuchen wir stets, von den natürlichen Bedingungen jeder Freude wegzuarbeiten, dahin, wo sie sich am weitesten vom Natürlichen entfernt, wo sie am wenigsten an den Schöpfer erinnert und am wenigsten erfreut. Wachsende Begierde nach immer mehr schwindender Freude heißt die Formel."[10]

Wie bei vielen phantastischen Romanen von C.S. Lewis ist die Rahmenhandlung frei erfunden, aber die Beobachtungen, was in der menschlichen Seele so alles vor sich gehen kann, sind präzise beobachtete Wirklichkeit.

Freude – eine göttliche Erfindung: Eine Definition, die wir uns merken sollten! Ähnlich umschreibt es ja Schiller in seiner Ode an die Freude. Darin nennt er sie „schöner Götterfunken".

Auf eine beachtliche Nebenwirkung macht uns der italienische Journalist Tiziano Terzani aufmerksam. Nach seinem Sinologie-Studium war er jahrelang Asienkorrespondent des Magazins Spiegel. Als krebskranker Todeskandidat lässt er sich von seinem Sohn interviewen und erzählt unter anderem: „Wenn jemand ein Gewehr auf dich richtet, lächle ihn an! Das hat mir in Kambodscha das Leben gerettet."[11]

Umberto Ecco setzt sich in seinem Roman „Der Name der Rose" ausführlich mit der Humorlosigkeit des Fanatismus auseinander. Der blinde Bibliothekar Jorge hatte die Seiten mit dem Text des Aristoteles über die Kommödie mit einer giftigen Tinktur bestrichen, damit jeder, der diese Seiten jemals finden und lesen würde und dabei seine Finger mit Spucke anfeuchten würde, sich vergiften würde. Als der Franziskaner William von Baskerville dieses Verbrechen aufdeckt und in der Bibliothek den Bruder Jorge zur Rechenschaft ziehen will, reißt Jorge diese vergifteten Seiten raus und steckt sie sich in den Mund. Lieber will er selber sterben, als dass jemand durch den Text von Aristoteles zum Humor verführt

[10] C.S. Lewis, Dienstanweisung für einen Unterteufel, Herder Vlg., Freiburg i.Br. 1989, S. 41f.

[11] Tiziano Terzani, Das Ende ist mein Anfang. Goldmann-Vlg., München 2007, S. 376.

wird. Der Franziskaner sagt nach dem Tod von Jorge zu seinem Novizen Adson von Melk:

„In jenem entstellten, vom Hass auf die Philosophie verzerrten Antlitz von Jorge sah ich zum ersten Mal die Züge des Antichrists. ... Der Antichrist entspringt eher aus der Frömmigkeit selbst, aus der fanatischen Liebe zu Gott oder zur Wahrheit, so wie der Häretiker aus dem Heiligen und der Besessene aus dem Seher entspringen. Fürchte die Wahrheitspropheten, Adson, und fürchte vor allem jene, die bereit sind für die Wahrheit zu sterben: Gewöhnlich lassen sie viele andere mit sich sterben, oft bereits vor sich, manchmal für sich. Jorge hat ein teuflisches Werk vollbracht, weil er seine Wahrheit so blindwütig liebte, dass er alles wagte, um die Lüge zu vernichten.“[12]

Kommen wir aus der Phantasiewelt eines Romans zurück zur Wirklichkeit: Der begnadete Erzieher Don Bosco war sportlich und einfallsreich. Er verbreitete um sich eine Atmosphäre der Freude. Wo er war, wurde gelacht. Als alter Priester kritisierte er den Stil der jungen Mitbrüder der von ihm gegründeten Gemeinschaft der Salesianer: Sie waren nicht mehr die Seele des Spieles mit den Jungen. Sie standen abseits in Beobachterposition als Aufsichtspersonen. Das Bonmot „fröhlich sein, Gutes tun und die Spatzen pfeifen lassen“ war nicht die Binsenweisheit einer Küchenpsychologie, sondern dahinter verbarg sich ganz viel Alltagstapferkeit und Selbstüberwindung, wenn Don Bosco trotz Übermüdung und wirtschaftlicher Sorgen sich immer wieder Späße einfallen ließ, um die Jungen zum Lachen zu bringen. Ihm war klar: Wo keine Freudenatmosphäre, da Sumpfatmosphäre.

In seinem Brief vom 10. Mai 1884 schreibt er aus Rom an seine Mitbrüder einen seiner Träume. Darin gibt es einmal eine Szene aus der Anfangszeit, dann eine aktuelle Szene. Die Anfangszeit sieht er so:

---

[12] Umberto Ecco, Der Name der Rose, dtv München ^{2}1986, S. 624.

„Überall wurde gelacht und gesungen, und überall sah man Kleriker (= Theologiestudenten) und Priester, umgeben von fröhlichen, lachenden Jungen. Man spürte, dass zwischen diesen und ihren Erziehern große Herzlichkeit und viel Vertrauen herrschte. Ich war ganz begeistert von dem Schauspiel, und Valfré sagte zu mir: 'Sehen Sie, die familiäre Herzlichkeit schafft Liebe, und die Liebe schafft Vertrauen. Das öffnet die Herzen, und die Jungen können ohne Angst über alles mit ihren Lehrern, Erziehern und Vorgesetzten reden. Sie sind ehrlich, in der Beichte und außerhalb, und sie richten sich gern nach dem, von dem sie sicher sind, dass er sie liebt.'

In diesem Augenblick trat der andere alte Ehemalige zu mir – es war Josef Buzzetti –, er hatte einen schon ganz weißen Bart. 'Don Bosco' sagte er, 'wollen Sie auch die Jungen sehen, die jetzt im Oratorium sind?' – 'Ja, gern', sagte ich, 'es ist nämlich schon einen Monat her, dass ich sie nicht mehr gesehen habe.' Da zeigte er sie mir. Ich sah das Oratorium, und Euch alle, wie Ihr gerade Freizeit hattet.

Aber ich hörte da nichts mehr an frohem Geschrei oder Liedern, und von dem Leben und Treiben wie in der ersten Szene war auch nichts zu sehen. Viele Jungen hingen herum und schauten so gelangweilt, so müde, enttäuscht und misstrauisch, dass es mir ans Herz griff. Gewiss, viele tobten herum, hatten ihren Spaß miteinander und waren sorglos und glücklich. Aber eine ganze Reihe lehnten sich trübsinnig und allein an die Säulen, und andere drückten sich auf Treppen und Gängen, auf den Balkonen und zur Gartenseite herum, um nicht mit den Kameraden spielen zu müssen. Wieder andere gingen langsam in Gruppen spazieren, sie unterhielten sich leise für sich und schauten sich dabei immer wieder argwöhnisch um. Manchmal fingen sie auch an zu lachen, aber mit solch einem Gesicht, dass man sicher sein konnte, dass der hl. Aloysius sich in ihrer Gesellschaft geschämt hätte. Aber auch unter denen, die spielten, waren einige so wenig bei der Sache, dass man deutlich merken konnte, dass die Freizeit ihnen keinen richtigen Spaß machte."

Im Traum diskutiert Don Bosco weiter mit Josef Buzetti. Er fragt ihn: „Wie kann man das denn erreichen, dass es auch wieder so zufrieden und froh im Oratorium zugehen wird wie früher?" Dieser antwortet:

„Indem die Erzieher und die Jungen herzlich und vertrauensvoll miteinander umgehen, vor allem in der Freizeit. Ohne Herzlichkeit und Vertrauen gibt es keine Liebe, und ohne Liebe gibt es kein Vertrauen. Wer geliebt sein will, muss zeigen, dass er liebt. Jesus Christus hat sich klein gemacht mit den Kleinen und unsere Schwächen auf sich genommen. Er ist wirklich ein Meister im Vertrauen! Der Lehrer, der nur am Lehrerpult steht, ist Lehrer, und nicht mehr. Wenn er aber auch in der Freizeit bei den Jungen ist, wird er deren Bruder. Wenn einer nur von der Kanzel predigt, wird man sagen, er tue nur seine Schuldigkeit. Findet er aber auch während der Erholungszeit das rechte Wort, dann ist es das Wort eines Menschen, der liebt. Welche Veränderungen haben nicht schon ein paar Worte bewirkt, die wie zufällig während einer Unterhaltung in das Herz eines jungen Menschen gefallen sind. Wer sich geliebt weiß, der liebt wieder, und wer geliebt wird, der erreicht alles, besonders bei der Jugend. Dieses Vertrauen fließt wie elektrischer Strom zwischen den Jungen und ihren Erziehern. Die jungen Menschen öffnen sich, erzählen von dem, was sie bekümmert, und sie sprechen dann auch über ihre Fehler. Diese Liebe macht es auch für die Erzieher leichter, Mühen, Sorgen, Undankbarkeit, Unruhe, Fehler und Nachlässigkeiten der Jungen auf sich zu nehmen. Jesus Christus hat das schon geknickte Rohr nicht gebrochen und den glimmenden Docht nicht ausgelöscht. Er ist Euer Vorbild!"[13]

Damit endet das Zitat aus diesem Brief von Don Bosco. Ein

[13] Johannes Bosco: Das Präventivsystem in der Erziehung der Jugend. In: Johannes Bosco: Der Brief aus Rom. Als Manuskript gedruckt 2001. Herausgeber: Der Provinzial der Norddeutschen Provinz der Salesianer Don Boscos.

Klima der Freude aufzubauen und zu pflegen, ist also gar nicht so leicht. Das wird aus diesen Zeilen spürbar.

Schauen wir auf einen anderen Klimakünstler der Freude, auf Franz von Assisi. In den Anekdoten über ihn lesen wir:

„Eines Tages war dieser mit Bruder Masio recht hungrig in ein Dorf gekommen. Um den Hunger zu stillen, bettelten sie unterwegs etwas Brot, trafen bei einer Quelle außerhalb des Dorfes zusammen und legten dort das Erbettelte auf einen breiten Stein. Franz rief plötzlich aus: 'O mein Bruder Masio, eines solchen Schatzes sind wir nicht würdig!' So tat er ein um das andere Mal. Der Bruder schüttelte erstaunt und missbilligend den Kopf und sagte: 'Vater, wie kannst du nur von einem Schatze reden, es fehlen uns ja die notwendigsten Dinge. Wir haben weder Tischtuch noch Messer, noch ein Schneidebrett noch Schüssel.' Da jubelte der Heilige: 'Das ist es eben, was ich für einen Schatz halte: dass hier keine Dinge sind, die von des Menschen Hand gemacht wurden, sondern was da ist, ist von Gottes Vorsehung bereitet. Von Ewigkeit her hat er gewusst, dass wir heute hungrig und müde hierher kämen, darum hat er diesen Baum wachsen lassen, dass er uns seinen kühlen Schatten spende. Und diesen schönen breiten Stein hat er uns als Tisch hierher gelegt; und damit wir unsern Durst stillen können, hat er uns die schöne kühle Quelle entspringen lassen. O Bruder Masio, wie gütig ist unser Gott!' Und dabei liefen ihm die Tränen der Rührung aus den Augen auf das trockene Brot, das er dankbar genoss.“[14]

Ein weiterer großer Apostel der Freude war der hl. Philipp Neri. Der Biograph Paul Türks gibt seiner Lebensbeschreibung den Untertitel „Das Feuer der Freude“. Eine markante Begebenheit ereignete sich 1558:

„Ein junger Mann namens Gabriele Tana war an Schwindsucht krank und lag im Sterben. Von anfänglicher Zuversicht war er in

[14] Werktagsheiligkeit, Limburg 1948, S. 136f.

bodenlose Verzweiflung gefallen. Er klagte, alle religiösen Gefühle, alle Gebete seien ihm zuwider, den Namen Jesu könne er nicht mehr aussprechen. Krampfhaft klammerte er sich an den Rest seines Lebens. Die Anwesenden sahen hinter dem Unvermögen seines Wollens teuflische Mächte am Werk. Philipp wurde gerufen, und er sprach mit ihm. Und plötzlich löste sich die Verzweiflung in ein friedliches Lächeln. Der schwarze Hund, den auch er gesehen hatte und der ihn mit Angst terrorisiert hatte, zog ab, und der kranke rief: 'Jetzt, jetzt zieht er ab. Ich habe gesiegt, ich habe gesiegt.' Als er dann den Teufelshund beschimpfte, sagte Philipp: 'Lass es, Sohn, lass diesen Elenden in Ruhe, diese Trauergestalt, diesen Lügner. Über ihn zu reden, macht ihm zu viel Ehre.' Danach starb Tana in Frieden."[15]

Hinter seiner kabarettistischen Art, mit der er sich selbst und andere gern auf die Schippe nahm und nehmen konnte, verbarg sich eine tiefe Spiritualität, die den oberflächlichen Besuchern, eifernden Pfarrern oder sensationshungrigen Romtouristen entging.

Nachdem wir im Blick auf die Heiligen der Freude einen Streifzug durch die Jahrhunderte gemacht haben, möchte ich noch einen Christen zitieren, der als Pianist auf einem Kreuzfahrtschiff ein Leben im Fünf-Sterne-Modus führte, dann sein Bekehrungserlebnis hatte und seit einigen Jahren als freikirchlicher Prediger und Referent im deutschen Sprachraum unterwegs ist. Seine Biographie trägt den bezeichnenden Titel „Bin so gern auf Erden". Der Mann heißt Waldemar Grab (* 1956) und lebt in Hartenfels im Westerwald. Am Ende seines Buches schreibt er:

„Ich möchte die mir verbleibende Zeit nutzen, um die Freude, in Ewigkeit an Gottes Frieden teilzuhaben, mit vielen Menschen teilen. Auch durch dieses Buch, denn in der Summe gibt es bis zum Erreichen des Ziels für mich nur ein Fazit: 'Bin so gern auf

[15] Paul Türks, Philipp Neri oder das Feuer der Freude. Herder Vlg., Freiburg i.Br. 1986, S. 91f.

Erden, diesem schönen Stern, was auch immer werde, Herr, ich lebe gern!'"[16]

Vor der Corona-Zeit habe ich Waldemar Grab bei einem Abend erlebt: ein quirliger und quicklebendiger humorvoller Typ, der viele Anekdoten parat hatte und immer passende Übergänge und Einleitungen zu Volksliedern und Kirchenliedern fand, die er am Klavier begleitete und uns zum Karaoke-Singen einlud, indem er die Texte an die Wand projizierte.

Ausgehend vom biblischen Befund durch die Kirchengeschichte bis zur Gegenwart habe ich Ihnen aufgezeigt, welchen zentralen Wert die Freude in unserem christlichen Glauben spielt. In diesen schweren Zeiten tut es gut, selber achtsam die vielen Freudenquellen zu entdecken, die der Alltag so mit sich bringt, angefangen vom gezielten Musikhören bis zur neu in Angriff genommenen Handarbeit. Ich erbitte Ihnen den heiligen Geist beim Entdecken Ihrer ganz persönlichen Freudenquellen.

43. Joh 15,13: Hingabe contra Egoismus-Gen

„Es gibt keine größere Liebe, als wenn einer sein Leben für seine Freunde hingibt."

Viele von Ihnen werden vor Jahren den amerikanischen Film „Titanic" von 1997 gesehen haben. Rose, von Kate Winslet gespielt, ein Mädchen der gehobenen Gesellschaft, und der mittellose Maler Jack, von Leonardo DiCaprio gespielt, verlieben sich ineinander. Als die Titanic untergegangen ist, finden sich die beiden an einem Holzstück im Wasser wieder. Jack ist klar, dass das Holzstück zu klein ist, um beide zu tragen. Er überlässt Rose den Platz auf dem

---

[16] Waldemar Grab, Bin so gern auf Erden, Brunnen-Vlg., Gießen ^{3}2016, S. 172.

Holzstück, aber nimmt ihr das Versprechen ab, dass sie aus ihrem Leben etwas machen soll. Er stirbt an Unterkühlung. Er gibt sein Leben, um das seiner Geliebten zu retten. – Die love-story um den realen Untergang der Titanic 1912 ist erfunden, aber diese Szene bleibt wohl jedem Kinobesucher im Gedächtnis.

Sie ist eine zu Herzen gehende Illustration der Äußerung Jesu, über die ich heute mit Ihnen meditieren will: *„Es gibt keine größere Liebe, als wenn einer sein Leben für seine Freunde hingibt."*

Einen Nachklang zu dieser Stelle finden wir im Römerbrief, wo Paulus schreibt, dass Jesus genau das getan hat: *„Denn Christus ist schon zu der Zeit, als wir noch schwach waren, für uns Gottlose gestorben. Nun stirbt kaum jemand um eines Gerechten willen; um des Guten willen wagt er vielleicht sein Leben. Gott aber erweist seine Liebe zu uns darin, dass Christus für uns gestorben ist, als wir noch Sünder waren"* (Röm 5,6-8).

Und in 1 Joh 3,16 wird das als Pflicht für jeden echten Christen formuliert: *„Daran haben wir die Liebe erkannt, dass er sein Leben für uns hingegeben hat. So müssen auch wir das Leben für die Brüder hingeben."*

Die Frage, die aufkommt, lautet: Ist das nicht wirklichkeitsfremde Sozialromantik? Gibt es das wirklich? Ist das typisch menschlich?

1976 veröffentlichte der in Oxford lehrende Zoologe Richard Dawkins das Buch „The Selfish Gene", das 1978 in deutscher Übersetzung unter dem Titel „Das egoistische Gen" erschien und 1996 als Taschenbuch veröffentlicht wurde. Dawkins vertritt darin die These, dass Lebewesen aus soziobiologischer Sicht nichts anderes sind als von den Genen zum Zwecke ihrer eigenen maximalen Vermehrung gebaute „Überlebensmaschinen".[17] „Nach dieser Theorie besteht der Lauf der Evolution darin, dass Gene Lebewesen sozu-

[17] Hier zit.n. Joachim Bauer, Prinzip Menschlichkeit. Warum wir von Natur aus kooperieren, Heyne-TB, München 2014, S. 114.

sagen auf eine Zeitreise durch die Erdgeschichte schicken, um mit Hilfe dieser Organismen einen Kampf der Gene um die Vorherrschaft in der Biosphäre auszutragen. Die Geschichte des Lebens auf der Erde beginnt in der Soziobiologie mit einem Gen, das sich in der Ursuppe des Weltmeeres gebildet und den einzigen Wunsch gehabt habe, sich maximal zu vermehren. Bei Dawkins können die Gene dies ganz allein. Die Tatsache, dass sie sich ohne fremde Hilfe gar nicht vermehren können, dass also bereits am Beginn des Lebens eine ganze Reihe von Helfermolekülen vorhanden gewesen sein müssen, wird ausgeblendet, und zwar aus gutem Grund: Dies hätte nämlich bedeutet, darüber nachzudenken, dass bereits am Beginn des Lebens die Kooperation von Molekülen gestanden haben muss. Das allerdings hätte das gesamte weitere Szenario gestört."[18]

Aber nicht nur auf molekularer Ebene gibt es Theorien, die der Wirklichkeit widersprechen. Auch bei Katastrophen vermuten so manche, was der Historiker Timothy Garton Ash in der britischen Zeitung „The Guardian" schrieb: „Man entferne die Grundelemente eines geordneten, zivilisierten Lebens – Nahrung, Unterkunft, Trinkwasser, ein Minimum an persönlicher Sicherheit –, und wir fallen innerhalb weniger Stunden in einen Hobbes'schen Urzustand zurück, einen Krieg jeder gegen jeden ... Einige werden vorübergehend zu Engeln, die meisten wieder zu Affen."[19]

Die Wirklichkeit z.B. nach dem Wirbelsturm Katrina im August 2005 in New Orleans sah anders aus. Das Disaster Research Center hat seit 1963 auf der Grundlage von fast 700 Feldstudien festgestellt, dass, im Gegensatz zu Darstellungen in den meisten Spielfilmen, nach einer Katastrophe nie die totale Panik ausbricht und auch keine Welle des Egoismus aufbrandet. Die Zahl der Verbrechen – Mord, Diebstahl, Vergewaltigung – nimmt in der Regel ab.

---

[18] A.a.O. 140.

[19] Hier zit.n. Rutger Bregman, Im Grunde gut. Eine neue Geschichte der Menschheit, Rowohlt, Hamburg 2020, S. 22.

Die Menschen bleiben ruhig, geraten nicht in Panik, und handeln schnell. „Und egal, wie viel geplündert wird, es verblasst immer im Vergleich zu dem weitverbreiteten Altruismus, der zu einem großzügigen und umfangreichen Geben und Teilen von Gütern und Diensten führt."[20]

„In Notsituationen kommt das Beste im Menschen zum Vorschein. Ich kenne keine andere soziologische Erkenntnis, die gleichermaßen sicher belegt ist und dennoch gänzlich ignoriert wird. Das Bild, das in den Medien gezeichnet wird, ist dem, was nach einer Katastrohe tatsächlich geschieht, diametral entgegengesetzt."[21] – so der niederländische Schriftsteller Rudger Bregman.

Die pessimistische Sicht des Menschen hat eine lange Tradition: Der englische Philosoph Thomas Hobbes (1588-1679) vermutete in seinem 1642 veröffentlichten Werk „De Cive" („Über den Bürger") den „Krieg aller gegen alle" als den Naturzustand der Menschheit und arbeitete diesen Gedanken in seinem „Leviathan" weiter aus. Im Vorwort schreibt Hobbes: „Ich zeige zuerst, dass der Zustand der Menschen ohne zivile Gesellschaft (welcher Zustand der Naturzustand genannt werden darf) kein anderer ist als ein Krieg aller gegen alle; und dass in diesem Krieg alle das Recht haben zu allem."

Auch der schottische Philosoph David Hume (1711-1776) haut in die gleiche Kerbe: „Wir müssen davon ausgehen, dass jeder Mensch ein Schurke sei, der bei all seinen Handlungen kein anderes Ziel außer seine privaten Interessen verfolgt."[22]

Auch der Ökonom Adam Smith, der die Prinzipien des freien Marktes entwickelte, ging vom Egoismus des Menschen aus. Er schrieb: Nicht vom Wohlwollen des Metzgers, Brauers und Bäckers

---

[20]Sebastian Junger, Tribe. Das verlorene Wissen um Gemeinschaft und Menschlichkeit, Blessing 2017, S. 73f., 92f. hier zit.n. Rutger Bregman, a.a.O., S. 23.

[21]A.a.O, Bregmann, S. 23.

[22]Hier zit.n. Bregman, S. 271

erwarten wir das, was wir zum Essen brauchen, sondern davon, dass sie ihre eigenen Interessen wahrnehmen. Wir wenden uns nicht an ihre Menschen- sondern an ihre Eigenliebe, und wir erwähnen nicht die eigene Bedürftigkeit, sondern sprechen von ihrem Vorteil."[23]

Aber wie passt in dieses pessimistische Menschenbild, dass es viele Menschen gibt, die gerne bergsteigen, also sich anstrengen für nichts und wieder nichts, nur weil es ihnen Spaß macht? Wie passt in das pessimistische Menschenbild, dass es Millionen Menschen in Deutschland gibt, die sich ehrenamtlich engagieren? Wie passt es in dieses pessimistische Menschenbild, wenn Eltern sich ganz bewusst für vier oder mehr Kinder entscheiden, auch wenn bewusst kinderlose Paare ihnen vorrechnen, dass ein Kind ein Kostenfaktor von ca. 250000 Eur darstellt?

Dürfen wir nicht davon ausgehen, dass es um den Menschen viel besser bestellt ist, als es uns gewisse Theorien weismachen wollen?

Das Problem besteht dann aber darin, dass es sich selbst erfüllende Prophezeihungen gibt. Wenn ich einem anderen zu verstehen gebe, dass ich nichts Gutes von ihm erwarte, dann wird er sich aller Wahrscheinlichkeit auch so verhalten. Wenn ich dagegen Vertrauen investiere und ihm zu verstehen gebe, dass ich an das Gute in ihm glaube, dann wird er im Normalfall mein Vertrauen nicht enttäuschen wollen.

Rebecca Solnit schrieb im Rückblick auf die Bewältigung des Hurrikans Katrina: „Könige und Diktatoren, Gouverneure und Generäle glauben, dass die einfachen Menschen egoistisch sind, weil sie selbst es so oft sind. Sie greifen zur Gewalt, weil sie etwas verhindern wollen, das sich allein in ihrer Phantasie abspielt."[24]

Es gibt ein interessantes genau untersuchtes positives Beispiel: Der Brand in der Freizeitanlage Summerland mit Schwimmbädern, Bars und Hotels auf der Isle of Man im August 1973. 51 Menschen

[23]Hier zit.n. Bregmann, S. 272.
[24]Hier zit.n. Bregman, S. 24.

starben bei dieser Brandkatastrophe. Jahre später hatte der Psychologe Jonathan Sime, der über das menschliche Verhalten in Krisensituationen forscht, alle Protokolle und Berichte über die Katastrophe genau analysiert. Überrascht stellte er fest, „dass Familien sich in Windeseile und mit enormer Effizienz organisiert hatten und alles versuchten, um gemeinsam zu flüchten. Die Hälfte der 30 Familien, die im Augenblick des Unglücks über die große Liegehalle verstreut gewesen waren, hatten sich gesucht und gefunden. Die Familien hatten es geschafft, als vollständige Gruppen bis zum Ausgang zu gelangen. Von den 19 Freundesgruppen, die zum Zeitpunkt des Feuerausbruches getrennt waren, hatte sich keine einzige Gruppe vor der Flucht zusammengesucht. Die Katastrophe hatte Bindungen, die vorher fester schienen als manches Familienverhältnis, in Sekunden gekappt. Aus Freunden waren Einzelkämpfer geworden, die sich in alle Himmelrichtungen verstreuten, aus Familien (wurden) sich blitzschnell ordnende Rettungskonvois."[25]

Liebe Leserinnen, liebe Leser, wenn Sie mir bisher in der Argumentation gefolgt sind, dann können Sie sicher nachvollziehen, dass ich Jesus nicht in die Ecke der Sozialromantiker stellen möchte, sondern dass er mit seiner Aussage Menschsein in Vollendung beschreibt.

In den USA, in Pittsburgh, gibt es eine Einrichtung, die Carnegie Hero Found Commission, die am 15. April 1904 gegründet worden ist. Sie sieht es als ihre Aufgabe, Helden des Alltags auszuzeichnen, wobei es nicht um Hilfen für Verwandte sondern für Fremde geht. Über 10000 Menschen sind in den 100 Jahren des Bestehens ausgezeichnet worden.[26]

Neben der finanziellen Belohnung der altruistischen Helden soll auch die Aufmerksamkeit der Öffentlichkeit auf diese Menschen gelenkt werden. Spektakuläre Verbrechen oder islamistische Ter-

[25] Frank Schirrmacher, Minimum, Blessing Vlg., München 2006, S. 42ff.

[26] https://www.carnegiehero.org/heroes/latest-award-announcements/

rorattacken schaffen es eher in die internationalen Medien als diese stillen Helden. Aber durch diese Negativauswahl der veröffentlichten Meinung wird unser Bild vom Menschen und von der Menschheit insgesamt pessimistischer. Es sollte uns auch nachdenklich stimmen, dass viele soziologischen Forschungen über Geschwisterbeziehungen sich nur mit dem Thema Rivalität oder Frustration beschäftigen, aber es keine Forschungen zu dem Thema Solidarität oder Kooperation gibt.[27]

In welchem Klima gedeiht Altruismus? Altruismus ist das lateinische Wort für Selbstlosigkeit. Wenn wir auf die Geschichte des Christentums schauen, dann fällt auf, dass viele soziale Einrichtungen, die es so vorher noch nicht gab, von Christen entwickelt worden sind. Wieviele Schulorden und Krankenpflegeorden sind im Laufe der Jahrhunderte gegründet worden! Da geht es nicht darum, dass man in einem Moment sein Leben hingibt, sondern dass man sein Leben minuten-, stunden und tageweise an andere verliert, um so die Not zu lindern.

So sind im 19. Jh. in Deutschland 64 Krankenpflegeorden entstanden. Wache und sensible Christen haben nicht nur unter der beobachteten Not gelitten, sondern sahen darin den Anruf Gottes etwas dagegen zu unternehmen. Und da die Not so groß war, war den Gründerinnen und Gründern auch klar: Das kann ich nicht allein. Ich muss mir Helferinnen und Helfer suchen. Und so entstanden die neuen Orden.

Dem atheistischen Schriftsteller Daniil Granin, der noch zu Sowjetzeiten in Leningrad einen Verein der Barmherzigkeit gegründet hatte, war aufgefallen, dass die ältesten Einrichtungen dieser Art in Europa christliche Wurzeln hatten. Und aufgrund eigener Beobachtungen an der Entwicklung der ehrenamtlichen Helferinnen und Helfer in seinem Verein kam er zu der Schlussfolgerung, dass christlich motivierte Helfer seelisch viel immuner waren, wenn sie

[27] Frank Schirrmacher, a.a.O. S. 58

beim Helfen auf Undankbarkeit oder Verbitterung der Notleidenden stießen. Die Kettenreaktion, wie Jesus mir, so ich dir, war für die Christen immer wieder eine sprudelnde Motivationsquelle.

Wir haben zurzeit in Deutschland zwar noch genügend Intensivpflegebetten, aber nicht genügend Pflegepersonal. Das Sozialprestige der Pflegeberufe hatte in den letzten Jahrzehnten sehr gelitten. Über das Dienen wurde vielfach die Nase gerümpft. Bestimmen dürfen oder befehlen dürfen wurde als Karriereziel ganz hochgeschätzt.

Könnte gerade die Corona-Not ein Umdenken einleiten? Es reicht nicht, dass den Pflegekräften hin und wieder Beifall geklatscht wird. Es kommt auch darauf an, dass man Jugendlichen, die vor der Berufswahl stehen, die Sinnerfüllung dieser Berufe erschließt. In einem Klima, das dem Egoismus huldigt, können keine Pflegeberufe wachsen.

Liebe Leserinnen, liebe Leser, falls sie sich hauptberuflich oder ehrenamtlich in der Pflege oder Nachbarschaftshilfe engagiert haben, fragen Sie sich: Was hat Ermüdungserscheinungen ausgelöst? Was waren Ihren Motivationsquellen?

„Es gibt keine größere Liebe, als wenn einer sein Leben für seine Freunde hingibt.“

Was hat Ihnen geholfen, Ihr Leben für andere minuten-, stunden und tageweise hinzugeben?

44. Joh 15,15: Vertraut mit Gott

„Ich nenne euch nicht mehr Knechte; denn der Knecht weiß nicht, was sein Herr tut. Vielmehr habe ich euch Freunde genannt; denn ich habe euch alles mitgeteilt, was ich von meinem Vater gehört habe.“

Nachdem im Dezember 2020 der Privatdetektiv verhaftet worden ist, der vor drei Jahren die so genannte Ibiza-Affäre eingefädelt hatte und 2019 das Video-Material den Medien zugespielt hatte, die schließlich zum Sturz der ÖVP-FPÖ-Regierung in Wien geführt hatte, ist die ganze Sache von damals noch einmal hochgekocht.

In dem Video, das 2017 in einer Villa auf der spanischen Insel Ibiza aufgenommen wurde, hatte der spätere österreichische Vizekanzler Heinz-Christian Strache von der rechten FPÖ mit einer angeblichen russischen Oligarchin unter anderem über illegale Parteispenden und Großaufträge gesprochen. Er wirkte anfällig für Korruption. – Die Töne, die er da von sich gab, waren andere als die, die er in offiziellen Interviews gab. Strache ahnte damals nicht, dass ihm eine Falle gestellt worden war. Er ging von Vertraulichkeit aus. Der Widerspruch zwischen der öffentlich zur Schau gestellten korrekten Fassade und dem skrupellosen Machthunger wurde sichtbar.

Wie entsteht Vertrautheit? Vertrautheit entsteht, wenn man Geheimnisse austauscht. Das müssen ja nicht gleich schreckliche Geheimnisse sein wie in der Mafia, wo das Schweigen übereinander erpresst wird mit dem Wissen um die Verbrechen des anderen. Es gibt auch gute Geheimnisse.

„Freundschaft beginnt und Einsamkeit endet, wenn wir unsere Versuche unterlassen, andere Menschen beeindrucken zu wollen, wenn wir den Mut haben, einen Schritt aus uns heraus ins Unsichere zu wagen und es riskieren, kurz ein wenig lächerlich zu wirken. … Es kann keine langweiligen Menschen geben. Das eigentliche Wesen eines Menschen zu erleben, ehrlich und ohne Verkünstelung, ist immer interessant. Wenn wir jemanden als langweilig bezeichnen, verweist das nur darauf, dass diese Person nicht den Mut oder den notwendigen Fokus hatte, uns zu vermitteln, wie es ist, er oder sie zu sein. Im Gegensatz dazu erweisen wir uns immer wieder aufs Neue als unwiderstehlich, wenn wir es schaffen, zu vermitteln, was wir wahrhaft begehren, beneiden oder bedauern, worum wir trauern oder wovon wir träumen. Jeder, der das Wichtige in seinem

Leben wahrhaft erfasst, hat garantiert Material, mit dem er andere in seinen Bann ziehen kann. Ein interessanter Mensch ist nicht der, dem interessante äußere Dinge zugestoßen sind. ... Es ist jemand, der sich zu einem aufmerksamen selbstkritischen Zuhörer entwickelt hat, zu einem zuverlässig ehrlichen Berichterstatter über die Erschütterungen seines eigenen Geistes und Herzens, und der uns auf dieser Basis authentisch davon erzählen kann, was das Leben an Pathos, an Drama und Merkwürdigkeiten zu bieten hat."[28]

Vielleicht sind diese allgemeinen Beobachtungen über das Miteinander von Menschen eine gut Hinführung, um die Tragweite der Äußerung Jesu entsprechend würdigen zu können: *„Ich habe euch alles mitgeteilt, was ich von meinem Vater gehört habe."* Wirklich alles. Jesus hat also keine Geheimnisse mehr vor seinen Jüngern. Mehr Nähe kann er nicht anbieten.

Inhaltlich objektiv widerspricht sich Jesus. Wir lesen: *„Wenn einer von euch einen Knecht hat, der pflügt oder das Vieh hütet, wird er etwa zu ihm, wenn er vom Feld kommt, sagen: Komm gleich her und begib dich zu Tisch? Wird er nicht vielmehr zu ihm sagen: Mach mir etwas zu essen, gürte dich und bediene mich, bis ich gegessen und getrunken habe; danach kannst auch du essen und trinken. Bedankt er sich etwa bei dem Knecht, weil er getan hat, was ihm befohlen wurde? So soll es auch bei euch sein: Wenn ihr alles getan habt, was euch befohlen wurde, sollt ihr sagen: Wir sind unnütze Knechte; wir haben nur unsere Schuldigkeit getan"* (Lk 17,7-13).

Was sind wir jetzt: unnütze Knechte oder Freunde? Wir können diesen Konflikt nur lösen, wenn wir berücksichtigen, dass die gesammelten Äußerungen Jesu kein Lehrbuch sind, in dem alle Aussagen aufeinander abgestimmt sind und Widersprüchlichkeit vermieden wird. Jesus hat immer in eine konkrete Situation hineinge-

---

[28] Alain de Botton, Freundlichkeit – eine vergessene Tugend, Süddeutsche Zeitung Edition, München 2018, S. 103.

sprochen. Die Bibelwissenschaftler sprechen vom „Sitz im Leben" und meinen damit: Man muss die Umstände und die konkreten Menschen im Blick haben, wenn man die Sinnspitze der Worte Jesu herausfinden will. Das Wort vom unnützen Knecht ist in eine Situation hineingesagt, wo sich die Jünger selbst überschätzen. Vorher kritisiert er sie, weil ihr Glaube nicht einmal so groß ist wie ein Senfkorn (vgl. Lk 17,6). Und davor steht das Wehe-Wort vom Ärgernis-geben und dem Mühlstein. So wie ein Trainer in der Mannschaftskabine harte Worte gebraucht, wenn in der Halbzeitpause die eigene Mannschaft mit 0:3 im Rückstand liegt, um noch mal einen Motivationsschub anzustoßen, so kann Jesus durchaus hart kritisieren, wenn er es für notwendig hält. Denken wir nur an die Kritik an den Pharisäern und Schriftgelehrten im 23. Kapitel des Matthäus-Evangeliums.

Die Situation im 15. Kapitel des Johannes-Evangeliums ist eine ganz andere. Jesus weiß um seinen baldigen gewaltsamen Tod. Die Exegeten haben zu Recht über die Kapitel 14 bis 17 die Überschrift „Abschiedsreden" gesetzt.

Jesus zieht also noch mal Bilanz über sein öffentliches Wirken und über sein Zusammenleben mit seinen Jüngern. Die Texte haben den Charakter eines geistlichen Testaments. Ja, es ist gleichsam eine Liebeserklärung Jesu an seine Jünger: Was von mir aus möglich war, um seelisch-geistige Nähe herzustellen, das habe ich getan! – Gleichzeitig spüren wir aus den Zeilen heraus, dass Jesus an der Begriffsstutzigkeit seiner Jünger leidet.

Erinnern wir uns nur an die Fußwaschungsszene: Da heißt es: *„Als er ihnen die Füße gewaschen, sein Gewand wieder angelegt und Platz genommen hatte, sagte er zu ihnen: Begreift ihr, was ich an euch getan habe? Ihr sagt zu mir Meister und Herr und ihr nennt mich mit Recht so; denn ich bin es. Wenn nun ich, der Herr und Meister, euch die Füße gewaschen habe, dann müsst auch ihr einander die Füße waschen. Ich habe euch ein Beispiel gegeben, damit auch ihr so handelt, wie ich an euch gehandelt habe"* (Joh

13,12-15).

Oder das Gespräch mit Philippus: *„Jesus sagte zu ihm: Schon so lange bin ich bei euch und du hast mich nicht erkannt, Philippus? Wer mich gesehen hat, hat den Vater gesehen. Wie kannst du sagen: Zeig uns den Vater? Glaubst du nicht, dass ich im Vater bin und dass der Vater in mir ist? Die Worte, die ich zu euch sage, habe ich nicht aus mir selbst. Der Vater, der in mir bleibt, vollbringt seine Werke. Glaubt mir doch, dass ich im Vater bin und dass der Vater in mir ist; wenn nicht, dann glaubt aufgrund eben dieser Werke!"* (Joh 14,9-11).

Man gewinnt den Eindruck, dass trotz der drei Jahre Lebensgemeinschaft und Lehrgemeinschaft mit Jesus manchen Jüngern einfach der Verständnishorizont fehlt, um die Selbstaussagen Jesu einsortieren zu können.

Solche dramatische Verkennung – also das Gegenteil von Vertrautheit – ist auch das Thema in vielen Romanen und Theaterstücken. Ein Beispiel für viele: Der Nobelpreisträger für Literatur von 1948, Thomas Stearn Eliot, schrieb das Theaterstück „Die Cocktail-Party", das 1949 seine Uraufführung erlebte. Gustaf Gründgens inszenierte das Stück 1950 in Düsseldorf.

Eliot lässt einen Mann, der von seiner Frau geistig misshandelt worden ist, klagen: „O Gott, was habe ich getan? Muss ich am Ende doch das werden, wozu die Frau mich machen will? Mich reizt die Sicherheit, mit der du überzeugt bist, dass du mich besser verstehst als ich mich selber. Und immer schon hat mich an dir die Gelassenheit gereizt, mit der du annimmst, es wäre nicht der Mühe wert, mich zu verstehen."[29]

„Was ist die Hölle? Die Hölle ist man selbst, allein. Die anderen Gestalten sind darin nur Projektionen. Da ist nichts, wovor und nichts, wohin man fliehen könnte. Man ist immer allein."[30]

---

[29] Thomas Stearns Eliot, Die Cocktail-Party, Suhrkamp-Verlag, S. 86 und 90.

[30] Ebd.

„Sie, meine Frau hat mich zu dem gemacht, was ich bin ..., durch die Rolle, die sie mir immer aufgenötigt hat. ... Ohne sie war da schließlich nur noch die Leere. Als ich dachte, sie hätte mich verlassen, löste ich mich auf; ich hörte auf zu existieren. Dahin hat sie mich gebracht: Ich kann nicht mit ihr leben, das ist jetzt unerträglich; ich kann nicht ohne sie leben, weil sie mich unfähig gemacht hat, irgendeine eigene Existenz zu haben. ... Sie machte die Welt zu einem Ort, an dem ich nicht leben kann, es sei denn, unter ihren Bedingungen. ... Ich muss allein sein; aber nicht in derselben Welt.“[31]

„Was geschah, hat mir bewusst gemacht, dass ich immer allein gewesen bin, dass man überhaupt immer allein ist. Nicht einfach das Ende einer Beziehung; nicht einmal die simple Entdeckung, dass sie nie bestand, sondern eine Offenbarung über meine Beziehung zu allen Menschen. ... Es scheint nicht mehr der Mühe wert, überhaupt noch mit jemand zu sprechen.“[32]

„O, ich glaubte, ich hätte dem anderen so viel zu geben, und er mir! Und das Geben und das Nehmen schien so richtig: Da war nichts von Berechnung. ... Und dann entdeckte ich, dass wir nur Fremde waren und dass es weder Geben noch Nehmen gewesen war, sondern dass wir nur voneinander Gebrauch gemacht hatten, jeder zu seinem Zweck. Das ist schrecklich. Können wir nur lieben, was in unserer eigenen Phantasie lebendig ist? Können wir alle tatsächlich nicht lieben und nicht geliebt werden? Dann ist man allein! Und wenn man allein ist, dann sind Liebende und Geliebte gleich unwirklich, und der Träumer ist nicht wirklicher als sein Traum.“[33]

Und die Frau, die hier gemeint ist, kommt später, leider zu spät, zur Einsicht: „Ich habe diesen Menschen nie gekannt. Das, womit ich lebte, war ein Wunschbild von ihm, das ich mir für meine In-

---

[31] A.a.O., S. 101
[32] A.a.O. S. 119
[33] A.a.O., S. 124.

teressen selbst gemacht hatte, eine Projektion von etwas, was ich mir wünschte: Und das wurde dem anderen nicht gerecht."[34]

Das waren jetzt einige Monolog-Abschnitte aus diesem Theaterstück. Dass dieses Theaterstück sowohl im englischsprachigen wie im deutschsprachigen Raum damals so große Erfolge feierte, lässt sich nur damit erklären, dass viele der Zuschauer sich der Problematik bewusst waren.

Pater Kentenich, der 1954 in seiner Abhandlung „Maria – Mutter und Erzieherin" auf dieses populäre Theaterstück zurückgreift und es ausführlich zitiert, fasst die Problematik so zusammen: Die Tragik der Ich- und Du-Verkennung.

Heutzutage thematisiert das die Paartherapeutin Stefanie Stahl z.B in ihrem Buch „Vom Jein zum Ja!: Bindungsängste überwinden und endlich bereit sein für eine tragfähige Partnerschaft", das 2020 erschienen ist.

Der große jüdische Religionsphilosoph Martin Buber litt als Kind sehr darunter, dass seine Eltern sich scheiden ließen, als er drei Jahre alt war. Er wuchs deshalb bei seinen Großeltern auf. Als Jugendlicher traf er sich noch einmal mit seiner Mutter. Doch die Begegnung verlief für ihn so enttäuschend, dass er das ungewöhnliche Wort „Vergegnung", das es nicht in den Duden geschafft hat, entwickelte. Im Nachhinein können wir aber feststellen, dass er, der so unter dieser Mutterwunde litt, dann später sehr sensibel wurde für wirkliche Begegnungen. Seine ganze Philosophie kreist um dieses Thema und wird zu Recht als personalistische Philosophie charakterisiert.

Dass die Fähigkeit zu echter Begegnung und damit zu Vertrautheit möglich ist, trotz schwierigster Kindheit, das hat Tim Guénard beschrieben. Heute betreibt er mit seiner Frau in der Nähe von Lourdes einen Bauernhof, auf dem entlassene jugendliche Straftä-

[34] A.a.O., S. 10. Alle vorausgegangenen Eliot-Zitate sind entnommen: J. Kentenich, Maria – Mutter und Erzieherin, Vallendar-Schönstatt [3]1986, dort auf den Seiten 413-415.

ter resozialisiert werden.

Er hat in seiner Autobiographie „Boxerkind" sehr präzise zum Ausdruck gebracht, worin eine wichtige Etappe seines seelischen Heilungsprozesses bestand. Sein Vater war ein gewalttätiger Alkoholiker; seine Mutter war seelisch krank und hat ihn mit drei Jahren eines Abends einfach an einen Strommasten gebunden und ausgesetzt. Nach Krankenhausaufenthalten und Jahren in Kinderheimen und Jugendgefängnissen lernt er über einen Arbeitskollegen die Einrichtung „Die Arche" kennen und den betreuenden Priester. Über ihn schreibt er:

„Gerne sehe ich dem Vater zu, wenn er mit geschlossenen Augen betet. Ich nenne ihn Vater, weil er es ist. Aus dem Kumpel ist ein Freund geworden. Und diesen Freund habe ich mir zum Vater auserkoren. Ich hatte einen gewalttätigen Vater, und Gott gibt mir in diesem Pfarrer einen Vater der Barmherzigkeit, der mich ganz zu sich nimmt. Er krempelt mein Bild von einem Vater völlig um. Ich beginne, mir die Idee eines Gottvaters vorstellen zu können, ohne die Lust zu verspüren, gleich loszuboxen. ... Ich werde zum unersättlichen Konsumenten der Barmherzigkeit. Zum Hungernden nach Vergebung. Das Häuschen von Pater Thomas ist meine Tankstelle der Liebe, ich tanke voll, so oft wie möglich."[35]

Runden wir unsere Meditation ab zu dem Thema „vertraut sein mit Gott": Gott ist sich zwar selbst genug, aber Er wollte es nicht sein. In liebender Ekstase hat er den Menschen erschaffen, weil er in der Gemeinschaft der drei göttlichen Personen erlebt, wie beglückend die Liebe ist. Es genügte ihm nicht, Galaxien und Sonnen und Planeten zu schaffen. Er wollte Wesen schaffen, die ihm ähnlich sind, die also zur Liebe fähig sind. Und damit das möglich wird, hat er diesen Wesen die Freiheit des Willens geschenkt, denn das ist die Voraussetzung zur Liebesfähigkeit. Er hat uns Menschen aber

---

[35] Tim Guénard, Boxerkind. Überleben in einer Welt ohne Liebe, Kisslegg [2]2014, S. 168f.

nicht nur erschaffen, er hat sich uns auch offenbart. Gott wollte also von sich aus Vertrautheit, das heißt seelische Nähe, herstellen. Aus diesem Motiv heraus ist die zweite göttliche Person Mensch geworden. In seinen Abschiedsreden bringt Jesus das noch einmal in aller Klarheit zum Ausdruck:

„Ich nenne euch nicht mehr Knechte; denn der Knecht weiß nicht, was sein Herr tut. Vielmehr habe ich euch Freunde genannt; denn ich habe euch alles mitgeteilt, was ich von meinem Vater gehört habe."

45. Joh 15,16: Was bleibt von uns?

„Nicht ihr habt mich erwählt, sondern ich habe euch erwählt und dazu bestimmt, dass ihr euch aufmacht und Frucht bringt und dass eure Frucht bleibt."

2011 fand in Koblenz die Bundesgartenschau statt. Oben, auf dem Plateau der Festung Ehrenbreitstein gab es auch eine Fläche mit dem Titel „Des Menschen letzter Garten". Ein Friedhof war angedeutet und außergewöhnliche Grabsteine, Gesellen- und Meisterstücke von Steinmetzen, waren dort aufgestellt. Da gab es eine symbolisierte Harfe aus Messing, deren eine Saite gerissen war. Die Harfe war in den Hohlraum einer Steinplatte eingearbeitet. Da gab es für eine Skiläuferin das Motto „Spuren hinterlassen". In die Marmorplatte war eine Skispur eingraviert und ein Paar Skispitzen aus Bronze ragten über den Stein hinaus. – Im Christentum, Judentum und im Islam gibt es eine ausgesprochene Grabkultur. Im Hinduismus dagegen werden die Leichen verbrannt und die Asche in einen Fluss gestreut.

Tiziano Terzani, der nach seinem Sinologie-Studium beim Magazin „Spiegel" als Asienkorrespondent jahrzehntelang gearbeitet hatte, zog sich nach seiner Pensionierung nach Tibet zurück zum

Meditieren. Später kehrte er doch nach Italien zurück. Als krebskranker Todeskandidat erzählte er seinem Sohn über diese Entscheidung: „Bei meinem Ablösungsprozess, zu dem auch der allmähliche Verzicht auf alle Wünsche gehört, habe ich nach gründlichem Nachdenken aber ganz bewusst beschlossen, auf den letzten Wunsch, nämlich den, mit meiner Familie zusammenzubleiben, nicht zu verzichten. Ich fände es unfair, einfach zu verschwinden, um meinen Bauchnabel zu betrachten. Daher habe ich den Entschluss gefasst, dieses letzte Band zur menschlichen Gesellschaft, und zwar nicht nur zu euch, sondern vor allem zu Mama, nicht zu durchtrennen. Ich habe diesen Schritt nicht tun wollen und ich werde ihn nicht tun, denn es ist wunderbar, ihre herrliche, lächelnde Gegenwart bis zum Schluss zu genießen. Das war meine Entscheidung. Die mir übrigens die Verachtung meines Alten eingebracht hat, denn der meinte, dieser Verlockung nachzugeben, sei ein Ausdruck von Schwäche. Natürlich weiß ich, dass jeder das allerletzte Stück auf diesem Weg vollkommen allein zurücklegen muss. Diese Erfahrung kannst du nicht an der Hand eines anderen machen. Doch bis zum Gate, wenn du so willst, wenn das Bewusstsein sich ausdehnt, möchte ich an der Hand deiner Mutter gehen."[36]

Für Tiziano Terzani war also nicht das völlige Aufgehen im All oder im Nichts ein erstrebenswertes Reifungsziel, sondern die Verbundenheit mit der Familie ist für ihn eine bleibende Kostbarkeit.

Paulus betont in seinem Hohenlied der Liebe in 1 Kor 13, dass dann, wenn wir bei Gott ankommen, Glaube und Hoffnung überflüssig werden, aber die Liebe bleibt. Alles, was wir aus Liebe tun, hat Ewigkeitswert, weil der ewige Gott selber die Liebe ist.

Sehr kreativ interpretiert James Bryan Smith in seinem phantastischen Roman „Der Traum" die Stelle aus dem Johannes-Evangelium 14,2f: *„Im Haus meines Vaters gibt es viele Wohnun-*

[36]Tiziano Terzani, Das Ende ist mein Anfang, Goldmann-TB, München 2008, S. 391.

gen. Wenn es nicht so wäre, hätte ich euch dann gesagt: Ich gehe, um einen Platz für euch vorzubereiten? Wenn ich gegangen bin und einen Platz für euch vorbereitet habe, komme ich wieder und werde euch zu mir holen, damit auch ihr dort seid, wo ich bin." Ausgehend von diesen Versen konstruiert Smith, dass Jesus den Ich-Erzähler des Romans, Tim Hudson, im Himmel in ein Museum einlädt, das Jesus nur für ihn gebaut hat. An den Wänden sind lauter kleine Bilder. Wenn man sie antippt, dann läuft ein Kurzvideo, in dem der Ich-Erzähler irgendwann in seinem Leben etwas Gutes getan hat. Daneben gibt es ein Video, das zeigt, welche positiven Folgen für den Geholfenen sich aus der Hilfe ergeben haben. Der Ich-Erzähler ist überrascht, dass Jesus alles von ihm und für ihn dokumentiert hat. – Klar, das ist erzählerische Phantasie, aber durchaus eine stimmige Ausschmückung des Jesus-Wortes von dem bereiteten Platz für jeden.

Die Sehnsucht, dass von uns etwas bleibt, ist urmenschlich. Wenn sich das Versinken ins Nichts abzeichnet, dann tut das weh. Auch hier wieder ein Beispiel: Der junge Arzt Werner Forssmann wagte als erster, einen Katheter durch die Vene ins Herz zu schieben. Er ließ es durch eine Röntgenaufnahme dokumentieren. Am 5. November 1929 erschien sein Bericht darüber in der Klinischen Wochenschrift. Als später ein Boulevardblatt daraus einen reißerischen Artikel machte, schnauzte Prof. Ferdinand Sauerbruch von der Charité in Berlin seinen Assistenzarzt an: „Mit derartigen Methoden habilitiert man sich im Zirkus, nicht an einer anständigen Klinik."[37] Damit war die Karriere beendet. In den USA wurden Ärzte auf seinen Selbstversuch aufmerksam und forschten weiter, aber in Deutschland ignorierte man die Pioniertat Forssmanns. Erst am 18. Oktober 1956 erhielt der Kassenarzt Forssmann ein Telegramm aus Stockholm, dass ihm der Nobelpreis für Medizin verliehen wird.

[37] Dieter Schneider und Andreas Schneider, Medizin und die Kunst des Heilens im Spiegel der Kulturgeschichte, Cordier Vlg., Heiligenstadt 2018, S. 661.

Erst danach bekommt er eine Honorarprofessur an der Universität Mainz. Die angestrebte akademische Laufbahn war ihm verwehrt worden.[38]

Ein noch krasseres Beispiel für Ignoranz finden wir in der Ordensgeschichte. Es geht um Mary Ward. Sie lebte zur Zeit der Katholikenverfolgung in England (* 1585, † 1645). Sie spürt ihre Berufung zum Ordensleben. Da das in England nicht möglich ist, tritt sie in Flandern in ein Klarissenkloster ein. Nach kurzer Zeit spürt sie aber, dass das nicht ihr Weg ist. Sie ging nach England zurück und vermittelte unter Lebensgefahr illegale Kontakte zwischen Katholiken und Priestern ihres Glaubens. Dafür wurde sie einmal zum Tode verurteilt, kam aber wieder frei.

Eine Gruppe von Mädchen schloss sich Maria Ward an. Gemeinsam gingen sie wieder nach Flandern und nahmen katholische englische Mädchen als ihre Schülerinnen mit. Das „Institut der Englischen Fräulein“ sollte dem Jesuiten-Orden entsprechen und die Regeln des heiligen Ignatius von Loyola übernehmen. Die neue Form des Ordens – Frauen ohne Klausur im apostolischen Dienst – erregte auch unter Katholiken Ärgernis, da seine Mitglieder sich in ihrem Institut wie Ordensschwestern verhielten, sich aber gleichzeitig frei in der Stadt bewegten.

Um ihre Ordensregeln bestätigen zu lassen, ging Maria Ward nach Rom, wo die Schwestern ebenfalls Mädchen unterrichteten. Weil sie aber im Interesse der Seelsorge die Klausur verweigerten, mussten sie Rom verlassen und zogen zur Zeit des Dreißigjährigen Kriegs nach Deutschland. 1631 löste Papst Urban VIII. das Institut auf; Maria Ward selbst wurde als Ketzerin neun Wochen inhaftiert. Das römische Inquisitionsgericht endete zwar mit ihrer Rechtfertigung, aber ihr Orden blieb aufgehoben. 1639 reiste sie ein letztes Mal in ihre englische Heimat, wo immer noch Katholiken verfolgt wurden. Sie starb 1645 in York.

---

[38] A.a.O., S. 662f.

Die Anerkennung des Ordens der Englischen Fräulein durch den Papst erfolgte erst 1703, mehr als 50 Jahre nach dem Tod seiner Gründerin. 1877 erhielt das Institutum Beatae Mariae Virginis (IBMV) die päpstliche Anerkennung, 1909 erteilte Papst Pius X. die Erlaubnis, Maria Ward als Stifterin des Institutes zu bezeichnen. Erst 1978 übernahm es die Konstitutionen des Ignatius von Loyola, angepasst an die Bedürfnisse eines Frauenordens. Dafür hatte Maria Ward zeitlebens gekämpft.

Mit der Kurzbiographie der Mary Ward sind wir mitten drin in dem Thema: Was bleibt von uns? *„Nicht ihr habt mich erwählt, sondern ich habe euch erwählt und dazu bestimmt, dass ihr euch aufmacht und Frucht bringt und dass eure Frucht bleibt."*

Zur Frucht, die bleibt, können wir sicher alle Ordensgründer und Ordensgründerinnen zählen. Ob wir je den Namen Benedikt von Nursia gelernt hätten, wenn er nicht die Benediktiner gegründet hätte? Und dass vor 800 Jahren ein Francesco Bernardone in Assisi gelebt hatte, würden wir nicht wissen, wenn er nicht die Franziskaner gegründet hätte.

Junge Menschen lassen sich von dem Charisma eines Ordensgründers oder einer Ordensgründerin inspirieren und spüren, dass diese Art der Christusnachfolge auch für sie passen würde.

Nicht immer geschieht das so plötzlich wie bei Edith Stein und ihrer geistigen Begegnung mit Theresa von Avila. Tauchen wir ein in diesen Vorgang:

Es war im August 1921. Edith Stein weilt zu Gast bei ihrer Freundin Hedwig Conrad-Martius und deren Gatten in Bad Bergzabern in der Pfalz. Das Ehepaar hatte auswärts zu tun. Vor der Abreise führte Frau Conrad-Martius ihre Freundin Edith zum Bücherschrank und forderte sie auf, nach Belieben zu wählen. Edith Stein erzählt selbst: „Ich griff hinein aufs Geratewohl und holte ein umfangreiches Buch hervor. Es trug den Titel: 'Leben der heiligen Teresa von Avila', von ihr selbst geschrieben. Ich begann zu lesen, war sofort gefangen und hörte nicht mehr auf bis zum Ende. Als ich das Buch schloss, sagte ich mir 'das ist die Wahrheit'." Die ganze Nacht hindurch hatte sie gelesen bis zum Aufgang der Sonne.

Was war geschehen? All die Jahre hatte sie die Wahrheit gesucht. In dieser Nacht hat sie die Wahrheit gefunden. Aber es war nicht das, was die Philosophen, zu denen sie gehörte, Wahrheit nannten, sondern eine ganz andere Wahrheit, die Wahrheit in Person, das liebende Du Gottes, das Teresa von Avila erfahren durfte und in ihrer Lebensbeschreibung bezeugt. Als Edith Stein am Morgen das Buch schloss und sagte: Das ist die Wahrheit, war gerade die Sonne am Aufgehen. In ihrem Inneren aber war das Licht der Gnade und der Liebe Gottes aufgegangen. Edith Stein hat die Wahrheit gesucht und Gott gefunden.

Wie ging es nun weiter? Noch am gleichen Morgen kaufte sie sich zwei Bücher: einen katholischen Katechismus und ein Schott-Messbuch. Sie studierte beide Bücher. Als sie sich deren Inhalt angeeignet hatte, ging sie in die Pfarrkirche in Bad Bergzabern und wohnte zum ersten Mal der hl. Messe bei. Sie berichtet: „Nichts blieb mir fremd, dank der vorhergehenden Studien verstand ich auch die kleinste Zeremonie. Ein ehrwürdiger Priestergreis trat zum Altar und feierte das heilige Opfer mit inniger Würde. Nach der heiligen Messe wartete ich, bis der Priester seine Danksagung vollendet hatte. Ich folgte ihm ins Pfarrhaus und bat ihn kurzerhand um die heilige Taufe. Mit verwundertem Blick antwortete er, dass der Aufnahme in die heilige Kirche eine Vorbereitung vorangehen müsse. 'Wie lange haben Sie schon Unterricht und wer erteilt denselben?' Als Antwort konnte ich nur erwidern: 'Bitte, Hochwürden, prüfen Sie mich.'"

Zwischen Pfarrer Breitling und Edith Stein entspann sich ein Gespräch, bei dem sie keine Antwort schuldig blieb. Die Taufe wurde für den Neujahrstag 1922 festgelegt. Edith Stein durchwachte die Nacht im Gebet. Am Morgen des 1. Januar 1922 trat sie, von ihrer Freundin Hedwig Conrad-Martius geleitet, an den Taufbrunnen der Pfarrkirche St. Martin in Bad Bergzabern und empfing das

Sakrament der Taufe.

1934 sagte sie: „Seit fast 12 Jahren war der Karmel mein Ziel.“ Seit ihrer Gnadenstunde in Bergzabern, da ihr das Leben der hl. Teresa in die Hände gefallen war und ihr langes Suchen nach dem wahren Glauben die Erfüllung gefunden hatte. Am 30. April, es war der Sonntag vom Guten Hirten, wurde in der Ludgerikirche in Münster das Patronatsfest mit einem 13-stündigen Gebet gefeiert. „Am späten Nachmittag ging ich dorthin und sagte mir: ich gehe nicht wieder fort, ehe ich Klarheit habe, ob ich jetzt in den Karmel gehen darf. Als der Schlusssegen gegeben war, hatte ich das Jawort des Guten Hirten.“ Dies erinnert an Jakobs Kampf mit dem Engel: „Ich lasse dich nicht los, wenn du mich nicht segnest“ (Gen 32,27). Im Mai fuhr sie wieder nach Köln. Eine Bekannte sprach für sie im Karmel bei einer ihr nahestehenden Schwester vor. „Während sie im Sprechzimmer war, kniete ich in der Kapelle dicht neben dem Altar der Kleinen hl. Teresa. Es kam über mich die Ruhe des Menschen, der an seinem Ziel angelangt ist.“ Als Eintritt in das Postulat wurde der 15. Oktober, das Fest der Großen Teresa von Avila, festgelegt.[39]

Wie die Frucht der Ordensgründer bleibt, hatte anlässlich des 100. Geburtstages von Pater Kentenich der damalige Papst Johannes Paul II. während einer Audienz für die Schönstatt-Bewegung 1985 in Rom erläutert. Er sagte:

„Die jahrhundertelange Erfahrung der Kirche lehrt uns, dass die innige geistige Verbundenheit mit der Person des Gründers und die Treue zu seiner Sendung – eine Treue, die je neu auf die Zeichen der Zeit achtet – Quelle kraftvollen Lebens für die eigene Gründung und für das ganze Gottesvolk sind. Deshalb rufe ich euch die Worte, die mein Vorgänger Paul VI. an die Gemeinschaften des gottgeweihten Lebens gerichtet hat, in Erinnerung: Bewahrt

---

[39] Edith Stein – Zur Wahrheit berufen – vom Kreuz gesegnet. Ein Lebensbild von Kard. Dr. Friedrich Wetter.

in Treue 'den Geist der Gründer und Gründerinnen, ihre am Evangelium ausgerichteten Zielsetzungen und das Beispiel ihrer Heiligkeit. ... Genau daraus erwächst jeder Ordensgemeinschaft ihre je eigene Dynamik.' Ihr seid berufen, an der Gnade, die euer Gründer erhalten hat, teilzuhaben und sie der ganzen Kirche anzubieten. Denn das Charisma der Gründer erweist sich als eine geistgewirkte Erfahrung, die den eigenen Schülern überliefert wurde, damit sie danach leben, sie hüten, vertiefen und ständig weiterentwickeln, und zwar in der Gemeinschaft und zum Wohl der Kirche, die ja selbst aus der immer neuen Treue zu ihrem göttlichen Gründer lebt und wächst."[40]

Neben den Ordensgründerinnen und -gründern ist aber auch der Brauch der Heiligenverehrung ein Weg, Christen in Erinnerung zu halten, die auf besondere Weise ernst gemacht haben mit der Christusnachfolge. Gerade in der jetzigen Phase der Kirchengeschichte, wo die Verbrechen im Raum der Kirche so schmerzlich aus dem Verborgenen zu Recht ins Licht geholt werden, täte es gut, die Aufmerksamkeit auch auf die Heiligen zu lenken, damit ein Gesamtbild der Kirche wieder in den Blick kommt und sich nicht der Eindruck festsetzt, die Kirche sei ein skandalgeschüttelter Sauhaufen. Nein, ich muss mich nicht nur fremdschämen für Verbrecher in der Kirche, ich kann auch stolz sein auf diese Kirche, weil sie Menschen befähigt und motiviert hat, über sich hinaus zu wachsen und zum Segen für viele zu werden.

Die Erinnerung an mutige Christen lebendig zu halten aber auch auf lebende Christen hinzuweisen, die unter schwierigsten Bedingungen ihr Christsein leben, das hat sich die Organisation „Open doors" zur Aufgabe gemacht. Ob in kommunistischen Dikaturen oder in islamisch geprägten Ländern, in denen Religionsfreiheit ein Fremdwort ist, ob von hinduistischen Fundamentalisten bedroht

---

[40] Papst Johannes Paul II. am 20.September 1985, hier zit.n. Gertrud Pollak und Joaquin Alliende-Luco, Welch ein September, Patris-Vlg., Vallendar 1986, S. 208.

oder von Drogenkartellen erpresst – es gibt heutzutage viele Christen, die unwahrscheinlichen Mut aufbringen müssen, um christliche Werte nicht nur theoretisch zu vertreten sondern auch praktisch zu leben. Dass deren Schicksal nicht im Vergessen versinkt, sondern dass ihre Frucht bleibt – schon hier auf Erden unter uns Menschen und nicht nur in Gottes ewiger Liebe, – das sind wir ihnen schuldig.

Weiten wir unseren Blick über die Kirche hinaus, dann stellen wir fest, dass es viele Formen gibt, um die Leistungen von Wissenschaftlern, Philosophen, Musikern und Komponisten, Sportlern und Schauspielern, Schriftstellern und Dichtern zu würdigen und der Nachwelt zu erhalten. Die modernen Speichermedien und die vielen Archive von Zeitungen und Nachrichtensendern, die Bibliotheken der Klöster und Universitäten leisten großartige Arbeit, damit die Früchte menschlichen Tuns nicht in Vergessenheit geraten. Wir sind nicht mehr nur angewiesen auf Barden, die in überlieferten Balladen durch ihren Gesang uns in Kenntnis setzen über die Großtaten vergangener Generationen.

Zum Menschsein gehört die Ehrfurcht vor den Leistungen früherer Generationen. Deshalb gibt es auch die Liste des Weltkulturerbes, des materiellen und immateriellen.

Es gibt aber eine Mentalität, die diese Ehrfurcht nicht aufbringt. Pater Kentenich nannte Menschen dieser Mentalität in einer Studie von 1949 Geschichtsaktivisten. Er beschrieb sie so:

„Die Aktivisten sind geschichtslos. Ihre Ahnenreihe beginnt mit ihnen selbst. Sie kennen keinen Gott, der einen unabänderlichen Weltenplan entworfen und mit souveräner Sicherheit die Zügel des Weltgeschehens in der Hand hält und siegesgewiss einem eindeutigen Ziele zustrebt. Sie sehen in der Weltgeschichte kein Ineinander, keine organische Entfaltung einer großen einheitlichen Gottesidee, sondern nur ein mechanisches Nacheinander ohne inneren Zusammenhang. Deshalb ist für sie die Geschichte nicht – wie für Cicero – Lehrmeisterin des Lebens und beredtes Zeugnis für erprobte Weisheit der Alten, auch nicht eine nie versiegende bewährte Triebkraft zu hochgemutem Streben und bezwingender Tat wie für Nietzsche, der erklärt: 'Wir brauchen die Historie zum Leben und zur Tat, nicht zur bequemen Abkehr vom Leben und der Tat oder gar zur Beschönigung des selbstsüchtigen Lebens und der feigen, schlechten Tat.'[41] Noch viel weniger lesen sie darin wie in einem überaus inhalts- und lehrreichen Lese- und Lebensbuch Gottes. Deshalb befragen sie bei ihren Zukunftsplänen nicht das Gestern und Vorgestern, wie der ungarische Politiker Ladislaus Szalay es nach dem großen Zusammenbruch seiner Nation 1849 tat, da er aus dem Studium der Geschichte seiner Nation herauslesen wollte, ob sie eine Zukunft hätte. Im Gegenteil: sie schneiden absichtlich alle Fäden dieser Art ab. Sie schnitzen sich willkürlich ein Zukunftsbild nach den Bedürfnissen ihres Herzens, nach den Traumbildern einer ungezügelten Phantasie und den Konstruktionen eines irregeleiteten Verstandes. Sie orientieren sich unentwegt am Echo ihrer eigenen sinnlosen und sinnwidrigen Träume, die sie hinausschreien in das Chaos der heutigen Zeit, um den Widerhall aufzufangen und als Beruhigungspille für sich und als Propagandamittel für die Massen zu benutzen. Sie wiederholen mit Goethes Prometheus: 'Hier sitze ich und forme Menschen nach meinem Bilde.' Sie arbeiten mit rücksichtsloser Grausamkeit und unerbittlichem Fanatismus an der Verwirklichung ihrer Zukunftsvision."[42]

Ausgehend von dem Wort aus dem Johannesevangelium – *„Nicht ihr habt mich erwählt, sondern ich habe euch erwählt und dazu bestimmt, dass ihr euch aufmacht und Frucht bringt und dass eure Frucht bleibt."* – haben wir uns gefragt, was bleibt von uns und was bleibt von dem, was wir im Laufe des Lebens getan und gesagt haben? Die Sehnsucht nach Unsterblichkeit ist uns ins Herz geschrieben. Dass es für diese Sehnsucht, die der Schöpfergott uns ins Herz gelegt hat, eine Entsprechung und eine Erfüllung in der

[41] F.W. Nietzsche, Vom Nutzen und Nachteil der Historie für das Leben.

[42] Josef Kentenich, Oktoberbrief 1949, Schönstatt-Vlg., Vallendar-Schönstatt 1970, S. 18.

Ewigkeit Gottes gibt, das verheißt uns Jesus in diesem Bibelvers.

Dass wir in Ehrfurcht vor den Leistungen der Menschen in der Vergangenheit dazu beitragen, dass sie nicht in Vergessenheit geraten, das ist die Aufgabe einer entsprechenden Erinnerungskultur, die jeder Generation neu aufgetragen ist.

46. Joh 15,18-25: Böse Welt?

„Wenn euch die Welt hasst, so wisst, dass sie mich vor euch gehasst hat. Wäret ihr von der Welt, so hätte die Welt das Ihre lieb. Weil ihr aber nicht von der Welt seid, sondern ich euch aus der Welt erwählt habe, darum hasst euch die Welt. Denkt an das Wort, das ich euch gesagt habe: Der Knecht ist nicht größer als sein Herr. Haben sie mich verfolgt, so werden sie auch euch verfolgen; haben sie mein Wort gehalten, so werden sie eures auch halten. Aber das alles werden sie euch tun um meines Namens willen; denn sie kennen den nicht, der mich gesandt hat. Wenn ich nicht gekommen wäre und hätte es ihnen nicht gesagt, so hätten sie keine Sünde; nun aber können sie nichts vorbringen, um ihre Sünde zu entschuldigen. Wer mich hasst, der hasst auch meinen Vater. Hätte ich nicht die Werke getan unter ihnen, die kein anderer getan hat, so hätten sie keine Sünde. Nun aber haben sie es gesehen, und doch hassen sie mich und meinen Vater. Aber es muss das Wort erfüllt werden, das in ihrem Gesetz geschrieben steht: Sie hassen mich ohne Grund."

Vergleich: implantierte Niere – Körper: Aus der Transplantationsmedizin wissen wir, dass ein Spenderorgan vom Empfängerorganismus auch abgestoßen werden kann. Das Immunsystem des Empfängers erkennt das körperfremde Gewebe. Nach der Transplantation eines Spenderorgans bildet der Empfängerorganismus Antikörper gegen das als fremd erkannte Gewebe und schädigt es. Aber auch, wenn die Merkmale der Zellen von Spender und Empfänger sehr gut übereinstimmen, wird dies niemals ausreichen, um für das Immunsystem unsichtbar zu sein. Dies bedeutet, dass das Immunsystem des Empfängers nach einer Transplantation trotzdem durch Medikamente gebremst werden muss. Diesen Vorgang nennt man Immunsuppression.

Das Reich Gottes in die Welt implantieren: Als Jesus sein öffentliches Wirken begann, Kranke heilte, Tote erweckte, Dämonen austrieb, Brot vermehrte, dafür sorgte, dass das Hochzeitsfest weitergehen konnte, da waren die Menschen begeistert und liefen ihm nach. – Aber nach der Brotrede von Kafarnaum wurde der Widerstand gegen ihn größer. Die religiösen und politischen Führer sahen in ihm eine Gefahr. In ihm nicht den langersehnten Messias zu erkennen und anzuerkennen, das war – menschlich gesprochen – die große Tragik, die schließlich zu seinem Tod am Kreuz führte.

Im Johannesevangelium werden die Widerstände gegen das beginnende Reich Gottes und die darin geltenden Regeln mit der „Welt" assoziiert. Schon im ersten Kapitel wird diese Tragik thematisiert. Da lesen wir: *„Er kam in sein Eigentum, aber die Seinen nahmen ihn nicht auf"* (Joh 1,11). Bildlich gesprochen: Die transplantierte Niere wird abgestoßen. Dieser Konflikt zieht sich durch die Jahrhunderte und durch jedes einzelne Christenherz. Ein spannendes, bisweilen dramatisches Thema!

Bedeutung von „Welt" im Neuen Testament: In vielen Stellen des Neuen Testaments, bedeutet „Welt" die von Gott abgefallene, sündige menschliche Gesellschaft, sowie die von der Sünde und dem Teufel beherrschte Gesellschaftsordnung, also alles, was das sündige Diesseits bietet. Gerade in 1 Joh 2,15.16 ist dieses letztere ganz besonders der Fall. Hier ist alles das gemeint, was in der Hand des großen Überlisters den Gläubigen zur Verführung dienen muss, darum diese ernste Warnung. In zahlreichen Stellen, wie Joh 3,16, 2 Kor 5,19, 1 Tim 1,15 u.a. begegnet uns dieser Dualismus zwischen Reich Gottes und böser Welt. Die gesamte Menschheit befindet sich in einem sündigen, gottfeindlichen Zustand. Aber sie ist nicht verloren, weil sie Gegenstand der suchenden und rettenden Gnade Gottes geworden ist.

Über 70-mal kommt das Wort „Welt“ im Johannesevangelium vor. Einige Male bringt es neutral den globalen Horizont Jesu und seinen globalen Anspruch zum Ausdruck wie z.B. in Joh 3,16: *„So sehr hat Gott die Welt geliebt ...“* Die „Welt“ ist auch der Ort der Gefährdung für die Jünger (vgl. Joh 15,18 oder Joh16,33). Das „in der Welt sein“ ein Grund für Trauer und Angst (vgl. Joh 16,20).

„Gesetze“ der Welt(un-)ordnung: Als Papst Franziskus acht Monate nach seiner Wahl die Enzyklika „Evangelii Gaudium“ veröffentlichte, da sahen Beobachter darin seine Regierungserklärung. Sehr deutlich übte er darin Kritik an dem vorherrschenden Wirtschaftssystem. So sei die ungleiche Verteilung des Reichtums die wichtigste Ursache aller sozialen Übel und von Gewalt. „Solange die Probleme der Armen nicht von der Wurzel her gelöst werden, indem man auf die absolute Autonomie der Märkte und der Finanzspekulation verzichtet und die strukturellen Ursachen der Ungleichverteilung der Einkünfte in Angriff nimmt, werden sich die Probleme der Welt nicht lösen“, schrieb der Papst. Sozialkritik hatten auch schon seine Vorgänger Benedikt XVI. und Johannes Paul II. geäußert. Aber Franziskus ist sehr viel deutlicher, direkter und schärfer. An anderer Stelle befindet er: „Diese Wirtschaft tötet.“ Alles drehe sich heute um Konkurrenzfähigkeit und das Gesetz des Stärkeren. „Der Mensch an sich wird wie ein Konsumgut betrachtet, das man gebrauchen und dann wegwerfen kann.“

Dass es einzelne Menschen gibt, die es zu Reichtum gebracht haben, aber nicht der Gier verfallen sind, kann uns hoffen lassen:

Chuck Feeny – der Anti-Trump: Der Amerikaner Chuck Feeney wurde früh Milliardär – und arbeitete zeitlebens daran, wieder arm zu werden. Jetzt, mit 89, verkündete er, es geschafft zu haben. Sein Konto sei nahe Null.

Jeder kennt die Duty-Free-Läden an den Flughäfen, aber kaum einer die Geschichte ihres Gründers, die viel spannender ist: Denn der Mann, der durch den Erfolg der Shops ein Milliardenvermögen anhäufte, arbeitete hart daran, den Reichtum heimlich wieder loszuwerden. „Einen wie ihn gibt es nur einmal auf dem Planeten", sagt sein Freund, der US-amerikanische Großinvestor Warren Buffett. Die meisten Menschen haben das Ziel, reich zu werden, oder zumindest so viel zu haben, dass es gut zum Leben reicht. Charles „Chuck" Feeneys Karriere verlief genau andersrum: Schwerreich wurde er fast mühelos – und dann verbrachte er vier Jahrzehnte damit, die acht Milliarden bestmöglich zu verschenken. Sein Ziel: „Ich strebe eine Null auf dem Konto an." Denn: „Es gibt immer jemanden, der Hilfe braucht. Die Leute gehen dir nie aus."

So verschenkte Feeney knapp vier Milliarden Dollar an Universitäten, unter anderem eine Milliarde an die Cornell Universität, an der er in seiner Jugend kostenlos studierte, nachdem er als Funker der US-Luftwaffe aus dem Koreanischen Krieg zurückgekehrt war. Er war der erste in seiner irisch-amerikanischen Familie, der überhaupt eine Universität besuchte und finanzierte sich das Studium, indem er Sandwiches schmierte und an seine Kommilitonen verkaufte. Den Rest seiner Milliarden gab er später an Menschenrechtsgruppen, setzte sich für Frieden in Nordirland und die Abschaffung der Todesstrafe in den USA ein und für eine allgemeine Krankenversicherung, die heute unter ihrem Spitznamen „Obamacare" bekannt ist.

Warum tut er das? „Reichtum bringt Verantwortung mit sich", hat Feeney oft gesagt. „Die Leute müssen sich über diese Verantwortung definieren und einen Teil ihres Wohlstands dafür nutzen, das Leben ihrer Mitmenschen zu verbessern, sonst schaffen sie unlösbare Probleme für künftige Generationen."

Doch so denken nicht alle reichen Menschen, und ausgerechnet jetzt sind Milliardäre weltweit wieder Krisengewinnler: Sie haben ihr Vermögen seit Beginn der Pandemie um etwa zehn Prozent oder fast 600 Milliarden Dollar vermehrt und besitzen nun gemeinsam mehr als 10,2 Billionen Dollar (oder 8,7 Billionen Euro). Auch deshalb ist es ein guter Zeitpunkt, mal eine andere Geschichte zu erzählen. Die eines Anti-Trumps, der seinen Reichtum nicht in goldene Wasserhähne investiert und seinen Namen nicht in klotzigen Großbuchstaben auf Gebäude klebt.

Feeney ist in ziemlich jeder Hinsicht der Gegenpol zu Donald Trump. Viele Reiche gründen Stiftungen, nicht nur, um Steuern zu sparen. Feeneys Geschichte aber ist einzigartig – auch, weil er einer der wenigen Philanthropen ist, die Milliarden geben, ohne Museumsflügel und Universitätsinstitute nach sich benennen zu lassen. 1988 wurde Feeney zu den dreißig reichsten Menschen der Welt gezählt, dabei hatte er da schon 1982 stillschweigend eine Stiftung, „The Atlantic Philanthropies“, gegründet und ihr fast sein gesamtes Vermögen überschrieben, ohne darum ein großes Tamtam zu machen. Niemand, nicht einmal seine eigene Familie, wusste, wie reich er wirklich war. Alle Einkünfte aus den Duty Free Shoppers (DFS) flossen direkt in die Stiftung. In einem Interview sagte er, sich ans Publikum wendend: „Sucht euch ein globales Problem, das euch interessiert, investiert euer Geld und engagiert euch. Versucht es! Ihr werdet es mögen.“

Feeney, inzwischen 89, wurde durch Andrew Carnegies Philosphie beeinflusst, Millionäre müssten „Treuhänder für die Armen“ sein. Und er lebt, was er predigt: Er trägt eine Billiguhr für 15 Euro, fliegt Economy, und besaß nie ein Haus, nicht einmal ein Auto. Er wohnt mit seiner Frau Helga, seiner ehemaligen Sekretärin, zur Miete in einem bescheidenen Apartment in San Francisco. Seine fünf Kinder aus erster Ehe arbeiteten als Kellner und Putzfrauen, damit sie verstehen, was harte Arbeit bedeutet. „Seit ich vierzehn bin, hat er uns in den Hintern getreten und gesagt: Geh raus, steh auf eigenen Beinen“, sagt seine Tochter Caroleen Feeney. Denn, so sagt ihr Vater: „Ich wollte, dass meine Kinder den Unterschied kennen zwischen dem, was man sich selbst verdient, und dem, was man geschenkt bekommt.“ Chuck Feeney behielt schätzungsweise zwei bis drei Millionen Dollar für sich und seine Familie – mehr als die meisten Menschen in ihrem Leben jemals verdienen, aber eben nur ein Bruchteil des Milliardenvermögens, das er eigentlich hatte. „Er genoss die Partys, aber wenn man reist, sieht man, wie Menschen wirklich leiden“, sagt seine Tochter Caroleen, die nun eben keine Milliardenerbin ist, anerkennend. „Ich bin stolz auf ihn. Ich meine, wer macht sowas?“

Vielleicht liegt es an seiner irisch-katholischen Familie, allen voran seiner Mutter, die als Krankenschwester Nachtschichten für das Rote Kreuz in New Jersey schob. „1980 habe ich mich gefragt: Wohin führt das alles?“, sagt Chuck Feeney. „Die Welt ist voller Menschen, die nicht genug zu essen haben. Und ich habe mehr Geld, als ich ausgeben kann.“

Er wollte heimlich Gutes tun. Er drohte den Empfängern sogar damit, er würde den Geldfluss sofort stoppen, falls sie ihn als Spender outeten. Das führte zu absurden Situationen, etwa als er im irischen Limerick eine Weltklasse-Konzerthalle und Universität bauen ließ. „Es gab Gerüchte, ich finanziere den Bau mit Drogenhandel“, sagt der damalige Universitätspräsident, aber ich durfte ja nicht sagen, von wem das Geld wirklich war.“ Die Welt hätte womöglich nie erfahren, dass Feeney sein Vermögen mit vollen Händen verschenkte, wenn er nicht mit seinem ehemaligen Geschäftspartner Robert Miller, dem Co-Gründer der Duty Free Shoppers, vor Gericht gelandet wäre. Miller zählt heute mit seinen gut sechs Milliarden Dollar zu den 300 reichsten Menschen der Welt, besitzt Luxusapartments in Hongkong, New York und Paris. Kein Wunder, dass die beiden kein Wort miteinander gesprochen haben, seit Feeney 1996 seine Anteile an den Shops an das Luxuskonglomerat Louis Vuitton Moet Hennessy verkaufte. Erst durch die Akten des Gerichtsstreits mit Miller über den Verkauf wurde Feeneys Philanthropie 1997 überhaupt öffentlich. Das Magazin Forbes nannte ihn wegen seines geheimen Vorgehens den „James Bond der Philanthropie".[43]

Ein anderes Beispiel: Niklas Adalberth. Der Schwede Niklas Adalberth war 24, als er Klarna, ein elektronisches Raten-Bezahlsystem für online-Geschäfte, mit zwei Freunden, Siemiatkowski und Jacobsson, gründete. „Als ich mit Klarna anfing, hatte ich diesen Glauben, dass Geld mit Glück korreliert", sagte er. „In diesem Sinne war es von Anfang an sehr egoistisch." Im Jahr 2012 konnte das Trio nach einer Fundraising-Runde erstmals Anteile an Klarna verkaufen. Über Nacht hatte Adalberth 10 Millionen Dollar auf seinem Bankkonto. Er beschloss zu feiern, indem er auf dem Flug von Stockholm nach San Francisco zu einer Konferenz einen Zwischenstopp in Las Vegas einlegte. Er gönnte sich einen Flug in der Business-Class, eine Hotelsuite mit Blick auf den Strip, gutes Essen und einen Einkaufsbummel bei einem Designer.

„Aber als ich diesen Traum lebte, fing ich an, dieses ungute Gefühl zu bekommen: 'Hey, ich kann den Unterschied zwischen diesem Wein und dem einfachen Wein, den ich zu Hause habe, nicht wirklich schmecken'", sagte er. „Ich schlafe auch nicht besser in dieser Panorama-Suite – verglichen mit meinem Ikea-Bett zu Hause."

Er fügte hinzu: „Ich fing an, meine Einkaufstaschen anzuschauen, und sie schauten mich an, als ob sie eine Art Botschaft hätten. Und diese Botschaft war: ‚Du bist so erbärmlich. Wie kannst du glauben, dass all dieser Konsum oder dieses Zeug in irgendeiner Weise Glück oder Sinnhaftigkeit kaufen könnte?'"

Nach der Reise begann er eine Therapie und zog sich zurück. Er sagte, dass er angefangen hat, seine Prioritäten neu zu setzen. Das führte ihn zu seiner Entscheidung, Klarna 2015 zu verlassen. „Ich denke, Klarna macht viele tolle Dinge. Aber wir ermöglichen es den Menschen auch, Einkäufe in Raten zu bezahlen. Ist es wirklich

[43] https://sz-magazin.sueddeutsche.de/die-loesung-fuer-alles/chuck-feeney-philantrop-milliardaer-89314?utm_source=pocket-newtab-global-de-DE

das, was die Welt braucht? Dinge zu kaufen, die sie vielleicht nicht brauchen, zu einem bestimmten Zinssatz, den sie in der Zukunft abbezahlen werden?", sagte er.

„Ich habe so viel Glück im Leben und mehr Geld macht keinen Sinn. Und ich möchte wirklich in der Lage sein, mich selbst im Spiegel anzuschauen und zu sehen, dass ich netto etwas Positives geschaffen habe", fügte er hinzu.[44]

Impact-Start-ups: Nach den zwei Einzelbeispielen möchte ich auf einen Trend hinweisen, der mit dem Begriff Impact-Start-up umschrieben wird. Was sind Impact-Startups? Wörtlich übersetzt bedeutet Impact: Effekt, Wirkung aber auch bildlich gesprochen Einschlag oder Aufprall.

Die Impact Community versteht Impact als die positive Wirkung, die durch die Umsetzung einer Idee für den Menschen, die Gesellschaft und die Umwelt erzielt wird. Einfach gesagt: Ein Start-up mit Impact-Hintergrund versucht, ein gesellschaftliches oder ökologisches Problem erfolgreich zu lösen und damit etwas Gutes zu tun. Und das am besten nachhaltig. Es wird viel Wert daraufgelegt, die positive Wirkung nicht auf Kosten anderer oder der Umwelt zu generieren. Nachhaltige Arbeits- und Marketingmaterialen gehören daher neben dem schonenden Umgang mit Ressourcen im Arbeitsalltag und dem wertschätzenden Umgang mit dem Umfeld einfach dazu.

Im Gegensatz zu „normalen" Startups spielt daher der finanzielle Gewinn meist nur eine untergeordnete Rolle. Die Gewinne werden häufig wieder in das Start-up investiert, um die Wirkung zu erhöhen. Beispielsweise wird das Produkt oder die Dienstleistung verbessert, sodass es noch nachhaltiger ist oder das Angebot wird auf einen größeren Markt ausgedehnt, um mehr Personen zu erreichen.

[44] `https://www.businessinsider.de/wirtschaft/startups//klarna-gruender-stieg-vor-milliarden-runde-aus-und-/gruendete-non-profit-b/`

Aus diesem wirkungsorientierten Umgang mit Geld entstehen jedoch auch Herausforderungen für Impact Startups, die für gewinnorientierte Start-ups nicht gelten. So ist es für Impact Startups meist schwerer einen Kredit zu bekommen oder Investoren zu finden. Banken und Investoren bewerten Start-ups nach betriebswirtschaftlichen Kennzahlen, bei welchen der erwartete Gewinn einbezogen wird.[45]

Wirtschaft in Gemeinschaft – Focolare-Bewegung: Ein christlich motivierter Stil, Firmen umzugestalten oder nach einem christlichen Konzept überhaupt erst aufzubauen, wurde von der Fokolar-Bewegung entwickelt. Er nennt sich „Wirtschaft in Gemeinschaft“ (WiG). Dabei engagieren sich weltweit Unternehmen, um benachteiligte Menschen zu unterstützen.

Gewinne nutzen: Basis und Ausgangspunkt ist eine „Kultur des Gebens“, ein vom Evangelium inspirierter Lebensstil, der sich in den vergangenen Jahrzehnten in der Fokolar-Bewegung entwickelt hat. Die Unternehmen der „Wirtschaft in Gemeinschaft“ arbeiten gewinnorientiert.

Gewinne werden für drei Ziele eingesetzt: zur Linderung von Armut, zur nachhaltigen Weiterentwicklung des eigenen Betriebes, und zur Verbreitung und Vertiefung der „Kultur des Gebens“.

Gegensätze überwinden: Den Anstoß zur „Wirtschaft in Gemeinschaft“ gab Chiara Lubich 1991 bei einer Reise nach Brasilien. Sie suchte dort angesichts der großen Kluft zwischen Arm und Reich nach Wegen, um würdige Lebens- und Arbeitsbedingungen für möglichst viele Menschen zu schaffen.

„Hier könnten Betriebe entstehen, die einen Teil ihres Gewinns freiwillig der Gemeinschaft zur Verfügung stellen, mit dem gleichen Ziel wie die christliche Urgemeinde: Bedürftige zu unterstützen und Arbeitsplätze zu schaffen, damit es niemanden mehr gibt, der Not

---

[45] `https://www.ruhrgruender.de/was-impact-startups-von-anderen-gruendern-unterscheidet/`

leidet. Außerdem sollten die Gewinne dazu dienen, die Betriebe weiter zu entwickeln und Schulungszentren entstehen zu lassen, in denen sich Menschen neu orientieren können. Denn", so die Gründerin der Fokolar-Bewegung, „ohne neuorientierte Menschen wird es keine erneuerte Gesellschaft geben."

Netzwerke bilden: Im Laufe der Jahre haben sich in vielen Ländern Unternehmer-Netzwerke gebildet. Ihr Ziel ist es, einander zu stärken, sich über die praktische Umsetzung der Grundlinien der Wirtschaft in Gemeinschaft im Unternehmensalltag auszutauschen und die Prinzipien der „Kultur des Gebens" zu vertiefen.

„Die 'Wirtschaft in Gemeinschaft' ist weniger eine Analyse von Tatsachen als eine zukunftsweisende Botschaft. Chiara Lubichs Diskurs handelt im Wesentlichen von einem einzigen Prinzip, dem der tiefsten Nächstenliebe, und dem Versuch, sie in den verschiedenen Bereichen des heutigen Lebens umzusetzen", sagt Romano Prodi (Präsident der EU-Kommission 1999-2004)[46]

Bei den ersten Überlegungen zu dieser Meditation bin ich prompt in die Falle getappt, ein dramatisches, emotionales Klagelied über die Schlechtigkeit der Welt zu komponieren. Das wäre einfach gewesen; und Fakten dazu gibt es mehr als genug. Ein paar Nachrichtensendungen aneinander zu reihen hätte Stoff in Fülle geliefert. Aber wem hätte das genutzt?

Als unter Kaiser Konstantin 313 durch das so genannten Toleranzedikt das Christentum nicht mehr eine verbotene Religion war, und es nicht mehr gefährlich war ein Christ zu sein, und als im Jahr 391 der römischen Kaiser Theodosius das Christentum zur Staatsreligion erklärte, da zog es mutige und engagierte Christen in die Wüste, wo sie Einsiedlerkolonien aufbauten. Die Wüste galt

[46] https://www.fokolar-bewegung.de/initiativen/wirtschaft-gemeinschaft#:~:text=Wirtschaft%20in%20Gemeinschaft.%20Bei%20der%20%22%20Wirtschaft%20in,den%20vergangenen%20Jahrzehnten%20in%20der%20Fokolar-Bewegung%20entwickelt%20hat.

damals als Rückzugsort der Dämonen. Die Einsiedler wollten an vorderster Front der dämonisch besetzten Welt Gebiet abringen, damit das Reich Gottes wachsen kann. Aus den Einsiedlerkolonien wurden im Laufe der Jahrhunderte die Orden.

Wenn heutzutage Unternehmer wie die anfangs erwähnten einer Welt der Profitgier und der Menschenverachtung, wie sie drastisch in dem Film „The Wolf of Wallstreet" gezeigt wird, den Laufpass geben, dann kämpfen sie ähnlich den altkirchlichen Einsiedlern an vorderster Front, um Werten wie Nachhaltigkeit und Menschlichkeit prägende Kraft zu verleihen.

Ich bin in einem Schulsystem groß geworden, wo immer wieder der Klassenhass gepredigt worden ist. Gewaltlosigkeit galt als Schwäche. Das Symbol „Schwerter zu Pflugscharen" – die Zukunftsvision des Propheten Micha (vgl. Mi 4,1-4) und Jesaja (vgl. Jes 2,2-4) – wurde verboten. Für einen Christen war es damals nicht so einfach, zu den christlichen Werten zu stehen. Auch wenn der Kommunismus in Europa zusammengebrochen ist, es ist nicht leichter geworden, als Christ zu leben und sich zu profilieren.

47. Joh 16,13: Wenn Gott uns auf die Sprünge hilft

„Wenn aber jener kommt, der Geist der Wahrheit, wird er euch in die ganze Wahrheit führen.„ (ab 2016: *„in der ganzen Wahrheit leiten"*) *„Denn er wird nicht aus sich selbst heraus reden, sondern er wird reden, was er hört, und euch verkünden, was kommen wird."*

Während meiner Schulzeit habe ich oft Mitschülern Nachhilfe in Mathe gegeben. Mir fiel Mathe leicht, und ich konnte nicht nachvollziehen, warum andere etwas, was doch so offensichtlich war, nicht sehen bzw. nicht begreifen konnten. „Endlich ist der Groschen gerutscht!“ – Diese erleichterte Redewendung erinnert an Fahrkartenautomaten, deren Münzeinwurf Probleme machte. Übertragen aufs Begreifen: Endlich hat er es verstanden! Manchmal konnte ich mir die zynische Nebenbemerkung nicht verkneifen: „Endlich ist der Groschen gerutscht, wenn auch nur pfennigweise.“ In Zeiten des Euro und des Cent wird diese Redewendung irgendwann ganz verschwinden, aber nicht das damit beschriebene Problem. Jesus leidet unter der Begriffsstutzigkeit seiner Jünger und er macht es ihnen zum Vorwurf, z.B. in Mk 8,17: „Begreift und versteht ihr immer noch nicht? Ist denn euer Herz verstockt?“ Erst recht nach Ostern! Das leere Grab wissen sie nicht zu deuten. Jesus rechnet damit, tröstet sich selbst damit und verspricht seinen Jüngern etwas: Ich habe da jemanden, der euch Nachhilfeunterricht erteilen wird. Damit verspricht er auch uns, dass der Hl. Geist unsere Begriffsstutzigkeit beheben wird.

Eine pakistanische Muslima, die mit ihrer Familie in Österreich lebt, bekommt von einem Mitschüler eine Bibel zu Weihnachten geschenkt, die sie zu Hause versteckt, aber hervorholt, wenn die Geschwister schlafen. In ihrer Autobiographie schreibt sie: „Verzweifelt, voller Sehnsucht danach Antworten zu finden, öffnete ich das Buch mit dem Alten und Neuen Testament. 'Gott, wer bist du? Allah? Buddha? Jesus?', schluchzte ich 'Warum hilfst du mir nicht?' Irgendwo schlug ich eine Seite auf. Da las ich: 'Wenn ihr mich von ganzem Herzen suchen werdet, so will ich mich von euch finden lassen.' Ich stockte. Das konnte nicht sein. Ich hatte eine Antwort bekommen. Nie war mir das zuvor bei Allah passiert. Die Worte in der Bibel kamen mir wie ein Flüstern Gottes vor, eine Erwiderung auf meine Frage, wer er denn sei. Er forderte mich auf ihn zu suchen. Im Koran gab es kein Suchen nach Allah. Er war da und man hatte an ihn zu glauben. Mir gefiel das, was ich gerade erlebt hatte, wenn ich auch wieder Angst hatte, dass Allah mich strafen könnte, hatte ich doch in der Bibel gelesen und frevlerische

Gedanken gehabt. ... Verstand ich die Bibel richtig, konnte ich die Distanz zwischen mir und Gott nicht durch eigenes Bemühen oder gutes Verhalten überbrücken, wie es im Koran suggeriert wird. Ich konnte Gottes Liebe nicht verdienen, schon gar nicht durch Selbstmordattentate. Sie war ein Geschenk, für das ich nicht zu zahlen hatte, Jesus Christus hatte durch seinen Tod für mich bezahlt. ... Diese bedingungslose Liebe kannte ich weder von Allah noch von meiner Familie. Aber genau nach dieser Liebe sehnte ich mich. Jesus liebte nicht nur die Menschen, die ihn auch liebten, sondern ebenso die, die ihn gekreuzigt haben. Liebe war sein Wesen – und diese Botschaft bewog mich am Ende dazu zu konvertieren. Meine Eltern erfuhren davon, weil ich immer wieder von Gott sprach, was ich früher nie getan hatte. Und irgendwann kam mein Vater in mein Zimmer und fragt beunruhigt: 'Sag mal, wen meinst du mit Gott?' Ich erzählte ihm, dass es nicht Allah war, über den ich immer gesprochen hatte, sondern der christliche Gott. Wortlos verließ er das Zimmer. Danach wurde das Todesurteil über mich gefällt."[47]

Diese Konvertitin lebt inzwischen unter Polizeischutz in Deutschland mit dem Pseudonym Sabatina James. Der Preis für ihre Unabhängigkeit ist die Einsamkeit und die ständige Alarmbereitschaft. Sie hat sich dazu durchgerungen, diesen Preis zu zahlen. „Es ist besser in Freiheit zu sterben als in Unterwerfung zu leben."[48]

Wenn ich zurückblicke auf über 40 Jahre meines priesterlichen Wirkens, dann habe ich den Eindruck, dass Gott mir alle paar Jahre einen Konvertiten schickt, damit ich ihn in den christlichen bzw. katholischen Glauben einführe. Und da Konvertiten das Vorher und das Nachher gut vergleichen können sowie ihrer Entdeckerfreude und ihrem Staunen über die christliche Lehre Ausdruck verleihen können, springt deren Funke der Begeisterung wieder auf mich

[47] Sabatina James, Nur die Wahrheit macht uns frei. Mein Leben zwischen Islam und Christentum, Knaur TB, München 2017, S. 87-90.

[48] A.a.O., S. 290

über. Ich bin ja im katholischen Glauben groß geworden. Viele Glaubenswahrheiten sind für mich selbstverständlich und vertraut wie ein Paar alter Pantoffeln. D.h., durch die Konvertiten lerne ich neu das Staunen über meinen Glauben.

Wie trostlos ist es, wenn man nicht an ein Weiterleben nach dem Tod und an das Wiedersehen mit lieben Verstorbenen glauben kann!

Welche Kälte zieht ins Herz hinein, wenn die Erde nur ein kleines Staubkorn im unendlichen Weltall ist und es keinen Gott gibt, der einen erschaffen hat, der einen liebt und für den man wichtig ist!

Welche Last muss man mit sich herumschleppen, wenn es keine Vergebung gibt!

Wie mühsam ist es, an einem neuen Wohn- und Arbeitsort sich ein neues Netzwerk von Freunden und Bekannten aufzubauen, wenn man nicht an dem bestehenden Netzwerk einer Pfarrgemeinde einfach ankoppeln kann!

Wieviel verlegenes Tasten und Ausprobieren braucht es, wenn man an den Höhepunkten und den markanten Wendepunkten des Lebens oder an den Festen wie Weihnachten selber Rituale erfinden muss, um diesen Momenten Feierlichkeit und Bedeutungstiefe verleihen zu können, anstatt sich einzuklinken in die Gottesdienste der Kirche!

Erst wenn man sich den Unterschied bewusst gemacht hat, dann kann man diese Glaubenswahrheiten – oder sagen wir es anders: den Mehrwert des Glaubens – neu schätzen, darüber staunen und genießen!

Der Gründer des Jesuitenordens, der hl. Ignatius v. Loyola, schreibt in seiner Autobiographie, die er allerdings nicht in der Ich-Form, sondern in der Er-Form geschrieben hat, folgendes Erlebnis:

„Einmal ging er seiner Andacht entsprechend zu einer Kirche, die etwas mehr als eine Meile von Manresa lag, und der Weg führt am Fluss Cardoner entlang. Und während er so in seinen Andachten daherging, setzte er sich ein wenig, mit dem Gesicht zum Fluss, der in der Tiefe ging. Und als er so dasaß, begannen sich ihm die Augen des Verstandes zu öffnen. Und nicht, dass er irgendeine Vision gesehen hätte, sondern viele Dinge verstehend und erkennend, sowohl von geistlichen Dingen wie von Dingen des Glaubens und der Wissenschaft. Und dies mit einer so großen Erleuchtung, dass ihm alle Dinge neu erschienen. Und es lassen sich nicht die Einzelheiten erläutern, die er damals verstand, sondern er empfing eine große Klarheit im Verstand, so dass ihm im ganzen Ablauf seines Lebens bis über 62 Jahre hinaus scheint, wenn er zusammennehme, wie viele Hilfen er von Gott erhalten hat und wie viele Sachen er erkannt hat, selbst wenn er sie alle in eins zusammenbringe, habe er nicht so viel erlangt, wie mit jenem Mal allein. Und das war in so großem Maße, im Verstand erleuchtet zu bleiben, dass ihm schien, als er ein anderer Mensch und habe einen anderen Intellekt, als er zuvor hatte."[49]

Wir unterscheiden ja Informationswissen und Orientierungswissen. Was Ignatius hier beschreibt, können wir mit eigenen Worten als „neues Koordinatensystem" umschreiben, das Gott ihm geschenkt hat und das ihm später geholfen hat, in seinem Urteilsvermögen sehr viel Weisheit an den Tag zu legen. D.h. nicht, dass es auch für Ignatius später keine Unsicherheiten gegeben hätte. Die gab es. Denken wir nur an den Plan, ins Heilige Land zu fahren, aber in dem geplanten Jahr fuhr ausnahmsweise kein Schiff ins Heilige Land. Das Gelübde, von Venedig aus nach Jerusalem fahren zu wollen, legten die ersten Gefährten zusammen mit Ignatius am 15. August 1534 in Paris am Montmarte ab. Sollte das innerhalb eines Jahres, nachdem sie Venedig erreicht hatten (8.1.1537), nicht möglich sein, wollten sie sich dem Papst zur Verfügung stellen. Die Verwirklichung dieser Pilgerfahrt war immer unwahrscheinli-

[49]Ignasio Tellechea, Ignatius von Loyola. Allein und zu Fuß. Eine Biographie, Benzinger-Vlg., Düsseldorf ^{2}1995, S. 129f.

cher geworden, vor allem nachdem sich die Republik Venedig am 8. Februar 1538 zusammen mit dem Papst und dem Kaiser zu einer Liga gegen die Türken zusammengeschlossen hatte. Seit 38 Jahren war so etwas nicht vorgekommen.

Eine andere Vision hat eine unauslöschliche Spur im Herzen von Ignatius hinterlassen, die Vision von La Storta, ca. 16 km vor Rom im November 1537. Ignatius vernahm „Ich werde euch in Rom gnädig sein." Diese Zusage Gottes unmittelbar half ihm später in Rom, die vielen Schwierigkeiten zu überwinden, die man ihm und seinen Gefährten dort machte.

Denn eine Gemeinschaft, die kein gemeinsames Stundengebet pflegt, das schien unmöglich. Ebenso der Verzicht auf verpflichtende Bußübungen. Außerdem hatte sowohl das vierte Laterankonzil 1215 und das Konzil von Lyon 1274 sich gegen die Vermehrung der Orden ausgesprochen. Die Konzilsväter meinten, alle Lebensformen, die möglich seien, seien doch schon verwirklicht. Man konnte sich nichts Neues mehr vorstellen. Endlich, nach vielen Widerständen, am 27.9.1540 unterzeichnete der Papst die Gründungsbulle für die Gesellschaft Jesu.

Schauen wir auf eine andere Gründungsgeschichte, wo der Hl. Geist eine Frau so führte, dass sie etwas völlig Neues in die Ordenslandschaft der Kirche einbrachte. Es geht um die Gründerin der missionsärztlichen Schwestern, um Anna Dengel.

Vom Typ her kennzeichnete sie Pioniergeist aus. Aus Tirol stammend studierte sie als erste Frau in Irland Medizin und promovierte im Oktober 1919. 1920 traf sie in Rawalpindi in Indien ein und begann im St. Katharinen-Spital, das 1909 gegründet worden war und von den Franziskanermissionarinnen geleitet wurde, mit der Arbeit. Einerseits war sie glücklich, ihren Traum verwirklichen zu können. Andererseits entwickelte sich im Laufe der Jahre ihre kontemplative Seite, so dass sie sich zwischen beiden Lebensentwürfen hin und her gerissen fühlte. Nach Exerzitien entschloss sie sich schweren Herzens ihren Arztberuf aufzugeben und nach Italien in ein Kloster einzutreten. Vorher besuchte sie aber noch ihre Familie in Hall in Tirol und machte bei einem Jesuiten in Innsbruck Exerzitien. Pater Rochus Rimml war selber Tiroler und konnte wunderbar zuhören. Am Ende der vielen Gespräch empfahl ihr Pater Rimml, sie solle den Gedanken aufgeben, in ein Kloster einzutreten; sie solle eine eigene Gemeinschaft gründen, die sich ganz dem missionsärztlichen Apostolat widmete; trotz aller sich ergebenden Schwierigkeiten müsse sie immer in Verbindung mit der zuständigen kirchlichen Leitung bleiben.

Interessant war die Reaktion von Anna Dengel, die sie später schriftlich festgehalten hat: „Obschon ich nicht die geringste Ahnung hatte, wie, wann und wo ich das tun könnte, war ich für alles bereit. Eine schwere Last fiel mir durch diese Entscheidung vom Herzen, denn sie traf wie ein Schuss die Zielscheibe und war in voller Übereinstimmung mit meinen eigenen innersten Überzeugungen. Ich war bereit."[50]

Um die Problematik zu verstehen, von der Anna Dengel belastet war, müssen wir wissen, dass das 4. Laterankonzil 1215 unter Papst Innozenz III. ein Verbot erlassen hatte, wonach Priester und Ordensleute sich von ärztlichen Tätigkeiten, besonders im Bereich der Chirurgie fernzuhalten hatten. Damals war die Chirurgie zu sehr in die Nähe der Quacksalberei geraten und hatte keinen guten Ruf. Zwar gab es im 17. Und 18. Jh. Ausnahmen für Missionare, die an bestimmte Auflagen gebunden waren. Krankenpflege dagegen war immer erlaubt. Für Ordensschwestern war es bis in das 20. Jh. strikt verboten, Geburtshilfe zu leisten bzw. bei Entbindungen zu assistieren.[51] Aus diesem 700 Jahre alten Verbot erwuchs die Problematik, vor der Anna Dengel stand.

Die Frauenrechtlerin und Ärztin Agnes McLaren, die auch Anna Dengel zum Medizinstudium ermuntert hatte, pendelte zwischen

---

[50] Ingeborg Schödl, Anna Dengel. Ärztin, Missionarin, Ordensgründerin. Das Unmögliche wagen, Tyrolia-Vlg., Innsbruck 2014, S. 52.

[51] A.a.O., S. 26.

Indien und Europa und wurde immer wieder in den vatikanischen Behörden vorstellig, um dieses alte Verbot von 1215 zu kippen. In einer Privataudienz bei Pius X. wies sie auf die Problematik hin, dass sich muslimische und hinduistische Frauen nicht von männlichen Ärzten untersuchen lassen durften. Agnes McLaren starb am 17.4.1913. Über einige Umwege konnte dann Anna Dengel am 10. Juni 1925 in der Diözese Baltimore in den USA ihre Gemeinschaft der missionsärztlichen Schwestern gründen, noch nicht als Orden, aber als so genannte „Pia Unio", also fromme Gemeinschaft ohne Gelübde. Gegenüber dem Bischof von Philadelphia begründete sie in einem Brief dieses Konstrukt so:

„Unsere Konstitution wurde unter der Voraussetzung erstellt, dass Rom die ganze Ausübung des Arztberufes jenen Personen, die öffentliche Gelübde ablegen, nicht gestattet – aber doch in der Hoffnung, dass dies einmal gewährt wird. Das mag nach Jahren sein, wenn wir Gelegenheit haben werden, uns und den anderen zu beweisen, dass es möglich ist, uneingeschränkt medizinisch tätig zu sein und zugleich doch die Gelübde zu halten. ... Wir müssen frei sein, um jedes Fachgebiet des ärztlichen Berufes auszuüben, um den Menschen im Osten in jeder medizinischen Not zu helfen."[52]
Es sollte noch 11 Jahre zäher Lobbyarbeit in Rom bedürfen, bis endlich dieses Verbot von 1215 im Jahr 1936 aufgehoben wurde und die Pia Unio in einen Orden umgewandelt werden konnte.

Anna Dengel und ihre Gründung ist ein weiters Beispiel, wie der Hl. Geist Menschen führt und sie Pionierpfade gehen heißt. So wird Neues in der Kirche. Aus dem Unvorstellbaren wird das Machbare.

Die Gründungsgeschichte der Gemeinschaft, zu der ich gehöre, hatte ja ähnliche Schwierigkeiten in Rom zu überwinden. Für Pater Kentenich war die Freiheit des Einzelnen ein hohes Gut, hatte er doch selbst viele Jahre als Kind im Waisenhaus unter den vielen Verboten und Regeln gelitten. Als Strukturprinzip der verschiede-

[52] A.a.O., S. 62.

nen Schönstatt-Gemeinschaften hatte er formuliert: „Freiheit so viel wie möglich, Bindung so wenig wie nötig, aber Geistpflege so viel wie möglich." Deshalb gibt es in den Kerngemeinschaften der Schönstatt-Bewegung keine Gelübde, aber ein Kündigungsrecht. D.h., der Einzelne kann auch nach seinem ewigen Versprechen kündigen und die Generalleitung nimmt die Kündigung nach vierteljährlicher Kündigungsfrist zur Kenntnis. Bei uns als Priestern gilt natürlich, dass sich der Kandidat, der diesen Schritt wählt, dann einen Bischof suchen muss, in dessen Diözese er inkardiniert, also aufgenommen werden kann.

Die Überzeugung von Pater Kentenich war die: Wenn das Klima in einer Gemeinschaft stimmt, wenn also viel in die „Geistpflege" investiert wird, dann denkt niemand ans Austreten. Und wenn das Klima mal nicht mehr stimmen sollte, dann sollte die Gemeinschaft aufhören zu existieren. Die Jesuiten hatten ja in den Jahren nach dem Konzil die traurige Erfahrung machen müssen, dass trotz Gelübden ca. 8000 Mitglieder die Gemeinschaft verlassen hatten. Weltweit haben 69000 Priester (sowohl Ordens- wie Weltpriester) in den letzten 40 Jahren geheiratet.

Der Ansatz von Pater Kentenich, viel Zeit und Ressourcen in die Geistpflege zu investieren und viel Freiheit zu lassen, hat sich bewährt. Unsere Satzungen wurden viele Jahre nur auf Probe von Rom akzeptiert. Und die endgültige Approbation, also die Anerkennung unserer Satzungen beinhaltet eine dauerhafte Ausnahmeregelung vom geltenden allgemeinen Kirchenrecht.

Kommen wir nach den historischen Illustrationen, wie der Hl. Geist wirkt, noch einmal zurück auf die Stelle aus dem Johannesevangelium:

„Wenn aber jener kommt, der Geist der Wahrheit, wird er euch in die ganze Wahrheit führen. Denn er wird nicht aus sich selbst heraus reden, sondern er wird reden, was er hört, und euch verkünden, was kommen wird."

Der Hl. Geist also ist es, der immer wieder Neues hervorbringt. Er ist es, der die Menschen in die ganze Wahrheit führt. Gleichzeitig gibt es eine inhaltliche Treue zu dem, was Jesus verkündet hat. Es ist nicht leicht, im konkreten Fall herauszufinden, ob das Neue ein Verrat an der Lehre und dem Leben Jesu ist, oder ob es nur ein neues Gewand für die 2000 Jahre alte Lehre Jesu ist.

Zur Zeit ringen wir ja in der Kirche in Deutschland im synodalen Weg auch um einen Gestaltwandel der Kirche. Ich bin skeptisch, wenn Christen nur deshalb von etwas Neuem begeistert sind, nur weil es neu ist. Und ich bin ebenso skeptisch, wenn Christen starr an etwas festhalten, nur weil es immer schon so war. Wir brauchen den Heiligen Geist, um Wege in die Zukunft der Kirche zu finden. Wir brauchen geisterfüllte Menschen, die im Selbstexperiment sich vom Hl. Geist leiten lassen.

Der bayerische Katholik und ehemalige Deutschlandchef der Unternehmensberaterfirma McKinsey, Thomas von Mitschke-Collande, hatte im Auftrag seiner Firma die beiden Bistümer Berlin und Mainz analysiert und anschließend ein Buch darüber geschrieben. Normalerweise arbeitet McKinsey ja vertraulich für die Führungsetagen einer Firma, aber Kardinal Lehmann, damals Vorsitzender der deutschen Bischofskonferenz, hatte im erlaubt und ihn ermutigt, seine Beobachtungen und Schlussfolgerungen öffentlich zu machen. So schreibt er in seinem Buch:

„Ich will, dass die Kirche blüht, gedeiht, dass die glühende Asche wieder Feuer fängt. Dass es wieder Spaß macht und man stolz ist, dieser Kirche anzugehören, und sie auch meinen Enkeln eine wertvolle, sinnstiftende Gemeinschaft sein wird.“[53]

Und den Weg dahin sieht er so: „Lohnend wäre sicherlich auch, auf Altes, auf Bewährtes konsequent zurückzugreifen, das vielleicht durch die Entwicklungen der vergangenen Jahrhunderte zugedeckt worden ist. Ich denke vor allem an das Thema Spiritualität. Aktuell

[53]Thomas von Mitschke-Collande, Schafft sich die katholische Kirche Ab? Analysen & Fakten eines Unternehmensberaters, Kösel-Vlg., München 2012, S. 13

können wir beobachten, dass gerade fernöstliche Religionen Zulauf haben, die als mystisch empfunden werden. ... Es ist nicht zu verstehen und zu akzeptieren, dass man dieses wichtige Thema – die religiöse Erfahrung – asiatischen oder esoterischen Strömungen überlässt. ... Die Kirchenführer der Zukunft, um die sich die Gläubigen scharen, werden charismatische, spirituelle Menschen sein, *burning persons*, bei denen Amt und hierarchische Strukturen in den Hintergrund treten. In der Mystik lodert das Feuer der Leidenschaft, bisweilen brennt es auch, führt zu hitzigen Debatten, weil heiße Eisen angefasst werden. Mystik erfasst den ganzen Menschen, sie wird, so hat es der christliche spirituelle Lehrer Pierre Stutz ausgedrückt, zu einem Lebensstil, der zugleich geborgen und frei sein lässt. Vor diesem Hintergrund und der Bedeutung der Mystik für das Christentum, ganz besonders in unserer Zeit, muss die Kirche ihre Aufmerksamkeit stärker als sie es bisher tut der Mystik und der Spiritualität, dem gelebten Glauben zuwenden."[54]

48. Joh 16,22: Freude ist göttlichen Ursprungs

„So habt auch ihr jetzt Trauer, aber ich werde euch wiedersehen; dann wird euer Herz sich freuen und niemand nimmt euch eure Freude."

Auch wenn manchem zur Zeit nicht zum Lachen zumute ist, kann ein Blick in die Bibel und die Beschäftigung mit dem Thema Freude zum Aufblick werden, der uns – wenigstens für eine Stunde – aus der möglichen Problemtrance befreien kann. Einen Versuch ist es wert.

Als der auf der Insel Helgoland geborene Schriftsteller James Krüss seinen phantastischen Roman „Timm Thaler oder Das ver-

[54] A.a.O., S. 212f.

kaufte Lachen“ veröffentlichte, landete er damit einen Bestseller und einen späteren Klassiker der Kinderliteratur. Kurz die Geschichte: Der Junge Tim Thaler wächst in ärmlichen Verhältnissen mit seinem Vater, seiner Stiefmutter und seinem Stiefbruder auf. Letztere drangsalieren ihn. Als der Vater gestorben und beerdigt worden war, geht er zur Erinnerung an die schönen Sonntagsausflüge mit seinem Vater wieder zur Pferderennbahn und trifft dort den unheimlichen Baron Lefuet. (Wenn man den Namen von hinten liest, ergibt sich das Wort „Teufel“) Der überredet ihn zu einem Vertrag: Tim vermacht ihm sein herzliches Lachen, was er sich trotz allen Leids und Kummers bewahrt hatte, und er bekommt die Fähigkeit, jede Wette, die er abschließt, zu gewinnen. Aber er muss diesen Vertrag strikt als Geheimnis wahren. Sollte er das Geheimnis ausplaudern, würde er die Fähigkeit Wetten zu gewinnen verlieren, aber auch sein Lachen nicht zurückbekommen. Für den Jungen, der sehr unter der Armut litt, war das ein verlockendes Angebot. Er wird zwar reich durch Wetten, aber er erkennt auch voller Wehmut, welchen Schatz er mit dem Lachen-können verloren hatte. Hatte er früher Schulkameraden und Lehrer mit seinem glucksenden Lachen für sich einnehmen können, wird er, der nicht mehr lachen kann, als hochmütig beurteilt.

Dafür kann Baron Lefuet Kapital schlagen mit seinem gekauften Lachen. In einem Marionettentheater lernt Timm Thaler die Lebensweisheit: „Das Lachen unterscheidet Mensch und Tier. Und man erkennt den Menschen stets daran, dass er zur rechten Stunde lachen kann.“[55]

Am Schalter des Wettbüros auf der Pferderennbahn, wo Timm durch Wetten reich wird, stellt sich ein Herr Kreschimir vor mit der Frage: „Warum lachst du niemals, Junge? Magst du nicht? Oder – kannst du nicht?“[56] Wie sich erst später herausstellt, hatte

[55] James Krüss, Timm Thaler oder das verkaufte Lachen. Verlag Friedrich Oetinger, Hamburg 2001, S. 79.

[56] A.a.O., S. 64.

Herr Kreschimir dem Baron seine warmen, braunen Augen verkauft und dessen blaue, stechenden Augen bekommen. Aus dem eigenen Schaden klug geworden, hatte er im Blick auf Timm Verdacht geschöpft, aber er kannte ja auch die Geheimhaltungsklausel. Er bietet ganz allgemein Timm seine Hilfe an. Nachdem Timm seine Stiefmutter und seinen Stiefbruder reich gemacht hatte, erfüllte er sich einen Lebenstraum und heuerte als Schiffsjunge auf einem Schiff an. Er wollte nur weit weg. Auf dem Schiff gibt es den Steuermann Jonny, der sich mit dem Steward-Lehrling Timm anfreundet. Jonny vermittelt dem Timm auch das englische Sprichwort „Teach me laughter, save my soul!“ („Lehre mich lachen! Rette meine Seele!“) Jonny ahnt, dass es um Timm ein schreckliches Geheimnis gibt, weil er sich selbst bei unmöglichsten Wetten, die er gewinnt, nicht freuen kann. Und Jonny lehrte Timm noch eine andere Lebensweisheit: „Lachen ist Freiheit nach innen.“[57]

Gegen Ende der Geschichte gibt es einen Dialog zwischen Baron Lefuet und Timm. Timm fragt: „Warum liegt Ihnen gerade an meinem Lachen so viel, dass Sie dafür ein halbes Königreich verschenken, Baron?“ – „Mich wundert“, sagte Lefuet, “dass Sie diese Frage vorher niemals gestellt haben, Herr Thaler. Die Antwort ist nicht ganz einfach. In wenigen Worten könnte ich etwa Folgendes sagen: Als Sie ein kleiner Gassenjunge waren, Herr Thaler, haben Sie Ihr Lachen durch so viele böse Unbegreiflichkeiten hindurchgerettet, dass es gehärtet wurde wie ein Diamant. Ihr Lachen ist unzerstörbar, Herr Thaler.“ – „Aber ich bin zerstörbar“, entgegnete Timm sehr ernst. „Eben“, sagte Lefuet. (Ehe der junge Mann den hässlichen Sinn dieses Wörtchens „eben“ begriffen hatte, waren sie im Hotel angekommen.) Ganz am Ende der Geschichte, gelingt es den Freunden von Timm, sich mit ihm – ohne die Gegenwart des Barons – allein zu treffen. Herr Kreschimir schlägt Timm die Wette vor um einen Pfennig: „Ich wette mit dir, dass du dein La-

[57]A.a.O., S. 147.

chen nicht zurückbekommst." Und da ja Timm laut Vertrag jede Wette gewinnt, bekommt er sein Lachen wieder. Timm hätte diese Wette nicht von sich aus mit einem Fremden abschließen können, weil das gegen die Geheimhaltungsklausel gewesen wäre. Aber Herr Kreschimir hatte den Vertrag, aufgrund seines eigenen Vertrages mit Baron Lefuet, erahnt und sich deshalb diese Wette ausgedacht. Timm, der zu seinem 16. Geburtstag von Baron Lefuet ein Puppentheater geschenkt bekommen hatte, spielte mit den Marionetten seine Geschichte. Die Bäckersfrau aus der früheren Nachbarschaft von Timm hatte das Stück gesehen und sagte zu Timm: „Wo der Mensch lacht, hat der Teufel seine Macht verloren."[58]

Wir wollen heute der Frage nachgehen, wie wir dieses Geschenk Jesu, das er seinen Jüngern verspricht, richtig annehmen und bewahren können. Erinnern wir uns. Jesus sagt: *„Dann wird euer Herz sich freuen und niemand nimmt euch eure Freude."* Nicht der Karfreitag ist das Letzte, sondern der Ostermorgen. Das konnten die Jünger im Augenblick des Versprechens Jesu noch nicht verstehen. Aber die Evangelien sind ja aus einer nachösterlichen Perspektive geschrieben. Die österliche Freude, die Jesus seinen Jüngern nach Ostern schenken wird, wird eine solche widerstandsfähige Freude sein, dass sie dem Menschen nicht genommen werden kann.

Doch so einfach, wie es klingt, ist es nicht. Dann müssten ja alle Christen, die wirklich an die Auferstehung Jesu glauben, freudestrahlende Menschen sein. Die Wirklichkeit sieht anders aus. Auch hier möchte ich wieder zu einem phantastischen Roman kommen, den Clive Staple Lewis geschrieben hat. Er heißt „Die große Scheidung".

In diesem phantastischen Roman können die Verstorbenen aus der Hölle wöchentlich einen Busausflug in den Vorhimmel machen. In dieser Wirklichkeit wirken sie wie Schatten. Dort kommen ihnen die Seligen, Bekannte oder Verwandte aus ihrem früheren Leben

[58] A.a.O., S. 252.

entgegen. Das sind die „Festen". In dieser Begegnung entscheidet sich, ob sie weiter in den Himmel gehen wollen oder lieber zurück in die Hölle. Der Ich-Erzähler ist als Beobachter in diesem Vorhimmel und bekommt von einem der Seligen die Vorgänge gedeutet.

„In diesem Augenblick wurden wir plötzlich von der dünnen Stimme eines mit ungeheuerlicher Geschwindigkeit redenden Schattens unterbrochen. Uns umwendend, wurden wir des Geschöpfes ansichtig. Es sprach zu einem von den Festen mit solchem Eifer, dass es uns nicht bemerkte. Ab und zu versuchte der feste Geist ein Wort einzuschalten, aber vergeblich. Der Schatten schnatterte: '... aber natürlich, da vergesse ich ganz, dass du nicht weißt: ich bin ermordet worden, einfach ermordet, mein Lieber, dieser Mann hätte mich niemals operieren sollen, und ich sollte heute noch am Leben sein, sie haben mich einfach verhungern lassen in dieser entsetzlichen Klinik, und keiner hat je nach mir gesehen. ...' Das schrille monotone Gewinsel verklang, da der Sprecher, immer noch begleitet von der leuchtenden Geduld an seiner Seite, außer Hörweite kam. 'Was beunruhigt Euch, mein Sohn?' fragte mein Lehrer. 'Ich bin beunruhigt, Herr', sagte ich, 'weil mir diese unglückliche Kreatur eine Art von Seele zu sein scheint, die nie auch nur in der Gefahr der Verdammnis stehen sollte. Sie ist nicht böse; sie ist nur eine alberne, geschwätzige alte Frau, die sich das Nörgeln angewöhnt hat, und man spürt, ein wenig Güte und Ruhe und Veränderung würden sie wieder zurecht bringen.' – 'So war sie einmal. Mag sein, sie ist auch heute noch so. Dann kann sie sicherlich geheilt werden. Die Frage ist nur, ob sie wirklich ein Nörgler ist.' – 'Ich dachte, darüber gäbe es keinen Zweifel.' – 'Gewiss, aber Ihr missversteht mich. Die Frage ist, ob sie ein Nörgler ist oder nur ein Nörgeln. Wenn noch eine wirkliche Frau – auch nur die geringste Spur davon – innen drin steckt in dem Nörgeln, dann kann sie wieder zum Leben gebracht werden. Wenn noch ein winziger Funke unter all dieser Asche glüht, wollen wir blasen, bis der ganze Haufen rot und licht ist. Wenn aber nichts übriggeblieben ist als Asche, dann werden wir sie uns nicht länger in die Augen blasen. Sie muss ausgekehrt werden.' – 'Aber wie kann es ein Nörgeln ohne Nörgler geben?' – 'Die ganze Schwierigkeit, die Hölle zu verstehen, liegt darin, dass das, was da verstanden werden soll, so beinahe nichts ist. Aber du kennst wohl diese Erfahrungen. ... Es beginnt mit einer nörglerischen Stimmung, und du selbst bist noch verschieden von ihr, du kritisierst sie vielleicht. Und du selbst, in einer dunkeln Stunde, magst wohl diese Stimmung wollen und annehmen. Ihr könnt bereuen und wieder herauskommen. Aber es mag der Tag kommen, da du das nicht mehr kannst. Denn dann wird kein Du übrig sein, die Stimmung zu kritisieren, noch auch, sie zu genießen, sondern nur das Nörgeln selbst, das unaufhörlich wie eine Maschine fortgeht."[59]

Hier wird in phantastischer Überzeichnung deutlich gemacht, wie Menschen sich in das Selbstmitleid hineinsteigern können und blind werden für das Schöne, das es auch in ihrem noch so schweren Leben gibt. Sie gehen nicht gezielt auf die Suche, was ihrem Leben Sinn und Halt geben könnte. Sie fühlen sich vom Schicksal hin und her gebeutelt und haben nie entdeckt, dass sie – egal wie die äußeren Verhältnisse sind – doch die Freiheit haben, innerlich dazu noch einmal Stellung zu nehmen.

An dieser Stelle möchte ich ein Lied zitieren, das zur Heiligsprechung der Ordensgründerin der Armen Dienstmägde Jesu Christi, Katharina Kasper, am 14. Oktober 2018 verfasst worden ist:

„1. Du hörst in der Stille den göttlichen Ruf und lässt dich von Liebe betören. Das Glück deines Lebens ist Gott, der dich schuf, und nichts auf der Welt kann es stören.

Ref.: /: Heilige Katharina, nimm uns an der Hand und führ uns zur Quelle der Freude. :/

2. Du siehst mit den Augen der Seele die Welt und hörst Gottes Stimme in allem, erfüllst, was der Alltag als Aufgabe stellt, in

[59] C.S. Lewis, Die Große Scheidung, Leipzig o.J. (1968), S. 91ff.

Treue, um Gott zu gefallen.

3. Du spürst wie ein Kind, dass dein Schöpfer dich trägt, und weißt sich in sicheren Händen. So willst du, von göttlicher Liebe bewegt, dich liebend den Kindern zuwenden.

4. Du teilst Gottes Liebe wie köstlichen Wein, wie Feuer, so hell soll sie brennen; willst Freundin der Armen und Einsamen sein und Christus in ihnen erkennen.

5. Im Bauwerk des Herrn ein lebendiger Stein mit Christus, dem Eckstein verbunden, am Leib Jesu Christi ein Glied willst du sein, dass Kirche und Erde gesunden."

Pater Kentenich, der Gründer der Schönstatt-Bewegung, war drei Jahre als Häftling im KZ Dachau. Wieder einmal mussten alle Häftlinge zu dem schikanösen Zählappell antreten. Neben Pater Kentenich kam ein Mithäftling zum Stehen, um dessen depressive Neigungen Kentenich wusste. Er flüsterte ihm in dieser Situation zu: „Schau mal nach oben! Auch in Dachau scheint die Sonne!" – Was wollte Kentenich damit erreichen? Auch in dieser Unrechtssituation, in der die Häftlinge ohnmächtig waren, wollte er seinem Mithäftling die kleinen Freuden- und Kraftquellen erschließen, die es trotzdem noch gab.

Ein andere Situation aus der Dachau-Zeit: Als die neu eingelieferten Häftlinge eingewiesen wurden, welche Spielregeln im KZ herrschen, meinte ein Mithäftling zu Kentenich ganz entsetzt: „Ob wir hier überhaupt wieder lebend rauskommen?" Kentenich antwortete ihm: „Darauf kommt es doch nicht an, sondern dass wir hier den Willen Gottes erfüllen – darauf kommt es an." Dieser Mithäftling erzählte später nach seiner Entlassung, dass diese Antwort von Kentenich ihn in der Situation getröstet und ermutigt habe. Kentenich habe seinen Blick geweitet und deutlich gemacht, dass trotz aller Unfreiheit es noch eine Restfreiheit gab. Manch andere Häftlinge kompensierten ihre Ohnmachts- und Verdemütigungserlebnisse, die ihnen die SS-Aufseher zugefügt hatten, dadurch, dass sie andere Häftlinge quälten und verdemütigten. Dieser Versuchung zu widerstehen, war die große Herausforderung. Es wäre der fatalste Triumph der SS-Aufseher gewesen, wenn wie in einer Kettenreaktion die Häftlinge die Verhaltensweisen der Aufseher übernommen hätten.

Wir ahnen: Freude hat auch etwas zu tun mit Tapferkeit und Selbstdisziplin. Sie kann nicht einmal direkt erstrebt werden. Sie ist die Frucht eines menschlichen Verhaltens.

Freude müssen wir auch unterscheiden vom Vergnügen Um das zu illustrieren, zitiere ich wieder einmal Michael Ende, diesmal aus dem phantastischen Roman „Die unendliche Geschichte": Dass die Suche nach dem reinen Vergnügen nicht glücklich macht, hat Michael Ende in diesem Märchenroman am Schicksal der unglücklichen und hässlichen „Acharai" geschildert, die von dem Titelhelden, Bastian Balthasar Bux in lustige „Schlamuffen" umgewandelt worden waren. Gegen Ende der Geschichte begegnen die Schlamuffen ihrem Wohltäter, und das hört sich dann gar nicht mehr so lustig an:

„'Was wollt ihr von mir?' fragte der Junge, 'warum lasst ihr mich nicht in Ruhe?', alle wirbelten um ihn herum und schnatterten: 'Großer Wohltäter! Großer Wohltäter! Weißt du noch, wie du uns erlöst hast, als wir noch die Acharai waren? Damals waren wir die unglücklichsten Wesen in ganz Phantasien, aber jetzt hängen wir uns selbst zum Hals heraus. Was du da aus uns gemacht hast, war anfangs ganz lustig, aber jetzt langweilen wir uns zu Tode. Wir flattern so herum und haben nichts, woran wir uns halten können. Wir können nicht einmal ein richtiges Spiel spielen, weil wir keine Regel haben. Lächerliche Hanswurste hast du aus uns gemacht mit deiner Erlösung! Du hast uns betrogen, großer Wohltäter!' – 'Ich hab' es doch gut gemeint, flüsterte der Junge entsetzt. 'Jawohl, mit dir selbst!', schrien die Schlamuffen im Chor, 'du bist dir ganz großartig vorgekommen. Aber wir haben die Zeche bezahlt für deine Güte, großer Wohltäter!'

'Was soll ich denn tun?' fragte der Junge. 'Was wollt ihr von mir?' – 'Wir haben dich gesucht,' kreischten die Schlamuffen mit verzerrten Clownsgesichtern, 'wir wollten dich einholen, ehe du dich aus dem Staub machen kannst. Und jetzt haben wir dich eingeholt. Und wir werden dich nicht mehr in Ruhe lassen, ehe du nicht unser Häuptling geworden bist. Du musst unser Ober-Schlamuffe werden, unser Haupt-Schlamuffe, unser General-Schlamuffe! Alles, was du willst!' – 'Aber warum denn, warum?', flüsterte der Junge flehend.

Und der Chor der Clowns kreischte zurück: 'Wir wollen, dass du uns Befehle gibst, dass du uns herumkommandierst, dass du uns zu irgend etwas zwingst, dass du uns irgend etwas verbietest! Wir wollen, dass unser Dasein zu irgend etwas da ist!' – 'Das kann ich nicht! Warum wählt ihr nicht einen von euch?' – 'Nein, nein, dich wollen wir, großer Wohltäter! Du hast doch aus uns gemacht, was wir jetzt sind!' – 'Nein!' keuchte der Junge, 'ich muss fort von hier. Ich muss zurückkehren!' – 'Nicht so schnell, großer Wohltäter!' schrien die Clownsmünder, 'du entkommst uns nicht. Das könnte dir so passen – dich einfach aus Phantasien verdrücken!'

'Aber ich bin am Ende!' beteuerte der Junge. 'Und wir?', antwortete der Chor, 'was sind wir?' – 'Geht weg!', rief der Junge, 'ich kann mich nicht mehr um euch kümmern!' – 'Dann musst du uns zurückverwandeln!', erwiderten die schrillen Stimmen, 'dann wollen wir lieber wieder Acharai werden. Der Tränensee ist ausgetrocknet und Amarganth sitzt auf dem Trockenen. Und niemand spinnt mehr das feine Silberfiligran. Wir wollen wieder Acharai sein.' – 'Ich kann's nicht mehr!', antwortete der Junge. 'Ich habe keine Macht mehr in Phantasien.' – 'Dann', brüllte der ganze Schwarm und wirbelte durcheinander, 'nehmen wir dich mit uns!'

Hunderte von kleinen Händen packten ihn und versuchten ihn in die Höhe zu reißen. Der Junge wehrte sich aus Leibeskräften, und die Motten flogen nach allen Seiten. Aber hartnäckig wie gereizte Wespen kehrten sie immer wieder zurück. Mitten in dieses Gezeter und Gekreische hinein ließ sich plötzlich von fernher ein leiser und doch mächtiger Klang vernehmen, der wie das Dröhnen einer großen Bronzeglocke tönte. Und im Handumdrehen ergriffen die Schlamuffen die Flucht und verschwanden als dunkler Schwarm am Himmel."[60]

So weit der Text aus der Unendlichen Geschichte, der deutlich macht, dass das Vergnügen in den Überdruss führen kann und dass echte Freude immer auch etwas mit Sinnerfahrung zu tun hat.

Damit aber diese Meditation nicht zur reinen Märchenstunde wird, möchte ich noch ganz reale Erfahrungen schildern, die der oberösterreichische Dirigent Franz Welser-Möst gemacht hat. In seiner Autobiographie, die unter dem Titel „Als ich die Stille fand. Ein Plädoyer gegen den Lärm der Welt" schildert er seinen musikalischen Werdegang von den ersten Klängen bis zu seiner heutigen Tätigkeit. Er schreibt: „Ich erinnere mich an die Verhältnisse bei uns. Wir betrachteten uns nicht als arm, konnten uns aber in dieser Zeit nicht viel leisten. Bis 1970 hatten wir nicht einmal einen Fernseher. Unser Unterhaltungsprogramm bestand weitgehend aus eigenem Musizieren. Meine Mutter war eine erstklassige Pianistin, und ich weiß noch, wie wir Kinder sie in den Abendstunden oft gebeten haben: 'Mutti, bitte spiel uns noch was!' ... Es war mir als Kind unvorstellbar, dass es Menschen geben konnte, für die das Musizieren nicht zum Tagesablauf gehörte. ... Ab dem 6. Lebensjahr nahm ich Geigenunterricht bei Schwester Gerburga, die auch Blockflöte, Gitarre, Akkordeon und Cello unterrichtete. ... In ihrer strengen, von Empathie weitgehend befreiten Art verkörperte sie den Stereotyp der frustrierten Frau, die sich wahrscheinlich nicht freiwillig dieses Leben ausgesucht hatte, und leider wohl auch das anachronistisch-provinzielle Erziehungsideal der Nachkriegszeit. ... Mit ihrer Laune hielt sie nicht hinter dem Berg, und man hatte nicht den Eindruck, sie hätte Gefallen an ihrer Arbeit oder am

[60] Michael Ende, Die unendliche Geschichte, K. Thienemanns Verlag, Stuttgart 1979, S. 407f.

Fortschritt ihrer Schüler."[61]

Ganz anders als Schwester Gerburga konnte Franz später im neu gegründeten (1974) Linzer Musikgymnasium den Wilheringer Zisterzienserpater Balduin Sulzer kennen und schätzen lernen. „Dieser unorthodoxe Pädagoge war Pater, Komponist und Hobby-Kritiker beim Boulevardblatt 'Kronen-Zeitung'. Als dieser Mann das Klassenzimmer betrat, war das für mich, als ob ein Licht aufgehen würde. So konnte Musikunterricht also auch aussehen. Und ich, der immer verträumt gewesen war, begann aufzublühen. ... Ihm war wichtig, dass wir die emotionale Wirkung eines Akkordes erspüren und erkennen. ... Meine Eltern waren froh, dass ihr Sohn endlich einen Ort gefunden hatte, an dem er glücklich und zufrieden war."[62]

Franz Welser-Möst beschreibt dann ausführlich, wie Pater Balduin ihn und die anderen Schüler auch außerhalb der Schule gefördert hat. Wir können verallgemeinernd sagen: Wenn wir Gott ähnlicher werden, sind damit Glückmomente verbunden: Wenn wir etwas wissen, was wir vorher nicht gewusst haben, dann sind wir Gott ähnlicher geworden in seiner Allwissenheit. Wenn wir etwas können, was wir vorher nicht gekonnt haben, sind wir Gott ähnlicher geworden in seiner Allmacht. Diese Fortschritte sind die Quelle der Freude. Wenn wir auf die Schönheit der Natur, auf die Schönheit von einem Musikstück, auf die Schönheit eines Kunstwerkes ungebremst reagieren können, dann kommt Freude auf. Franz Welser-Möst gesteht im Rückblick auf die Konzertbesuche mit seinen Mitschülern ehrlich ein: „Mit jugendlicher Überheblichkeit sezierten wir sofort die Mängel aller, inklusive der Wiener Philharmoniker, und hatten Patentlösungen zur Hand. Es war jene Zeit, in der man glaubte, alles besser zu wissen als alle anderen."[63] – Begabten Ju-

[61] Franz Welser-Möst, Als ich die Stille fand. Ein Plädoyer gegen den Lärm der Welt, Brandstätter-Vlg., Wien ^{3}2020, S. 24f

[62] A.a.O., S. 34-37.

[63] A.a.O. S. 37.

gendlichen sei das verziehen.

Aber es gibt Menschen, die können sich nicht emotional auf Musik einlassen und mitschwingen, also seelisch und emotional Resonanz entwickeln. Sie haben sich in der analysierenden Beobachterrolle häuslich eingerichtet und können dann aus der Distanz ihre Kommentare abgeben. Nicht selten werden solche Menschen zu Zynikern angesichts der Schlechtigkeit der Welt. Wenn wir hineinfinden wollen in die Freude, die Jesus uns geben möchte, dann müssen wir das Wagnis eingehen und aus der Beobachterrolle uns ins Leben stürzen und mitschwingen. Paulus rät im Römerbrief: *„Freut euch mit den Fröhlichen und weint mit den Weinenden"* (Röm 12,15). Paulus schreibt interessanterweise nicht: Tröstet die Traurigen, sondern weint mit den Weinenden. Mit anderen Worten: Entwickelt Resonanz! Zieht die Rüstung aus, die euch vor der Bosheit und Schlechtigkeit der Welt schützen sollte! Macht euch verwundbar! Denn jeder Schutz ist zugleich auch Isolierung und damit Distanz.

Jesus hat durch seine Menschwerdung die unendliche Distanz zwischen Gott und Mensch überbrückt und überwunden. Er hat sich leidensfähig gemacht, aber durch seine Auferstehung das Leid auch wieder relativiert. Es wird nicht das letzte Wort behalten – auch nicht in unserem Leben. Die Freude bei Gott ist unser letztes Ziel.

Noch einmal eine Reprise in die phantastische Literatur: C.S. Lewis lässt in seinem Buch „Dienstanweisung an einen Unterteufel" den Teufel Screwtape an seinen Teufelneffen Wormwood folgende Ratschläge ergehen (dabei wird mit „Feind" Gott bezeichnet): „Ich habe vor allem die eine Erfahrung gemacht, dass die Perioden der Tiefpunkte in der Wellenbewegung der menschlichen Seele eine ungemein gute Gelegenheit bieten zu allerlei sinnlichen Versuchungen, ganz besonders geschlechtlicher Art. Dies mag dich überraschen: denn natürlich verfügt er auf den Höhepunkten auch über mehr körperliche Energie und daher auch über größere Begierlichkeit. Du darfst aber nicht vergessen, dass auch die Widerstandskräfte in diesen Zeiten am stärksten sind. Gesundheit und Hochstimmung, die Du benutzen kannst, Lust zu erregen, können leider auch leicht der Arbeit, dem Sport, dem Denken oder harmlosen Freuden dienen. Der Angriff hat viel mehr Aussicht auf Erfolg, wenn das ganze innere Leben des Menschen grau, kalt und leer ist. Merke Dir auch, dass sich die Geschlechtslust in den Zeiten des seelischen Tiefstandes auf eine ganz feine Weise von der Geschlechtslust bei geistiger und seelischer Gesundheit unterscheidet. Sie ist viel weniger geeignet für jenes Zuckerwasser-Phänomen, das die Menschen 'Verliebtheit' nennen, sie ist dem Perversen viel näher und viel weniger verdorben von jenen großmütigen, schöpferischen, ja sogar spirituellen Begleitumständen, die die menschliche Geschlechtlichkeit häufig so enttäuschend machen. Ganz dasselbe gilt von den anderen fleischlichen Lüsten. Es wird dir viel eher gelingen, aus Deinem Manne einen richtigen Trunkenbold zu machen, wenn du ihm in Zeiten der Leere und Niedergeschlagenheit den Alkohol als Betäubung schmackhaft machst als wenn du ihn ermutigst, den Alkohol zur Förderung der gemütlichen Stimmung unter Freunden zu genießen, wo er glücklich und aufgeschlossen ist. Vergiss nie, dass wir uns auf Feindesboden begeben, wenn wir uns mit irgendeinem Vergnügen in seiner gesunden, normalen und befriedigenden Form befassen. Ich weiß, wir haben durch Vergnügungen schon manche Seele gewonnen. Trotzdem, die Freude ist seine Erfindung, und nicht die unsrige. Er hat sie geschaffen; trotz unserer ganzen so weit entwickelten Forschung ist es uns bisher nicht gelungen, eine einzige wahre Freude hervorzubringen. Alles, was wir tun können, ist, die Menschen anzuspornen, die vom Feinde geschaffenen Freuden zu Zeiten oder in einer Weise oder in einem Grade zu genießen, die Er nicht erlaubt. Darum versuchen wir stets, von den natürlichen Bedingungen jeder Freude wegzuarbeiten, dahin, wo sie sich am weitesten vom Natürlichen entfernt, wo sie am wenigsten an den Schöpfer erinnert und am wenigsten erfreut. Wachsende Begierde nach immer mehr schwindender Freude heißt die Formel."[64]

So weit das Zitat. Jetzt wissen Sie auch, woher ich den Titel für diese Meditation genommen habe. Ich wünsche Ihnen viel Freude.

49. Joh 16,22: Göttliches Versteckspiel

„So habt auch ihr jetzt Trauer, aber ich werde euch wiedersehen; dann wird euer Herz sich freuen und niemand nimmt euch eure Freude."

Die aktuelle Trauer, von der Jesus spricht, wird dadurch ausgelöst, dass die Jünger Jesus nicht mehr sehen werden: *„Noch eine kurze Zeit, dann seht ihr mich nicht mehr, und wieder eine kurze Zeit, dann werdet ihr mich sehen. Amen, amen, ich sage euch: Ihr werdet weinen und klagen, aber die Welt wird sich freuen; ihr werdet traurig sein, aber eure Trauer wird sich in Freude verwandeln"* (Joh 16,19f).

„Gott, wo bist Du?" oder auch: „Gott, wo warst Du?" Wir kennen diese Klage eines gläubigen Menschen, wenn irgendetwas Schlimmes passiert ist, was wir nicht mit der Verheißung der Geborgenheit in Einklang bringen können. Die damit beschriebene Not ist aber nicht erst eine Frage seit dem Auftreten Jesu.

Schon in den Psalmen wird sie thematisiert: *„Mein Gott, mein Gott, warum hast du mich verlassen, bleibst fern meiner Rettung, den Worten meines Schreiens? Mein Gott, ich rufe bei Tag, doch du gibst keine Antwort; und bei Nacht, doch ich finde keine Ruhe"* (Ps 22,2f). Ähnliche Aussagen finden wir in Ps 42,10; 43,2; 44,10; 74,1; 88,15.

---

[64] C.S. Lewis, Dienstanweisung an einen Unterteufel, Herder-Vlg., Freiburg 1975, S. 41f.

Ein anderer Vorwurf wird formuliert in Ps 44,24f: „*Wach auf! Warum schläfst du, Herr? Erwache, verstoß nicht für immer! Warum verbirgst du dein Angesicht, vergisst unser Elend und unsre Bedrückung?*“ Ein anderes Bildwort, das dieselbe Not in einer Unterdrückungssituation thematisiert, finden wir in Ps 74,11: „*Warum ziehst du deine Hand zurück und deine Rechte? Hol sie heraus aus deinem Gewand und mach ein Ende!*“ Diese Erfahrung widerspricht so ganz der Offenbarung des Gottesnamens gegenüber Mose am brennenden Dornbusch: „*Ich bin, der ich bin da*“ (Ex 3,14).

Sehr präzise und ehrlich hat der trauernde Schriftsteller Clive Staple Lewis nach dem Tod seiner Frau die chaotische Gefühlswelt beschrieben, die in ihm herrschte:

„Und wo bleibt Gott? Das ist eines der beunruhigendsten Symptome. Wenn man glücklich ist, so glücklich, dass man das Gefühl verliert, Seiner zu bedürfen, so glücklich, dass man versucht ist, Seine Ansprüche als Einbruch zu empfinden – wenn man sich da besinnt und sich Ihm mit Dank und Lobpreis zuwendet, wird man mit offenen Armen empfangen – so wenigstens empfindet man es. Aber geht zu ihm in verzweifelter Not, wenn jede andere Hilfe versagt, was findest du? Eine Tür, die man dir vor der Nase zuschlägt, und von drinnen das Geräusch doppelten Riegelns. Danach Stille. Geh weiter. Je länger du wartest, um so nachdrücklicher wird die Stille. Die Fenster zeigen kein Licht. Das Haus könnte leer stehen. War es je bewohnt? Einst schien es so. Und jener Anschein war so stark wie dieser. Was hat das zu bedeuten? Warum ist Er in Zeiten des Wohlergehens mit Seinen Befehlen so gegenwärtig und warum so meilenfern als Hilfe in Zeiten der Trübsal?“[65]

Und später formuliert er: „Sprecht mir von der Wahrheit der Religion, und ich will euch gern zuhören. Aber kommt mir nicht und sprecht von den Tröstungen der Religion, oder ich schöpfe ge-

[65] C.S. Lewis, Über die Trauer, Insel-Vlg., Berlin 2019, S. 27.

gen euch den Verdacht, dass ihr nichts versteht."[66] Die bekannte Logotherapeutin Verena Kast, die viel Erfahrung hat in der Trauerbegleitung, hat zu diesem Buch ein Vorwort geschrieben, in dem sie die typischen Trauerphasen aufzählt und beschreibt. Erst am Ende des Trauerprozesses kann man sich mit dem Verlust versöhnen. Für C.S. Lewis war dieses Buch, dessen englischer Titel wörtlich übersetzt „Die beobachtete Trauer" lautet, und das er zunächst nicht unter seinem Namen sondern anonym veröffentlicht hatte, auch eine Form von Schreibtherapie. Nach ein paar Monaten der Trauer schreibt er: „Für mich steht das Programm jedenfalls fest. Ich will mich ihr so oft wie möglich in froher Stimmung zuwenden. ... Je weniger ich um sie trauere, um so näher fühle ich mich ihr."[67]

Ganz anders erging es André Frossard, der ein ähnliches Erlebnis geschenkt bekommen hatte wie Saulus vor Damaskus. Er, der jugendliche Atheist betritt eine Kirche, um die Wartezeit zu überbrücken. Der Freund, mit dem er sich verabredet hatte, verspätete sich. Dann wird er sozusagen von Gott überwältigt. Von jetzt auf gleich ist für ihn die Existenz Gottes keine Frage mehr.

Abbé Pierre, der Gründer der Emmaus-Gemeinschaften, die sich um Menschen am Rande der Gesellschaft kümmern, traf mal in einer Talkshow auf André Frossard. Abbé Pierre erzählt: „Im Verlauf unserer Sendung erklärte er: 'Ich hatte kürzlich ein seltsames Erlebnis. Ich gehe in eine Kirche, und der Prediger spricht gerade von Gott dem Unwissbaren. Ich flüchtete aus dem Raum, weil ich meinte, mich in die falsche Kirche verirrt zu haben.' Da unterbrach ich ihn erregt und sagte: 'Aber bitte, Monsigneur, soll man nun vielleicht das Credo ändern und statt *ich glaube* sagen *ich weiß*?' Er lächelte bloß und es kam zu keiner Polemik zwischen uns beiden, denn im Grunde hatten wir beide recht. Er hatte recht mit seiner Bemerkung, dass es eine bestimmte Art von Gotteserkenntnis gibt,

[66] A.a.O., S. 42.
[67] A.a.O., S. 17.

doch ich hatte ebenso recht, daran zu erinnern, dass solche Gotteserkenntnis keineswegs eine Behauptung 'ich weiß' rechtfertigen kann. Glaube ist weder das Resultat eines logisch zwingenden Arguments noch das Ergebnis einer mathematischen Gleichung. In Wirklichkeit gehört er in das Gebiet der Liebe."[68]

André Frossard, der sein Bekehrungserlebnis mit 20 hatte, musste später zwei tragische Todesfälle in der Familie betrauern. Er schreibt:

„So mit Gnaden überhäuft, glaubte ich, dass mein Leben ein Weihnachten ohne Ende sein würde. Die erfahrenen Personen, denen ich mich anvertraute, hatten gut reden: sie mochten mich warnen, dass dieser bevorzugte Zustand ein Ende nehmen werde, dass die Gesetze des geistlichen Wachstums für alle dieselben seien, das nach dem beglückenden Ausflug in die grünen Gefilde der spürbaren Gnade, die schwer zu erstürmenden Felsen kommen würden, dass ich nicht immer dieses selige Kind bleiben würde: ich hörte nicht auf sie. Ich war fest entschlossen, nicht ein zweites Mal den Fehler zu begehen, erwachsen zu werden. So sah meine Weisheit aus, sie war weniger zuverlässig als die der anderen. Sie behielten recht, nicht ich. Nachdem der Festgesang verklungen war, hieß es wieder, mit den Dingen leben, mit dem Stein und dem Asphalt einer Welt, die allmählich und verstohlen wieder ihre alte Gestalt annahm. Es kam ein Karfreitag, es kam ein Karsamstag, es kam das Schweigen, in dem ein Schrei erstirbt. Zweimal ist das größte Leid, das Menschen treffen kann, in meinem Hause eingekehrt. Die Väter werden mich verstehen, die Mütter noch mehr, ohne weitere Worte. Zweimal bin ich den Weg zu dem ländlichen Friedhof gegangen, wo mein Platz schon bezeichnet ist, und habe im Grauen die Erinnerung an Gottes Barmherzigkeit gesucht. Unfähig zur Auflehnung, ausgeschlossen von der Zuflucht des Zweifels (wor-

---

[68] Abbé Pierre. Memoiren eines unbeugsamen Christen, Tyrolia-Vlg., Innsbruck 2013, S. 47.

an sollte ich zweifeln, außer an mir selbst?), habe ich mit diesem Schwert in der Brust gelebt, wissend, dass Gott die Liebe ist.[69]

Für den ehemaligen Junior-Europameister im Dressurreiten und Medizinstudenten Matthias Beck (* 1956 in Hannover) war so ein magischer Moment, als er 25 Jahre alt war und in Sekunden eine ganzheitliche Horizonterweiterung erlebte. Er trennte sich von seiner Freundin und wurde später (2011) katholischer Priester. Das Multitalent hat einen Dr. in Medizin, in Theologie, einen Titel in Pharmakologie und Philosophie. In einem Interview sagte er: „Nur wo der Mensch zu Gott findet, kommt er auch zu sich selbst und zur Ruhe. Er muss aus seiner Lebenslüge herauskommen und zur personifizierten Wahrheit finden, die Jesus Christus heißt. Dieser Sohn Gottes hat sich uns Menschen vorgestellt als der Weg, die Wahrheit und das Leben. Das Christentum ist eine Beziehungsreligion. Wo ich mit dem Willen Gottes übereinstimme, eine Liebesbeziehung mit ihm eingehe, finde ich meinen inneren Frieden, meine Identität und Berufung. Dieses dialogische Geschehen wirkt sich positiv auf meinen gesamten Organismus aus.“[70]

Sehr pointiert hat diesen Such- und Find-Prozess der Seele die Mystikerin Maria Magdalena von Pazzi, eine Karmelitin in Florenz beschrieben. In ihrem Tagebuch notiert sie: „Freitag, den 6. Juli 1584, nachdem ich kommuniziert hatte, sah ich Jesus ganz erfüllt von Liebe. Er schien mich wie zum Spiele zu rufen und sagte mir sanft ein liebendes Zwiegespräch beginnend: 'Ich rief dich, und du gabst mir nicht Antwort.' Und ich entgegnete ihm: 'Ich suchte und fand dich nicht.' Er sagte mir: 'Ich rief dich, meine Taube, und du gabst mir nicht Antwort.' Und ich erwiderte: 'Ich rief dich, mein Geliebter, ich sehnte mich nach dir, mein Geliebter, und fand dich nicht.' Und Jesus, den ich immer Amore nenne, sagte: 'O meine

---

[69] `https://www.ludwig-neidhart.de/Downloads/Gotteserfahrungen.pdf`.

[70] Günther Klempnauer, Glaubwürdig. Jahrhundertzeugen im Gespräch über Gott in ihrer Welt, Benno-Vlg., Leipzig 2021, S. 127.

Braut, ich habe dich so sehr gerufen, und du hast nicht geantwortet.' Und ich entgegnete ihm: 'Ich habe dich so sehr gesucht, und du hast dich nicht finden lassen, Amore.' Jesus sprach: 'Weißt du, warum du mich nicht gefunden hast? Weil du mich nicht gut gesucht hast.' Und ich antwortete ihm: 'Weißt du, Amore, warum ich dir nicht geantwortet habe? Weil du nicht laut genug gerufen hast, damit ich es höre.' Jesus, Amore, sagte: 'Suche mich gut, meine Braut, und du wirst mich finden.' Und ich sprach: 'Rufe laut, und ich werde dich hören.' Jesus meinte: 'Es ist an dir, meine Braut, mich zu suchen.' Und ich, in Liebesungeduld, sagte: 'O Amore, du hast doch gesagt, wer mehr besitzt, gibt mehr. Du hast mehr als ich. Du musst geben.' Alsbald begann er zu antworten: 'Komm, meine Taube, meine Schöne, komm.' Und er vereinigte mich ganz mit sich. In dieser Vereinigung führten wir ein sehr sanftes Zwiegespräch, wie ein Freund mit seinem Freunde, von dem ich nicht das kleinste Wort wiedergeben könnte. Doch ich sagte, als ich mich ihm so vereinigt fand: 'O, jetzt habe ich dich gefunden, Amore mio, jetzt bin ich glücklich, denn ich bin dir vereinigt, Amore.'" Oda Schneider, der wir die deutsche Übersetzung dieses Liebesgespräches verdanken, fügt ergänzend und abrundend bei: „Es folgt dann, ausgelöst durch eine Bitte ihrerseits, das berühmte Angebot der beiden Kronen zur Wahl, einer Blumen- und einer Dornenkrone, und auch dies in der zarten Weise des Spieles; denn als unser Herr seine Braut fragt: 'Sag mir, welche du willst?' macht er Miene, ihr die Blumenkrone aufzusetzen, und sagt lächelnd – die Heilige sagt ausdrücklich lächelnd: 'Nicht wahr, diese?' Da ruft sie schnell: 'Nein, nein, Amore, nicht diese, Amore, du weißt gut, welche ich will!' Gleich senkt ihr Jesus die Dornenkrone samt dem Bündel der übrigen Leidenswerkzeuge ins Herz, nicht ohne beizufügen, dass er ihr die Blumenkrone aufbewahre.[71]

[71] Hier zit.n. J.Kentenich, Mutter und Erzieherin. Fastenpredigten 1954 in Milwaukee, Vallendar-Schönstatt 1973, S. 390f.

Bekannter als Maria Magdalena Pazzi ist der Gründer der Jesuiten, der hl. Ignatius von Loyola. Er hatte seiner Gemeinschaft ins Stammbuch geschrieben: Gott in allen Dingen suchen und finden! Und um diese Mentalität zu sichern, soll jeder Jesuit sich zweimal am Tag Zeit nehmen für das Gebet der liebenden Aufmerksamkeit. Worum geht es da?

Mich einfinden und bereiten: Ich finde mich an meinem Gebetsplatz ein und nehme die Haltung ein, die mir hilft, ganz da zu sein. Ich versuche wahrzunehmen, wie es mir jetzt geht, still zu werden und mich mit dem, was mich bewegt, in die Gegenwart Gottes zu stellen, der liebevoll auf mich schaut. Ich habe jetzt Zeit – für mich – für Gott.

Gebet um einen ehrlichen Blick: Ich bitte Gott um die Freiheit und das Licht, den Tag so, wie er war, anschauen zu dürfen, mit dem Blick wie Gott ihn sieht – barmherzig, verständnisvoll und wahrhaftig.

Den Tag durchgehen: Mit „liebender Aufmerksamkeit" wende ich mich nun dem zu, was heute war: den Menschen, Ereignissen, Tätigkeiten, Orten, ...

Ich kann den Tag an mir vorbeiziehen lassen: Stunde für Stunde, Ort für Ort, Begegnung für Begegnung, ohne zu bewerten oder zu beurteilen. Alles, was sich zeigt, darf jetzt da sein: Was hat mich überrascht? Was erfüllte mich mit Freude und Energie? Gab es Höhepunkte? Was ließ mich lachen? Was hat mich berührt? Was ist nicht so gelungen? Was bedauere ich? Was ist unerfüllt geblieben? Was hat weh getan? Was ersehne ich?

Mich an Gott wenden: Mit dem, was jetzt in mir lebendig ist, wende ich mich an Gott und komme mit ihm ins Gespräch. Für das Schöne und Gelungene danke ich. Für das Schmerzliche, Versagen, Schuld bitte ich um Vergebung und Heilung. Ich kann ihm sagen, was vielleicht an Sorgen, Unruhe, Hoffnungen, Sehnsucht in mir ist.

Wer das täglich übt, der kann zu der inneren Überzeugung kommen, wie sie der Jesuit Alfred Delp im Gefängnis in sein Tagebuch notiert hat:

„Die Welt ist Gottes so voll. Aus allen Poren der Dinge quillt er gleichsam uns entgegen. Wir aber sind oft blind. Wir bleiben in den schönen und in den bösen Stunden hängen und erleben sie nicht durch bis an den Brunnenpunkt, an dem sie aus Gott herausströmen. Das gilt für alles Schöne und auch für das Elend. In allem will Gott Begegnung feiern und fragt und will die anbetende, hingebende Antwort. Dann wird das Leben frei in der Freiheit, die wir oft gesucht haben."[72]

Pater Kentenich sprach – um denselben Lebensvorgang zu verdeutlichen – von der Durchsichtigmachung alles Geschöpflichen auf Gott hin.

Ich möchte einen technischen Vergleich heranziehen, die Flüssigkristall-Anzeigen: Das Herzstück von Digitaluhren oder Handys, von Flachbildschirmen oder Displays von CD-Playern und anderen elektrischen Geräten ist die Flüssigkristallanzeige (LCD). Aus unserem Alltag sind diese praktischen Helfer nicht mehr wegzudenken. Doch es war ein langer Weg zur technischen Nutzung des Effektes, den der Prager Chemiker und Biologe Friedrich Reinitzer an seinem späteren Wirkungsort in Graz entdeckte und beschrieb. Der Aachener Kristallforscher Otto Lehmann konnte besondere optische Effekte, die für Kristalle typisch waren, nachweisen. Er prägte auch den Ausdruck „fließende Kristalle". So gilt das Jahr 1888 als Geburtsstunde der Flüssigkristallforschung. Doch blieben die „fließenden Kristalle" nahezu 80 Jahre lang ein Phänomen ohne größere praktische Anwendung. Der Amerikaner George Heilmeier († 2014) entdeckte in den 60er Jahren das Phänomen, dass diese Flüssigkristalle sich in einem elektrischen Feld gleich ausrichteten

---

[72]Hier zit.n. Sr. Dr. Johanna Schulenburg CJ, Mitarbeiterin des Programmbereichs Spiritualität und Exerzitien, Kardinal König Haus, Wien, https://www.erzdioezese-wien.at/dl/puKlJKJLMMMNJqx4KJK/aufmerksamkeite_online_pdf.

und so das Material transparent wurde. Die Forscher der Darmstädter Merck-Werke fanden einen Stoff, der sich bei Zimmertemperatur in diesem sogenannten vierten Aggregatzustand befand. Die Entwicklung und die Produktion dieser Materialien sind heute die „Kronjuwelen“ dieses Chemiekonzerns. Der prinzipielle Aufbau der Flüssigkristallanzeige sieht so aus: Zwei Glasplatten oder durchsichtige Plastikfolien werden mit Gold beschichtet, aber so dünn, dass sie noch durchsichtig bleiben, die eine Innenseite ganz, die andere nur in den Formen (Buchstaben oder Symbolen), die später auf dem Display sichtbar werden sollen. Dazwischen kommt die Substanz – auch nur wenige Molekülschichten stark. Wird nun an die Goldelektroden eine Spannung angelegt, dann richten sich die dazwischen liegenden Moleküle wie in einem Kristall aus, die Substanz wird durchsichtig, und der schwarze Hintergrund wird sichtbar. Ich habe einmal meine Digitaluhr im Auto liegen gelassen. Die Sonne hat das Display so erhitzt, dass die Substanz in den flüssig klaren Zustand geraten war. Das ganze Display war schwarz. Als die Uhr wieder Zimmertemperatur erreicht hatte, funktionierte der Effekt der Anzeige wieder.

Dieser kleine Ausflug in die Entwicklungsgeschichte einer Alltagsanwendung kann uns helfen, einen Vorgang besser zu verstehen, den Pater Kentenich so umschrieb: Durchsichtigmachung alles Geschöpflichen auf Gott hin.

Der jugendliche Atheist und spätere Bischof von Hippo in Nordafrika, der hl. Augustinus, hat seine Gottsuche sinngemäß so umschrieben: „Ich suchte nach Schönheit und hielt sie für Gott, aber die schönen Blumen, die schöne Landschaft, die schönen Menschen, der schöne Sternenhimmel gaben mir zu verstehen, dass sie nicht Gott sind, ich solle höher hinaufsteigen. So fand ich schließlich Gott. Unruhig ist unser Herz, bis es ruht in Dir, o mein Gott!“

Wir können unsere Nachfolge Christi, unsere ganz persönliche Glaubensgeschichte ganz im Sinne dieser Meditation auch als Such- und Find-Geschichte Gottes beschreiben. Wer dies eben beschriebene Gebet der liebenden Aufmerksamkeit pflegt, das wir auch Erlebnismeditation nennen können, für den wird vieles zum Fingerzeig Gottes. Für Ehepartner ergibt sich noch einmal eine besondere Chance und Herausforderung. Denn durch das Ehesakrament wird mein Partner für mich zum bevorzugten Ort der Gottesbegegnung. Und ich werde für meinen Partner zum bevorzugten Ort der Gottesbegegnung. Ehesakrament ist ja mehr als nur kirchlich heiraten.

Wir glauben daran, dass ab der Taufe der dreifaltige Gott in der begnadeten Seele wohnt und wirkt. Je mehr sich also ein Mensch darum bemüht, dass er für den in ihm wohnenden Gott transparenter, durchscheinender wird, desto leichter fällt es anderen, in diesem Menschen Gott zu finden. Je mehr ein Mensch lernt, desto mehr Anteil hat er an der göttlichen Allwissenheit und Allmacht. Weil jeder Fortschritt im mehr-Wissen und mehr-Können für den Menschen mit Glücksgefühlen verbunden ist, ist eine heiße Spur, dass wir Gott näher gekommen sind. Sollte das aber zu Stolz und Überheblichkeit statt zur Dankbarkeit gegenüber dem Schöpfer führen, dann hat sich der Mensch selber von Gott weg katapultiert. Neben der wachsenden Teilhabe an der göttlichen Allmacht und Allwissenheit ist die Reifung in der Liebe der Königsweg, um Gott immer ähnlicher zu werden und ihm näher zu kommen.

Wer durch die erlebten Grenzen und Schwächen des Partners nicht in die Selbstmitleidsfalle tappt und in der Verachtung landet, sondern solche Erlebnisse als Chance zum Wachsen in barmherziger Liebe einordnet und nutzt, dessen Liebe wird reifer. Wer sich durch den Ehepartner verletzt oder enttäuscht fühlt, soll ihm sagen (oder still denken): „Sei hoch gelobt in Ewigkeit, du Mittel meiner Heiligkeit!" – Mit einem Augenzwinkern hat Pater Kentenich diesen Spruch den Ehepaaren in Milwaukee immer wieder gesagt und damit eine Wachstumsherausforderung umschrieben, die das Geheimnis glücklicher Paare darstellt. Pater Kentenich hat häufig betont, dass es auf der zwischenmenschlichen Ebene Erlebnisse braucht, damit der Mensch überhaupt fähig wird, glauben zu können. Als besonders hilfreich fand er erlebte Ehrfurcht, Sehnsucht nach Reinheit des Herzens, erlebte Barmherzigkeit, die es ermöglicht, die eigenen Grenzen und die eigene Schuld zu erkennen und zu bekennen, geschenkte Liebe, die man sich nicht erst verdienen muss. Letzteres umschrieb er mit Mütterlichkeit bzw. Väterlichkeit. Bei allem Austarieren einer partnerschaftlichen Ehe darf sich jeder auch immer wieder erlauben, sich „bevatern" oder „bemuttern" zu lassen. Das sollte nur nicht chronisch und damit einseitig werden. Wenn Paare sich um eine so gestaltete Bündniskultur bemühen, dann wird Nähe nicht mehr bedrohlich, verletzend und anstrengend, sondern nährend und heilend.

Pater Kentenich verwies auf den Menschen mit der innigsten Christusnähe, auf Maria, und betete:

„Lass uns gleichen deinem Bild Ganz wie du durchs Leben schreiten; Stark und würdig, schlicht und mild, Liebe Fried und Freud verbreiten. In uns geh durch unsere Zeit, mach für Christus sie bereit."

Ausgehend von dem Vers aus dem Johannesevangelium über die Trauer angesichts der gefühlten Abwesenheit Jesu und die Freude angesichts der gefühlten Nähe Jesu hatte ich dieser Meditation die etwas provozierende Überschrift gegeben: Göttliches Versteckspiel. Ich hoffe, dass durch meine Ausführungen deutlich geworden ist, dass wir Christen uns auch als leidenschaftliche Gottsucher verstehen dürfen. Höhepunkte unserer Nachfolge Christi, sozusagen unsere persönlichen „Tabormomente", sind die Augenblicke, in denen wir nicht nur glaubend sondern auch erlebend Gottes Nähe, seine Gegenwart spüren dürfen. Endgültig werden wir erst nach dem Tod sagen dürfen: Ich habe Gott gefunden.

Liebe Leserinnen, liebe Leser, ich lade Sie ein sich zu erinnern: Wo gab es für Sie solche magischen Momente, wo Sie Gottes Nähe und Zärtlichkeit, oder seine Fürsorglichkeit besonders erlebt haben?

Wo hat ein barmherzig humorvolles Ja-zu-mir, das mir ein anderer Mensch zugesprochen oder zu verstehen gegeben hat, mir geholfen, aus meinem Nein-zu-mir herauszufinden?

Wo haben die Freude und die Hoffnung eines anderen Menschen ansteckend auf mich gewirkt und mich aus dem Gefängnis der Traurigkeit und Verzagtheit befreit?

Wo hat das Vertrauen eines anderen Menschen in mich mir geholfen, Grenzen zu sprengen und über mich hinauszuwachsen?

50. Joh 16,24: Erhörte Bitten

„Bis jetzt habt ihr noch um nichts in meinem Namen gebeten. Bittet und ihr werdet empfangen, damit eure Freude vollkommen ist."

Vor kurzem traf ich ein Ehepaar, das ich 18 Jahre lang nicht mehr gesehen hatte. Natürlich interessierte mich, was aus den Kindern geworden war. Und gleich sprudelte es aus der Frau heraus: „Stellen Sie sich vor! Unser jüngster Sohn wollte sich verändern und wechselte aus der großen Firma in ein Start-up-Unternehmen seines Freundes. Es lief zunächst gut. Doch dann brach der Umsatz ein, und der vermeintliche Freund kündigte ihm. Er schämte sich zunächst, bei seiner alten Firma wieder anzufangen. Und so beschloss er, auf Weltreise zu gehen. Natürlich machte ich mir als Mutter große Sorgen, wie das weitergehen solle. Wir haben in der Nähe einen Bildstock der Schönstatt-Muttergottes, wo wir uns immer am 18. eines Monates am Abend zum Gebet oder, wenn ein Priester zur Verfügung steht, auch zur Messe und anschließend zum Picknick treffen. Es gehört mit zu unseren Bräuchen, dass wir eine große Bodenvase aufstellen mit der Aufschrift „Sie haben keinen Wein mehr." Wir füllen aber kein Wasser in diesen Krug wie die Diener bei der Hochzeit zu Kana, sondern Fürbitt-

Zettel, die aber nicht nur Raum für Fürbitten haben, sondern auch eine Spalte mit der Überschrift „Das schenke ich Dir". Nachdem unser Sorgenkind ein paar Monate auf Weltreise war, schrieb ich auf einen solchen Krugzettel, dass die Gottesmutter doch dafür sorgen solle, dass er zurückkommt und wieder ein festes Arbeitsverhältnis anfängt. Und ich war so frech, dass ich darum bat, das solle bis zum nächsten 18. passieren. Tatsächlich kam bald darauf die Nachricht, dass er zurückkommen wolle von Spanien; und am 17. des nächsten Monats fing er wieder in seiner alten Firma an zu arbeiten." Sie war sprachlos, wie präzise sie erhört worden war. Meine Rückfrage, was sie denn der Gottesmutter angeboten habe, wollte sie nicht beantworten.

Ein Beispiel von vielen, wie Menschen zu ihrem eigenen Erstaunen manchmal erhört werden. Natürlich hat jeder von uns auch im Laufe seines Lebens viele Situationen erlebt, in denen er nicht erhört worden ist und sich von Gott enttäuscht gefühlt hat.

Es ist provozierend, wie absolut Jesus seine Aufforderung zu bitten formuliert. Nicht nur die heutige Stelle aus dem Johannes-Evangelium, auch die Stellen aus den anderen Evangelien sind so ohne wenn und aber formuliert:

„Bittet und es wird euch gegeben; sucht und ihr werdet finden; klopft an und es wird euch geöffnet! Denn wer bittet, der empfängt; wer sucht, der findet; und wer anklopft, dem wird geöffnet. Oder ist einer unter euch, der seinem Sohn einen Stein gibt, wenn er um Brot bittet, oder eine Schlange, wenn er um einen Fisch bittet? Wenn nun ihr, die ihr böse seid, euren Kindern gute Gaben zu geben wisst, wie viel mehr wird euer Vater im Himmel denen Gutes geben, die ihn bitten" (Mt 7,7-11, vgl. Lk 11,9-13).

Vorweggenommene Resignation: Angesichts dieser Provokation Jesu zum Vertrauen wäre eine vorweggenommene Resignation nur ein Zeichen von Unglauben. Vielen von Ihnen wird die Jesaja-Stelle vertraut sein, in der Jesaja den König Ahas ermuntert, sich ein Zeichen vom Himmel zu erbitten. *„Ahas antwortete: Ich werde um* *nichts bitten und den HERRN nicht versuchen. Da sagte er: Hört doch, Haus Davids! Genügt es euch nicht, Menschen zu ermüden, dass ihr auch noch meinen Gott ermüdet? Darum wird der Herr selbst euch ein Zeichen geben: Siehe, die Jungfrau hat empfangen, sie gebiert einen Sohn und wird ihm den Namen Immanuel geben"* (Jes 7,12-14). Was sich auf den ersten Blick wie Bescheidenheit anhört, wird vom Propheten als Unglaube entlarvt.

Bei einem Seminar, das eine Woche dauern sollte, bat ich die Teilnehmer am ersten Abend, ihre Erwartungen zum Ausdruck zu bringen. Einer meinte daraufhin: „Ich erwarte nichts. Dann werde ich auch nicht enttäuscht." – Der Teilnehmer erntete damit einen lautstarken Protest der anderen Teilnehmer. Aber drückt sich in dieser Haltung nicht etwas aus, was viele durchaus eifrige Christen Gott gegenüber an den Tag legen? Nachdem sie vielleicht durch etliche unerhörte Bitten von Gott enttäuscht worden sind, wagen sie es nicht mehr, Gott um Wunder zu bitten. Sie richten sich in ihrer vorweggenommenen Resignation häuslich ein. Das kann dann durchaus mit einer treuen Pflichterfüllung der Sonntagspflicht und Gebet verbunden sein. Aber tief im Herzen nagt die Erwartungslosigkeit.

Sehr kritisch hat diese Form des Folklore-Christentums die Österreicherin Maria Luise Prean Bruni, die während eines längeren USA-Aufenthaltes ein Bekehrungserlebnis geschenkt bekommen hatte, einmal ausgedrückt. Sie schreibt in ihrer Autobiographie, wie sie mit Gott ringt: „Bitte schicke mich nicht nach Europa, denn die haben genug Religion, um gegen den Glauben immun zu sein!"[73]

Gegen diese Erwartungslosigkeit möchte ich heute auf ein paar Begebenheiten hinweisen, die zwar in der Vergangenheit passiert sind, aber wo Legendenbildung ausgeschlossen ist.

---

[73] Maria Luise Prean Bruni, Gott spielt in meinem Leben keine Rolle – er ist der Regisseur, SCM-Vlg., Holzgerlingen 2019, S. 84.

Bekannt ist das Maroni-Wunder von Don Bosco: „Don Bosco hatte am 2. November 1849 den Jugendlichen in seinem Haus als Belohnung Maroni versprochen. Für mehrere hundert Burschen waren aber nur drei Kilo Maroni gekocht. Don Bosco meinte dazu optimistisch: 'Ich habe allen versprochen, dass sie davon bekommen. Jetzt teilen wir einmal aus.' Der Korb wurde nicht leer, die Maroni reichten für alle.

Am Allerseelentag 1849 hatte Don Bosco seine Buben zum Friedhof geführt. Nach der Rückkehr, so hatte er ihnen versprochen, würden sie gekochte Maroni bekommen. Drei Säcke hatte er dafür kaufen lassen. Mama Margareta aber hatte nicht richtig verstanden, was Don Bosco wollte, und kochte nur ein paar Kilo davon.

Giuseppe Buzzetti, der junge 'Verwalter', kam vor den anderen zurück und rief erschrocken aus: 'Das wird Don Bosco aber sehr bedauern, dass die Kastanien nicht reichen werden. Ich muss es ihm gleich sagen.' Doch im Gewühl der zurückströmenden Schar gelang es ihm nicht, Don Bosco dies klarzumachen. Er nahm ihm den Korb aus den Händen und begann, mit einem Schöpflöffel auszuteilen. Buzzetti schrie: 'Nicht soviel! Es reicht nicht für alle!'

'Aber es sind doch noch drei Säcke in der Küche!' – 'Nein, es gibt nur diese!', versuchte Buzetti zu erklären, während die Buben heranströmten. 'Aber ich habe versprochen, dass sie alle davon bekommen. Jetzt teilen wir einmal aus, solange wir etwas haben.'

Don Bosco gab jedem einen großen Schöpflöffel davon. Buzzetti blickte nervös auf die wenigen Kastanien, die noch im Korb lagen. Und die Reihe, die wartete, schien immer länger zu werden. Jetzt bemerkten es andere auch. Plötzlich trat Schweigen ein. Hunderte von Bubenaugen starrten in den Korb, der nicht leer wurde. Die Kastanien reichten für alle. Die Spannung war gebrochen, als der letzte seine Handvoll Maroni erhalten hatte, und man kann sich gut den Jubel und die Begeisterung vorstellen, die jetzt ausbrachen."[74]

Ähnliches ist uns vom Pfarrer von Ars überliefert: „Am meisten Aufsehen machte der folgende Vorfall, der zwar fast unglaublich klingt, aber durch viele Augenzeugen bestätigt ist. Vianney, der sonst alle Wunder, die Gott zu seinen Gunsten wirkte, sorgfältig verschwieg, erzählte ihn öfters, weil er in ihm keine Belohnung seiner Liebe, sondern eine Strafe seines mangelhaften Glaubens sah.

In dem Kinderheim mit dem Namen 'Vorsehung' war alles Brot aufgezehrt, und um neues zu backen, fehlte auf dem Speicher das Getreide und in der Kasse das Geld. Alle Wohltäter, an die sich der Pfarrer in seiner Not gewöhnlich wandte, waren diesmal abgeneigt, ihm beizuspringen, oder konnten beim besten Willen nicht helfen. Und doch sollten 80 Personen gespeist werden. Was war da zu tun? Niemand wusste Rat, Vianney selbst glaubte sich von Gott verlassen und versank in eine Traurigkeit, wie er sie nach seinem eigenen Geständnis nur ein einziges Mal in seinem Leben empfunden hatte: damals, als er fast verzweifelte, die begonnenen Studien vollenden zu können. In diesem Kummer kam es ihm wieder ins Gedächtnis, wie er zu jener Zeit mit Erfolg den hl. Franz Regis um seine Fürbitte angefleht hatte. Deshalb nahm er eine Reliquie des Heiligen, stieg auf den Speicher und verbarg sie unter der Hand voll Körner, die noch da waren.

Am nächsten Morgen erschienen die Vorsteherinnen der 'Vorsehung' mit der traurigen Meldung, dass auch die letzten Speisereste aufgezehrt seien. 'Dann bleibt uns in Gottes Namen nichts übrig,' erwiderte Vianney weinend, 'als die armen Kinder fortzuschicken.' Bevor er jedoch dieses äußerste Mittel ergriff, begab er sich in Begleitung einer der Vorsteherinnen nochmals auf den Speicher. Zitternd öffnete er die Tür, aber, o Wunder! – der Speicher war

[74] http://www.herzjesu-amstetten.at/index.php 9-nicht-kategorisiert/589-maroni-wunder

mit Getreide angefüllt.

Nach einem heißen Dankgebet wollte der Pfarrer den Waisen das glückliche Ereignis persönlich mitteilen. Doch weit entfernt, sich etwas darauf einzubilden, senkte er demütig den Kopf, wie ein Kind, das auf einem Fehler ertappt worden ist. 'Liebe Kinder!' sprach er, 'ich hatte an der göttlichen Vorsehung gezweifelt und wollte euch fortschicken; der liebe Gott hat mich schön gestraft!'

Die Kunde von dem Wunder verbreitete sich mit Blitzeseile im ganzen Dorf, jung und alt eilte herbei, um das Getreide zu sehen. Der Müller erklärte, nie in seinem Leben so schönes Getreide gesehen zu haben.[75]

Auch von Pater Pio, der von 1887 bis 1968 lebte, sind uns zahlreiche Wunder glaubwürdig überliefert.

Für mich persönlich ist der Zusammenbruch der kommunistischen Diktatur in der DDR ohne Blutvergießen das größte Wunder, das ich erlebt habe. Gott hat die Zivilcourage Tausender Christen und die Entscheidung zur Gewaltlosigkeit in einer schöpferischen Resultante belohnt. Ich kann mich auch daran erinnern, dass es in meiner ersten Kaplansstelle in Gotha einen kleinen Gebetskreis gab, der für den Frieden in der Welt betete und sich trotz der kleinen Zahl nicht entmutigen ließ. Auch diese vielen Gebetsstunden, in Treue verrichtet, fallen mit in die Waagschale Gottes.

Die schon vorhin erwähnte Maria Luise Prean Bruni (* 1939) spürte den Anruf Gottes, in Uganda soziale Projekte in Angriff zu nehmen; und das, obwohl sie schon Rentnerin war. Unweit des Victoriasees kaufte sie einen Hügel, ein Gelände von 300 ha und ließ dort einen Pinienwald anpflanzen. Das Gelände war vergleichsweise billig, weil es auf dem Hügel fast nie regnete und das Gelände nicht als landwirtschaftliche Nutzfläche bewirtschaftet werden konnte. Sie bekam aber Ärger mit einem Nachbarn und dessen Söhnen, der ein Hexer war. Auf diesem unfruchtbaren Hügel wurden alle,

[75] https://www.marianisches.de/der-heilige-pfarrer-von-ars/

die mit schwarzer Magie zu tun hatten, „initiiert". Deshalb der starke Widerstand gegen ein christliches Projekt. Frau Prean Bruni hatte inzwischen in ihrer österreichischen Heimat einen Förder- und Unterstützerkreis aufgebaut. Einige dieser rüstigen Rentner waren sie in Uganda besuchen gekommen. Mit dieser Gruppe zog sie etliche Male betend über den Hügel. Sie salbten außerdem jeden Pfosten mit geweihtem Öl und streuten geweihtes Salz auf den Boden. Nach Tagen schlossen sie diesen Gebetssturm mit einem Lobpreisgottesdienst auf dem Gipfel des Hügels ab, zu dem sie auch die Bauleute des Zaunes und einige friedliche Nachbarn eingeladen hatte. Tatsächlich gab es in der Nacht darauf ein starkes Gewitter mit gewaltigem Regen. Die jungen Pinienpflänzchen konnten somit gut gedeihen.[76]

Nach Jahren, in denen sie und ihr Unterstützerkreis für die Bekehrung des Hexers gebetet hatten, geschah tatsächlich das Wunder: Er, seine Frau und seine Söhne schworen der schwarzen Magie ab und wurden Christen.

Eine Schule, Lehrwerkstätten, ein Schwimmbecken und ein Krankenhaus sind inzwischen Wirklichkeit geworden. Selbst eine biologische Kläranlage für die mehr als 1200 Schüler konnte gebaut werden. In ihrer schlagfertigen Art meinte sie einmal: „Gott hat keinen Respekt vor Geburtsurkunden." Und so sprüht die heute über 80-Jährige noch voller Energie und ist voller Pläne. Gleichzeitig meint sie aber: Mein wichtigster Platz ist der auf den Knien. Nur wenn ich spüre, dass Gott etwas will, dann hänge ich mich in ein Projekt hinein.

Im Vertrauen auf Gott etwas riskieren. Das für unmöglich Gehaltene Gott zuzutrauen – das ist der Ernstfall des Glaubens.

Als 1963 die Schönstätter Marienschwestern unweit von Milwaukee in Waukesha, Wisconsin, das Gelände einer insolventen Farm

[76]Maria Luise Prean Bruni, Gott spielt in meinem Leben keine Rolle – er ist der Regisseur, SCM-Vlg., Holzgerlingen 2019, S. 173-184.

gekauft hatten und manche Schönstätter bei Baueinsätzen durch den Matsch stampften und sehr skeptisch waren, ob aus diesem Projekt je ein Schönstatt-Zentrum werden könnte, forderte Pater Kentenich, der in Milwaukee im kirchlichen Exil war und auf seine Rehabilitierung wartete, die Menschen auf mit ihm zu träumen. So nannte er das damals. Ein Bild zu entwickeln, was möglich sein könnte. Tatsächlich wurde am 17. Oktober 1964 das Schönstatt-Kapellchen auf diesem Gelände eingeweiht, und so nach und nach entstanden weitere Gebäude und eine wunderschöne Parkanlage.

Ich durfte im März 2013 zusammen mit anderen Patres 10 Tage in Milwaukee verbringen. Wir staunten nicht schlecht, wenn wir die alten Fotos mit der aktuellen Wirklichkeit vergleichen konnten.

Das heutige Bibelwort aus dem Johannes-Evangelium ist ja nicht nur eine Provokation, Gott etwas zuzutrauen und ihn im Namen Jesu um etwas zu bitten. Es wird auch die Verheißung ausgesprochen, dass mit den erfüllten Bitten eine widerstandsfähige Freude ins Herz einzieht. Jesus spricht von einer vollkommenen Freude. Es ist eine Freude, die aus Dankbarkeit gegenüber den wunderbaren Heilsplänen Gottes erwächst.

51. Joh 16,27: Jesu besonderer Liebling

„Denn der Vater selbst liebt euch, weil ihr mich geliebt und weil ihr geglaubt habt, dass ich von Gott ausgegangen bin."

Bei einer Familienfreizeit gestaltete ich das Abendlob mit den Kindern auf der Terasse unserer Unterkunft. Die Kinder saßen auf Plastikstühlen. Am Ende wollte ich noch der kleinen Monika gratulieren, die an dem Tag Namenstag hatte. Ich bat sie, sich auf ihren Stuhl zu stellen und improvisierte das Lied „Das ist der Tag, den der Herr gemacht! Freut euch an ihm! Lasst uns fröhlich sein." Ich änderte den Text um in „Dies ist die Moni, die der Herr gemacht.

Freut euch an ihr! Lasst uns fröhlich sein." Das Namenstagskind strahlte; die anderen Kinder klatschten im Rhythmus dazu. Danach meldete sich Patricia, die am Vortag Namenstag hatte und meinte traurig: „Ich hatte gestern Namenstag." Und es klang mit: „Für mich habt ihr nicht so ein schönes Ständchen gesungen!" Am Ende musste ich für jedes Kind dieses Lied – an den jeweiligen Namen angepasst – singen. Die Kinder strahlten, auch wenn das Abendgebet diesmal sich um 20 min verlängerte.

An diesem Abend ist mir noch mal deutlich bewusst geworden: In jedem Menschen steckt ganz tief die Sehnsucht, dass er als einmaliger Mensch wahrgenommen und gewürdigt werden möchte.

Kurt Tucholsky veröffentlichte 1930 folgenden Text, den er „Blick in ferne Zukunft" nannte:

„... Und wenn alles vorüber ist –; wenn sich das alles totgelaufen hat: der Hordenwahnsinn, die Wonne, in Massen aufzutreten, in Massen zu brüllen und in Gruppen Fahnen zu schwenken, wenn diese Zeitkrankheit vergangen ist, die die niedrigen Eigenschaften des Menschen zu guten umlügt; wenn die Leute zwar nicht klüger, aber müde geworden sind; wenn alle Kämpfe um den Faschismus ausgekämpft und wenn die letzten freiheitlichen Emigranten dahingeschieden sind –: dann wird es eines Tages wieder sehr modern werden, liberal zu sein. Dann wird einer kommen, der wird eine geradezu donnernde Entdeckung machen: er wird den Einzelmenschen entdecken. Er wird sagen: Es gibt einen Organismus, Mensch geheißen, und auf den kommt es an. Und ob der glücklich ist, das ist die Frage. Dass der frei ist, das ist das Ziel. Gruppen sind etwas Sekundäres – der Staat ist etwas Sekundäres. Es kommt nicht darauf an, dass der Staat lebe – es kommt darauf an, dass der Mensch lebe. Dieser Mann, der so spricht, wird eine große Wirkung hervorrufen. Die Leute werden seiner These zujubeln und werden sagen: 'Das ist ja ganz neu! Welch ein Mut! Das haben wir noch nie gehört! Eine neue Epoche der Menschheit bricht an! Welch ein Genie haben wir unter uns! Die neue Lehre!' Und seine Bücher werden gekauft werden oder vielmehr die seiner Nachschreiber, denn der erste ist ja immer der Dumme. Und dann wird sich das auswirken, und hunderttausend schwarzer, brauner und roter Hemden werden in die Ecke fliegen und auf den Misthaufen. Und die Leute werden wieder Mut zu sich selber bekommen, ohne Mehrheitsbeschlüsse und ohne Angst vor dem Staat, vor dem sie gekuscht hatten, wie geprügelte Hunde. Und das wird dann so gehen, bis eines Tages ..."[77]

Dabei war 1930 noch nicht der Höhepunkt der nationalsozialistischen Gleichschaltung erreicht.

Der Schöpfergott hat uns als Originale gewollt. Die einmalige DNA, der Irisscan und der Fingerabdruck sind die biologischen Beweise dafür, dass Gott uns nicht als geklonte Massenware, sondern als Originale geschaffen hat. Und er hat uns nicht nur geschaffen, sondern er liebt uns auch als Originale, so wie wir sind.

Das soll das Thema unserer heutigen Meditation sein: *„Denn der Vater selbst liebt euch, weil ihr mich geliebt und weil ihr geglaubt habt, dass ich von Gott ausgegangen bin."*

Gott hat seine Allgegenwart und seine Allmacht in den Dienst seiner Liebe gestellt, um dem Einzelnen auf vielfältige Weise zu zeigen: „Ich liebe dich so, wie du bist. Ich habe dich so gewollt." Das ist nicht das Menschenbild, das uns in allen Weltreligionen begegnet.

Der vom Islam zum Christentum konvertierte Yassir Eric schreibt in seiner Autobiographie einen fiktiven Brief an seinen Vater, der ihn enterbt und für tot erklärt hat: „Mit Hochachtung, Dein Sohn, der Dich immer noch innig liebt und sehr vermisst. – Aufzuwachsen und zu leben in einer Welt des Hasses, der Gleichgültigkeit und Kälte lässt die Seele erfrieren. Es gehört zu den immer neu erstaunlichen Botschaften unseres christlichen Glaubens, dass es

---

[77] Kurt Tucholsky, Blick in ferne Zukunft, Die Weltbühne, 28.10.1930, Nr. 44, S. 665.

einen Gott-Vater gibt, der uns bedingungslos liebt. Menschen blühen auf, wenn diese Wirklichkeit in ihrer Seele zum Erlebnis wird."

Wie konnte Yassir Eric solche Zeilen schreiben? – Er hatte als radikaler Muslim den einzigen Christen in seiner College-Klasse bei einem vormilitärischen Lager zusammen mit seinen Glaubensbrüdern fast zu Tode geprügelt und war stolz darauf gewesen. Später war etwas Unglaubliches passiert. Sein Lieblingsonkel, der beim Geheimdienst arbeitete, war nach dem Verhör eines christlichen Pastors selber Christ geworden und landete deswegen im Gefängnis. Einer seiner Söhne, Fouas, wurde schwer krank. Er lag im Krankenhaus und die Ärzte beurteilten seinen Zustand als sehr kritisch. Sein Cousin Yassir besuchte ihn oft. Einmal kamen zwei koptische Christen in das Zimmer und beteten für diesen Cousin Fouas. Sie erklärten dem verdutzten Yassir, dass sein Onkel sie um diesen Dienst gebeten hatte. Tatsächlich verbesserte sich der Zustand von Fouas unmittelbar nach dem Gebet deutlich.

Für Yassir brach eine Welt zusammen. Im Nachbarraum des Krankenzimmers kam er mit einem der Beter ins Gespräch.

Ich zitiere aus der Biographie: „Innerlich wusste ich, dass etwas Übernatürliches geschehen war. Wenn das passiert wäre, nachdem ich den Koran gelesen hätte, wäre ich sicher gewesen, dass Allah ein Wunder gewirkt hätte. Doch das Wunder passierte erst, nachdem diese Christen kamen und irgendeine Magie machten, die sie Gebet nannten. Ibrahim, einer der Beter, sprach ihn an: 'Du kannst denken, das war Magie oder Zufall, aber ich möchte dir sagen: Wir glauben an einen Gott, der lebendig ist und der Wunder tun kann.' – 'Aber ich glaube auch an Gott', entgegnete ich. 'Kennst du ihn?', fragte er. Ich verstand die Frage nicht. 'Wie meinst du das? Woher soll ich ihn kennen. Gott ist doch außerhalb von Raum und Zeit.' Ich war ein sehr religiöser Mensch und glaubte, dass Gott mein Leben lenkte und ich eines Tages vor ihm stehen und mich vor ihm rechtfertigen müssen würde. Allerdings konnte ich nicht von einer Beziehung zu Gott sprechen. Vielmehr hatte ich Angst vor Gott, betete und las im Koran hauptsächlich, um den Höllenqualen im Jenseits zu entgehen.

Ibrahim fing an zu erzählen. Er begann mit den ersten Menschen, von denen in der Bibel die Rede ist: Adam und Eva. Sie sündigten und wurden dadurch von der Gemeinschaft mit dem heiligen Gott getrennt. Ich verstand, dass wir Menschen von Natur aus sündige Menschen sind. 'Es gibt keine Schulen, wo Kinder lernen zu lügen oder andere Kinder zu schlagen, das kann jeder von sich aus', erklärte Ibrahim.

Er öffnete seine Bibel und las einen Vers: 'Der Lohn der Sünde ist der Tod, aber die Gabe Gottes ist das ewige Leben' (Röm 6,23). 'Wenn du zu Gott kommen willst, kann Jesus dich dahinbringen.' Außerdem sagte er: 'Du musst wegen deiner Sünden nicht sterben, sondern Gott ist Mensch geworden, er kam auf diese Erde und starb für unsere Sünden.' Für mich war die Aussage, dass Gott Mensch wurde und ans Kreuz ging, selbstverständlich eines der schlimmsten Dinge, die ein Mensch sagen konnte. Dennoch beeindruckte mich diese Idee irgendwie. Ich wusste nie, ob meine Religiosität und meine Taten ausreichten, um nach dem Tod bei Gott zu sein. Ibrahim hingegen sagte mir, dass ich mir sicher sein konnte, dass der Himmel nach dem Tod auf mich wartete, wenn ich nur an Jesus glaubte.

'Gott liebt dich und hat einen Plan für dich. Er meint es gut mit dir, ohne dass du etwas leisten musst', fuhr Ibrahim fort. Diese Worte klangen fast zu schön, um wahr zu sein. Ich wünschte mir nicht mehr, als dass sie wahr wären und es tatsächlich einen solchen Gott gäbe. Allerdings fiel es mir unheimlich schwer zu glauben, dass Gott mich liebt, unabhängig von dem, was ich tue. Und dass seine Liebe nichts mit meiner Religiosität oder Frömmigkeit zu tun hat. Es gibt nichts in meinem Leben, was ich tun kann, um diese Liebe zu verdienen oder zu mindern. Sie ist unveränderlich, weil sie Gottes Wesen ist.

Ich wusste, wenn Jesus wirklich der ist, von dem Ibrahim erzählt hat, dann musste ich mich ändern. Wenn Gott wirklich alle Menschen liebt, konnte ich Christen und Juden nicht mehr hassen. Wenn Jesus der Weg zu Gott ist, dann war mein frommes Leistungsdenken fehl am Platz.

Die ganze Nacht redete ich mit Ibrahim. Die so sehnlich gewünschte offene Diskussion, die ich mit meinem Onkel, dem Iman, vergeblich gesucht hatte, konnte ich hier bis zum Morgengrauen führen."[78]

Dieser Konvertit entdeckte für sich den Mehrwert des christlichen Glaubens.

Nun ist es natürlich so, dass nicht jeder christlich Getaufte automatisch in diese Gottinnigkeit und persönliche Gottesbeziehung hinein findet.

Sehr drastisch hat das die Vorarlbergerin Maria Luise Prean-Bruni in ihrer Autobiographie ausgedrückt. Sie war in die USA ausgewandert und hatte dort ein intensives Bekehrungserlebnis geschenkt bekommen und engagierte sich im Heilungs- und Befreiungsdienst von charismatischen Gemeinden. Einmal kam ihre Schwester aus Österreich zu Besuch und meinte, auch in Österreich würde sie gebraucht. Maria Luise war sich nicht sicher, ob Gott durch ihre Schwester gesprochen hätte. Im Gebet rang sie mit Gott und sagte ihm: „Bitte schicke mich nicht nach Europa, denn die haben genug Religion, um gegen den Glauben immun zu sein."[79]

Auch wenn sie diese Äußerung nicht näher erläutert, so lässt sich aus ihren Kindheitserinnerungen doch rekonstruieren, dass es in ihrer Heimat viele Bräuche und Feste gab, die christlich geprägt waren, aber es war mehr ein Folklore-Christentum, bei dem man mitmacht, aber kein persönlicher Glaube. Aus dem traditionellen „man glaubt hier" war noch nicht oder nur sehr selten ein „ich

---

[78] Yassir Eric, Hass gelernt. Liebe erfahren. Adeo-Vlg., Asslar 2017, S. 93ff.

[79] Maria Luise Prean-Bruni, Gott spielt in meinem Leben keine Rolle – er ist der Regisseur. SCM-Vlg., Holzgerlingen ^{2}2019, S. 85.

glaube“ geworden.

Auch Menschen, die in sehr schwierigen familiären Verhältnissen aufgewachsen sind, können sich nur schwer vorstellen, dass es wirklich Liebe gibt und dass es einen Gott gibt, der die Liebe ist.

Sehr prägnant hat diese Neuentdeckung und diesen Wechsel in der Perspektive ein Jugendlicher beschrieben, der in den 50er Jahren in einer New Yorker Straßengang lebte. Der freikirchliche Pastor David Wilkerson hatte den Anruf Gottes vernommen, sich dieser jugendlichen Straßenbanden in New York anzunehmen. Für ihn war es eine geduldige mühsame Schwerarbeit, die Mauer aus Misstrauen und Verachtung seitens der Jugendlichen einzureißen. Manche Kollegen hielten sein Bemühen für ein aussichtsloses Unterfangen, doch er suchte immer wieder den Kontakt und investierte Wertschätzung und Vertrauen in diese so abgebrüht sich gebenden Jugendlichen. Schließlich kann er doch etliche diese Jugendlichen dazu motivieren, dass sie zu einem Gottesdienst in einen Kinosaal kommen. Einer der Jugendlichen, Nic Cruz schildert, was mit ihm geschah:

„Der Prediger sagte, der Heilige Geist könne in die Menschen hineinkommen und sie rein machen. Er sagte, es komme nicht darauf an, was sie getan hätten, der Heilige Geist könne sie von vorn anfangen lasen, gerade so wie Babys. Plötzlich hatte ich danach solch ein Verlangen, dass ich's nicht aushalten konnte. Es war, als ob ich mich zum ersten Mal sah. All der Schmutz und der Hass und die Verkommenheit wie Bilder vor den Augen. 'Du kannst anders werden!' sagte er. 'Dein Leben kann verwandelt werden.' Das wollte ich. Das brauchte ich, aber ich wusste, mit mir konnte das nicht geschehen. Der Prediger sagte uns, wir sollten nach vorn kommen, wenn wir verwandelt werden wollten, aber ich wusste, dass es für mich keinen Zweck hatte. Da befahl unser Anführer uns allen aufzustehen. 'Ich bin Präsident', sagt er, 'und diese ganze Bande geht dort hinauf!'

Ich war der erste an der Barriere. Ich kniete nieder und sprach das erste Gebet meines Lebens und das wie dies: 'Lieber Gott, ich bin der dreckigste Sünder von ganz New York, Ich denke nicht, dass du mich haben willst. Wen du mich aber willst, kannst du mich haben. So schlecht, wie ich bisher gewesen bin, so gut möchte ich dann für Jesus sein.'

Später gab mir der Prediger eine Bibel, und dann ging ich nach Hause und war gespannt, ob der Heilige Geist wohl wirklich in mir war und wie ich das merken würde. Das erste, was geschah, als ich in mein Zimmer kam und die Tür zumachte: Ich hatte keine Angst mehr. Mir war, als hätte ich im Zimmer Gesellschaft – nicht Gott oder so jemand, sondern ich hatte ein Gefühl, wie wenn meine Mutter zurückgekommen wäre. Ich hatte vier Marihuana-Zigaretten in der Tasche. Ich riss sie kaputt und warf sie aus dem Fenster. Am anderen Tag starrte mich alles an, denn es hatte sich herumgesprochen, dass Nick fromm geworden war. Doch es geschah noch etwas anderes, was mich gewiss machte. Kleine Kinder waren sonst immer vor mir weggerannt, wenn sie mich sahen. Aber an dem Tage starrten mich zwei kleine Jungen erst eine Weile an, dann kamen sie zu mir. Ich sollte sie messen und sehen, wer von ihnen der größere war – nichts Bedeutendes. Bloß ich schloss sie in meine Arme, weil ich nun wusste, dass ich anders war, wenn auch niemand anders es merkte als kleine Kinder."[80]

Aber nicht nur in solchen radikalen Bekehrungen zeigt sich der Mehrwert einer persönlichen Christusbeziehung. Es kann auch bei Christen, die durchaus schon auf dem Weg der Nachfolge sind, eine neue Qualität der Beziehung möglich werden.

Ein Beispiel ist die Reformerin Theresa von Avila. 1515 geboren und von Ordensschwestern ausgebildet, trat sie mit 20 Jahren in das Karmelkloster in Avila ein. 1539 kam es vor einem Bild mit dem leidenden Christus zu einer Bekehrung und zu weiterer Ver-

---

[80] David Wilkerson, Das Kreuz und die Messerhelden, Leuchter-Edition, Erzhausen 2004, S. 83f.

tiefung ihrer Innerlichkeit. Angesichts des Passionsbildes wurde ihr bewusst, was Jesus für sie getan hatte und wie sehr er sie schätzen musste, wenn er so viel für sie eingesetzt hatte. Weiteres Gebet und Studium führten sie 1554 zur – wie sie es nannte – endgültigen Bekehrung: der existentiellen Erfahrung, von Gott ganz persönlich unendlich geliebt zu werden. Dieses neue Lebensgefühl erfüllte sie mit solcher Dynamik, dass sie in den ihr verbleibenden Jahren den Orden reformierte und 14 Reformklöster gründete. In Zusammenarbeit mit Johannes vom Kreuz, den sie 1568 kennen gelernt hatte, gründete sie auch 15 Männerklöster nach der reformierten Regel. Erst nach ihrem Tod wurden die reformierten Klöster als eigener Ordenszweig päpstlich anerkannt.

„Gott war für Teresa nicht eine ferne, hohe Macht, sondern der Mensch Jesus, zu dem sie eine innige Freundschaft pflegen konnte. Beten ist nicht nur Gebet mit Worten, sondern als inneres Gebet ein Verweilen bei einem Freund, der uns liebt. Das Streben zur Vervollkommnung aus eigener Kraft führe beim Scheitern zu Neurosen, beim Gelingen zu pharisäerhaftem Stolz; Gottes Vergegenwärtigung durch inneres Beten aber eröffne das Zutrauen, dass Gott dem Menschen die Vollkommenheit schenkt.“[81]

Pater Kentenich, der Gründer der Schönstatt-Bewegung und ein einflussreicher Priesterseelsorger, studierte viele Heiligenbiographien und meinte daraufhin: Erst wenn Christen tief durchdrungen sind von der Glaubenswirklichkeit, dass sie ganz persönlich von Christus geliebt sind, dann entsteht ein seelisches Wachstum, eine neue Dynamik, die wiederum ansteckend auf andere wirkt.

Zum Abschluss möchte ich noch einen kurzen Blick auf das Ehepaar Christoph (* 1942) und Alexa Gaspari werfen. Christoph erzählt: „Als wir 1968 heirateten, hatten wir den Eindruck, die Ehe würde eine *g'mahte Wies'n* sein, wie man bei uns sagt. War sie

[81] https://www.heiligenlexikon.de/BiographienT/Teresa_von_Avila.htm

aber nicht, wie sich nach relativ kurzer Zeit des Zusammenlebens herausgestellt hat. Wir hatten zwar mittlerweile unsere Tochter Nicole bekommen und erwarteten unser zweites Kind, Bernadette – aber ohne es recht zu merken, hatten wir uns auseinandergelebt. Mir waren Beruf und mein Hobby, das Bridgespielen, das ich oft weit bis in die Nacht außerhäuslich betrieb, wichtig, während meine Frau sich daheim vernachlässigt und eingesperrt fühlte.

All das entdeckten wir allerdingst erst, nachdem ich – bis zu meinem 29. Lebensjahr stolz auf meinen wissenschaftsgläubigen Agnostizismus – bei einem Cursillo zum Glauben an Jesus Christus gefunden hatte. Eine neue Dimension brach damals nicht nur in mein Leben ein, sondern es eröffneten sich auch bis dahin ungeahnte Perspektiven für unsere Ehe. Wir hatten zwar kirchlich geheiratet, aber vor allem deswegen, weil es eben zur Tradition gehörte. Weder meine Frau, die eher lustlos die Pflichten eines tradierten Katholizismus absolvierte, noch ich hatten eine Ahnung davon, was eine sakramentale Eheschließung ihrem Wesen nach ist.

Jetzt aber wurde uns plötzlich bewusst: Gott ist gegenwärtig, Er begleitet unser Leben, wirkt in unserer Ehe. Zum ersten Mal fanden wir den Weg zu Gesprächen, die unsere Beziehung betrafen. Es gelang uns endlich, besser aufeinander zu hören. Wir erkannten, wie weit wir uns schon auseinandergelebt hatten – und fassten den Entschluss, nun viel bewusster den Weg gemeinsam zu gehen."[82]

Diese verschiedenen Beispiele machen deutlich, dass es nicht selbstverständlich ist, dass ein Getaufter in diese persönliche Liebesbeziehung zu Christus und den Vater hineinfindet. Aber wenn man darum weiß, dass es diese Möglichkeit gibt, dann kann man zielgerichteter suchen und Christus auch bitten: Offenbare dich mir so, wie es diese Menschen erlebt haben! Erst dann, wenn wir

[82] Arturo Cattaneo, Von Gott überascht. Die Kraft des Glaubens in Zeugnissen, Ef-Vlg., Kisslegg [2]2014, S. 202f.

uns als Lieblingsbeschäftigung Gottes fühlen, dann bekommt unser Herz die Nahrung, die es so dringend braucht.

Gott ist kein Gott, der einfach sein Gut-Sein wie die Sonne verstrahlt; denn dann käme es auf uns Menschen an, dass wir aus dem Schatten in die Sonne treten, um uns wärmen zu lassen. Wenn wir die Worte Jesu von den Haaren auf unserem Kopf, von den Spatzen und Lilien des Feldes ernst nehmen, dann hat Gott seine Allgegenwart in den Dienst seiner Liebe gestellt und möchte jedem zu verstehen und zu erleben geben: Du bist meine Lieblingsbeschäftigung.

52. Joh 16,32: Der verlassene Jesus

„Siehe, die Stunde kommt und sie ist schon da, in der ihr versprengt sein werdet, jeder in sein Haus, und mich alleinlassen werdet. Aber ich bin nicht allein, denn der Vater ist bei mir."

Als Ehe- und Familienseelsorger werde ich ja immer wieder mit der Situation konfrontiert, dass eine Beziehung zerbricht. Manchmal zeichnet es sich in den Beratungsgesprächen schon ab; manchmal verschwindet jemand ohne ein Wort; und das nächste Wiedersehen gibt es dann erst wieder vor Gericht mit Anwalt. Für den Verlassenen ist das ein großer Schmerz; dieser Schmerz steigert sich um ein Vielfaches, wenn der Verlust unerwartet und überraschend kommt. Und doch gibt es wohl keinen Menschen, der nicht in irgendeiner Weise mit dem Problem Verlassenwerden konfrontiert worden ist. Schon unsere Geburt ist ein Verlassen. Wir verlassen die Gebärmutter und werden in diese Welt gepresst. Manche Ärzte sprechen in dramatischer Weise vom Geburtstrauma.

Der Liedermacher Reinhard Mey hat seine Einsamkeitserfahrungen in einem Lied verarbeitet: „Allein".

„Er drang mir in die Seele, weiß Gott, wie er mich traf, der Spott der guten Kinder, ich war das schwarze Schaf. Im Pausenhof, die Tränen niederkämpfend, stand ich stumm, der Inhalt meines Ranzens lag verstreut um mich herum. Wie wünscht ich mir beim Aufsammeln eine helfende Hand, ein Lächeln, einen Trost, und da war keiner, der sich fand. Und ich hatte keinen Freund, und schlechte Noten, ist ja wahr, und unmoderne Kleider und widerspenstiges Haar.

Allein – wir sind allein. Wir kommen und wir gehen ganz allein. Wir mögen noch so sehr geliebt, von Zuneigung umgeben sein, die Kreuzwege des Lebens gehen wir immer ganz allein. Allein – wir sind allein. wir kommen und wir gehen ganz allein.

Wir waren uns alle einig in dem großen Saal, wir hatten große Pläne und ein großes Ideal. Ich war der Frechste und der Lauteste und hatte Schneid, ich wusste unsere Stärke war unsere Geschlossenheit. Doch mancher, der von großer gemeinsamer Sache sprach, ging dabei doch nur seiner kleinen eigenen Sache nach. Und als ein Held sich nach dem anderen auf die Seite schlich, stand einer nur im Regen, und der eine, der war ich.

Und noch ein Glas Champagner, und sie drückten mir die Hand, und alle waren freundlich zu mir, alle waren charmant. Und mancher hat mir auf die Schulter geklopft, doch mir scheint, es hat wohl mancher eher sich als mich damit gemeint. Die Worte wurden lauter und sie gaben keinen Sinn, das Gedränge immer enger und ich stand mitten drin, und fühlte mich gefangen wie ein Insekt im Sand, je mehr es krabbelt desto weiter rückt der Kraterrand.

Nun, ein Teil meines Lebens liegt hinter mir im Licht, von Liebe überflutet und gesäumt von Zuversicht. In Höhen und in Tiefen auf manchem verschlungenen Pfad fand ich gute Gefährten und fand ich guten Rat. Doch je teurer der Gefährte, desto bitterer der Schluss, dass ich den letzten Schritt des Wegs alleine gehen muss. Wie sehr wir uns auch aneinander klammern, uns bleibt nur die gleiche leere Bank auf einem kalten leeren Flur."

In dieser Meditation schauen wir auf Jesus, der auf eine bevorstehende Verlusterfahrung hinweist: „Ihr werdet mich allein lassen." Es gehört mit zu den dunklen und für uns schwer zu verdauenden Seiten der Menschwerdung Gottes, dass Jesus in seinem Erdenleben alle Noterfahrungen der Menschen auf sich nehmen wollte. Denken wir an die Armut und das Abgewiesenwerden bei der Geburt in Bethlehem, das Flüchtlingsschicksal in Ägypten, das Unverständnis und der enge Horizont seiner Jünger, die Intrigen und Borniertheit der religiösen Oberschicht, die Wankelmütigkeit der Massen, die ihm erst zujubeln und Palmen legen und später „Kreuzige ihn!" schreien, der Verrat durch einen Vertrauten, die Qualen der Passion und schließlich der ehrlose Tod am Kreuz. Davor der irritierende Schrei: „Mein Gott, mein Gott, warum hast du mich verlassen?" – Wie kann Gott von Gott verlassen sein? Wir können uns an dieses Unbegreifliche nur mühsam herantasten, wenn wir einen banalen Vergleich heranziehen. Vielleicht ist es dem einen oder anderen schon mal passiert, dass er fleißig für eine Prüfung gelernt hatte, aber dann in der Prüfung so vor Aufregung blockiert war, dass ihm das Gelernte und auch sicher Gewusste einfach nicht einfällt. Jesus ist Gott, aber durch die Schmerzen ist der innere Zugang zu seiner Identität blockiert. Wenn wir also die Gottheit Jesu nicht gegen seine Menschheit ausspielen, dann hat er in der Situation nicht geschauspielert, sondern auch dieses seelische Leid einer empfundenen Gottverlassenheit ausgekostet.

Wenn wir diese Situationen an unserem geistigen Auge vorüberziehen lassen, dann erschließt sich uns die Glaubenswirklichkeit, dass Jesus aus eigenem Erleben alle dunklen Situationen selber durchlitten hat, in die ein Mensch geraten kann. Und weil er das selbst erlebt hat, kann er sich in uns einfühlen.

Im Hebräerbrief lesen wir: *„Wir haben ja nicht einen Hohenpriester, der nicht mitfühlen könnte mit unserer Schwäche, sondern einen, der in allem wie wir in Versuchung geführt worden ist, aber nicht gesündigt hat. Lasst uns also voll Zuversicht hingehen zum*

Thron der Gnade ...“ (Hebr 4,15f).

Kommen wir noch einmal zurück zum Lied von Reinhard Mey: Was Reinhard Mey dort besingt, „Wir sind allein, die Kreuzwege des Lebens geh'n wir immer ganz allein“, das ist wohl allen von uns nicht fremd. Auch die Stationen vom Schulhof nach der Prügelei, wo er allein ist, in der Studentengruppe, in der Partnerschaft. Das Thema Einsamkeit zieht wie ein dunkler Faden durch unseren Lebensteppich. Es fällt schwer, immer wieder neu ein herzhaftes, tapferes Ja dazu zu sagen. Das Leben ist so. Das fängt an vom Säugling, der sich verlassen fühlt und solange schreit, bis sich wieder ein liebevolles Gesicht über ihn neigt und er aufgenommen wird; ja bis zu unserem Sterben.

Eine Frau sagte am Tag der Goldenen Hochzeit zu ihrem Mann: „Ich wünsche Dir, dass Du vor mir gehst, damit Du nicht den Weg vom Friedhof allein nach Hause gehen musst.“ Das könnte man auch zynisch sehen, aber in dem Fall war es wirklich von Einfühlung und Liebe getragen: „Ich wünsche, dass Du vor mir gehst, damit Du den Weg vom Friedhof zurück nicht allein gehen musst.“

Einsamkeit gehört zum Leben. Es ist gleichsam der Preis dafür, dass wir „Ich“ sagen dürfen. Es ist der Preis dafür, dass wir selbständig sein dürfen, und nicht einfach nur im „Wir“ aufgehen als Massenmenschen.

Einsamkeit war auch ein Grundgefühl bei dem Pallottinerpater und Schönstätter Franz Reinisch, als er sich damals durchgerungen hat vor 79 Jahren: „Ich darf den Fahneneid nicht leisten auf Hitler, auch wenn es viele andere machen. Auch wenn viele andere das nicht verstehen, auch wenn viele andere der Gewissensentscheidung sogar ausweichen; ich spüre, ich muss diesen Weg gehen, der mich in eine große Einsamkeit führt.“

Ich erinnere mich an einen Familienvater, dessen Frau seelisch krank geworden ist, und der seit Jahren im Grunde genommen die Familie stützt, die Familie trägt, sich um die Kinder kümmert – und dabei sagt: „Wenn sie sich das Bein gebrochen hätte, dann wäre sie noch sie selber, aber es fällt mir einfach schwer, jetzt ja zu sagen zu ihr, wo sie so ganz anders geworden ist; wo ich das Gefühl habe, ich erreiche sie nicht mehr. Ich habe nicht eine Partnerin an meiner Seite, mit der ich mich über alles austauschen kann, sondern ich bin allein." Aber er steht dazu. Und das ist auch eine Form von Tapferkeit, dazu ja zu sagen.

Der Jugendliche, der wegen Liebeskummer Selbstmord macht – in einer Paniksituation. Er kann es scheinbar nicht aushalten, allein zu sein. Er hält den Verlust an Selbstwertgefühl im Verlassenwerden, dass jemand nein zu ihm sagt, nicht aus – und macht den größten Fehler seines Lebens.

Und so ist es gut, dass wir uns heute dem Thema Einsamkeit stellen. Um „Ich" sagen zu können, müssen wir bereit sein, diesen Preis zu zahlen. Mit all dem Leid, was damit verbunden ist.

Andererseits wieder erlebe ich, dass manchmal zu früh diese Grenze gezogen wird: „Du verstehst mich nicht, ich bin allein!"

Vor längerer Zeit hatte ich mit einer 14-Jährigen ein Gespräch. Ich habe mich gefreut, wie aus diesem lustigen, aber manchmal etwas oberflächlichen Mädchen jetzt auf einmal eine kleine Philosophin geworden war, die ganz neue Fragen hatte. Und wir haben wirklich angeregt miteinander geredet. Aber sie behauptete dann ganz ernsthaft: „Na, meine Mutter, die kann mich nicht verstehen." Obwohl ich die Mutter kenne und weiß, dass sie genügend Einfühlungsvermögen hat. Nur weil jetzt in dieser 14-Jährigen selbst etwas ganz Neues aufgebrochen ist, die Seele gleichsam einen neuen Wachstumsschub erlebt hat; erlebt sie bei sich etwas Neues, das sie zur Zeit noch nicht kommunizieren kann. Und weil es für sie so neu ist, und sie sich vorher so recht und schlecht mit der Mutter verstanden hat, glaubt sie allen Ernstes: „Na, die kann mich ja nicht verstehen." Nach unserem Gespräch gab es in den darauf folgenden Monaten einige Gespräche, und diese 14-Jährige entdeckte: „Mein Feindbild, das ich mir von meiner Mutter gemalt habe, das muss ich doch korrigieren. Sie ist ja doch einfühlsamer und verständiger als ich das je für möglich gehalten hätte."

Auch das gibt es, dass man die Grenzen hinausschieben kann: Ich erinnere mich an ein Ehepaar, das mehrere Sommer zu unseren Familientagungen gekommen war. Bei einer Ankommenrunde erzählt es: "Jetzt in diesem letzten Jahr" – im Jahr davor haben sie die erste Familientagung mitgemacht – „haben wir uns noch nie so viel gestritten und noch nie so wenig verletzt." Ein wunderbares Echo auf das, was sie in dieser einen Woche vor einem Jahr gelernt hatten. Zu begreifen, wir brauchen dem Streit nicht auszuweichen, wir brauchen der Konfrontation nicht auszuweichen. Sondern hinter jedem Streit steckt ja eigentlich die Grundbotschaft: „Weil Du mir so wichtig bist, deshalb rücke ich Dir auf die Pelle. Ich ziehe mich nicht in mich, in mein Schneckenhaus, zurück, ich gehe nicht auf Distanz, lass Dich einfach liegen, sondern ich ringe mit Dir, ich möchte Dich ja bitte besser verstehen. Und deshalb, erklär Dich doch mir." – „Wir haben uns noch nie so viel gestritten und noch nie so wenig verletzt." Die Grenzen der Einsamkeit sind gleichsam hinausgeschoben worden und das „Wir" ist einfach schöner, runder, harmonischer geworden – und auch viel ehrlicher. Die Beziehung hat eine neue Qualität bekommen.

Oder ein Ehepaar kommt auf Tagung. Die Schönstätter Marienschwester, die die Tagung mitgestaltet, kennt beide von der Jugend her, weiß, beide waren da engagierte Gruppenleiter. Und es gibt mal ein Gespräch mit der Frau, mal mit dem jungen Mann. Und beide bekennen der Schwester dann das Leid: „Ja, eigentlich ist es prima, auch wie das partnerschaftlich geht mit der Arbeit – aber religiös hätte ich mir eigentlich mehr erwartet." Also jeder sagt das im Einzelgespräch der Schwester. Und nachdem die Schwester es von beiden hört, macht sie jedem Einzelnen doch Mut, am Nachmittag, wenn die anderen Familien mit ihren Kindern unterwegs sind – sie haben noch keine Kinder – sollen sie sich doch wirklich mal öffnen und das, was ihnen ganz kostbar ist, auch schenken. Und kurz vor dem Abendessen kommen zwei ganz glücklich strahlende junge Leute zurück, weil sie den Mut gehabt haben, über das, was in ihrem Innern vorgeht, was dort lebendig ist, was dort an Reichtum schlummert; weil sie das öffnen und dem Partner schenken konnten. Grenzen herausschieben, indem ich mich bemühe, mich mehr zu öffnen, die Perlen aus der zugeklappten Auster heraushole und so die andern bereichern kann – und selber auf einmal erlebe: „Ich bin nicht allein."

Und so – glaube ich – gehört mit zum Thema Einsamkeit, dass wir uns immer wieder fragen sollten: „Lässt sich denn diese Grenze nicht doch noch ein bisschen hinausschieben?"

Pater Kentenich hat in seinen Pädagogischen Tagungen auch von der Offenbarungsnot der jungen Menschen gesprochen und wie wichtig es ist, den jungen Menschen einfach ein erleuchtetes, emporbildendes Verstehen zu schenken, damit sie sich öffnen können. Damit das, was neu in ihrem Innern aufbricht, was sie oft selber nicht verstehen, hineinfließen kann in ein gütiges, barmherziges, verstehendes Herz, das dann dieses ordnet und das Gute gleichsam herausfiltert. Und auf einmal kann der junge Mensch, dem es so schwerfällt, Ja zu sich zu sagen, erleben: „Aber ein anderer Mensch sagt zu mir Ja. Und weil der zu mir Ja sagt, kann auch ich zu mir Ja sagen." Erlösung von der Einsamkeit. Erlöst werden heißt, neu „Wir" sagen können.

Und trotzdem bleibt immer ein Rest. – Ich kenne ein Paar, schon über die Goldene Hochzeit hinweg, das wirklich glücklich miteinander verheiratet war und das sich noch im hohen Alter wie zwei Turteltäubchen aufführen konnte. Da sagte der Vater einmal zu einem Priester: „Ja, wissen Sie, auch wenn man seine Frau ganz doll mag, bleibt ein Bereich im Herzen, der gehört nur dem lieben Gott; da kann man sich nicht mitteilen." Die Frau, die daneben stand, war nicht schockiert, sondern fiel ihrem Mann um den Hals. Das heißt, sie fühlte das Gleiche. Sie kannte das, was der Mann dort beschrieben hatte. Und so war auch noch mal im Einsamsein das Gefühl der Gemeinsamkeit: „Wir wissen beide, wovon wir reden, und können ein tapferes Ja dazu sagen."

Aber ich glaube, es wäre zu wenig, wenn wir uns nur darum bemühen wollten, einerseits immer wieder neu ein tapferes Ja zu sagen zu der Einsamkeit – sie als Realität des Lebens einfach so zu bejahen – oder zweitens dann eben versuchen, die Grenzen hinauszuschieben, damit wir uns auf einer tieferen, persönlicheren, echteren Ebene begegnen können. Ich glaube, dass diese Meditation uns noch eine neue Dimension eröffnet: nämlich, dass wir unsere Einsamkeit mit dem verlassenen Jesus am Kreuz teilen können.

Viel Einsamkeit wird ja einfach ausgelöst, weil wir Menschen unerlöst sind. Weil die Beziehung zu Gott, zu den anderen und zu sich selbst durch die Erbsünde zerstört ist – oder zumindest arg eingeschränkt, verwundet.

Als gläubige Menschen können wir die Wirklichkeit auch so deuten: Viel Leid entsteht, weil Menschen die Freiheit, die Gott ihnen gegeben hat, missbrauchen. Und dieser Missbrauch der Freiheit heißt auf der anderen Seite wieder: Es gibt unschuldige Opfer – hunderte, tausende, manchmal Millionen. Unschuldige Opfer durch den Missbrauch der Freiheit von Einzelnen. Es gibt keine größere Einsamkeit als die Einsamkeit des Opfers, wenn es ohnmächtig dem Täter ausgeliefert ist. Und dann kommt die Frage: „Gott, wo bist Du? Warum ist das so?" Und die Antwort Gottes auf diese Anklage des unschuldigen Opfers aus der Einsamkeit herausgeschrien, ist: „Ich lasse meinen Sohn Mensch werden." Hier möchte ich noch einmal wiederholen, was ich anfangs gesagt hatte: Dieses Menschenleben Jesu ist immer ein Leben auf der Seite der Opfer: Ob es die Armut und Hauslosigkeit in Bethlehem ist; das Flüchtlingsschicksal in Ägypten; die Pubertätskrise des 12-Jährigen, der sich von seinen Eltern nicht verstanden fühlt: „Wusstet ihr nicht, dass ich in dem sein muss, was meines Vaters ist?" Der berufliche Misserfolg: die Leute laufen ihm weg, als er das Kostbarste, das er hat, die Eucharistie, den Menschen schenken und erklären will, sagen sie: „Jetzt ist er übergeschnappt. Wie will er uns sein Fleisch zu essen geben?!" Der Verrat durch einen Freund; das Opfer politischer Gewalt, unsägliche körperliche Schmerzen, seelische Demütigungen; und schließlich das Geheimnisvollste: dass dieser Gottmensch selber ausschreien kann: „Mein Gott, mein Gott, warum hast Du mich verlassen?" – Geht das überhaupt?

Der von seinen Jüngern verlassene Jesus ist gleichzeitig auch eine tröstliche Botschaft. Warum? – Weil wir alle unsere Einsamkeitssituationen, die wir im Lauf unseres Lebens durchmachen müssen, mit einem teilen können: mit dem Erlöser und Gottmenschen Jesus Christus.

Und selbst wenn wir es miterleben müssen, dass wir von Glaubenszweifeln geplagt sind, dass wir uns von Gott verlassen fühlen, dann können wir zumindest eines festhalten: „Aber Du Jesus Christus, Du weißt, wie mir zumute ist. Also kann ich auch dieses Leiden der Gottesferne gleichsam mit Dir teilen." Und das Eigenartige an unserem Glauben, dass wir an drei göttliche Personen glauben, offenbart auch hier seine ganze befreiende Kraft: Wenn der Kontakt zu Gottvater mit seinen dunklen Plänen gleichsam blockiert ist, wenn wir Gott nicht begreifen, kann gleichzeitig eine große Innigkeit gegenüber dem Gottessohn, gegenüber Christus dasein, der eben auch geschrien hat: „Mein Gott, mein Gott, warum hast Du mich verlassen?" Und wir glauben, dass dieses Leiden Christi, diese Einsamkeit, die er auf der Seite der Opfer erlebt hat, heilsbedeutsam ist für uns, für andere. Und wir glauben auch, dass wir berufen sind, nicht in unsrer Einsamkeit einfach stecken zu bleiben. Wir dürfen unsre Einsamkeit gleichsam noch mal mit Christus verbinden. Wir dürfen sie ihm schenken. Und wir dürfen ihm sogar unser Leid widmen und sagen: „Christus, aber bitte nimm mein Leid an für die Erlösung dieses Menschen, der mich jetzt so meine Einsamkeit spüren lässt."

So dürfen wir das Ehesakrament auch als Erlösungsgemeinschaft deuten, weil das Leiden aneinander, wenn es in Geduld und Tapferkeit ertragen wird und aufgeopfert wird, tatsächlich erlösend auf den anderen wirkt. Warum? – Weil der Partner sich barmherzig angenommen erlebt, weil er spürt, der andere sagt Ja zu ihm, auch wenn er es im Moment vielleicht nicht verdient hätte. „Ich liebe dich, nicht weil du es verdient hättest, sondern weil du es brauchst. Ich liebe dich, weil meine Liebe kein Reagieren auf deine Schönheit, deine Klugheit, deine Weisheit, deine Kraft, deine Stärke, deine Intelligenz ist, sondern weil mein Lieben Investieren ist. Ich liebe, weil ich spüre, du brauchst es."

Das ist ja genau diese Größe Christi, dass er im Moment, als er die Ablehnung der Menschen spürt, sich nicht in seinen Himmel flüchtet, in seine Glückseligkeit – und gleichsam sagt: „Experiment Menschwerdung gescheitert. Die Menschen sind zu dumm, zu borniert und zu blöd. Also sollen sie sehen, wie sie weiter zurechtkommen." Jesus ist kein verbitterter Revolutionär, der diese Menschheit verbessern wollte, und sich dann, wenn er nicht angenommen wird, zurückzieht in den Schmollwinkel der Geschichte. Nein, Jesus hält sein Ja offen. Aber das bedeutet für ihn, dass er sich von diesen Menschen quälen lassen muss. Dass er diese Ablehnung so spürt, dass diese Menschen ihn zwar körperlich kaputt machen können, aber eines nicht hinbekommen: dass er sein Ja zu uns Menschen zurücknimmt. Jesus hält sein Ja zu uns durch, auch wenn es für ihn äußerste Strapazen bedeutet. Und so ist von seiner Seite aus diese Offenheit da; und so dürfen wir uns immer wieder auch neu von ihm diese Kraft erbetteln: „Hilf uns doch in unserer Einsamkeit! Hilf uns doch, wenn wir uns überfordert fühlen, das Ja zum andern aufrecht zu erhalten, weil wir so wenig Echo spüren. Hilf uns doch, auch barmherzig zu sein, gerade dann, wenn es der andere am wenigsten verdient, aber am meisten braucht." Und so können wir mit Ihm an der Seite, mit Ihm im Rücken, mit Ihm an der Hand unsern Beitrag zur Erlösung leisten, der uns gleichsam zugedacht ist.

Zum verlassenen Jesus am Kreuz Ja sagen, ihn lieben – das ist auch eine Form, wie wir – wie Paulus es im Kolosserbrief schreibt

– für den Leib Christi, die Kirche, ergänzen können, was an den Leiden Christi noch fehlt (vgl. Kol 1,24).

Also nicht, dass es solche Situationen nicht geben dürfte mit der Einsamkeit und mit dem Leid. Aber in dieser Situation kann ich diese Situation noch mal begreifen. Ich bin nicht das arme Opfer und muss im Selbstmitleid versinken, sondern ich bin noch einmal herausgefordert, auch daraus einen Akt der Liebe zu machen. Nicht zu sehr fragen, wie geht es mir jetzt, sondern meinen Schmerz in den größeren Sinnzusammenhang zu stellen und auch noch mal neu begreifen: „Gekommen ist die Stunde meiner Liebe." Gekommen ist die Herausforderung, ein tapferes Ja zu der Situation zu sagen – und so das Meine zur Erlösung der Welt beizutragen.

53. Joh 16,33: Frieden in Jesus

„Dies habe ich zu euch gesagt, damit ihr in mir Frieden habt. In der Welt seid ihr in Bedrängnis; aber habt Mut: Ich habe die Welt besiegt."

Einmal wurde ich ins Krankenhaus gerufen, um mit den Angehörigen eines gerade Verstorbenen zu reden und zu beten. Auf meine Frage an die Ehefrau und die erwachsenen Kinder, was sie am meisten an dem Verstorbenen schätzen würden, nannten alle übereinstimmend seine Ausgeglichenheit.

Als ich mir später zu Hause das Gespräch noch mal vergegenwärtigte, fiel mir eine Geschichte ein, die ich Ihnen gerne erzählen möchte:

„Eine Frau sprach auf der Beerdigungsfeier für ihren verstorbenen Mann. Während ihrer Rede hielt sie ein abgegriffenes Stück Papier hoch. Dieses, erklärte sie, sei bereits vor der Hochzeit immer in seinem Portemonnaie gewesen. Es habe ihn davon abgehalten, zornig auf andere zu werden oder auch schlecht von sich selbst zu denken.

Wie es dazu gehkommen war, hatte ihr Mann ihr so erklärt: Er war auf eine reine Jungen-Highschool gegangen. Eines Tages drohte sich ein schon lange schwelender Konflikt zwischen den Teenagern in einem Riesenstreit zu entladen. Die Lehrerin nutzte die letzte Gelegenheit, die sie sah, eine Eskalation zu verhindern. Jeder Schüler sollte sorgfältig eine Seite aus seinem Aufgabenheft heraustrennen. Dann sollten sie alle ganz oben auf das Blatt den Namen des Klassenkameraden schreiben, der ihnen am meisten zuwider war. Der nächste Schritt bestand darin, dass sie den Zettel genau in der Mitte durch einen Längsstrich in zwei Spalten teilten. In der linken Spalte sollte sie die Gründe nennen, warum sie diesen Jungen nicht leiden konnten. Die Schüler taten, wie ihnen geheißen. 'Und nun', sagte sie, 'schreibt ihr in der rechten Spalte alles auf, was ihr an diesem Jungen bewundert und gut findet.' Das fiel den Teenagern allerdings sehr schwer. Die Lehrerin musste sie geradezu zwingen, diesen Teil der Aufgabe zu erfüllen.

Als Nächstes befahl sie: 'Faltet das Blatt jetzt entlang der Linie zusammen und reißt es vorsichtig in der Mitte durch. Ich gehe dann gleich mit dem Papierkorb rum. Und da werft ihr bitte die linke Hälfte hinein, also die Spalte mit den Gründen für euren Hass auf den betreffenden Jungen. Dann geht ihr zu ihm und gebt ihm die andere Hälfte mit all den Dingen, die ihr an ihm gut findet und bewundert. Los geht's!'

Bei dem abgegriffenen halben Blatt Papier, das sie in der Hand hielt, erklärte die Witwe, handele es sich um die rechte Hälfte der Seite aus dem Aufgabenheft, die der schlimmste Feind ihres Mannes ihm in jener Unterrichtsstunde übereicht hatte. Die, auf der all das stand, was er an ihm gut fand und bewunderte.

Sobald ihr Mann merkte, dass er sauer auf irgendjemanden wurde, habe er nach diesem Papier gegriffen. Wenn selbst sein schlimmster Feind noch so viel Positives in ihm gesehen hatte, dachte er, dann müsse doch auch er in der Lage sein, das eine oder andere gute Haar an seinem jetzigen Widersacher zu finden. Und genauso, wenn er drohte, in Trübsal zu versinken: Dann versuchte er sich die guten Eigenschaften, die der Mitschüler damals an ihm wahrgenommen hatte, vor Augen zu führen. Deshalb trug er dieses halbe Blatt Papier sein ganzes Leben lang im Portemonnaie mit sich. Es hatte ihn zu einem zufriedenen Menschen gemacht.

Und der Buchautor fuhr fort: Wenn Sie sich also mal so gar nicht leiden können, nehmen Sie ein Blatt Papier, ziehen Sie einen Längsstrich in der Mitte und schreiben Sie in die linke Spalte, was Sie nicht an sich mögen. Rechts kommt dann alles hin, was Sie gut an sich finden. Lassen Sie diese Spalte aber bloß nicht leer! Anschließend reißen Sie das Blatt der Länge nach durch, werfen die linke Seite weg und behalten die rechte. Diese sollten Sie regelmäßig zur Hand nehmen, denn sie stärkt Ihre Selbstachtung – und hilft Ihnen, viel Geld zu sparen, das Sie sonst beim Therapeuten lassen müssten."[83]

Wenn wir heute über den Frieden meditieren, den Jesus vermittelt, dann tasten wir uns an das Thema heran, indem wir über „zu-frieden" nachdenken.

Es gibt ja viele Situationen, in denen wir unzufrieden sein könnten. Und sicher fallen Ihnen, liebe Leserinnen und Leser, einige Begegnungen mit unzufriedenen Menschen ein.

Der 2007 verstorbene Kärntner Psychologe Paul Watzlawick schrieb einen Bestseller mit dem Titel „Anleitung zum Unglücklichsein". Darin erzählt er folgende kabarettistisch zugespitzte Geschichte:

„Ein Mann will ein Bild aufhängen. Den Nagel hat er, nicht aber den Hammer. Der Nachbar hat einen. Also beschließt unser Mann, hinüberzugehen und ihn auszuborgen. Doch da kommt ihm ein

---

[83] Ajahn Brahm, Der Elefant, der das Glück vergaß, Lotos Vlg., München ^{3}2015, S. 149ff.

Zweifel: Was, wenn der Nachbar mir den Hammer nicht leihen will? Gestern schon grüßte er mich nur so flüchtig. Vielleicht war er in Eile. Aber vielleicht war die Eile nur vorgeschützt, und er hat etwas gegen mich. Und was? Ich habe ihm nichts angetan; der bildet sich da etwas ein. Wenn jemand von mir ein Werkzeug borgen wollte, ich gäbe es ihm sofort. Und warum er nicht? Wie kann man einem Mitmenschen einen so einfachen Gefallen abschlagen? Leute wie dieser Kerl vergiften einem das Leben. Und dann bildet er sich noch ein, ich sei auf ihn angewiesen. Bloß weil er einen Hammer hat. Jetzt reicht's mir wirklich. – Und so stürmt er hinüber, läutet, der Nachbar öffnet, doch noch bevor er guten Tag sagen kann, schreit ihn unser Mann an: 'Behalten Sie sich ihren Hammer, Sie Rüpel!'"[84]

Auch wenn hier Watzlawick seine Alltagsbeobachtungen zu Geschichten verdichtet, so weit hergeholt ist der Vorgang nicht:

Vor ein paar Tagen, am 13. November, gedachten wir der hl. Augustina Livia Pietrantoni. Sie wurde 1864 geboren und trat 1886 in einen Schwesternorden ein. Sie pflegte Tuberkulose-Kranke im römischen Spital „Spital Santo Spirito". Unter denen war ein sehr schwieriger Patient, der sie mehrmals bedrohte. Als dieser genesen war und gerade entlassen worden war, kehrte er zurück und erstach seine ehemalige Pflegerin. 30-jährig starb sie am 13. November 1894. Papst Johannes Paul II. sprach sie 1999 heilig.

Oder erinnern wir uns an den 20-jährigen Tankstellenangestellten, der am 18. September 2021 in Idar-Oberstein von einem 49-Jährigen gezielt erschossen worden war. Der Student hatte den Kunden mehrfach darauf hingewiesen, dass er eine Maske aufzusetzen habe. Der Vater des Täters hatte Jahre zuvor seine Ehefrau erschießen wollen und danach Selbstmord begangen. Die Mutter des Täters überlebte damals schwer verletzt.

---

[84] Paul Watzlawick, Anleitung zum Unglücklichsein, Piper-Vlg., München, Zürich 2000, S. 37f.

Wieviel Aggressivität schlummert in vielen Menschen! Wieviel Wut auf sich selbst und auf die ganze Welt schleppt so mancher mit sich herum! Und dann braucht es manchmal nur einen geringfügigen Anlass: Der Wütende fühlt sich provoziert und missbraucht den gerade in seiner Nähe sich befindenden Menschen als Blitzableiter für seine Spannungen.

Deswegen ist das heutige Thema ein ganz aktuelles Thema auch in Deutschland. Glücklicherweise können wir auf eine 76-jährige Friedenszeit in der EU zurückblicken. Und wir können uns voller Denkbarkeit an die christlichen Politiker erinnern, die damals die Weichen für die Überwindung der nationalistischen Feindbilder stellten: Robert Schuman, Alcide de Gasperi, Konrad Adenauer und andere.

Aber im zwischenmenschlichen Bereich erleben wir sehr viel Unfriede. Als unbegreiflichen dramatischen Tiefpunkt möchte ich die Ermordung von fünf Kindern zwischen ein und acht Jahren nennen, die von ihrer eigenen Mutter aus Eifersucht gegenüber ihrem Mann und damit dem Vater der Kinder 2020 ermordet worden waren.

Es gibt aber nicht nur Horrormeldungen zu dem Thema: Eine ehemalige Prostituierte, die den Ausstieg aus dem Drogen- und Rotlichtmilieu geschafft hatte, setzte sich auch öffentlich und politisch gegen den Menschenhandel und die Zwangsprostitution ein. Sie hat ihre Autobiographie unter dem Pseudonym Sophie Hoppenstedt in diesem Jahr veröffentlicht. Sie schreibt darin von einer Sängerin aus einer christlichen Band, die um die Vergangenheit von Sophie wusste, manchen Talkshow-Auftritt vor ihr gesehen hatte und sie persönlich kennen gelernt hatte. Diese schickte ihr eine herzliche Voice-mail. Sophie kommentiert diese Mail so: „Ich hätte nie gedacht, dass ich eine Frau mit meinen Worten berühren könnte, von der ich vermutete, dass sie ein ganz anderes Leben als ich führte. Sie war mir sofort von Grund auf sympathisch. Auch bei ihr spürte ich eine wahnsinnig starke Beziehung zu Gott. ... Ihre Stimme war voller Frieden, und ich spürte, dass sie keine Konzert-

Atmosphäre brauchte, um vom Heiligen Geist berührt zu werden. Gott war immer bei ihr, nicht nur sonntags. Und sehr schnell merkte ich auch, dass es Gottes Wille gewesen sein musste, dass wir miteinander in Kontakt traten. An manchen Tagen hatte ich sogar das Gefühl, ich könnte spüren, wenn Karina (so heißt die Sängerin) gerade für mich betete, und auch ich betete für sie. Der Kontakt intensivierte sich und wurde für mich eine Stütze."[85] Ein paar Seiten weiter, wo sie die Heilungs- und Befreiungsprozesse ihrer Seele reflektiert, schreibt sie: Gott „gab mir zu verstehen, dass in mir eine tiefe Wurzel der Ablehnung steckte. Dadurch dass mein Vater (ein ehemals in Deutschland stationierter US-Soldat) nicht da war, ließ mich schon seit meiner Kindheit daran denken, dass der wichtigste Mann meines Lebens mich verlassen hatte, weil er mich nicht liebte und mich ablehnte, auch wenn er hierfür gute Gründe hatte. Das Gefühl ungeliebt zu sein, wurde bei allem, was ich erlebte, immer stärker. Meine Mutter gab mich ab, und meine Pflegeeltern konnten mich nicht so lieben, wie ich war."[86]

Dann wendet sie den Blick aus der Vergangenheit in die Gegenwart und schreibt: „Ich bin mir sicher, dass jeder, der schon einmal tief in seinem Herzen von Gottes Liebe berührt wurde, dazu gar nicht Nein sagen kann. Wer Gott erlebt hat, verändert sich automatisch. In wem das Licht der Liebe und das Feuer des Heiligen Geistes entzündet wurde, sodass es sich auszubreiten beginnt, dessen Dunkelheit löst sich mehr und mehr auf und wird zu Licht."[87]

Ausgehend von dieser Erfahrung von Sophie Hoppenstedt schauen wir noch einmal auf den biblischen Befund.

Machen wir folgendes Gedankenexperiment: Paulus wird sich nach seiner Bekehrung vor Damaskus bewusst, was er angerichtet hatte mit der Verfolgung der Christen und der Ermordung des

[85] Sophie Hoppenstedt, Sehnsucht nach Liebe. Eine ehemalige Prostituierte erzählt, Edition MISSIO, BE+BE Verlag, Heiligenkreuz 2021, S. 152.

[86] A.a.O., S. 154.

[87] A.a.O., S. 155.

Stephanus. Er hätte sich auch aus Scham und Selbstvorwürfen irgendwie in die Anonymität verkriechen können und für den Rest seines Lebens an seinen Verfehlungen leiden und sich selbst zerfleischen können.

Wenn Christus nur der Lehrer einer neuen Ethik, also einer Lehre über Gut und Böse, gewesen wäre und neue Maßstäbe des Umgangs miteinander vermittelt hätte, dann wäre eine solche Reaktion des bekehrten Saulus denkbar. Aber Christus war mehr als der Lehrer einer neuen Ethik. Das war er zwar auch. Schließlich gab es zu seiner Zeit keinen Philosophen oder Lehrer, der die Feindesliebe als Ideal proklamiert hätte. Das war ein Alleinstellungsmerkmal der neuen Ethik Jesu. Aber Jesus als Gottessohn war mehr: Er wollte uns mit seiner barmherzigen Liebe erlösen.

Oder wie es im Johannesevangelium nachzulesen ist: *„So sehr hat Gott die Welt geliebt, dass er seinen einzigen Sohn dahingab, damit jeder, der an ihn glaubt, nicht zugrunde geht, sondern das ewige Leben hat“* (Joh 3,16).

Paulus schreibt im Römerbrief: *„Als die Sünde mächtig wurde, ist die Gnade übergroß geworden“* (Röm 5,20). Und im Blick auf die eigene Biographie kann er im 1. Korintherbrief schreiben: *„Doch durch die Gnade Gottes bin ich, was ich bin und sein gnädiges Handeln ist an mir nicht ohne Wirkung geblieben“* (1 Kor 15,10).

Im 1. Johannesbrief lesen wir: *„Auch wenn das Herz uns anklagt, Gott ist größer als unser Herz und er weiß alles“* (1 Joh 3,20).

Jesus Christus als Erlöser setzt also die Ethik, die er den Menschen vermitteln wollte, nicht außer Kraft. Sie bleibt bestehen, aber wird noch einmal umfangen von seiner Barmherzigkeit.

Ein banaler Vergleich: Wenn es brennt, führt die Feuerwehr keine Brandschutzbelehrung durch, sondern sie löscht. Die strenge Brandschutzbelehrung und die manchmal kostspieligen Brandschutzbestimmungen sind gedacht zur Prävention, aber wenn es dann doch zum Brand kommt, wird gelöscht.

So ähnlich können wir uns die Barmherzigkeit Gottes vorstellen. Sein Ja zu uns soll uns helfen, aus dem Nein zu uns selber wieder herauszufinden in das Ja zu uns selber. Im Nein zu uns selber bleiben wir stecken, wenn wir uns nur im Koordinatensystem der Ethik bewegen. Wenn wir uns dagegen der barmherzigen Liebe Gottes öffnen, dann können auch wir wieder selber zu uns Ja sagen. Das ist der Friede, der von Gott kommt.

Pater Kentenich, der Gründer der Schönstatt-Bewegung betonte in der Nazizeit, in der dem Einzelnen durch die staatliche Propaganda auf vielerlei Weise die Botschaft vermittelt wurde, er sei unbedeutend und ein Nichts, dass jeder Christ sich als Lieblingsbeschäftigung des lieben Gottes auffassen sollte und sich damit gegen die Herabsetzung durch die Propaganda immunisieren sollte. Deshalb stellte ein geheimes Dossier der Gestapo Fulda, das am 17. November 1939 an das Reichssicherheitshauptamt geschickt worden war, und das man nach dem Krieg in den Archiven fand, die Gefährlichkeit der Schönstatt-Bewegung auf 17 Seiten dar.

Aber auch wenn wir heutzutage nicht mehr in einer Diktatur leben, so erlebt sich der Einzelne oft ohnmächtig gegenüber den komplexen Weltproblemen. Der am Sonntag beendete Klimagipfel in Glasgow illustriert das auf traurige Weise.

Der Friede, den Jesus uns schenken möchte, darf nicht verwechselt werden mit Gleichgültigkeit oder Resignation angesichts der vielen Probleme in der Welt. Der Friede, den Jesus uns schenken möchte, soll uns auch nicht in irgendwelche Schneckenhäuser zurücktreiben, wo wir uns eine kleine heile Welt einrichten können. Der Friede, den Jesus uns schenken möchte, lenkt den Blick von inneren seelischen Spannungen und Problemen hin auf die Probleme, die uns umgeben, und schenkt uns das Selbstbewusstsein, etwas zur Lösung dieser Probleme beitragen zu können.

Das arme Bauernmädchen Katharina Kasper, das nur acht Jahre Volksschule in dem kleinen Westerwalddorf Dernbach besucht hatte, traute sich, gegen die Armut und das Elend ihrer Zeit im 19. Jh.

anzugehen. In 48 Jahren konnte sie ca. 2000 junge Frauen dafür gewinnen, in die von ihr gegründete Gemeinschaft einzutreten und so gegen die Not und das Elend zu kämpfen. Das tat sie nicht, weil sie irgendeinen Befehl einer höhergeordneten Dienststelle der Diözese bekommen hatte, sondern weil sie den unmittelbaren Auftrag und die Ermutigung von Gott bekommen hatte.

Friede in Christus bedeutet also nicht, ruhig die Hände in den Schoß zu legen, sondern in unbeirrbarer Gelassenheit etwas Neues aufzubauen, was es so vorher noch nicht gab.

Liebe Leserinnen, liebe Leser, diesen Frieden Gottes wünsche und erbitte ich Ihnen. Arbeiten Sie in erleuchteter Weise mit der erlösenden Gnade Gottes zusammen und sorgen Sie so mit dafür, dass die Vergangenheit nicht länger Ihre Gegenwart und Zukunft vergiftet. Als von Gottes barmherziger Liebe durchdrungener und umgebener Christ können Sie – ähnlich wie ein Pater Kentenich oder eine Katharina Kasper – in zielstrebiger Gelassenheit diese Welt verbessern.

54. Joh 17,1: Sehnsucht nach Verherrlichung

„Dies sprach Jesus. Und er erhob seine Augen zum Himmel und sagte: Vater, die Stunde ist gekommen. Verherrliche deinen Sohn, damit der Sohn dich verherrlicht!" und Joh 17,4f: *„Ich habe dich auf der Erde verherrlicht und das Werk zu Ende geführt, das du mir aufgetragen hast. Jetzt verherrliche du mich, Vater, bei dir mit der Herrlichkeit, die ich bei dir hatte, bevor die Welt war!"*

Siegerehrungen im Sport sind erhabene Momente. Wenn nach Jahren der Entwicklung und Monaten des Fluges eine weiche Landung auf dem Mars gelingt, dann sind alle Mitarbeiter in Houston außer sich. Als der St-Gotthard-Tunnel termingerecht eröffnet wurde, lud die Schweizer Regierung die Politprominenz der Nachbarländer zur Jungfernfahrt ein.

Ehepaare blättern am Jahrestag der Hochzeit ihr Fotoalbum von damals durch. In jedem Leben gibt es Höhepunkte, kein Leben verläuft monoton in erwartbaren Bahnen. Wenn Jesus den Vater bittet, ihn zu verherrlichen, dann soll das Schönste, das Erhabenste, das Wichtigste, die tiefste Motivation Gottes, weshalb er das Projekt Menschwerdung in Angriff genommen hatte, sichtbar werden. Die Dramatik der Heilsgeschichte steuert ihrem Höhepunkt zu. Wenn wir Christus nachfolgen, dann gilt auch uns die Verheißung, dass Gott uns verherrlicht. Hin und wieder tut es gut, wenn wir uns nicht nur darüber Gedanken machen, was uns das Christsein kostet, sondern uns bewusst machen, was uns das Christsein bringt. Zu diesem Perspektivenwechsel möchte die Meditation über Joh 17,1 uns heute anregen.

Herrlichkeit ist die Steigerung von Schönheit. Doch was ist Schönheit? Wenn wir ins Lexikon schauen, dann lesen wir: Schönheit kann die Eigenschaft eines Tieres, einer Idee, eines Objektes, einer Person oder eines Ortes sein, die eine wahrnehmbare Erfahrung bzw. Empfindung von Genuss oder Zufriedenheit bietet. Schönheit wird als Teil der Ästhetik, Kultur, Psychologie bzw. Sozialpsychologie, Philosophie und Soziologie untersucht. Eine „ideale Schönheit" ist eine Wesenheit, die bewundert wird oder Eigenschaften besitzt, die der Schönheit in einer bestimmten Kultur der Perfektion zugeschrieben werden. Hässlichkeit gilt als das Gegenteil von Schönheit.

Die Erfahrung von „Schönheit" – das Schönheitsempfinden – beinhaltet oft die Interpretation eines Wesens in Balance und Harmonie mit der Natur, was zu Gefühlen der Anziehung (Attraktivität) und des emotionalen Wohlbefindens führen kann. Weil dies eine subjektive Erfahrung sein kann, wird oft gesagt, dass „Schönheit im Auge des Betrachters liegt".

Schönheit liegt nicht nur im Auge des Betrachters: Psychologen finden klare Regeln. Schönheit, schon früh von Philosophen, und seit kurzem von Wissenschaftlern untersucht, ist einfacher konzipiert, als wir vielleicht denken. Dies schreiben Psychologen von der New York Universität in einem neuen in der Zeitschrift Current Biology veröffentlichten Bericht, der eine neue Perspektive auf den Wert der Ästhetik bietet.

Einfache Regeln? Schönheit ist bekanntlich subjektiv und soll für die Wissenschaft unerklärbar sein, aber einige ihrer wichtigsten Eigenschaften folgen einfachen Regeln, erklärt Denis Pelli, Professor für Psychologie und Mitautor der Arbeit. Philosophen gehen schon lange davon aus, dass das Schönheitsgefühl eine besondere Art von Vergnügen ist. Doch die Analyse der Forschungsarbeiten auf diesem Gebiet zeigt, dass das Empfinden von Schönheit bloß ein sehr intensives Vergnügen sein könnte, ansonsten nichts Besonderes.

Schönheitsempfinden setzt innerhalb von Sekundenbruchteilen ein: Es wird allgemein angenommen, dass das Schönheitsempfinden eine längere Betrachtung erfordert. Aber unsere Studie zeigt, dass ein Bruchteil einer Sekunde ausreicht, ergänzt Studienautorin Aenne Brielmann.

Die psychologische Analyse reicht von Platon über den deutschen Philosophen Alexander Baumgarten, den Dramatiker Oscar Wilde und den frühen Psychologen Gustav Fechner bis hin zu den neuesten Erkenntnissen der Neurowissenschaften.

Empirische Ästhetik: Schönheit fasziniert den Menschen seit Jahrtausenden, schreiben die Autoren, die ihre Arbeit auf das wachsende Feld der „empirischen Ästhetik“ fokussieren, einem Zweig der Psychologie, der untersucht, wie Menschen Schönheit und Kunst erleben. Schönheit ist eine wichtige Einflussgröße bei den täglichen Entscheidungen, die wir treffen – jedes Jahr geben Verbraucher Millionen aus und investieren unzählige Stunden, um schön zu sein oder ihr Aussehen zu verbessern.

Symmetrie und Rundheit: Zu den Schlussfolgerungen der Psychologen gehören die folgenden: Bestimmte Merkmale, wie Symmetrie und Rundheit, machen die Dinge im Durchschnitt schöner.

Keine Verallgemeinerung: Man sollte aber vorsichtig sein, die Schönheit dieser Merkmale zu stark zu verallgemeinern, sagt Brielmann. Die Durchschnittswerte ignorieren die großen Unterschiede im Geschmack zwischen den Menschen. Zum Beispiel ist der asymmetrische Schönheitsfleck, der ein Markenzeichen des vielgerühmten Gesichts von Marilyn Monroe ist, eine eklatante Ausnahme von der allgemeinen Regel, dass Symmetrie Schönheit fördert.

Die Wissenschaftler betonen auch empirische Belege, die eine jahrhundertealte Behauptung von Philosophen untermauern: Das Erleben von Schönheit ist ein Gefühl der Freude. Wenn also das eine größer wird, tut dies auch das andere.

Aktivität in einem der „Lustzentren" des Gehirns: Brielmann und Pelli weisen auf neurowissenschaftliche Erkenntnisse hin, die zeigen, dass Schönheitsempfindungen die Aktivität in einem der „Lustzentren" des Gehirns im orbitofrontalen Cortex erhöhen.

Die Psychologen gehen davon aus, dass ein klareres Verständnis von Schönheit verändern könnte, wie wir Entscheidungen treffen. Brielmann und Pelli erwarten, dass ähnliche Techniken uns helfen werden, den Wert von Schönheit in persönlichen Entscheidungen zu beurteilen.[88]

So weit die Erläuterungen aus dem Lexikon und von neueren Forschungsergebnissen. Herrlichkeit dürfen wir als Steigerung von Schönheit verstehen. Aber was ist das für eine Herrlichkeit, von der Jesus hier im Johannes-Evangelium spricht? Was läuft da ab, wenn der Vater den Sohn verherrlicht und der Sohn den Vater verherrlicht? Was passiert, wenn Jesus seinen Jüngern Anteil an seiner Herrlichkeit gibt?

Johannes gibt selber Antwort auf diese Fragen in den folgenden Versen: Der Vater hat den Sohn verherrlicht, indem er ihm Macht über alle Menschen gegebe hat. Aber diese Macht ist nicht die

[88] https://psylex.de/psychologie-lexikon/allgemeine/schoenheit/

Macht eines willkürlichen Despoten, sondern eine Dienstmacht: *„... damit er allen, die du ihm gegeben hast, ewiges Leben schenkt“* (17,2). Und dieses ewige Leben soll dazu genutzt werden, den einzigen wahren Gott zu erkennen (vgl. Joh 17,3). Was irgendwie so selbstverständlich klingt, bekommt doch ein eigenes Profil im Kontrast.

Vor einigen Tagen erzählte mir jemand, wie er bei einer Trauerfeier von einer Verwandten in den neuen Bundesländern war. Es gab keinen Trauerredner – nicht einmal einen weltlichen, es gab keine Musik, es gab keine Texte – nur Stille. Der Bestatter trug die Urne von der Friedhofshalle zum Grab. Das war es dann. Diese Unfähigkeit auf den Tod zu reagieren, weil man ihn zeitlebens nur tabuisiert hatte, hat die christlichen Verwandten total schockiert. „Selten ist uns der Mehrwert unseres Glaubens so bewusst geworden wie bei dieser Urnenbeisetzung, die den Namen 'Beisetzungsfeier' nicht einmal verdient hätte.“

Ganz anders war zum Beispiel die Trauerfeier für einen verstorbenen jungen Erwachsenen: Am 17. Juni haben Freunde und Verwandte auf dem Friedhof in Bickenbach, südlich von Darmstadt, Abschied von Philipp Mickenbecker genommen. Er starb am 9. Juni im Alter von 23 Jahren. Philipp Mickenbecker hat zusammen mit seinem Zwillingsbruder Johannes seit 2016 den YouTube-Kanal „The Real Life Guys“ betrieben, wo sie mit kreativen und außergewöhnlichen Projekten für das „echte Leben“ begeistern wollten. Mehr als 1,4 Millionen Abonnenten verfolgten die Vorhaben, die die Zwillinge gemeinsam mit Freunden umsetzten.

Pastor Christian Schneider (Ecclesia Frankfurt, BFP) sprach bei der Beerdigung von einem Moment voller Hoffnung trotz aller Trauer. Philipp habe in dem Leben vieler Menschen Spuren hinterlassen und „buchstäblich das ganze Land fasziniert“. Dass er trotz oder gerade in seiner Krebserkrankung an seinem Glauben an Jesus Christus festgehalten hat, macht ihn zu einem leuchtenden Vorbild. Auf der Beerdigung kamen auch viele Freunde zu Wort und berichteten von ihren Erlebnissen mit Philipp. Sie riefen dazu auf, die Hoffnung allein auf Jesus zu richten, weil Christus „uns nicht enttäuschen wird".

Im Oktober 2020 hatte Philipp Mickenbecker öffentlich gemacht, dass er erneut an Krebs erkrankt war. Den Ärzten zufolge befand sich der Lymphdrüsenkrebs bereits im Endstadium. Die Prognose damals lautete, dass er nur noch zwei Wochen bis zwei Monate zu leben habe. Doch Philipp Mickenbecker ließ sich davon nicht aufhalten und sprach bis kurz vor seinem Tod in Interviews, Fernsehsendungen und öffentlichen Veranstaltungen von seinem Glauben und von seiner Hoffnung.

Einen Tag nach dem Tod von Philipp veröffentlichten Freunde und der Zwillingsbruder von Philipp ein berührendes Video auf YouTube, in dem sie über die letzten gemeinsamen Tage mit Philipp berichteten. Das Video wurde mittlerweile allein auf YouTube von mehr als 4,9 Millionen Menschen gesehen.[89] Hier wurde weder vorher noch nachher der Tod tabuisiert, aber er war auch nicht die letzte Sinnlosigkeit eines zu kurzen Lebens, sondern der Durchgang ins ewige Leben. Davon waren er und seine Familie überzeugt.

Ein anderes Beispiel: Als der Mathematiker und Philosoph Blaise Pascal am 23. November 1654 in seinem Zimmer seine intensivste Gotteserfahrung geschenkt bekommt, da kann er im Nachhinein nur stammelnd das Erlebte auf einem Pergament festhalten:

„Feuer: Gott Abrahams, Gott Isaaks, Gott Jakobs, nicht der Philosophen und Gelehrten. Gewissheit, Gewissheit, Empfinden: Freude, Friede. Gott Jesu Christi: Vergessen von der Welt und von allem, außer Gott. Nur auf den Wegen, die das Evangelium lehrt, ist er zu finden. Größe der menschlichen Seele. 'Gerechter Vater, die Welt kennt dich nicht; ich aber kenne dich.' Freude, Freude, Freude und Tränen der Freude."

---

[89] `https://www.bfp-aktuell.de/details/beerdigung-philipp-mickenbecker`.

In diesem ekstatischen Erlebnis wird deutlich, dass hier mit Erkennen mehr gemeint ist als eine reine rationale Analyse. Es ist ein Staunen, ein Überwältigtwerden von Gottes Größe, Schönheit, ja Herrlichkeit. Und die Erinnerung an dieses wunderbare Erlebnis trug Blaise Pascal für den Rest seines Lebens mit sich herum – aufgezeichnet in seinem Herzen und auf einem Pergament, dass er immer bei sich trug.

Ähnlich beschreiben Konvertiten ihr Bekehrungserlebnis. Denken wir an den französischen Dichter Paul Claudel, oder den Journalisten André Frossard.

In der Bibel wird uns von der Berufung des Propheten Jesaja berichtet, der die Herrlichkeit Gottes schauen durfte. Er ist zunächst schockiert und erst dann kommt die Bereitschaft, sich diesem herrlichen Gott als Prophet zur Verfügung zu stellen. Im Originaltext lesen wir:

„Im Todesjahr des Königs Usija, da sah ich den Herrn auf einem hohen und erhabenen Thron sitzen und die Säume seines Gewandes füllten den Tempel aus. Serafim standen über ihm. Sechs Flügel hatte jeder: Mit zwei Flügeln bedeckte er sein Gesicht, mit zwei bedeckte er seine Füße und mit zwei flog er. Und einer rief dem anderen zu und sagte: Heilig, heilig, heilig ist der HERR der Heerscharen. Erfüllt ist die ganze Erde von seiner Herrlichkeit. Und es erbebten die Türzapfen in den Schwellen vor der Stimme des Rufenden und das Haus füllte sich mit Rauch. Da sagte ich: Weh mir, denn ich bin verloren. Denn ein Mann unreiner Lippen bin ich und mitten in einem Volk unreiner Lippen wohne ich, denn den König, den HERRN der Heerscharen, haben meine Augen gesehen“ (Jes 6,1-5).

Als Christen glauben wir, dass durch die Taufe der dreifaltige Gott in der Seele des Menschen nicht nur durch seine Allgegenwart präsent ist, sondern dass diese Gegenwart Gottes in der Seele des begnadeten Menschen noch einmal eine besondere Qualität hat. Und je inniger ein Mensch seine Verbundenheit mit Gott pflegt, desto durchlässiger wird die Herrlichkeit Gottes durch diesen Menschen hin zu seinen Mitmenschen.

Aus eigener Erfahrung hat Nelson Mandela bei seiner Antrittsrede als Präsident von Südafrika 1994 die Psychologin Marianne Williamson zitiert, die zwei Jahre vorher in ihrem Buch „Ein Kurs in Wundern" geschrieben hatte:

„Unsere tiefgreifendste Angst ist nicht, dass wir ungenügend sind. Unsere tiefste Angst ist, über das Messbare hinaus kraftvoll zu sein. Es ist unser Licht, nicht unsere Dunkelheit, das uns erschreckt. Wir fragen uns, wer bin ich, mich brillant, großartig, talentiert, phantastisch zu nennen? Aber wer bist du, dich nicht so zu nennen? Du bist ein Kind Gottes. Dich selbst klein zu halten, dient nicht der Welt. Es ist nichts Erleuchtendes daran, sich so klein zu machen, dass andere um dich herum sich nicht sicher fühlen. Wir sind alle bestimmt, zu leuchten, wie es die Kinder tun. Wir sind geboren worden, um den Glanz Gottes, der in uns ist, zu manifestieren. Und wenn wir unser eigenes Licht erscheinen lassen, geben wir unbewusst anderen Menschen die Erlaubnis dasselbe zu tun. Wenn wir von unserer eigenen Angst befreit sind, befreit unsere Gegenwart automatisch andere."

Paulus kann im Rückblick auf seine Bekehrung schreiben: *„Doch durch Gottes Gnade bin ich, was ich bin, und sein gnädiges Handeln an mir ist nicht ohne Wirkung geblieben. Mehr als sie alle habe ich mich abgemüht – nicht ich, sondern die Gnade Gottes zusammen mit mir"* (1 Kor 15,10). Er erlebte also, dass seine Verbundenheit mit Gott ihn über sich hinauswachsen ließ. Noch deutlicher wird er im Philipperbrief, wo er schreibt: *„Ich weiß Entbehrungen zu ertragen, ich kann im Überfluss leben. In jedes und alles bin ich eingeweiht: in Sattsein und Hungern, Überfluss und Entbehrung. Alles vermag ich durch den, der mich stärkt"* (Phil 4,12f).

Inhaltlich ziemlich unkonkret und geheimnisvoll, aber in der Wirkung auf den Menschen wunderbar klingen seine Zeilen: *„Nein, wir verkünden, wie es in der Schrift steht, was kein Auge gesehen und* *kein Ohr gehört hat, was in keines Menschen Herz gedrungen ist, was Gott denen bereitet hat, die ihn lieben"* (1 Kor 2,9). Paulus stellt hier keine Theorie auf, sondern er lässt uns seine Glücksmomente in der Begegnung mit Gott erahnen.

Das ist also unser Ziel. Und alle Glücksmomente sollen ein Vorgeschmack der himmlischen Glückseligkeit sein. Das ist die Verherrlichung, die den Jüngern Jesu verheißen ist.

Kommen wir noch einmal zurück zu der Verherrlichung Christi selber. Das ist ja das Paradoxe, dass er sein bevorstehendes Leiden und Sterben als Verherrlichung deutet. Wie ist das möglich? Rein menschlich betrachtet, ist ja der qualvolle und schändliche Tod Jesu das gänzliche Scheitern seines Erdenlebens und seiner Proklamation des Reiches Gottes. Was ist daran herrlich?

Herrlich ist daran, dass Gott im Gottmenschen Jesus Christus sein Ja zu uns Menschen aufrechterhält. Wir können für diese seine Entscheidung die Worte verwenden: „Ihr könnt mich ablehnen, ihr könnt mich ignorieren, ihr könnt mich töten, aber eines könnt ihr nicht: Dass ich mein Ja zu euch Menschen zurücknehme." Der qualvolle Tod Jesu am Kreuz ist die Verherrlichung der Bundestreue Gottes zum Menschengeschlecht. Paulus ist zu dieser tiefen Deutung durchgedrungen, wenn er im Römerbrief schreibt: *„Denn unwiderruflich sind die Gnadengaben und die Berufung Gottes"* (Röm 11,29). Und an anderer Stelle betont er wiederum die Treue Gottes: *„Wenn wir untreu sind, bleibt er doch treu, denn er kann sich selbst nicht verleugnen"* (2 Tim 2,13).

Darum ist jede Goldene Hochzeit ein Fest der Bundestreue Gottes, ebenso jede Goldene Profess einer Ordensschwester. Der Theologe Hans Urs von Balthasar schrieb: „Im Eheversprechen trauen die Gatten nicht sich selber, dem Moorboden ihrer Freiheit, sondern der Form, für die sie sich entscheiden im Akt ihrer Person, die sich an-ver-traut, nicht allein dem geliebten Du, sondern einer Form, die von den tiefsten biologischen Wurzeln durch alle Schichten der Persönlichkeit hindurch hinaufreicht bis in die Höhen der

Gnade und des Heiligen Geistes."[90]

Liebe Leserinnen und Leser, wir haben im Laufe dieser Meditation die verschiedenen Dimensionen beleuchtet, die in dem Wort Herrlichkeit und Verherrlichung stecken.

Die Herrlichkeit, die die zweite Person der Gottheit vor ihrer Menschwerdung hatte, habe ich nicht groß hervorgehoben, aber sie gehört natürlich dazu und wird von Johannes auch ausdrücklich erwähnt.

Die Herrlichkeit der Bundestreue Gottes und deren schwaches aber doch auch strahlendes Abbild in der menschlichen Bundestreue habe ich aufgezeigt.

Die Herrlichkeit, die uns Menschen verliehen und verheißen ist im ewigen Leben, in dem wir uns mit dem ungetrübten Genuss der Herrlichkeit Gottes beschäftigen werden, gehört zu den Mehrwerten unseres Glaubens.

Ich wünsche Ihnen, dass Sie wieder neu ins frohe Staunen über die Bundestreue Gottes hineinfinden und dass Sie Ihre Berufung als menschliches Abbild der Bundestreue Gottes neu würdigen können.

55. Joh 17,6: Wir – Eigentum Gottes

„Ich habe deinen Namen den Menschen offenbart, die du mir aus der Welt gegeben hast. Sie gehörten dir und du hast sie mir gegeben und sie haben dein Wort bewahrt"

Von 1983 bis 1990 war ich Pfarrer in Ohrdruf. Dort waren auf dem Truppenübungsplatz ca. 20000 russische Soldaten stationiert. Die Offiziere wohnten mit ihren Familien in einer kleinen Siedlung nicht auf dem Truppenübungsplatz, sondern im Ort. Als ich einmal

[90] Hans Urs von Balthasar, Herrlichkeit. Eine theologische Ästhetik, Bd I: Schau der Gestalt, Einsiedeln 1961, S. 24f.

eine Offiziersfamilie besuchte, um ihr die aus dem Westen in die DDR geschmuggelten russischen Bibeln zu übergeben, die von der Hilfsorganisation „Kirche in Not“ gedruckt worden waren, war ich überrascht, welchen heruntergekommenen Eindruck das Treppenhaus machte. Die Lichtschalter waren herausgerissen, heraushängende Drähte waren sichtbar. Beim Handlauf des Treppengeländers fehlten einige Abschnitte. Nachdem im Zuge des 4+2-Vertrages die russischen Truppen 1990 abgezogen waren, wollte die kommunale Wohnungsverwaltung von Ohrdruf die Wohnungen sanieren. Nach gründlicher Inspektion der Bausubstanz entschied man sich für den vollständigen Abriss.

Ein Beispiel von vielen, die deutlich gemacht haben, dass Volkseigentum in den seltensten Fällen den verantwortlichen Umgang damit gefördert hatte. Es gab einige Enteignungswellen von Betrieben in der DDR. Und danach erschien im Namen der Firmen immer das Wortkürzel „VEB“, was für „volkeigener Betrieb“ stand.

In der DDR hatte es anders als in den anderen sozialistischen Ländern bis 1972 private mittelständische Betriebe, meist langjährige Familienbetriebe, gegeben. Vor dieser letzten Sozialisierungswelle 1972 gab es über 10000 kleine und mittelständische Betriebe mit bis zu 100 Beschäftigten, 1987 nur noch 2000. Die verbreitete Kurzform VEB wurde insbesondere nach 1972 für die neu verstaatlichten Firmen spöttisch hinter vorgehaltener Hand als „Vaters ehemaliger Betrieb“ interpretiert.

Eigentum und Schutz des Eigentums – das war schon im Rechtssystem des antiken Roms verankert. Der Dominikaner Thomas von Aquin, der im 13. Jh. lebte und von 1248 bis 1252 in Köln studierte, nahm in seinen Schriften ausführlich Stellung zum Privateigentum und dessen Verwendung:

Die Menschen dürfen grundsätzlich Eigentum besitzen. Er fragt sich weiter, ob es einzelnen Personen gestattet ist, materielle Dinge als Privateigentum zu besitzen, oder ob alle Güter Kollektiveigentum sein sollen.

Thomas von Aquin erkennt das Privateigentum als die Berechtigung des Einzelnen, Güter zu erwerben und zu verwalten als Voraussetzung für ein geordnetes Gesellschaftsleben an. Es ist erlaubt, dass der einzelne Dinge als Eigentum besitzt. Seine Notwendigkeit begründet er konkret mit drei Argumenten: Jeder Mensch behandelt die Dinge, die sein alleiniges Eigentum sind, wesentlich sorgfältiger als gemeinschaftlichen Besitz. Für Gemeineigentum fühlt sich dagegen niemand verantwortlich. Daneben werden Geschäfte gewissenhafter abgewickelt, wenn sie das Privateigentum betreffen. Kollektiveigentum würde in diesem Fall zum Chaos führen. Schließlich ermöglicht das Privateigentum ein friedlicheres Zusammenleben als das Gemeinschaftseigentum, da bei geregelten Besitzverhältnissen weniger Konflikte entstehen.

Der Gebrauch des Eigentums: In der Eigentumslehre des Thomas von Aquin wird der Besitz von Privateigentum durch einzelne Personen vom Gebrauch des Eigentums unterschieden. Der Gebrauch der Güter soll, im Gegensatz zu ihrem privaten Besitz, gemeinschaftlich erfolgen. In dieser Hinsicht darf sie der Mensch nicht als sein persönliches Eigentum, sondern er muss sie als allen gemeinsam ansehen, so dass er sie leicht mit der Not der anderen teilt. Das bedeutet, dass Einzelne, die Güter über ihren lebensnotwendigen Bedarf hinaus besitzen, diese mit anderen Menschen teilen sollen, deren Auskommen nicht gesichert ist.

Soziale Pflichten des Eigentums: Da der Gebrauch der materiellen Güter bei Bedarf gemeinschaftlich sein soll, besteht die Pflicht, Almosen zu geben, wenn andere Menschen in Not sind. Diese Verpflichtung gilt unbedingt, wenn andere in außerordentlicher Not sind, d.h., wenn das Existenzminimum nicht gedeckt werden kann. In dieser extremen Not werden alle Güter kollektiv, da das Recht auf Leben den höchsten Stellenwert hat. Verhältnismäßige Not liegt vor, wenn jemand nicht standesgemäß leben kann. Der erstrebenswerte Zustand der Eigentumsordnung des Thomas von Aquin ist ein standesgemäßes Leben aller Menschen. Besitzt man mehr als das zum standesgemäßen Leben Notwendige, besteht Überfluss. Es gilt als Sünde, diesen Bereich zu überschreiten. Deshalb sollten im Überfluss vorhandene Güter zur Unterstützung der Notleidenden verwendet werden. Von dem für den eigenen Lebensunterhalt absolut notwendigen Besitz dürfen keine Almosen gegeben werden. Die Abgabe von Almosen aus dem zum standesgemäßen Leben notwendigen Eigentum ist lediglich eine Empfehlung, jedoch keine Verpflichtung. „Von diesem (zum standesgemäßen Leben) 'Notwendigen' Almosen zu geben, ist aber ein gutes Werk, das, wenn es auch nicht unter ein Gebot fällt, so doch geraten ist." Es liegt im eigenen Ermessen jedes Eigentümers, in welchem Ausmaß er Bedürftige unterstützt. Die Almosen sollten jedoch gleichmäßig verteilt und nicht nur bestimmten Personen gegeben werden. Thomas von Aquin untersucht wirtschaftliche Probleme nicht aus volkswirtschaftlich-theoretischer Sicht, sondern aus der moralischen Perspektive. Im Vordergrund seiner Überlegungen steht die Frage nach der Gerechtigkeit ökonomischer Handlungen.[91] So weit also Thomas von Aquin.

Ich habe mir von Eltern erzählen lassen, dass Jugendliche mit Gegenständen, die sie von ihrem ersten selbstverdienten Geld gekauft haben, oft viel sorgfältiger umgegangen sind als mit geschenkten Gegenständen. Ihnen war durch das Erleben deutlich geworden, wieviel Stunden ihres Lebens und wieviel Anstrengung in dem Wert des gekauften Gegenstandes steckte.

Dieser kleine Ausflug in die Lehre über das Eigentum, wie sie Thomas von Aquin entwickelt hat, macht deutlich, was alles mitschwingen kann, wenn wir uns als Eigentum Gottes betrachten.

Im Gegensatz dazu müssen wir mit Entsetzen beobachten, wie wenig in den Augen eines machtbesessenen Diktators das Leben eines einzelnen Soldaten und die Leben der vielen Menschen aus

[91] Martina Schmitt, Die Wirtschafts- und Eigentumsordnung bei Thomas von Aquin und ihre Bedeutung für unsere Zeit, Hausarbeit (Hauptseminar), 2002.

der Zivilbevölkerung zählen.

Im hohenpriesterlichen Gebet Jesu, aus dem der heutige Bibelvers genommen ist, spricht Jesus wie selbstverständlich davon, dass seine Jünger Eigentum des Vaters sind.

Was ändert sich in unserem Lebensgefühl, wenn wir uns als Eigentum Gottes betrachten und bisweilen fühlen können? Eine mögliche Konsequenz wird schon in den Psalmen erwähnt: *„Behüte mich wie den Augapfel, den Stern des Auges, birg mich im Schatten deiner Flügel“* (Ps 17,8).

Eine ähnliche Aussage finden wir beim Propheten Sacharja: *„Denn so spricht der HERR der Heerscharen – um der Ehre willen hat er mich gesandt – gegen die Völker, die euch ausgeplündert haben: Wer euch antastet, tastet meinen Augapfel an* “(Sach 2,12). Der Vergleich mit dem Augapfel macht deutlich, wie kostbar das Leben eines Menschen in den Augen Gottes ist.

Auch der Prophet Jesaja verwendet das Motiv des Eigentums Gottes: *„Jetzt aber – so spricht der HERR, der dich erschaffen hat, Jakob, und der dich geformt hat, Israel: Fürchte dich nicht, denn ich habe dich ausgelöst, ich habe dich beim Namen gerufen, du gehörst mir! Wenn du durchs Wasser schreitest, bin ich bei dir, wenn durch Ströme, dann reißen sie dich nicht fort. Wenn du durchs Feuer gehst, wirst du nicht versengt, keine Flamme wird dich verbrennen. Denn ich, der HERR, bin dein Gott, ich, der Heilige Israels, bin dein Retter. Ich habe Ägypten als Kaufpreis für dich gegeben, Kusch und Seba an deiner Stelle. Weil du in meinen Augen teuer und wertvoll bist und weil ich dich liebe* “(Jes 43,1-4).

Die Mediziner weisen uns darauf hin, dass dann, wenn ein Mensch ohnmächtig wird, er die Augen verdreht und dadurch die Pupille geschützt wird. Dieser Schutzmechanismus wird vom vegetativen Nervensystem gesteuert, ist also ganz tief in der Evolution verankert. Der Verlust des Augenlichtes wäre für einen Menschen viel fataler als der Verlust des kleinen Zehs. Also schützt der Organismus das Sehvermögen mit einem Reflex.

In seiner Verkündigung begründet Jesus die angestrebte Sorglosigkeit mit dem Hinweis, wie wertvoll der Einzelne ist in den Augen Gottes: *„Verkauft man nicht zwei Spatzen für einen Pfennig? Und doch fällt keiner von ihnen zur Erde ohne den Willen eures Vaters ... Fürchtet euch also nicht! Ihr seid mehr wert als viele Spatzen"* (Mt 10,29.31).

Auch in dem Weihegebet an die Gottesmutter, das der italienische Jesuitenpater Nikolaus Zucchi (* 1586, † 1670) geschrieben hatte und das als Aufnahmeritual für die Marianische Kongregation seit Jahrhunderten verwendet wird, spielt das Eigentumsmotiv eine Rolle. Da heißt es:

„O meine Gebieterin, o meine Mutter, dir bringe ich mich ganz dar. Und um dir meine Hingabe zu bezeigen, weihe ich dir heute meine Augen, meine Ohren, meinen Mund, mein Herz, mich selber ganz und gar. Weil ich also dir gehöre, o gute Mutter, so bewahre mich, beschütze mich als dein Gut und dein Eigentum. Amen."

Es soll aber auch eine Dimension nicht verschwiegen werden, die sich aus dem Verständnis, dass ich Eigentum Gottes bin, ergeben kann.

Bernadette Soubirous war die Gottesmutter 1858 in Lourdes zwischen dem 11. Februar und dem 16. Juli insgesamt 18-mal erschienen. Auf Anraten des Bischofs von Nevers trat sie dort am 7. Juli 1866 als Postulantin in das Kloster Saint-Gildard der Barmherzigen Schwestern in Nevers ein, einer pflegenden und unterrichtenden Kongregation, wo sie einige Tage später, beim Empfang des Gewandes der Postulantinnen, den Ordensnamen Marie Bernarde erhielt. Bei der Übergabe des Gewandes musste Bernadette auf Verlangen ihrer Oberen dem versammelten Konvent und weiteren Schwestern der Kongregation eine kurze mündliche Zusammenfassung der Ereignisse an der Grotte geben. Ihre spätere Novizenmeisterin glaubte nicht an die Echtheit der Erscheinungen und verbot ihr, je wieder darüber zu sprechen. Sie starb mit 25 Jahren an Tuberkulose. Einer Mitschwester, die sie fragte, wie sie mit diesem

Verbot zurechtkomme, antwortete sie: „Ich fühle mich wie ein Besen des lieben Gottes. Wenn er mit dem Besen das Haus gekehrt hat, dann stellt er ihn in die Ecke.“ Sie fand in diesem Bild des Besens ihr Selbstverständnis und ihren Frieden mit der Situation. Die Versuchung zur Eitelkeit aufgrund der Erscheinungen war ihr fremd.

Ähnlich drückte es Therese von Lisieux aus. Sie meinte sinngemäß: „Ich fühle mich wie ein Ball in der Hand des Jesuskindes. Mal drückt er mich an sein Herz, dann wirft er mich in die Ecke. Das kann der, dem der Ball gehört, mit dem Ball machen.“

Wenn wir die Erlebnisse dieser beiden Heiligen und ihre gläubige Deutung auf uns wirken lassen, dann wird deutlich, dass Eigentum Gottes zu sein nicht bedeutet, immer auf Rosen gebettet zu sein.

Es wäre auch falsch, die Lebenssituation so zu interpretieren, als ob Gott mich vergessen hätte. Diese nahe liegende Deutung finden wir durchaus auch in den Psalmen, in denen Gott angeklagt wird: *„Wie lange noch, HERR, vergisst du mich ganz? Wie lange noch verbirgst du dein Angesicht vor mir?“* (Ps 13,2). Am Ende lobt der Psalmbeter Gott, weil er davon ausgeht, dass er erhört wird. *„Sagen will ich zu Gott, meinem Fels: Warum hast du mich vergessen? Warum muss ich trauernd einhergehn, von meinem Feind unterdrückt?“* (Ps 42,10).

Ich möchte einen Vergleich gebrauchen. Das Bild können Sie sich sicher leichter vorstellen: Ein Gebirgsbach, der munter um einen Felsen herum fließt und sich durch den Felsen nicht aufhalten lässt. So ein Felsen im Bachbett ist auch noch einmal etwas anderes, als wenn man mit einem Stock im Bachbett wühlt und der aufgewühlte Schlamm dann über 20 Meter das Wasser trübt. Übertragen von diesem Bild auf die Beziehungswirklichkeit: Wenn es einen Konflikt gab oder gegenseitige Verletzungen, dann ist das Wasser getrübt. Dann muss das geklärt werden im Gespräch mit anschließender Vergebung. Wenn man dagegen wieder mal an der Unbegreiflichkeit Gottes leidet, dann kann man mit einem „Es ist halt so!" das Thema beenden und zum Alltagsgeschäft übergehen und trotzdem an Gott und seine Sorge um mich festhalten. Ich muss mir also nicht das Ziel setzen, den großen Findling im Bach anzubohren und dabei fünf Steinbohrer abbrechen, ohne den Stein zerkleinern oder gar wegräumen zu können. Das Wasser kann ihn einfach umfließen. Vor Jahren wurde ein Text von Pater Kentenich für mich wichtig, den ich schon etliche Male gelesen hatte, aber der mich nie besonders angesprochen hatte:

„Wenn Glauben und Vertrauen von Hingabe gelockert werden, machen sie unruhig. Harmonie zwischen allen dreien schafft Mariengestalten. 'Beata, quia credidisti.' Darin besteht die Wurzel ihrer Größe. Je mehr wir gläubig übernatürlich Unbegreiflichkeiten umfangen, desto mehr werden wir echt christlich.[92]

Dieser Text stammt aus einem geheimen Brief vom 13.2.1942 an Pater Menningen, den Pater Kentenich aus dem Gefängnis im Koblenz herausschmuggeln lassen konnte. Und in einem anderen geheimen Brief aus dieser Zeit schreibt er: „Wir haben jetzt die günstigste Gelegenheit, den Wurf ins Übernatürliche mit heroischer Geste zu wagen. Helfen Sie, die Familie auf diese Höhe zu führen. Sie selbst gewinnen dadurch am meisten. Ich finde darin einen überaus hohen Akt und Beweis des Vertrauens, dass die heilige Dreifaltigkeit und die Gottesmutter unsere Bitten nicht so schnell erhören. Alle trauen uns etwas zu. Das täten sie nicht, wenn sie das übernatürliche Gebäude unseres Tugendlebens nicht vorher fest fundiert hätten. Deshalb immer festhalten: Vertrauen gegen alles Vertrauen, Glauben gegen alles Glauben."[93]

Pater Kentenich riet damals also den Schönstättern, genau das zu tun: Nicht die Unbegreiflichkeiten durchdringen und lösen zu wollen, damit die Beziehung wieder stimmt, sondern die Unbegreiflichkeit einfach umfangen! Hingabe, statt Problemlösung. Nicht

[92]Kentenich, Das Lebensgeheimnis Schönstatts, 1. Teil: Geist und Form, Vallendar 1971, S. 133.

[93]A.a.O., S. 135f

meinen, es müsse erst das Problem gelöst sein, damit die Beziehung wieder stimmt. – Nein, wir können die eingestürzte Brücke des Vertrauens wieder aufbauen, auch wenn das Problem, das zum Einsturz geführt hat, noch nicht gelöst ist. „Ich verstehe Gott nicht, aber ich bin einverstanden mit seinem Plan", sagte eine krebskranke Mutter zu ihren erwachsenen Kindern, die zunächst nur den Kopf schüttelten über diese Form der Ergebenheit in den Willen Gottes.

Um diesen Vorgang noch einmal von der anderen Seite her zu beleuchten: Ich kenne einen Ingenieur, der einen kleinen Familienbetrieb führt. Er tüftelt viel rum und kann so auf die Wünsche seiner Kunden eingehen und trotz der Kleinserien, die bestellt werden, effektiv arbeiten. Er hat nicht eher Ruhe, bis er auf jedes Wie und Warum eine Antwort gefunden hat und dann seine Maschinen entsprechend programmieren und einstellen kann. Doch genau diese Strategie, die ihn im Berufsleben so erfolgreich werden ließ, macht das Glauben-können für ihn so schwer. Immer wieder kommt er ins Grübeln und ins Zweifeln: „Warum lässt Gott so etwas zu?" Und er – wie wir alle – findet keine Antwort auf diese alte Frage, die es gibt, seit Menschen an Gott glauben. – Umfangen statt durchdringen – da hat er seine Bedenken, ob er sich das erlauben darf. Und all die langen Gespräche, die wir bisher geführt haben, konnten seine Skepsis in diese berechtigte Strategie noch nicht beseitigen. Rätsel kann ich lösen, Geheimnisse nicht. Konstruktionsprobleme kann ich lösen, je besser ich mich in Geometrie und Materialwesen auskenne und dazu noch kreativ bin. Aber um einen Menschen lieben zu können, brauche ich nicht alles von ihm zu wissen und alles verstehen. Ich kann mich einem Menschen hingeben, auch wenn im „Bach meiner Hingabe" so mancher Felsbrocken liegt, den meine Hingabe einfach umspült. Ich kann mich einem Gott hingeben, der immer auch der Unbegreifliche bleibt und den ich in seinen Plänen manchmal nur im Nachhinein und manchmal selbst dann nicht verstehe.

Solche Hingabe ist kein Verrat an der eigenen Vernunft. Sie zeugt nur von unseren menschlichen Möglichkeiten, doch noch oder wieder mit einem unbegreiflichen Gott in Kontakt zu bleiben oder wieder zu kommen.

Vermutlich wird jeder von Ihnen solche Felsbrocken im Bachbett seiner Hingabe an Gott haben. So wie das Wasser seinen Weg an den Felsbrocken vorbei findet, so wünsche ich Ihnen, dass Ihre Hingabe zu Gott nicht wie hinter einer Staumauer blockiert wird, sondern auch ihren Weg findet.

Wenn wir in diesem Sinne uns als Eigentum Gottes fühlen, dann werden wir in vielen Situationen gelassener sein als solche, die nicht um diesen Deutungshorizont wissen. Manchmal wird es uns ganz leicht fallen, uns so zu fühlen, manchmal müssen wir uns regelrecht hineinkämpfen in diese Wirklichkeit.

Ich bewundere an Pater Kentenich – auch wenn ich ihn selbst nie persönlich kennen gelernt habe – seine Gelassenheit, seinen Mut und seine Zuversicht. Ich kann mir diese seine Haltungen nur so erklären, dass er viele solcher Kämpfe und Zweifel durchgefochten hatte.

56. Joh 17,10: In ihnen bin ich verherrlicht

Grammys in der Musikbranche, Oscars in der Filmindustrie, olympische Medaillen und Ränge im Sport, Fußballweltmeisterschaft in Katar, Formel-1-WM, Nobelpreise für Wissenschaftler, Schriftsteller und Friedensaktivisten, der Karlspreis der Stadt Aachen für große Europäer – es gibt kaum einen Bereich des menschlichen Lebens, in dem Menschen, die auf diesem Gebiet Hervorragendes geleistet haben, nicht entsprechend gewürdigt werden. Wir wollen wissen, wer die Besten sind. Wettbewerb und Konkurrenz sind urmenschliche Phänomene. Spitzenleistungen fördern Massenbegeisterung und wecken Talente. Wann kann man aber davon sprechen, dass Gott verherrlicht wird durch Menschen? Wir kommen gleich drauf.

Vom Politbarometer kennen wir die Beliebtheitsskala der deutschen Politiker. Da geht es nicht nur um Beliebtheit, sondern auch darum, ob man als Wähler den Eindruck hat, dass ein Minister seinen Aufgaben gewachsen ist. Und auch nach Wahlen sagen uns die Analysten, dass Parteiprogramme nicht so wichtig sind wie die Personen, die diese Partei repräsentieren.

Ein Unternehmen für die Herstellung von Babynahrung – da wirbt der Eigentümer der Fima mit seinem Namen für die Qualität seiner Produkte.

Auch beim populären Profi-Vereinsfußball steht der Trainer oft für die Mannschaft, viel weniger als der Sportdirektor oder der einzelne Spieler. Und was für ein Schleudersitz so ein Trainerposten sein kann, das merken wir, wenn dem Trainer gekündigt wird, wenn die Mannschaft nicht erfolgreich ist. Das kann im Extremfall sogar zwei- bis dreimal während einer Saison passieren.

Auch Firmen achten darauf, dass dem Kunden nicht die Institution begegnet, sondern ein persönlich zugewiesener Kundenbetreuer. Wenn ich zum Beispiel mein online-Banking aufrufe, erscheint nach dem Einloggen auch das Bild der entsprechenden Kundenbetreuerin.

Interessant ist, dass Jesus vor 2000 Jahren schon davon ausgegangen ist, dass seine Anhänger gleichsam für ihn und sein Programm stehen, ja mehr noch: „In ihnen bin ich verherrlicht." Was ebenfalls auffällig ist, dass das nicht als Ziel, als Forderung, als Sehnsucht, sondern als Aussage formuliert worden ist: „In ihnen bin *ich* verherrlicht."

Wenn wir uns die einfachen Fischer, die Nobodys einer besetzten römischen Kolonie und dort noch nicht einmal aus der Führungselite des Landes vor Augen stellen, dann ist die Frage erlaubt, ob Jesus nicht da zum Hochstapler geworden ist, nicht, was seine

Person betrifft, aber die seiner Jünger.

Fragen Sie sich einmal, ob Sie stolz sein können, zu dieser Kirche zu gehören! In den letzten Jahren dominierte doch eher das Fremdschämen wegen weniger Verbrecher, die ihre Vertrauensstellung missbraucht haben. Und es bleibt nicht beim Fremdschämen. Es gibt viele, die die Notbremse ziehen und aus der Kirche austreten. Zu solch einem miserablen Verein wollen sie nicht mehr gehören, auch wenn sie weiterhin an Gott glauben und die vermittelten Werte hochhalten und sich an ihnen orientieren.

In der Erzdiözese Köln gibt es eine interessante Initiative: Dort gibt unter dem Titel „Es gibt sie doch" ein kleiner engagierter Kreis von Katholiken Kurzbiographien von verstorbenen Priestern heraus. Inzwischen ist der achte Band erschienen. Jeder Band umfasst ca. 20 Biographien. Im Klappentext der einzelnen Bände heißt es: „Die Medienberichterstattung über priesterliches und bischöfliches Versagen hat den Eindruck erweckt, als ob es das glaubwürdige priesterliche Lebenszeugnis kaum mehr gäbe. Dennoch existieren überzeugende Beispiele gelungener priesterlicher Existenz nicht nur, sondern sie kennzeichnen wohl in weit stärkerem Maße die kirchliche Wirklichkeit als es der Öffentlichkeit manchmal suggeriert wird."

Stärker noch als die Publikationen über glaubwürdige Christen ist der Brauch, den es so nur in der katholischen Kirche gibt: Die Selig- und Heiligsprechungen.

In der Präfation von Heiligenfesten heißt es: „Die Schar der Heiligen verkündet deine (Gottes) Größe, denn in der Krönung ihrer Verdienste krönst du das Werk deiner Gnade."

Mit anderen Worten: Wenn Menschen mithilfe der Gnade über sich und das Normalmaß eines guten Menschen hinauswachsen, dann ist das auch eine Verherrlichung Gottes.

Wenn Menschen einen neuen Orden oder eine geistliche Bewegung oder ein caritatives Hilfswerk gründen und dieses Projekt eine unwahrscheinliche Breitenwirkung oder auch eine beeindruckende

Langzeitwirkung entfaltet, dann ist das schon etwas Besonderes.

Gründer werden ja nur dadurch zu Gründern, dass sie auf authentische Weise christliche Werte zum Leuchten bringen und andere ermutigen, auf diese Weise ihr Christsein zu leben. Auch wenn in pädagogischen Kreisen über die Rolle des Vorbildes sehr kontrovers diskutiert wird, ob ein Vorbild nur zur Nachahmung animiert oder zum Selbstsein provoziert – die Alltagsbeobachtung bestätigt: Jeder, der auf seinem Gebiet Großes erreicht hat, kann die Menschen benennen, die ihn in seiner Kindheit für dieses Thema erst interessiert und dann begeistert haben. Pater Kentenich sagte als Erzieher zu seinen Schützlingen immer wieder: „Sei du selbst! Sei es in der bestmöglichen Form!" Damit hatte er die Kinder vor Gefahr der reinen Nachahmung immunisiert, aber die Sehnsucht geweckt, sich nicht in Sattheit und Selbstzufriedenheit häuslich einzurichten.

In manchen kirchlichen Diskussionen wird vor Idealisierung gewarnt, weil sie schnell in die Überforderung kippen könne. Es wird auf das Wort Jesu hingewiesen, als er die Pharisäer kritisiert: *„Sie schnüren schwere und unerträgliche Lasten zusammen und legen sie den Menschen auf die Schultern, selber aber wollen sie keinen Finger rühren, um die Lasten zu bewegen"* (Mt 23,4).

Das will man unter allen Umständen vermeiden. Aber man übersieht dabei oft, dass dann, wenn ich den Ist-Zustand zum Ideal erkläre, es kein Wachstum mehr gibt. Stress-Forscher haben herausgefunden, dass chronische qualitative Unterforderung auch einen hohen Stresspegel erzeugt. In der Alltagssprache reden wir dann eher davon, dass sich jemand in seinem Beruf langweilt oder chronisch unzufrieden ist.

Der Mensch braucht die Spannung zwischen dem Ist-Zustand und dem Ideal als Energiequelle, um zu wachsen. Die Kunst der Selbststeuerung besteht darin, sich weder in die Unterforderung noch in die Überforderung zu manövrieren, sondern sich immer wieder neu in den Bereich der Herausforderung hineinzubegeben.

Das Selbstgespräch könnte so lauten: „Ich weiß nicht, ob ich es schaffe. Grundsätzlich traue ich es mir zu, aber ob's was wird? – Mal sehen!"

Tasten wir uns noch einmal von einer anderen Seite an unser Thema heran: Wann und wie wird der Mensch zur Verherrlichung Gottes?

Für den Komponisten Johann Sebastian Bach war die Kontrapunkt-Komposition das Stilgebot schlechthin. Melodien sollten gegeneinander laufen, aber am Ende immer in einer Harmonie enden. Parallel laufende Quinten waren verpönt – zumindest, was die Hauptstimmen betraf. Theoretisch und praktisch haben die Komponisten Palestrina und Johann Joseph Fux viel zur Popularisierung dieses Kompositionsstils beigetragen. Wenn Gott mit und trotz der Freiheit des Menschen seine Heilsgeschichte komponiert, dann hat er scheinbar auch eine Vorliebe für den Kontrapunkt: In Krisenzeiten der Kirche beruft er immer auch Heilige, für die das Wort Jesu gilt: *„So soll euer Licht vor den Menschen leuchten, damit sie eure guten Taten sehen und euren Vater im Himmel preisen"* (Mt 5,16). Das ist die Aufforderung, die Jesus später in die Aussage umformuliert: „In ihnen bin ich verherrlicht."

Seit Herbst 2016 bin ich Hausgeistlicher bei den Armen Dienstmägden Jesu Christi in Dernbach. Ich durfte mit dabei sein, als die Gründerin der Dernbacher Schwestern 2018 in Rom heiliggesprochen worden ist. Über ihr Leben können wir als Motto schreiben, das sie selbst oft zitiert hatte: „In allem und überall geschehe der heilige Wille Gottes".

In der Kirche wird ja – eigentlich wie zu allen Zeiten – intensiv darum gerungen, was denn nun der Wille Gottes heute sei. Wir diskutieren nicht mehr darüber, ob Feudalismus oder Apartheid eine gottgewollte Gesellschaftsordnung sei oder ob Sklaverei ein Schicksal sei, das ebenfalls mit dem Attribut „gottgewollt" versehen werden kann. Auch Religionsfreiheit fordern wir nicht nur für uns Christen, sondern für alle Religionen. Das war vor dem 2. Vatikanischen Konzil noch anders. Es gibt im Laufe der Entwicklung einfach Selbstverständlichkeiten, die in der Vergangenheit mühsam erkämpft worden sind, die aber heute klar sind. Der englische Satiriker Douglas Adams (* 1952, † 2001) hat das mal prägnant ausgedrückt: „Alles, was schon da ist, wenn man geboren wird, ist normal. Alles, was erfunden wird, während man zwischen 15 und 35 ist, ist neu, revolutionär und unglaublich spannend. Alles, was erfunden wird, wenn man die 35 überschritten hat, empfindet man als Verstoß gegen die natürliche Ordnung der Dinge und als das Ende der Zivilisation.“[94]

Wir diskutieren heute in der Kirche, wie man sexualisierte Gewalt verhindern kann, ob Priester heiraten dürfen sollen, ob Frauen Priesterinnen werden können, ob homosexuelle Lebensgemeinschaften den Segen der Kirche bekommen dürfen und vieles mehr.

Wir beobachten weiterhin, dass Spiritualität ein Feld ist, das längst nicht mehr allein von den Kirchen bespielt wird, sondern es viele Angebote gibt, die Bewusstseinserweiterung verheißen oder Ekstase versprechen bei schamanischen Trommelkursen oder beim kontrollierten Genuss von pflanzlichen Psychopharmaka.

Der Vertrauensverlust gegenüber den großen Kirchen ist erschreckend und erklärt sich nicht allein aus der allgemeinen Institutionenverdrossenheit der Bevölkerung. Ein aufgedeckter Skandal jagt den nächsten. Manche ziehen die Notbremse und treten aus der Kirche aus. Die Erleichterung sehen sie darin, dass sie sich nicht mehr für diesen Verein fremdschämen müssen.

Aber war es eigentlich je anders? Die Geschichte der Kirche ist eine Skandalgeschichte. Aber die Geschichte der Kirche ist nicht nur eine Skandalgeschichte, sondern auch eine Heilsgeschichte. Sehr unterhaltsam hat Manfred Lütz diese beiden Pole der Kirchengeschichte in seinem Buch „Der Skandal der Skandale. Die gehei-

[94] Hier zit.n. Frank Dopheide, Gott ist ein Kreativer kein Controller, Econ-Vlg., Berlin 2021, S. 60.

me Geschichte des Christentums" beschrieben. Bei aller Lockerheit hatte er doch viele Fakten sorgfältig recherchiert. Gemeinschaft der Gläubigen ist also immer beides: Gemeinschaft von Sündern und von Heiligen. Beide Extreme finden wir zu allen Zeiten. Die Kirchenlehrer verwendeten sogar noch einen drastischeren Ausdruck: „Heilige Hure". Kirchengeschichte ist also eine Komposition im Kontrapunkt-Stil: Abgründe und Höhepunkte.

Wir können einerseits als deutsche Katholiken stolz sein auf Katharina Kasper. In ihr ist Gott verherrlicht. Sie gehört zu uns. Andererseits müssen wir uns als Mitglieder der Kirche fremdschämen, denn all die Verbrecher bezüglich sexualisierter Gewalt gehören auch zu uns.

Schauen wir noch einmal genauer auf diesen Prozess der Heiligsprechung. Was bedeutet er? Was kannn er bewirken?

Ich nehme mir das Recht weiter auszuholen: Wenn Sie auf die Unter- oder Rückseite Ihrer Kaffeemaschine oder Mikrowelle blicken, dann finden Sie das GS-Siegel. Das GS-Zeichen ist ein nach deutschem Recht gesetzlich geregeltes Gütesiegel für „Geprüfte Sicherheit". Dieses Prüfzeichen ist weltweit anerkannt. Als Hersteller zeigen Sie damit Ihren Kunden, dass Sie Ihr Produkt freiwillig einem Produkt- und Sicherheitstest durch eine staatlich anerkannte Prüfstelle unterzogen haben. Viele Hersteller sind inzwischen vom GS- auf das CE-Siegel der EU umgestiegen, das noch umfassender auch die Sicherheit von Spielzeug, medizinischen Geräten und anderer Produkte zertifiziert.

Ein ähnliches Prüfsiegel ist die Heiligsprechung. Die römische „Qualitätssicherungsbehörde" bestätigt: „Wenn du dich in der Nachfolge Christi an den Äußerungen und am Verhalten Katharina Kaspers orientierst, wird das nicht gefährlich für dich – ganz im Gegenteil: Du wirst angeregt, ein besserer Mensch und Christ zu werden."

Was so selbstverständlich klingt, ist es nicht. Denn auf dem Gebiet der Religion und Spiritualität gibt es viele Charlatane, Gurus und Verführer, denen es gelingt, begeisterte Anhänger hinter sich zu bringen mit teils verheerenden Folgen. Denken wir nur an die religiös motivierten Selbstmordattentäter, an die Aum-Sekte, deren Mitglieder am 20. März 1995 den Giftgasanschlag in der Tokioter U-Bahn verübten, oder an den kollektiven Selbstmord der Branch-Davidian-Sekte in Texas 1993 mit 86 Toten.

Das strukturell Gefährliche an den Botschaften solcher Menschen mit charismatischer Ausstrahlung ist, dass sie sich der vernünftigen Argumentation entziehen. Mögen die Wahnvorstellungen und Endzeitphantasien noch so abstrus erscheinen, die hörigen Anhänger lassen sich anstecken von diesen Wahnvorstellungen und lassen sich verführen.

Für Menschen mit charismatischer Ausstrahlung ist es doppelt wichtig, die Ehrfurcht vor der Persönlichkeit und Freiheit des anderen zu pflegen, denn die Begeisterten schenken den charismatischen Führern ein Vertrauen und eine Hingabe, die sie gleichzeitig schutzlos macht. Die Versuchung zum Missbrauch, auch zum möglichen spirituellen Missbrauch ist naheliegend.

Wenn wir nun auf Katharina, ihr Verhalten und ihre Texte schauen, dann fällt auf, dass sie nicht im damals üblichen Lagerdenken ihrer Umgebung gefangen war. Um jeden Leidenden, egal ob katholisch, evangelisch, jüdisch oder atheistisch, sollten sich die Schwestern kümmern. Im Gegensatz dazu stand die Meinung eines Pfarrers in Frankfurt, der der festen Überzeugung war, die Schwestern sollten sich nur um die katholischen Kranken kümmern. Das war typisch für das damals übliche Lagerdenken. – Nebenbei: Es gibt keine Weltreligion, die so konsequent die Nächstenliebe zum Gradmesser für die Echtheit der Gottesliebe macht wie das Christentum. „Was ihr dem Geringsten getan habt, das habt ihr mir getan." Dieses Jesuswort ist sicher das wirkmächtigste Wort zur Vermenschlichung der Welt.

Ein Zweites: Katharina, die selber nur acht Jahre die Volksschule besucht hatte, legte großen Wert auf die Aus- und Weiterbildung ihrer Schwestern. Selbständige, initiativfreudige und innerlich freie Persönlichkeiten wollte sie heranbilden. Bei ihr finden wir keine Anzeichen einer Demutserziehung mit dem Holzhammer, die nur seelische Krüppel hervorbringt, was es zur damaligen Zeit durchaus in Orden zu beklagen gab.

Ein Drittes: Die Weite ihres Horizontes lässt sich nicht aus ihrer Herkunftsfamilie, ihrer Schuldbildung oder dem geistigen Klima eines kleinen, abgelegenen Westerwalddorfes erklären. Einige Male, als sie ihre Schwestern oder Bischof Blum in Limburg mit ihren Entscheidungen überrascht hatte, erklärte sie: „Der Geist, der in mir wirkt, hat mir das gesagt oder gezeigt." Die Hartnäckigkeit, mit der sie darum kämpfte, dass Dernbach bei der Planung eines neuen Trassenbaus der Bahn einen Bahnhof bekam, zeugt von ihrer Weitsichtigkeit. Sie, die nach Möglichkeit jedes Jahr alle Filialen der schnell gewachsenen Gemeinschaft besuchen wollte, wusste es zu schätzen, wenn man sich in Dernbach in den Zug setzen konnte anstatt mit einer Kutsche erst auf holprigen Wegen nach Koblenz zum nächsten Bahnhof gebracht werden musste.

Dass die „Qualitätssicherungsbehörde" Vatikan diesem originellen Weg der Christusnachfolge das Unbedenklichkeitssiegel, ja mehr noch den Vorbildcharakter verliehen hat, tut gut in dieser Phase der Vertrauenskrise der Kirche.

Nachdem wir einige Runden aus der Entfernung um Katharina Kasper gedreht haben, schauen wir sie uns doch einmal näher an:

Geboren wurde sie am 26. Mai 1820. Ihr Heimatdorf Dernbach umfasste damals ca. 640 Einwohner. Der Boden war karg, das Klima rau. Kinder wurden an herumziehende Musikanten verkauft, weil es nicht genug zu essen gab. Häufig erkrankten die Menschen an Typhus und Tuberkulose. Antibiotika waren noch nicht erfunden. Napoleon war erst 1814 durch Blücher hinter den Rhein gedrängt worden. 1803 waren alle Klöster enteignet worden. Es sah traurig aus in der Kirche. Als Katharina am 8. Mai 1826 eingeschult wurde, war die allgemeine Schulpflicht erst ein paar Jahre vorher eingeführt worden. Im Sommer mussten die Kinder bei der Ernte oder beim Straßen- und Wegebau helfen. Katharina war häufig krank und versäumte dadurch manche Schulstunde. Was soll wohl aus solch einem Mädchen werden? Vielleicht eine Magd bei einem reicheren Bauern? Später als Generaloberin sagte sie: „Schon als ich ein kleines Kind war, hatte der liebe Gott, ohne dass ich es damals erkannte, die Liebe zu den heiligen Ordensgelübden in mein Herz gelegt." Und eine andere Äußerung von ihr: „Wenn die anderen Mädchen zur Kirmes gingen, tanzte ich um den Heuhaufen auf der Wiese und freute mich, dass ich für dergleichen keinen Sinn hatte." Und weiter: „Wenn ich zuweilen allein aufs Feld arbeiten ging, empfand ich eine fühlbare Gegenwart Gottes, des Geistes, der in mir sprach, und meines heiligen Schutzengels, dass ich vor Freude und Glück sang, und dann arbeitete ich so fleißig und so leicht wie zwei."

Wiederum: „Als ich aus der Schule entlassen war und die heilige Kommunion empfangen hatte, fühlte ich immer mehr das Bedürfnis nach einem frömmeren Leben; ich verstand nur nicht, wie ich es anfangen sollte. Dass man öfter beichten und kommunizieren dürfte, wusste ich nicht. Gott wirkte unterdessen in meinem Innern, ohne dass ich ihn erkannte. Er sprach zu mir, belehrte mich, und ich meinte, das wäre bei allen Leuten so. Deshalb sagte ich auch immer: Der Geist, der in mir ist, hat das gesagt." Am 26. Januar 1842 stirbt ihr Vater. Nach dem hessisch-nassauischem Erbrecht gilt die Erbteilung. D.h., damit alle Hinterbliebenen einen gleichen Anteil bekommen, muss das väterliche Anwesen versteigert werden. Katharina, ihre zwei Brüder und ihre Mutter finden eine Mietwohnung in Dernbach. Als Tagelöhnerin verdient sie den Lebensunterhalt für die Familie. Die Mutter äußerte sich mal: „Wenn das Kathrinchen betet, merkt man ihm an, wie glücklich es ist." Katharina hat schon damals ein offenes, mitfühlendes Herz: Sie besucht Kranke im Ort, hilft kranken Müttern im Haushalt. Sie sammelt die Kinder des Ortes und zieht mit ihnen zur nahegelegenen Heilborn-Kapelle, einem alten Marienwallfahrtsort mit Quelle und betet und singt mit den Kindern. Ihre Begeisterung und Freude springen über, so dass die Kinder das nicht als lästige Pflichterfüllung empfinden, sondern es einfach Spaß macht. Ihre Intuition, eine Ordensgemeinschaft zu gründen, stößt sowohl bei dem Dechanten in Montabaur wie dem Bischof in Limburg auf Skepsis und Ablehnung. So gründet sie mit ihren Freundinnen zunächst einen frommen Verein zur Verbreitung des Glaubens durch Gebet, Belehrung und Beispiel. Mit viel Gottvertrauen und wenig Geld begann sie ein Häuschen zu bauen, wo sie und ihre Freundinnen, die ja noch in ihren Familien wohnten, zusammenziehen konnten. Das geschah 1848, mitten in den Wirren der Revolution. Auch eine Sterbende wird aufgenommen. Nach deren Tod wird eine Witwe mit ihren Kindern aufgenommen. Im Frühjahr 1849 kommt der Limburger Bischof Peter Joseph Blum zunächst nach Wirges zur Firmung, dann nach Dernbach. Für ihn ist Katharina keine Unbekannte mehr. Er ist von der Echtheit ihrer Berufung überzeugt und findet auch in der Öffentlichkeit des Ortes lobende Worte für ihr Engagement. Am Ende schenkt er ihr 100 Gulden, womit sie einen Teil der Bauschulden abbezahlen kann. Nach dem Lob durch den Bischof setzt sich auch der Bürgermeister Paulus für Katharina und ihren Verein ein. Am 15. August 1851 kommt es schließlich zur offiziellen Ordensgründung in der Wirgeser Pfarrkirche durch die Gelübdeablegung von fünf Frauen in die Hände des Bischofs. Aus dem frommen Verein wird der „Orden der Armen Dienstmägde Jesu Christi". Der Name ist gewählt in Anlehnung an die Antwort Mariens, die sie dem Erzengel Gabriel in der Stunde der Verkündigung gegeben hatte: „Siehe, ich bin die Magd des Herrn. Mir geschehe, wie du gesagt hast." Nach kurzer Krankheit stirbt Katharina Kasper in der Nacht zum 2. Feburar 1898.

Rückblickend dürfen wir feststellen: 2000 Frauen traten während der Lebenszeit der Gründerin in diesen Orden ein. Was muss diese Frau für eine Ausstrahlung besessen haben, damit solch eine Dynamik möglich wurde! Natürlich gilt es zu berücksichtigen, dass zur damaligen Zeit die Berufstätigkeit der Frau – wenn sie nicht im familiären Handwerks- und Landwirtschaftsbetrieb mitgearbeitet hatte – die große Ausnahme war. Wollte also eine Frau berufstätig sein, dann bot ihr ein Orden eine Perspektive. Auch die offenkundige Wahrnehmung, dass der Staat sich nicht so intensiv um Gesundheit und Bildung seiner Einwohner gekümmert hat bzw. kümmern konnte, aber das man auf die offensichtliche Not irgendwie reagieren musste, wurde zum entscheidenden Motiv für so manche junge Frau, die es mit ihrem Glauben ernst nahm, einen solchen Weg der Christusnachfolge zu wählen.

Von daher ist es verständlich, dass die meisten Berufe heutzutage aus den Ländern kommen, in denen die Bildungsnot und das Gesundheitswesen stark an die Verhältnisse im Westerwald zur Zeit der Gründerin erinnern. In der aktuellen Generalleitung ist eine Amerikanerin die Generaloberin, eine Ratsschwester kommt aus Kenia, zwei aus Indien.

Wenn wir die Gründungsgeschichte der Armen Dienstmägde und speziell den Lebenslauf der Gründerin betrachten, dann können wir verallgemeinern, dass nachhaltige Erneuerungen in der Kirche selten nach dem Strickmuster verlaufen sind, dass Christen an der Basis lautstark Forderungen erhoben haben: „Die da oben sollen doch mal ...!“ Auch Reformen von „oben nach unten“ sind selten, aber es gibt sie: Die Herabsetzung des Erstkommunionalters durch Pius X., die Einberufung des II. Vatikanischen Konzils durch Johannes XXIII; um nur zwei Beispiele zu nennen.

Der typische Umgangsstil Gottes mit uns Menschen und die jeweiligen göttlichen Initiativen zur Erneuerung der Kirche liefen meistens nach dem Muster ab, dass Gott das Herz eines Einzelnen berührt hat, der dann in der jeweiligen Zeitnot den Anruf Gottes herausgehört hat. Ordensgründer haben also nicht zuerst Forderungen an andere gestellt, sondern wagten das Selbstexperiment. Oft war es ein Suchen und Tasten, worin wohl das Neue bestehen würde, das Gott durch sie in die Kirche hineintragen wollte.

Die Entstehungsgeschichte der Orden und der jeweiligen Spiritualitäten ist eine spannende Innovationsgeschichte. Die Kirche als ecclesia semper reformanda – als immer erneuerungsbedürftige und zu erneuernde Kirche – hat von innen heraus durch Einzelne charismatisch begabte Persönlichkeiten Lebensformen der Nachfolge Christi entwickelt, die für die am Althergebrachten Klebenden unvorstellbar waren. Meistens mussten die Ordensgründer einen langwierigen Kampf mit den konservativen Kräften der jeweiligen Kirchenleitungen führen, um schließlich dann doch anerkannt zu werden. Nicht bei allen dauerte es so lange und war es so kompliziert wie bei Mary Ward, der Gründerin der „englischen Fräulein", oder wie der offizielle Titel lautet: Institutum Beatae Mariae Virginis, Ordenskürzel: IBMV. 2004 wurde die Gemeinschaft in Congregatio Jesu (CJ) umbenannt.

Oder als Ignatius die Jesuiten gründen wollte und nicht mehr das gemeinsame Chorgebet als verpflichtende Übung vorsah, um die Flexibilität im Einsatz zu erhöhen, wollte die für die Orden zuständige römische Behörde das nicht erlauben und den Satzungsentwurf ändern. Dramatisch wurde es im 18. Jh, als der Papst den Jesuitenorden „reformieren" wollte. Lorenzo Ricci, der 18. Ordensgeneral prägte den später berühmt gewordenen Satz: „Wir sind wie wir sind, oder uns gibt es nicht mehr." Im Lateinischen ist das ein schönes Wortspiel: „Sint ut sunt, aut non sint." Tatsächlich wurde der Orden 1773 durch Papst Clemens XIV. verboten. Erst 1814 wurde dieses Verbot durch Papst Pius VII. wieder aufgehoben. Die Ordensgeschichte ist voll von solchen Auseinandersetzungen.

Wenn wir also der Heiligen gedenken oder sie feiern, dann feiern wir auch die Kreativität Gottes, der immer wieder einzelne Menschenherzen anrührt und sie durch den heiligen Geist führt, etwas Neues, etwas noch nie Dagewesenes hervorzubringen. Ja, Gott wird in ihnen und durch sie verherrlicht. Auch heute dürfen wir damit rechnen, dass Gott auf diese Weise seine Kirche erneuert. Also nicht lautstark Forderungen an andere stellen, an „die da oben", sondern den Mut zum Selbstexperiment entwickeln und achtsam nach Innen lauschen, was der heilige Geist einem eingibt. So geht Innovation in der Kirche. Vielleicht können auch wir zur Verherrlichung Gottes beitragen, auch wenn es am Ende nicht zu einer Heiligsprechung reicht. Das Potential steht uns zur Verfügung.

57. Joh 17,12: Fürsorglichkeit Gottes

„Solange ich bei ihnen war, bewahrte ich sie in deinem Namen, den du mir gegeben hast. Und ich habe sie behütet und keiner von ihnen ging verloren, außer dem Sohn des Verderbens."

In der israelische Armee gibt es eine Spezialeinheit, Sajeret Matkal. Größere Bekanntheit erlangte die Einheit durch die „Operation Thunderbolt" (1976). Dabei befreiten Sajeret-Einheiten unter dem Kommando von Joni Netanjahu, dem Bruder von Israels früherem Premierminister Benjamin Netanjahu, mehr als 100 Geiseln aus dem 4000 Kilometer entfernten Flughafen von Entebbe in Uganda. Tragischerweise überschattete der Tod Joni Netanjahus den Erfolg der Operation. In dieser Truppe wie auch in anderen Spezialeinheiten gehört es zum Ehrencodex, dass bei Einsätzen niemand zurückgelassen wird. Bei all den Gefahren von außen, die solche Einsätze mit sich bringen, herrscht doch das Lebensgefühl: Wir können uns 100%ig aufeinander verlassen.

Ein Beispiel aus einem ganz anderen Umfeld: Im Jahr 1914 brach Ernest Shackleton mit seinen Männern auf, um den Südpol zu überqueren. Leider wurde ihr Schiff, die Endurance, vom Packeis eingeschlossen und langsam zerquetscht, noch bevor die Mannschaft die antarktische Halbinsel erreicht hatte. Die 28köpfige Mannschaft musste das Schiff verlassen, benutzte die drei kleineren Beiboote als Schlitten und gelangte schließlich am 15. April zur Insel Elephant Island, einer unbewohnten und vergletscherten Insel 245 km nordöstlich der antarktischen Halbinsel, aber immer noch 1300 km von Südgeorgien, der nächsten Ansiedlung entfernt. Immerhin konnten sich die Männer von Pinguinen und Robben ernähren. Ernest Shackleton brach mit fünf Mitgliedern in dem kleinen Beiboot „James Caird“ auf und erreichte tatsächlich am 10. Mai zunächst die Südküste von Südgeorgien. Zu Fuß überquerte der kleine Trupp den Gletscher und erreichte am am 20. Mai die Walfangstation Stromness. Von dort startete dann das chilenische Marineschiff „Yelcho“ zur Elefanteninsel und konnte die dort bis zum 30. August ausharrenden restlichen 22 Mitglieder der Expedition retten. Am 3. September erreichte die „Yelcho“ und mit ihr alle 28 Mannschaftsmitglieder der Antarktis-Expedition den chilenischen Hafen von Punta Arenas. Alle hatten das Drama überlebt.

Diese Assoziationen kamen mir, als ich den Vers aus dem hohenpriesterlichen Gebet, das Jesus am Vorabend seines Leidens sprach, gelesen hatte. „Ich habe sie behütet.“ – Wenn man von der Berufung der ersten Jünger an die Zeit des öffentlichen Wirkens Jesu Revue passieren lässt, dann fällt auf, dass wir keine markante Situation in den Evangelien finden können, wo Jesus seine Jünger unmittelbar in Schutz nimmt oder nehmen muss. Im Gegenteil! Nachdem Jesus in der Synagoge von Kafarnaum seinen Zuhörern einen Zugang zur Eucharistie vermitteln will, er aber dadurch massive Ablehnung provoziert hatte, fragte er seine Jünger: „Wollt auch ihr weggehen?“ (Joh 6,67) Es ist ein Klima der Freiheit und des Vertrauens, das im Zwölferkreis herrscht. Und doch muss Jesus ein ausgesprochenes Verantwortungsgefühl für seine Jünger empfunden haben. Sonst hätte er nicht die Bildrede vom guten Hirten entwickelt (vgl. Joh 10,11-18). Und er grenzt den guten Hirten deutlich vom feigen Mietling ab (vgl. Joh 10,12). Die Sorge um die Seinen geht bis zur Lebenshingabe (vgl. Joh 12,15). Wie ernst das gemeint war, merken die Jünger erst am Karfreitag.

Weitere Spuren der Fürsorglichkeit finden wir an anderen Stellen:

„Da sagte er zu ihnen: Kommt mit an einen einsamen Ort, wo wir allein sind, und ruht ein wenig aus! Denn sie fanden nicht einmal Zeit zum Essen, so zahlreich waren die Leute, die kamen und gingen“ (Mk 6,31).

Ausdrücklich finden wir auch Hinweise auf das Mitleid Jesu:

„Als er die vielen Menschen sah, hatte er Mitleid mit ihnen; denn sie waren müde und erschöpft wie Schafe, die keinen Hirten haben (Mt 9,36).

„Als er ausstieg, sah er die vielen Menschen und hatte Mitleid mit ihnen und heilte ihre Kranken“ (Mt 14,14)

„Jesus rief seine Jünger zu sich und sagte: Ich habe Mitleid mit diesen Menschen; sie sind schon drei Tage bei mir und haben nichts mehr zu essen. Ich will sie nicht hungrig wegschicken, sonst brechen sie auf dem Weg zusammen“ (Mt 15,32)

Auch das Weinwunder bei der Hochzeit zu Kana ist ein Zeichen, dass Jesus dem Brautpaar aus der Verlegenheit heraushelfen will, mehr noch: Es ist ein Zeichen der Fülle des Heiles, die er bringen will.

Auch bei der Brotvermehrung erwähnen die Evangelisten ausdrücklich, dass Jesus mehr gegeben hatte, als die Menschen essen konnten (vgl Mt 14,20 par und Mt 16,9).

Die Geborgenheit in Gott als Grundlebensgefühl schärft Jesus seinen Jüngern ein, wenn er von den Lilien und den Vögeln des Himmels spricht:

„Verkauft man nicht zwei Spatzen für einen Pfennig? Und doch fällt keiner von ihnen zur Erde ohne den Willen eures Vaters“ (Mt 10,29).

„Fürchtet euch also nicht! Ihr seid mehr wert als viele Spatzen“ (Mt 10,31)

„Wer von euch kann mit all seiner Sorge sein Leben auch nur um eine kleine Spanne verlängern? Und was sorgt ihr euch um eure Kleidung? Lernt von den Lilien des Feldes, wie sie wachsen: Sie arbeiten nicht und spinnen nicht. Doch ich sage euch: Selbst

Salomo war in all seiner Pracht nicht gekleidet wie eine von ihnen. Wenn aber Gott schon das Gras so kleidet, das heute auf dem Feld steht und morgen in den Ofen geworfen wird, wie viel mehr dann euch, ihr Kleingläubigen! Macht euch also keine Sorgen und fragt nicht: Was sollen wir essen? Was sollen wir trinken? Was sollen wir anziehen? Denn nach alldem streben die Heiden. Euer himmlischer Vater weiß, dass ihr das alles braucht. Sucht aber zuerst sein Reich und seine Gerechtigkeit; dann wird euch alles andere dazugegeben" (Mt 6,27-33).

Wovor könnte Jesus seine Jünger bewahrt haben? Aus der Management- und Motivationsliteratur kennen wir den Begriff der „inneren Kündigung". Damit ist gemeint, dass Menschen zwar an ihrem Arbeitsplatz sind, aber ohne inneres Engagement und ohne Motivation Dienst nach Vorschrift machen.

Romano Guardini meditiert in einem seiner Klassiker, im Buch „Der Herr" über Judas. Er schreibt:

„Als Judas bei Jesus blieb, begab er sich in eine schreckliche Gefahr. Das heilige Dasein, das ganz von Gott her denkt, urteilt und handelt, ist nicht einfach zu ertragen. Sehr töricht, zu meinen, es müsse ohne weiteres schön sein, in der Nähe des heiligen Menschen, gar des Sohnes Gottes zu leben. Dabei könne man nicht anders als gut werden. Ein Teufel kann man werden. Der Herr selbst sagt es: 'Habe ich nicht euch zwölf erwählt? Und einer von euch ist ein Teufel' (Joh 6,70).

Judas war es nicht von vornherein, wie das Volk meint; er ist es geworden, und zwar in der Nähe des Erlösers. Sagen wir ruhig: an der Nähe des Erlösers, denn 'dieser war gesetzt zur Auferstehung und zum Fall' (vgl. Lk 2,34). Besonders nach Kafarnaum muss die Situation für ihn unerträglich geworden sein. Immerfort diese Gestalt vor Augen zu haben; immerfort ihre übermenschliche Reinheit zu fühlen; immerfort, und das war das Schwerste, diese Gesinnung des Opfers, diesen für die Menschen sich hingebenden Willen zu empfinden – das konnte nur ertragen, wer Jesus liebte.

Es ist schon schwer genug, menschliche Größe zu ertragen – eigentlich sollte man sagen: zu verzeihen –, wenn man selbst nicht groß ist. Wenn es aber religiöse Größe ist? Göttliche Opfergröße? Die Größe des Erlösers? Ist dann keine reine Bereitschaft des Glaubens und des Liebens da, so muss sich alles vergiften."[95]

In der rückblickenden Bilanz Jesu über seinen Jüngerkreis wird Judas nicht ausgeblendet, wenn er sagt: *„Außer dem Sohn des Verderbens, damit sich die Schrift erfüllt."* Vor solcher inneren Emigration hat Jesus seine Jünger bewahren können – außer den Judas.

Bewahrt hat Jesus seine Jünger auch vor der Angleichung an die Welt. Genauer: Jesus hat seine Jünger aus den Wert- und Verhaltensmaßstäben „der Welt" herausgeführt in die Verhaltensweisen, die im Reich Gottes gelten sollen:

„Da rief Jesus sie zu sich und sagte: Ihr wisst, dass die Herrscher ihre Völker unterdrücken und die Großen ihre Vollmacht gegen sie gebrauchen. Bei euch soll es nicht so sein, sondern wer bei euch groß sein will, der soll euer Diener sein, und wer bei euch der Erste sein will, soll euer Sklave sein. Wie der Menschensohn nicht gekommen ist, um sich dienen zu lassen, sondern um zu dienen und sein Leben hinzugeben als Lösegeld für viele" (Mt 20,25-28).

So kann Jesus aber auch nur reagieren, weil das Thema heiß ist. In der Bitte der Mutter der Zebedäus-Söhne um Ministerposten für ihre Söhne kommt genau dieses Denken der Welt zum Ausdruck: Karriere machen mit Jesus! Das ist doch die Chance!

Auch später bei der Fußwaschung schärft Jesus die neuen Verhaltensregeln, die im Reich Gottes gelten, seinen Jüngern ein:

„Begreift ihr, was ich an euch getan habe? Ihr sagt zu mir Meister und Herr und ihr nennt mich mit Recht so; denn ich bin es. Wenn nun ich, der Herr und Meister, euch die Füße gewaschen

---

[95] Romano Guardini, Der Herr, Betrachtungen über die Person und das Lebens Jesu Christi, Würzburg 1940, S. 439f.

habe, dann müsst auch ihr einander die Füße waschen. Ich habe euch ein Beispiel gegeben, damit auch ihr so handelt, wie ich an euch gehandelt habe (Joh 13,12-15).

Auf diesem biblischen Fundament stehend, fällt es leichter, Menschen loszulassen und der Fürsorge Gottes anzuvertrauen.

Ein Beispiel: Hier von Dernbach aus schickte die Gründerin Katharina Kasper 1868 die ersten acht Schwestern in die Diözese Fort Wayne, im Staat Indiana in den USA. Natürlich war das keine Fahrt ins Niemandsland. Schließlich hatte der dortige Bischof um Schwestern gebeten, damit sie sich um die deutschen Auswanderer kümmern könnten. Sie fuhr mit den Schwestern bis nach Le Havre, wo diese das Schiff bestiegen. In einem Brief an die Schwestern im Mutterhaus schrieb sie noch auf der Rückreise: „Welch ein rührender Anblick, das große Meer, die furchtbaren Wellen, das rasche Entfernen des Schiffes. Die armen Schwestern waren nicht mehr zu sehen. Jetzt durfte auch ich weinen und sah dem Schiff nach, solange als wir es sehen konnten."[96] Während sie die vielen Niederlassungen der 1851 gegründeten Gemeinschaft in Europa nach Möglichkeit jährlich besuchte, kam sie nie in die USA.

In ihren Briefen an die Schwestern in den USA kommt immer wieder die mütterliche Sorge Katharinas zum Ausdruck. Ein Jahr später bricht die nächste Gruppe Schwestern nach den USA auf.

Heikler als das Loslassen von reifen, gestandenen Schwestern, die in ein fernes Land ziehen, gestaltet sich das Loslassen von erwachsenen Kindern, wenn diese sich von der Kirche entfremdet haben oder den Erwartungen der Eltern nicht entsprechen. Da sind die Eltern, deren Tochter nach Studienabbruch in eine chronische Depression geschlittert ist, und die immer wieder in Phasen akuter Selbstmordgefährdung durch Gesten oder Worte scheinbar nicht mehr erreicht wird.

Da ist die Mutter, die sich von ihrem Mann mit bipolarer Per-

[96]Katharina Kasper, Schriften, Bd 1, Brief Nr. 9, S. 73.

sönlichkeitsstörung – oder wie es im Volksmund nach wie vor als „manisch-depressiv“ umschrieben wird – scheiden ließ und erlebt, dass alle drei Söhne dieselbe Krankheit haben. Neben ihrer Berufstätigkeit ist sie immer wieder als Krisenmanagerin zwischen Kliniken, Polizei und Sozialamt im Turbomodus und fragt sich, wie lange sie das aushalten kann.

Da gibt es Eltern, die ihre Kinder selbst aufgeklärt haben und eine ganzheitliche und integrierte Sicht der Sexualität vermittelt haben, scheinbar erfolgreich, denn die Kinder lehnen Sex vor und außerhalb der Ehe ab, aber nach ein paar Jahren wollen die Kinder nichts davon wissen und haben sich dem Druck der Mehrheit angepasst. Die Argumente der Eltern prallen an dem „Altmodisch!“ der erwachsenen Kinder ab.

Da gibt es Kinder, die mit Freude jahrelang ministriert haben, sogar eine europäische Ministrantenwallfahrt nach Rom mitgemacht haben und ganz begeistert wiederkamen, aber jetzt nach Jahren sich als große Zweifler bezeichnen, aber sich gleichzeitig auf keine Diskussionen über Glaubensthemen einlassen wollen, denn sie fürchten die argumentative Kompetenz der Eltern, die sich theologisch weitergebildet haben und gefragte Referenten in Glaubens- und Partnerschaftsfragen sind. – Die Formen der Enttäuschung oder die Ursachen für die Sorgen ließen sich noch beliebig erweitern.

Kurzschlüssig könnte man meinen: Hätten wir keine Kinder in die Welt gesetzt, hätten wir heute diese Lasten nicht zu tragen. Aber da meldet sich ganz tief – ist es jetzt Trotz oder archaische Biologie? – doch die Stimme: Es ist und bleibt unser Kind! Aber wie dann den Spagat meistern, der einen förmlich zu zerreißen droht? Nur zu verständlich, dass in solchen Konflikten sich dem Herzen der Stoßseufzer entringt:

„Wie konntest Du, Schöpfergott, uns Menschen nur die Freiheit geben?!“ (Wir selber hätten sie schon gern, aber wenn wir sehen, was bei unseren Kindern dabei herausgekommen ist!) Genau da liegt der springende Punkt: Eine Welt, in der sich alle Menschen erwartungsgemäß entwickeln und verhalten, eine Welt, in der es keine Kriege und keine Gewalttäter und unschuldige Opfer gibt, die hat Aldous Huxley in seinem phantastischen Roman „Schöne neue Welt" beschrieben. Es ist die absolute Diktatur. Will das wirklich jemand von uns?

Ein Gott, der die Liebe ist und das Glück genießt, zu lieben und sich lieben zu lassen, wollte Wesen schaffen, die an diesem Glück teilhaben. Zur inneren Logik der Liebe gehört aber, dass sie ein Kind der Freiheit ist. Gott „musste" also Wesen, die liebesfähig sein können, die Möglichkeit der Freiheit einräumen und zwar so konsequent, dass auch der Missbrauch der Freiheit und damit unschuldige Opfer möglich werden. Wie hoch muss Gott das Glück der Liebe schätzen, wenn er bereit war, einen solchen Preis dafür zu zahlen und uns Menschen ebenfalls diesen Preis zuzumuten! Erziehung ist kein Automatismus mit berechenbaren Folgen. Natürlich liegt es auf der Hand, dass Eltern, die authentisch sind und die Werte selber leben, die sie den Kindern in geduldigem pädagogischem Nahkampf vermitteln, wahrscheinlich „erfolgreicher" als Eltern, die für sich andere Wertmaßstäbe in Anspruch nehmen, als sie von den Kindern fordern. Die sprichwörtliche Doppelmoral ist zum Scheitern verurteilt. Und so kommt es, dass sich Eltern die Frage stellen: „Was haben wir bloß falsch gemacht?" – In vielen Fällen wird die Antwort lauten: Nur Kleinigkeiten. Die grundsätzlichen Rahmenbedingungen passten. Aber wenn die Kinder flügge werden, hat man nur begrenzt Einfluss auf den Freundeskreis der Kinder. Und die Altersgenossen sowie die durch die Medien vermittelten Werte oder Unwerte sind mächtige Miterzieher.

Sollten wirklich grobe Schnitzer passiert sein, haben leidenschaftliche Eltern durchaus auch den Mut, die Fehler einzugestehen und die Kinder um Verzeihung zu bitten. Nicht umsonst betont Pater Kentenich, der Gründer der Schönstatt-Bewegung, immer wieder: „Das Ideal ist nicht die weiße Weste, sondern der Mut, auch zu seinen Fehlern zu stehen, und vor allem das Vertrauen in den barmherzig liebenden Vater."

Wenn das gilt, dann wird klar, dass die grüblerische permanente „Gewissenserforschung" ‚Was haben wir bloß falsch gemacht?' nicht viel weiterhilft. Eltern müssen bei jedem Kind das Abrahamsopfer bringen, also das Liebste, was sie haben, Gott zurückschenken, damit sie sich nicht am Prozess der Selbständigwerdung des Kindes versündigen. Das ist ein schmerzlicher Prozess. Doch wenn er gelingt, kann Vertrauen wieder aufkeimen: „Lieber Gott, es ist auch Dein Kind! Du hast mehr Phantasie als wir. Du bist allgegenwärtig. Lass Dir was einfallen, wie Du trotz Deines Respekts vor der Freiheit des Menschen unser Kind mit zärtlichem Liebeswerben wieder in Deine Arme zurückholst." – Gerade wenn einem das Vertrauen schwerfällt am Anfang dieser Auseinandersetzung mit Gott, kann die Lektüre von Konvertiten-Biographien eine gewichtige Ermutigung sein. Gott ist wirklich sehr kreativ, uns Menschen heimzulieben! Und wenn wir trotz aller Enttäuschung an das Gute im Kind glauben und dem lieben Gott etwas zutrauen, dann sind wir in der Hoffnung zu Hause und nicht mehr in der Trauer oder im geheimen Vorwurf, der ja sehr subtil den Charakter einer emotionalen Erpressung annehmen kann: „Kind, wie kannst du uns nur so etwas antun!" Fritz Esser, ein Schönstätter der ersten Stunde, hat seine Prüfungsangst vor dem Abitur in einen Lichtrahmen aus Sperrholz um das Marienbild in der Gnadenkapelle in Schönstatt hineingesägt: „Servus Mariae nunquam peribit." (Ein Diener Mariens geht niemals zugrunde.) Sozusagen Ergotherapie pur war das für Fritz Esser. Wenn wir es im Blick auf das jeweilige Sorgenkind ihm nachmachen und uns immer wieder aus der Analyse und der Angst hineinkämpfen ins Vertrauen, dann tun wir uns etwas Gutes und dem Sorgenkind ebenfalls.

Wir haben miteinander den Bibelvers meditiert, in dem Jesus Bilanz zieht über sein irdisches Wirken: *„Solange ich bei ihnen war, bewahrte ich sie in deinem Namen, den du mir gegeben hast.*

Und ich habe sie behütet und keiner von ihnen ging verloren, außer dem Sohn des Verderbens."

Gerade für Eltern, die sich Sorgen machen um ihre erwachsenen Kinder kann dieser Bibelvers eine Quelle der Hoffnung sein. Denn wie Jesus mit seinen Jüngern umgegangen ist, so geht er auch jetzt mit allen Getauften um. Darauf dürfen wir vertrauen.

58. Joh 17,18: Wie du mich in die Welt gesandt hast, so habe auch ich sie in die Welt gesandt.

11 Männer und einige Frauen in einer römischen Kolonie – 2300 km von Rom entfernt (Luftlinie), dem damaligen politischen und kulturellen Zentrum Europas. Und dann dieser Auftrag! Wie soll das funktionieren?

Im 21. Jh. mit vielen Überseekabeln und Satellitenkommunikation kann aus einer kleinen Plattform etwas Weltumspannendes werden. Mark Zuckerberg startete am 4. Februar 2004 seine Plattform „TheFacebook" ursprünglich nur für Harward-Studenten. Im September 2006 gab Facebook bekannt, dass jeder, der mindestens 13 Jahre alt war und eine gültige E-Mail-Adresse hatte, beitreten kann. Laut einem Bericht der Analytics-Website Compete.com war es bis 2009 der weltweit am häufigsten genutzte Social-Networking-Dienst.

Aber vor 2000 Jahren, als das schnellste Fortbewegungsmittel das Pferd oder das Segelschiff war, wie sah es da aus? Und doch haben wir heute auf der Welt 1,34 Mrd. Katholiken. Die Kirche ist der erste global player. Und das lag daran, dass die ersten Apostel den Missionsauftrag Jesu sehr ernst genommen haben. Der Apostel Thomas kam sogar bis nach Indien. Welchen Stellenwert hat der Missionsauftrag Jesu für uns Christen heute?

Ich möchte einmal einen Vergleich aus der Chemie heranziehen:

Unter den chemischen Elementen und Verbindungen gibt es reaktionsfreudige und träge Elemente. Die Edelgase zum Beispiel wurden erst in den Jahren 1868 (Helium) bis 1900 (Radon) entdeckt. Die meisten Edelgase wurden erstmals vom britischen Chemiker William Ramsey isoliert. Grund war einerseits die geringe Konzentration in der Atmosphäre und andererseits, weil sie chemisch kaum mit anderen Elementen reagieren. Und das liegt wiederum daran, dass die äußere Elektronenhülle der Atome voll besetzt ist. Nehmen wir das als Vergleich: Es gab und gibt geschichtliche Epochen und bestimmte Gebiete, in denen die Christen in intensivem Austausch mit ihren Mitmenschen standen, und es gibt Epochen und Gebiete, in denen sich Christen abgekapselt haben und nicht den seelisch-geistigen Stoffwechsel mit ihrer Umgebung gesucht haben. Ich nenne solche Christen „Edelgas-Christen“. Für die reaktionsfreudige Auseinandersetzung mit den Mitmenschen kennen wir den Ausdruck „Mission“ oder auch „(Neu-)evangelisierung“. Jesus möchte keine Edelgas-Christen. Er erteilt einen eindeutigen Missionsauftrag.

Am 22. Mai 2022, wurde in Lyon Pauline Jaricot selig gesprochen. Was zeichnet diese Frau aus? 1819 bat ihr Bruder Philéas Jaricot, ein Ordenspriester, sie, Spenden vor allem für die Chinamission zu sammeln. Daraufhin sprach sie zunächst ihre Bekannten mit der Bitte an, wöchentlich 1 Sou zu spenden und ihrerseits weitere Ein-Sou-Spender zu werben. Aus dieser Initiative entstand einen Missionsverein, dessen Mitglieder sich verpflichteten, täglich ein Gebet zu verrichten und wöchentlich den Sou zu geben. Der Verein wuchs rasch und wurde am 3. Mai 1822 offiziell als international ausgerichtetes Werk der Glaubensverbreitung (franz.: Société pour la Propagation de la foi) errichtet. In Frankreich war er als „Lyoner Missionsverein“ tätig. Sie gewann einige ihrer Freundinnen, mit denen sie auf Vereinsbasis zusammenlebte. Doch verzichtete Jaricot bewusst darauf, eine Ordensgemeinschaft zu gründen, nicht zuletzt, um für andere Aufgaben frei zu sein. „Die Welt ist mein Kloster", war ein Leitsatz ihrer Spiritualität. Auch die Erfindung des „lebendigen Rosenkranzes" geht auf sie zurück. Das heißt: 15 Personen schließen sich zusammen und verpflichten sich, täglich ein bestimmtes Gesätz des Rosenkranzes zu beten in einem bestimmten Anliegen. Mit dieser niedrigschwelligen Form der Gemeinschaft vernetzte sie die Gläubigen und hielt den Missionsauftrag im Bewusstsein der Gläubigen lebendig. 1922 wurde ihr Missionsverein zum „Päpstlichen Werk der Glaubensverbreitung" mit Sitz in Rom umgewandelt.[97]

Ein anderes Beispiel: Nach zweijähriger Corona-Pause startete im April dieses Jahres wieder eine „Misiones"-Woche. Zwei Schwestern, ein Pater und zehn junge Erwachsene, die sich dafür Urlaub genommen hatten, boten in der Pfarrei St. Jakobus, Saterland, eine Pfarrei, die im friesischen Nordwesten Niedersachsens, Kreis Cloppenburg, viele Veranstaltungen an, besuchten Alleinstehende zu Hause, ließen sich deren Lebensgeschichte erzählen, organisierten und gestalteten musikalisch ansprechende Wortgottesdienste und vieles mehr.

Solche „Misiones"-Wochen bietet die Schönstatt-Bewegung seit 2009 auch im deutschsprachigen Raum an. Die Idee der Misiones geht auf Pater Hernán Alessandri in Chile zurück; in der Schönstattjugend von Argentinien und Paraguay wurde das Modell entwickelt, das heute in fast allen Ländern Lateinamerikas, in Spanien, Portugal, Italien, Deutschland und der Schweiz Jahr für Jahr einige Tausend Jugendliche ein missionarisches Christsein erfahren lässt, das in den Gemeinden, aber auch in ihnen selbst tiefe Spuren zieht.

Solche missionarischen Initiativen durchziehen die Kirchengeschichte.

In der „Legion Mariens", einer internationalen katholischen Laienbewegung, die am 7. September 1921 von mehreren Katholiken

[97] https://de.wikipedia.org/wiki/Pauline_Marie_Jaricot

unter Leitung von Frank Duff in Dublin (Irland) gegründet wurde, gibt es einen ähnlichen Brauch: Das Ferienapostolat der Legion Mariens im Ausland. Gruppen von tätigen Legionären, meist unter der geistlichen Führung eines Priesters, gehen eine oder zwei Wochen auf eigene Kosten ins nähere oder fernere Ausland, um dort täglich missionarische Arbeit zu leisten: Sei es durch Glaubensgespräche von Tür zu Tür oder durch Ansprechen der Menschen in Anlagen, auf Straßen oder Plätzen. Diese Einsätze für Gott vermitteln oft unvergleichliche und unvergessliche Erfahrungen und Erlebnisse. Die Legionäre Mariens nennen dieses Format die „Peregrinatio Pro Christo" (auf dem Weg für Christus) Unter diesem Titel fanden die Fahrten der irischen Mönche im 6. und 7. Jahrhundert statt, um in ganz Europa den christlichen Glauben, der durch den Untergang des römischen Reiches in Verfall geraten war, wieder aufzubauen. In Deutschland ist Bonifatius der bekannteste Vertreter dieser Missionsform. Auch der hl. Willibald, der später Bischof in Eichstätt wurde, ist dieser Missionsdynamik zuzurechnen. Der hl. Liudger († 809), der erste Bischof von Münster, dessen Reliquien seit Jahrhunderten in Werden im Bistum Essen verehrt werden, war ebenfalls ein emsiger Missionar, von einer heiligen Unruhe getrieben. Noch weiter kam der hl. Franz Xaver (1506 – 1552), einer der Mitgründer des Jesuitenordens. Er starb vor der Küste Chinas.

Im 19. Jahrhundert gab es ebenfalls eine interessante Initiative, ausgelöst von dem Münsteraner Diözesanpriester Arnold Janssen. Er beobachtete, in anderen Ländern gab es eigene Zentren zur Ausbildung von Missionaren, nur in Deutschland nicht. Janssen hoffte, dass irgendein Priester mit Interesse an der Mission die Herausforderung aufgreifen und ein Haus zur Vorbereitung von Missionaren für einen Einsatz in Übersee gründen würde. Er selbst wollte das Projekt durch öffentliche Werbung und Spendensammlung mit Hilfe seiner Zeitschrift fördern.

Als niemand auf seine Idee einging, ein „deutsches Missionshaus" zu gründen, sah er sich immer mehr, nicht zuletzt angeregt vom Apostolischen Vikar von Hongkong, Timoleone Raimundi, selbst von Gott für diese schwierige Aufgabe berufen. Viele meinten, er sei nicht der richtige Mann dafür, oder die Zeit sei dazu noch nicht reif. „Der Herr fordert unseren Glauben heraus, etwas Neues zu verwirklichen, gerade weil so vieles innerhalb der Kirche zusammenbricht", lautete die Antwort Janssens. Mit dem Segen einiger Bischöfe begann Janssen Geld zu sammeln, während er gleichzeitig nach einem geeigneten Ort suchte. Auf dem Höhepunkt des Kulturkampfes in Deutschland, wo eine Ordensneugründung undenkbar war, konnte er im niederländischen Dörfchen Steyl in der Nähe von Venlo im Bistum Roermond, gleich hinter der deutschen Grenze, ein altes Gasthaus kaufen. Das Haus wurde am 8. September 1875 eingeweiht, ein Datum, mit dem man später die Gründung der Gesellschaft des Göttlichen Wortes verband. Die Lebensbedingungen in dem alten Gebäude waren mehr als bescheiden; dennoch begann man mit der Ausbildung der ersten zwei Missionare, die schon am 2. März 1879 in Richtung Kaiserreich China aufbrachen. Einer von ihnen war Josef Freinademetz, geboren in Südtirol, der später gemeinsam mit Arnold Janssen heiliggesprochen wurde. Dies zeigt, dass das deutsche Missionshaus schon von Anfang an auf eine internationale Gemeinschaft ausgerichtet war, was zu einem grundlegenden Charakterzug der von Janssen gegründeten Gemeinschaften wurde. Heute gelten die Steyler Patres als der siebtgrößte Männerorden auf der Welt.

Aber nicht nur Ordensleute sehen in der Mission ihren Lebensinhalt. Auch Laien ziehen praktische Konsequenzen aus ihrem gemeinsamen Priestertum, das ihnen aufgrund von Taufe und Firmung übereignet wurde. Die 1939 geborene Vorarlbergerin Maria-Luise Prean-Bruni zog 1972 mit einer Musikgruppe in die USA. Auf der Tournee wurde ihr ein Bekehrungserlebnis geschenkt, woraufhin sie sich hauptberuflich in Vorträgen der Glaubensvermittlung und -vertiefung widmete. Bei einem Heimaturlaub geriet sie in Streit mit ihren Eltern, der in der Aussage ihres Vaters gipfelte: „Wir brauchen deine Botschaft nicht. Wir haben hier genug Religion." Leider war sie nicht schlagfertig genug, aber ausgehend von diesem Wort ihrer Eltern gelangte sie während einer Meditationszeit zu der Erkenntnis: „Die haben genug Religion, um gegen den Glauben immun zu sein."[98]

Wie lässt sich diese scharfsinnige Analyse, die ja kein Wortspiel ist, erklären? Es gibt in volkskirchlich geprägten Gebieten tatsächlich ein reiches Brauchtum, das seine Wurzeln im christlichen Glauben hat. Ich feierte zum Beispiel vor Jahren einmal einen Erntedankgottesdienst in einer Tiroler Pfarrei und war überrascht über die verschiedensten Gruppen in ihren Trachten und über die tolle Erntekrone. Natürlich spielte diesmal nicht die Orgel, sondern die örtliche Blaskapelle. Es gibt die ausgiebigen Kirchweihfeste, Prozessionen und natürlich die Hochfeste wie Weihnachten und Ostern mit der Fleischweihe am Ostersamstag. Das heißt, man kann das alles durchaus mit Freude und Begeisterung mitmachen, man schwimmt also mit, aber stellt sich nicht wirklich ernsthaft die Frage: Gehe ich auf und unter im Wir, oder habe ich Ich-sagen gelernt, und danach dann auch: ich glaube, und nicht, man glaubt, weil das hier so üblich ist. Mir ist zu diesen Beobachtungen einmal der wenig schmeichelhafte Begriff „Folklorechristen" gekommen. Das meinte Maria Luise Prean Bruni mit ihrer bissigen Bemerkung: „Die haben genug Religion, um gegen den Glauben immun zu sein." Inzwischen hat die mit ihren über 80 Jahren immer noch sehr vitale Prean Bruni in Uganda ein umfangreiches Projekt an Gesundheitseinrichtungen und Bildungseinrichtungen aufgebaut. – Auch das ist typisch für erfolgreiche christliche Missionsarbeit. Da geht es selten um reine Glaubensvermittlung, sondern weil der ganze Mensch gesehen wird, spielen Gesundheit und Bildung eine we-

[98] Maria Luise Prean Bruni, Gott spielt in meinem Leben keine Rolle – er ist der Regisseur, SCM-Vlg., Holzgerlingen ²2019, S. 85.

sentliche Rolle.

Denn das ist ja klar: Nicht in allen Ländern dieser Welt hat der Staat Gesundheit und Bildung seiner Bürger als eine seiner vordringlichen Aufgaben im Blick. Oft ist das Netz der staatlichen Angebote sehr weitmaschig und löchrig.

Ich war selber überrascht, als ich in den Veröffentlichungen des Vatikans auf folgende Zahlen stieß: Insgesamt gab es 2013 73263 katholische Kindergärten, die von fast sieben Millionen Kindern besucht wurden. Fast 100000 Grundschulen für über 32 Millionen Schüler sowie 45000 Gymnasien für über 19 Millionen Schüler standen 2013 zur Verfügung. Insgesamt 2,7 Millionen Studenten waren an den katholischen Universitäten immatrikuliert.

Wie viele Einzelschicksale, wie viele persönliche Glaubensentscheidungen von denen, die diese Einrichtungen tragen, stehen hinter diesen Zahlen!

Machen wir hier einmal einen Schnitt und nähern uns dem Thema von einer anderen Seite.

Während meiner Schulzeit habe ich meinen Mitschülerinnen und Mitschülern oft Nachhilfe in Mathe, Chemie und Physik gegeben. Ich hatte eine schnelle Auffassungsgabe und einfach Spaß am Lernen. Und ich fand die Vorgänge in der Natur so interessant, dass ich sie verstehen wollte. Aber öfters hörte ich meine Mitschüler stöhnen: „Wann brauche ich das je im Leben noch mal? Ich will doch nicht Chemie studieren.“ Die mangelnde Relevanz für ihr zukünftiges Leben hatte sie demotiviert, sich auf die Mühen des Verstehens einzulassen.

Etwas Vergleichbares gibt es auch beim christlichen Glauben. Nicht jeder, der viele Glaubenssätze für wahr hält, hat schon die Bedeutung dieser Glaubenswahrheiten im Blick. Dass der Glaube mit seinen Wahrheiten jede Menge Bewältigungsstrategien für das Leben in seinen Tief- und Höhepunkten zur Verfügung stellt, das ist nicht jedem Getauften bewusst.

Ich kann mich noch gut an ein Gespräch mit einem Schönstatt-

Pater kurz nach meiner Priesterweihe erinnern, der zu uns in die DDR kam. Bis dahin waren meine Sonntagspredigten mehr oder weniger populärwissenschaftliche Vorlesungen in Kurzfassung über Theologie. Auch wenn ich das engagiert und begeistert vortrug, so waren es doch nur „Grundlagenforschungsergebnisse". – So würde man das bei anderen Wissensgebieten nennen. Dieser Pater machte mich darauf aufmerksam, dass ich den Lebenswert der jeweiligen Glaubenswahrheit zum Leuchten bringen müsse. Dann würden sich die Gläubigen etwas mitnehmen und vor allem anwenden können. Nach diesem Gespräch war mir auf einmal klar, wieso Pater Kentenich ein so erfolgreicher Redner und Priesterseelsorger gewesen war.

Natürlich war mir und ihm auch klar, dass die Glaubenswahrheiten einen Wert in sich hatten. Wenn man sie radikal nur auf ihren Lebenswert hin durchleuchtet, dann kann man den Glauben auch instrumentalisieren und relativieren.

Das kannte ich noch aus dem Deutschunterricht und der Behandlung von Lessings Ringparabel aus „Nathan der Weise". Wenn Humanität den höchsten Wert darstellt und Religionen nur insoweit ihre Existenzberechtigung haben, als sie die Humanität fördern, dann ist Religiosität instrumentalisiert worden. Kaiser Josef II. hat damals in Österreich alle rein kontemplativen Orden verboten. Sie seien nutzlos. Nur die Krankenpflegeorden und die Schulorden durften weiter tätig sein.

Aber zwischen diesen beiden Straßengräben der Instrumentalisierung und der sterilen Weitergabe von Grundlagenforschungsergebnissen gibt es die breite Straße der lebensnahen und praxisorientierten Glaubensweitergabe, durch die dem einzelnen Gläubigen der Mehrwert des Glaubens bewusst wird. Anwenden muss es dann der einzelne Gläubige selber, aber man kann ihn neugierig machen, etwas ihm bisher Unbekanntes auszuprobieren.

Ich möchte einen banalen Vergleich heranziehen: In den 50er Jahren war Earl S. Tupper der Erfinder der Tupperware. Die Schüsseln hatten einen luft- und wasserdicht schließenden Deckel. Durch leichtes Anheben der Deckellasche konnte beim Schließen überflüssige Luft aus dem Behälter entweichen. Sein Vorteil: Das Entweichen der überschüssigen Luft führt dazu, dass verderbliche Lebensmittel länger frisch bleiben. Als in den 50er Jahren ein Kühlschrank noch ein Luxusartikel war, war die Tupperdose eine große Hilfe. Aber was nützt die praktischste Erfindung, wenn die wenigsten das zu schätzen wissen? Da kam dem Ingenieur Tupper Brownie Wise zu Hilfe. Sie war eine erfahrene Verkäuferin und kam auf die Idee, Hausfrauen zu ermutigen, ihre Verwandten und Bekannten zu sich nach Hause einzuladen, um die neuen, innovativen Produkte von Earl S. Tupper vorzustellen und ihre Vorteile zu erklärten. Heute nennen wir das Social Selling. Damals war es die entscheidende Geschäftsidee und die Geburtsstunde der Tupperparty. 1962 wurden die ersten Tupperparties in Deutschland veranstaltet. Mit der Zeit wurde der Erfinder und Firmengründer neidisch auf seine erfolgreichste Marketingstrategin und entließ sie 1958 ohne Begründung. Später ließ er sie sogar aus der offiziellen Firmengeschichte streichen. Brownie Wise starb 1992.

Diese Kombination aus guten Produkten und persönlichen Beziehungen zwischen Verkäuferinnen und Kundinnen waren das Erfolgsrezept, das den Umsatz in die Höhe trieb. Wenn wir die kommerzielle Ebene wieder verlassen und zur Glaubensverkündigung, zur Mission zurückkehren, dann beobachten wir eine ähnliche Dynamik der Wirkfaktoren: Der Mehrwert des Glaubens und die Glaubwürdigkeit der Zeugen.

Für die Sklaven im römischen Reich war die Botschaft, dass sie als Gottes Ebenbilder eine Würde hatten, die ihnen kein Sklavenhalter nehmen konnte, eine echte frohe Botschaft.

Wenn Christen sich engagierten, um Kranke zu pflegen und Unwissende zu lehren, dann war das ein Gewinn an Lebensqualität.

Der atheistische Schriftsteller Daniil Granin hatte gegen Ende der Sowjetzeit im damaligen Leningrad ein Netzwerk aufgebaut, in dem Menschen anderen ehrenamtlich halfen. Durch Kontakte mit ähnlichen Einrichtungen in Europa stieß er immer wieder auf die christlichen Wurzeln solcher Einrichtungen. Er schrieb:[99] „Ich bin sicher, dass der Mensch mit der Fähigkeit auf fremdes Leid zu reagieren, geboren wird, glaube also, dass uns dieses Gefühl zusammen mit den Instinkten und der Seele in die Wiege gelegt ist. Aber wenn dieses Gefühl nicht angewandt und eingeübt wird, schwächt es sich ab und verflüchtigt sich. Wird denn die Barmherzigkeit in unserem Leben eingeübt? Werden wir zu diesem Gefühl ständig angehalten? Wie oft fordert man uns dazu auf? Kann eine Schule der Barmherzigkeit im Menschen barmherziges Verhalten heranbilden? Kann man lehren, wie sehr unglückliche Menschen unserer Hilfe bedürfen? Lässt sich erlernen, dass unsere Herzen für fremdes Leid empfänglich werden?“

Und nach all diesen Fragen führt er weiter aus: „Für areligiöse Menschen war Dankbarkeit für geleistete Hilfe sehr wesentlich. Der Gläubige weiß, dass der Herr die guten Gedanken und Taten der Menschen kennt, und dies genügt ihm. Der Ungläubige braucht die Anerkennung eines Dritten, der das Werk der Barmherzigkeit zur Kenntnis nimmt und ihm seine Wertschätzung ausspricht. Ich habe mich wiederholte Male davon überzeugen können, wie unverzichtbar diese Würdigung ist.“[100] Und weiter: „An Enttäuschungen fehlte es nicht. Unter diesen Umständen zeigten die gläubigen Menschen die größte Standfestigkeit. Die Religiosität hielt sie aufrecht und verlieh ihnen neue Kraft und Geduld. Das galt für die Gruppe der Orthodoxen, wie für die Katholiken, die Adventisten und Baptisten. Unabhängig von ihrer Konfession erfüllten sie ihre Pflicht gewissenhaft, und ihr Glaube ließ sie, ganz gleich, was geschah, nicht aufgeben.“[101]

---

[99] Daniil Granin, Die verlorene Barmherzigkeit. Eine russische Erfahrung, Herder-TB, Freiburg 1993, S. 80.

[100] A.a.O., S. 85f.

[101] A.a.O., S. 116.

Eine ähnliche Beobachtung gab vor Pfingsten der atheistische Philosoph Peter Sloterdijk in einem Interview zum Besten: Sloterdijk attestiert der Kirche einen „Bedeutungsverlust als Institution", der mit einer „profanen Erfolgsgeschichte ihrer ethischen Motive" einhergehe. „Vor allem das Hauptmotiv Nächstenliebe ist in weltliche Institutionen übersetzt worden, in denen sie anonym äußerst erfolgreich sind." Er meinte damit die soziale Marktwirtschaft.[102]

Kommen wir von den Blicken von außen auf die Kirche wieder auf das Selbstverständnis der Kirche: Mission gehört eindeutig zum Testament Jesu. Es kommt darauf an, dass Christen in einem ständigen geistig-seelischen Stoffwechsel mit den Menschen in ihrer Umgebung sind. Dabei zeigt es sich, dass Evangelisierung unter denen, für die der christliche Glaube etwas völlig Neues ist, einfacher ist, als die Neu-evangelisierung unter denen, die schon mit Zerrformen des Christseins konfrontiert worden sind und aus dem Grund eine Erwartungslosigkeit oder eine massive Skepsis gegenüber der Kirche entwickelt haben.

Gerade im Umgang mit solchen Menschen machen uns die Beobachtungen von Granin und Sloterdijk darauf aufmerksam, dass Gesten der Menschlichkeit, der Barmherzigkeit, oder Nächstenliebe eine Brücke sein können, um ein neues Interesse für den Mehrwert des Glaubens zu entwickeln.

Ich erinnere mich gerne, wie eine damals 70-Jährige nach einigen Jahren der Begleitung zu mir sagte: „Dass ich je wieder Vertrauen zu einem Priester entwickeln würde – ich wundere mich über mich selber." Dazu muss man wissen, dass sie in jungen Jahren – aber schon erwachsen – von einem Therapeuten sexuell missbraucht worden war, und ein Priesterfreund des Therapeuten dieses Verhalten als Therapieform und nicht als Sünde ihr gegenüber

[102] https://www.vaticannews.va/de/kirche/news/2022-06/peter-sloterdijk-philosoph-kirche-christentum-deutschland.html?utm_source=newsletter&utm_medium=email&utm_campaign=NewsletterVN-DE

verharmlost hatte.

Meine Erfahrung ist, dass sich so mancher Kirchenkritische weichlieben lässt, wenn man sich von den ersten Abwehrreaktionen nicht abschrecken und in die Defensive drängen lässt.

59. Joh 17,19: Und ich heilige mich für sie, damit auch sie in der Wahrheit geheiligt sind.

Olympiasiegerin Lisa Brennauer hat ihre erfolgreiche Bahnrad-Karriere am 13.8.2022 in München mit einer weiteren Medaille beendet. Die 34-Jährige gewann Silber in der Einerverfolgung bei den Europameisterschaften in München. Brennauer musste sich im deutschen Finale etwas überraschend ihrer Vierer-Teamkollegin Mieke Kröger geschlagen geben. Brennauer (3:23,566) lag am Ende über eine Sekunde hinter Kröger. Am Tag vorher hatten sie gemeinsam über 4000 m im Vierer-Team im Finale gegen Italien Gold gewonnen.

Auch im Fußball können wir erleben, dass in der Nationalmannschaft Spieler miteinander spielen, die in der Bundesliga in ihren Clubs gegeneinander spielen. Und die Fans rechnen damit, dass die Spieler umschalten können und ihnen klar ist, wann sie gegeneinander und wann sie miteinander spielen.

Gerade auch bei Teamsportarten ist offensichtlich: Je besser der Einzelne, desto besser das Team. Was der Einzelne an Kondition, Technik und Athletik sich antrainiert, kommt dem Team zugute.

Wie ist das mit Heiligung? Normalerweise rechnen wir damit, dass der einzelne Christ sich um Heiligung bemüht. Bei jedem Seligsprechungsprozess wird ein so genannter Tugendprozess geführt, in dem untersucht wird, ob die verstorbene Person sich überdurchschnittlich durch Tapferkeit, Besonnenheit, Weisheit und Gerechtigkeit ausgezeichnet hat. Schon vor Christus hat der griechische

Philosoph Platon († 347 v. Chr.) diese so genannten Kardinaltugenden herausgefiltert als die besonderen Merkmale eines vorbildlichen und guten Menschen. Sie fanden Eingang in die christliche Ethik und wurden ergänzt durch die sogenannten eingegossenen Tugenden wie Glaube, Hoffnung und Liebe.

Es geht aber immer um die Eigenschaften des Einzelnen: Hat er die Herausforderungen, die das Leben so mit sich bringt, so genutzt, dass er über sich hinausgewachsen ist?

Worum geht es dann aber, wenn ich mich für andere heilige? Das ist ja die spannende Aussage, die Jesus als Lebensvorgang beschreibt. Gibt es so etwas wie ansteckende Heiligkeit?

Tasten wir uns einmal an solche Vorgänge heran! Ich beginne mit einem analogen Vorgang: Nach meinem Herzinfarkt im September 2020 konnte der Kardiologe am hiesigen Krankenhaus die beiden verstopften Adern des Herzkranzgefäß-Systems mittels Ballonkatheder wieder öffnen. Aber er scheiterte bei dem Versuch, in diese geöffneten Adern Stents hineinzupressen. Im Wissen um die technischen Grenzen schickte er mich mit einem Krankenwagen im OP-Hemdchen nach Frankfurt. Der dortige Professor konnte mit einem Diamantschleifkörper die beiden Adern von innen ausschleifen und danach, nachdem der harte Belag abgeschliffen war, zwei 4 cm lange Stents in die Adern pressen. In den nächsten Tagen merkte ich, wie die diensthabenden Oberärzte stolz waren, mit diesem Professor zusammenarbeiten zu können und von ihm ganz viel lernen zu können. Der Professor vermittelte sein Können und Wissen an seine Ärzte und hatte auch die modernsten technischen Geräte, die es weltweit gab. In Dernbach wäre das gar nicht möglich gewesen, weil die technischen Voraussetzungen fehlten.

Nicht nur in der Medizintechnik, auch sonst in der Forschung oder auch in der Musik kann man nur von denen etwas lernen, die mehr können als man selbst. In Instituten, die von Nobelpreisträgern geleitet werden, wachsen die Spitzenforscher von morgen heran.

Ich habe mir erzählen lassen, dass es manchmal bei Bewerbungen wichtig ist zu erwähnen, bei welchem Professor man seine Doktorarbeit geschrieben hat. In Fachkreisen kennt man sich.

Auch im Sport kennen wir Institutionen der Begabtenförderung. Die astronomischen Summen für den Transfer von talentierten Spielern im Profifußball von einem Verein zum anderen sind uns nicht unbekannt. Verständlich, dass die großen Vereine entsprechend in die Nachwuchsförderung investieren. Die Bayern investierten 70 Millionen in einen eigenen Campus. Auf dem 30 Hektar großen Gelände im Norden der Landeshauptstadt sind seit 2017 die Jugendmannschaften des Vereins von U9 bis U18 daheim und können auf acht Plätzen trainieren. Im Rampenlicht der Öffentlichkeit hat sich ein neues Berufsbild entwickelt: Der Talentscout.

Fest angestellte oder als freie Mitarbeiter tätige Talentscouts besuchen die Turniere der Jugendmannschaften, nicht nur in Deutschland, sondern auch im Ausland und halten Ausschau nach begabten Spielern. Da geht es darum, ob die Spieler eine gute Ballkontrolle haben: Wie ist der erste Kontakt? Wie reagieren sie nach der Ballannahme? Sind sie beidfüßig? Haben sie eine gute Koordination? Bei den Spielern dieses Alters spielen die Abschlussqualität oder die langen Pässe eine untergeordnete Rolle, da dies entwickelt werden könne. Wichtiger sei das natürliche technische Talent der Spieler. Wenn man im eigenen Betrieb einen talentierten Nobody in ca. vier Jahren zu einem Topspieler fördert, der dann einen Marktwert von ein paar Millionen hat, dann hat sich diese Investition gelohnt. Talentscouts haben meistens früher selber als Profi Fußball gespielt, haben also ihren Blick dafür geschärft, worauf es ankommt, und können so Talente entdecken.

Das funktioniert auch in der Kirche. Ein berühmtes Beispiel ist Kardinal Pierre de Bérulle (* 1575, † 1629 in Paris). Er war auch der erste Generalsuperior des Französischen Oratoriums. Er wurde 1599 zum Priester geweiht. Er führte 1604 zusammen mit Barbe Acarie die Unbeschuhten Karmelitinnen in Frankreich ein und stiftete 1611 in Paris nach dem Vorbild Filippo Neris das Französische Oratorium (Congregatio Oratorii Jesu et Mariae Immaculatae), eine Kongregation von Weltpriestern zur Pflege der Seelsorge und Wissenschaft. 1613 wurde es als „Oratorium unseres Herrn Jesus Christus" päpstlich bestätigt. Mit seiner christozentrischen, asketischen und mystischen Theologie legte er den Grundstein für die „Französische Schule der Spiritualität". Im Mittelpunkt seines aszetischen Weges stand die Betrachtung der Menschwerdung Gottes. Papst Urban VIII. nannte ihn bei der Erhebung zum Kardinal am 30. August 1627 Apostulus Verbi Incarnati. Durch seine École fran{c}aise de Spiritualité übte er einen kaum zu überblickenden Einfluss auf den französischen Klerus der folgenden Jahrhunderte aus. Zu seinen Schülern können Vinzenz von Paul, Jean Eudes, Louis-Marie Grignion de Montfort, Charles de Condren, Jean-Jacques Olier und andere gezählt werden.

Der erste deutsche Redemptorist Clemens Maria Hofbauer (* 1751, † 1820 in Wien) wurde 1775 zum Priester geweiht. Als er 1808 von Warschau nach Wien kam, wurde er zum Mittelpunkt der katholischen Reformen in Wien. Zum „Hofbauer-Kreis" gehörten Romantiker und Konvertiten (Friedrich und Dorothea Schlegel, Adam Heinrich Müller, Zacharias Werner, Joseph von Eichendorff, Anton Günther, Friedrich August von Klinkowström, Franz Graf Szechenyi, Emanuel Veith und andere). Von der Polizei streng überwacht, war er ein Seelsorger moderner Prägung, der sich der Wirkung von Literatur und Presse durchaus bewusst war. Er beeinflusste die Reformbischöfe (vor allem Gregor Thomas Ziegler in Linz und Othmar Rauscher in Wien) und wurde so ein Wegbereiter des Konkordats von 1855. Auch erreichte er die Zulassung des Redemptoristenordens in Österreich durch Franz I.

In Rom des 16. Jh. erarbeitete sich Philipp Neri den Ruf eines Apostels von Rom. Er gründete das so genannte Oratorium, einen lockeren Zusammenschluss von Weltpriestern 1548. Erst später, 1551, ließ er sich selber zum Priester weihen. Zu den Mitgliedern des Oratoriums gehörten damals bereits der spätere Kardinal Cesare Baronio, den Philipp bewegte, bei den abendlichen Treffen Vorträge über die Geschichte des Christentums zu halten und später unter dem Titel „Annales“ die erste Kirchengeschichte zu verfassen. Weiter gehörten zum Kreis der spätere Kardinal und Erzbischof von Avignon, Francesco Maria Tarugi, der künftige Kardinal Paravicini sowie sein späterer Biograf und Heiligenvitenverfasser Gallonius.

Die Beispiele aus der Kirchengeschichte ließen sich noch beliebig verlängern. Was anhand der Biographien deutlich wird: Diese Menschen, die sich geheiligt hatten, wurden dadurch spirituell zeugungsfähig und konnten in anderen ein intensives spirituelles Leben wecken.

Der unter schwierigsten familiären Bedingungen aufgewachsene Tim Guénard, der Jahre in Kinderheimen, Krankenhäusern und Jugendstrafanstalten verbracht hatte, lernt über einen Arbeitskollegen das Lebensmodell Arche kennen, in der behinderte und gesunde zusammenleben. Und er lernt den Priester, einen Dominikaner, kennen, der diese Gruppe betreut. In seiner späteren Autobiographie „Das Boxerkind“ schreibt er:

„Gerne sehe ich dem Vater zu, wenn er mit geschlossenen Augen betet. Ich nenne ihn Vater, weil er es ist. Aus dem Kumpel ist ein Freund geworden. Und diesen Freund habe ich mir zum Vater auserkoren. Ich hatte einen gewalttätigen Vater, und Gott gibt mir in diesem Pfarrer einen Vater der Barmherzigkeit, der mich ganz zu sich nimmt. Er krempelt mein Bild von einem Vater völlig um. Ich beginne, mir die Idee eines Gottvaters vorstellen zu können, ohne die Lust zu verspüren, gleich loszuboxen. ... Ich werde zum unersättlichen Konsumenten der Barmherzigkeit. Zum Hungernden nach Vergebung. Das Häuschen von Pater Thomas ist meine Tankstelle der Liebe, Ich tanke voll, so oft wie möglich. ... Je häufiger ich die Vergebung Jesu erlange, desto mehr wird mir in meinem tiefsten Innern klar: Ich muss meine Lebensweise ändern. Ich kann meine Zukunft unmöglich auf den 'Werten' aufbauen, die mich überleben ließen, auf Rache, Misstrauen, Gewalt. Vor mir liegt ein unbekannter Weg. Der wahre Kampf erwartet mich dort."[103]

Pater Kentenich, der Gründer der Schönstatt-Bewegung, nennt diesen Prozess, den Tim Guénard an sich erlebt, „Nacherlebnis". Was Tim von seinem eigenen alkoholabhängigen und gewalttätigen Vater, der ihn, als er fünf Jahre alt war, fast totgeprügelt hätte, nicht erleben konnte, kann er bei Pater Thomas Philippe nacherleben: Es gibt – zu seiner eigenen Überraschung – tatsächlich Menschen, die gütig barmherzig und geduldig sein können. Und er merkt, wie das heilend und befreiend auf ihn wirkt.

Nur der Vollständigkeit halber möchte ich erwähnen, dass Pater Kentenich in seiner Religionspädagogik noch von „Ergänzungerlebnissen" und „Kontrasterlebnissen" spricht. Unter „Ergänzungserlebnissen" versteht er, dass durch das unbekümmerte Vertrauen und die Wertschätzung der Schüler in ihm eine Väterlichkeit geweckt worden war, die er so nicht kannte, weil er ein uneheliches Kind war. Unter „Kontrasterlebnis" versteht er, dass man die Aussagen Jesu über seinen himmlischen Vater als Kontrast zu den eigenen Erlebnissen deuten kann. Der Realist Kentenich weist aber auch darauf hin, dass die Heilungschancen beim Nacherlebnis am größten sind und beim Kontrasterlebnis am geringsten, aber möglich.

„Ich heilige mich für sie," bedeutet dann, dass alles Bemühen von Pater Thomas Philippe um Güte, Barmherzigkeit und Geduld seinen Seelsorgskindern zugutekommt. Heiligung ist also kein Selbstzweck, sondern hat diese soziale Komponente. Heiligung hat aber nicht nur eine soziale und eine ethische Komponente. Es kommt noch eine dritte Dimension dazu: Paulus schreibt in 1Kor 7,14: *„Denn der ungläubige Mann ist durch die Frau geheiligt und die*

---

[103] Tim Guénard, Boxerkind. Überleben in einer Welt ohne Liebe, Kisslegg ^{2}2014, S. 168ff.

ungläubige Frau ist durch den Bruder geheiligt."

Heiligkeit und Heiligung beschreibt dann die Gottverbundenheit. Im konkreten Fall, den Paulus meint, heißt das: Der ungläubige Partner ist durch seinen gläubigen Partner mit Gott verbunden, weil beide Partner in Liebe verbunden sind.

Paulus geht auch davon aus, dass Heiligung ein Tun Gottes am Menschen ist. In 1 Thess 5,23f schreibt er: *„Er selbst, der Gott des Friedens, heilige euch ganz und gar und bewahre euren Geist, eure Seele und euren Leib unversehrt, damit ihr ohne Tadel seid bei der Ankunft unseres Herrn Jesus Christus. Gott, der euch beruft, ist treu; er wird es tun."*

Auch in diesem Text schimmert die ethische Dimension durch in dem Begriff „ohne Tadel". Wenn wir Heiligkeit als Gottverbundenheit verstehen, dann kann uns ein technischer Vergleich hilfreich sein.

Aus der Elektrotechnik kennen wir das Phänomen Leitungswiderstand. Unterschiedliche Metalle haben einen unterschiedlichen Leitungswiderstand. Aluminium leitet besser als Eisen, Kupfer besser als Aluminium, und Silber ist besser als Kupfer. Manchmal ist auch der umgekehrte Effekt gewünscht: Soll elektrische Energie in Wärme umgewandelt werden wie bei einer Kochplatte, dann kommen Legierungen zum Einsatz, die einen hohen elektrischen Leitungswiderstand haben wie z.B Kupfer-Nickel-Legierungen.

Menschen, die sehr durchlässig sind für Gott und sein Wirken, die also – elektrotechnisch gesprochen – einen geringen Leitungswiderstand haben, können manchmal Erstaunliches bewirken.

Vinzenz von Paul z.B. wurde von seinem geistlichen Begleiter Pierre Bérulle gebeten, den altersschwachen Pfarrer des Pariser Vorortes Clichy abzulösen. Clichy war ein armes Bauerndorf, aber es gab in diesem Pariser Vorort auch so manche mondäne Villa von Pariser Adelsfamilien. Die Kirche war baufällig und verwahrlost. Vinzenz machte Hausbesuche und erzählte den Reichen, was es an konkreten Armutsfällen im Dorf gab. Er geißelte den Fanatismus, mit dem Katholiken und Hugenotten sich gegenseitig gehasst und bekämpft hatten. Die Bartholomäusnacht von 1572, in der in Paris 2000 Hugenotten ermordet worden waren, war noch in aller Gedächtnis. Heute würden wir dem hl. Vinzenz ein starkes ökumenisches Anliegen zubilligen. Innerhalb eines Jahres hatte Vinzenz in Clichy viele Versöhnungsprozesse zwischen verfeindeten Parteien vermitteln können, er hatte Sponsoren für die Renovierung der Kirche gefunden, er hatte eine Schule für arme Kinder eröffnen können und vieles mehr.[104]

Oder schauen wir auf den katholischen Journalisten Rupert Neudeck, der selber als Kind das Flüchtlingsschicksal aus Ostpreußen miterlitten hatte. Anlässlich der großen Not vietnamesischer Flüchtlinge im Südchinesischen Meer gründete er zusammen mit seiner Frau Christel Neudeck sowie mit Unterstützung des Schriftstellers Heinrich Böll 1979 das Komitee Ein Schiff für Vietnam. 1982 wurde daraus die Hilfsorganisation Cap Anamur/Deutsche Not-Ärzte e.V. Namensgeber war der Frachter Cap Anamur, mit dem die Besatzung um Rupert Neudeck insgesamt 10375 vietnamesische Flüchtlinge, die sogenannten Boatpeople, aufnahm und nach Deutschland brachte. Es folgten zahlreiche weitere Hilfseinsätze mit der Cap Anamur. Anlässlich des 30. Jubiläums der Organisation sagte Rupert Neudeck zur Motivation seines Handelns: „Ich möchte nie mehr feige sein. Cap Anamur ist das schönste Ergebnis des deutschen Verlangens, niemals wieder feige, sondern immer mutig zu sein.“ Es gab die natürlichen Faktoren, die einen Teil des Erfolges erklären können: Er war ein Mann des Wortes, konnte gut schreiben und reden, er war ein guter Netzwerkknüpfer und Organisator, er konnte dicke Bretter bohren, er lebte mit seiner Frau in sehr bescheidenen Verhältnissen und wirkte allein dadurch schon glaubwürdig, aber dass er dann doch so vielen vi-

[104] Leo Weißmantel, Die guten Werke des Herrn Vinzenz, Benno-Vlg., Leipzig 1956, S. 91-97.

etnamesischen Flüchtlingen helfen konnte – da gibt es auch einen göttlichen Erfolgsfaktor.

Einmal erschien in der katholischen Zeitung „Tag des Herrn" folgender Artikel: „Neulich las ich ein Zitat, das mich gedanklich ins Stolpern brachte. Es ist von Ignatius von Loyola. Ich will dem Heiligen nicht ans Leder, aber das 'Stolper-Zitat' weckte die Rebellin in mir. Es lautet wie folgt: 'Herr, lehre mich wahre Großmut! Lehre mich, dir zu dienen, so wie du es verdienst: geben, ohne zu zählen, arbeiten, ohne Ruhe zu suchen, mich aufopfern, ohne einen anderen Lohn zu erwarten als das Bewusstsein, deinen heiligen Willen zu erfüllen.' Aufmerksamen Kirchenzeitungslesern kommt das Zitat vielleicht bekannt vor, denn es stand in einer der letzten Ausgaben. Was für ein hehres, also Ehrfurcht einflößendes, erhabenes Gebet! Auf jeden Fall ist erkennbar, welchen Platz Gott im Leben des Ignatius innehatte: ganz klar den ersten. Das spricht mich an, das Gott-den-ersten-Platz-im-Leben-geben. Ihm zu dienen, wie es ihm gebührt, verstehe ich auf dem Hintergrund des Ignatius-Zitats als: für Gott nur das Beste. Aber was ist das Beste? Gibt es dafür ein Maß? Ich möchte mich und Gott nicht allabendlich fragen: War ich heute gut genug für dich? Gott ist doch keiner, der Druck ausübt, was Bewertungen, egal ob gute oder schlechte, jedoch tun. Am meisten stolperte ich bei den Worten 'arbeiten, ohne Ruhe zu suchen, mich aufopfern'. Ich gestehe Ignatius diesen Anspruch an sich selbst zu. Doch ich möchte nicht (mehr) arbeiten, ohne Ruhe zu suchen. Zu viele Jahrzehnte habe ich mich nach Ruhe gesehnt und sie mir nicht gegönnt beziehungsweise nur mit schlechtem Gewissen. Indoktrinationsähnliche 'Glaubenssätze' von klein auf, dass nur der gut ist, der etwas Vorzeigbares leistet, wirkten nachhaltig. Ich möchte mich auch nicht aufopfern. Sich aufopfern klingt wie nach Heiligkeit strebend. Gott möchte unser Heil; von Heiligkeit war nicht die Rede. Mein Leben ist ein Geschenk, von ihm. Und ich kann mir nicht vorstellen, dass er jetzt anspruchsvoll darauf wartet, dass ihm dieses Geschenk auf dem Altar des Lebens als

Opfergabe dargebracht wird. Er weiß, dass wir am besten damit fahren, wenn wir lieben. Liebe ist kein Synonym für Opfer."[105]

Die Verfasserin dieses Artikels versteht ihn bewusst als „Anstoß". Nun muss ich selber eingestehen: Ich habe nie Leistungssport betrieben. Ich habe als Kind auch nie fünfmal in der Woche zwei Stunden Klavier geübt. Aber ich weiß, dass die, die heute im Sport oder in der Musik Spitzenleistungen vollbringen, in ihrer Kindheit und Jugend bereit waren, einen solchen Preis zu zahlen. Von meinem praktischen Leben mache ich genau das, was die Verfasserin sich für sich wünscht. Ich bewege mich nur selten aus der Komfortzone meines Lebens in die Herausforderung. Dort, wo ich mich anstrenge, macht es mir auch Spaß. Ich habe als Priester sozusagen mein Hobby zu meinem Beruf gemacht.

Aber es gab und gibt zu allen Zeiten Christen, die die Latte für sich und ihr Christsein höher gelegt haben und die sich von Gott auch auf diesen Weg gelockt fühlten. Diese Möglichkeit zumindest offen zu halten, dass Gott einen solchen Umgangsstil mit uns Menschen an den Tag legen kann, das ist mir wichtig. Sonst könnten wir wie in dem Faschingsschlager in bierseliger Gelassenheit singen: „Wir kommen alle, alle, alle in den Himmel, weil wir so brav sind, weil wir so brav sind. Das sieht auch der Petrus ein. Er sagt: Ich lass gern euch ein. Ihr wart auf Erden schon die reinsten Engelein."

Das andere Extrem, das der holländische Bischof Cornelius Jansen († 1638) vertreten hat, nämlich dass das Schwerere immer das Gottgewolltere sei, also eine absolute Kreuzesliebe, hat die Kirche als Irrlehre verworfen.

Es ist wirklich nicht leicht, immer die Balance zu finden zwischen Opfer bringen und genießen, zwischen Anspannung und Entspannung. Vielleicht kann uns ein Brief helfen, den der hl. Bernhard von Clairveaux,(* 1090, † 1153) der berühmte Zisterzienser, einem

[105] Tag des Herrn vom 11.8.2022, `https://www.tag-des-herrn.de/geistlicher-impuls-von-andrea-wilke-heil-statt-heiligkeit`

Mitbruder und ehemaligen Schüler geschrieben hatte, der Papst (Eugen III.) geworden war und unter den Herausforderungen seines Amtes stöhnte. Er schrieb:

„Wo soll ich anfangen? Am besten bei deinen zahlreichen Beschäftigungen, denn ihretwegen habe ich am meisten Mitleid mit dir. Ich fürchte, dass du, eingekeilt in deine zahlreichen Beschäftigungen, keinen Ausweg mehr siehst und deshalb deine Stirn verhärtest; dass du dich nach und nach des Gespürs für einen durchaus richtigen und heilsamen Schmerz entledigst. Es ist viel klüger, du entziehst dich von Zeit zu Zeit deinen Beschäftigungen, als dass sie dich ziehen und dich nach und nach an einen Punkt führen, an dem du nicht landen willst. Du fragst an welchen Punkt? An den Punkt, wo das Herz anfängt, hart zu werden. Frage nicht weiter, was damit gemeint sei: wenn du jetzt nicht erschrickst, ist dein Herz schon so weit. Das harte Herz ist allein; es ist sich selbst nicht zuwider, weil es sich selbst nicht spürt. Was fragst du mich? Keiner mit hartem Herzen hat jemals das Heil erlangt, es sei denn, Gott habe sich seiner erbarmt und ihm, wie der Prophet sagt, sein Herz aus Stein weggenommen und ihm ein Herz aus Fleisch gegeben. Wenn du dein ganzes Leben und Erleben völlig ins Tätigsein verlegst und keinen Raum mehr für Besinnung vorsiehst, soll ich dich da loben? Darin lobe ich dich nicht. Ich glaube, niemand wird dich loben, der das Wort Salomons kennt: „Wer seine Tätigkeit einschränkt, erlangt Weisheit“ (Sir 38, 24). Und bestimmt ist es der Tätigkeit selbst nicht förderlich, wenn ihr nicht die Besinnung vorausgeht. Wenn Du ganz und gar für alle da sein willst, nach dem Beispiel dessen, der allen alles geworden ist (vgl. 1 Kor 9, 22), lobe ich deine Menschlichkeit – aber nur, wenn sie voll und echt ist. Wie kannst du aber voll und echt sein, wenn du dich selber verloren hast? Auch du bist ein Mensch. Damit deine Menschlichkeit allumfassend und vollkommen sein kann, musst du also nicht nur für alle anderen, sondern auch für dich selbst ein aufmerksames Herz haben. Denn, was würde es dir nützen, wenn du – nach dem

Wort des Herrn (vgl. Mt 16,26) – alle gewinnen, aber als einzigen dich selbst verlieren würdest? Wenn also alle Menschen ein Recht auf dich haben, dann sei auch du selbst ein Mensch, der ein Recht auf sich selbst hat. Warum solltest einzig du selbst nicht von dir alles haben? Wie lange bist du noch ein Geist, der auszieht und nie wieder heimkehrt (Ps 78, 39)? Wie lange noch schenkst du allen anderen deine Aufmerksamkeit, nur nicht dir selber? Ja, wer mit sich schlecht umgeht, wem kann der gut sein? Denk also daran: Gönne dich dir selbst. Ich sage nicht: Tu das immer, ich sage nicht: Tu das oft, aber ich sage: Tu es immer wieder einmal. Sei wie für alle anderen auch für dich selbst da, oder jedenfalls sei es nach allen anderen."

„Ich heilige mich für sie." – Wir haben in dieser Meditation die verschiedenen Dimensionen der Heiligkeit durchmeditiert: die soziale Dimension, die ethische Dimension, die Dimension der Persönlichkeitsentwicklung, vor allem aber auch die Dimension der Gottverbundenheit.

Angesichts der vielen Skandale in der Kirche schreit die Kirche förmlich nach Heiligen, die den praktischen Beweis liefern können, dass gläubige Menschen füreinander zum Segen werden können und der Kirche ein menschliches, attraktives Antlitz geben können.

Prof. Hans Joas hat mit seinem Buch „Die Macht des Heiligen. Eine Alternative zur Geschichte von der Entzauberung"[106] dieser Sehnsucht nach Heiligkeit einen lesenwerten Ausdruck verliehen.

60. Joh 18,23: Selbstverteidigung Jesu

„Jesus antwortete dem Hohepriester: Ich habe offen vor aller Welt gesprochen. Ich habe immer in der Synagoge und im Tempel ge-

[106] Suhrkamp-Vlg, Berlin 2019.

lehrt, wo alle Juden zusammenkommen. Nichts habe ich im Geheimen gesprochen. Warum fragst du mich? Frag doch die, die gehört haben, was ich zu ihnen gesagt habe; siehe, sie wissen, was ich geredet habe. Als er dies sagte, schlug einer von den Dienern, der dabeistand, Jesus ins Gesicht und sagte: Antwortest du so dem Hohepriester? Jesus entgegnete ihm: Wenn es nicht recht war, was ich gesagt habe, dann weise es nach; wenn es aber recht war, warum schlägst du mich?" (Joh 18,20-23).

In der Karwoche werden in den Lesungen auch die Propheten Jesaja und Jeremia zitiert. Da hören wir:

„Er wurde bedrängt und misshandelt, aber er tat seinen Mund nicht auf. Wie ein Lamm, das man zum Schlachten führt, und wie ein Schaf vor seinen Scherern verstummt, so tat auch er seinen Mund nicht auf" (Jes 53,7)

„Ich aber war wie ein zutrauliches Lamm, das zum Schlachten geführt wird, und ahnte nicht, dass sie gegen mich Böses planten:" (Jer 11,19)

Der Jesaja-Text ist dem 4. Gottesknechtslied entnommen. Die seit dem Bibelwissenschaftler Bernhard Duhm (1892) so genannten Gottesknechtslieder haben einen eigenen Charakter. Im 4. Gottesknechtslied blickt eine Gruppe von Juden auf einen Verstorbenen, der gewaltsam und ungerecht zu Tode kam. Erst im Nachhinein erkennt die Gruppe die Größe dieses Menschen.

Der Jeremia-Text ist eine Selbstaussage. Jeremia hatte ja aufgrund seiner prophetischen Kritik an den gesellschaftlichen und religiösen Zuständen viele Feinde in Jerusalem und schwebte oft in Lebensgefahr.

Christen haben in den Schicksalen der alttestamentlichen Propheten Vorausbilder bzw. Analogien zum Schicksal Jesu gesehen und das Alte Testament entsprechend interpretiert. Bei den Analogien muss man aber aufpassen, weil es oft nur einen Vergleichspunkt gibt, aber die anderen Begleitumstände nicht deckungsgleich sind.

Zum Beispiel wird von Abraham nur die Bereitschaft geprüft, seinen Sohn Isaak zu opfern. Christus ist aber wirklich gestorben. In trinitarischem Horizont gesprochen, heißt es dann: *„Denn Gott hat die Welt so sehr geliebt, dass er seinen einzigen Sohn hingab, damit jeder, der an ihn glaubt, nicht verloren geht, sondern ewiges Leben hat“* (Joh 3,16).

In beiden alttestamentlichen Texten wird das Leid schweigend ertragen. Das ist beim Verhör Jesu durch den Hohepriester anders. Jesus stellt den Diener, der ihn schlägt, zur Rede. Er verteidigt sich. Johannes führt nicht weiter aus, wie der Diener oder der Hohepriester auf diese Erwiderung Jesu reagiert haben. Aber dieses Verhalten Jesu ist für uns keine Überraschung. Es passt in das Bild, das so nach und nach entsteht, wenn wir die Evangelien durchlesen.

So finden wir zum Beispiel bei Matthäus die clevere Reaktion Jesu auf die Frage der Hohepriester:

„Als er in den Tempel ging und dort lehrte, kamen die Hohepriester und die Ältesten des Volkes zu ihm und fragten: In welcher Vollmacht tust du das und wer hat dir diese Vollmacht gegeben? Jesus antwortete und sprach zu ihnen: Auch ich will euch eine Frage stellen. Wenn ihr mir darauf antwortet, dann werde ich euch sagen, in welcher Vollmacht ich das tue. Woher stammte die Taufe des Johannes? Vom Himmel oder von den Menschen? Da überlegten sie und sagten zueinander: Wenn wir antworten: Vom Himmel!, so wird er zu uns sagen: Warum habt ihr ihm dann nicht geglaubt? Wenn wir aber antworten: Von den Menschen!, dann müssen wir uns vor den Leuten fürchten; denn alle halten Johannes für einen Propheten. Darum antworteten sie Jesus: Wir wissen es nicht. Da erwiderte er: Dann sage auch ich euch nicht, in welcher Vollmacht ich das tue“ (Mt 21,23-27).

Auch die Reaktion Jesu, als die Pharisäer eine Ehebrecherin heranzerren und vor Jesus stellen und ihn zu einer Stellungnahme provozieren wollen, zeugt von Cleverness:

„Am frühen Morgen begab er sich wieder in den Tempel. Alles Volk kam zu ihm. Er setzte sich und lehrte es. Da brachten die Schriftgelehrten und die Pharisäer eine Frau, die beim Ehebruch ertappt worden war. Sie stellten sie in die Mitte und sagten zu ihm: Meister, diese Frau wurde beim Ehebruch auf frischer Tat ertappt. Mose hat uns im Gesetz vorgeschrieben, solche Frauen zu steinigen. Was sagst du? Mit diesen Worten wollten sie ihn auf die Probe stellen, um einen Grund zu haben, ihn anzuklagen" (Joh 8,2-6).

Was antwortet Jesus? *„Wer von euch ohne Sünde ist, werfe als Erster einen Stein auf sie"* (Joh 8,7).

Eine dritte Momentaufnahme: *„Als Jesus und die Jünger nach Kafarnaum kamen, traten jene, welche die Doppeldrachme einzogen, zu Petrus und fragten: Zahlt euer Meister die Doppeldrachme nicht? Er antwortete: Doch! Als er dann ins Haus hineinging, kam ihm Jesus mit der Frage zuvor: Was meinst du, Simon, von wem erheben die Könige dieser Welt Zölle und Steuern? Von ihren eigenen Söhnen oder von den anderen Leuten? Als Petrus antwortete: Von den anderen!, sagte Jesus zu ihm: Also sind die Söhne frei. Damit wir aber bei ihnen keinen Anstoß erregen, geh an den See, wirf die Angel aus und den ersten Fisch, den du heraufholst, nimm, öffne ihm das Maul und du wirst ein Vierdrachmenstück finden. Das gib ihnen als Steuer für mich und für dich"* (Mt 17,24-27).

Jesus wendet hier also eine Deeskalationsstrategie an. Eigentlich muss er als Gottessohn keine Tempelsteuer zahlen, aber um des lieben Friedens willen tut er es doch. Er holt das Geld aber nicht aus seinem Portemonaie, sondern es ist ein Geschenk der Natur.

Ganz anders erleben wir Jesus, wenn er in Mt 23 die Pharisäer beschimpft und kritisiert. Da wimmelt es nur von Anklagen: Ihr Heuchler, ihr blinden Führer, ihr blinden Narren, – das wiederholt er einige Male. Dann kommt: *„Ihr seid wie getünchte Gräber, die von außen schön aussehen, innen aber voll sind von Knochen der Toten und aller Unreinheit. So erscheint auch ihr von außen* *den Menschen gerecht, innen aber seid ihr voll Heuchelei und Gesetzlosigkeit"* (Mt 23,27f). Und es geht weiter: *„Ihr Nattern, ihr Schlangenbrut!"* (Mt 23,33)

Das ist kein lieber Jesus, der uns hier entgegentritt. Am bekanntesten von allen Stellen, in denen es um die Konfliktbereitschaft Jesu geht, ist die Tempelreinigung:

„Jesus zog nach Jerusalem hinauf. Im Tempel fand er die Verkäufer von Rindern, Schafen und Tauben und die Geldwechsler, die dort saßen. Er machte eine Geißel aus Stricken und trieb sie alle aus dem Tempel hinaus samt den Schafen und Rindern; das Geld der Wechsler schüttete er aus, ihre Tische stieß er um und zu den Taubenhändlern sagte er: Schafft das hier weg, macht das Haus meines Vaters nicht zu einer Markthalle! Seine Jünger erinnerten sich, dass geschrieben steht: Der Eifer für dein Haus wird mich verzehren" (Joh 2,13-17).

Auch in einer anderen Stelle, wo Jesus über sein Selbstverständnis spricht, erleben wir keinen lieben Jesus. Er sagt:

„Ich bin gekommen, um Feuer auf die Erde zu werfen. Wie froh wäre ich, es würde schon brennen. Ich muss mit einer Taufe getauft werden, und ich bin sehr bedrückt, solange sie noch nicht vollzogen ist. Meint ihr, ich sei gekommen, um Frieden auf die Erde zu bringen? Nein, sage ich euch, nicht Frieden, sondern Spaltung. Denn von nun an wird es so sein: Wenn fünf Menschen im gleichen Haus leben, wird Zwietracht herrschen: Drei werden gegen zwei stehen und zwei gegen drei, der Vater gegen den Sohn und der Sohn gegen den Vater, die Mutter gegen die Tochter und die Tochter gegen die Mutter, die Schwiegermutter gegen ihre Schwiegertochter und die Schwiegertochter gegen die Schwiegermutter" (Luk 12,49-53).

Jesus – der einerseits sehr die Einheit betont und die Bitte um die Einheit in Joh 17 als sein großes Anliegen formuliert – kann andererseits auch deutlich machen: Es gibt Situationen, wo um seinetwillen Spannungen entstehen. Wer in Treue zu ihm und seiner Botschaft steht, der kann leicht in Konflikt geraten mit seiner Umwelt. Die Kirchengeschichte ist auch die Geschichte ihrer Martyrer und Blutzeugen.

Jesus war nicht die harmoniesüchtige Frau mit Bart, wie er uns von den Nazarener Künstlern vorgestellt wurde. Kunsthistorisch hat es sich eingebürgert, den Begriff „Nazarener" auf Maler des 19. und frühen 20. Jahrhunderts anzuwenden, die religiöse Inhalte in Altarbildern und Kirchenfresken behandelten und dabei der Kunstauffassung der ursprünglichen Lukasbrüder – so nannte sich die Gruppe der Maler selber – nahestanden.

Ein Arzt meinte einmal bei der Betrachtung eines Jesusbildes aus dieser Kunstschule: „Dem fehlt ein Schuss Testosteron!" Der wirkliche Jesus hat die Pharisäer provoziert, er hat die Händler im Tempel provoziert. Er konnte wütend werden. Er konnte zornig werden. Und doch müssen wir festhalten, dass Jesus keine Sünde begangen hat.

Wenn ich mal wütend werde, dann erzeugt der erlebte Kontrollverlust in mir Schuldgefühle. Gleichzeitig kann ich aber auch beobachten, dass mein Gegenüber endlich durch meine laute Stimme kapiert, dass er eine Grenzüberschreitung, eine Grenzverletzung begangen hat.

Stellen wir uns einmal ein Fußballspiel vor, bei dem 90 min lang die Spieler sich immer wieder gegenseitig den Ball zuspielen und dazu „Bitteschön!" oder „Dankeschön!" sagen. Das wäre stinklangweilig. Fußballspiel ist ein Mannschaftskampfsport aber mit klaren Regeln: Was fair und was unfair ist, das ist eindeutig festgelegt. Und Fouls werden durch den Schiedsrichter auch geahndet.

Wir dürfen aber festhalten: Aggression ist eine Erfindung des Schöpfergottes, damit wir überleben können. In der Gefahr stellt uns der Körper Energie zur Verfügung, damit wir entweder fliehen oder kämpfen können. Beides dient dem Überleben. Außerdem hat Gott jedem von uns ein eigenes Urteilsvermögen und einen eigenen Willen gegeben. Also wird es zwangsläufig zu Konflikten kommen. Nicht dass gestritten wird, entscheidet über die Qualität der Ehe, einer Familie, einer Partei oder einer Kommune, sondern wie gestritten wird. „Wir haben uns in unserer Ehe noch nie so viel gestritten wie im letzten Jahr und noch nie so wenig verletzt." Das sagte ein Ehepaar, das im Vorjahr ein Seminar über faires Streiten besucht hatte.

Die Ordensschwester Lea Ackermann, die das Hilfswerk SOLWODI, (Solidarity with women in distress) gegen Menschenhandel und Zwangsprostitution ins Leben gerufen hat, meinte einmal: „Der Gründungsimpuls dazu war meine Wut angesichts des Elends und der Ungerechtigkeit."

Wenn wir also nicht gleichgültig die Missstände und Unmenschlichkeiten der Gegenwart hinnehmen, sondern unsere Empörung, unsere Wut, unseren Zorn kontrolliert explodieren lassen, wie das Benzin im Automotor, dann befinden wir uns in guter Gesellschaft zu Jesus und können diese Welt verändern – gegen den Widerstand und die Apathie derer, die sich mit allem abgefunden haben.

Ein Jesus, der den Diener des Hohepriesters zur Rede stellt, bringt damit zum Ausdruck, dass Gerechtigkeit für ihn ein Wert, eine Tugend darstellt.

Und das haben die Ordensgründer sehr wohl begriffen. Vom Gründer der Jesuiten ist uns folgende Begebenheit überliefert: Der hl.Ignatius von Loyola schreibt über die Geschichte seiner damals jungen Ordensgründung:

„In Salamanca ist es ... zu starkem Widerspruch gegen uns von seiten einiger Dominikaner gekommen, wobei mir jene mehr von gutem Eifer als von der gebührenden Sachkenntnis geleitet scheinen. Da nun nach bereits zehn Monaten noch keine Ruhe eingetreten, im Gegenteil ... die Verschärfung über alles Maß gediehen ist, sehe ich mich gezwungen, Gegenvorkehrungen zu treffen. Ich berufe mich hierfür auf das Beispiel ... vieler heiliger Lehrer. ... Der heilige Thomas lehrt: 'Wir müssen bereit sein, Schmähungen zu ertragen, wenn es dem Guten dient. Manchmal aber wird es für uns notwendig, eine gegen uns erhobene Beschimpfung zurückzuweisen. ... Daher sagt der heilige Gregor: 'Jene, bei denen es vor allem auf das Beispiel und den guten Ruf ankommt, müssen womöglich die Auslassungen ihrer Verleumder in Schranken halten, damit sich nicht die Seelen von ihnen fernhalten, die sonst aus ihrem Zuspruch Nutzen ziehen könnten.' ... Dementsprechend gedenken wir uns um der größeren Ehre Gottes willen zu verhalten. Zunächst werden wir jenen in aller Freundlichkeit den Brief eines Kardinals zuschicken, der bei ihnen etwas gelten dürfte. Dann unterbreiten wir ihnen ein Schreiben ihres Ordensgenerals. Wenn aber keines von diesen beiden Mitteln etwas hilft, so sind wir um Gottes und des Nächsten willen verpflichtet, dem Feind der menschlichen Natur tüchtig zu Leibe zu gehen, da er sogar gelehrten Ordensleuten den Kopf verdreht. ...: Wir werden mit einem Prozess anrücken, dass es nur so blitzt, und mit einem Breve des Papstes. ... Widerwärtigkeiten sind für uns die beste Schule."[107]

Für mich als Schönstatt-Pater ist unser Gründer mir ebenfalls ein Vorbild in der Pflege des Wertes Gerechtigkeit. Im Juli 1909 wurde der Student Kentenich von der Provinzleitung nicht zur ewigen Profess zugelassen. Damit war der Weg zum Priestertum verbaut. Keine Diözese hätte ihn bei diesem Zeugnis genommen: „Er hätte das beste Zeug zu einem Häretiker: überdurchschnittliche Intelligenz und einen starken Willen." Im Gespräch mit seinem Rektor erklärte der Student sinngemäß: „Von Angesicht zu Angesicht werde ich stets hart sein, aber hinter Ihrem Rücken werde ich stets loyal sein." Das bewegte Pater Kolb, die Frage der Zulassung noch einmal in die Provinzleitung zu bringen. Nun fiel die Entscheidung 3:2 für Kentenich aus. So wurde aus dem Studenten Kentenich der Pater, der mit seinen neuen Ideen und seinem neuen Seelsorgestil tatsächlich oft aneckte – zunächst bei den Mitbrüdern, später beim Trierer Bischof, dann sogar beim Heiligen Offizium, dem Vorgänger der heutigen Glaubenskongregation. Als er am 31. Mai 1949

[107] Hier zit.n. Kentenich, Studie 1960.

in Bellavista in Stantiago de Chile sein Antwortschreiben auf den bischöflichen Visitationsbericht auf den Altar des Heiligtums legte, sagte er: „Wir müssen damit rechnen, dass die Arbeit (gemeint war seine Antwort) in der Heimat edle Herzen tief verwundet, dass sie helle Empörung weckt und machtvoll ausholende Gegenschläge veranlasst. Wir dürfen uns nicht verwundern, wenn sie eine stark geschlossene gemeinsam Gegenfront einflussreicher Männer gegen mich und die Familie auf den Plan ruft. ... Und trotzdem dürfen wir uns von dem Wagnis nicht dispensiert halten. ... Prophetenmeditation schließt immer Prophetenlos in sich."

Er war aber nicht nur ein Mensch, der selber geradlinig seinen Weg ging. In seiner Nähe konnten auch andere zu starken Persönlichkeiten heranreifen: Der spätere Mitarbeiter Pater Kentenichs, der Tiroler Franz Reinisch, erhielt beim Ringen um seinen Gewissensentscheid Rückendeckung durch Pater Kentenich. Pater Reinisch, der am 1.2.1903 geboren worden war, meinte in einer Diskussion unter Mitbrüdern: „Den Soldateneid auf die nationalsozialistische Fahne, auf den Führer darf man nicht leisten. Das ist sündhaft. Man würde ja einem Verbrecher einen Eid geben." Bei dieser Diskussion wurde auch Pater Kentenich um seine Stellungnahme befragt. Er antwortete: „Eines schickt sich nicht für alle; seh ein jeder, wie er's treibe! Wenn das Gewissen sagt, man solle den Eid leisten, so ist es recht. Sollte das Gewissen den Eid ablehnen, so muss man diesem Gewissensruf folgen." Franz Reinisch folgte dem Ruf seines Gewissens und wurde am 7.7.1942 in Berlin zum Tode verurteilt und am 21.8.1942 in Brandenburg hingerichtet. Er sollte der einzige Priester bleiben, der aus Gewissensgründen den Fahneneid auf Hitler verweigerte.

Ausgehend von dem Vers aus dem Johannesevangelium, wo Jesus den Diener des Hohepriesters zur Rede stellt, haben wir uns mit dem Wert Gerechtigkeit beschäftigt. Wir haben die Seiten in der Persönlichkeit Jesu betrachtet, in denen er als der prophetisch Provozierende und der diplomatisch Clevere sichtbar wird, der den

Konflikt nicht scheut.

Und wir haben einen Blick in die Kirchengeschichte geworfen und mussten feststellen, dass die Integration von neuen Gemeinschaften und neuen Apostolatsformen immer auch mit Konflikten verbunden waren.

Das heißt auch für uns, dass es um der Wahrheit und der Gerechtigkeit willen Grenzen der Höflichkeit gibt und wo wir einem Konflikt nicht ausweichen sollten. Dass wir im Konflikt aber fair bleiben, das ist die große Kunst.

Bitten wir den Hl. Geist, dass wir diesen schwierigen Balanceakt immer wieder hinbekommen!

61. Joh 18,25: Sklave der eigenen Angst

„Simon Petrus aber stand da und wärmte sich. Da sagten sie zu ihm: Bist nicht auch du einer von seinen Jüngern? Er leugnete und sagte: Ich bin es nicht."

Vollmundig hatte Petrus einige Stunden zuvor behauptet: *„Mein Leben will ich für dich hingeben"* (Joh 13,37). Und die verstörende Antwort Jesu lautete: *„Du willst für mich dein Leben hingeben? Amen, amen, ich sage dir: Noch ehe der Hahn kräht, wirst du mich dreimal verleugnen"* (Joh 13,38).

Es ist ein uraltes Menschheitsthema, die Angst und der Verrat. In einem Klima der Angst reagieren wir anders, als wenn wir uns frei und sicher fühlen. Das musste auch Petrus erfahren. Im Johannes-Evangelium wird nur erwähnt, dass nach der dreimaligen Verleugnung der Hahn kräht. Im Matthäus-Evangelium wird außerdem erwähnt, dass Petrus bitterlich weinte:

„Und Petrus erinnerte sich an das Wort, das Jesus gesagt hatte: Ehe der Hahn kräht, wirst du mich dreimal verleugnen. Und er ging hinaus und weinte bitterlich" (Mt 26,75; Lk 22,61f).

Eigentlich ist die Angst ja eine Überlebenshilfe. Ein Beispiel: Vor Jahren fuhr ich von einer Familienfreizeit von Italien zurück nach Deutschland. Es war schon spät am Abend. Auf einmal mache ich die Augen auf; und einen Meter vor mir sehe ich die Plane eines LKW's. Mit aller Kraft trete ich auf die Bremse. Es kracht nicht. Gerade noch rechtzeitig! Denke ich. Vor Sekundenschlaf auf solchen langen Strecken hatte ich mich immer gefürchtet. Doch dann merke ich: Ich stehe auf einem Parkplatz und auch der LKW steht vor mir auf demselben Parkplatz. Nach dem Adrenalinstoß kommt die Erleichterung. Ich war längst auf einen Parkplatz gefahren, um ein Nickerchen zu machen.

Mir hat diese Situation drastisch vor Augen geführt, dass wir in der Angst schneller reagieren, als unser praefrontaler Cortex die Situation umfassend analysiert hat. Die Amygdala, also entwicklungsgeschichtlich einer der ältesten Teile unseres Gehirns, ist schneller. Es reicht die Analyse: Ähnlich mit einer früheren gefährlichen Situation! Und schon schlägt sie Alarm. Und in bestimmten gefährlichen Situationen kommt es ja auf Zehntelsekunden an.

Diese schnelle Reaktion führt allerdings häufig zu Fehlalarm. Das kennen wir auch von Feuermeldern. Wenn ich am Dreikönigstag mit Weihwasser und Weihrauch durch die Schwesternzimmer gehe und diese segne, achte ich darauf, dass ich mit dem Weihrauchfass nicht unter dem Feuermelder stehe.

Es gibt aber auch in unserem Körper solche Fehlalarme. Wir sprechen dann von einem flash-back. Ein prominentes Beispiel war die Entführung der „Landshut".

Das Flugzeug war am 13. Oktober 1977 auf dem Flug von Mallorca nach Frankfurt/Main von vier Terroristen entführt worden, um in Deutschland einsitzende Gesinnungsgenossen der RAF freizupressen. Am 16. Oktober wird „Landshut"-Kapitän Jürgen Schumann auf dem Flughafen von Aden mit Kopfschuss getötet. Nach fünftägiger Odyssee erlaubt schließlich der Staatschef von Somalia, Said Barre, dass die auf dem Flughafen von Mogadischu wartende

Maschine von der GSG 9 gestürmt wird.

Die von palästinensischen Terroristen entführte Lufthansa-Maschine „Landshut“ wird am 18. Oktober 1977 von der deutschen Antiterror-Einheit GSG 9 auf dem Flughafen von Mogadischu in Somalia befreit. Die 91 Passagiere und Besatzungsmitglieder können gerettet werden. Bei dem mitternächtlichen Unternehmen werden drei der vier Geiselnehmer getötet.

Allen Passagieren und Besatzungsmitgliedern wird anschließend in Deutschland therapeutische Hilfe angeboten. Eine Studentin meint, sie brauche das nicht. Nach Jahren ist sie wieder im Flugzeug unterwegs. Ein arabisch aussehender Passagier geht schnell nach vorn in Richtung Cockpit. Da fängt sie an zu schreien: „Jetzt geht es wieder los!“ – Dabei wollte der Passagier nur fragen, ob er noch eine Zeitung bekommen konnte. Ähnlichkeit reichte für die Amygdala aus, um Alarm zu schlagen.

Es gibt aber auch schwerere Fälle, wo Menschen in ihren Erinnerungen zurückkatapultiert werden in die damalige Situation und sie von Gefühlen der Angst, der Ohnmacht total überflutet werden. Sie sind nicht mehr im Hier und Jetzt. In psychosomatischen Kliniken hat man für solche Fälle Riechampullen, die früher mit Ammoniak gefüllt waren. Dieser unangenehm scharfe Geruch holt die Patienten dann in die Gegenwart zurück.

Ein probates Hausmittelchen kommt in der Aufforderung zum Ausdruck: „Du kneif mich mal, damit ich weiß, dass ich das jetzt nicht träume.“ Der akute Schmerz würde einen in die Gegenwart und Wirklichkeit zurückholen.

Angst ist aber – wie schon erwähnt – erst einmal eine Hilfe zum Überleben. Wenn man im Schwimmbad vom 10-Meter-Turm herunterschaut, sieht das viel gefährlicher aus, als wenn man von unten raufschaut. Angst ist also ein Warnsignal. Der englische Angstforscher Isaac M. Marks nennt diese Angst „visual cliff reflex“[108].

[108] Hier zit.n. Christine Brasch & Inga-Maria Richberg, Die Angst aus heite-

Und Angst sorgt auch dafür, dass in einer bedrohlichen Situation Energie zur Verfügung gestellt wird, die entweder zum Kämpfen oder zum Fliehen genutzt werden kann. Schüttet der Körper mehr Noradrenalin aus, wird der Angriff bevorzugt. Neurologen sprechen vom „Hormon des Löwen". Wird mehr Adrenalin produziert, ist die Flucht wahrscheinlicher. Die Neurologen sprechen demzufolge vom „Hormon des Hasen". Beides sind erfolgreiche Überlebensstrategien.

Wir kennen im Deutschen die Umschreibung von Angst: „Ich habe Schiss vor irgendetwas." Tatsächlich haben Verhaltensforscher beobachtet, dass Antilopen, die von Geparden gejagt werden, auf der Flucht ihren Darm entleeren. Der Körper soll leichter werden, damit man schneller rennen kann. Und auch bei missglückten Geiselnahmen können die Polizisten oft feststellen, dass die Geiselnehmer buchstäblich die Hose voll haben.

Als ich im Sommer 1990 erstmals in den Alpen war und mit meinem Kletterfreund aus Thüringen durch die Watzmann-Ostwand stieg, das sind 2000 Höhenmeter vom Königsee bis zum Gipfel, da gab es immer wieder Momente der Beklemmung, vor allem, wenn es Wegstrecken waren, die technisch nicht so anspruchsvoll waren und wir ohne Seilsicherung kletterten. Meine Atmung wurde schneller und flacher. Nun bringt es wenig, sich einreden zu wollen oder sich zu befehlen, keine Angst zu haben. Aber was sich willentlich steuern lässt, ist die Atmung. Also achtete ich darauf, dass ich wieder langsamer und tiefer durchatmete. Tatsächlich war nach ein paar Minuten das Gefühl der Beklemmung verschwunden.

Aber als ich im September 2020 nach einem Herzinfarkt auf der Pritsche in der Notaufnahme lag, da halfen mir keine Atemübungen und kein autogenes Training. Die Angst war einfach da, ausgelöst durch die Enge im Brustkorb.

Angst kommt von Enge. Im Lateinischen heißt Enge „angusta".

---

rem Himmel, Goldmann Vlg., München 2002, S. 21.

Als es dann endlich im OP-Raum losging mit dem Herzkatheder und der Kardiologe immer wieder erklärte, was los war und was er machte, da überwog wieder die Neugier. Rein organisch war natürlich auch klar: Nachdem die beiden verstopften Herzkranzgefäße durch die Ballonkatheter wieder geöffnet waren, verschwand das Engegefühl.

Die populärste Beschreibung der Angst im deutschen Sprachraum ist Goethe gelungen mit seiner Ballade „Erlkönig“. Die Fieberphantasien des Jungen lassen seine Todesangst ins Unermessliche steigen; und diese Angst wirkt ansteckend auf den Vater: „Den Vater grauset's.“

„Wer reitet so spät durch Nacht und Wind? Es ist der Vater mit seinem Kind; er hat den Knaben wohl in dem Arm, er fasst ihn sicher, er hält ihn warm.

Mein Sohn, was birgst du so bang dein Gesicht? – Siehst, Vater, du den Erlkönig nicht? Den Erlenkönig mit Kron und Schweif? – Mein Sohn, es ist ein Nebelstreif.

'Du liebes Kind, komm, geh mit mir! Gar schöne Spiele spiel ich mit dir; manch bunte Blumen sind an dem Strand, Meine Mutter hat manch gülden Gewand.'

Mein Vater, mein Vater, und hörest du nicht, was Erlenkönig mir leise verspricht? – Sei ruhig, bleibe ruhig, mein Kind; in dürren Blättern säuselt der Wind.

'Willst, feiner Knabe, du mit mir gehn? Meine Töchter sollen dich warten schön; meine Töchter führen den nächtlichen Reihn und wiegen und tanzen und singen dich ein.'

Mein Vater, mein Vater, und siehst du nicht dort Erlkönigs Töchter am düstern Ort? – Mein Sohn, mein Sohn, ich seh es genau: Es scheinen die alten Weiden so grau.

'Ich liebe dich, mich reizt deine schöne Gestalt; und bist du nicht willig, so brauch ich Gewalt.' – Mein Vater, mein Vater, jetzt fasst er mich an! Erlkönig hat mir ein Leids getan!

Dem Vater grauset's; er reitet geschwind, er hält in Armen das ächzende Kind, erreicht den Hof mit Mühe und Not; in seinen Armen das Kind war tot."

Eine überraschende Interpretation des Erlkönigs bot Luise Reddemann[109]: Während der 55. Lindauer Psychotherapiewochen 2005 stellte Luise Reddemann die These auf, das Gedicht handele von einem Albtraum eines Opfers sexualisierter Gewalt, das den Täter in zwei Personen zerlege, nämlich in den Vater als „guten Vater" und den Erlkönig als „bösen Vater". Dass der Täter in Gestalt des „guten Vaters" dem Opfer einrede, es bilde sich die Tat nur ein, sei typisch für das Verhalten von Tätern aus dem Nahbereich von Kindern. Der Tod des Kindes ist bei dieser Interpretation oft ein seelischer Tod, indem das Kind sich in einem verlorenen Zustand befindet.

Pater Kentenich, der selber als Häftling drei Jahre im KZ Dachau war, riet seinen Mithäftlingen: Auf Gespenster muss man zugehen, dann werden sie kleiner. Wenn man vor ihnen wegläuft, dann werden sie hinter dem Rücken größer. Kentenich kannte die Geschichte von Jim Knopf nicht, aber er war ein guter Lebensbeobachter.

In der DDR gab es ja ein umfangreiches System von Drohungen, mal offen-brutal ausgesprochen, mal nur angedeutet. Jede Diktatur setzt die Angst als Herrschaftsinstrument ein. Ich kann mich noch daran erinnern, wie bei einer Vatertagstour ein Mitglied des Pfarrgemeinderates sagte: „Herr Pfarrer! Seien Sie vorsichtiger in Ihren Predigten! Wir wollen Sie noch möglichst lange behalten." Darauf antwortete ich: „Wer soll es denn sagen, wenn nicht wir?" Von meinen sechs evangelischen Kollegen auf dem Gebiet der katholischen Pfarrei erfuhr ich hin und wieder, dass ihre Kinder es am Montag in der Schule zu spüren bekamen, wenn sie sich am Sonntag systemkritisch geäußert hatten. Da ging mir noch mal

---

[109] Luise Reddemann: Zwischen Schlaf- und Wachzuständen: Von Elben, Druiden, Nachtmaren, Kobolden und anderen Ungeheuerlichkeiten: Alpträume. Vortrag, 21. April 2005, im Rahmen der 55. Lindauer Psychotherapiewochen 2005. S. 12f.

der Wert des Zölibates auf. Er machte mich weniger erpressbar und damit freier. Wenn ich für mich das durchgekämpft hatte, dass ich durchaus mal ins Gefängnis kommen könne, aber ich dadurch nicht meine Familie in Schwierigkeiten bringen würde, dann fiel es einfach leichter, sich hin und wieder weit aus dem Fenster zu lehnen.

Natürlich musste ich als Pfarrer auch erleben, wie viele katholische U-Boote es in der Pfarrei gab. Das zeigte sich dann daran, dass bei der katholischen Beerdigungsfeier die Nachbarn ganz überrascht waren, dass der Verstorbene katholisch war. Sie hatten es nie mitbekommen.

Ich erinnere mich auch an ein Ehevorbereitungsgespräch: Der Bräutigam erzählte, dass er mit 16 immer noch der einzige treue Ministrant war, der am Sonntagnachmittag in die evangelische Kirche kam, wo der katholische Gottesdienst gefeiert wurde. Er fuhr aber mit seinem Moped auf Feldwegen um das ganze Dorf, damit keiner seiner Alterskollegen sah, dass er in die Kirche fuhr.

Mir war also klar, dass in diesem Angstklima es notwendig war, den Mut der Christen zu stärken. Von einer mehr spielerischen Form möchte ich erzählen:

Es gab in der DDR-Kirche die so genannte Religiöse Kinderwoche, abgekürzt RKW. Eigentlich waren ja organisierte Freizeitaktivitäten nur den staatlichen Kinder- und Jugendorganisationen vorbehalten, also den Jungen Pionieren und der FDJ, der Freien deutschen Jugend. Die RKW bestand darin, dass fünf oder sechs Tage lang ein Ganztagsprogramm für die Kinder angeboten wurde. Dazu gab es von zentraler kirchlicher Stelle ein Medienpaket mit Katechesen, Bastelanregungen, Spiele, eigens komponierte Lieder. Ich fuhr also in den Ferien mit meinen 8 bis 12 Kindern aus 11 Orten in ein Eichsfelddorf. Die Kinder wurden von Familien aufgenommen, ich wohnte im Pfarrhaus; und dann begann die RKW mit 50-60 Kindern aus dem katholischen Dorf. Das war schon mal die erste Überraschung für unsere Kinder aus der Diaspora. Was so viele? – Denn sie selbst waren oft die einzigen Katholiken in ihren Klassen. Zum Programm unserer RKW gehörte auch eine Nachtwanderung, die in eine Gespensterstrecke führte. Das hieß: Jugendliche aus dem Dorf hatten nasse Scheuerlappen an die Bäume gebunden und ließen sie über den Weg schaukeln, Ketten klirrten und martialische Schreie wurden ausgestoßen. Ein technisch begabter Jugendlicher hatte sogar einmal seine Blinker vom Moped abmontiert, sie an einer langen Stange befestigt und darunter ein ausrangiertes Bettlaken befestigt. Wenn er im Dunkeln die Stange bewegte, dann sah das so aus, als ob das Gespenst fliegen konnte.

Während wir während der ganzen Nachwanderung in der Gruppe gelaufen waren und bei klarem Himmel auch die Sterne bewundert hatten, kam es bei der Gespensterstrecke darauf an, dass jeder allein da durch ging. Die weniger mutigen gingen zu zweit, und die ängstlichen gingen mit mir als Gruppe am Schluss. Ich erklärte dann, was und wie es gerade passiert ist, und versuchte auf diese Weise den Kindern zur vermitteln, dass man Angst überwinden kann. Einmal kippte das Ganze und drei Jungen griffen einen der Jugendlichen an. Das war für mich die Illustration zum „Hormon der Löwen".

Nachdem ich also die positive Funktion der Angst als Überlebenshilfe und den Missbrauch der Angst in Diktaturen mehr anekdotenhaft beschrieben habe, möchte ich jetzt auf eine Angstbewältigungsstrategie zu sprechen kommen, die Pater Kentenich in der Zeit der Nazi-Diktatur entwickelt hatte: *die bedingte Kreuzesliebe*.

Uns ist aus dem Neuen Testament das Wort Jesu bekannt: *„Darauf sagte Jesus zu seinen Jüngern: Wenn einer hinter mir hergehen will, verleugne er sich selbst, nehme sein Kreuz auf sich und folge mir nach"* (Mt 16,24). Kreuzesliebe gehört also zu unserem Christsein dazu.

Nicht umsonst singen wir in der Fasten- und Passionszeit: „Mir nach, spricht Christus, unser Held. Mir nach, ihr Christen alle! Verleugnet euch verlasst die Welt, folgt meinem Ruf und Schalle;

nehmt euer Kreuz und Ungemach auf euch, folgt meinem Wandel nach." Und in der 3. Strophe heißt es: „Wer nicht sein Kreuz nimmt und folgt mir, ist mein nicht wert und meiner Zier." Und in der 4.: „So lasst uns denn dem lieben Herrn mit unserm Kreuz nachgehen und wohlgemut, getrost und gern in allen Leiden stehen. Wer nicht gekämpft, trägt auch die Kron des ew'gen Lebens nicht davon." (GL 461)

Cornelius Jansen (1585–1638), der Bischof von Ypern, vertrat die Ansicht, dass das Schwerere immer das Gottgewolltere wäre. Die Kirche hat diese Ansicht als Irrlehre abgelehnt; und doch gab es im Frankreich des 17./18. Jh. eine populäre Strömung, die dieses strenge asketische Leben als das echte Christenleben ansah.

Im Unterschied zu dieser absoluten Kreuzesliebe betonte Pater Kentenich die bedingte Kreuzesliebe und knüpfte eine Verbindung zu dem großen Anliegen der Freiheit. Er verstand ja die von ihm gegründete Schönstatt-Bewegung als Freiheitsbewegung.

Worum ging es ihm? Mit anderen spirituellen Lehrern betonte er: Heiligkeit besteht in der Gleichförmigkeit mit dem Willen Gottes. Mehr geht nicht. Die Vater-unser-Bitte „Dein Wille geschehe" an uns und durch uns war das A und O. Nun beobachtete er aber, dass die Angst diese Gleichförmigkeit mit dem Willen Gottes beeinträchtigte. Ausgedrückt in dem Stoßseufzer: „Alles, Gott, darfst du mir schicken, bloß das und das nicht!" Sollte der einzelne Christ bei sich solche Ängste entdecken, dann sollte er im Sinne der bedingten Kreuzesliebe sich genau dazu durchringen, dass das passieren würde. Wenn er sich dann zu dem Ja durchgerungen habe, dann habe er eine neue innere Freiheit errungen.

Es ist verblüffend, dass der Psychologe Victor Frankl genau diesen seelischen Vorgang als Therapieform für Menschen mit zwanghaften Ängsten entwickelt hat. Victor Frankl nennt den Vorgang die „paradoxe Intention" oder auch „paradoxe Intervention". Wenn also jemand einen Waschzwang hat und sich hunderte Male am Tage die Hände waschen „muss", so dass sie schon wund sind, dann soll er sich die Hände richtig dreckig machen, aber ein paar Stunden keine Möglichkeit haben, die Hände zu waschen, aber einen Therapeuten dabei haben, der ihn durch diese schrecklichen Ängste begleitet. Ein Ehemann, dessen Frau an Agoraphobie litt – sie konnte nicht über offene Plätze gehen – erlebte, dass immer dann, wenn er sie mit dem Auto zur Therapiestunde fuhr, auf der halben Strecke das Herzrasen und die Schweißausbrüche anfingen. Er fuhr trotzdem weiter, legte seine rechte Hand auf ihren Oberschenkel und versuchte so, sie zu beruhigen: „Ich bin bei dir. Spürst du es?"

Einer Schönstätterin passierte Folgendes: Sie fuhr mit dem Auto. Ein Radfahrer beachtete die Vorfahrt nicht und fuhr ihr direkt vors Auto. Da sie nicht schnell fuhr, erlitt der Fahrradfahrer nur ein paar Schürfwunden. Das Fahrrad war Schrott. Die Schönstätterin konnte unmittelbar danach mit Pater Kentenich darüber reden und sie beendete ihre Erzählung mit der Bemerkung: „Nein, wenn ich mir vorstelle, ich hätte den Fahrradfahrer überfahren, ich würde ja nie wieder froh. Ich fahre nie wieder Auto!" Pater Kentenich hörte sich das alles ruhig an und meinte dann: „Jetzt gehen Sie ins Kapellchen und bitten die Gottesmutter darum, dass Ihnen genau das passiert! Danach kommen Sie wieder zu mir!" Die Frau schaute ihn ungläubig an, aber ging gehorsam ins Kapellchen. Nach zwei Stunden kam sie zurück zu Pater Kentenich und meinte: „Das waren die schlimmsten zwei Stunden, die ich je im Kapellchen zugebracht habe." Pater Kentenich veranlasste daraufhin, dass dieser Frau ein Autoschlüssel überreicht wurde und sie gleich fahren sollte. Es funktionierte.

In der DDR war diese bedingte Kreuzesliebe, wie sie Kentenich lehrte, oftmals der Einstieg in die Schönstatt-Spiritualität.

Bischof Aufderbeck von Erfurt sagte bei unserem Abiturientenwochenende im katholischen Jugendhaus: Christus hat euch nicht versprochen, dass ihr alle einen Studienplatz bekommt, aber er hat euch versprochen, immer bei euch zu sein. Ihr könnt also mit ihm ein erfülltes und intensives Leben führen auch ohne Studienabschluss.

Mein Bruder wurde erpresst, doch nach dem Abitur drei Jahre zur Armee zu gehen, obwohl nur 18 Monate Wehrpflicht bestand. Er hat sich erfolgreich behauptet und hat mit der normalen Wehrpflicht doch seinen Studienplatz in Dresden bekommen. „Ich bin nicht mehr erpressbar, wenn ich innerlich längst Ja gesagt habe zu dem Schlimmsten, mit dem die Mächtigen mir drohen wollen."

Gottseidank ist der Spuk DDR vorbei. Aber die Panikattacken, ausgelöst durch innere Vorgänge und Ängste – also nicht durch äußere Bedrohungen, sind im Westen weit verbreitet.

Ich kann mich noch gut daran erinnern, wie damals in Wien eine Studentin von so einer zwanghaften Angst gequält wurde. Sie rief dann in der Nacht drei- bis viermal an, weil sie es nicht mehr aushielt. Da sie Theologie studierte, äußerte sich ihre Panik theologisch: Sie fühlte sich verdammt. – Alle Versuche, sie argumentativ davon zu überzeugen, dass sie nichts verbrochen hätte, wodurch sie in die Hölle käme, halfen nichts. Da ich kein eigenes Büro hatte, sondern das Telefon im Schlafzimmer stand, ging es auch mir schlecht. Selbst wenn nur der Anrufbeantworter angesprungen wäre, ich war trotzdem jedesmal wach.

Nach entsprechender Supervision antwortete ich ihr auf die nächtlichen Telefonate: „Gut, Sie kommen in die Hölle. Daran ist nichts mehr zu ändern. Dann genießen Sie doch bis dahin das Leben!" – Das mag zynisch und herzlos klingen, aber es funktionierte. In Kooperation mit einem behandelnden Arzt und entsprechenden Medikamenten kam die Frau aus ihrer zwanghaften Angst, einer so genannten Phobie, heraus.

Eine Frau, die nach sieben Jahren von ihrer schweren Depression geheilt worden war, meinte bei einem Besuch, den ich nach langer Zeit bei ihr machte: „Wenn man Depressionen hat, dann denkt man auch falsch. Ich war zwei Jahre lang alle 14 Tage bei einem Therapeuten. Der hat mir dasselbe gesagt wie Sie, aber er hat es mir alle zwei Wochen gesagt. Das brauchte ich."

Gesundheit ist nach der Definition der WHO einerseits der „Zustand des vollständigen körperlichen, geistigen und sozialen Wohlbefindens“, andererseits aber auch ein „menschliches Grundrecht“. Das zugehörige Adjektiv lautet „gesund“.

Wenn wir diese Definition verabsolutieren, dann wäre Trauer oder Liebeskummer schon eine Krankheit. Ja selbst Verliebtsein wäre eine Krankheit.

Ein kabarettistisch veranlagter Arzt umschrieb einmal die Krankheitssymptome des Verliebtseins: „akut, manchmal auch chronisch auftretendes, fakultativ ansteckendes polymorphes psychovegetatives Syndrom, das mit Tachykardie, Diarrhöe, intermittierenden Schweißausbrüchen, Mydriasis der Pupillen, gesteigerter Erregbarkeit der Meißnerschen Tastrezeptoren der Epidermis, wechselnd stark erhöhtem Blutdruck bei gelegentlichem, anfallsweise auftretendem, anankastisch-haltschwachem Drang zu kurzfristiger Bettlägrigkeit, ferner mit Gedankenflüchtigkeit, aber auch starken Fixationen in den Vorstellungsinhalten, Konzentrationsschwäche sowie partiellen Depersonalisationserscheinungen einhergeht.“[110]

Also wenn wir beobachten, dass es einen äußeren Anlass für Ängste, für Trauer, für Verliebtheit oder Liebeskummer gibt, dann brauchen wir uns keine Sorgen zu machen, dass wir nicht der WHO-Definition der Gesundheit entsprechen. Wenn wir aber feststellen, dass unsere Ängste in keinem Verhältnis zu der tatsächlichen Gefahr oder Bedrohung stehen, dann sollten wir uns Hilfe von außen holen.

Es gibt viele Fälle erfolgreicher Selbsttherapie nach der Kentenich-Methode der bedingten Kreuzesliebe, aber ich kann nur empfehlen, dass man sich ärztliche Begleitung holt. Wer sich intensiver

---

[110] Rolf Verres, Heilkunst und Atmosphäre. In: R. Verres, J. Schweizer, K. Jonasch, B. Süßdorf (1994) (Hrsg.), Heidelberger Lesebuch der Medizinischen Psychologie, Göttingen: Vandenhoeck & Ruprecht, S. 11-26. Hier zit.n. Hanne Seemann, Artenschutz für Männer. Die Wiederentdeckung des Männlichen, Klett-Cotta, Stuttgart 2009, S. 191.

mit der Kentenichschen Methode der bedingten Kreuzesliebe beschäftigen möchte, dem möchte ich das Gebet aus der Dachau-Zeit empfehlen, das in der Gebetssammlung „Himmelwärts" unter dem Titel „Allmächtiger, willst du nehmen"[111] zu finden ist.

Auch alle seine Ausführungen zum Thema „Inscriptio"- das ist das lateinische Wort für „Einschreibung" und wird dem hl. Augustinus zugeschrieben, obwohl das Zitat bei ihm bis jetzt nicht gefunden wurde. Da geht es um die „Inscriptio cordis in cor", also um die Einschreibung meines Herzens in das Herz Gottes. Pater Kentenich prägte diesen Ausdruck für die bedingte Kreuzesliebe. Weil ich Christus so liebe, möchte ich hineingenommen sein in sein Schicksal. Biblisch gesprochen taucht die Person des Simon von Cyrene auf. Dieser half – dazu gezwungen, also unfreiwillig – Christus das Kreuz nachzutragen. Ihm ging es also objektiv schlimmer als den Gaffern am Kreuzweg, aber es entstand eine intensivere Christusnähe. Paulus spricht im Römerbrief von mitgekreuzigt, mitbegraben, mit auferstanden (vgl. Röm 6,3-8).

Angst ist also ein hilfreiches Frühwarnsystem des Körpers, um uns auf Gefahren aufmerksam zu machen und so zu schützen. Angst stellt dem Körper Energie zur Verfügung, um zu fliehen oder zu kämpfen. Das sind die guten Seiten der Angst.

Leider gibt es häufig „Fehlalarm im System", Panikattacken, zwanghafte Ängste – so genannte Phobien, die therapeutisch behandelt werden müssen. Die bedingte Kreuzesliebe, so wie sie Pater Kentenich entwickelt und gelehrt hat, kann solche Therapie wirksam unterstützen und bei milden Fällen sogar als Selbsttherapie zur Heilung führen. Alle Bewältigungsstrategien, die Pater Kentenich entwickelt hat, um angesichts der konkreten Schicksalsschläge ein freier, belastbarer und beziehungsfähiger Mensch zu werden, habe ich in der Seelsorge als hilfreich und wirksam erlebt. Probieren Sie es selber aus!

[111] Himmelwärts, S. 117-121

Die Frucht der überwundenen Angst ist der Mut. Mut wird im christlichen Menschenbild als Tugend gewürdigt. In Diktaturen gehört viel mehr Mut dazu, sich zu Christus zu bekennen als in unseren westlichen Demokratien, in denen Religionsfreiheit ein anerkanntes Menschenrecht ist. Als in der Nacht zum 18. Mai 1981 20 Männer unter der Leitung der Organisation Open Doors 1 Million chinesischer Bibeln in einer spektakulären Aktion ins Land schmuggelten, mussten sie viel Mut und Kreativität aufbringen. Vier Jahre Vorbereitung steckte in diesem auf den ersten Blick unmöglichen Projekt. Im Vertrauen auf Gott etwas zu riskieren, fördert ja nicht nur den Mut, sondern schenkt auch eine neue Glaubenserfahrung: Gott ist doch mächtiger als eine sich allmächtig und allwissend ausgebende Partei.[112]

62. Joh 18,37f: Zeuge der Wahrheit

„Da sagte Pilatus zu ihm: Also bist du doch ein König? Jesus antwortete: Du sagst es, ich bin ein König. Ich bin dazu geboren und dazu in die Welt gekommen, dass ich für die Wahrheit Zeugnis ablege. Jeder, der aus der Wahrheit ist, hört auf meine Stimme. Pilatus sagte zu ihm: Was ist Wahrheit?"

In Zeiten von Fake-news und Präsidenten, die dreist genug ihre Lügen immer wiederholen in der Hoffnung, dass etwas hängenbleibt, ist der Wert Wahrheit in Gefahr, unter die Räder zu kommen.

In einem ausgebrochenen Krieg stirbt die Wahrheit zuerst, so lautet ein altes Sprichwort. – Um so erfreulicher ist es, wieviele Gruppen im Sinne von Fakten-checker viel Zeit und Energie inves-

[112] Paul Estabrooks, Codename Perle. China – der größte Bibelschmuggel aller Zeiten, Open Doors, Brunnen-Vlg., Gießen [2]2021.

tieren, um der Wahrheit zum Durchbruch zu verhelfen. Für Christus ist der Teufel der Vater der Lüge, angefangen von der Lüge am Schöpfungsmorgen, ihr werdet sein wie Gott, bis heute.

Jesus sagte: *„Ihr habt den Teufel zum Vater und ihr wollt das tun, wonach es euren Vater verlangt. Er war ein Mörder von Anfang an. Und er steht nicht in der Wahrheit; denn es ist keine Wahrheit in ihm. Wenn er lügt, sagt er das, was aus ihm selbst kommt; denn er ist ein Lügner und ist der Vater der Lüge“* (Joh 8,44)

Wahrhaftigkeit ist die Voraussetzung für Vertrauen. Und Vertrauen ist die Voraussetzung für seelisch-geistige Nähe. Ist die häufig zu hörende Klage über Einsamkeit und Isolation nicht auch eine Folge mangelnder Wahrhaftigkeit und Offenheit?

Wenn Jesus sich als Zeuge der Wahrheit versteht, dann zeigt er uns damit einen Weg auf, wie Gemeinschaft unter Menschen möglich werden kann. Was unsere Gesellschaft, die Völkergemeinschaft aber auch die Familien und Gemeinschaften dringend nötig haben, ist die neue Wertschätzung des Wertes Wahrheit.

Gehen wir nur einmal 50 Jahre zurück: Am 12. Februar 1974, kurz bevor er unmittelbar aus dem Gefängnis nach Deutschland abgeschoben wurde, hatte Solschenizyn noch ein Essay in Umlauf gebracht, in dem es unter anderem hieß:

„Wenn die Gewalttat in das friedliche Leben einfällt, dann glüht ihr Gesicht vor Zuversicht und Selbstvertrauen, als trüge sie ein Banner und als riefe sie: 'Ich bin die Gewalttat. Lauft weg! Macht mir Platz! Ich werde euch zerschmettern.'

Aber die Gewalttat altert schnell. Nur wenige Jahre vergehen, und schon verliert sie die Selbstsicherheit, und um ein anständiges Gesicht wahren zu können, holt sie sich die Falschheit als ihren Verbündeten. Denn die Gewalttat kann sich nur hinter der Lüge verbergen, und die Lüge kann nur durch die Gewalttat am Leben erhalten werden. Und die Gewalttat legt ihre schwere Pranke nicht jeden Tag auf jede Schulter. Sie verlangt von uns nur Gehorsam gegenüber den Lügen und tägliches Teilnehmen am Lügen – darin liegt die ganze Loyalität.

Und der einfachste und am leichtesten greifbare Schlüssel zu unserer von uns selbst vernachlässigten Befreiung liegt hier in der persönlichen Nichtbeteiligung an den Lügen. Obwohl die Lügen alles verbergen, obwohl die Lügen alles umschlingen, wollen wir ganz hartnäckig sein in diesem kleinsten aller Dinge.

Lasst sie doch alles umschlingen, aber nicht mit unserer Hilfe. Das öffnet eine Bresche, in der imaginären Einschließung, die unsere Tatenlosigkeit erst schafft. Es ist das Leichteste, was wir tun können, aber es ist das Verheerendste, was es für die Lüge gibt. Denn wenn die Menschen sich von den Lügen lossagen, dann wird das ganz einfach ihrer Existenz ein schnelles Ende bereiten. Die Lüge kann wie eine Infektion nur im lebenden Organismus gedeihen.

...

Unser Weg ist es, nicht bewusst Lügen über irgendetwas zu unterstützen. Und wenn wir einmal nicht erkennen, wo die Grenze zur Falschheit beginnt – und jeder sieht das auf seine Weise – dann ist es der richtige Weg für uns, von dieser Grenze des Wundbrandes hinwegzugehen. Klebten wir nicht das morsche Gebein und die Schuppen der Ideologie zusammen, nähten wir nicht die verfaulten Lumpen zusammen, wir würden staunen, wie schnell die Lügen hilflos werden und in sich zusammensinken. Das, was nackt sein sollte, wird wirklich nackt dastehen vor den Augen der ganzen Welt. So lasst uns denn in unserer Furchtsamkeit unsere eigene Wahl treffen:

Wollen wir nicht bewusste Sklaven der Falschheit bleiben (natürlich nicht aus eigener Neigung, sondern um die Familie zu ernähren, erziehen wir unsere Kinder im Geiste der Lüge) oder wollen wir die Lüge abschütteln und ehrliche Menschen werden, die des Respektes ihrer Kinder und ihrer Zeitgenossen würdig sind?

Der Mensch, der seine Wahl getroffen hat, wird von dem Tag an so handeln: Er wird hinfort keinen einzigen Satz mehr schreiben, unterzeichnen oder drucken, der seiner Meinung nach die Wahrheit verzerrt.

Er wird einen solchen Satz weder im privaten Gespräch noch in Gegenwart vieler Menschen aussprechen, weder aus eigenem Antrieb noch auf Veranlassung durch einen anderen, weder in der Rolle des Agitators, des Lehrers, des Erziehers, noch in der Theaterrolle.

Er wird keinen einzigen Gedanken abbilden, nähren oder über den Rundfunk verbreiten, den er als falsch oder als eine Verzerrung der Wahrheit erkennen kann, sei es in der Malerei, in der Bildhauerei, in der Fotografie, in den technischen Wissenschaften oder in der Musik.

Er wird kein einziges Zitat, weder mündlich noch schriftlich, aus dem Zusammenhang gerissen anführen, um irgendeinem entgegenzukommen, um sein eigenes Nest zu polstern, um Erfolg in seiner Arbeit zu haben, wenn er den zitierten Gedanken nicht vollständig teilt, oder wenn er nicht präzise die Sache widerspiegelt, um die es geht. ..."

Ein paar Jahre zuvor, anlässlich der Verleihung des Literaturnobelpreises 1970 ließ er in seinem Manuskript seiner Dankesrede in Stockholm vorlesen:

„Ein Wort der Wahrheit überwindet die ganze Welt." Er fürchtete, dass ihm die Sowjetunion die Rückreise verweigern würde, und nahm den Preis erst nach seiner Ausbürgerung 1974 entgegen.

Aber nicht nur in der Sowjetunion haben wache Menschen auf den Zusammenhang zwischen Diktatur und Lüge hingewiesen. Der am 11.3.2000 in Paris verstorbene polnische Schriftsteller Kazimierz Brandys schrieb in seinem Essay „Briefe an Frau Z." eine längere Abhandlung über die *Wurzeln der Lüge*:

„Sie entdecken in sich die Quellen von Desinformation. Vor allem entdecken Sie eine beträchtliche Dosis Gedankenlosigkeit. Sie reden zu viel und ohne Notwendigkeit, weil andere ebenfalls zu viel und ohne Notwendigkeit reden.

Zum zweiten: Sie desinformieren aus Rache. Jemand hat über

Sie eine schlechte Meinung, er muss also als Verfechter irriger Auffassungen dargestellt werden, und Sie verbreiten über ihn, dass er seine Frau oft schlage.

Drittens die Heuchelei: Sie desinformieren jemanden über Ihr Urteil, denn Sie bringen die Ehrlichkeit nicht auf; der häufigste Fall: 'Nicht das macht mir Sorgen, dass das Stück schrecklich ist', erzählte mir mein Freund nach seiner Rückkehr von der Premiere, auf der der Autor zugegen war, 'sondern die Tatsache, dass ich ihm sagte, es sei herrlich.' ..."

Zu guter Letzt die Desinformationen, die von anderen verbreitet werden, die Sie aus Höflichkeit, Trägheit oder aus Angst, der Unwissenheit bezichtigt zu werden, bestätigen.

Ich könnte noch Fälle aufführen, in denen wir um des Brotes willen oder aus Eitelkeit, oder aus Stolz, Neid, Berechnung desinformieren – was natürlich nicht auf Sie zutrifft –, aber auch aus allgemeinen Widerwillen gegen die Welt, die eine Dokumentation braucht. Man muss ebenfalls die Möglichkeit kombinierter Varianten in Betracht ziehen: Berechnung plus Neid, Höflichkeit verbunden mit Feigheit und Mangel an Diskretion. All das zusammengenommen wird zum Schutthaufen des Lebens, schichtet sich auf zu unordentlichen Haufen, verpestet die Atmosphäre.

Die innere Bewegung des Menschen zwischen den Feldern des Guten und des Bösen ist der entscheidende Faktor für seinen Wert. Im Zusammenhang damit wäre die Anwendung gewisser Übungen aus dem Bereich der moralischen Gymnastik empfehlenswert, in der die grundlegenden, für das körperliche Training ausgearbeiteten Methoden die nützlichsten sind. In dem besagten Fall würde ich Ihnen die folgenden Übungen empfehlen:

1. Einleitende Übung: Täglich setzen wir eine Stunde fest, zum Beispiel von 10 bis 11, in der wir uns streng an die Regel halten, Desinformationen zu vermeiden. In dieser Stunde soll keine nicht stichhaltige Äußerung über unsere Lippen kommen.

2. Die Übung für Fortgeschrittene: Wir wählen eine Person, der

gegenüber wir täglich die Pflicht genauer Information einhalten; wenn wir mit ihr sprechen, sagen wir nur Dinge, die ausschließlich auf überprüfbaren Tatsachen fußen.

3. Die Reduktion der Themen (Übung für Personen, die beide vorangehenden Übungen beherrschen): Wir beschränken uns in Gesprächen mit unseren Mitmenschen darauf, Impressionen oder Ansichten zu äußern, wobei wir hypothetische Berichte ausschließen. Ein Beispiel: Der Satz 'X ist mir unsympathisch' gibt Auskunft über Ihr Verhältnis zu X und steht vom Standpunkt der Information aus unbedingt hoch über dem Satz 'X soll mit Okkupanten Pelze gehandelt haben'.

4. Schweigen in Augenblicken, in denen die Gefahr der Desinformation droht, das heißt, sich so weit beherrschen, dass man eine Antwort unterdrückt (aus den Übungen für Fortgeschrittene). Dies ist eine Probe höchster Gewandtheit. Es handelt sich darum, dass die Desinformation ihre ergiebigste Quelle im Klatsch über fremde Angelegenheiten hat, wie er in Gesellschaft üblich ist."[113]

Ein letztes Beispiel soll der Rückblick eines ungarischen Akademikers sein, der mit einer Prise schwarzen Humors schrieb:

„Früher hat es immerhin eine Verlässlichkeit der Lüge gegeben. Wir wussten, dass die Leute, die da im Fernsehen redeten, fortwährend logen. Wir wussten, dass es auch alle anderen Zuschauer wussten. Und wir wussten, dass es auch die Leute wussten, die im Fernsehen redeten. Nach der Wende war es auch mit dieser Verlässlichkeit vorbei. Es ist nicht mehr garantiert ausgeschlossen, dass jemand im Fernsehen die Wahrheit sagt, nicht nur in Ungarn."[114]

Papst Johannes Paul II. hatte zum Weltfriedenstag am 1.1.1980 seine Botschaft unter das Motto gestellt: „Die Wahrheit – Kraft des Friedens". In dieser Botschaft führte er aus:

„Die Gewalt schwimmt in der Lüge und hat die Lüge nötig, um

[113] Berlin 1974, S. 298-292.

[114] Frank J. Heinemann, Zeit des Argwohns. Das Vertrauen in der Krise, Sendung vom 16.1.2005, 09:30, Deutschlandfunk.

zu versuchen, sich durch Rechtfertigungen, die völlig außerhalb ihrer Natur liegen und sich sogar oft widersprechen, ein gewisses Ansehen vor der Weltmeinung zu verschaffen." – Man hört die inhaltlichen Parallelen zu Solschenizyn heraus. – Weiter führte der Papst aus:

„Eine weitere Form der Unwahrheit zeigt sich in der Weigerung, die objektiv berechtigten und unveräußerlichen Rechte jener anzuerkennen und zu achten, die sich weigern, eine bestimmte Ideologie anzunehmen, oder sich auf ihre Gedankenfreiheit berufen. Es handelt sich um Verweigerung der Wahrheit, wenn man denjenigen aggressive Absichten unterschiebt, die – wie sie klar zeigen – nur den einzigen Wunsch haben, sich zu schützen und zu verteidigen."

Kommen wir nach den literarischen Zeugnissen zurück zum pädagogischen Nahkampf von Eltern im Alltag. Ich kenne Eltern, die haben ein siebenjähriges Pflegekind aus einem Kinderheim übernommen. Für dieses Mädchen gehörte Lügen zur Überlebensstrategie. Was war das für ein mühsamer Kampf über Monate, und wieviel intuitive Cleverness der Eltern gehörte dazu, das Mädchen mit ihren Falschaussagen zu konfrontieren! Es brauchte etliche Wiederholungen, um dieser Lügnerin den Wert der Wahrhaftigkeit zu erschließen. Denn jede Lüge baut eine unsichtbare Mauer zwischen dem Lügenden und dem Belogenen. Und diese unsichtbare Mauer erzeugt ein Gefühl des Ausgegrenzt- und Isoliertseins. Dabei sehnt sich jeder Mensch nach seelisch-geistiger Nähe und nicht nur nach körperlicher Nähe. Die Appelle an den Mut des Mädchens – denn mutig wollte sie sein – zu dem zu stehen, was sie getan oder vergessen hatte, brachte mit der Zeit den erhofften Erfolg.

Ausgehend von dem Selbstverständnis Jesu, wie er es gegenüber Pilatus formuliert, dass er dazu in die Welt gekommen ist, um für die Wahrheit Zeugnis abzulegen, haben wir uns anhand von literarischen Zeugnissen durch die traurige Wirklichkeit der Lügengespinste durchgearbeitet. Anschließend haben wir uns über die Notwendigkeit der Wahrheit für ein vertrauensvolles Miteinander innerhalb von Familien, von Firmen, von Gesellschaften und zwischen Völkern Gedanken gemacht.

Wenn wir uns als Jesu Jünger verstehen, dann sind seine Anliegen auch unsere Anliegen. Dann dürfen auch wir uns begreifen als diejenigen, die Zeugnis für die Wahrheit ablegen. Dann sollten wir uns auch nicht von Zynikern davon abbringen lassen, die meinen, die Menschen wollen betrogen werden. Wir werden uns erst recht nicht die Devise des skrupellosen Machiavelli zu eigen machen, der meinte: „Man glaubt gar nicht, wie man ein Volk betrügen muss, um es zu regieren."

Nachdem der Pallottinerpater und Schönstätter Franz Reinisch im Juli 1942 zum Tode verurteilt worden war, weil er den Fahneneid auf Hitler aus Gewissensgründen verweigert hatte, schrieb er in seinen privaten Notizen im Gefängnis:

„Mein Lebensopfer soll ein Hohes Lied werden auf die Würde des Menschen, auf seine innere Freiheit, die sich ausreift zur Freiheit der Kinder Gottes. Mein Lebensopfer soll ein Hohes Lied werden auf den Wert des Menschen, der Mensch ist Gottes Kind und nicht nur Kind des Blutes. Mein Lebensopfer soll ein Hohes Lied auf die Unsterblichkeit der Seele und ebenso ein Hohes Lied auf das Wirken nach dem Tode sein."

Es lohnt sich, ganz praktisch, aber auch reflektiert theoretisch für den Wert der Wahrheit einzutreten. Nur so kann ein Klima des Vertrauens und damit Nähe zwischen den Menschen entstehen. Auch für die Wahrheit über den Menschen lohnt es sich einzutreten.

Ein kleiner Merksatz zum Schluss von Ingeborg Bachmann:[115] „Die Wahrheit ist dem Menschen zumutbar."

Am bewegensten ist doch die Wirklichkeit: Nach seiner Bekehrung im Gefängnis schreibt Wilhelm Buntz 1984 einen Brief an den

[115] Rede am 17.3.1959 in Bonn – das ist auch ihre Inschrift auf ihrem Grabstein.

Staatsanwalt, in dem er sich zu den 100 Verbrechen bekennt, die ihm mangels Beweisen beim Prozess nicht nachgewiesen werden konnten. Das würden noch mal 20 Jahre Gefängnis bedeuten zu seinen 18 Jahren, die er wegen der 46 nachgewiesenen Verbrechen abzusitzen hat. Der Staatsanwalt, der von seiner Bekehrung erfahren hatte, teilt ihm mit, dass es kein neues Verfahren geben wird. Nach seiner Entlassung besucht er alle Opfer, um sie um Verzeihung zu bitten.[116]

63. Joh 19,26f: Das Testament Jesu

„Als nun Jesus seine Mutter sah und bei ihr den Jünger, den er lieb hatte, spricht er zu seiner Mutter: Frau, siehe, das ist dein Sohn! Danach spricht er zu dem Jünger: Siehe, das ist deine Mutter! Und von der Stunde an nahm sie der Jünger zu sich" (Joh 19,26f).

Der auferstandene Jesus, der Maria von Magdala durchaus bei ihrem Namen ruft (vgl. Joh 20,16), verwendet bei seinen letzten Worten am Kreuz die Anrede „Frau". Es ist dieselbe Anrede, die er gegenüber seiner Mutter bei der Hochzeit zu Kana, also zum Beginn seines öffentlichen Wirkens verwendet (vgl. Joh 2,4). Diese Anrede, bekommt etwas Allgemeines, wenn wir berücksichtigen, dass Jesus hier keine unbekannte Frau anspricht, sondern seine Mutter, deren Vornamen er ja durchaus weiß.

So hat sich in der Auslegung dieser Bibelstelle schon bei den Kirchenvätern die Überzeugung herausgebildet, dass es sich hier nicht allein um die Altersvorsorge für seine Mutter handelt. Das wäre ja auch denkbar gewesen, da Jesus der einzige Sohn Mariens war. Sterbend war ihm klar, dass er nicht für seine Mutter sorgen konnte. Auch wenn diese Deutung auf den ersten Blick naheliegend

[116] Wilhelm Buntz, Der Bibelraucher, SCM-Verlag.

ist, so wäre doch die reduzierende Deutung auf die Altersvorsorge für seine Mutter eine Verkürzung, die dem Evangelisten und seinem symbolhaften Schreibstil nicht gerecht werden würde.

In den Dokumenten des II. Vatikanischen Konzils finden wir eine ausdrückliche Bestätigung der Deutung, die weit über die Altersvorsorge hinausgeht. In der Kirchenkonstitution lesen wir:

„Indem sie Christus empfing, gebar und nährte, im Tempel dem Vater darstellte und mit ihrem am Kreuz sterbenden Sohn litt, hat sie beim Werk des Erlösers in durchaus einzigartiger Weise in Gehorsam, Glaube, Hoffnung und brennender Liebe mitgewirkt zur Wiederherstellung des übernatürlichen Lebens der Seelen. Deshalb ist sie uns in der Ordnung der Gnade Mutter.

Diese Mutterschaft Marias in der Gnadenökonomie dauert unaufhörlich fort, von der Zustimmung an, die sie bei der Verkündigung gläubig gab und unter dem Kreuz ohne Zögern festhielt, bis zur ewigen Vollendung aller Auserwählten. In den Himmel aufgenommen, hat sie diesen heilbringenden Auftrag nicht aufgegeben, sondern fährt durch ihre vielfältige Fürbitte fort, uns die Gaben des ewigen Heils zu erwirken. In ihrer mütterlichen Liebe trägt sie Sorge für die Brüder ihres Sohnes, die noch auf der Pilgerschaft sind und in Gefahren und Bedrängnissen weilen, bis sie zur seligen Heimat gelangen. Deshalb wird die selige Jungfrau in der Kirche unter dem Titel der Fürsprecherin, der Helferin, des Beistandes und der Mittlerin angerufen.“[117]

Dieses Testament Jesu hat natürlich praktische Konsequenzen für alle, die sich im Lieblingsjünger Johannes wiederfinden wollen. Sie werden auf Maria als ihre Mutter verwiesen.

Es gibt im Gotteslob ein modernes Marienlied von 2009: *Glauben können wie du*

„1) Glauben können wie du: Das Leben bejahen, wie Gott es mir gab, und hören mit fröhlichem Herzen sein Wort und singen mit

[117]Vat II, Lumen gentium, Art. 61 und 62.

dir: 'Großes hat er getan.' So will ich glauben, Maria.

2) Hoffen können wie du: Den Frieden bereiten; das Mögliche tun und Jesus vertrauen, dem Freund, der mich kennt, und folgen dem Wort: 'Was er euch sagt, das tut!' So will ich hoffen, Maria.

3) Lieben können wie du: Berühren mich lassen von Freude und Schmerz und sehen den Schöpfer in jedem Geschöpf und sagen wie du: 'Mir geschehe dein Wort.' So will ich lieben, Maria."[118]

So schön, wie dieser Text ist – ich singe das Lied auch gerne – so wäre doch die Reduktion Mariens auf ihre Vorbildfunktion, wie sie das Lied durchmeditiert, eine Verkürzung. Diese Vorbildfunktion erkennt auch Martin Luther in seinem Magnifikat-Kommentar an, aber er tut sich sehr schwer, wenn wir uns direkt an sie wenden, wenn wir sozusagen „Du" zu Maria sagen.

Ich erinnere mich an eine evangelische Frau, die im Zuge ihrer Hochzeitsvorbereitung mit ihrem katholischen Bräutigam konvertierte. Die Eucharistiefeier war für sie kein Problem. Die hatte sie schon liebgewonnen, weil sie immer wieder mit ihrem Freund die Sonntagsmesse mitgefeiert hatte. Aber was die Marienverehrung betraf, der sie in der katholischen Kirche begegnete, da wurden doch die alten Verdächtigungen wirksam, die Katholiken hätten aus Maria eine Göttin gemacht. Ihre emotionalen Blockaden schienen unüberwindlich. Dann wurde sie schwanger und brachte einen Sohn zur Welt. Aus dem eigenen inneren Erleben, wie eng die emotionale Verbindung zwischen ihr und ihrem werdenden Kind war, schmolzen die Blockaden gegenüber der Marienverehrung wie das Eis in der Frühlingssonne. Wer den Sohn lieb hat, muss auch die Mutter liebhaben. Das war auf einmal so sonnenklar!

Weiten wir einmal unseren Betrachtungshorizont: Die Heiligenverehrung wird als etwas typisch Katholisches betrachtet. Die Vorbildfunktion wird auch in den Kirchen der Reformation bejaht, aber gegenüber der direkten Verehrung gibt es doch Vorbehalte, als ob

[118] T: Helmut Schlegel, M: Joachim Raabe.

sich dadurch das Geschöpf zwischen den Beter und Gott schieben würde und damit dem Götzendienst eigentlich Tür und Tor geöffnet würde.

Dabei wird in der Präfation zu den Heiligenfesten sehr deutlich das Verhältnis zwischen dem Beter, dem Heiligen und Gott klargestellt:

„Die Schar der Heiligen verkündet deine Größe, denn in der Krönung ihrer Verdienste krönst du das Werk deiner Gnade. Du schenkst uns in ihrem Leben ein Vorbild, auf ihre Fürsprache gewährst du uns Hilfe und gibst uns in ihrer Gemeinschaft das verheißene Erbe."

Wir beten im Glaubensbekenntnis auch: „Ich glaube an die Gemeinschaft der Heiligen." Diese Gemeinschaft muss sich ja an bestimmten Merkmalen messen lassen. Wenn auf einer Baustelle ein Haufen Ziegelsteine liegt, dann sprechen wir nicht von der Gemeinschaft der Ziegelsteine, sondern von einem Haufen. Sie sind zwar ganz nah beieinander und berühren sich, aber sie sind keine Gemeinschaft.

Von Gemeinschaft können wir erst dann sprechen, wenn es zwischen den einzelnen Menschen eine Interaktion und ein gemeinsames Ziel gibt, zu dessen Erreichung man sich zusammengeschlossen hat. Und wenn wir an die Gemeinschaft der Heiligen glauben, dann bringen wir damit zum Ausdruck, das wir uns nicht nur mit den lebenden Christen verbunden fühlen und wissen, sondern dass diese Verbundenheit über den Tod hinaus geht.

Und da es im Himmel keine Arbeitslosen gibt, hat Gott sich etwas für die ausgedacht, die schon bei ihm sind: Die Fürbitte!

Der Mathematiker und Philosoph Blaise Pascal hat einmal geschrieben: „Gott hat sich das Fürbittgebet ausgedacht, um uns die Würde der Ursächlichkeit zu verleihen." Genau darum geht es. Gott hätte in seiner Allmacht und in seiner Vollkommenheit allen Grund zu sagen: „Geht mal weg! Ich kann das besser!" – Dann wären wir Menschen aber in die reine Zuschauerrolle abgeschoben.

Das kann zwar auch interessant sein. Das merken wir jetzt, wenn wir bei der Fußballweltmeisterschaft der Männer mit einer Lieblingsmannschaft mitfiebern. Aber auf die Dauer befriedigt uns das nicht. Wir wollen Ursache sein. Wir wollen Spuren hinterlassen.

Der Psychologe Aaron Antonowsky († 1994) hält das Erlebnis der Selbstursächlichkeit für einen wichtigen und unersetzlichen Faktor für die seelisch-körperliche Gesundheit. Wir sind nicht nur ein Stück Treibholz auf dem Strom des allmächtigen Willens Gottes, oder noch trostloser: ein welkes Blatt im Sturm eines anonymen Schicksals. Gott hat seiner Allmacht eine Selbstbeschränkung auferlegt, um uns eine Mitwirkung an der Vollendung seiner Schöpfung zu ermöglichen. Wir sind Mitarbeiter oder Mitwirkende Gottes bei der Umsetzung seines Heilsplans und seiner Heilsgeschichte. Ein Teil der Glückseligkeit des Himmels wird vermutlich darin bestehen, dass wir durch unsere Fürbitte für die auf Erden lebenden Menschen etwas bewirken können.

Das gilt natürlich in besonders qualifizierter Weise für Maria, die ihr Ja in der Verkündigungsstunde gesagt hatte und im Laufe des Erdenlebens ihres Sohnes nie zurückgenommen hat, auch nicht in der schwersten Stunde ihres Lebens, als ihr Sohn auf Golgotha starb.

Im Film „Passion“ von Mel Gibson wird das in einer eindrucksvollen Geste Mariens dargestellt: Die Hände Mariens krampfen sich vor Schmerz in den Kiesboden von Golgotha. Dann erhebt sie sich, öffnet ihre Fäuste mit den Kieselsteinchen und lässt sie nach und nach zwischen ihren Fingern auf den Boden rieseln.

Auch wenn in diesen Augenblicken der Heilsplan Gottes für sie nicht aus einer klaren Botschaft besteht, sondern nur aus lauter Fragezeichen und unbeantworteten Warums, so bleibt sie doch bei ihrem Sohn zusammen mit dem Lieblingsjünger Johannes, während die anderen Jünger, die hofften, mit Jesus Karriere machen zu können, von der Bildfläche verschwunden sind.

Heinrich Bone hat 1847 ein Lied getextet, das wir noch heute in unserem Gesangbuch finden:

„1) Christi Mutter stand mit Schmerzen bei dem Kreuz und weint von Herzen, als ihr lieber Sohn da hing. Durch die Seele voller Trauer, schneidend unter Todesschauer jetzt das Schwert des Leidens ging.

2) Welch ein Schmerz der Auserkorenen, da sie sah den Eingebornen, wie er mit dem Tode rang. Angst und Jammer, Qual und Bangen, alles Leid hielt sie umfangen, das nur je ein Herz durchdrang."[119]

Aber nicht nur in der Musik, auch in der bildenden Kunst hat die mitleidende Maria ihren Ausdruck gefunden. Seit dem frühen 14. Jh. finden wir das Motiv der Pieta. Der frömmigkeitsgeschichtliche Ursprung ist in der verstärkten Hinwendung zum Leiden Christi am Kreuz und des Mitleidens seiner Mutter mit ihrem Sohn zu sehen. Die Pietá zählt zu den bekanntesten figürlichen Darstellungen des Mittelalters. Am berühmtesten ist die Pietá von Michelangelo im Petersdom. Die so genannten „Vesperbilder" sind in den meisten katholischen Kirchen zu finden. Die Szene bildet die vorletzte Station der Kreuzwegandacht; sie ist Hauptinhalt des Gebetes zum Gedächtnis der Schmerzen Mariens. Die Bezeichnung Vesperbild beruht auf der Vorstellung, dass nach der Kreuzabnahme Maria den Leichnam ihres Sohnes am Karfreitag ungefähr zur Zeit des Abendgebets, der Vesper, entgegennahm. Auch in unserer Klosterkirche hier in Dernbach haben wir eine Pietá.

Als Papst Benedikt XVI. seine letzte Deutschlandreise unternahm, kam er auch am 23.9.2011 in meine Heimat, ins Eichsfeld, und besuchte dort den Marienwallfahrtsort Etzelsbach. Seit dem 16. Jh. wird dort eine Pietá verehrt. Ca. 90000 Pilger kamen zu dieser Marienvesper.

Gerade Menschen, die selber ein großes Leid zu tragen haben, finden in der Begegnung mit der leidenden Gottesmutter Trost,

[119] Christi Mutter stand in Schmerzen, GL 532.

weil sie in Maria einem Menschen begegnen, der sich in sie hineinversetzen kann und mitfühlen kann.

Hier geht es also nicht zuerst um das Kunstwerk, sondern hier ist eine unsichtbare Wirklichkeit sichtbar geworden. Sterbend am Kreuz hat uns Jesus seine Mutter zur Mutter gegeben. Das ist sein Testament.

In den Meditationen, die Pater Kentenich als Häftling aus dem KZ Dachau schmuggeln konnte, gibt es auch zwei Strophen aus seinen Kreuzwegbetrachtungen. Da schreibt er:

„Seitdem die zweite Eva dich ließ sterben, versteht sie jedes Leid der Adamserben und ist mit mütterlichem Sinn bedacht, dass fürs Erlösungswerk es reicher macht.

Lass dieser Mutter kindlich treu mich bleiben, tief ihren Namen in die Herzen schreiben, dann weckt das Leid, das durch die Völker zieht, ein jubelnd klingendes Erlösungslied."[120]

Pater Kentenich hat da nicht etwas neu entdeckt. Er steht in der langen Kette von Christen, die ihre Erlebnisse und Erfahrungen mit Jesus und seiner Mutter in Gebete geformt haben und dadurch wiederum anderen Christen eine Wachstumsmöglichkeit aufgezeigt haben, wie sie inniger mit Christus und seiner Mutter verbunden sein können.

Weil wir in ein paar Tagen das Immaculata-Fest feiern, möchte ich als ein Beispiel von vielen Grignion von Montfort zitieren, der von 1673 bis 1716 lebte, sich in besonderer Weise um die Armen kümmerte und die Christen eingeladen hat, jeweils am 8. Dezember die Weihe an Christus durch Maria zu vollziehen und zu erneuern.

In dem Weihegebet, das er verfasst hat, heißt es unter anderem: „O mein Jesus, du ewige, menschgewordene Weisheit! Aller Liebe und Anbetung bist du wert. Du bist wahrer Gott und wahrer Mensch, der einzige Sohn des ewigen Vaters und der allzeit reinen Jungfrau Maria. In tiefster Ehrfurcht bete ich dich an im Schoße

[120]Himmelwärts, S. 87.

und in der Herrlichkeit deines Vaters, wo du von Ewigkeit her bist; und ich bete dich an im jungfräulichen Schoße deiner heiligsten Mutter Maria zur Zeit deiner Menschwerdung.

Ich sage dir Dank, dass du dich selbst entäußert hast und Knechtsgestalt annahmst. Ich lobe und preise dich, weil du in allem deiner heiligsten Mutter Maria untertan sein wolltest, damit auch ich durch sie dir ganz zu eigen werde.

Ich erneuere und bekräftige heute in deine Hände meine Taufgelübde. Ich gebe mich ganz Jesus Christus hin, der menschgewordenen Weisheit, um mein Kreuz ihm nachzutragen alle Tage meines Lebens und ihm treuer zu sein, als ich es bisher war. In Gegenwart des ganzen himmlischen Hofes erwähle ich dich heute, o Maria, zu meiner Mutter und Königin. Dir weihe und schenke ich als dein Gut und Eigentum meinen Leib und meine Seele, all meinen äußeren und inneren Besitz, ja selbst den Wert all meiner guten Werke, der vergangenen, gegenwärtigen und zukünftigen. Ganz und voll, ohne jede Ausnahme, sollst du das Recht haben, über mich und all das Meine nach deinem Gutdünken zu verfügen in Zeit und Ewigkeit zur größeren Ehre Gottes.

O wunderbare Mutter, bring du mich deinem lieben Sohne dar als sein ewig Eigen. Durch dich hat Jesus mich erkauft, durch dich möge er mich nun aufnehmen. O Mutter der Barmherzigkeit, verleihe mir die Gnade, von Gott die wahre Weisheit zu erlangen. Nimm mich, ich bitte dich, in die Zahl jener Seelen auf, die du liebst und lehrst, leitest, nährst und schützest als deine Kinder, die dir ganz gehören."

In der jesuitischen Tradition der Marianischen Kongregationen, also der Laiengemeinschaften der Jesuiten, wird der Einzelne Mitglied, indem er sich der Gottesmutter weiht. Das Weihegebet der MC haben die Schönstätter übernommen. Es lautet:

„O meine Gebieterin, o meine Mutter! Dir bringe ich mich ganz dar, und um dir meine Hingabe zu bezeigen, weihe ich dir heute meine Augen, meine Ohren, meinen Mund, mein Herz, mich selber ganz und gar. Weil ich also dir gehöre, o gute Mutter, bewahre mich, beschütze mich als dein Gut und Eigentum! Amen."

Leider ist dieses Gebet bei der Neugestaltung des Gotteslobes aus den Marienandachten verschwunden. Aber an vielen kleinen und großen Marienwallfahrtsorten findet man Gebetsbildchen mit diesem Gebet.

Es ist erwähnenswert, dass viele Gründer und Initiatoren von nachhaltigen Erneuerungsbemühungen oder auch von christlich motivierten sozialen Projekten diese ausdrücklich unter den besonderen Schutz der Gottesmutter gestellt haben.

Erinnern wir uns nur an die ganz praktische und unbekümmerte Liebe zur Gottesmutter, wie sie ein Don Bosco selber gepflegt und auch seinen Schützlingen nahe gebracht hat!

64. Joh 20,8: Er sah und glaubte

Wenn wir das Johannes-Evangelium durchblättern, dann gibt es einige Besonderheiten, wie der Evangelist sich selber zeichnet. Das Auffälligste ist sicherlich, dass er nicht in der Ich-Form erzählt, wie wir es heutzutage aus vielen Romanen aber auch von Reportagen kennen. Er war von Beruf Fischer, sein Vater hieß Zebedäus, sein Bruder – ebenfalls ein Jünger Jesu – hieß Jakobus; beide zusammen hatten den Spitznamen „Donnersöhne". Ihre ehrgeizige Mutter erbat für beide Ministerposten im Reiche Gottes (vgl. Mt 20,20f). Beim letzten Abendmahl war Johannes der, der an der Brust Jesu ruhte, und den Jesus besonders lieb hatte (vgl. Joh 13,23; 19,26.27; 21,7.20). Der Hinweis, dass der Lieblingsjünger auch der Autor des Evangeliums ist, erfahren wir erst in Joh 21,24. Im Zusammenhang mit dem Vers, den wir heute meditieren, interessiert mich eine besondere Begabung des Johannes, nämlich seine Intuition: Er sah und glaubte. Diese Intuition wird auch erwähnt in Joh 21,7, wo Johannes aufgrund des reichen Fischfangs erkennt: Dieser Unbekannte, der sie auf den See zum Fischfang geschickt hatte, ist der Herr, der Auferstandene. Bei Petrus hatte es zu diesem Zeitpunkt noch nicht Klick gemacht.

Was hat es mit der Intuition auf sich? Was meinen wir genau damit, wenn wir von Intuition reden?

Albert Einstein sagte einmal: „Die Intuition ist ein göttliches Geschenk, der denkende Verstand ein treuer Diener. Es ist paradox, dass wir heutzutage angefangen haben, den Diener zu verehren und die göttliche Gabe zu entweihen."

Der Psychiater Eric Berne schrieb: „Eine Intuition ist Wissen, das auf Erfahrung beruht und durch direkten Kontakt mit dem Wahrgenommenen erworben wird, ohne dass der intuitiv Wahrnehmende sich oder anderen genau erklären kann, wie er zu der Schlussfolgerung gekommen ist."

In meiner ersten Kaplansstelle lernte ich ein Ehepaar näher kennen. Die Frau hatte eine intuitive Wahrnehmung, ob es ein Mensch gut mit einem meinte oder nicht, ob er ehrlich war oder nicht. Anfangs fragte der Mann immer wieder, wieso sie zu diesem Urteil gekommen sei. Sie konnte es nicht begründen. Er machte ihr Vorwürfe, dass sie ein Mensch voller Vorurteile sei. In vielen Fällen musste der Mann aber Monate später feststellen, dass sich seine Frau nicht getäuscht hatte. In Zukunft hörte er auf seine Frau, traute ihrem Urteil und fragte sie nicht mehr, wie sie zu dem Urteil gekommen sei.

Pater Kentenich, dessen Menschenkenntnis für manche fast unheimlich war, gestand der Mehrzahl der Frauen eine stärkere intuitive Gabe zu, während er bei Männern beobachtete, dass das diskursive Denken und Urteilen meist stärker ausgeprägt war. Aber das sah er nur als Regel an, von der es viele Ausnahmen gab. Je lauterer eine Frau war und weder von Ängsten noch von Eifersucht geplagt war, desto ausgeprägter war die „intuitive Wahrheitsschau", wie Kentenich diese Fähigkeit nannte.

Der Chemiker August Kekulé erzählte, wie er auf die Entdeckung der molekularen Struktur des Benzolringes kam: 1855, in einem Zustand des Halbschlafes auf dem Oberdeck eines von Pferden gezogenen Londoner Busses tanzten Atome vor seinen Augen, bis sie sich schließlich zu einer Schlange formten, die sich in den eigenen Schwanz biss. Dass Kohlenstoffatome immer vierwertig sind und miteinander sich zu einem Ring verbinden können, das war in den damaligen Chemikerkreisen unvorstellbar. Und Elektronenmikrosokope, unter denen die molekulare Struktur sichtbar gemacht werden konnte, gab es damals noch nicht. Aber nicht nur in der Astronomie oder Chemie spielt Intuition eine Rolle.

Der Musiker und Songschreiber Paul McCartney erzählte, dass er die Melodie von dem weltbekannten Song „Yesterday" morgens beim Aufwachen im Kopf hatte. Er hatte dann wochenlang überprüft, ob diese Melodie nicht schon bekannt sei. So klar und deutlich sei diese Erfahrung gewesen.

Auch die Psychologie beschäftigte und beschäftigt sich mit dem Phänomen der Intuition.

C.G. Jung schrieb: „Die Empfindung (das heißt die Sinneswahrnehmung) sagt, dass etwas existiert; das Denken sagt, was es ist; das Gefühl sagt, ob es angenehm oder unangenehm ist; und die Intuition sagt, woher es kommt und wohin es geht." Und weiter führt er aus: „Die Intuition ist diejenige psychologische Funktion, welche Wahrnehmungen auf unbewusstem Wege vermittelt. Gegenstand dieser Wahrnehmung kann alles sein, äußere und innere Objekte oder deren Zusammenhänge. Das Eigentümliche der Intuition ist, dass sie weder Sinnesempfindung, noch Gefühl, noch intellektueller Schluss ist, obschon sie auch in diesen Formen auftreten kann. Bei der Intuition präsentiert sich irgendein Inhalt als fertiges Ganzes, ohne dass wir zunächst fähig wären, anzugeben oder herauszufinden, auf welche Weise dieser Inhalt zustande gekommen ist. Die Intuition ist eine Art instinktiven Erfassens, gleichviel welcher Inhalte. Die Intuitive Erkenntnis hat daher einen Charakter von Sicherheit und Gewissheit."

Auch die Psychoanalytikerin Ruth C. Cohn befasste sich ausführlich mit der Intuition. Sie schrieb:

„Die Erscheinung, die wir Intuition nennen, ist gekennzeichnet durch Plötzlichkeit und Gewissheit, ohne bewusstes Wissen um ihre Herkunft. ... Es ist anzunehmen, dass sich eine intuitive Erkenntnis aus zahlreichen Elementen zusammensetzt, die ihren Ursprung in der Sinneswahrnehmung, Erinnerungen, Deduktionen und Empfindungen haben, und doch erscheint Intuition als 'Gestalt' – als ganzheitliches Muster oder Struktur, wobei diese Erkenntnis bzw. Einsicht, Interpretation oder Vorahnung sein kann."[121]

Auch in der Kriminalistik spielt Intuition eine große Rolle, seien es nur die erfundenen Kommissare in den Kriminalromanen oder die wirklichen Kommissare.

Den Schweizer Schriftsteller Friedrich Dürrenmatt hat die Frage nach Gut und Böse auch sehr umgetrieben und er hat in seinem genialen, mit vielen überraschenden Wendungen gespickten Kriminalroman „Der Richter und sein Henker" die Frage nach Gut und Böse in aller Schärfe gestellt. Nur die Nebenfiguren handeln aus Neid, Habsucht, Rachebedürfnis oder Eifersucht. Der eine Protagonist, der sich das Pseudonym Gastmann zugelegt hat und in sein Schweizer Heimatdorf zurückgekehrt ist, ist eine skrupellose Spielernatur, die das Böse um des Bösen willen tun will und je nach Lust und Laune sich auch als Mäzen und Gutmensch präsentiert, sein Widersacher ist der Kriminalkommissar Bärlach, der sich entschieden hat, für das Gute und gegen das Böse zu kämpfen.

Als Jugendliche hatten sie in einer Kneipe in Istanbul eine Wette abgeschlossen. Bärlach behauptete damals, „dass die menschliche Unvollkommenheit, die Tatsache, dass wir die Handlungsweise anderer nie mit Sicherheit vorauszusagen, und dass wir ferner den

[121] Ruth C. Cohn, Von der Psychoanalyse zur themenzentrierten Interaktion, Stuttgart 2004, S. 134.

Zufall, der in alles hineinspielt, nicht in unsere Überlegung einzubauen vermögen, der Grund sei, der die meisten Verbrechen zwangsläufig zutage fördern müsse. Ein Verbrechen zu begehen nanntest du eine Dummheit, weil es unmöglich sei, mit Menschen wie mit Schachfiguren zu operieren." Gastmann „dagegen stellte die These auf, mehr um zu widersprechen als überzeugt, dass gerade die Verworrenheit der menschlichen Beziehungen es möglich mache, Verbrechen zu begehen, die nicht erkannt werden könnten. Deshalb seien die meisten Verbrechen nicht nur ungeahndet, sondern auch ungeahnt und würden nur im Verborgenen geschehen." Weiter führte er aus: „Deine Biederkeit kam nie in Gefahr versucht zu werden, doch deine Biederkeit versuchte mich. Ich hielt die kühne Wette, in deiner Gegenwart ein Verbrechen zu begehen, ohne dass du imstande sein würdest, mir dieses Verbrechen beweisen zu können." Bärlach erinnert sich: „Nach drei Tagen, als wir mit einem deutschen Kaufmann über die Mahmut-Brücke gingen, hast du ihn vor meinen Augen ins Wasser gestoßen." Gastmann: „Der arme Kerl konnte nicht schwimmen, und auch du warst in dieser Kunst so ungenügend bewandert, dass man dich nach deinem verunglückten Rettungsversuch halb ertrunken aus den schmutzigen Wellen des Goldenen Horns an Land zog. Der Mord trug sich an einem strahlenden türkischen Sommertag bei einer angenehmen Brise von Meer her auf einer belebten Brücke in aller Öffentlichkeit zwischen Liebespaaren, Muselmännern und ortsansässigen Bettlern zu, und trotzdem konntest du mir nichts beweisen. Du ließest mich verhaften. Umsonst. Das Gericht glaubte meiner Version, der auf Selbstmord des Kaufmanns lautete. Ich konnte nachweisen, dass der Kaufmann vor dem Konkurs stand und sich durch einen Betrug vergeblich hatte retten wollen. Ich wählte mir mein Opfer sorgfältig aus." Bärlach: „So bist du ein Verbrecher geworden." Gastmann: „Dass ich so etwas ähnliches wie ein Verbrecher bin, kann ich nicht gerade ableugnen. Ich wurde ein immer besserer Verbrecher und du ein immer besserer Kriminalist: Der Schritt jedoch, den ich dir vorausbhatte, konntest du nie einholen. Immer wieder tauchte ich in deiner Laufbahn auf wie ein graues Gespenst, immer wieder trieb mich die Lust, unter deiner Nase sozusagen immer kühnere, wildere, blasphemischere Verbrechen zu begehen, und immer wieder bist du nicht imstande gewesen, meine Taten zu beweisen. Die Dummköpfe konntest du besiegen, aber ich besiegte dich." – Am Ende des Kriminalromans erschießt der ehrgeizige, aber nicht so fähige Untergebene Tschanz, den Gastmann und seine Leibwächter. Damit scheint der Fall geklärt. Aber Tschanz hatte die Rechnung ohne den alten Fuchs Bärlach gemacht. Der bestellt ihn später in seine Wohnung und konfrontiert ihn mit den Beweisen, die belegen, dass er aus Eifersucht den begabteren Kommissar Schmied ermordet hat, und um von sich abzulenken, Gastmann aus scheinbarer Notwehr für ein Verbrechen, das dieser nicht begangen hatte, zu töten."[122]

Ohne Intuition wäre Bärlach nie darauf gekommen, dass Tschanz aus Eifersucht und Neid den begabteren Schmied ermordet haben könnte. Rein analytisch betrachtet und linear aneinandergereiht, wäre die Deutung, dass Tschanz aus Notwehr gehandelt hätte, naheliegend gewesen.

Nachdem wir also die menschliche Fähigkeit der Intuition in den verschiedenen Bereichen der Naturwissenschaften, also der Astronomie, der Chemie und der Psychologie sowie der Literatur genauer unter die Lupe genommen haben, kommen wir noch einmal zurück zur Intuition des Johannes.

Der Ausgangspunkt, dass Johannes und Petrus zum Grab laufen, ist die schockierende Information der Maria von Magdala: Die Leiche Jesu ist aus dem Grab gestohlen worden. Mit dieser Information, die ja schon in sich eine Interpretation darstellt, machen sich die beiden auf den Weg:

---

[122] Friedrich Dürrenmatt, Der Richter und sein Henker. In: Justiz. Vier Romane, Bertelsmann-Club, Gütersloh o.J. (Erstveröffentlichung 1952), S. 242-255 in Auszügen.

„Da kam auch Simon Petrus, der ihm gefolgt war, und ging in das Grab hinein. Er sah die Leinenbinden liegen und das Schweißtuch, das auf dem Haupt Jesu gelegen hatte; es lag aber nicht bei den Leinenbinden, sondern zusammengebunden daneben an einer besonderen Stelle" (Joh 20,6f). Petrus ist hier der analysierende Kriminalkommissar, der genau beschreibt, wo welche Tücher liegen. Aber so ordentlich zusammengelegte Tücher passen eigentlich nicht zu einem Raub. Und welches Motiv könnten die Grabräuber haben? – Sein Denken verliert sich in Sackgassen.

Die Intuition des Johannes wird knapp zusammengefasst: *„Er sah und glaubte. Denn sie hatten noch nicht die Schrift verstanden, dass er von den Toten auferstehen müsse"* (Joh 20,8f). In der anschließenden Begründung wird deutlich, dass die Intuition des Johannes ihm einen neuen Horizont eröffnet hatte, der den bisherigen Erfahrungshorizont gesprengt hatte. Da gibt es etwas völlig Neues, etwas noch nie Dagewesenes, eben die Auferstehung von den Toten. Zu dieser Erkenntnis wäre er nicht allein durch die Analyse der Leinentücher gekommen. Aber vermutlich blitzartig erinnerte er sich an die damals auf dem Berg der Verklärung von Jesus ihnen anvertrauten unverständlichen Aussagen über Leid, Tod und Auferstehung. Auf einmal gab das einen Sinn, auf einmal war das Wirklichkeit!

Es hat leider von manchen Exegeten (Willi Marxen) im letzten Jahrhundert Versuche gegeben, das Faktum des leeren Grabes wegzudiskutieren und auf eine reine Symbolik zu reduzieren gemäß der Botschaft: „Die Sache Jesu geht weiter." Hatte der evangelische Theologe Rudolf Bultmann noch an der Faktizität der Auferstehung festgehalten, aber die Bedeutsamkeit höher eingestuft als die Faktizität, so haben seine Schüler die Faktizität aufgegeben zugunsten der Bedeutsamkeit. Dass sie damit aber unserem Glauben das Fundament geraubt hatten, wurde ihnen nicht bewusst.

Ob hinter solchen Deutungsversuchen nicht ein enger Verständnishorizont stand, der Wunder im strengen Sinne, also die Durchbrechung von Naturgesetzen, für unmöglich hielt? Ich wage das nicht zu beurteilen.

Das Blitzartige der Intuition können wir auch aus den Zeugnissen mancher Konvertiten herauslesen. Sie können diese Intuition, die sie als Bekehrung sehen, genau datieren: Paul Claudel bei der Vesper am Weihnachtstag 1886 in der Pariser Kathedrale Notre-Dame, Alfred Döblin am 30.11.1941, Andre Frossard am 8.7.1935.

Diese intuitive Wahrheitsschau bei dem atheistisch-marxistisch aufgewachsenen Andre Frossard wollen wir uns genauer anschauen: Wie er in seinem Konversionsbuch „Gott existiert. Ich bin ihm begegnet“ schildert, wuchs André Frossard in einem Umfeld „vollkommener Atheisten“ auf, welche die Nichtexistenz Gottes für so offenbar hielten, dass sie sich nicht einmal mehr die Mühe machten, ihn zu leugnen. Ganz zufällig, weil er auf einen Freund wartete, ging er 1935 als 20-Jähriger in eine kleine Kirche in Paris, wo er eine Gottesbegegnung hatte, die so intensiv war, dass es – wie er berichtet – selbst bei späteren Schicksalsschlägen (wie dem Tod seiner beiden Kinder) nicht mehr möglich war, an der Existenz Gottes auch nur den leisesten Zweifel zu hegen.

Als Frossard die Kirche betrat, hörte er, wie er später berichtete, als spräche jemand leise zu ihm die Worte „geistliches Leben“. Daraufhin stürzte nach seiner Beschreibung wie eine Lawine der Himmel auf ihn zu, und eine Freude überwältigte ihn, „die nichts anderes ist als der Jubel des vom Tod Erretteten“. „Es ist“, so Frossard, „ein unzerstörbarer Kristall, von einer unendlichen Durchsichtigkeit, einer beinahe unerträglichen Helle (ein Grad mehr würde mich vernichten) einem eher blauen Licht, eine Welt, eine andere Welt, von einem Glanz und einer Dichte, dass unsere Welt vor ihr zu den verwehenden Schatten der nicht ausgeträumten Träume zurücksinkt. Es ist die Wirklichkeit, es ist die Wahrheit, ich sehe sie vom dunklen Strand aus, wo ich noch festgehalten bin. Es ist eine Ordnung im Universum, und an ihrer Spitze, jenseits dieses funkelnden Nebelschleiers, ist die Evidenz Gottes, die Evidenz, die Gegenwart ist, die Evidenz, die Person ist, die Person dessen, den ich vor einer Sekunde noch geleugnet habe, den die Christen unseren Vater nennen und dessen milde Güte ich an mir erfahre, eine Milde die keiner anderen gleicht, die nicht die manchmal mit diesem Namen bezeichnete passive Eigenschaft ist, sondern eine aktive, durchdringende, eine Milde, die alle Gewalt übertrifft, die fähig ist, den härtesten Stein zu zerbrechen und was härter ist als der Stein – das menschliche Herz."

Es macht Sinn, wenn wir uns intellektuell mit dem Glauben auseinandersetzen und das eine oder andere theologische Buch lesen. Es macht Sinn, wenn wir mit Andersgläubigen diskutieren und deren Argumente einer rationalen Überprüfung unterziehen. Über diesen Weg haben viele den christlichen Glauben sich erschließen und bejahen können. Es macht Sinn, wenn wir Glaubenskurse besuchen und uns mit anderen Christen über unser Verständnis bestimmter Glaubensinhalte sowie über unsere eigenen spirituellen Erfahrungen austauschen.

Heute aber möchte ich Sie, liebe Leserinnen und Leser, einladen und ermutigen, um die Gabe der intuitiven Wahrheitsschau zu bitten. Denn damit ist auch eine große Freude, Trost und neue Gewissheit verbunden.

Werfen wir einen Blick in das Leben des Ignatius von Loyola. Er schreibt in seinen Erinnerungen in der Er-Form:

"Einmal ging er seiner Andacht entsprechend zu einer Kirche, die etwas mehr als eine Meile von Manresa lag, die, wie ich glaube, San Pablo heißt, und der Weg führte am Fluss entlang. Und während er so in seinen Andachten daherging, setzte er sich ein wenig mit dem Gesicht zum Fluss, der in der Tiefe ging. Und als er so dasaß, begannen sich ihm die Augen des Verstandes zu öffnen. Und nicht, dass er irgendeine Vision gesehen hätte, sondern viele Dinge verstehend und erkennend, sowohl von geistlichen Dingen wie von Dingen des Glaubens und der Wissenschaft. Und dies mit einer so großen Erleuchtung, dass ihm alle Dinge wie neu erschienen.

Und es lassen sich nicht die Einzelheiten erläutern, die er damals verstand, sondern er empfing eine große Klarheit im Verstand, so dass ihm der ganze Ablauf seines Lebens bis über 62 Jahre hinaus scheint, wenn er zusammennehme, wie viele Hilfen er von Gott erhalten hat und wieviele Sachen er erkannt hat, selbst wenn er sie alle in eins zusammenbringe, habe er nicht so viel erlangt wie mit jenem Mal allein. Und das war in so großem Maße, im Verstand erleuchtet zu bleiben, dass ihm schien, als sei er ein anderer Mensch und habe einen anderen Intellekt, als er zuvor hatte."[123]

65. Joh 20,16: Beim Namen gerufen

„Jesus sagte zu ihr: Maria! Da wandte sie sich um und sagte auf Hebräisch zu ihm: Rabbuni!, das heißt: Meister.

Vor kurzem traf eine Schwester auf der Straße die Frau des Küsters, die ihren Hund Gassi führte. Sie plauderten miteinander. Die Schwester streichelte den Hund. Dieser ließ sich das gerne gefallen aber schaute weiter sein Frauchen an. Erst als die Schwester den Namen des Hundes sagte, wandte dieser sein Gesicht zu der Schwester.

Was bei Hunden funktioniert, ist für Menschen noch bedeutungsvoller. Wenn ich früher auf dem Zeltlagerplatz mit 40 Jungen einfach nur „Hey, Du!" gerufen hätte, hätte sich vermutlich keiner umgedreht oder bei seinem Spielen stören lassen. Es war für mich immer eine Herausforderung, möglichst schon am ersten Tag die Namen aller Teilnehmer zu lernen und die entsprechenden Gesichter zuzuordnen.

[123] Ignacio Tellechea, Ignatius von Loyola. Allein und zu Fuß, Benzinger-Vlg., Solthurn und Düsseldorf ²1995, S. 129f.

Ähnlich stressig ist es für Lehrer am Beginn eines neuen Schuljahres. Da helfen manchmal Blätter, auf denen die Namen und die Sitzordnung vermerkt ist.

Das deutsche Wort „Ansehen" kommt von angesehen werden. Und Ansehen tut dem Menschen gut. Wenn er dagegen ignoriert wird, dann nagt das an seinem Selbstwertgefühl.

In den KZs der Nazis bekam jeder Häftling seine Nummer und musste sich, wenn er von einem Aufseher angesprochen wurde, mit seiner Nummer vorstellen. Dahinter steckte System. Die Individualität sollte ausgelöscht werden.

Auch bei den Fernsehbildern von Militärparaden auf dem Roten Platz in Moskau oder in Peking auf dem Platz des himmlischen Friedens wird ganz klar der Eindruck vermittelt und durch die Uniformen und den Gleichschritt verstärkt: Hier kommt es nicht auf die Individualität des Einzelnen an, sondern auf die Masse.

Kurt Tucholsky veröffentlichte 1930 folgenden Text, den er „Blick in ferne Zukunft" nannte:

„... Und wenn alles vorüber ist –; wenn sich das alles totgelaufen hat: der Hordenwahnsinn, die Wonne, in Massen aufzutreten, in Massen zu brüllen und in Gruppen Fahnen zu schwenken, wenn diese Zeitkrankheit vergangen ist, die die niedrigen Eigenschaften des Menschen zu guten umlügt; wenn die Leute zwar nicht klüger, aber müde geworden sind; wenn alle Kämpfe um den Faschismus ausgekämpft und wenn die letzten freiheitlichen Emigranten dahingeschieden sind –: dann wird es eines Tages wieder sehr modern werden, liberal zu sein. Dann wird einer kommen, der wird eine geradezu donnernde Entdeckung machen: er wird den Einzelmenschen entdecken. Er wird sagen: Es gibt einen Organismus, Mensch geheißen, und auf den kommt es an. Und ob der glücklich ist, das ist die Frage. Dass der frei ist, das ist das Ziel. Gruppen sind etwas Sekundäres – der Staat ist etwas Sekundäres. Es kommt nicht darauf an, dass der Staat lebe – es kommt darauf an, dass der Mensch lebe. Dieser Mann, der so spricht, wird eine große Wirkung hervorrufen. Die Leute werden seiner These zujubeln und werden sagen: „Das ist ja ganz neu! Welch ein Mut! Das haben wir noch nie gehört! Eine neue Epoche der Menschheit bricht an! Welch ein Genie haben wir unter uns! Die neue Lehre!“ Und seine Bücher werden gekauft werden oder vielmehr die seiner Nachschreiber, denn der erste ist ja immer der Dumme. Und dann wird sich das auswirken, und hunderttausend schwarzer, brauner und roter Hemden werden in die Ecke fliegen und auf den Misthaufen. Und die Leute werden wieder Mut zu sich selber bekommen, ohne Mehrheitsbeschlüsse und ohne Angst vor dem Staat, vor dem sie gekuscht hatten, wie geprügelte Hunde. Und das wird dann so gehen, bis eines Tages ...“[124]

Dabei war 1930 noch nicht der Höhepunkt der nationalsozialistischen Gleichschaltung erreicht.

Der Schöpfergott hat uns als Originale gewollt. Die einmalige DNA, der Irisscan und der Fingerabdruck sind die biologischen Beweise dafür, dass Gott uns nicht als geklonte Massenware, sondern als Originale geschaffen hat. Und er hat uns nicht nur geschaffen, sondern er liebt uns auch als Originale, so wie wir sind.

Ein Vater von fünf Kindern erzählte mir, dass einer seiner Söhne verhaltensauffällig in der Schule war. Immer wieder ertrotzte er sich die Aufmerksamkeit der Lehrer, indem er in der Klasse herumkasperte; und kreativ war der Junge, so dass er die Lacher auf seiner Seite hatte. Beim Elternabend riet die Klassenlehrerin doch mal den Schulpsychologen zu konsultieren. Der betroffene Vater ging aber nicht zum Schulpsychologen sondern zu einem Mitbruder von mir, zu dem er großes Vertrauen hatte. Dieser Pater wusste, dass sich der Vater große Mühe gab, Beruf und Vatersein gut auszubalancieren und sich immer wieder viel Zeit nahm, um mit seiner Bande etwas zu unternehmen. Intuitiv erfasste mein Mitbruder das

---

[124] Kurt Tucholsky, Blick in ferne Zukunft, Die Weltbühne, 28.10.1930, Nr. 44, S. 665.

Problem und sagte dem Vater: „Die Bedürfnisse nach Nähe und Aufmerksamkeit sind bei den Kindern verschieden ausgeprägt, und vermutlich braucht dieser Ihr Sohn mehr persönliche Zuwendung. Unternehmen Sie mit ihm allein hin und wieder einmal etwas zusätzlich zu den Zeiten, die Sie mit all Ihren Kindern verbringen." Der Vater nahm sich das zu Herzen und fand pro Woche so ein bis zwei Aktionen, die er mit diesem Sohn unternahm. Außerdem änderte er die Gute-Nacht-Audienzen in den verschiedenen Kinderzimmern und ging zu diesem Jungen zuletzt, damit der noch Zeit hatte, darüber zu sprechen, was ihn bewegte.

Nach einem Vierteljahr meinte die Klassenlehrerin, als diese sich zufällig mit dem Vater traf: „Das Verhalten Ihres Sohnes hat sich spürbar verbessert. Aber Sie waren doch gar nicht beim Schulpsychologen. Bei wem waren Sie denn?" Da erzählte ihr der Vater im Telegrammstil, woher er die Tipps bekommen hatte und was er gemacht hatte.

Wir Menschen sind von Gott als Originale geschaffen worden. Und Gott hat uns die Bedienungsanleitung gleichsam mit in die Wiege gelegt, in der dann steht, dass Eltern und ältere Geschwister uns als Originale behandeln sollen. Der passende Ausdruck für diese Originalität ist der Vorname.

Es gibt einen makabren Witz: Da sucht ein Journalist eine Frau auf, die fünf Söhne hat, und alle heißen Paul. Die Frau erklärt dem Journalisten: Das ist für mich einfach: Wenn ich rufe, Paul, Hände waschen!, dann marschieren alle fünf ins Badezimmer. Wenn ich rufe, Paul, zum Abendessen reinkommen, dann kommen alle. Der Journalist unterbricht sie und fragt: „Ja, aber wenn Sie einmal einen Einzelnen ansprechen wollen, wie machen Sie das?" – „Dann verwende ich die Nachnamen!", antwortet die Frau.

Beim heutigen Bibelvers ist das Entscheidende: Jesus ruft Maria Magdalena bei ihrem Namen, und auf einmal erkennt sie in der verklärten Gestalt ihren geliebten Jesus.

1982 entstand ein schöner Kanon. Der Text lautet: „Menschen

suchen nach ihrem Sinn, fragen, wo ist denn das Ziel, wo geht es hin? 'Bei deinem Namen rufe ich Dich!' Das ist Gottes Antwort; damit meint er mich."[125]

Hören wir das ganze Jesaja-Zitat: *„Jetzt aber – so spricht der HERR, der dich erschaffen hat, Jakob, und der dich geformt hat, Israel: Fürchte dich nicht, denn ich habe dich ausgelöst, ich habe dich beim Namen gerufen, du gehörst mir!"* (Jes 43,1).

Auch die nachfolgenden Verse bei Jesaja zeugen von einer Intimität zwischen Gott und seinem Volk, die schon viele Bibelleser tief berührt hat.

Auch wenn wir die Heilungswunder Jesu aus dem Neuen Testament an uns vorüberziehen lassen, dann wirkt Jesus solche Wunder aufgrund des stellvertretenden Glaubens der Bittsteller oder aufgrund einer persönlichen Begegnung. Es wird nur von einem einzigen Heilungswunder berichtet, wo die Frau – zunächst unbemerkt von Jesus – den Saum seines Gewandes berührt und geheilt wird. Jesus muss sich erst umdrehen und fragen. Er verbreitet sozusagen um sich eine heilende Atmosphäre, die den Menschen zugutekommt, die sich in dieser Sehnsucht ihm nähern. – Aber das ist die Ausnahme.

Den Zachäus holt er vom Baum herunter, weil er ihn persönlich anspricht. Den Nathanael hat er schon mit seinem geistigen Auge gesehen, als dieser noch gar nicht von Philippus angesprochen worden war.

Diese Fokussierung auf den Einzelnen, diese herzliche, wertschätzende aber auch fordernde Zuwendung – das muss etwas Besonderes gewesen sein in der Begegnung mit Jesus. Der Evangelist Johannes kann sich sogar noch an die Stunde erinnern, als diese erste intensive Begegnung mit Jesus stattfand: Es war um die zehnte Stunde, also ca. 16 Uhr (vgl. Joh 1,35-39).

Auch wenn Jesus von seinem himmlischen Vater Zeugnis gibt,

---

[125] T: H. Brehm nach Jes 43,1, M: H. Kathan.

finden wir beide Dimensionen: Gott kann gar nicht anders als gut sein. Es gehört zu seiner Freiheit und Souveränität, dass er sich nicht ins Reagieren drängen lässt:

Wir lesen: *„damit ihr Kinder eures Vaters im Himmel werdet; denn er lässt seine Sonne aufgehen über Bösen und Guten und er lässt regnen über Gerechte und Ungerechte"* (Mt 5,45).

Die andere Dimension ist die ganz persönliche Zuwendung Gottes zum Einzelnen.

Wir kennen die provozierende Äußerung Jesu: *„Bei euch aber sind sogar die Haare auf dem Kopf alle gezählt. Fürchtet euch nicht! Ihr seid mehr wert als viele Spatzen"* (Lk 12,7).

Um diesen zweiten Aspekt geht es uns heute. Maria erkennt Jesus an seiner Stimme.

Neulich war ich zur Physiotherapie. Als ich aus der Kälte ins Wartezimmer kam, beschlug meine Brille. Eine andere Patientin saß ebenfalls dort und hatte die Maske an. Erst als sie sprach, erkannte ich in ihr eine Mitarbeiterin des Klosters.

Jeder von uns hat seine ganz spezielle Modulation. Alexander Solschenyzin erzählt in einem seiner Bücher, wie ein inhaftierter Physiker gezwungen wird, ein Programm zu entwickeln, damit man aus den abgehörten Telefonaten die Stimme einer bestimmten Person zuordnen kann. Maria gelingt es also, anhand der Sprachmelodie ihren Jesus, der durch seinen verklärten Leib so ganz anders aussieht, als Jesus zu erkennen.

Noch etwas fällt einem bei dieser österlichen Momentaufnahme auf: Maria Magdalena reagiert mit dem erstaunten Ausruf „Rabbuni!" Eigentlich heißt der spirituelle Mentor und Meister „Rabbi". „Rabbuni" ist die Steigerungsform, ein Mehr an Ehrerbietung. Dass sie ihn so nennt, während die meisten Apostel ihn schlicht und einfach „Rabbi" nennen, wie zum Beispiel Petrus auf dem Berg der Verklärung, zeugt von der Wertschätzung und wohl auch von der herzlichen Beziehung zwischen beiden. Wir kennen ja auch den Brauch, dass Verliebte sich Kosenamen geben, die sie nur gebrauchen, wenn sie zu zweit sind.

Wir kennen auch den Brauch der Spitznamen, der ja meist eine historische Ursache hat. Die Dernbacher heißen in der Umgebung „Derwischer Breiwatz“. Das lautmalerische „Breiwatz“, das man in keinem Duden findet, soll darauf hinweisen, dass in den Notzeiten der letzten 170 Jahre die Hungernden des Dorfes zum Kloster kommen konnten und dann einen Haferbrei oder eine dicke Suppe bekamen.

Die Einwohner meiner Heimatstadt Heiligenstadt im Eichsfeld haben den Spitznamen die „Heilgenstädter Möhrenkönige“. Historischer Hintergrund ist der Sage nach eine Begebenheit aus dem Mittelalter, als bei einem Angriff Eichsfelder Ritter der Torwächter den Pflock für den Riegel des Stadttores nicht fand und statt des Holzpflockes eine dicke Möhre in das Loch steckte. Dem ersten Ansturm hielt so das Stadttor stand. Aber dann kam die Ziege des Torwächters und fraß die Möhre, so dass bei einem weiteren Ansturm die Ritter in die Stadt gelangen konnten.

In der Zeit der sozialen Medien und der Möglichkeit, im Internet Zeitungsartikel zu kommentieren, haben sich viele so genannte Nicknames zugelegt. Sie veröffentlichen also ihre Meinung nicht unter ihrem wahren Namen, sondern unter einem Pseudonym. Dieses Versteckspiel verleitet einige dazu, dann in ihren Kommentaren eine Gehässigkeit in ihren Formulierungen an den Tag zu legen, die sie nie verwendet hätten, würden sie von Angesicht zu Angesicht dem Diskussionspartner gegenüberstehen.

Ich habe es allerdings auch als Chance gesehen, dass es die Möglichkeit des Nicknames gibt. Eine junge Frau, deren Freundin in der Schönstatt-Mädchenjugend war, bat um eine anonyme Beratung übers Internet. Das lief ein paar Monate. Nachdem sie Vertrauen zu mir gewonnen hatte, offenbarte sie mir ihren richtigen Namen. Und noch ein halbes Jahr später trafen wir uns live bei einem Jugendfest in Schönstatt. So ein Nickname ermöglicht also die niedrigschwellige Inanspruchnahme von Beratung übers Internet.

Der Gebrauch des Namens ist also durchaus ambivalent. Als Jesus Maria beim Namen nennt und Maria antwortet, hat das den Charakter von herzlicher Nähe. Und wenn Jesus mit Maria so umgeht, dann dürfen auch wir damit rechnen, dass Jesus mit uns so umgeht.

Pater Kentenich, der Gründer der Schönstatt-Bewegung, hat aus dem Studium der Biographien von späteren Heiligen herausgefiltert, dass eigentlich erst dann das spirituelle Wachstum eine deutlichere Dynamik entwickelte, nachdem diese Glaubenswahrheit ganz tief in ihr Herz gefallen war. Paulus kann es klassisch ausdrücken:

„Nicht mehr ich lebe, sondern Christus lebt in mir. Was ich nun im Fleische lebe, lebe ich im Glauben an den Sohn Gottes, der mich geliebt und sich für mich hingegeben hat“ (Gal 2,20).

Diese liebevolle Zuwendung Gottes zu jedem Einzelnen hat einen ganz anderen Charakter, als das noch vor ca. 60 Jahren gedeutet wurde. Da wurde die Allgegenwart und Allwissenheit Gottes gleichsam in den Dienst der Autorität der Eltern gestellt, als wäre Gott der allgegenwärtige Aufpasser.

Eine solche Deutung begegnet uns noch in dem Gedicht von Eugen Roth mit dem Titel „Unter Aufsicht“.

„Ein Mensch, der recht sich überlegt, dass Gott ihn anschaut unentwegt, fühlt mit der Zeit in Herz und Magen ein ausgesprochnes Unbehagen. Und bittet schließlich Ihn voll Grauen, nur fünf Minuten wegzuschauen. Er wolle unbewacht, allein inzwischen brav und artig sein. Doch Gott, davon nicht überzeugt, ihn ewig unbeirrt beäugt.“

Ähnlich klingt ein religiöses Kinderlied, das früher sehr häufig gesungen wurde. Darin heißt es:

„Pass auf, kleines Auge, was du siehst! Pass auf, kleines Auge, was du siehst! Denn der Vater im Himmel schaut herab auf dich, drum pass auf, kleines Auge, was du siehst!

Pass auf, kleines Ohr, was du hörst! Pass auf, kleines Ohr, was du hörst! Denn der Vater im Himmel schaut herab auf dich, drum pass auf, kleines Ohr, was du hörst!“

In einer neueren Textversion dieses Liedes heißt es nun:

„Pass auf, kleines Auge, was du siehst! Denn der Vater in den Himmeln will das Beste für dich, drum pass auf kleines Auge was du siehst.

Pass auf, kleines Ohr, was du hörst! Denn der Vater in den Himmeln will das Beste für dich, drum pass auf kleines Ohr was du hörst.“

Da wird Gott also eine ganz andere Motivation unterstellt als in der älteren Fassung.

66. Joh 20,17: Gesandt

„Jesus sagte zu ihr (Maria von Magdala): Halte mich nicht fest; denn ich bin noch nicht zum Vater hinaufgegangen. Geh aber zu meinen Brüdern und sag ihnen: Ich gehe hinauf zu meinem Vater und eurem Vater, zu meinem Gott und eurem Gott.“

Das Phänomen „Gesandtschaften“ ist uralt. Zum Beispiel wurde im 9. Jh. Konstantin, der später den Ordensnamen Kyrill annahm und mit seinem leiblichen Bruder Method einer der berühmtesten Slawenapostel wurde, im Auftrag des oströmischen Kaisers von Byzanz – bereits im Alter von 24 Jahren! – nach Samarra im Bagdader Kalifat gesandt. Er sollte mit den islamischen Gelehrten über strittige theologische Fragen diskutieren und dazu beitragen, die Beziehungen zwischen dem Kalifat und dem Oströmischen Reich zu verbessern.

Gesandte handeln nicht als Privatpersonen sondern „im Auftrag von ...“. Zum politischen Alltag gehört es, dass Regierungen untereinander diplomatische Beziehungen pflegen. Der ranghöchste Vertreter ist der Botschafter. Die Botschaften sind in der Hauptstadt eines Landes. Länder, die intensivere Beziehungen miteinander pflegen, haben in den Großstädten des Gastlandes Konsulate, dessen Leiter ein Konsul ist. Gesandte fahren nicht einfach an ihre zukünftige Dienststelle und fangen ihre Arbeit an, sondern sie bekommen einen Termin beim Außenminister ihres Einsatzlandes und überreichen ihm ihre Ernennungsurkunde. Damit sind sie akkreditiert. Kommt es zu Spannungen zwischen Ländern, dann werden Botschafter zu unliebsamen Personen erklärt und müssen das Land innerhalb einer bestimmten Zeit verlassen. Der Umgang mit Gesandten bzw. Botschaftern ist also international protokollarisch geregelt. Es gibt eine kleine sprachliche Nuance. Botschafter zu sein, ist ein unbefristeter Auftrag. Der Begriff „Gesandte" wird auch dann verwendet, wenn für ein bestimmtes Projekt offizielle Beauftragte in ein anderes Land gesendet werden. Im Alltagssprachgebrauch werden „Botschafter" und „Gesandter" gleichbedeutend verwendet.

Maria von Magdala gehört zu den ersten Auferstehungszeuginnen und sie bekommt unmittelbar vom auferstandenen Jesus selber den Auftrag, die traumatisierten Jünger über seine Auferstehung zu informieren. Nicht nur der ungläubige Thomas, sondern auch die anderen Jünger tun sich unwahrscheinlich schwer, diese neue Wirklichkeit, die alle bisherigen Erfahrungen sprengt, anzunehmen. Das wird uns auch ausführlich bei den beiden Emmausjüngern geschildert.

Das sind die historischen Fakten. Aber darüber hinaus wird in diesem Umgangsstil Jesu mit seinen Lebensgefährten und -gefährtinnen etwas deutlich, was bleibenden Charakter hat: Jeder Christ darf sich als Botschafter des auferstandenen Christus verstehen. Er ist Gesandter Christi.

Für Paulus gehört das ganz wesentlich zu seinem Selbstverständnis. Am Ende des Epheserbriefes schreibt er: *„Bittet für alle Heiligen, auch für mich, dass mir das rechte Wort gegeben werde, sooft ich meinen Mund auftue, mit Freimut das Geheimnis des Evangeliums zu verkünden; als dessen Gesandter bin ich in Ketten, damit* *ich in ihm freimütig zu reden vermag"* (Eph 6,18-20).

Das griechische Wort „Apostel" ist in den deutschen Wortschatz integriert worden. Wir verwenden es wie selbstverständlich. Aber nicht jedem ist bewusst, dass es – wörtlich übersetzt – ja Gesandter bedeutet.

Paulus schreibt seine Briefe an die Gemeinden nicht als Privatperson, sondern in den Einleitungen betont er, dass er Gesandter Jesu Christi ist.

Der Römerbrief beginnt mit: *„Paulus, Knecht Christi Jesu, berufen zum Apostel, ausgesondert, das Evangelium Gottes zu verkünden"* (Röm 1,1).

Den 1. Und 2. Korintherbrief leitet er ein mit: *„Paulus, durch Gottes Willen berufener Apostel Christi Jesu ..."*

Später lesen wir in 2 Kor 5,20: *„Wir sind also Gesandte an Christi statt und Gott ist es, der durch uns mahnt. Wir bitten an Christi statt: Lasst euch mit Gott versöhnen!"*

In jeder Eucharistiefeier betet die Gemeinde nach der Wandlung: „Deinen Tod, o Herr, verkünden wir und deine Auferstehung preisen wir."

Und schon bei der Taufe, bei der Salbung mit Chrisam, deutet der Priester bzw. der Diakon das Ritual:

„Der allmächtige Gott, der Vater unseres Herrn Jesus Christus, hat euch von der Schuld Adams befreit und euch aus dem Wasser und dem Heiligen Geist neues Leben geschenkt. Aufgenommen in das Volk Gottes werdet ihr nun mit dem heiligen Chrisam gesalbt, damit ihr für immer Glieder Christi bleibt, der Priester, König und Prophet ist in Ewigkeit."

Wenn wir das ernst nehmen, dann ist klar: Als Christen sind wir nie nur Privatpersonen. Wir sind immer Gesandte Christi.

Und wie das auf andere wirken kann, das können wir in der Autobiographie von Tim Guénard nachlesen, die unter dem Titel „Boxerkind" veröffentlicht worden ist.

Tim wird 1959 geboren und wächst unter katastrophalen Lebensbedingungen auf. Sein Vater ist ein alkoholabhängiger gewalttätiger Security-Mann, seine Mutter Tänzerin. Mit fünf Jahren schlägt ihn sein Vater so zusammen, dass er ein halbes Jahr im Krankenhaus sich etlichen Operationen unterziehen muss; danach kommt er in verschiedene Kinderheime, von dort in Jugendgefängnisse. Eine Jugendrichterin, die an das Gute in ihm glaubt, vermittelt ihm eine Steinmetzlehre. Parallel fängt er ein Boxtraining an und macht im Boxpsort Karriere. Einer seiner Kollegen, Jean-Marie, der selber in der Wohngemeinschaft mit Behinderten wohnt, nimmt ihn mit in die „Arche". Der liebevolle und achtsame Umgangsstil der Bewohner miteinander ist ihm völlig fremd.

Er schreibt: „Seit meiner Geburt bin ich nur ein Bastard oder ein Rotzjunge; jetzt bin ich Landesmeister und plötzlich 'extra' und 'super' geworden. Und ein Behinderter mit seiner zarten Stimme und seiner undeutlichen Aussprache schenkt mir dieses Wort, dieses Wort, das mich in die Knie zwingt. Ja, es ist der erste K.o. meiner Laufbahn, ein Knockout durch einen Behinderten. ... Dieser Behinderte hat mich zum Essen eingeladen, weil er mich nett fand und nicht, weil ich Boxchampion bin. Er weiß nichts von meinen Siegen, meinem Lebenslauf, meinem Elend und meinen Rückschlägen. Die Leute in der Arche sind wie Außerirdische. Sie ähneln den anderen Menschen nicht. Bei ihnen gelten einfache und direkte Regeln: Gefällst du ihnen, dann sagen sie es dir, gefällst du ihnen nicht, ignorieren sie dich. Sie sind von einer wunderbaren Spontaneität in einer Welt der Berechnung. Keine Angeberei, kein Theater, erfrischend!" [126]

Die Bewohner der Arche werden von einem Pater betreut, der aber getrennt wohnt. Diesen besucht Tim öfters. Wir lesen:

„Gerne sehe ich dem Vater zu, wenn er mit geschlossenen Augen betet. Ich nenne ihn Vater, weil er es ist. Aus dem Kumpel ist

---

[126] Tim Guénard, Boxerkind. Überleben in einer Welt ohne Liebe, fe-Verlag, Kisslegg [2]2014, S. 155

ein Freund geworden. Und diesen Freund habe ich mir zum Vater auserkoren. Ich hatte einen gewalttätigen Vater, und Gott gibt mir in diesem Pfarrer einen Vater der Barmherzigkeit, der mich ganz zu sich nimmt. Er krempelt mein Bild von einem Vater völlig um. Ich beginne, mir die Idee eines Gottvaters vorstellen zu können, ohne die Lust zu verspüren, gleich loszuboxen. ... Ich werde zum unersättlichen Konsumenten der Barmherzigkeit. Zum Hungernden nach Vergebung. Das Häuschen von Pater Thomas ist meine Tankstelle der Liebe, Ich tanke voll, so oft wie möglich. ...

Je häufiger ich die Vergebung Jesu erlange, desto mehr wird mir in meinem tiefsten Innern klar: Ich muss meine Lebensweise ändern. Ich kann meine Zukunft unmöglich auf den 'Werten' aufbauen, die mich überleben ließen, auf Rache, Misstrauen, Gewalt. Vor mir liegt ein unbekannter Weg. Der wahre Kampf erwartet mich dort. ...

Plötzlich steigen diese unsäglichen Worte, die mir meine Kindheit vergiftet haben, in meiner Erinnerung wie stinkende Blasen nach oben: 'Kinder, die geschlagen wurden, schlagen später auch ihre Kinder, das ist genetisch vorbestimmt.' – 'Kinder von Alkoholikern werden selbst zu Trinkern, das ist genetisch vorbestimmt.' – 'Kinder, die im Stich gelassen wurden, werden auch ihre Familien im Stich lassen, das ist genetisch vorbestimmt.' – 'Scheidungskinder werden sich ebenfalls scheiden lassen, das ist genetisch vorbestimmt.' – 'So viel ist sicher, mein Lieber, Hunde kriegen keine Katzen!'... An jenem Abend, allein mit Gott in meinem Zimmer, beschließe ich, die Genetik Lügen zu strafe, die Vergangenheit in den Schrank zu sperren und mein Gedächtnis aufzupolieren. ... Man kann den Zähler wieder auf Null stellen, man muss es nur wollen.“ [127]

Diese seelischen Wandlungs- Heilungs- und Befreiungsprozesse können stattfinden, weil Pater Thomas und die Bewohner der Arche aus ihrem Glauben kein Geheimnis machen. Der Glaube ist für

[127] A.a.O, S. 168-170f, 188f

sie keine Perle – verborgen in den harten Schalen einer Muschel. Sie fühlen sich als Gesandte und haben keine Berührungsängste mit diesem schwierigen Steinmetz.

Inzwischen ist Tim verheiratet, hat vier Kinder und mehrere Enkel. Mit seiner Frau betreibt er einen Bauernhof unweit von Lourdes. Beide nehmen dort haftentlassene Jugendliche auf und helfen ihnen zurück ins Leben. Aus dem Empfänger der Barmherzigkeit ist ein Spender der Barmherzigkeit, der unendlichen Barmherzigkeit Gottes geworden. Er hält Vorträge in Gefängnissen und macht den jungen Gefangenen Mut, dass nach der Entlassung ein Neuanfang möglich ist.[128]

Wenn wir als Christen also durch die Taufe und Firmung Gesandte Christi sind oder sein sollen, dann lohnt sich auch ein Blick auf mögliche Blockaden, die uns daran hindern, unsere Berufung voll zur Entfaltung zu bringen.

Da gibt es zum Beispiel die Blockade aus einem falschen Verständnis von Toleranz. Formulierungen, die mir begegnet sind: „Ich kann dem anderen doch nicht meine Meinung aufoktroyieren." – „Ich muss doch Respekt haben vor den Überzeugungen meines Gegenübers." – „Wir glauben doch sowieso alle an denselben Gott."

Solche Mentalitäten klammern bewusst oder unbewusst die Frage nach der Wahrheit aus. Die Angst, die unterschiedliche Sicht der Wahrheit könnte nur wieder Spannungen eskalieren lassen, spielt oft eine Rolle mit. Wie bei manchen verliebten Paaren, werden alle heiklen Themen ausgeblendet und zu Tabu-Themen erklärt, nur um nicht die Harmonie zu stören.

Zu Recht wird solch eine Einstellung als Kuschel-Toleranz bezeichnet. Toleranz darf die Frage nach der Wahrheit nicht ausklammern. Die Wahrheit ist dem Menschen zumutbar – auch die Wahrheit über sich selbst. So formulierte es die österreichische Schriftstellerin Ingeborg Bachmann auf einer Rede in Bonn im

[128] Interview in Melchior Nr.10/2019, S. 12-16.

März 1959. Dass es unbequeme Wahrheiten gibt, denen man sich nicht stellen möchte, davon weiß jeder Arzt ein Lied zu singen, wenn er Patienten erklären muss, dass nun Schluss ist mit Nikotin oder Alkohol oder bestimmten Lieblingsnahrungsmitteln, die aber Stoffe enthalten, die dem Patienten nicht bekommen. Ein Arzt, der aus falsch verstandenem Mitleid diese Wahrheit verschweigt, macht sich strafbar.

Leider gibt es über die Notwendigkeit der Suche nach der Wahrheit im Bereich des Glaubens und der Überzeugungen nicht eine ähnlich gelagerte Selbstverständlichkeit. Wahrheit ist in sich intolerant. 2+2=4: Darüber lässt sich nicht diskutieren und auch nicht mehrheitlich abstimmen. Nun ist natürlich die Glaubenswahrheit in vielen Glaubenssätzen nicht naturwissenschaftlich beweisbar. Und trotzdem gibt es Gewissheiten, die vor dem Urteil unserer Vernunft Bestand haben. Ein glücklich verheiratetes Ehepaar zum Beispiel, bei dem die Partner sich gewiss sind, dass sie vom anderen geliebt werden, erscheint uns vernüftiger, als ein grundlos eifersüchtiger Partner, der immer wieder neu Beweise für die Liebe des anderen fordert.

Eine weitere Blockade ergibt sich aus der Auffassung, Glaube sei Privatsache; und deshalb habe Gott und Religiöses nichts zu suchen in gesellschaftlichen oder politischen Diskussionen. Einige Male habe ich die Echos von Jugendlichen aufnehmen können, die erlebt hatten, wie Sportler, Musiker oder Schauspieler über ihren Glauben erzählt haben. „Was? Der ist auch katholisch?“ Wenn die, auf die sowieso geschaut wird, nicht nur über ihre Vorlieben beim Essen oder ihre Lieblingsurlaubsorte reden dürfen, sondern auch einmal von ihrem Glauben Zeugnis geben dürfen, dann wären wir bei der Enttabuisierung Gottes und des Glaubens in der deutschen Öffentlichkeit schon ein ganzes Stück weiter.

Glaube ist etwas Urpersönliches, etwas, das sich im Innern des menschlichen Herzens abspielt. Und trotzdem ist er nicht Privatsache in dem Sinne, dass er keinen Raum in der öffentlichen Diskussion einnehmen darf. Denn schließlich beinhaltet unser Glaube auch eine Sicht des Menschen, also ein Menschenbild, das wiederum die Grundlage für unser Zusammenleben darstellt. Über diese Glaubensinhalte können und müssen wir mit denen diskutieren, die anderer Meinung sind. Das hat mit Mission im strengen Sinn noch nichts zu tun, ist aber wichtige Vorfeldarbeit.

Ich freue mich, wenn ein Sprecher der Bischofskonferenz oder des Zentralkommitees der deutschen Katholiken zu Fragen der Tagespolitik Stellung nimmt. Die katholische Soziallehre gehört eben auch zu unserem Glaubensinhalt.

Eine weitere Blockade, die sich als Toleranz ausgibt, aber nichts anderes ist als Gleichgültigkeit, kann missionarische Aktivitäten im Keim ersticken. – Auch dafür wieder einige Formulierungen, die mir begegnet sind: „Soll doch jeder nach seiner Fasson selig werden!" – „Wenn Gott will, dass alle gerettet werden, dann wird er selbst schon dafür sorgen, dass alle in den Himmel kommen."

Ich möchte diesen Meinungsäußerungen einfach einmal die Äußerungen einiger Heiliger entgegensetzen. Sie haben tief in ihrem Herzen und in ihrem Verstand erfasst, was Gott will. Wenn wir diese Äußerungen auf uns wirken lassen, dann ergibt sich die Haltlosigkeit dieser Position von selbst.

Der hl. Ignatius pflegte zu versichern: „Wenn ich an einem Tage tausendmal sterben könnte, so wollte ich gern tausendmal den Tod ausstehen, um einer einzigen Seele zu helfen."

Sein großer Schüler Franziskus Xaverius hatte einmal ein kleines Kind vor dem Tode getauft. Voller Freude erklärte er: „Das ist mir allein genug für die lange und beschwerliche Reise, die ich nach Indien unternommen habe."

Magdalena von Pazzi betet: „Ich habe eine solche Begierde, dir, o Gott Seelen zuzuführen, dass mir diese Begierde zur Pein wird, und diese Pein ist mir so schwer, dass sie mir gleichsam eine Hölle ist, weil ich mein Verlangen nicht ausführen kann."

Der große Indienmissionar Franz Xaver war nicht zufrieden, auf seinem unmittelbaren Arbeitsgebiet sich für Gott und die Seelen zu verzehren, er fand auch noch Zeit und Kraft, ständig apostolischen Briefverkehr mit der Heimat zu unterhalten. Einmal schreibt er: „Wie oft kommt mir der Gedanke, heimzukehren nach Europa, um es auf unseren Universitäten überall zu verkünden und es jenen Männern, die mehr Wissenschaft als Liebe besitzen, in die Ohren zu schreien: 'Wie viele Seelen könntet ihr doch retten, wenn ihr wolltet! Sie werden euch beim Gerichte anklagen, dass ihr sie ruhig in den Rachen der Hölle habt stürzen lassen.'“

Rodriguez schreibt an den hl. Petrus Claver: „Wie viele sind doch in Europa müßig, die in Amerika Apostel sein könnten! Herrliches Werk! Heiliges Unternehmen! Sollte die Gottesliebe nicht Wege bahnen durch Weltenmeere, die doch die menschliche Habsucht durchfurcht! Sind die Seelen der Heiden nicht das Leben eines Gottessohnes wert? Christus ist doch nicht zum Spiel für sie gestorben. Ach, Peter, mein liebstes Kind, warum eilst du nicht, das Blut Jesu Christi zu retten und wirksam zu machen?“

Eine Blockade, die nicht so einfach argumentativ aus der Welt zu räumen ist, ist das Leiden am eigenen Ungenügen. „Wie soll ich, der ich selber ein schlechter Christ bin, glaubwürdig Zeugnis geben können?“ – so oder ähnlich lautet dann die bange Frage.

Der Katechismus der katholischen Kirche geht in einem Extra-Abschnitt auf diese Problematik ein:

„853. Auf ihrem Pilgerweg erfährt die Kirche aber auch, wie groß der Abstand ist zwischen der von ihr verkündeten Botschaft und der menschlichen Schwäche derer, denen das Evangelium anvertraut ist (GS 43,6). Nur auf dem Weg der Buße und Erneuerung (LG 8), auf dem schmalen Weg des Kreuzes voranschreitend (AG 1) kann das Gottesvolk das Reich Christi ausbreiten. Wie aber Christus das Werk der Erlösung in Armut und Verfolgung vollbrachte, so ist (auch) die Kirche berufen, denselben Weg einzuschlagen, um den Menschen die Früchte des Heils mitzuteilen (LG 8).“

Was diese Christen nicht berücksichtigen, ist, dass sie sich auf diese Weise doch wieder selbst zum Maßstab machen. Und das ist – so paradox es klingt – doch wieder anmaßend. Denn der Maßstab sind diesmal die eigenen Grenzen. – Jeder Prediger kennt diese Spannung: Christus überfordert uns immer wieder; und deshalb muss ich mir als Prediger die Predigt auch selber halten. Wenn ich nur das weitergeben würde, was mein selbstverständliches Können ist, dann würde ich Gott und seine Erwartungen an uns auf ein Minimum reduzieren. Ich muss als Prediger Gott groß sein lassen. Und das kann ich glaubwürdig, wenn ich mich unter dieselben Anweisungen, wie zum Beispiel bei den Seligpreisungen, stelle. Und ich kann auch von Momenten berichten, in denen es mir gelang, so zu handeln, wie Jesus es von mir erwartet hat. Und das tat sowohl mir wie dem anderen gut.

Ein Beispiel: Jeder hat erlebt, wie echtes Verzeihen eine zerbrochene oder belastete Beziehung wieder beleben kann und wie gut der Frieden tut, der sich dann im eigenen Herzen ausbreitet. Damit sage ich nicht, dass es immer leicht sei zu verzeihen. Aber es gibt einfach keine sinnvolle und zukunftsträchtige Alternative zum Verzeihen.

Es ist ein demütiges Selbstbewusstsein, das wir Christen an den Tag legen können. Demütig, weil wir um unsere eigenen Grenzen wissen, aber gleichzeitig auch selbstbewusst, weil wir die Gesandten des Dreifaltigen Gottes sind.

Werfen wir noch einmal einen Blick in unseren Katechismus: „856. Die Missionsaufgabe erfordert einen respektvollen Dialog mit denen, die das Evangelium noch nicht annehmen. Die Gläubigen können aus diesem Dialog für sich selbst Gewinn ziehen, indem sie all das besser kennen lernen, 'was immer an Wahrheit und Gnade schon bei den Heiden sich durch eine Art von verborgener Gegenwart Gottes findet' (AG 9). Wenn die Gläubigen jenen die frohe Botschaft verkünden, die sie noch nicht kennen, tun sie es, um das Wahre und Gute, das Gott unter den Menschen und Völkern verbreitet, zu kräftigen, zu ergänzen zu erhöhen und um diese Menschen von Irrtum und Bosheit zu reinigen 'zur Herrlichkeit Gottes, zur Beschämung des Satans und zur Seligkeit des Menschen' (AG 9)."

Respektvoller Dialog bedeutet nicht, dass wir in eine der beschriebenen Blockade-Haltungen reinrutschen. Ich möchte sie hier noch einmal aufzählen: Blockade aus einem falschen Verständnis von Toleran;

Blockade aus der Auffassung, Glaube sei Privatsache; und deshalb habe Gott und Religiöses nichts zu suchen in gesellschaftlichen oder politischen Diskussionen;

Blockade, die sich als Toleranz ausgibt, aber nichts anderes ist als Gleichgültigkeit; und

Blockade, die nicht so einfach argumentativ aus der Welt zu räumen ist, ist das Leiden am eigenen Ungenügen.

Maria aus Magdala bekommt in ihrer Begegnung mit dem Auferstandenen den Auftrag, seine Gesandte zu werden. Sie soll den Jüngern das erstaunliche und überraschende Faktum der Auferstehung übermitteln. Sie ahnt, wie schwer das sein wird, etwas zu übermitteln, was jenseits des Erfahrungshorizontes der Jünger ist. Und doch wird sie beflügelt durch die frohmachende Gewissheit: Er ist auferstanden! Er lebt!

Wir sind durch Taufe und Firmung zu Gesandten Christi geworden. In jeder Messe bringen wir dieses Selbstverständnis, das zugleich ein Versprechen ist, zum Ausdruck: Deinen Tod, o Herr, verkünden wir und deine Auferstehung preisen wir.

Dass wir immer wieder neu vor der Frage der Glaubwürdigkeit unseres Zeugnisses stehen, versteht sich von selbst. Je mehr aber durch unser Verhalten und unser Reden unsere Mitmenschen eine Ahnung davon bekommen, wie dieser Jesus damals mit seinen Mitmenschen umgegangen ist und wie der auferstandene Christus heute unsere Nähe sucht und uns seine Liebe und unendliche Barmherzigkeit anbietet, desto fruchtbarere Gesandte Christi können wir werden.

67. Joh 20,20: Freudige Begegnung

Am 7. November 1963 gelingt es den Rettungskräften, 11 Bergleute aus einer Höhle, in der Bergwerkssprache „toter Mann" genannt, im überfluteten Bergwerk, der Grube „Mathilde", von Lengende ans Tageslicht zu bringen. Einzeln werden sie in einem torpedoförmigen Aufzug, der so genannten Dahlbuschbombe, nach oben gezogen. Die geretteten aber vorher schon tot geglaubten Bergleute liegen ihren Verwandten in den Armen. Es sind bewegende Momente. Erstmals ist auch das Fernsehen dabei, so dass die Bilder einer breiten Öffentlichkeit zugänglich gemacht werden konnten. Das Unglück ereignete sich ja schon am 24. Oktober: Im Bergwerk werden 129 Kumpel verschüttet, nur 89 können gerettet werden. – Gegen alle Wahrscheinlichkeit wird zehn Tage später noch mal eine Suchbohrung durchgeführt, die tatsächlich den Hohlraum der eingeschlossenen Kumpel trifft. Diese können sich mit Klopfzeichen am Bohrgestänge bemerkbar machen. Der Kumpel Adolf Herbst holt nach sechs Wochen Krankenhaus seine Verlobung nach. Unter Tage kehrt er nie wieder zurück. Am 10. Juli 1964 heiratet er. Später entsteht das geflügelte Wort vom „Wunder zu Lengende".

So ähnlich müssen wir uns die Begegnung von den Aposteln mit dem auferstandenen Herrn vorstellen: *„Nach diesen Worten zeigte er ihnen seine Hände und seine Seite. Da freuten sich die Jünger, als sie den Herrn sahen"* (Joh 20,20). Sie sind überwältigt. Damit konnten sie nicht rechnen, weil das Faktum Auferstehung den bisherigen Erfahrungshorizont der Apostel sprengte. Auch die vorangegangenen Erzählungen von Petrus und Johannes sowie von Maria aus Magdala schafften es noch nicht, die enge Dunkelheit zu sprengen, in der ihre Seelen und ihr Geist gefangen waren.

Auch wenn den meisten von uns die biblischen Texte aus Kindheitstagen vertraut sind, tut es gut, sich diesen Überraschungsmoment konkret vorzustellen. Manchen Christen wurde die Gnade geschenkt, in ähnlicher Weise dem Auferstandenen zu begegnen, es also zu erleben. Diese Christen nennen wir Mystiker. Den meisten von uns Christen gilt dagegen der spätere Hinweis Jesu in der Begegnung mit Thomas: *„Selig sind, die nicht sehen und doch glauben"* (Joh 20,29). Und so gibt es eine Gewissheit, die aus dem Vertrauen in die Zeugenschaft der anderen Mitchristen erwächst.

Ein Beispiel ist das Bekehrungserlebnis des französischen Dichters Paul Claudel. Claudel schildert dieses unvorhersehbare Ereignis so:

Es war der 25. Dezember 1886, morgens, als der junge ungläubige Dichter Paul Claudel (1868-1955) in Paris aufbrach, um dem Weihnachtshochamt in der Kathedrale Notre Dame beizuwohnen. Er dachte sich, die Weihnachtsliturgie sei für seine schriftstellerische Tätigkeit ein geeignetes Reizmittel und liefere ihm den Stoff für ein paar dekadente Übungen. „In dieser Verfassung wohnte ich, von der Menge gestoßen und gedrückt, dem Hochamt bei, ohne sonderlich Gefallen daran zu finden." Da er nichts Besseres zu tun hatte, kam er am Nachmittag zur Vesper wieder dorthin. Er stand mitten in der Menge, nahe beim zweiten Pfeiler am Choranfang, rechts auf der Seite der Sakristei. Der Knabenchor sang gerade das Magnificat. Da auf einmal geschah etwas Unerwartetes, das für das ganze Leben des Dichters bestimmend sein sollte. „In einem Nu wurde mein Herz ergriffen, ich glaubte. Ich glaubte mit einer so mächtigen inneren Zustimmung, mein ganzes Sein wurde geradezu gewaltsam emporgerissen, ich glaubte mit einer so starken Überzeugung, mit solch unerschütterlicher Gewissheit, dass keinerlei Platz auch nur für den leisesten Zweifel offen blieb, dass von diesem Tage an alle Bücher, alles Klügeln, alle Zufälle eines bewegten Lebens meinen Glauben nicht zu erschüttern, ja auch nur anzutasten vermochten. Ich hatte plötzlich das durchbohrende Gefühl der Unschuld, der ewigen Kindschaft Gottes, das Gefühl einer unaussprechlichen Offenbarung. Schon öfter habe ich den Versuch angestellt, die Minuten zu rekonstruieren, die diesem außergewöhnlichen Augenblick folgten; dabei stoße ich auf eine Reihe von Elementen, die indessen nur einen einzigen Blitz bildeten, eine einzige Waffe, deren die göttliche Vorsehung sich bediente, um endlich das Herz eines armen verzweifelten Kindes zu treffen und sich den Zugang zu ihm zu verschaffen: Wie glücklich doch die Menschen sind, die einen Glauben haben! Wenn es wirklich wahr wäre? Es ist wahr! Gott existiert, er ist da. Es ist jemand, es ist ein ebenso persönliches Wesen wie ich! Er liebt mich, er ruft mich."

Claudel veranschaulichte diesen Zustand völliger Fassungslosigkeit mit dem Zustand eines Menschen, den man kurzerhand aus seiner bisherigen Haut herausgerissen – und in einen ihm noch fremden Körper hineinversetzt hatte. Wie hätte er sich darin zurechtfinden können? Vier leidvolle Jahre sollte es dauern, bis der von Gott Überfallene seine bisherigen Ansichten, Erkenntnisse und philosophischen Überzeugungen mit diesem neuen Zustand dem Zustand des Glaubens, in Einklang gebracht hatte. Diese geistige Auseinandersetzung glich einem Kampf auf Leben und Tod: „Junge Menschen, die so leichtfertig ihren Glauben wegwerfen, wissen nicht, was es kostet, ihn wiederzuerlangen, mit was für Qualen sie dafür bezahlen müssen.", schrieb er später.

Ein anderes Beispiel ist der verstorbene Vater des emeritierten Salzburger Weihbischofs Andreas Laun, Hellmut Laun. Dessen Vater war ein zum Pantheismus neigender „Freigeist", seine Mutter eine Protestantin, die nie über Religion sprach.

1929 hatte Hellmut einen Motorradunfall und lag eine Zeitlang in Narkose, die so stark war, dass er nach Aussagen seiner Ärzte „schon fast drüben" war. Auch er selbst erlebte, wie er später schilderte, diesen Zustand als den Übergang in eine jenseitige Welt, die er als hingeordnet wahrnimmt auf ein „geistiges Zentrum, wie ein Licht von ungeheurer Intensität" und dessen Anblick „eine tiefe

Sehnsucht (weckt), ihm näher zu kommen, als dem letzten, beglückenden Ziel". Und er sah Menschen, die diesem Glückszustand mit schmerzerfüllendem Verlangen entgegenstreben, aber durch irgendetwas daran gehindert werden, diesem Ziel auch nur um Haaresbreite näherzukommen.

Aus der Narkose erwacht, zog Laun zwei fundamentale Schlüsse: Erstens, das Leben des Menschen endet nicht mit dem Tod, sondern der „Personkern" eines Individuums wird nicht zerstört. Zweitens, jenseits unserer erfahrenen Welt existiert ein Geist als geistiges Zentrum des Universums. Die Frage nach der Wahrheit und dem letzten Sinn der menschlichen Existenz ließ ihn von nun an nicht mehr los und beschäftigte ihn mehr als sein eigener Beruf.

Nach seiner Genesung kehrte er wieder an seinen Arbeitsplatz zurück. Als seine Filiale nach Wien umzog, übersiedelte er dorthin und wurde Filialleiter. Hierdurch kam er in ganz neue Kreise von Schriftstellern und Künstlern, die ihn mit dem katholischen Glauben in Verbindung brachten. 1937, nachdem er bei einem Unfall in der Fabrik die Finger der linken Hand verloren hatte, fasste er spontan den Entschluss, katholisch zu werden. Am 21. Juni 1937 wurde er in der Karmeliterkirche in Wien-Döbling in die katholische Kirche aufgenommen.

Drei Monate nach seinem Übertritt, am Fest des heiligen Franziskus von Asssisi, hatte Laun ein einschneidendes mystisches Erlebnis. Er erwachte aus einem Traum in den Zustand einer stundenlangen Trance, während derer er seine Seele eingesperrt sah in einen von dicken Mauern umgebenen Kerker. Darin gab es nur eine einzige Öffnung, die, wie er später schilderte, „den Ausgang in jene Freiheit ermöglichte, nach der sich jede menschliche Seele sehnen musste. Diese wahre und einzige Öffnung war Christus. ... Aus der Logik der Situation erkannte ich die Befreiung durch Christus – und nur durch Ihn – als einzige Lösung. Ein Zweifel war ausgeschlossen".

In dieser Situation schaute Laun, wie er es ausdrückte, die „Ur-

Realität Gottes": „Vor mein geistiges Auge trat genau jener Mittelpunkt des Universums, den ich in der Narkose geschaut hatte, nur jetzt nicht mehr als das unermessliche geistige Licht, sondern – wenn ich wagen darf, es so zu sagen – die Personalität Gottes". Er erkannte, dass Gott der absolute Herrscher des Universums sei und dass alles, was die Heilige Schrift über Ihn aussagt, vollständig der Wahrheit entspreche.[129]

Nicht ganz so außergewöhnlich verlief die Entdeckung von Jesus für den 1971 in Gelsenkirchen geborenen Thorsten Dietz, der in seiner Jugend Atheist war und später Professor für evangelische Theologie wurde. In einem Interview erzählt er:

„Christen sind naiv und Religion ist Philosophie für Minderbemittelte" – davon ist Thorsten Dietz schon als Teenager überzeugt. „Mit 15 Jahren hatte ich eine Art 'atheistische Erleuchtung'. „Mir schoss plötzlich der Gedanke durch den Kopf: 'Religion ist von gestern und passt mit unserem modernen Weltbild nicht mehr zusammen. Wer erwachsen werden will, muss jeden Kinderglauben abschütteln.' Und von dem Moment an war ich Atheist." Nach dem Abi will er für das Lehramt studieren, und zwar Deutsch und Philosophie. Die Studienberaterin macht ihn aufmerksam, dass bei dieser Kombination die Chancen auf dem Arbeitsmarkt nicht sehr groß seien. Er solle doch noch ein Mangelfach belegen, wie zum Beispiel Mathe oder evangelische Theologie. „Ich fand es zwar schon ein bisschen lustig und frech, als Atheist Theologie zu studieren, aber ich dachte, ich mische den Laden mal ein bisschen auf, das können die gebrauchen." Dass sein Studium etwas an seiner Einstellung zum Glauben ändern könnte, zieht Thorsten nicht in Betracht. Sein Denken ist geprägt von Autoren des französischen Existenzialismus, wie Jean Paul Sarte oder Albert Camus. Sie sind seine „atheistischen Helden". Doch ausgerechnet bei Camus stößt er eines Tages auf einen unerwarteten Hinweis. Er schreibt, der

[129] https://www.kathpedia.com/index.php/Hellmut_Laun

russische Autor Fjodor Dostojewski sei zwar leider Christ, aber dennoch ein genialer Schriftsteller.

Neugierig besorgt sich Thorsten Dostojewskis Bücher und beginnt zu lesen. Da waren Menschen mit Sehnsucht nach Gott, die manchmal Gott finden und manchmal vor ihm fliehen. „Ich fand es faszinierend, dass ich da ein Bild vom Glauben gefunden habe, was nicht verstaubt war. Und da dachte ich: 'Man könnte tatsächlich Christ sein und ein ehrlicher Mensch, der sich nichts vormacht.' Zum ersten Mal hatte ich das Gefühl, dass es Christen gibt, die man ernstnehmen könnte. Das war für mich eine echte Entdeckung." Worum geht es beim Glauben eigentlich? „Es ist dieses Bewusstsein, bedingungslos geliebt zu sein. Egal, wie verdreht man ist. Egal, welche Fehler man gemacht hat. Egal, wie das Leben gelaufen ist. Und dieses Bewusstsein trägt auch durch die größten Abgründe. Ich dachte: Das hat was!" Nach der intensiven Lektüre der Bibel versucht er zaghaft, selber zu beten, aber fühlt sich nicht wohl dabei: „Ich habe gemerkt: Die Leute in der Bibel haben diese Worte zu einem Gegenüber gesprochen, das sie kannten. Aber ich kannte diesen Gott noch nicht so, wie die ihn kannten. Trotzdem habe ich gespürt: Der Sog wird größer. Es fühlt sich immer realer an." Nach einigen Monaten wird die Frage drängender: „Ich wusste, ich muss eine Art Lebenswende hinkriegen. Auf der einen Seite hatte ich Angst vor Gehirnwäsche, dass ich nur noch so eine Sprechpuppe bin, die fromme Phrasen ausspuckt. Aber auf der anderen Seite hatte ich Sehnsucht nach dieser Liebe. Ich war zerrissen und hab mich teilweise selbst nicht verstanden. So hatte ich oft ein Gefühl von tiefer innerer Einsamkeit, in der mich nichts und niemand erreichen konnte. Und ich dachte: Wenn ich wüsste, es gibt jemanden, der mich sieht, wie ich wirklich bin, der mich versteht, wenn ich mich selbst nicht verstehe, und der trotzdem Ja zu mir sagt – das wäre echter Glaube." Eines Abends liest er aus dem Philipperbrief die Verse: *„Nicht, dass ich es schon ergriffen habe oder schon vollkommen sei; ich jage ihm aber nach, ob ich* *es wohl ergreifen könnte, weil ich von Christus Jesu ergriffen bin"* (Phil 3,12).

„Und nach diesen Worten ist etwas passiert. Es war, als würde meine Seele zu einem unendlichen Brunnen, und diese Worte fallen immer tiefer hinein – bis auf einen Grund, den ich nicht kenne. Es war diese Formulierung 'Von Christus ergriffen', der Gedanke, dass er mich in meinen haltlosen Gedanken und Gefühlen ergreift und festhält und berührt. Und in dem Moment hab ich mich getraut zu fragen: 'Bist du etwa da?' Ich habe danach keine Stimme gehört, aber alles in mir und im Zimmer und in der Welt schien zu sagen: 'Ja'. Und das fand im tiefsten Grund meines Herzens Resonanz. Ich wusste: Jesus ist real, er ist da, diese Liebe gibt es wirklich. Ich kann loslassen und mich ergreifen lassen. Ich hatte in diesem Moment das Gefühl: Ich bin durchschaut in aller Abgründigkeit, in aller Sehnsucht – und ich bin geliebt. ... Ich konnte mit Gott reden, ihm erzählen, wie es mir geht. Das Eis war gebrochen. Das war großartig und wunderschön. Es war diese Liebe, nach der ich mich gesehnt hatte. Es war alles real. Mein Glaube war keine Weltanschauung, sondern eine Vertrauensbeziehung zu Jesus Christus."[130]

Einen ähnlichen Vorgang beschreibt der ehemalige Bundespräsident Joachim Gauck in seiner Autobiographie, als er als junger Vikar nach seinem Studium der evangelischen Theologie in die Seelsorge kam:

„Ich trat in Beziehung zu einer Lebenswelt (Nachkriegsflüchtlinge aus Bessarabien), in der nicht ständig kritisch gefragt wurde, ob der Glaube tragbar sei, ob er dem Zweifel standhielte. Vielmehr lebten mir diese Menschen vor: 'Ja, das Leben mit Gott ist ein gangbarer Weg, du kannst dich darauf verlassen.' Die Flüchtlinge aus Bessarabien gaben mir ein Beispiel, dass die Anfechtungen durch den Zweifel und das Unheil in der Welt zu ertragen wa-

[130] Susanne Hohmeyer-Lichtblau (Hrsg.), Gott begegnet! Erlebnisse zwischen Himmel und Erde, Gerth-Medien, Aßlar 2022, S. 100-107.

ren, und so verloren sie ihre teuflische, gegengöttliche Kraft. Die Wahrheit, die ich in der Begegnung mit solchen Menschen kennen lernte, war eine Beziehungswahrheit, die die Faktenwahrheit überbot. Ich lernte, dass kritisches Denken nicht das Wichtigste, nicht die letzte Wahrheit ist in meinem Leben. Das kritische Denken mag damit nicht zufrieden sein, aber es zieht oft gegenüber der Kraft, die aus Glaube und Liebe erwächst, den Kürzeren, denn das kritische Denken rechnet, während der Glaube Vertrauen ins Dasein schafft. ... Ich kam von der Universität als ein Mensch, der sich ständig selbst in Frage stellte und seine Unsicherheit durch ein forsches Auftreten kompensierte. In der Begegnung mit den Gemeindemitgliedern aber habe ich die Angst verloren, vom Zweifel verschlungen zu werden."[131]

Die Journalistin Ilka Piepgras besuchte ihre ehemalige Mitschülerin, die in ein griechisch-orthodoxes Frauenkloster eingetreten war, und schreibt ihm Rückblick auf die vielen Gespräche mit ihr und dem Erlebnis der orthodoxen Gottesdienste:

„Vor meiner Reise zu Diodora glaubte ich, Gott sei nicht zu fassen. Jetzt, nach meinem Intensivkurs bei den Superreligiösen, habe ich das Gefühl, das Göttliche ist zum Greifen nah. In Griechenland habe ich meine Sehnsucht nach Gott deutlicher gespürt als irgendwo sonst, und schon das Eingeständnis dieser Sehnsucht wirkt befreiend. Wenn ich meinen Kindern künftig von Gott erzähle, kann ich ihnen in die Augen schauen. Es wird anders klingen als ein Märchen."[132]

Nicht im Sinne einer Bekehrung, sondern eher im Sinne einer Vertiefung lässt sich folgender Text von Mary Hunter Austin (* 1868, † 1934) aus ihrem Werk „Earth Horizon" (1934) verstehen:

---

[131] Joachim Gauck, Winter im Sommer – Frühling im Herbst. Erinnerungen. Pantheon Vlg., München 2011, S. 116f.

[132] Ilka Piepgras, Meine Freundin, die Nonne, Knaur-TB, München 2011, S. 291.

„Ich muss zwischen fünf und sechs Jahre alt gewesen sein, als mir diese Erfahrung zustieß. Es war ein Sommermorgen, und das Kind, das ich war, war allein durch den Obstgarten hinuntergegangen und kam am Rand des sanft abfallenden Hügels heraus, wo Gras wuchs und der Wind wehte und ein hoher Baum stand, der sich in die unendliche Weite des blauen Himmels reckte. Nach einer Weile der Stille wurden plötzlich die Erde und der Himmel, der Baum, der wehende Wind, das Gras und das Kind inmitten von all dem miteinander lebendig in einem pulsierenden Licht von Bewusstsein. Ich kann mir die unerwartete, umfassende Bewusstheit alles Einzelnen für das Ganze ins Gedächtnis zurückrufen: Ich in allem anderen und alles andere in mir – und wir alle zusammen eingehüllt in eine warme, strahlende Kugel von Lebendigkeit. Ich erinnere mich, wie das Kind überall nach der Quelle des Glücks Ausschau hielt. Und endlich fragte es: Gott? Denn Gott war das einzige Wort der Ehrfurcht, das es kannte. Tief innen vernahm es, wie das leise Tönen einer Glocke, die Antwort: Gott – Gott. Wie lange dieser unsagbare Augenblick dauerte – ich weiß es nicht. Er zersprang wie eine Seifenblase, als plötzlich ein Vogel sang; und der Wind wehte, die Welt war wie immer, und doch nie mehr ganz so wie vorher."[133]

Liebe Leserinnen, liebe Leser, die Jünger begegnen dem Auferstandenen. Das sprengt ihren bisherigen Erfahrungshorizont. Sie erleben das als befreiend, bereichernd und Hoffnung schenkend. Diese Urerfahrung der ersten Christengeneration zieht sich durch die Jahrhunderte in immer neuen Variationen. Manchmal geschieht es in überraschender Gottunmittelbarkeit im Augenblick, manchmal ist die Christusbegegnung die Frucht vieler Begegnungen und Gespräche mit glaubenden Christen. Letztlich ist die Christusbegegnung immer auch Gnade, also freies Geschenk Gottes. Wir kön-

[133] Zit. in Erhard Doubrawa (Hrsg.) Verbunden trotz Abstand. Von Gipfelerlebnissen und mystischen Erfahrungen, gikPRESS, Kassel 2021, S. 56f.

nen als Christen aber so manche gedanklichen Hindernisse beseitigen, die sich in den Köpfen unserer Mitmenschen mehr oder weniger hartnäckig halten. So wecken wir die Neugier und die Sehnsucht und werden zu Zeugen für unsere Mitmenschen.

Aus unserer österlichen Gewissheit entsteht auch der Auftrag, wie er in dem Liedtext zum Ausdruck kommt: „Dass wir allen Zeugnis geben, die da sind und doch nicht leben, sich betrügen mit dem Schein. Lasst den Blinden uns und Tauben Herz und Zunge aus dem Glauben, aus der Liebe Zeuge sein.“[134]

68. Joh 20,21: Dynamische Kettenreaktion

„Wie mich der Vater gesandt hat, so sende ich euch.“

Aus der Beschreibung von Kernkraftwerken und Atomwaffen kennen wir den Begriff „Kettenreaktion“. Die durch Aufnahme eines freien Neutrons ausgelöste Spaltung eines geeigneten Atomkerns setzt ihrerseits wieder einige Neutronen frei (im Mittel zwischen zwei und drei Neutronen, je nach gespaltenem Nuklid und Energie des auslösenden Neutrons). Diese können weitere Kerne spalten, wobei wieder neue Neutronen frei werden usw. Diese Kettenreaktion wird im Normalbetrieb eines Kernreaktors so gesteuert, dass die Reaktionsrate konstant bleibt. Dafür sorgen Graphitstäbe, die die freien Neutronen absorbieren, oder Flüssigkeiten mit Borsalzen.

Der zweite Schlüsselbegriff ist die so genannte kritische Masse. Wieviel kg spaltbaren Materials braucht man, damit die Kettenreaktion sich fortsetzen kann, also die freien Neutronen auf Atomkerne treffen können, die sie dann spalten können? Denn die freien Neutronen können nach allen Richtungen fliegen, also auch das

[134] Lied: Lasst uns loben, ferudig loben, 3. Strophe, GL 489.

Material verlassen. Dann kommt es zu keiner Kettenreaktion, wenn nicht genügend spaltbares Material durch die Neutronen erreicht werden kann.

Dieser kleine Ausflug in die Physik und Technik kann uns den Zugang erleichtern zu einem Phänomen, dass sich Historiker nur schwer erklären können: Wie war es möglich, dass sich innerhalb von 300 Jahren trotz Verfolgung das Christentum von einem Hinterwinkel des römischen Reiches, nämlich Jerusalem, so verbreitete?

Welchen Mehrwert an Lebensqualität vermittelte die christliche Botschaft, so dass sie attraktiv wurde für Menschen, die ja durchaus religiös waren, aber entweder Naturreligionen anhingen oder dem griechischen oder römischen Polytheismus, also einem Vielgötterglauben huldigten. Manches davon ist uns ja aus der griechischen Sagenwelt bis heute überliefert.

In der Lehre über die Gottebenbildlichkeit des Menschen stimmen Christen und Juden überein. Schließlich fanden ja auch die jüdischen heiligen Schriften Eingang in den Kanon der christlichen Schriften. Welches neuartige Lebensgefühl damit vor allem für die Sklaven verbunden waren, denen im römischen Reich als „sprechende Werkzeuge" das Menschsein abgesprochen wurde, können wir uns kaum vorstellen. Etwas Ähnliches erlebte Jahrhunderte später der Jesuitenmissionar Franz Xaver, als er an der indischen Küste den kastenlosen Fischern das Evangelium verkündete.

Die Botschaft vom ewigen Leben war in dem Sinne nicht neu. All die Beerdigungsbräuche und Riten in den antiken Kulturen weisen darauf hin oder artikulieren es deutlich, dass es irgendwie ein Weiterleben nach dem Tod geben muss. Denken wir nur an die gewaltigen Pyramiden in Ägypten.

Als unerhört neu wurde die Menschwerdung eines Gottes empfunden, der dann als Gottmensch den Menschen die Schuld abnimmt und eine Kultur der gegenseitigen Vergebung und Barmherzigkeit einfordert bis hin zur Feindesliebe. Da finden wir nichts

Vergleichbares in den Kulturen der europäischen Antike.

Auch die Solidarität untereinander – denken wir an die Gütergemeinschaft der Urgemeinde, wie sie uns in der Apostelgeschichte geschildert wird – prägte das Klima zwischen den Christen.

Der durchaus kirchenkritische Schriftsteller Heinrich Böll schrieb 1955:[135]

„Doch die andere Vorstellung ist noch weit gespenstischer: wie diese Welt aussähe, hätte sich die nackte Walze einer Geschichte ohne Christus über Sie hinweggeschoben. ... Ich überlasse es jedem Einzelnen, sich den Alptraum einer heidnischen Welt vorzustellen oder eine Welt, in der Gottlosigkeit konsequent praktiziert würde: den Menschen in die Hände des Menschen fallen zu lassen. Nirgendwo im Evangelium finde ich eine Rechtfertigung für Unterdrückung, Mord, Gewalt. Ein Christ, der sich ihrer schuldig macht, ist schuldig. Unter Christen ist Barmherzigkeit wenigstens möglich, hin und wieder gibt es sie: Christen, und wo einer auftritt, gerät die Welt in Staunen. 800 Millionen Menschen auf dieser Welt haben die Möglichkeit, die Welt in Erstaunen zu setzen. Vielleicht machen einige von dieser Möglichkeit Gebrauch. Selbst die allerschlechteste christliche Welt würde ich der besten heidnischen vorziehen, weil es in einer christlichen Welt Raum gibt für die, denen keine heidnische Welt je Raum gab: für Krüppel und Kranke, Alte und Schwache, und mehr noch als Raum gab es für sie: Liebe für die, die der heidnischen wie der gottlosen Welt nutzlos erschienen und erscheinen. ... Ich glaube an Christus, und ich glaube, dass 800 Millionen Christen auf dieser Erde das Antlitz dieser Erde verändern können. Und ich empfehle es der Nachdenklichkeit und Vorstellungskraft der Zeitgenossen, sich eine Welt vorzustellen, auf der es Christus nicht gegeben hätte. Ich glaube, dass eine Welt ohne Christus selbst die Atheisten zu Adventisten machen

[135] H. Böll, Eine Welt ohne Christus, in: K. Deschner (Hrsg.), Was halten Sie vom Christentum?, List-Vlg., München 1957, 22f.

würde."

Bitte berücksichtigen Sie, liebe Leserinnen und Leser, dass der Text von 1955 stammt. 2010 gab es auf der Welt ca. 2,38 Mrd. Christen; das entsprach damals 33% der Weltbevölkerung. Wir können heute nicht mehr wie Heinrich Böll damals von 800 Mill. sprechen.

Aus diesem Gedankenexperiment von Heinrich Böll wird deutlich, dass wir Christen unseren Mitmenschen etwas zu geben haben, was ihre Lebensqualität verbessert. Und dieses Sendungsbewusstsein ist nicht irgendwann entstanden, sondern geht auf die Anfänge des Christentums zurück. – Und wenn wir diese Wirklichkeit nicht im Vokabular der Religionswissenschaftler formulieren, sondern biblisch, dann sind wir genau bei unserer heutigen Bibelstelle:

Der auferstandene Jesus sagt nach Ostern seinen Jüngern dies: *„Wie mich der Vater gesandt hat, so sende ich euch."*

Wenn wir Christen uns als Anhänger einer christlichen Weltanschauung verstehen würden, was man inhaltlich durchaus so beschreiben könnte, dann hätte das etwas Statisches. In dem Sendungsauftrag Jesu steckt etwas Dynamisches. Diese Dynamik können vielleicht die am besten beschreiben, die sich geistig-seelisch bewegt haben und zum christlichen Glauben gefunden haben.

Der frühere Magdeburger Bischof Leo Nowak hatte in seiner Amtszeit die erwachsenen Taufbewerber jährlich am ersten Fastensonntag zu einem Treffen eingeladen und bat sie, von ihrem Weg zum Glauben zu erzählen. Daraus ist dann ein Buch geworden, in dem 40 der Angefragten, die von 1999 bis 2004 getauft worden waren, ihren Glaubensweg beschrieben haben.[136]

Da erzählt eine damals 52-Jährige, wie kurz hintereinander vier nahestehende Personen gestorben waren. Die einen ließen sich kirchlich beerdigen, die anderen atheistisch. Und sie beobachte-

[136] Leo Nowak (Hrsg.) Un-glaublich, Benno-Vlg., Leipzig 2005.

te bei sich: „In den weltlichen Trauerfeiern konnte ich keinen Trost finden, und ich fasste erstmals den Entschluss, den Kontakt zu einer Kirche herzustellen.“ Über eine katholische Freundin findet sie Kontakt zu einem Priester, mit dem sie dann über einen längeren Zeitraum einmal wöchentlich einen Gesprächsabend hat. Am Ende ihres Zeugnisses schreibt sie: „Mein Leben ist einfacher, klarer geworden. Das Leben wird reicher und sinnvoller. Ich kann meine Freude mit ihm teilen; ich habe immer jemanden, der bei mir ist.“[137]

Eine damals 26 Jahre alte Frau schrieb: „Ich bin atheistisch erzogen worden. Nicht, dass mir meine Eltern keine Werte vermittelt hätten. Familie, Zusammenhalt, Freundschaft, Ehrlichkeit, Hilfsbereitschaft, das Akzeptieren der Meinungen anderer, ihrer Schwächen und Fehler und das Anerkennen des ganz persönlichen Wertes jedes Einzelnen wurden hochgehalten und ich verdanke dem viel.

Es fehlte mir jedoch an einem Zusammenhang, an dem großen Ganzen. Ich suchte und fand nicht. ... Dann verliebte ich mich in einen gläubigen, praktizierenden Katholiken. Ich lernte seine Familie kennen, in der gelebter Glaube ganz selbstverständlich war. Für mich war es jedoch ein Kulturschock. Ich hatte nie zuvor eine Familie erlebt, in der ein Tischgebet zu jeder Mahlzeit gesprochen wurde, in der über den Glauben diskutiert wurde, in der regelmäßiger Gottesdienstbesuch selbstverständlich war und das Leben am Glauben ausgerichtet wurde. Ich begriff, dass unsere Beziehung nur eine Chance haben würde, dass ich meinen Freund nur verstehen würde, wenn ich mich mit diesem ihn prägenden Element beschäftigen würde. Ich warf alle Vorurteile über Bord und fing an, mich damit auseinanderzusetzen. Wir diskutierten über Gott, Glauben und Kirche. Ich besuchte mit ihm einige Gottesdienste und fühlte mich dabei sehr unbehaglich, als sei ich unter Vortäuschung falscher Tatsachen dort. Mit zunehmender Gewöhnung verschwand

[137] A.a.O., S. 28f.

dieses Gefühl und ich konnte mich auf das konzentrieren, was dort vermittelt wurde. Zusätzlich erlebte ich das familiäre Glaubensleben mit und begann mich zu fragen, ob dort der Sinn zu finden war, nachdem ich gesucht hatte. Ich erlebte ja, wie sinnstiftend der Glauben sein konnte, wie er stärkte und hielt. Ich fühlte in mir den Wunsch zu glauben, ja ich beneidete diejenigen, die in diesen Glauben hineingewachsen waren und war dennoch nicht überzeugt.

Einschneidendes Erlebnis war dann eine Bistumswallfahrt auf die Huysburg. ... Die Predigt beim Gottesdienst war kein Damaskuserlebnis, aber dennoch sehr einschneidend. Nach der Wallfahrt begann ich regelmäßig den Gottesdienst zu besuchen. Dieser regelmäßige Gottesdienstbesuch hat mich unendlich weitergebracht. Gott wurde dadurch zu einem regelmäßigen Begleiter meines Lebens. Das Gebet wurde zu einer täglichen Notwendigkeit, die Bibel zu einem interessanten Buch und die Fremdheit zu Vertrautheit. Die Gewissheit, dass Gott existiert und dass dieser Gott ein persönlicher und lebender Gott ist, wuchs. Schließlich ging ich zum Pfarrer um mich taufen zu lassen. ... Glaube allein im stillen Kämmerlein funktioniert nicht, er braucht Anregungen von außen, durch andere Menschen und den intensiven Kontakt mit Gott, den Gottesdienst und Kommunion geben. Ich bin dankbar, Gott gefunden zu haben und zu glauben."[138]

Diese zwei Ausschnitte aus den 40 Zeugnissen mögen genügen. Ich möchte Ihnen Appetit machen, alle 40 zu lesen. Es bestätigt sich einmal mehr, was Kardinal Ratzinger in einem Interview gesagt hatte: Es gibt so viele Wege zu Gott, wie es Menschen gibt.

Was mir bei der Lektüre aber noch einmal neu aufgegangen ist, ist Folgendes: Wie Gott mit Saulus vor Damaskus umgegangen ist, das ist die große Ausnahme. Und selbst bei Saulus hat Gott in seiner Unmittelbarkeit ja nur den schwierigsten Teil selbst gemacht und Saulus sofort an den Hananias vermittelt, der dann die

[138] A.a.O., S. 74f.

Nacharbeit und Vertiefung machen sollte (vgl. Apg 9,10-19).

Der übliche Umgangsstil Gottes mit uns Menschen ist der, dass er durch unser Zeugnis andere neugierig machen will. Wir sind seine Gesandten.

Wenn einer überhaupt, dann hätte Gott allen Grund zu sagen: „Geh mal weg! Das kann ich allein besser." Aber mit dieser Einstellung hätte er uns in die Zuschauerrolle verbannt, und uns bliebe nichts anderes übrig als zu staunen und ihm Beifall zu klatschen. Aber das würde uns auf die Dauer nicht erfüllen. Schließlich hat er ja selber in uns ganz tief die Sehnsucht eingepflanzt, dass wir Ursache sein wollen, dass wir etwas bewirken wollen, dass wir Spuren hinterlassen wollen. Der Psychologe Aaron Antonovksy, der sich intensiv damit beschäftigt hatte, was den Menschen gesund macht und gesund erhält, fand heraus, dass das Erlebnis der „Selbstursächlichkeit" – so nannte er diesen Faktor – wesentlich dazu gehört, seelisch gesund zu bleiben. Er gab seiner Theorie den Namen „Salutogenese".

Ich hoffe, dass nach diesen Ausführungen leichter verständlich wird, weshalb ich der heutigen Meditation die Überschrift „dynamische Kettenreaktion" gegeben habe.

Glaube lebt vom Weitergeben. Und es braucht die „kritische Masse" von Gläubigen, was sehr schön im letzten Zeugnis beschrieben worden ist. Jetzt lohnt es sich, auch einmal einen Blick darauf zu werfen, was diese Kettenreaktion unterbrechen und abbrechen kann.

Ein Problem ist eine falsch verstandene Toleranz: Vielleicht erinnern Sie sich noch an das Außenministertreffen der G7-Staaten in Münster im November 2022? Symbolträchtig sollten die Gespräche im historischen Rathaus in Münster stattfinden, wo damals, am 24. Oktober 1648, der dreißigjährige Krieg durch einen Friedensvertrag beendet wurde. In dem Ratssaal steht seit 1540 ein großes Kreuz, vor dem bis heute die Ratsmitglieder ihren Amtseid ablegen. Aus Toleranz gegenüber den nichtchristlichen Delegierten dieses Treffens war das Kreuz für die Dauer der Konferenz entfernt worden. Unsere Außenministerin Annalena Baerbock betonte später in einem Interview, dass sie das nicht angeordnet habe, sondern dass das im Zuge der Ummöblierung des Ratssaales von ihrer Protokollabteilung entschieden worden war.

Klar, Toleranz ist ein Wert, ein universaler Wert. Aber weil er universal ist, kommt es nicht nur darauf an, dass wir tolerant sind, wir dürfen auch von anderen Toleranz erwarten. Wir dürfen uns mit unseren Werten und Überzeugungen auch den anderen zumuten.

Inhaltlich auf einem ganz anderen Gebiet, aber vom Kommunikationsmuster vergleichbar, ist eine Begebenheit, die jüngst durch die Medien ging. Die Frankfurter Ethnologin und Islam-Expertin Susanne Schröter musste erleben, wie schnell man sich beim Benennen heikler Themen den Aufschrei intoleranter Gruppen zuziehen kann. Ihr wollte man das Etikett Rassistin anhängen. Also da ging es gar nicht um den christlichen Glauben, sondern um ihr Anliegen, die wunden Stellen in der Gesellschaft benennen zu können. Ich zitiere dieses Beispiel, um auf ein Argumentationsmuster hinzuweisen, mit dem auch Christen konfrontiert werden können, wenn sie freimütig von ihrem Glauben Zeugnis geben.

Nach einem Kongress sagte sie in einem Interview mit der ZEIT: „Heinz-Peter Meidinger, der Präsident des Lehrerverbandes, referierte über die hohe Quote von Schülern nichtdeutscher Staatsangehörigkeit, die ihren Schulabschluss nicht schaffen. Er stellte einen ganzen Katalog möglicher Hilfen vor, damit diese Schüler gleiche Chancen bekommen und letztlich nicht in der Arbeitslosigkeit landen. Außerdem haben wir über positive Entwicklungen wie die zunehmende Zahl deutscher Akademiker mit Migrationsgeschichte geredet. Die Kritiker der Konferenz aber behaupteten, wir würden Nichtdeutsche als weniger intelligent darstellen, also rassistisch diskriminieren. Das ist ein Missbrauch des Rassismusbegriffs. Als Ethnologin kann ich nur warnen: Rassismus ist ein ernstes Problem! Man sollte das Wort nicht als Label benutzen, um Wissenschaftler, deren Ergebnisse einem nicht passen, niederzumachen. ... Wenn diskriminierte, also vulnerable Gruppen nicht mehr kritisiert werden dürfen, dann verbietet sich auch Kritik an echten Missständen."[139]

Wer also unbequeme Wahrheiten ausspricht, muss mit Widerständen und Unterstellungen rechnen – egal, auf welchem Gebiet. Kommen wir wieder zurück zum christlichen Zeugnisgeben. Christus selber hat seine Jünger gewarnt, dass sie nicht damit rechnen können, immer auf offene Ohren und Herzen zu treffen – im Gegenteil. In den Abschiedsreden Jesu lesen wir: *„Und auch ihr legt Zeugnis ab, weil ihr von Anfang an bei mir seid. Das habe ich euch gesagt, damit ihr keinen Anstoß nehmt. Sie werden euch aus der Synagoge ausstoßen, ja es kommt die Stunde, in der jeder, der euch tötet, meint, Gott einen heiligen Dienst zu leisten. Das werden sie tun, weil sie weder den Vater noch mich erkannt haben"* (Joh 15,27-16,3).

Welche aggressiven Gegenreaktionen Christen erleben können, merken hier in Deutschland alle, die sich für den Schutz des ungeborenen Lebens einsetzen.

Auf eine andere traurige Tatsache möchte ich im Zusammenhang mit dem Thema „Zeugnis geben" hinweisen: Weltweit gehören die Christen zu der am meisten verfolgten und diskriminierten Gruppe.[140]

Und gerade aus solchen Ländern wie Nordkorea, China oder aus den afrikanischen Ländern der Subsahara hören wir immer wieder bewundernswerte Beispiele einer Glaubenstapferkeit und einer

---

[139] In: ZEIT Nr. 20 vom 11.Mai 2023, S. 56.

[140] Siehe den jährlich veröffentlichten Verfolgungsindex von Ländern, in denen Christen verfolgt werden: `https://www.opendoors.de/christenverfolgung/weltverfolgungsindex`
Open Doors Deutschland e.V. mit Sitz in Kelkheim ist ein überkonfessionelles christliches Hilfswerk seit 1955 in mittlerweile mehr als 70 Ländern im Einsatz für verfolgte Christen .

Bereitschaft zur Evangelisierung.

Ein zweites Problem nach der falsch verstandenen Toleranz ist die ehrliche Selbsterkenntnis, dass man den Ansprüchen, die Jesus an seine Nachfolger stellt, nicht gerecht werden kann. Und dann schweigt man lieber, als dass man sich den Vorwurf zuzieht, man würde Wasser predigen und Wein trinken. Manche standen ja noch nie vor der Herausforderung der Feindesliebe. Und wer in einem bürgerlichen Milieu lebt, wird sich schwertun mit der radikalen Armut, wie sie die erste Generation der Franziskaner gelebt hat, die sich aber unmissverständlich auf Worte Jesu berufen konnte.

In verschiedenen seelsorglichen Begleitungen von Menschen mit Brüchen in ihrer Biographie wurde mir rückgemeldet, dass sie sich durchaus imstande sehen, das Ideal glaubwürdig zu bezeugen, auch wenn sie ehrlich darauf hinweisen, dass sie an diesem Ideal gescheitert sind. Aber deshalb den Ist-Zustand zum Ideal zu erklären oder generell vor Idealisierungen zu warnen, führt nur in die Stagnation oder in die Selbstzufriedenheit.

In einer Studie von 1951, in der Pater Kentenich für römische Behörden erläutert, was es mit der Schönstatt-Bewegung auf sich habe, schreibt er:

„Das damit gezeichnete Ideal (des neuen Menschen (vgl. Eph 4,24 und Kol 3,10) bzw. der neuen Schöpfung (vgl. 2 Kor 5,17 und Gal 6,15)) ist ewig alt und ewig neu. Ewig alt, weil alle Jahrhunderte danach gerungen; ewig neu, weil die erbsündlich belastete Natur immer Abstriche macht und sich in bürgerlicher Sattheit ausruhen und mit nivellierender Mittelmäßigkeit zufriedengeben möchte. Der hier gemeinte 'neue Mensch' ist der geistbeseelte und idealgebundene Mensch, fern von aller Formversklavung und Formlosigkeit."[141]

Ausgehend von dem Sendungswort Jesu – *„Wie mich der Va-*

[141] Schlüssel zum Verständnis Schönstatts, in: Kentenich, Joseph, Texte zum Verständnis Schönstatts, Vallendar 1974, S. 148.

ter gesandt hat, so sende ich euch.“ – haben wir erörtert, dass Evangelisierung und Zeugnisgeben wesentlich zu einem lebendigen Glauben gehören. Gott möchte uns als seine Gesandten, auch wenn er allein es besser könnte.

Dieser Herausforderung sollten wir uns stellen und uns nicht durch einen falsch verstandenen Toleranzbegriff oder durch das Bewusstsein der eigenen Begrenzung und Sündhaftigkeit selber blockieren oder durch aggressive Gegenreaktionen abschrecken lassen von unserem Sendungsauftrag.

69. Joh 20,23: Das vergessene Sakrament

Auf der Würzburger Synode 1975 wurde u.a. das zentrale Dokument „Unsere Hoffnung“ entwickelt und verabschiedet. Darin heißt es: Das „Christentum widersteht mit seiner Rede von Sünde und Schuld jenem heimlichen Unschuldswahn, der sich in unserer Gesellschaft ausbreitet und mit dem wir Schuld und Versagen, wenn überhaupt, immer nur bei 'den anderen' suchen, bei den Feinden und Gegnern, bei der Vergangenheit, bei der Natur, bei Veranlagung und Milieu. ... Dieser heimliche Unschuldswahn betrifft auch unser zwischenmenschliches Verhalten. Er fördert nicht, er gefährdet immer mehr den verantwortlichen Umgang mit anderen Menschen.“

Typisch für diesen heimlichen Unschuldswahn ist die Verdrängung des Wortes „Verzeihung“ aus unserem Alltagssprachgebrauch. Es wird nur noch von „Entschuldigung“ gesprochen. „Entschuldigung“ meint aber strenggenommen, dass etwas, was auf den ersten Blick wie Schuld aussieht, wegerklärt wird. Ein praktisches Beispiel:

In Deutschland gibt es die Schulpflicht. Wenn Eltern ihre Kinder nicht in die Schule schicken, machen sie sich strafbar. Wenn nach einer Woche Fehlen der Schüler wieder in die Schule kommt und dem Lehrer eine Entschuldigung überreicht, auf der einer der Eltern geschrieben hat: „Unser Kind hatte eine schwere Erkältung mit 40° C Fieber und konnte deshalb nicht in die Schule kommen.“ – Das ist eine Entschuldigung.

Wenn dagegen jemand um Verzeihung bittet, dann bringt er damit zum Ausdruck: Ich bin dir gegenüber schuldig geworden, aber ich bitte darum, dass dieses mein Fehlverhalten nicht mehr unsere Gegenwart und Zukunft belastet.

Für das Verhalten des Vergebenden kennen wir aus dem biblischen Sprachgebrauch das Wort „Barmherzigkeit“. Sie ist Liebe angesichts der Fehler des Geliebten. Jesus wird nicht müde, diese Schlüsselqualifikation für ein gelungenes Miteinander von Menschen zu betonen.

Da aber jeder Mensch ein von Gott geliebter Mensch ist, wird durch Schuld ja nicht nur die Beziehung zu dem Menschen, den wir verletzt haben, belastet, sondern auch die Beziehung zu Gott. Deshalb ist es für die Bereinigung wichtig, dass wir nicht nur den Menschen um Vergebung bitten, sondern auch Gott.

Jede Eucharistiefeier beginnt damit, dass wir das, was unsere Beziehung zu Gott belastet bzw. was eine unsichtbare Mauer zwischen uns und Gott aufgerichtet hat, zum Thema machen und Gott um Verzeihung bitten. Liturgie ist ja immer auch ein Kompromiss.

Stellen Sie sich vor, der Priester würde am Beginn der Messe sagen: „Diejenigen, die schuldig geworden sind, beten jetzt das Schuldbekenntnis, die anderen schweigen.“ So etwas geht nicht. Dadurch, dass alle es beten, fällt nicht auf, wer es besonders nötig hat und wer es besonders ernst meint. Es ist gleichsam eine Schutzfunktion, wenn alle es beten.

Nun ist es traditionelle Lehre der Kirche, dass vollkommene Reue zur Sündenvergebung von Wundsünden ausreicht. Für Todsünden bzw. schwere Sünden ist die ausdrückliche sakramentale Sündenvergebung notwendig. Die biblische Begründung finden wir in der

Stelle aus dem Johannes-Evangelium, um die heute unsere Meditation kreist.

Wir lesen über die Begegnung des auferstandenen Herrn mit seinen Jüngern: *„Nachdem er das gesagt hatte, hauchte er sie an und sagte zu ihnen: Empfangt den Heiligen Geist! Denen ihr die Sünden erlasst, denen sind sie erlassen; denen ihr sie behaltet, sind sie behalten"* (Joh 20,22f).

Hier geschieht also eine Bevollmächtigung durch Jesus, die durch die Handauflegung des Bischofs an die Priester weitergegeben wird. Diese Stelle ist die Einsetzung des Bußsakraments.

In vielen Pfarreien ist das Bußsakrament „aus der Mode" gekommen, in anderen Kreisen wird es wieder neu entdeckt. Als ich 2017 in Medjugorje war, war ich überrascht, welche Schlangen vor den Beichtstühlen standen. Nicht umsonst heißt es, Medjugorje sei der Beichtstuhl Europas.

Bei einer ökumenischen Weiterbildung für Exerzitienbegleiter sagten mir die evangelischen Kollegen, dass in den Kreisen, die Exerziten oder Rüstzeiten mitmachen, die Ohrenbeichte einfach dazugehört. Auch Dietrich Bonhoeffer hatte in seinem Seminar der Bekennenden Kirche die Ohrenbeichte neu entdeckt und propagiert.

Pater Kentenich, der Gründer der Schönstatt-Bewegung, war ein geschätzter Beichtvater. Er musste aber auch traurig Folgendes feststellen:

„Wer nicht ständig Fühlung mit der modernen, vielfältig angekränkelten Seele hält, hat keine Ahnung, wie viel Zwang das Leben ungezählt vieler Menschen aller Stände und Klassen – Priester und Ordensleute beileibe nicht ausgenommen – heute zu einer Art Hölle oder doch wenigstens zu einem unerträglichen Fegfeuer macht. Es ist eine billige Lösung, in solchen Fällen einfach zu absolvieren, sich aber nicht weiter um innere Heilung zu bemühen. Tief in Gott verankerte Paternitas (Väterlichkeit) denkt und handelt da wesentlich anders. Sie richtet sich nach des Heilands Selbstportrait vom Ideal des Guten Hirten: Der Gute Hirt gibt sein Leben für seine Schafe. Er bleibt nicht mit verschränkten Armen am Ufer eines aufgepeitschten Meeres stehen, er sieht nicht ruhig und interesselos in die tosenden Fluten hinein, wo Tausende und Abertausende Wind und Wellen ausgesetzt sind und hilflos mit dem Untergang ringen. Er ist auch nicht damit zufrieden, den Schwimmgürtel den Ertrinkenden von der Ferne aus zuzuwerfen: Er stürzt sich selbst mit Lebensgefahr ins Wasser, um zu retten, was zu retten ist. So verwirklicht er des Heilands Wort: Der Gute Hirt gibt sein Leben für seine Schafe. ...

Die Ewigkeit wird einmal entschleiern, wie groß und vielgestaltig die Zahl derer ist, die ich durch diese Klippen zur vollen Freiheit der Kinder Gottes hindurch- und den Berg der Vollkommenheit hinanführen durfte. ...

Das war nicht selten eine saure Arbeit. Viel leichter wäre es gewesen, die Finger davon zu lassen und sich mit allgemeinen frommen Sprüchen aus der Situation herauszuhalten, wie es viele Priester zu tun pflegen. So handelt aber nicht der Gute Hirt, der sein Leben für seine Schafe gibt. Er tut alles – auch wenn es ihn viel Studium, viel Nervenkraft und Zeit kostet –, um sie vor Schaden zu bewahren und ihnen die volle innere Freiheit der Kinder Gottes, soweit das möglich ist, zurückzugeben. Weil wir von unserer Seite vielfach nicht einmal fähig und bereit sind, die alten, bewährten Moralgrundsätze und Pastoralregeln mutig, erleuchtet und klug anzuwenden, haben sich in der Folgezeit – wie überall mit Bedauern festgestellt wird – die Sprechzimmer der Psychotherapeuten gefüllt, während unsere Beichtstühle mehr und mehr leer werden. Der zeiten- und seelenkundige Seelsorger weiß um die tiefgehende und allseitige moderne Lebenskrise und um deren praktische Auswirkungen in seiner Gefolgschaft. Er hat den Mut und bringt die Kühnheit auf, sich damit auseinander zu setzen, Heilmittel zu suchen und vorsichtig und umsichtig anzuwenden."

Dieser Text steht in einer Rechtfertigungsschrift, die er vor seinem Goldenen Priesterjubiläum 1960 verfasst hatte. Was sich damals in der beschriebenen Weise anfanghaft abzeichnete, hat sich seitdem massenhaft verstärkt.

Deshalb habe ich die heutige Meditation überschrieben mit: „Das vergessene Sakrament“

Kentenich nannte damals die „Sprechzimmer der Therapeuten“. Inzwischen gibt es noch andere Formen der säkularisierten Beichte. Das ist das Coaching. Laut Insider-Analysen wurden 2018 im deutschsprachigen Raum ca. 520 Mill Euro umgesetzt.[142] Auch im Coaching geht es ja darum, dass bei Führungskräften Defizite und Schwachstellen in der Sozialkompetenz als solche erkannt und behoben werden. Beim Einzelcoaching können dann durchaus Kosten von 130 bis 700 Eur pro Stunde entstehen.

Wenn wir das auf uns wirken lassen, dann ist klar, dass nicht der Vorgang als solcher, dass also jemand mit einem anderen Menschen über seine Defizite spricht oder mit denen sogar konfrontiert wird, verschwunden ist, sondern er hat sich verlagert in die Therapeuten- und Coaching-Szene.

Als ich noch in München war, bat mich ein Schulseelsorger vor Ostern und Weihnachten immer, in seinem Gymnasium in kirchlicher Trägerschaft Beichtgelegenheit für die Schüler anzubieten. Je älter die Schüler, desto mehr wurde das Beichtgespräch zur Lebensberatung: Wie kann ich besser mit mir selbst, mit meinen Geschwistern, Eltern und Freunden umgehen?

Manchmal ergaben sich auch Folgegespräche außerhalb des schulischen Rahmens, dass die Jugendlichen zu mir ins Schönstatt-Zentrum kamen. Dann ging es tatsächlich um reine Lebensberatung und nicht um das Bußsakrament.

Wenn wir nach den Ursachen suchen, weshalb sich der Umgang mit eigenen Grenzen, Fehlverhalten, Defiziten und Schuld in

---

[142] `https://www.google.com/search?client=firefox-b-d&q=Coachingmarkt+Umsatz+Deutschland` (abgerufen am 26.6.2023)

den säkularen Raum verlagert hat, dann benennt Kentenich als eine schwerwiegende Ursache die mangelnde psychologische Kompetenz der Seelsorger. Eine weitere Ursache sehe ich aber auch darin, dass es nach dem Erstkommunionunterricht, in dessen Rahmen ja auch meist die Hinführung zur Beichte geschieht, keine Weiterbildung gibt.

Ein Jugendlicher, der von der ersten bis zur 13. Klassse Kunstunterricht belegt, wird in der 13. Klasse besser zeichnen und malen als in der 3. Klasse, weil er sich weiterentwickelt hat, vielleicht auch neue Maltechniken ausprobiert hat. Öfters erzählten mir Eltern, die die Kinderzeichnungen aus dem Kindergarten an einer Pinwand in der Wohnung angebracht hatten, dass die Kinder, wenn sie älter geworden sind, die Bitte äußern, dass dieses Bild von früher verschwindet. Sie schämen sich dafür.

Natürlich kann ein Neunjähriger noch nicht psychologisch orientiert beichten. Da wäre er überfordert. Da musste ich als junger Priester auch Lehrgeld bezahlen. Ich hatte im Beichtunterricht den Kindern gesagt, sie sollten sich doch mal fragen, woher das Fehlverhalten kommen könne, denn nur dann könne man etwas in Zukunft ändern. Treuherzig beichtete dann einer: „Ich war in der Messe unandächtig, weil Sie so langweilig gepredigt haben." Kinder in dem Alter können nur Tatsünden aufzählen. Und wenn sie in ihrer Familie gelernt haben, diesen magischen Satz „Es tut mir Leid!" über die Lippen zu bringen, dann ist ein solides Fundament für eine gesunde Gewissensbildung gelegt. Schon Kindergartenkinder haben ein feines Gespür für das, was nicht richtig bzw. nicht in Ordnung ist. Und wenn das dann ausgesprochen ist und man sich wieder versöhnt hat, dann ist es gut.

Der Pastoraltheologe Reinhold Bärenz erzählt ein Erlebnis aus seiner Kindheit: Als Achtjähriger schickte ihn seine Mutter in den Dorfladen zum Einkauf. In der Warteschlange im Laden stand er neben dem Korb mit den Zuckerbrotstückchen. Er konnte der Versuchung nicht widerstehen und steckte ein Stückchen in seine Hosentasche. Es fiel nicht auf. Zu Hause legte er seinen Schatz aufs Nachtschränkchen. Völlig unerwartet trat die Mutter ein, ihr Blick fiel auf das Gebäckstück und sofort kam die Frage: „Woher hast Du das?“ – Da konnte er nicht anders, als ihr die Wahrheit zu sagen. Die Mutter darauf: „Das musst du sofort zu Paula – so hieß die Ladeninhaberin – zurückbringen.“ Der Weg zurück zum Laden war unendlich lang. Er wartete, bis die letzten Kunden den Laden verlassen hatten. Dann betrat er den Laden. Vor Paula stehend öffnete er seine rechte Hand mit dem Zuckerbrotstück und streckte sie ihr hin. Dabei waren seine Augen auf den Boden gerichtet. Dann schaute er zu Paula auf, wie sie reagieren würde. Paula trat hinter ihrem Ladentisch hervor, fasste ihn an der linken Hand und führte ihn schweigend zum Tatort. Dann nahm sie selber ein zweites Stück Zuckerbrot, legte es in seine linke Hand, und führte die beiden Hände des Jungen zusammen. Eine Geste, die ihm bestens vertraut war aus der Zeit, als seine Mutter ihn beten lehrte. – Reinhold deutete dieses Erlebnis als überraschende Erfahrung, dass die Gnade Gottes keine Grenzen kennt.[143]

Wenn ich vor Allerheiligen oder Ostern in Pfarreien Beichtaushilfe mache, dann fällt mir auf, dass die ältere Generation vor allem ihre Gottesbeziehung reflektiert, und vermutlich damals bei der Gewissensbildung auf diesen Bereich viel Wert gelegt worden ist. Die mittlere Generation ist besonders sensibilisiert auf mitmenschliche Probleme. Die junge Generation hat im Normalfall ein ausgesprochen ökologisches Gewissen. Das hat sicher auch damit zu tun, dass es in diesem Bereich viele selbsternannte Höllenprediger gibt.

Im Gotteslob gibt es – wie in früheren Zeiten – Hilfen zur Gewissenserforschung. Das beginnt mit der Nr. 598 für Kinder, Nr. 599 für Jugendliche und Erwachsene, Nr. 600 anhand von Beziehungsfeldern zu Gott, zu mir selbst, zu meinen Mitmenschen und

[143] Reinhold Bärenz, Wann essen die Jünger? Die Kunst einer gelassenen Seelsorge. Freiburg 2008, S. 11-13.

zu den Sachen, Aufgaben und Pflichten, und Nr. 601 bringt eine Hilfe anhand der 10 Gebote.

Generell kann man sicher feststellen, dass Gewissensbildung auch abhängig ist vom öffentlichen Klima. Kirchliche Gruppen stehen oftmals einsam da, wenn sie sich für den Schutz des ungeborenen Lebens einsetzen. Das Recht auf Abtreibung wird als Befreiung der Frau lautstark verkündet.

Als der Pallottinerpater und Schönstätter Pater Franz Reinisch aus Gewissensgründen den Fahneneid auf Hitler verweigerte und deswegen am 21.8.1942 hingerichtet wurde, da konnten viele von seinen Mitbrüdern diesen Schritt nicht nachvollziehen. Ähnlich ging es dem Österreicher Franz Jägerstätter. Was musste seine Ehefrau an Spießrutenlaufen im eigenen Dorf erleben!

Ich habe als Pfarrer in Ohrdruf einmal nachts um 0:30 Uhr einen sowjetischen Soldaten mit einer Wodka-Flasche bestochen, dass er einen LKW voll gelben Putzsand bei mir auf dem Pfarrhof abkippt, weil legal und offiziell kein Putzsand zu kaufen war. Generell wurde der Begriff „Volkseigener Betrieb" von manchen sehr weitherzig interpretiert und Diebstahl aus den Betrieben galt fast als Kavaliersdelikt.

So hat jede Gesellschaft ihre typischen blinden Flecke, was das Schuldbewusstsein betrifft.

Wenn Jesus seinen Jüngern die Vollmacht gibt, Schuld zu vergeben, dann eröffnet er damit eine Möglichkeit, dass wir unseren giftigen Seelenmüll in die sichere Endlagerstätte Gottes entsorgen können. Machen wir von dieser Möglichkeit keinen Gebrauch, dann verfallen wir vielfach in das „Schwarze-Peter-Spiel", das heißt, wir suchen einen Schuldigen, dem wir die Schuld in die Schuhe schieben können. Ich erinnere an das Anfangszitat aus der Würzburger Synode.

Auch wenn man die innere Logik des Bußsakramentes bejaht, so kostet es doch immer wieder Überwindung, von dieser Möglichkeit, die uns Jesus erschlossen hat, Gebrauch zu machen.

70. Joh 20,28: Überwältigt

Am Fest des Apostels Thomas wird in der Messe das Evangelium gelesen, das wir jetzt meditieren.

„Die anderen Jünger sagten zu Thomas: Wir haben den Herrn gesehen. Er entgegnete ihnen: Wenn ich nicht das Mal der Nägel an seinen Händen sehe und wenn ich meinen Finger nicht in das Mal der Nägel und meine Hand nicht in seine Seite lege, glaube ich nicht. Acht Tage darauf waren seine Jünger wieder drinnen versammelt und Thomas war dabei. Da kam Jesus bei verschlossenen Türen, trat in ihre Mitte und sagte: Friede sei mit euch! Dann sagte er zu Thomas: Streck deinen Finger hierher aus und sieh meine Hände! Streck deine Hand aus und leg sie in meine Seite und sei nicht ungläubig, sondern gläubig! Thomas antwortete und sagte zu ihm: Mein Herr und mein Gott! Jesus sagte zu ihm: Weil du mich gesehen hast, glaubst du. Selig sind, die nicht sehen und doch glauben" (Joh 20,25-29).

Wir können im Johannesevangelium zwei Arten der Begegnung mit Jesus beobachten. Da sind zum einen die Menschen, deren Christuserkenntnis durch verschiedene Oberflächlichkeiten und Missverständnisse sich langsam und etappenweise hocharbeitet zur Erkenntnis des Messias. Beispiel dafür sind:

Die Samariterin am Jakobsbrunnen: Für sie ist Jesus zuerst ein durstiger Jude, der sie – für sie überraschend – anspricht (vgl. Joh 4,9), dann ein Prophet (vgl. Joh 4,19), dann offenbart sich Jesus selber als Messias (vgl. Joh 4,26).

Der geheilte Gelähmte: Für ihn ist Jesus zuerst der „unbekannte Mann, der mich geheilt hat" (vgl. Joh 5,11), dann Jesus (vgl. Joh 5,15).

Der geheilte Blinde: Für ihn ist Jesus zunächst *„der Mann, der Jesus heißt"* (Joh 9,11), dann im Streitgespräch mit den Pharisäern: *„Er ist ein Prophet"* (Joh 9,17). In einer nächsten Runde der Eskalation sagt er den Pharisäern: *„Wenn dieser Mensch nicht von Gott wäre, dann hätte er gewiss nichts ausrichten können"* (Joh 9,33). Bei der erneuten Begegnung mit Jesus fragt dieser ihn: *„Glaubst du an den Menschensohn?"* (Joh 9,35). Und der Geheilte antwortet: *„Ich glaube, Herr! Und er warf sich vor ihm nieder"* (Joh 9,38).

Dann gibt es aber auch die überraschenden Erkenntnisse, wenn Jesus gleich als Gottessohn oder Messias erkannt wird. Andreas klärt seinen Bruder Simon auf: *„Wir haben den Messias gefunden"* (Joh 1,41). Das geht weiter mit dem skeptischen Nathanael: *„Rabbi, du bist der Sohn Gottes, du bist der König von Israel"* (Joh 1,49).

Nikodemus sucht das Gespräch mit Jesus und sagt ihm: *„Rabbi, wir wissen, du bist ein Lehrer, von Gott gekommen; denn niemand kann die Zeichen tun, die du tust, wenn nicht Gott mit ihm ist"* (Joh 3,2).

Die Verklärung auf dem Berg Tabor und die Reaktion der drei Jünger wird im Johannes-Evangelium nicht erwähnt. Die trauernde und verwirrte Maria aus Magdala hält den Auferstandenen zunächst für den Gärtner, aber als sie angesprochen wird, sagt sie freudig überrascht: „Rabbuni!" (vgl. Joh 20,16).

In diese Reihe der überraschenden Jesusbegegnungen ist auch die Reaktion des Apostels Thomas einzuordnen: *"Mein Herr und mein Gott!"* (Joh 20,28). Erinnert er uns in seinen skeptischen Äußerungen vorher eher an einen Kriminalkommissar, der Beweismittel finden will und einen Fall klären will, so ist er in diesem Moment der überwältigte und anerkennende Jünger Jesu.

Auch Künstler sind von dieser Begegnung inspiriert worden: Die 1930 von Ernst Barlach geschaffene Figurengruppe zeigt die Begegnung zwischen Christus und dem ungläubigen Thomas. Barlach gelingt es, die Ambivalenz der Situation meisterlich einzufangen. Jesus gibt Thomas seinen Glauben zurück und richtet die Figur des Jüngers auf. Sein abgewendeter Kopf zeigt zugleich die Enttäuschung über den Zweifel des Thomas. „Gerade dieses Werk wird von den Nationalsozialisten mit einem geradezu irrationalem Hass verfolgt, und Kunstfreunde müssen 1937 ein trauriges Wiedersehen mit der Plastik auf der Ausstellung 'Entartete Kunst' feiern. ..." (Tom Crepon).

Ein anderes beeindruckendes Bild der Szene hat der Maler Caravaggio (1573, † 1610) gemalt. Es hängt in der Bildergalerie im Park Sanssouci in Potsdam und ist mit 107x146 cm schon ein großes Bild. Da ist nicht nur Thomas der, der gebannt auf die Seitenwunde Jesu schaut, sondern zwei andere Jünger beugen sich interessiert über die Seitenwunde Jesu. Jesus nimmt die rechte Hand des Thomas und der halbe Zeigefinger verschwindet in der tiefen Seitenwunde Jesu.

Auf diesem Hintergrund können wir die Begeisterung verstehen, mit der der 1. Johannesbrief eingeleitet wird.

„Was von Anfang an war, was wir gehört, was wir mit unseren Augen gesehen, was wir geschaut und was unsere Hände angefasst haben vom Wort des Lebens – das Leben ist erschienen und wir haben gesehen und bezeugen und verkünden euch das ewige Leben, das beim Vater war und uns erschienen ist –, was wir gesehen und gehört haben, das verkünden wir auch euch, damit auch ihr Gemeinschaft mit uns habt" (1 Joh 1,1-3).

Ich habe einmal in Brno in einer Kirche zur Osterzeit ein Bild des Auferstandenen gesehen, aber dieser Auferstandene hatte keine Wundmale mehr. Ich halte dieses Bild für eine gemalte Irrlehre. Die Wunden bleiben, auch wenn sie verklärt sind.

Martin Buber, dessen Eltern sich scheiden ließen, als er drei Jahre alt war, und der bei seinen Großeltern aufgewachsen ist, suchte als 16-Jähriger den Kontakt zu seiner Mutter. Doch die Begegnung war für ihn so enttäuschend, dass er später von „Vergegnung" sprach. Das Wort gibt es nicht im Duden, aber jeder weiß sofort, was gemeint ist. Diese seine Mutter-Wunde hat ihn für das Thema Beziehungen und Begegnung so sensibilisiert, dass er immer wieder darüber philosophiert hat. Sein Kernsatz, alles wirkliche Leben ist Begegnung, ist zum geflügelten Wort geworden.

Hat er sich damals noch sehr allein gefühlt mit dieser Problematik, so ist das heute zum Massenphänomen geworden. Die Paartherapeutin Stefanie Stahl schreibt einen Bestseller nach dem anderen über das Thema Bindungsangst und Beziehungsunfähigkeit. Ich nenne einmal drei Titel von ihr: „Jein! Bindungsängste erkennen und bewältigen. Hilfe für Betroffene und deren Partner", (Kailash-Vlg., München) – „Vom Jein zum Ja! Bindungsängste überwinden und endlich bereit sein für eine tragfähige Partnerschaft." – „Jeder ist beziehungsfähig. Der goldene Weg zwischen Freiheit und Nähe."

Für beziehungsunfähige Menschen hat – in Anlehnung an die griechische Mythologie – sich der Begriff Narzissmus eingebürgert. Der schöne Narziss schaut in den kleinen Teich, den eine Quelle gebildet hat, sieht sein Ebenbild, verliebt sich in dieses Bild, möchte eins sein damit und ertrinkt.

Es gibt die Spielart des Narzissmus, wo jemand so von sich überzeugt ist, dass er meint, er sei das einzige Genie und nur von Idioten umgeben. Dann gibt es die Spielart des Narzissmus, dass jemand so um seine eigenen Probleme kreist, dass er gar nicht mehr fähig ist, für andere offen zu sein.

Die österreichische Philosophin Isolde Charim hat mit ihrem Buch „Die Qualen des Narzissmus" dieses gesellschaftliche Phänomen beschrieben und weist auch auf die Gefahr hin, die durch diese Atomisierung der Gesellschaft droht.

In Deutschland hat die Journalistin Diana Kinnert diese Problematik in ihrem Buch „Die neue Einsamkeit: Und wie wir sie als Gesellschaft überwinden können" behandelt. Leider gab es in dem Buch viele Plagiate, so dass der Verlag das Buch aus dem Verkehr gezogen hat. Da ging es nicht um die Einsamkeit von verwitweten Rentnern, sondern um die Einsamkeit der Generation der 20- bis 30-Jährigen (Hoffmann und Campe Verlag, Hamburg).

In den eben erwähnten Büchern geht es aber nicht nur um die Diagnose und Analyse, sondern es werden auch Appelle gestartet, dass man sich auf andere Menschen einlassen soll, dass man Nähe anbieten soll und sich mit dem Preis, den Nähe kostet, versöhnen soll. Denn der Preis für Nähe ist immer auch die gegenseitige Verletzung.

Der Journalist Markus Spieker beschreibt in seinem Buch „Mono. Die Lust auf Treue" seine Suche nach einer Ehefrau, die wirklich ein Leben lang mit ihm zusammenleben will. Er schreibt: „Ich weiß noch genau, wie ich mit pumpendem Herzen und lockerem Mundwerk einer solchen schön-traurigen Frau zum x-ten Mal gegenübersaß und meinen x-ten Versuch startete, emotionale Intimität herzustellen. Ich fragte sie nach ihren Zukunftsplänen, Männer betreffend. Sie ging nicht darauf ein, sondern sagte: 'Ich werde es nicht zulassen, dass mich ein Mann jemals wieder verletzt.' Ich fragte zurück: 'Wie kannst du das ausschließen?' – 'Ich werde es nicht zulassen. Nie wieder. Nie' Dabei sah sie durch mich hindurch und scannte die kahle Restaurantwand ab. Sie hatte einige Beziehungen gehabt, mit der genauen Zahl wollte sie nicht rausrücken."[144]

Aber nicht nur Schriftsteller und Therapeuten widmen sich diesem Thema. Auch Künstler haben das Thema für sich entdeckt. Der 1973 in Argentinien geborene Künstler Tomás Saraceno hat eine Vorliebe für Spinnen und mehr noch für ihre Netze. In seinen raumfüllenden Installationen spannt er dünne Stahlseile, die er mit kleinen T-Stücken oder Dreiecken miteinander verbindet. Manche seiner Installationen sind begehbar. Nach einem Aufbaustudium an der Frankfurter Städelschule hat er sich entschieden, in Deutschland zu leben und zu arbeiten. Bekannt wurde er durch seine Skulptur auf der Biennale in Venedig 2009. In Frankfurt war auf dem Roßmarkt 2010/11 eine Installation zu sehen. In einem

[144] Pattloch-Vlg., München 2011, S. 30

Interview sagte er, er möchte anhand seiner „Spinnennetze“ Dinge verbinden, die sich so getrennt anfühlen.

Pater Kentenich hat nie in seinem Leben Kunstwerke geschaffen, aber das Anliegen von Tomás Saraceno, Dinge (und Menschen) zu verbinden, die sich so getrennt anfühlen, war auch sein Herzensanliegen. Er prägte das Wort vom „Bindungsorganismus“. Aufgrund seiner eigenen Biographie – seine Mutter musste ihn mit achteinhalb Jahren ins Waisenhaus nach Oberhausen abgeben, um selber arbeiten zu können – war er sensibilisiert für das Lebensthema Beziehungen. Er, der im Waisenhaus und später im Studium keinen Freund hatte und an grenzenloser Einsamkeit litt, konnte als Seelsorger später unwahrscheinliche Nähe anbieten und entgegennehmen. Er selber interpretierte diesen Wandel in seiner Persönlichkeit als Heilungswunder, das ihm die Gottesmutter erbeten hatte. Als Theologe bohrte er natürlich tiefer und fragte sich, wieso die Gottesmutter so wirken konnte. Sein Fragen und Suchen fand einen gewissen Abschluss, als ihm einleuchtete, dass ein Mensch, der vor der Erbsünde bewahrt geblieben war, auch ein voll beziehungsfähiger Mensch sein muss. Das Dogma von der Erbsündelosigkeit Mariens war ja erst 31 Jahre vor Kentenichs Geburt feierlich verkündet worden. In der bildhaften Sprache des Sündenfalls im ersten Buch der Bibel wird beschrieben, das der Mensch anfing sich zu schämen (= gestörtes Verhältnis zu sich selbst), vor Gott wegzulaufen und sich zu verstecken (= gestörtes Verhältnis zu Gott), und schließlich – von Gott zur Rede gestellt – schiebt Adam die Verantwortung auf Eva und auf Gott selbst („Die Frau, die Du mir gabst ...“ = gestörtes Verhältnis zum Mitmenschen). Erlösung lässt sich dann auf diesem Hintergrund deuten als wachsende Beziehungsfähigkeit.

Der Kinderpsychologe John Bowlby entdeckte und beschrieb zusammen mit Mary Answorth nach dem Zweiten Weltkrieg die personale Bindung als eines der Grundbedürfnisse des Menschen und galt damit zunächst als Ketzer in der psychologischen Landschaft, die damals stark geprägt war von den psychoanalytischen Theorien von Siegmund Freud, der alle Regungen und Motive des Menschen auf die Sexualität zurückführen wollte. Bowlby und Answorth konnten aber durch ihre kulturübergreifenden Experimente und filmischen Dokumente ihre Theorie untermauern, so dass nach und nach die Skeptiker überzeugt wurden. Heutzutage ist unter Psychologen und Pädagogen das Bindungsbedürfnis des Menschen eine unbestrittene Größe. Aber – und das ist das große Paradox der letzten Jahrzehnte – trotz dieses Bindungsbedürfnisses gibt es immer mehr Menschen, die eine ausgesprochene Bindungsangst haben bzw. Beziehungsvermeider sind.

Seit das Magazin „STERN“ im November 2013 das Thema Beziehungsangst als Titelstory brachte, hat sich die Zahl der Publikationen zu diesem Thema ins Unermessliche gesteigert. Natürlich haben Schriftsteller und Regisseure auch schon vor Bowlby eine Nase für das Thema gehabt, aber da ging es um Einzelschicksale und nicht um ein Massenphänomen.

Sensibilisiert durch die eigene Biographie nannte Pater Kentenich dieses Massenphänomen nicht „Bindungsangst“, sondern „mechanistisches Denken“. Der Gegensatz zwischen den vom mechanistischen Denken befallenen Theoretikern und Ideologen und dem Gründer Schönstatts, dem es um die ehrfürchtige Beobachtung und Unterstützung von Lebensprozessen ging, ist ähnlich krass, wie ihn einmal der französische Insektenforscher Jean-Henri Fabre (* 1823, † 1915) im Vergleich mit seinen Kollegen beschrieb. Er selbst stöberte, bewaffnet mit Knotenstock und Lupe, bei sengender Hitze in der Landschaft herum, hockte vor Erdlöchern, um mit grenzenloser Geduld die erstaunlichen Verhaltensmuster der Insektenwelt zu beobachten, er urteilt über seine Kollegen und deren Methoden in den Laboratorien: „Ihr weidet das Tier aus, und ich studiere es lebend; ihr macht aus ihm ein Ding des Schreckens und Mitleids, ich mache, dass man es liebgewinnt; ich arbeite unter freiem Himmel, beim Gesang der Zikaden; ihr unterwerft die Zelle und das Protoplasma den Reagenzien; ihr erforscht den Tod; ich erforsche das Leben."

Diese zwei grundverschiedenen Mentalitäten und Denkstrukturen finden nur schwer zueinander. Pater Kentenich beobachtete, dass das mechanistische Denken auf dem Weg war, zum beherrschenden Lebensgefühl in Deutschland und in Europa zu werden. Und er musste gleichzeitig feststellen, dass die offizielle Kirche diese Probleme weder in ihrer Tragweite sah, noch in ihrer Pastoral genügend berücksichtigte. Die Warnung Pater Kentenichs, die er 1949 schriftlich an den Trierer Bischof schickte, brachte nicht eine Wende in der Seelsorge, sondern brachte ihm eine 14-jährige Verbannung durch das Heilige Offizium ein. Inzwischen entwickelten sich die Verhältnisse in Deutschland so, wie es Pater Kentenich befürchtet hatte. 1961 schrieb er in einer Studie:

„Wer in seinem Leben zumal in Kindheit und Wachstumszeit, viel Liebesmangel und Liebeshunger aushalten musste, wird für gewöhnlich das ganze Leben hindurch an Liebesfähigkeit krank bleiben. Nicht umsonst spricht man heute allenthalben von der Kontaktnot, Kontaktschwäche oder der Kontaktunfähigkeit des modernen Menschen. Sie ist nicht nur eine ansteckende Krankheit gewöhnlicher Art, sie muss als eine schreckliche Seuche gebrandmarkt werden, die sich nicht nur im Verkehr der Menschen untereinander, sondern auch im geheiligten Schoss der Familie einnistet und überall Unheil anrichtet. Wie häufig muss man gestehen, dass heutige Eltern bereits Kinder von liebesgestörten Eltern sind. Da braucht man sich kaum zu wundern, wenn ihre eigenen Kinder in der strömenden Tiefe ihres Wesens nicht mehr liebesmächtig sind, sondern oft nur noch die rührend unbeholfenen Gebärden der Liebe versuchen."

In der Schlusserklärung des 3. Europäischen Familienkongresses der Schönstatt-Familienbewegung von 2010 hieß es: „Bei aller Freude an Mobilität – Binde dich an Orte! Bei aller Freude an Individualität – Binde dich an Menschen! Bei aller Freude an Toleranz

– Binde dich an Werte! Bei aller Freude an Weltgestaltung – Binde dich an Gott!"

Auf die Frage, was Schönstatt einzubringen habe in den synodalen Weg für eine zukunftsfähige Kirche können wir in diesen vier Imperativen die Antwort finden, oder noch prägnanter formuliert: Schönstatt möchte mitbauen an einer neuen Bündniskultur. Sie möchte mit den Worten von Tomás Saraceno "Dinge (und Menschen!) verbinden, die sich so getrennt anfühlen".

Liebe Leserinnen, liebe Leser, wir haben über die Begegnung zwischen Jesus und Thomas nach verschiedenen Seiten durchmeditiert. Wer von Ihnen ganz normal in einer lebendigen Ehe lebt und einen großen Freundeskreis hat, kann sich vielleicht gar nicht vorstellen, was für Probleme heutzutage viele Menschen haben, also die Problematik, die ich mit dem Begriff Narzissmus beschrieben habe.

Ich möchte es noch einmal an einer Momentaufnahme illustrieren. Eine sehr introvertierte und sehr ehrgeizige Studentin verliebte sich. Nach einiger Zeit kann sie schreiben: „Seitdem ich mit meinem Freund zusammen bin, ist mir bewusst geworden, dass ich Jesus bisher nicht geliebt hatte. Was ich für Liebe zu Jesus hielt, war mehr die Begeisterung von der Idee Jesu und von seiner Lehre, aber keine persönliche Beziehung. Da hat sich mir ein neuer Horizont eröffnet."

Tauschen Sie sich als Ehepaar, wenn Sie verheiratet sind, einmal darüber aus, was Ihr Lieblingsmusikstück, Ihr Lieblingsbuch, Ihr Lieblingsautor, Ihr Lieblingsplätzchen in der Wohnung und in der näheren Umgebung, was Ihre Lieblingsbibelstelle, Ihre Lieblingsszene aus dem Leben Jesu ist! Erinnern Sie sich noch mal an die Momente, als zwischen Ihnen der Funke übergesprungen ist! Mit anderen Worten: Machen Sie sich die echten Begegnungen, den Bindungsorganismus, das "Spinnennetz" bewusst, das Sie geknüpft haben und das Ihnen heute Halt gibt! Ihm verdanken Sie Ihre psychische Stabilität. Dafür können Sie aus tiefstem Herzen dankbar sein und Ihr Beziehungsnetz auch entsprechend feiern.

71. Joh 20,29: Paradox des Glaubens

„Jesus sagte zu ihm (Thomas): Weil du mich gesehen hast, glaubst du. Selig sind, die nicht sehen und doch glauben."

„Ich glaub schon." – Diese Redewendung verwenden wir, wenn wir etwas nicht genau wissen. Glauben ist dann ein Gegensatz zu Wissen.

Es gibt in unserer Sprache aber auch noch eine andere Dimension des Wortes „Glauben": Wenn wir sagen, ich glaube dir, dann vertrauen wir einem Menschen, dass er uns die Wahrheit sagt. Die Verwendung des Wörtchens Glauben in diesem Zusammenhang hat eine ganz andere Qualität.

Im Volksmund ist der Apostel Thomas der ungläubige Thomas. Ich kann mich noch an eine Diskussion meiner Eltern erinnern, als es darum ging, welchen Namenspatron mein sieben Jahre jüngerer Bruder Thomas bei seiner Taufe bekommen sollte. Meine Eltern einigten sich auf Thomas von Aquin, also ist der Namenstag am 28. Januar und nicht – wie beim Apostel Thomas – der 3. Juli.

Wenn Jesus die seligpreist, die nicht sehen und doch glauben, dann spielt er damit auf diese Vertrauensdimension des Glaubens an. Im Alltag spielt diese Vertrauensdimension durchaus eine gewichtige Rolle.

Wenn es bei einem Verbrechen keine Zeugen gibt, dann steht Aussage gegen Aussage. Vielleicht gibt es andere Beweise oder Indizien, die dafür sprechen, dass das Verbrechten tatsächlich stattgefunden hat. Vielleicht gibt es auch noch ein plausibles Motiv für den Täter. Wenn es so etwas nicht gibt, dann wird der Täter mangels Beweisen freigesprochen. Gibt es aber Zeugen und wirken diese glaubwürdig, dann haben diese Aussagen Gewicht. Es ist üblich, dass solche schwer belastenden Zeugenaussagen unter Eid gemacht werden müssen. Ein Eid ist ein feierliches Versprechen, dass man die Wahrheit und nichts als die Wahrheit sagt. Wer unter Eid eine Falschaussage macht, macht sich strafbar.

In vielen Alltagssituationen vertrauen wir einfach den Aussagen unserer Mitmenschen. Wir halten sie für wahr, ohne jeweils die Wahrheit durch eigene Kontrollen zu überprüfen. Ein misstrauischer und skeptischer Mensch macht sich das Leben schwer und manövriert sich in viele Unsicherheiten.

Andererseits bieten Filme über Spione spannende Unterhaltung. Denken wir nur an die Serie von James Bond-Filmen: Wer ist der eigentliche Gegner? Wer kooperiert mit wem? Wer spielt ein doppeltes Spiel? Man kann natürlich als Hobby-Kriminalkommissar seine Theorien und Verdachtsmomente entwickeln und ist am Ende dann doch überrascht, wie das Ganze ausgeht. Der Erfinder von „James Bond“, Ian Fleming, war selber Agent in der Zeit des Zweiten Weltkriegs, hatte also einerseits Erfahrung und andererseits eine blühende Phantasie. Sein „James Bond“ ist wohl der berühmteste Spion der Unterhaltungsindustrie. Leider starb Fleming mit 56 Jahren 1964, noch bevor der dritte Bond-Film in die Kinos kam. Aber mit unserem Alltag hat diese schillernde Welt der Spionage und Gegenspionage wenig zu tun.

Was unserem Alltag schon ein Stück näher kommt, sind manchmal Menschen, die durch ihre Zeichen, die sie geben, lügen. Liebe ist unsichtbar. Liebe ist angewiesen auf äußere körperliche Zeichen, die die unsichtbare Liebe ausdrücken: ein Lächeln, eine Umarmung, ein Kuss, eine kleine Aufmerksamkeit. Aber nicht nur bei Heiratsschwindlern sondern auch bei Partnern, die eine Affäre haben, können die Zeichen, die sie ihrem Ehepartner geben, eine Lüge sein.

Doch verlassen wir einmal den Bereich der Destruktivität und schauen wir auf das menschliche Miteinander, das nach der „Bedienungsanleitung“ verläuft, die Gott uns mitgegeben hat für unseren

Umgang miteinander.

Wenn die äußeren Zeichen der authentische Ausdruck der unsichtbaren Liebe sind, dann entsteht ein Klima des Vertrauens, dann ist die Nähe des anderen Quelle der Geborgenheit und Sicherheit und nicht Anlass, dass die eigenen Alarmanlagen losgehen und Ängste aufsteigen. In einem Klima des Vertrauens glaube ich dem anderen, was er mir mitteilt, seien es äußere Fakten oder innere Erlebnisse. Das ist unsere heiße Spur, um die Äußerung Jesu richtig einsortieren zu können: *„Selig sind, die nicht sehen und doch glauben."*

In einer Kette des Vertrauens können wir uns von Generation zu Generation zurücktasten in die Zeit Jesu und hin zu den Äußerungen der Evangelisten. Der mühsame Prozess der Kanonbildung der heutigen Bibel – so nennt man die Zusammenstellung der Schriften des Neuen Testamentes – begann im 2. Jahrhundert. Der Kanon des Neuen Testaments ist in der uns vertrauten Gestalt erstmals im Jahre 367 durch Bischof Athanasius von Alexandria in seinem 39. Osterfestbrief fixiert worden. Manche Schriften mit phantastischen Jesus-Legenden wurden aussortiert. Es gibt durchaus noch solche Sammlungen von so genannten „apokryphen Evangelien". Weil in den Evangelien durchaus auch die Schwächen und Fehler der Apostel genannt und nicht verschwiegen werden, ist das ein Hinweis auf die Glaubwürdigkeit der Evangelisten.

Nähern wir uns der Frage der Sicherheit des Glaubens noch einmal von einer anderen Seite. Ein logischer Beweis läuft nach dem Muster: Wenn A, dann B; wenn B dann C; wenn C dann D. So eine logische Schlussfolgerung lässt sich mit einer Gliederkette vergleichen. Und eine Gliederkette ist insgesamt so schwach, wie ihr schwächstes Glied. Denn dort würde sie im Überlastungsfall reißen.

Neben Gliederketten gibt es aber auch Stahltaue, die aus vielen dünnen Drähten geflochten sind. Die beiden Tragkabel der Golden-Gate-Brücke in San Franzisco bestehen aus 27572 einzelnen Drähten, die zu einem runden Paralleldrahtseil mit 92 Zentimetern Durchmesser verknüpft worden sind. Daran hängt das ganze Gewicht der Brücke und der Fahrzeuge und Fußgänger.

Wenn wir ein solches Stahltau als Symbol nehmen für Sicherheit, dann können wir sagen: Jeden einzelnen Draht könnte man mit einer Kneifzange durchschneiden, aber zusammen genommen geht das nicht. Wenn also viele einzelne Beobachtungen und Argumente zusammenkommen – auch wenn jedes einzelne Argument vielleicht entkräftet werden könnte –, dann entsteht durch die Zusammenschau Überzeugungskraft und damit Sicherheit.

Wir können die Tragfähigkeit eines Stahltaues als Symbol für die Sicherheit, die wir auch in Glaubensfragen erreichen können, verwenden.

Als Beispiel möchte ich hier einmal das Zeugnis des italienischen Nobelpreisträgers von 1984, Carlo Rubbia, zitieren: „Wenn wir die Galaxien der Sternwelt zählen oder die Existenz von Elementarteilchen beweisen, so sind das wahrscheinlich keine Gottesbeweise. Aber als Forscher bin ich tief beeindruckt durch die Ordnung und die Schönheit, die ich im Kosmos finde, sowie im Innern der materiellen Dinge. Und als Beobachter der Natur kann ich den Gedanken nicht zurückweisen, dass hier eine höhere Ordnung der Dinge im Voraus existiert. Die Vorstellung, dass dies alles das Ergebnis eines Zufalls oder bloß statistischer Vielfalt sei, das ist für mich unannehmbar. ... Es ist hier eine Intelligenz auf einer höheren Ebene vorgegeben, jenseits der Existenz des Universums selbst."[145]

Und Albert Einstein, der selber keiner kirchlichen Gemeinschaft angehörte, schrieb in seinem letzten Aufsatz „Science and Religion": „Meine Religion besteht in meiner demütigen Bewunderung einer unbegrenzten geistigen Macht, die sich selbst in den kleinsten Dingen zeigt, die wir mit unserem gebrechlichen und schwachen Verstand erfassen können. Diese tiefe, emotionelle Überzeu-

[145] Zit. in Franz Kardinal König, Die Gottesfrage klopft wieder an unsere Tür, Vorwort in: Carlo Maria Martini und Umberto Eco, Woran glaubt, wer nicht glaubt? Zsolnay-Vlg., Wien 1998, S. 17.

gung von der Anwesenheit einer geistigen Intelligenz, die sich im unbegreiflichen Universum eröffnet, bildet meine Vorstellung von Gott."[146]

Nicht sehen und doch glauben können. – So haben wir das Glaubensparadox, das sich aus der Seligpreisung Jesu ergibt, umschrieben. Es kann eine Sicherheit im Glauben wachsen, wenn ein Klima des Vertrauens vorhanden ist zwischen den Generationen der Zeugen.

Und diese Sicherheit kann wachsen, wenn man die Inhalte des Glaubens vor der eigenen Vernunft rechtfertigen kann. Diesen vor der Vernunft zu verantwortenden Glauben wollte Papst Benedikt XVI. in seinen Büchern den Christen nahebringen.

Wir mussten in den letzten Jahrzehnten leider auch beobachten, dass es weltweit bestimmte Gurus gab, die um sich eine Jüngerschar versammelte, die mit bedingungslosem Gehorsam diesem Guru bis in den kollektiven Selbstmord folgte. Wollten Verwandte diese Verblendeten aus der Sekte herausholen, so stießen sie oft auf einen Widerstand, der gegenüber rationalen Argumenten resistent war. Diese Starrsinnigkeit sollte nicht mit der Sicherheit verwechselt werden, um die es mir in dieser Meditation geht.

Ein Beispiel für Starrsinnigkeit ist das Zeugnis eines Aussteigers aus der Davidianer-Sekte, die von Vernon Wayne Howell, der sich später David Koresh nannte, gegründet und geführt worden war, kurz bevor die ganze Gruppe am 19.4.1993 kollektiven Selbstmord beging. „Jeder Mensch sehnt sich nach machtvollen Überzeugungen, nach Ideen, die ihm ein neues Leben mit mehr Sinn und Bedeutung versprechen."[147] Nach dem Ausstieg gibt Breault zu, dass es ihm schwerfiel, nach all den Jahren, in denen ihm jede Entscheidung abgenommen worden war, wieder für sich selbst zu

[146] A.a.O., S. 17.

[147] Colin Wilson, Tanz der Teufel. Scharlatane, Gurus, Sektenführer, Komet-Vlg., Köln 2000, S. 32

denken.[148]

Auch andere Menschen, die einen Angehörigen an die Sekte verloren hatten, waren verzweifelt, dass Vernunftargumente die Betroffenen nicht mehr erreicht hatten, und es nicht möglich gewesen war, die Angehörigen aus der Sekte herauszulösen. Diese „Sicherheit" oder sprechen wir lieber von Wahnvorstellungen gilt es deutlich zu unterscheiden von der Sicherheit, die es auch beim Glauben gibt.

Eheleute sind sich sehr sicher, dass sie von ihrem Ehepartner geliebt werden, wenn durch Worte und Gesten, also durch sinnlich wahrnehmbare Zeichen, die unsichtbare Liebe des anderen sichtbar wird.

Eifersucht, also das krankhafte Zweifeln an der Liebe des anderen, wird die Zeichen der Liebe immer wieder fehlinterpretieren, weil im Eifersüchtigen ganz tief ein Minderwertigkeitsgefühl, ja die Glaubensüberzeugung steckt: Ich bin nicht liebenswert. Wer also vorgibt mich zu lieben, muss entweder lügen oder ein Trottel sein. Natürlich nerven den anderen die zwanghaften Tests und Prüfungen, ob die Liebe echt ist. Und wenn er darauf genervt reagiert, dann fühlt sich der Eifersüchtige in seinem Zweifel bestätigt: „Ich hab's ja immer gewusst: Du liebst mich nicht!"

Werfen wir noch einmal einen Blick auf das Verhältnis von Glaube und Vernunft. Der langjährige ehemalige Leiter der Mainzer Diözesanstelle für Weltanschauungsfragen Eckhard Türck schreibt: „Die Vernunft hat ihre eigenen Regeln. Es kann jedoch nichts geglaubt werden, was diesen Regeln widerspricht. Das meint der Gebrauch der autonomen Vernunft und ist zu unterscheiden vom autonomen Gebrauch der Vernunft, also dem Einsatz der Vernunft nach eigenem Gutdünken. Ohne dieses zweite Kriterium könnte der christliche Glaube nicht vor der Vernunft verantwortet werden. Vernunfteinwände gegen den Glauben müssen sich auf dem Feld

[148] A.a.O., S. 42

der Vernunft durch Argumente der Vernunft beantworten lassen. Glaube und Vernunft gehören durch diese beiden Kriterien 'unvermischt', jedoch auch 'ungetrennt' zusammen. Sie unterscheiden sich und beziehen sich aufeinander und können auf diese Weise für das gegenseitige Verstehen der Religionen und Kulturen überhaupt erst hilfreich sein."[149]

Er hat es auch etwas poetisch einmal ausgedrückt: „Der Glaube hat eine jüngere Schwester, die Vernunft, die er eigentlich mag, weil sie oft Fragen stellt, die er sich gar nicht zu fragen traut. Die Vernunft hat einen älteren Bruder, den Glauben, der schon oft versucht hat, ihr die Probleme abzunehmen und sie als der ältere Bruder zu gängeln und zu bevormunden. Lange Zeit waren die Geschwister getrennt und bekämpften sich sogar, besonders als die Vernunft sich als 'Aufklärung' von ihrem Bruder lossagte. In jüngster Zeit reden sie wieder miteinander:

Vernunft: 'Mein lieber Bruder, du glaubst an Gott und vertraust angeblich darauf, dass alles in der allmächtigen und gütigen Hand Gottes ist. Das ist total unvernünftig. Ich könnte dir tausend Beispiele nennen, wo von der Allmacht und Güte Gottes nichts zu spüren ist: vom Tsunami über die Konzentrationslager bis hin zum Sterben von leukämiekranken Kindern.'

Glaube: 'Das mag ja unvernünftig sein, Schwesterchen, aber die Meinung, man könne mit deiner Wissenschaft und Technik ein Paradies auf Erden errichten, in dem die Krankheit, das Leid und der Tod abgeschafft sein wird, hat sich ja auch als ein großer Irrtum erwiesen. Immer da, wo Menschen versucht haben mit deiner Hilfe das Heil herzustellen, ist das gründlich schief gegangen. Die eigentlich Unvernünftige bist du!'"[150]

Der Theologe und Naturwissenschaftler Christian Tapp schreibt: „In der Rede von Papst Benedikt XVI. an der Universität Regens-

[149] https://bistummainz.de/glaube/theologie/nachricht/Glaube-und-Vernunft-/?

[150] Ebd.

burg im Jahr 2006 war die Vernünftigkeit Gottes einer der theologischen Kerngedanken. Das Argument ist im Kritikhagel fast untergegangen: Das Gottesbild des Christentums, von dem der Christ glaubt, dass er es letztlich von Gott selbst via Offenbarung empfangen hat, ist das Bild einer vernünftigen, den ganzen Kosmos schaffenden, ordnenden und erhaltenden Macht. Für den Gott des Christentums ist die Vernunft nicht irgendeine Äußerlichkeit, er ist selbst 'höchst-vernünftig'. Und der Mensch, der als sein Abbild geschaffen wurde, hat durch die Fähigkeit, zu erkennen und zu verstehen, Anteil am Göttlichen."[151]

Liebe Leserinnen, liebe Leser, wir haben uns mit dem Paradox des Glaubens beschäftigt, dass es eine Sicherheit im Glauben geben kann, ohne zu sehen. Und Jesus fordert uns geradezu dazu auf, uns diese Sicherheit zu erarbeiten. Wir haben uns mit den Sehnsüchten nach Sicherheit beschäftigt und die Sackgassen aufgezeigt, in die man geraten kann.

Ich habe vor der Priesterweihe ein Jahr im katholischen Jugendhaus in Erfurt gearbeitet und viele Gespräche mit Jugendlichen geführt, die oft die einzigen Katholiken waren in ihren Schulklassen. Sie standen ständig unter dem Rechtfertigungsdruck, warum sie anders sind als die anderen. Letztlich hat dieser Druck ihnen aber auch geholfen, das Fundament ihres Glaubens tiefer zu legen.

Die Heranbildung einer Mentalität, auf die es mir ankam, hat der Dichter und Priester Wilhelm Willms sehr schön in einem Lied ausgedrückt:

„Ich will gegen das Geläut der Leute mein Geschweige stimmen, ich will gegen das Gedröhn der Bomben meine Träume summen, ich will gegen das Geleucht der Lichter meinen Dunkelheiten trauen, ich will für die grosse Flut der Tränen eine Freudenmauer bauen."

Anselm von Canterbury hat sein theologisches Denken unter das

[151] `https://www.spektrum.de/news/vernunft-und-glaube/1136062`

Motto gestellt: Credo ut intelligam – Ich glaube, um zu verstehen. Er wollte damit den Glauben rational begründen, ohne dabei diese Begründung zur Bedingung für den Glauben zu machen.

Ich möchte noch einmal auf den Vergleich mit dem Stahlseil zurückkommen. Wenn wir achtsam jeden Abend noch einmal zurückblicken auf den Tag und gerade auch die schönen Erlebnisse noch einmal dankbar bestaunen, dann können viele solcher Erlebnisse unserem Glauben eine stabile Sicherheit geben.

Dass es nach schweren Schicksalsschlägen Zweifel geben kann, die einen quälen, das ist natürlich. Aber auch da kann es eine Hilfe sein, sich an dem alttestamentlichen Jakob zu orientieren, der nachts mit Gott im Fluss Jabok rang und Gott zuschrie: *„Ich lasse dich nicht los, wenn du mich nicht segnest"* (Gen 32,27).

72. Joh 20,30f: Bezeugter Glaube

„Noch viele andere Zeichen hat Jesus vor den Augen seiner Jünger getan, die in diesem Buch nicht aufgeschrieben sind. Diese aber sind aufgeschrieben, damit ihr glaubt, dass Jesus der Christus ist, der Sohn Gottes, und damit ihr durch den Glauben Leben habt in seinem Namen."

Am Ende seines Evangeliums gibt Johannes sein Motiv an, weshalb er sein Evangelium geschrieben hat: „Damit ihr an Jesus als den Sohn Gottes glaubt." Und der Vers vorher macht deutlich, dass Johannes eine Auswahl getroffen hat. In seinen Augen reicht diese Auswahl, um einen persönlichen Zugang zu Jesus Christus zu gewinnen und ihn nicht nur als Mensch und Lehrer zu schätzen, sondern als den Gottessohn zu erkennen.

Es war eine Riesenherausforderung für Johannes, dieses Jesusbild zu zeichnen. Wer einmal in Bibliotheken nach Biographien von berühmten Persönlichkeiten gesucht hat, der wird viele dicke Bücher finden. Und wenn es kein biographischer Roman, sondern eine wissenschaftliche Biographie ist, dann besteht meist die Hälfte des Buches aus Anmerkungen und Quellenangaben.

Die Biographie der 2022 gestorbenen Queen Elizabeth II. von Thomas Kielinger zum Beispiel umfasst 303 Seiten. In meiner Bibelausgabe umfasst das Johannes-Evangelium gerade mal 38 Seiten. Bei der Beerdigung der Queen sprach man vom Ende einer Epoche. Schließlich war sie 70 Jahre lang Königin von England.

In der westlichen Welt zählen wir die Jahre vor und nach der Geburt Christi. Aber Johannes meint, dass 38 Seiten ausreichen, um die Größe Jesu nicht nur zu erahnen, sondern zu erkennen.

Wenn wir mit viel Phantasie einmal ein Gedankenexperiment starten und uns vorstellen, was es an Architektur, an Malerei, an Musikwerken nicht gäbe, wenn es das Christentum nicht gäbe, dann sähe unsere europäische und von Europa geprägte Welt unwahrscheinlich arm aus.

Der Literaturnobelpreisträger Heinrich Böll, der immer auch ein kritisches Verhältnis zur katholischen Kirche gehabt hatte, hat 1955 einmal ein ähnliches Gedankenexperiment gewagt. Er schrieb damals:

„Ich frage mich vieles, vor allem das eine: Wie ist es möglich, dass 800 Millionen Christen diese Welt so wenig zu verändern vermögen, eine Welt des Terrors, der Unterdrückung, der Angst. ... Eine christliche Welt müsste eine Welt ohne Angst sein, und unsere Welt ist nicht christlich, solange die Angst nicht geringer wird, sondern wächst. ...

Doch die andere Vorstellung ist weit gespenstischer: Wie diese Welt aussähe, hätte sich die nackte Walze einer Geschichte ohne Christus über sie hinweggeschoben. Ich überlasse es jedem Einzelnen, sich den Alptraum einer heidnischen Welt vorzustellen, oder eine Welt, in der Gottlosigkeit konsequent praktiziert würde: den Menschen in die Hände des Menschen fallen zu lassen.

Nirgendwo im Evangelium finde ich eine Rechtfertigung für Unterdrückung, Mord, Gewalt; ein Christ, der sich ihrer schuldig macht, ist schuldig. ... Unter Christen ist Barmherzigkeit wenigstens möglich, und hin und wieder gibt es sie: Christen, und wo einer auftritt, gerät die Welt in Erstaunen. ...

Selbst die allerschlechteste christliche Welt würde ich der besten heidnischen vorziehen, weil es in einer christlichen Welt Raum gibt für die, denen keine heidnische Welt je Raum gab: für Krüppel und Kranke, Alte und Schwache, und mehr noch als Raum gab es für sie: Liebe für die, die der heidnischen wie der gottlosen Welt nutzlos erschienen und erscheinen."[152]

Natürlich gibt es auch eine Kriminalgeschichte der Kirche. Der Schriftsteller und Kirchenkritiker Karlheinz Deschner hat sich die Mühe gemacht, in zehn Bänden alle Untaten von Christen aufzuspüren, die er finden konnte, und in seinem Lebenswerk „Kriminalgeschichte des Christentums" zu dokumentieren.

Wenn man so will, ist das eine akribische Auflistung und Illustration dessen, was die Kirche immer in ihrem Selbstverständnis festgehalten hat: Sie ist eine Kirche der Heiligen und der Sünder. Diese dunkle Seite dürfen wir nicht ausblenden. Alle Versuche, eine reine Gemeinschaft der Heiligen zu konstituieren, waren zum Scheitern verurteilt.

Als Beispiel möchte ich hier hinweisen auf die Geschichte der Katharer: Der Name kommt von dem griechischen Wort für „rein", also „die Reinen". Wobei interessant ist, dass sie sich selber nie so genannt hatten. Die Katharer, auch Albigenser genannt nach der südfranzösischen Stadt Albi, waren eine christliche Glaubensbewegung, die um 1140 entstand und bis ungefähr 1320 hauptsächlich im Süden von Frankreich, in Italien, Spanien und Deutschland tätig war. In Carcassone gab es 1329 die letzen Scheiterhaufen für

---

[152]H. Böll, Eine Welt ohne Christus, in: K. Deschner (Hrsg.), Was halten Sie vom Christentum?, München; List 1957, 22f.

Kartharer.

Kirche bleibt also immer die Gemeinschaft der Sünder und der Heiligen. Und wie Heinrich Böll es treffend beschrieben hat, gerät die Welt in Staunen, wenn ein Christ seinen Glauben leidenschaftlich, engagiert und vor allem glaubwürdig lebt.

Natürlich gibt es auch Fälle, wo Menschen direkt durch das Bibellesen ein Bekehrungserlebnis geschenkt bekommen haben wie Saulus vor Damaskus.

Im deutschen Sprachraum ist der Fall von Wilhelm Buntz bekannt, der seine Autobiographie unter dem Titel „Der Bibelraucher“ schreiben ließ. Von der Mutter abgelehnt, vom Vater ins Heim abgeschoben, entwickelte er eine Kriminellen-Karriere, die ihn in das Gefängnis nach Bruchsal bringt. Weil er gegenüber dem Wachpersonal und den Mithäftlingen immer wieder gewalttätig wird, handelt er sich dadurch Straftage in der Arrestzelle ein. Dort kann er aber keine persönlichen Sachen mitnehmen. Nur eine Bibel ist erlaubt. Er schmuggelt Tabak und Streichhölzer in seinen Strümpfen in die Arrestzelle und missbraucht das Dünndruckpapier der Bibel als Zigarettenpapier – nicht ohne vorher, bevor er ein Blatt herausreißt und es vierteilt, den Text zu lesen.

Als es wieder einmal so weit ist, ist er inzwischen beim Johannes-Evangelium angekommen. Und er fühlt sich provoziert, dass es einen Gott geben soll, der die Menschen liebt. Er, der immer wieder von seinen nächsten Familienangehörigen Lieblosigkeit und Ablehnung erlebt hatte, führt ein wildes Zwiegespräch mit sich selber, das in eine Anklage Gottes mündet, wobei er sich gar nicht sicher ist, ob es diesen Gott überhaupt gibt. Im April 1984 macht er sich folgende Gedanken:

„'Wenn es dich tatsächlich gibt, Gott', sagte ich zur Wand, 'dann mach mit mir, was du willst. Dann nimm mich und mach irgendetwas Sinnvolles aus mir. Jemanden, der Menschen nicht Schlechtes will, sondern Gutes.' Ich schüttelte mich. Dieser Gedanke war völlig neu für mich. Und trotzdem hatte ich das Bedürfnis gehabt, ihn auszusprechen. Es war seltsam. Aber es fühlte sich gut an. Es fühlte sich frei an. Ich war Gefangener der deutschen Justiz in Zelle 116 in der Justizvollzugsanstalt Bruchsal. Aber innerlich fühlte ich mich plötzlich freier, als ich mich je gefühlt hatte."[153]

Die Bekehrungsgeschichte von Wilhelm Buntz in dieser unmittelbaren eigenen Auseinandersetzung mit einem Bibeltext ist eine Ausnahme. Viel häufiger kommt es zu Bekehrungen durch die Begegnung mit gläubigen Menschen. Papst Paul VI. beschrieb diese Beobachtung in seiner Enzyklika „Evangelii Nuntiandi" so:

„Für die Kirche ist das Zeugnis eines echt christlichen Lebens mit seiner Hingabe an Gott in einer Gemeinschaft, die durch nichts zerstört werden darf, und gleichzeitig mit seiner Hingabe an den Nächsten in grenzenloser Einsatzbereitschaft der erste Weg der Evangelisierung. 'Der heutige Mensch', so sagten Wir kürzlich zu einer Gruppe von Laien, 'hört lieber auf Zeugen als auf Gelehrte, und wenn er auf Gelehrte hört, dann deshalb, weil sie Zeugen sind.'"[154]

Was bedeutet der Unterschied zwischen Zeugen und Gelehrten? Gelehrte vertreten Gedanken und Thesen, also Theorien. Ein Zeuge erzählt von eigenen Erfahrungen. Was hat er erlebt? Was ist seine Geschichte? Wie deutet er das selbst Erlebte?

Wenn es rein seelisch-geistige Erlebnisse sind, dann kann der Zuhörer vielleicht antworten: „Was sich da in deinem Innern abgespielt hat, das ist mir völlig fremd." So ähnlich reagierte der 1864 geborene Soziologe Max Weber einmal in einem Brief, in dem er sich selbst als „religiös unmusikalisch" beschrieb. Konfirmiert, 1893 kirchlich getraut, bis zu seinem Tod Mitglied der badischen Landeskirche, war Weber keineswegs ein konventioneller Kirchgänger.

Aber wenn es um gläubige Deutung von Ereignissen geht, dann sind solche harten Fakten eine Brücke zwischen dem Zeugen und

---

[153] Wilhelm Buntz, Der Bibelraucher. Die knallharte Lebensgeschichte eines Ex-Knackis, SCM-Vlg., Holzgerlingen ^{3}2019, S. 173.

[154] Paul VI., Evangelii Nuntiandi, Nr. 41 vom 8.12.1975.

dem Interessierten.

Für mich persönlich ist der 9. November 1989 ein Wunder. Gott hat in die Geschichte eingegriffen und die Zivilcourage und die Entscheidung zur Gewaltlosigkeit so vieler Christen „belohnt“ und die Diktatur wie ein Kartenhaus zusammenbrechen lassen. Für mich sind die Ereignisse von 1989 und 1990 eine Konkretisierung des Glaubens Mariens, wie sie in ihrem Magnifikat jubelt: *„Gott stürzt die Mächtigen vom Thron und erhöht die Niedrigen“* (Lk 1,52).

Ich bin mir im Klaren darüber, dass Atheisten meine gläubige Deutung der unwiderlegbaren Tatsachen nicht auf Anhieb teilen werden. Aber vielleicht kann ich den Zweifel am Atheismus im Atheisten wecken: „Was, wenn die Deutung von Elmar Busse wahr wäre?“

Wenn wir Christen uns untereinander unsere Erlebnisse und deren gläubige Deutung häufiger und irgendwie selbstverständlicher erzählen würden, dann würden wir uns im Glauben gegenseitig mehr stärken.

Ich möchte vom persönlichen und individuellen Zeugnis noch einen Sprung machen in das gesellschaftliche Klima: Eine Redewendung macht in den letzten Jahren Karriere. Das ist die Redewendung vom „Ende der großen Erzählungen“.

Die Idee vom „Ende der großen Erzählungen“ stammt vom französischen Philosophen Jean-François Lyotard. Er prägte ihn in seinem vieldiskutierten Buch „Das postmoderne Wissen“, das er 1979 als Studie für die Regierung in Québec verfasste. Lyotard meinte damit keine literarischen Erzählformen, sondern beschrieb einen grundlegenden Glaubwürdigkeitsverlust in der Gesellschaft. Die „Erzählungen“, die er dabei im Auge hatte, waren die Politik, die Religion und die Philosophie. Keiner dieser Bereiche, so Lyotard könne noch so etwas wie eine verbindliche „Rationalität“ für sich beanspruchen. Solche „großen Erzählungen“ wären etwa der Marxismus, das westliche Narrativ eines unaufhaltsamen Fortschritts, die Vorstellung einer immer weiter fortschreitenden Aufklärung oder ein Wissenschaftsverständnis, das sich anmaßt, in Bälde alle Welträtsel lösen zu können. Auch den heiligen Schriften der Weltreligionen bescheinigt er ein „Ende der großen Erzählungen“ – ohne zu würdigen, wie viele Gläubige ihre Schriften für heilig und damit auch erzählenswert halten. An ihre Stelle trete eine Vielfalt von Diskursen, die mit je eigenen Regeln der Konstitution und Verknüpfung von Aussagen folgen und mit eigenen Kriterien der Rationalität und Normativität einhergehen können.

Nach dem „Ende der großen Erzählungen“ kam es zu einer regelrechten Renaissance der Autobiographien und autofiktionalen Erzählungen. War der hl. Augustinus mit seinen „Bekenntnissen“ derjenige, der die literarische Gattung „Autobiographie“ begründete, so waren im 20. Jh. die Ich-Erzählungen eher verpönt. Die Romanautoren schilderten die Entwicklung ihrer Protagonisten aus der Hubschrauber-Perspektive eines Genies, das Psychologie und Gesellschaftsanalyse verinnerlicht hatte.

Der Schriftsteller Daniel Frei schreibt: „Ob Autofiktion, Memoiren oder persönlicher Essay: Viele der fesselndsten Texte sind heute autobiografischer Natur. Man muss sich nur vor Augen führen, wie bedeutsam Didier Eribons 'Rückkehr nach Reims', Maggie Nelsons 'Die Argonauten', oder Saša Stanišićs 'Herkunft' für viele Menschen geworden sind, um nur einige Bücher aus den vergangenen Jahren zu nennen. Das Ich stellt heute keinen seltenen Grenzfall literarischen und journalistischen Erzählens mehr dar, sondern ist zu einer Signatur unserer Zeit geworden. Ich finde es wichtig, dass wir darüber nachdenken, wie wir einander Geschichten erzählen. Schließlich bestimmt das darüber, wie wir uns als Gesellschaft verstehen, woran wir glauben und ob wir einander noch etwas zu sagen haben.“[155]

Bei den erzählten Geschichten fällt aber auch auf, dass es eine

[155] https://www.zeit.de/kultur/literatur/2019-10/erzaehlperspektive-ich-schriftsteller-literatur-demokratie-glaubwuerdigkeit

mediale Randgruppenfixierung gibt. Ein Beispiel: Kim de l'Horizon ist eine genderfluide nichtbinäre schweizerische Person, die unter diesem Pseudonym Lyrik, Prosa und Theaterstücke verfasst. Ihr Debütroman „Blutbuch" wurde 2022 sowohl mit dem Deutschen Buchpreis als auch dem Schweizer Buchpreis ausgezeichnet.

Mögen solche Texte einen gewissen Unterhaltungswert und eine Horizonterweiterung mit sich bringen nach dem Motto: Interessant, was es alles gibt!, für Otto Normalverbraucher und seine Lebensbewältigungsstrategien hilft es nicht.

Im Umkehrschluss zu dem Gleichnis Jesu vom verlorenen Schaf müssen die Fragen erlaubt sein: Was passiert mit den 99? Wer kümmert sich um sie?

Da sind die Zeugen gefragt, die für sich den Lebenswert des Glaubens entdeckt haben und auch beschreiben können, wie ihnen der Glaube hilft, die hellen und die dunklen Seiten des Lebens gut verarbeiten und bewältigen zu können. Dann wird der Glaube wieder attraktiv. Aber das war ja in der Kirchengeschichte immer so.

Als Franz von Assisi nicht an die oberen Kirchenfürsten Forderungen stellt, sie sollten sich doch bitte schön mehr um die Seelsorge als um ihre Schlösser und Jagden kümmern, sondern das Selbstexperiment wagte: Was macht das mit mir, wenn ich die Worte Jesu über die Armut radikal zu leben versuche, da entdeckt er für sich eine ganz neue Freiheit. Bildlich gesprochen: Ich muss die Blume nicht abpflücken und haben, um ihre Schönheit und ihren Duft zu genießen. Und er entwickelt einen glaubwürdigen neuen Lebensstil der Nachfolge Christi, die auch für andere junge Männer und Frauen attraktiv erscheint. Am Ende seines Lebens gibt es 8000 Franziskaner, die der Kirche ein ganz neues Aussehen geben. Die große Glaubwürdigkeitskrise der Kirche im 13. Jh. ist damit durch den praktischen und lebbaren Innovationsimpuls des Franziskus überwunden. Damit hätte 30 Jahre vorher keiner gerechnet.

Fassen wir also zusammen. Der Evangelist Johannes erhofft sich für die Leser seines Evangeliums: *„... damit ihr durch den Glauben Leben habt in seinem Namen."* (Joh 20,31).

Vielleicht können wir einen kleinen anderen Zungenschlag in den Text bringen? „... damit wir dem Leben, das wir sowieso haben, einen tieferen Sinn verleihen können und dadurch in eine stabilere Lebensbejahung hineinfinden können." Lassen Sie sich vom Evangelisten Johannes hineinführen in die Lebensbejahung. Dann ist der Schritt zum Dank und Lob irgendwie selbstverständlich.

73. Joh 21,7: Intuitive Erkenntnis

„Da sagte der Jünger, den Jesus liebte, zu Petrus: Es ist der Herr! Als Simon Petrus hörte, dass es der Herr sei, gürtete er sich das Obergewand um, weil er nackt war, und sprang in den See."

Schon nach dem Lauf zum leeren Grab stellt zwar Petrus genau fest, wo welches Tuch zusammengefaltet liegt, aber dass Jesus auferstanden sei, das wird dem Johannes zugeschrieben: *„Er sah und glaubte"* (Joh 20,8).

Es gibt Naturwissenschaftler aber auch Kriminalkommissare, die sind besonders intuitiv begabt und finden Lösungen, die sich nicht aus dem linearen schlussfolgernden Denken ergeben.

Ein bekanntes Beispiel ist die Entdeckung des Benzolringes durch den deutschen Chemiker August Kekulé (1829-1896): Die Summenformel hatte man inzwischen herausgefunden, aber man konnte sich keinen Reim darauf machen, wie denn die Struktur dieses Moleküls aussehen könnte.

Kekulé schreibt in seiner Berliner Rede zum 25-jährigen Jubiläum des Benzolrings 1890:

„Während meines Aufenthaltes in Gent in Belgien bewohnte ich elegante Junggesellenzimmer in der Hauptstrasse. Mein Arbeitszimmer aber lag nach einer engen Seitengasse und hatte während des Tages kein Licht. Für den Chemiker, der die Tagesstunden im Laboratorium verbringt, war dies kein Nachtheil. Da saß ich und schrieb an meinem Lehrbuch; aber es ging nicht recht; mein Geist war bei anderen Dingen. Ich drehte den Stuhl nach dem Kamin und versank in Halbschlaf. Wieder gaukelten die Atome vor meinen Augen. Kleinere Gruppen hielten sich diesmal bescheiden im Hintergrund. Mein geistiges Auge, durch wiederholte Gesichte ähnlicher Art geschärft, unterschied jetzt größere Gebilde von mannigfacher Gestaltung. Lange Reihen, vielfach dichter zusammengefügt; alles in Bewegung, schlangenartig sich windend und drehend. Und siehe, was war das? Eine der Schlangen erfasste den eigenen Schwanz und höhnisch wirbelte das Gebilde vor meinen Augen. Wie durch einen Blitzstrahl erwachte ich; auch diesmal verbrachte ich den Rest der Nacht um die Konsequenzen der Hypothese auszuarbeiten. ... Lernen wir träumen, meine Herren, dann finden wir vielleicht die Wahrheit – aber hüten wir uns, unsere Träume zu veröffentlichen, ehe sie durch den wachen Verstand geprüft worden sind."

Das andere populäre Beispiel für Intuition ist die Entdeckung des Penicillins. Am 3. September 1928 kehrt der britische Bakteriologe Alexander Fleming nach seinem Urlaub zurück in sein Labor. Beim Aufräumen stellt Fleming fest: Auf einigen liegen gebliebenen Petrischalen mit Bakterienkulturen haben sich in der Zwischenzeit Schimmelpilze breitgemacht. Erst ist er sauer über die Unordnung seiner Mitarbeiter. Doch dann fällt dem damals 47-Jährigen etwas Ungewöhnliches auf: Um einen der Schimmelpilze hat sich ein Kreis gebildet, in dem keine Bakterien wachsen. Der Pilz gehört zur Gattung der Pinselschimmel, auf Lateinisch: Penicillium. Fleming findet heraus, dass er eine Substanz absondert, die auf viele Bakterienstämme tödlich wirkt. Er nennt sie Penicillin. Es ist die Geburtsstunde des berühmtesten Antibiotikums der Welt. Hätte er oberflächlich die Petrischalen gereinigt und desinfiziert – also planmäßig Ordnung in den „Saustall“ gebracht, dann hätte er diese Entdeckung nicht gemacht. Was auf den ersten Blick wie eine Störung aussah – Schimmel im Labor! –, entpuppte sich als Lösung. Es dauerte zwar noch etliche Jahre bis Penicillin in Reinkultur und in ausreichender Menge als Medikament eingesetzt werden konnte. Im Jahr 1945 erhält Alexander Fleming den Nobelpreis für Medizin – zusammen mit den beiden Forschern, die das Penicillin erstmals an Patienten getestet haben.

Der Psychologe Gerd Gigerenzer beschreibt Intuition als „gefühltes Wissen“.

In den 20er Jahren gab es in Berlin einen legendären Kriminalkommissar, Ernst Gennat, Unter den Kommissaren, die die Berliner Kripo hervorgebracht hat, war er einer der erfolgreichsten und gewiss der berühmteste, eine Legende noch heute. In den Medien war er dauerpräsent.

„Kriminalistik ist zu einem großen Teil Kunst der Menschenbehandlung“, lautete eine der Maximen Gennats, „Unsere Waffen sind Gehirn und Nerven“ eine andere. Ein genialer Psychologe muss er gewesen sein, mit phänomenalem Gedächtnis und unendlicher Geduld ausgestattet, noch schwersten Jungens gegenüber korrekt, beharrlich in seinen Fragen, freundlich im Ton – scheinbar mehr eine Vertrauensperson, doch wenn er erst mal bei seinem „Nu erzähl'n Se mal“ war, ahnte noch der ausgekochteste Ganove, dass er geliefert war.

Intuition war die eine, Professionalisierung die andere Seite von Gennats Erfolgsgeheimnis. Die Kripo hat ihm da vieles zu verdanken, etwa die Gründung der Mordinspektion, der er ab 1926 vorstand, die Standardisierung der Ermittlungsarbeit oder den Aufbau einer „Todesermittlungskartei“. Dank solcher Neuerungen konnte die Mordinspektion 1931 von 114 Tötungsdelikten 108 aufklären, wurde zum Vorbild für die Kripo im In- und Ausland.

Aber auch in erfundenen Kriminalkommissar-Gestalten, wie dem Pariser Kommissar Jules Maigret mit Pfeife und Hut, mit Büro am

Quai des Orfèvres, spielt Intuition eine große Rolle. Der Kriminal-Kommissar Maigret, löst seine Fälle eher durch Intuition als durch rationale Analyse. Der belgische Schriftseller Georges Simenon (* 13.2.1923, † 1989) schrieb 75 Kriminalromane, die diesen Kommissar als Hauptfigur hatten.

Fassen wir zusammen: Intuition ist nicht einfach ein genialer Einfall, sondern diese plötzliche Idee ist gespeist durch viel Erfahrungen und breites Wissen. Intuition setzt eine gewisse Flexibilität des Geistes voraus.

Wenn Johannes – im Unterschied zu Petrus – diese intuitive Jesus-Erkenntnis hat, dann spüren wir die emotionale Nähe zwischen Jesus und Johannes. So ein Fischwunder ist nicht einfach ein Zufall; es trägt die Handschrift Jesu, denn schon bei der Berufung der Jünger gab es dieses Fischwunder. Nur Lukas berichtet uns davon (vgl. Lk 5,1-11).

Wenn diese Form der Christuserkenntnis legitim ist, dann müssten sich ja in der Folge auch solche Ereignisse nachweisen lassen. Schauen wir einmal in die Biographie von profilierten Christen.

Schauen wir zunächst auf die aus Leipzig stammende Ärztin Ruth Pfau. Mit 22 Jahren ließ sie sich taufen und trat 1957 in Paris in den katholischen „Orden der Töchter vom Herzen Mariä" ein. Die Vorgesetzten hatten im Gespräch mit ihr geklärt, dass sie in Bombay (heute: Mumbay) in Indien arbeiten sollte. Doch es gab Probleme mit dem Visum. So wurde entschieden, dass sie schon mal nach Pakistan fliegt und dort auf das Visum für Indien wartet. Das war 1960.

Als sie bei einem Zwischenaufenthalt in einer Ordensniederlassung in Karachi eine Mitschwester bei der Tätigkeit in einen Slum mit Leprakranken begleitete und das unbeschreibliche Elend der Menschen sah, die, zum Teil kaum älter als sie, mit verkrüppelten Händen und Füßen und entstellten Gesichtern in Hütten aus Wellblech und Pappkartons dahin vegetierten, war ihr sofort klar: „Ich musste mich auf die Seite dieser getretenen und ausgestoßenen

Menschen stellen."

Die Lepra war seit Jahrtausenden gefürchtet, da es bis Mitte des 20. Jahrhunderts keine Therapie gab. Die chronisch verlaufende, bakterielle Infektionskrankheit der Haut, Schleimhaut und peripheren Nerven führt zum Verlust der Sensibilität und bei den schweren Verläufen zu Verstümmelungen der Füße und Hände sowie Knotenbildungen im Gesicht und mitunter auch zur Erblindung. Die in Familien gehäuften Infektionen treten erst nach langem Kontakt durchschnittlich nach vier bis acht Jahren in Erscheinung.

Die Aussätzigen wurden als Infektionsquelle wie vor Jahrhunderten rigoros von der Gesellschaft getrennt, aus Ansteckungsgefahr in Hütten und Höhlen außerhalb der Ortschaft ausgesetzt, zwar mit Nahrung versorgt, aber letztlich zum Sterben verurteilt – was schon 12- bis 14-Jährige betraf. Ruth Pfau berichtet in ihren Büchern von furchtbaren Einzelschicksalen und von ihrem unbeschreiblichen Glücksgefühl, den Leprakranken durch ein heilendes Medikament retten und ihre Wiedereingliederung in die Gesellschaft ermöglichen zu können.

Dass es seit 1947 ein Medikament gab, das die Lepra heilt, war bei den Menschen in Pakistan und Afghanistan auch noch in den 1960er Jahren nicht bekannt, als Ruth Pfau mit ihrem Team bis in die entlegensten Gebiete dieser Länder reiste. Man ergab sich wie seit Urzeiten dem Schicksal, was auch für die häufige Tuberkulose und die zahlreichen Erblindungen galt, die zum Teil im Gefolge der Lepra auftraten, mehr aber noch durch den grauen Star, eine Linsentrübung aufgrund von Mangelernährung, insbesondere Vitamin A Mangel, der bereits bei Kindern zur Erblindung führt, oft sogar schon als angeborene Blindheit aufgrund einer Mangelernährung der Mutter während der Schwangerschaft.

Ruth Pfau, die Ehrenbürgerin Pakistans wurde, erhielt höchste internationale Auszeichnungen auf dem Gebiet der Leprabekämpfung, den sogenannten asiatischen Friedensnobelpreis, die Goldmedaille des Albert-Schweitzer-Preises, das große Bundesverdienstkreuz mit Stern, mehrere Ehrendoktorwürden.

Als Ruth Pfau 2017 in Karachi starb, wurde sie unter großer Anteilnahme der Bevölkerung mit einem Staatsbegräbnis geehrt, das im Fernsehen übertragen wurde. Sie wurde als Nationalheldin Pakistans gefeiert; Münzen und Briefmarken mit ihrem Porträt herausgegeben, auf denen der Leitspruch ihres Lebens und Wirkens geschrieben stand: „Das letzte Wort wird Liebe sein."

Für sie als Ordensfrau verband sich damit vor allem der christliche Auftrag, die Liebe Gottes zu den Menschen zu leben. Es ist ein Jahrhundertleben tätiger Nächstenliebe, das Brücken gebaut hat zwischen Religionen und Kulturen.

Natürlich ist es schwierig, das folgende Gedanken-Experiment durchzuführen, aber probieren wir es einmal: Was wäre aus Ruth Pfau geworden, wenn sie stur an ihrem Plan, nach Indien zu gehen, festgehalten hätte? Wäre sie dort auch so fruchtbar in ihrem Wirken geworden?

Aus der geplanten Wartezeit in Karachi war eine Weichenstellung geworden. Intuitiv hatte sie erfasst: Hier ist der Platz, wo Gott mich haben will!

Ein zweites Beispiel: Am 18. Juli 1914 erscheint in der „Allgemeinen Rundschau" ein Artikel von dem damals bekannten Kapuzinerpater Cyprian Fröhlich über die Entstehung eines marianischen Wallfahrtsortes in der Nähe von Neapel. Die Überschrift lautet „Aus einer Totenstadt eine Stadt des Lebens". Darin berichtet Fröhlich, dass ein ehemals atheistischer Rechtsanwalt in Valle di Pompei ein Sozialprojekt aufgebaut hatte: Ein Waisenhaus für Jungen, die von Schulbrüdern betreut werden und eines für Mädchen, die von Dominikanerinnen betreut werden. Im klaren Wissen um die menschliche Begrenztheit stellt er sein Projekt unter den besonderen Schutz der Gottesmutter, bittet sie um ihre Fürsprache und ihren Segen und hält auch die Waisenkinder zum Gebet des Rosenkranzes an. So entwickelte sich mit der Zeit von 1872, als er in Pompei seine Bekehrung erlebte, bis 1914 ein beliebter

Marienwallfahrtsort mit ca. 1 Million Pilgern jährlich.

Diesen Artikel haben Tausende Leser zur Kenntnis genommen und vielleicht bei sich gedacht: „Interessant, was in Italien alles so möglich ist!“

Bei einem Leser dieses Artikels ist das Echo in der Seele nachhaltiger. Es ist der Pallottinerpater Joseph Kentenich, der seit zwei Jahren der Spiritual für den pallottinischen Nachwuchs in Vallendar-Schönstatt ist. Er selber war mit knapp neun Jahren von seiner Mutter ins Waisenhaus in Oberhausen gebracht worden, weil sie für sich und ihren unehelichen Sohn den Lebensunterhalt verdienen musste. Vorher waren beide im großen Familienverband mit durchgefüttert worden. Die Mutter hatte den Kleinen am Tag der Einlieferung in der Hauskapelle der Gottesmutter geweiht, was der aufgeweckte und sensible Junge wachen Herzens mitvollzogen hatte. Jetzt, 20 Jahre später und Priester, kam ihm die Idee: Könnte das, was in Italien möglich war, sich nicht auch in Schönstatt wiederholen? Auf dem Gelände der Pallottiner stand ein ehemaliges Friedhofskapellchen, das inzwischen dem Gärtner als Abstellraum für seine Geräte diente.

Intuition – oder doch nur Größenwahnsinn? Er hatte im Laufe seiner Jahre erlebt: Maria tut mir gut. Die herzliche Beziehung zur vollerlösten und damit seelisch heilen und voll beziehungsfähigen Mutter Gottes hatte aus ihm, dem intellektuellen und als überheblichen Überflieger geltenden Studenten, einen Seelsorger mit einem großen Herzen gemacht. Warum sollte Maria bei den ihm anvertrauten Jungen nicht ähnlich wirken? Es war ein Tasten und Suchen, ein Beten und Abwägen.

Oder denken wir an den Ausspruch von Kekulé: „Lernen wir träumen, meine Herren, dann finden wir vielleicht die Wahrheit – aber hüten wir uns, unsere Träume zu veröffentlichen, ehe sie durch den wachen Verstand geprüft worden sind.“

Es ist nicht nur der wache Verstand, es ist auch das gläubige und liebende Herz, das Kentenich befragt. Am 18. Oktober hält er als Spiritual in dem inzwischen renovierten Michaelskapellchen auf dem Gelände einen Vortrag für die nach den verlängerten Sommerferien angereisten Schüler. Darin führt er aus:

„Ich darf Ihnen wohl eine stille Lieblingsidee kundtun. Als Petrus die Herrlichkeit Gottes auf Tabor gesehen, rief er entzückt aus: Hier ist wohl sein. Lasset uns hier drei Hütten bauen. Dieses Wort kommt mir wieder und wieder in den Sinn. Und des öfteren schon habe ich mich gefragt: Wäre es nun nicht möglich, dass unser Kongregationskapellchen zugleich unser Tabor würde, auf dem sich die Herrlichkeit Mariens offenbarte. Eine größere apostolische Tat könnten wir ohne Zweifel nicht vollbringen, ein kostbareres Erbe unseren Nachfolgern nicht zurücklassen, als wenn wir unsere Herrin und Gebieterin bewegen, hier in besonderer Weise ihren Thron aufzuschlagen, ihre Schätze auszuteilen und Wunder der Gnade zu wirken. Sie ahnen, worauf ich hinziele: Ich möchte diesen Ort gerne zu einem Wallfahrts-, zu einem Gnadenort machen für unser Haus und für die ganze deutsche Provinz, vielleicht noch darüber hinaus. Alle, die hierherkommen, um zu beten, sollen die Herrlichkeit Mariens erfahren und bekennen: Hier ist wohl sein. Hier wollen wir Hütten bauen, hier unser Lieblingsplätzchen. Ein kühner Gedanke, fast zu kühn für die Öffentlichkeit, aber nicht zu kühn für Sie. Wie oft war in der Weltgeschichte das Kleine und Unansehnliche die Quelle des Großen und Größten. Warum sollte das bei uns nicht auch der Fall sein können? Wer die Vergangenheit unserer Kongregation kennt, dem wird es nicht schwer, zu glauben, dass die göttliche Vorsehung mit ihr noch etwas besonderes vorhat."

Soweit das Zitat. Folgende Hintergrunderklärung möchte ich noch geben: Im April 1914 wurde in dem Studienheim der Pallottiner auf Anraten von Pater Kentenich eine „Marianische Kongregation" gegründet worden. Marianische Kongregationen waren von dem Jesuitenpater Jean Leunis 1563 als Laiengemeinschaften gegründet worden. In etwa entsprach das Modell den so genannten

„dritten Orden“, in denen sich Laien zusammenfanden, die sich von der Spiritualität der „ersten Orden“ inspirieren ließen. Typisch für die Marianischen Kongregationen war der Brauch, dass man durch eine Weihe an die Gottesmutter in diese Gemeinschaft aufgenommen wurde. Diesen Brauch – inclusive des Weihegebetes – hat Pater Kentenich von den Jesuiten übernommen und konstitutiv für die verschiedenen später entstandenen Schönstatt-Gemeinschaften in seiner Spiritualität verankert.

Gehen wir noch weiter zurück in der Kirchengeschichte: Benedikt hatte sich drei Jahre als Einsiedler in die Höhle von Subiaco zurückgezogen. Immer mehr Menschen suchten ihn auf, fanden Trost und Orientierung und neue Anregungen für ihr Christsein. Auch die nahe gelegene Mönchsgemeinschaft von Vicovaro wurde auf ihn aufmerksam und bat ihn, notwendige Reformen in ihrer Gemeinschaft durchzuführen. Unbekümmert ging Benedikt diese Aufgabe an, aber erlebte bald massiven Widerstand. – Wir kennen ja im Deutschen das Sprichwort: „Wasch mich, aber mach mich nicht nass!“ – So ähnlich dachten viele der Mönche von Vicovaro. Als ein Mordanschlag durch vergifteten Wein misslang – dem Benedikt rutschte aus Versehen der Becher mit dem Wein aus der Hand – war es Benedikt intuitiv klar: Ich muss mit ganz neuen Leuten etwas ganz Neues beginnen! So kam es dann zur Gründung des Klosters auf dem Monte Cassino im Jahre 529.

Bei allen neuen Spiritualitäten spielte die Intuition eine große Rolle. Es entstand ja etwas Neues, was es so davor nicht gegeben hatte. Es ist klar: Wenn eine neue Gemeinschaft in der katholischen Kirche beheimatet sein will, dann muss sie die katholischen Glaubenswahrheiten berücksichtigen. Aber wie stark dann der Akzent auf bestimmte Glaubenswahrheiten gelegt wird – darin liegt die Originalität der jeweiligen Spiritualität.

Der hl. Ignatius von Loyola wollte um der Flexibilität seiner Gemeinschaft willen auf das gemeinsame Chorgebet verzichten. Das war für die Vertreter der älteren Orden unvorstellbar, die seit Jahrhunderten darin das Wesen des Ordenslebens sahen.

Franziskus ließ sich durch die Worte Jesu über die radikale Armut inspirieren, einen ganz neuen Stil der Nachfolge Christi in Gemeinschaft zu entwickeln.

In den 2000 Jahren des Christentums hat es viele helle Köpfe gegeben, die sowohl geniale Irrlehren wie auch geniale Klärungen der biblischen Aussagen entwickelt haben. Die saubere Logik eines Thomas von Aquin ist zu bewundern.

Für die Entwickler neuer Spiritualitäten war der intuitive Grundimpuls der bedeutsamere und der primäre. Erst in der Folgezeit entwickelte sich aus den jeweiligen spirituellen Gründungsimpulsen auch eine theologische Schule.

Der eben erwähnte Thomas von Aquin begründete eine dominikanische Schule, der Franziskaner Bonaventura eine franziskanische Schule, der spanische Jesuit Molina entwickelte eine Lehre, in der er die Allmacht und Allwissenheit Gottes und die Freiheit des Menschen in Einklang bringen wollte. Dagegen protestierten die Dominikaner. Im Jahr 1607 verbot Papst Paul V. die weitere Diskussion bis zu einem päpstlichen Entscheid; dieser erfolgte nie, sodass das „Unentschieden" von 1607 heute als definitiv gilt.

Fragen Sie sich selber einmal: Wie oft haben Sie Stellen in der Bibel gelesen und überlesen? Und irgendwann löst eine bestimmte Bibelstelle eine ungeahnte Resonanz in Ihrer Seele aus. Das kann eine Antwort auf eine lebensmäßige Frage sein, mit der Sie sich schon monatelang beschäftigt haben. Das kann die Eröffnung eines weiten Horizontes sein, der die Enge bisheriger Vorstellungen sprengt. Das kann die Entdeckung einer Bewältigungsstrategie sein, wodurch sie auf einmal sich mit ihrer Vergangenheit versöhnen können.

Es lohnt sich, dem Phänomen der gläubigen Intuition im eigenen Leben einmal nachzugehen. Schauen wir noch einmal auf das Typische der Intuition:

1. Sie ist schnell im Bewusstsein.

2. Man weiß nicht genau, woher sie plötzlich kommt. Man staunt selber, dass einem dieser Einfall kam.

3. Sie lenkt viele Entscheidungen im Leben.

74. Joh 21,15-17: Geschenktes Vertrauen

„Als sie gegessen hatten, sagte Jesus zu Simon Petrus: Simon, Sohn des Johannes, liebst du mich mehr als diese? Er antwortete ihm: Ja, Herr, du weißt, dass ich dich liebe. Jesus sagte zu ihm: Weide meine Lämmer! Zum zweiten Mal fragte er ihn: Simon, Sohn des Johannes, liebst du mich? Er antwortete ihm: Ja, Herr, du weißt, dass ich dich liebe. Jesus sagte zu ihm: Weide meine Schafe! Zum dritten Mal fragte er ihn: Simon, Sohn des Johannes, liebst du mich? Da wurde Petrus traurig, weil Jesus ihn zum dritten Mal gefragt hatte: Liebst du mich? Er gab ihm zur Antwort: Herr, du weißt alles; du weißt, dass ich dich liebe. Jesus sagte zu ihm: Weide meine Schafe!

Liebe Leserinnen, liebe Leser – „Zu Gott habe ich ein gutes Verhältnis, aber mit seinem Bodenpersonal liege ich im Clinch." Was mir da vor Jahren ein Katholik ehrlich sagte, hat sich in den letzten Jahren verschärft. Welche Abgründe haben sich aufgetan, wenn so nach und nach die Untersuchungen der einzelnen Diözesen über sexuellen und geistlichen Missbrauch durch Vertreter der Kirche veröffentlicht werden. Dazu kommen die nicht strafrechtlich relevanten Verhaltensweisen wie Arroganz oder Unzuverlässigkeit.

Auf diesem Erfahrungshintergrund ist es verständlich, dass der Reformator Martin Luther so leidenschaftlich für die Gottunmittelbarkeit eintrat. Der erbsündlich belastete und sündige Mensch und das, was er hervorgebracht hat, können nur eine Barriere sein in der Beziehung zu Gott, aber keine Hilfe. „Gott allein!" – „Gott unmittelbar!" – „Gott direkt!" Dass die Ehe und die Priesterweihe ein Sakrament sein können, dass also ein Mensch der bevorzugte Ort der Gottesbegegnung sein soll – für Luther unvorstellbar! Tradition ist Menschenwerk. Also weg damit!

Dieses Großreinemachen im Augiasstall „Kirche“ wirkte damals befreiend und erneuernd.

Erinnern wir uns an die griechische Sagenwelt: „Der Sage nach bestand eine der zwölf Aufgaben des Herakles, die er im Auftrag seines Vetters König Eurystheus zu vollbringen hatte, darin, die Rinderställe des Augias auszumisten, in denen zahllose Rinder gehalten worden sein sollen. Eurystheus hatte Herakles diese immense Arbeit nicht nur einfach aufgetragen, sondern auch zur Bedingung gemacht, dass Herakles damit binnen eines Tages fertig sein musste. Die Ställe des Königs Augias waren schon seit vielen Jahren nicht mehr gereinigt worden, und das Ausmisten der Ställe galt deshalb als nicht durchführbar. Augias versprach Herakles dafür den zehnten Teil seiner Rinder, in der Gewissheit, dass niemand – auch Herakles nicht – die Aufgabe in dieser kurzen Zeit je würde bewältigen können. Als Zeuge für diese Absprache diente den beiden Augias' Sohn Phyleus. Die Aufgabe war für einen Helden wegen der unwürdigen Arbeit nicht nur schmählich, auf Grund des Umfangs erschien sie selbst für einen Halbgott unmöglich. Herakles erledigte die Aufgabe, einem Heros gemäß, indem er die Fundamente des Stalls an einer Seite aufbrach und durch einen Kanal das Wasser der Flüsse Alpheios und Peneios durch den Stall leitete und somit die Augiasställe säuberte.“[156]

„Einen Augiasstall ausmisten“ bedeutet also sprichwörtlich, dass man schon lange bestehende korrupte Verhältnisse oder Missstände aufdeckt und endlich Ordnung schafft.

Ein Beispiel aus der jüngeren Vergangenheit: Als im Februar 2023 in der Türkei zwei heftige Erdbeben das Land erschütterte, kamen 60000 Menschen ums Leben und 300000 Häuser stürzten ein.

---

[156] https://de.wikipedia.org/wiki/Augias

„Umso erstaunlicher ist es, dass eine Ortschaft im Erdbebengebiet nahezu unversehrt geblieben ist und keine Opfer zu beklagen hat. Bei der Stadt handelt es sich um Erzin, eine 42000 Einwohner-Stadt im Süden der Türkei zwischen Osmaniye und Iskenderun. Obwohl Erzin mitten im Erdbebengebiet liegt, stehen dort noch alle Häuser. Angesichts der Bilder aus Kahramanmaras und Antakya sprechen die Einwohner der Stadt von einem Wunder. Dieses Wunder verdanken die Menschen von Erzin wohl ihrem Bürgermeister Ökkeş Elmasoglu und vermutlich auch schon seinen Vorgängern. Elmasoglu führt seit 2019 die Geschicke der Stadt. Im Gespräch mit der Süddeutschen Zeitung nennt er den aus seiner Sicht wichtigsten Grund für die geringen Zerstörungen. „Ich habe keinen einzigen Schwarzbau genehmigt." Deshalb habe es zwar Schäden an Gebäuden gegeben, aber kein einziges Haus sei eingestürzt und niemand sei in den Trümmern gestorben. Nach Elmasoglus Angaben sind die meisten Häuser in Erzin Einfamilienhäuser. Mehrfamilienhäuser und Apartmentblocks seien erst in den letzten zehn Jahren gebaut worden. Vor seiner Amtszeit seien ein paar Schwarzbauten errichtet worden, aber auch die hätten den Erdstößen standgehalten. Das führt der Bürgermeister darauf zurück, dass man sich kenne und hinschaue, wenn etwas gebaut werde. Nachdem er als Kandidat der Oppositionspartei CHP gewählt wurde, schob er Schwarzbauten komplett einen Riegel vor. Einige ohne Genehmigung errichtete Bauten mussten auch abgerissen werden. 'Die Bauunternehmer oder die Leute, die in anderen Städten bauen, bitten die Bürgermeister immer wieder, nicht planmäßige Dinge zu genehmigen. Wir tun das nicht. Wir erwarten keine politischen Geschenke und wir nehmen sie nicht an', sagte Elmasoglu im Interview."[157]

Korruption und Gewalt sind die großen Geißeln in vielen Ländern.

---

[157] `https://www.stern.de/politik/ausland/tuerkei-stadt-erzin-bleibt-von-erdbeben-fast-unversehrt-33203850.html`

Mafiöse Strukturen gefährden die, die dagegen angehen. Resignation und Angst führen dazu, dass viele diese Strukturen wenn auch nicht direkt unterstützen, so doch stabilisieren durch ihr Schweigen und Wegschauen. Auch Diktaturen und Autokratien stabilisieren sich nach denselben Mechanismen. Das können wir in Russland, in China oder in Nordkorea sehen.

Nach dem Erdbeben wurde der Bürgermeister von Erzin wie ein Held gefeiert. Jetzt, im Januar 2024 beginnt in der Türkei, im südtürkischen Adiyaman, der erste Prozess gegen einen Hotelbesitzer und den Architekten, sowie gegen Behördenmitarbeiter. In dem 4-Sterne Hotel waren am 6.2.2023 72 Menschen ums Leben gekommen. Sachverständige hatten nach dem Einsturz erhebliche Baumängel festgestellt.

Auch wenn durch den Prozess die Toten nicht wieder lebendig werden, so haben die Hinterbliebenen doch die Hoffnung, dass die Verantwortlichen für ihre Fahrlässigkeit zur Verantwortung gezogen werden und dass in Zukunft die Bauvorschriften im ganzen Land besser eingehalten werden.

Brauchen wir mehr investigativen Journalismus – international vernetzt, als Kontrollinstanz? Brauchen wir strengere Compliance-Regeln für Konzerne? Und wie sieht das im privaten Bereich aus? Ist Misstrauen der beste Schutz vor möglichem Betrug?

Der Biologe Irenäus Eibl-Eibesfeld veröffentlichte schon 1995 sein Buch „Wider die Misstrauensgesellschaft. Streitschrift für eine bessere Zukunft". Über seine darin vertretenen Thesen zum Thema Immigration und Überbevölkerung kann man geteilter Meinung sein, aber sein leidenschaftliches Plädoyer für ein Klima des Vertrauens wird ja schon im Titel sichtbar. In seinen abschließenden Thesen formuliert er unter Nr. 12: „Menschen klagen daher über Einsamkeit in der sie bedrückenden Masse. Die heutige Misstrauensgesellschaft aktiviert unter anderem Fluchtreaktionen mit Anschlusssuche und die Bereitschaft, sich Ideologien und Sicherheit versprechenden Personen anzuschließen. Da unsere Kleingruppenethik mithin nicht für das Leben in der Großgruppe ausreicht, bedarf es erzieherischer Bemühungen, um eine anonyme Großgesellschaft zu einer größeren prosozialen Solidargemeinschaft zu verbinden."[158]

Eher aus der Ecke der Ratgeberliteratur kommt das Buch von der Medizinerin Monika Fröschl „Gesund durch Vertrauen. Ein Lebensprinzip".[159] Sie zählt das Vertrauen zu den Grundbedingungen des Lebens, und spannt den Bogen vom Selbstvertrauen über das Vertrauen in Beziehungen bis hin zum Gottvertrauen. Als erfahrene und realistische Lebensbeobachterin räumt sie einem begrenzten Misstrauen – gerade nach schwerwiegenden Lügen oder Grenzüberschreitungen – einen berechtigten Raum ein.

Nachdem wir auf der zwischenmenschlichen Ebene das Thema Vertrauen – Misstrauen – Kontrolle nach vielen Richtungen hin durchleuchtet haben, kommen wir nun zum Vertrauen, das Jesus in seine Apostel setzt und damit zur heutigen Schriftstelle.

Dass es ein Ende des irdischen Lebens Jesu gibt und dass er die Zukunft seines Projektes in Menschenhände legt, das ist wohl der größte Vertrauenserweis Gottes in uns Menschen.

Wenn einer das Recht hätte zu sagen, „Geh mal weg. Ich kann das besser!", dann wäre das der allmächtige und allgegenwärtige Gott. Das hätte aber zur Konsequenz, dass er uns Menschen auf eine Zuschauertribüne verbannt und wir ihm höchstens Beifall klatschen könnten oder Jubelrufe zurufen könnten. Aber Gott wollte uns nicht in eine passive Zuschauerrolle beim großen Drama der Heilsgeschichte drängen. Er wollte und will uns als Mitspieler, als Mitgestalter. Die heutige Bibelstelle ist der beste Beweis dafür.

Machen wir ein kleines Gedankenexperiment. Jesus hatte ja erlebt, dass alle Apostel ihn auf Golgotha verlassen hatten außer

---

[158] Irenäus Eibl-Eibesfeld, Wider die Misstrauensgesellschaft. Streitschrift für eine bessere Zukunft, Piper-Vlg., München [3]1995, S. 233.

[159] Monika Fröschl, Gesund durch Vertrauen. Ein Lebensprinzip, Don Bosco Medien GmbH, München 2010.

Johannes. Also wäre es nach menschlichem Ermessen durchaus nachvollziehbar, dass der auferstandene Herr dem Apostel Johannes die letzte Verantwortung für sein Projekt Kirche überträgt. Dass Jesus auch so denkt, können wir aus seinen Gerichtsgleichnissen heraushören.

In Mt 25,21 lesen wir, wie der Reisende seinen Dienern die Talente anvertraut hatte und dann bei seiner Rückkehr sagt: *„Sehr gut, du tüchtiger und treuer Diener. Über Weniges warst du treu, über Vieles werde ich dich setzen. Komm, nimm teil am Freudenfest deines Herrn!"*

Ganz im Sinne dieses Gleichnisses wäre es stimmig, wenn der auferstandene Herr dem Johannes Leitungsverantwortung überträgt. Aber nein! Die Leitungsverantwortung bekommt Petrus. – Wenn wir den Text nicht von klein auf kennen würden, wäre das der Logik nach eine große Überraschung.

Noch etwas ist bemerkenswert: Dadurch, dass Jesus den Petrus zu einer dreimaligen Liebeserklärung herausfordert, gibt er ihm auch die Chance, die dreimalige Verleugnung vom Gründonnerstag wieder wettzumachen. Der Evangelist erwähnt extra: „Da wurde Petrus traurig." Vermutlich hat es erst in dem Moment bei Petrus „Klick!" gemacht und die beschämende Situation der dreimaligen Verleugnung steht ihm wieder schmerzlich vor Augen.

Trotz der Wankelmütigkeit des Petrus überträgt ihm Jesus die Leitungsverantwortung für sein Projekt Kirche. Dieser Vertrauenserweis Jesu ist aber nicht nur ein historisch einmaliges Ereignis. Es setzt sich fort durch die Geschichte der Kirche.

So wird der Umgang Jesu mit Petrus auch zu einer Entlastung für alle, die in irgendeiner Form Leitungsverantwortung in der Kirche wahrnehmen. Das fängt an bei den Eltern, die die ersten Glaubensvermittler für ihre Kinder sind. Das setzt sich fort bei allen, die eine Aufgabe in der Pfarrgemeinde übernehmen, sei es der Leiter einer Lobpreisband, ein Liturgiekreis, die Mitglieder des PGR, die übergeordneten Gremien, die Bischöfe bis hin zum Papst.

Gefragt ist nicht die „eierlegende Wollmilch-sau“, also Rundumtalente mit all den Softskills, die heutzutage in allen Stellenausschreibungen benannt werden.

Das A und O ist das, was Petrus Jesus antwortet: *„Herr, du weißt alles; du weißt, dass ich dich liebe.“* (Joh 21,17).

Für Pater Kentenich, den Gründer der Schönstatt-Bewegung, war dieser Umgangsstil Jesu mit seinen Jüngern das große Vorbild. Und so wurde die Vertrauenspädagogik zu einem der fünf Leitsterne seines pädagogischen Konzeptes. Nach seiner Priesterweihe 1910 wurde er wegen seiner Lungen-Tbc nicht in die Mission in die deutschen Kolonien geschickt, sondern in der internen Ausbildung als Deutsch- und Lateinlehrer. Er konnte es sich erlauben, dass er bei Klassenarbeiten auch mal den Klassenraum verließ, und es wurde bei ihm trotzdem nicht gemogelt, wie das durchaus in anderen Fächern üblich war. Die Schüler wollten das in sie gesetzte Vertrauen ihres Lehrers Kentenich nicht enttäuschen. Die Vorgesetzten erkannten bald das pädagogische Geschick von Kentenich und beriefen ihn 1912 zum Spiritual im neugebauten Studienheim in Vallendar-Schönstatt. Während die Mitbrüder von Kentenich – ganz im Stil ihrer Zeit – pessimistisch und misstrauisch von der erbsündlichen Verdorbenheit des Menschen – und gerade auch des pubertierenden Jungen – ausgingen und die Lösung in Reglementierungen und Kontrollen sahen, brachte Kentenich es rüber, dass er an das Gute in den Jungen glaubte und ihnen deshalb durchaus auch viel Freiheiten ließ, die er stellenweise seinen Mitbrüdern für die Jungen abringen musste. In diesem Vertrauen steckte auch die Haltung der Ehrfurcht vor der gottgewollten Größe des anderen.

Und die Jungen merkten bald: Dieses Klima des Vertrauens ermöglicht eine seelisch-geistige Offenheit, in der Fehler nicht tabuisiert werden mussten und andererseits Erfolge als Erfolge gefeiert und gewürdigt werden konnten. Auch das war in der damaligen Zeit mit ihrer verkorksten Demutserziehung nicht selbstverständlich.

Als dann so nach und nach die verschiedensten Gruppen und

Gemeinschaften der Schönstatt-Bewegung entstanden, war natürlich auch die Suche nach entsprechenden Führungspersönlichkeiten eine drängende Aufgabe.

Interessant waren die Kriterien, die Kentenich bei der Auswahl empfahl:

1. Vorbehaltlose Hingabe an die Ideale der Gemeinschaft
2. Vorbehaltlose Hingabe an die Menschen in der Gemeinschaft
3. Mehr als mittelmäßige Begabung auf dem Gebiet, auf dem man führen soll.

Gerade das dritte Kriterium hatte mich damals, als ich erstmals über Kentenichs Reflexionen über Leitungsstil las, überrascht. In den modernen Managementbüchern ist immer von Spitzenleistungen die Rede. Da klingt die Formulierung „mehr als mittelmäßige Begabung" doch sehr bodenständig. Welche Bedeutung Kentenich der sozialen Kompetenz und Intelligenz für eine gute Teambildung und ebenso der Authentizität beimaß, das konnte ich auf Anhieb nachvollziehen.

In dem Zusammenhang erinnere ich mich an unseren Spiritual im letzten Jahr vor der Priesterweihe, der in seinen Impulsen mehrmals im Monat wiederholte: „Meine Herren, denken Sie immer daran: In der Kirche gibt es mehr Ämter als fähige Leute!"

Kommen wir wieder zurück zu dem großen Wagnis, das der auferstandene Herr eingegangen ist, als er sein Projekt Kirche in die Hände und in das Herz des Petrus und nachfolgend in immer wieder neue Generationen von Menschen gelegt hat.

Dieses Wagnis wird durch zwei Ergänzungen abgefedert. Einmal verspricht Jesus: *„Ich bin bei euch alle Tage bis zum Ende der Welt"* (Mt 28,20). Und er verspricht seine Gabe, den Hl. Geist: *„Wenn aber jener kommt, der Geist der Wahrheit, wird er euch in der ganzen Wahrheit leiten. Denn er wird nicht aus sich selbst heraus reden, sondern er wird reden, was er hört, und euch verkünden, was kommen wird"* (Joh 16,13).

Wir leben in einem Klima, in dem viele Menschen zu Recht von

Menschen in der Kirche enttäuscht sind. Über strukturelle Veränderungen lassen sich vielleicht mehr Sicherungen einbauen. Kirche als nicht rein göttliche Größe sondern immer auch als menschliche Größe muss mit den strukturellen Gefahren rechnen, die in menschlichen Gesellschaften nun einmal vorhanden sind.

Der britische Historiker Lord Acton drückte es einmal so aus: „Macht korrumpiert, absolute Macht korrumpiert absolut."

Aber rein strukturelle Veränderungen werden das Problem nicht lösen. Es braucht Christen, die aus ehrlichem Herzen wie Petrus sagen, „Herr, du weißt alles. Du weißt, dass ich dich liebe." Und die sich für die Menschen in ihrer Umgebung einsetzen und so der Kirche vor Ort ein menschliches Gesicht verleihen. Die Chance dazu und die Berufung dazu hat jeder getaufte Christ.

75. Joh 21,21f: Unabhängig von anderen

„Als Petrus diesen (Johannes) sah, sagte er zu Jesus: Herr, was wird denn mit ihm? Jesus sagte zu ihm: Wenn ich will, dass er bleibt, bis ich komme, was geht das dich an? Du folge mir nach!"

Die Reaktion Jesu auf die Frage des Petrus ist überraschend. Es ist keine Antwort auf die Frage des Petrus. Und normalerweise beschwört doch Jesus die Gemeinschaft und die Einheit der Jünger untereinander (vgl. Joh 17,21). Wieso soll dann das Schicksal des Johannes dem Petrus gleichgültig sein? Die Äußerung, was geht das dich an?, ist ja ein deutlicher Wink mit dem sprichwörtlichen Zaunpfahl. Worauf kommt es Jesus an, wenn Jesus dem Petrus die Aufforderung gibt: „Du folge mir nach!"?

Der Zwölferkreis ist ja nur deshalb entstanden, weil jeder von den Aposteln eine besondere Beziehung zu Jesus hatte. Im Markus-Evangelium lesen wir: *„Jesus stieg auf einen Berg und rief die zu sich, die er selbst wollte, und sie kamen zu ihm. Und er setzte* *zwölf ein, damit sie mit ihm seien und damit er sie aussende, zu verkünden und mit Vollmacht Dämonen auszutreiben"* (Mk 3,13-15).

Auch im Johannes-Evangelium wird deutlich, dass die Initiative von Jesus ausging: *„Nicht ihr habt mich erwählt, sondern ich habe euch erwählt und dazu bestimmt, dass ihr euch aufmacht und Frucht bringt und dass eure Frucht bleibt. Dann wird euch der Vater alles geben, was ihr in meinem Namen erbittet"* (Joh 15,16).

Das Primäre ist also die Jesus-Beziehung; und erst, weil es diese gibt, gibt es auch die Vernetzung untereinander.

Wenn wir auf die Soziologie der Kirche schauen, dann wird oft mit den englischen Worten behaving – belonging – believing gespielt. Verhalten – dazugehören – glauben.

Und im Zusammenspiel dieser drei Tätigkeiten hat sich im Laufe der Jahrzehnte ein Wandel vollzogen. Wenn ich an die Zeit meiner Eltern und ihr Aufwachsen in einem kleinen katholischen Dorf denke, dann war ganz klar: Wenn du dich erwartungsgemäß verhältst, dann gehörst du dazu, wenn nicht, wirst du ausgeschlossen.

Wenn ich an meine Jugend denke, dann gab es Zeiten, da war das Hauptmotiv zum Gottesdienst zu gehen, dass ich danach meine Freunde treffe und wir miteinander uns austauschen können. Also nicht das believing stand im Vordergrund, sondern das belonging. Neulich erzählte mir eine Mutter: Die beiden Söhne haben ministriert, bis sie ca. 16 Jahre alt waren. Aber weil sie die einzigen Jugendlichen in der Sonntagsmesse waren, kamen sie sich komisch vor und gingen nicht mehr in die Kirche.

Beim Weltjugendtag in Rom im Jahr 2000 wurde mal ein Jugendlicher interviewt, warum er so begeistert von Papst Johannes Paul II. sei, wo er sich doch nicht an das hält, was der Papst den Jugendlichen als christliche Lebensgestaltung eindringlich nahebringen wollte. Der Jugendliche meinte: „Was mich am Papst begeistert, das ist seine Glaubwürdigkeit, seine Authentizität und sein Mut, mit dem er während seiner Polenreisen den Dominoeffekt des Zusammenbruchs des Kommunismus erreicht hat. Aber wie ich mein Leben gestalte, da lasse ich mir von niemandem reinreden, auch nicht vom Papst." Für diesen Jugendlichen war es selbstverständlich, dass das belonging möglich ist, auch wenn das behaving nicht den kirchlichen Normen entsprach.

Was hier einmal ein einzelner Jugendlicher zum Ausdruck gebracht hatte, das bestätigen ja auch die statistischen Erhebungen und Meinungsumfragen.

Es gibt so manchen Christen, der die wesentlichen Glaubenssätze aus dem Credo nicht mehr glaubt, aber darin keinen Grund sieht, deswegen aus der Kirche auszutreten – belonging und believing fallen auseinander.

Die österreichische Journalistin in der Abteilung Religion des österreichischen Fernsehens (ORF) zitierte einmal den Theologen und suspendierten Priester Adolf Holl, der 2020 verstorben ist:

„Im Zeitalter des Wassermanns, das angeblich bereits begonnen hat, macht der Mensch im Januar eine Fastenkur, absolviert im Februar einen Zen-Kurs, geht im März zu einer Vortragsreihe über astrologische Partnerwahl, tanzt im April mit einem Derwisch, lässt sich im Mai in abgelebte Existenzen zurück führen, wandert im Juni durch Nepal, lernt im Juli eine Schamanin kennen, besucht im August einen Workshop in themenzentrierter Interaktion, hört im September ein Vorlesung über die Weltreligionen, beschäftigt sich im Oktober mit Bergkristallen, erlebt im November eine Todesmeditation und wünscht sich zu Weihnachten eine Gehirnwellen-Maschine."

Natürlich ist das kabarettistisch überzeichnet, aber es bringt deutlich zum Ausdruck, dass viele Christen sich ihr religiöses Eigenheim bauen mit ein bisschen asiatischer Religion, ein bisschen Wellness und wo der Glaube an die Engel wichtiger ist als der Glaube an den dreifaltigen Gott.

Andererseits gibt es viele Katholiken, die sich den Weltkatechismus gekauft haben und ihn nicht im Regal verstauben lassen, weil sie einfach Klarheit gewinnen möchten, was jetzt wirklich zum katholischen Glauben gehört. Als er 1992 veröffentlicht wurde, meinten Skeptiker, dass das ein Ladenhüter werden würde. Doch das Gegenteil trat ein.

Das neue Werk, meist „Weltkatechismus" genannt, wurde zum Bestseller. Allein in den ersten zehn Jahren wurden acht Millionen Exemplare in 50 Sprachen verkauft. Die Suche nach Klarheit und Orientierung wurde darin sichtbar.

Wenn wir Sonntag für Sonntag miteinander, voreinander und füreinander in der Eucharistiefeier unseren Glauben bekennen – entweder in der Kurzform des apostolischen Glaubensbekenntnisses (GL 3,4) oder in der Langform des „Großen Glaubensbekenntnisses (GL 586,2) dann vergewissern wir uns des Fundamentes auf dem wir stehen.

Aber „Glauben" bedeutet ja nicht nur, dass wir Glaubensinhalte für wahr halten. – Das spielt sich in unserer linken Hirnhälfte ab. – Zum Glauben gehört ja wesentlich, dass wir eine persönliche Beziehung zu dem dreifaltigen Gott pflegen. Dabei kann durchaus über gewisse Lebensphasen und Jahre eine der drei göttlichen Personen für uns im Vordergrund stehen.

Der frühere österreichische Außenminister und spätere Bundespräsident Rudolph Kirchschläger, der 2000 gestorben ist, erzählte einmal in einem Interview, dass er als Waisenkind lange gebraucht habe, bis er ein inniges Verhältnis zu Gott-Vater gefunden hatte. In der offiziellen Liturgie des gemeinsamen Betens gibt es eine eindeutige Dynamik: durch Christus – im heiligen Geist – zum Vater.

Am Ende des Hochgebetes heißt es feierlich: „Durch ihn und mit ihm und in ihm ist dir Gott, allmächtiger Vater, in der Einheit des Heiligen Geistes alle Herrlichkeit und Ehre." Und die Gemeinde stimmt dem zu durch ein feierliches – manchmal sogar dreimal wiederholtes – Amen.

Kommen wir zurück zu der Aufforderung Jesu an Petrus: Du aber folge mir! In der Nachfolge Jesu hatte Jesus seinen Jüngern einen Zugang erschlossen zu seinem eigenen innigen Verhältnis zu seinem Vater: *„Vielmehr habe ich euch Freunde genannt; denn ich habe euch alles mitgeteilt, was ich von meinem Vater gehört habe"* (Joh 15,15). Aber der Zugang zum Vater geschieht durch ihn.

Das bringt Jesus eindeutig zum Ausdruck: *„Jesus sagte zu ihm (Thomas): Ich bin der Weg und die Wahrheit und das Leben; niemand kommt zum Vater außer durch mich"* (Joh 14,6).

Diese eindeutige Dimension der ganz persönlichen Beziehung zwischen dem Gläubigen und Gott kommt ja auch darin zum Ausdruck, dass wir bei der Tauferneuerung in der Osternacht „Ich widersage" und „ich glaube" sagen und nicht – was ja durch das gemeinschaftliche Sprechen auch sinnvoll wäre: „Wir widersagen" und „Wir glauben". Natürlich wird in den Diskussionen der liturgischen Ausbildung auch die Frage gestellt, ob wir mit der Ich-Form nicht wieder in einen Heilsindividualismus fallen würden, wie es Martin Luther in seiner Heilsnot formuliert hatte: Wie finde ich einen gnädigen Gott?

Auf diese mögliche Sorge, ob mit diesen Formulierungen nicht der Heilsindividualismus gefördert würde kann man auch antworten: Dadurch dass der Einzelne angesprochen wird und als Einzelner auch antworten soll, kann er sich nicht einfach hinter den anderen verstecken oder gar in der Masse untergehen.

Der Schriftsteller Kurt Tucholsky hat die Notwendigkeit und Wichtigkeit des Einzelnen in der Zeit des aufkommenden Nationalsozialismus (1930) deutlich thematisiert. Er schrieb:

„... Und wenn alles vorüber ist –; wenn sich das alles totgelaufen hat: der Hordenwahnsinn, die Wonne, in Massen aufzutreten, in Massen zu brüllen und in Gruppen Fahnen zu schwenken, wenn diese Zeitkrankheit vergangen ist, die die niedrigen Eigenschaften des Menschen zu guten umlügt; wenn die Leute zwar nicht klüger, aber müde geworden sind; wenn alle Kämpfe um den Faschismus ausgekämpft und wenn die letzten freiheitlichen Emigranten dahingeschieden sind –: dann wird es eines Tages wieder sehr modern werden, liberal zu sein.

Dann wird einer kommen, der wird eine geradezu donnernde Entdeckung machen: er wird den Einzelmenschen entdecken. Er wird sagen: Es gibt einen Organismus, Mensch geheißen, und auf den kommt es an. Und ob der glücklich ist, das ist die Frage. Dass der frei ist, das ist das Ziel. Gruppen sind etwas Sekundäres – der Staat ist etwas Sekundäres. Es kommt nicht darauf an, dass der Staat lebe – es kommt darauf an, dass der Mensch lebe.

Dieser Mann, der so spricht, wird eine große Wirkung hervorrufen. Die Leute werden seiner These zujubeln und werden sagen: 'Das ist ja ganz neu! Welch ein Mut! Das haben wir noch nie gehört! Eine neue Epoche der Menschheit bricht an! Welch ein Genie haben wir unter uns! Auf, auf! Die neue Lehre!'

Und seine Bücher werden gekauft werden oder vielmehr die seiner Nachschreiber, denn der erste ist ja immer der Dumme.

Und dann wird sich das auswirken, und hunderttausend schwarzer, brauner und roter Hemden werden in die Ecke fliegen und auf den Misthaufen. Und die Leute werden wieder Mut zu sich selber bekommen, ohne Mehrheitsbeschlüsse und ohne Angst vor dem Staat, vor dem sie gekuscht hatten wie geprügelte Hunde. Und das wird dann so gehen, bis eines Tages ..."[160]

Mut zum Ich und Freude am Wir – das ist das typische Verständnis, das wir Christen vom Menschen und der menschlichen Gemeinschaft haben.

Natürlich gibt es auch die Berufung zum Einsiedler; aber das ist eine Ausnahmeberufung. Und wer das in sich spürt, der sollte sich auch im Gespräch mit erfahrenen Seelsorgern prüfen, ob seine Sehnsucht nicht eventuell Flucht vor geistig-seelischer Nähe zu anderen Menschen ist.

Im Normalfall ist Berufung eine ganz persönliche Angelegenheit

[160] Erstveröffentlichung in: Die Weltbühne, 28.10.1930, Nr. 44, unter dem Pseudonym Ignaz Wrobel

– Du aber folge mir! – Aber diese Berufung führt in die Gemeinschaft.

Paulus hat seiner Erfahrung der Christusnachfolge in die Worte gebracht: *„Nicht mehr ich lebe, sondern Christus lebt in mir. Was ich nun im Fleische lebe, lebe ich im Glauben an den Sohn Gottes, der mich geliebt und sich für mich hingegeben hat"* (Gal 2,20). In dieser Christusinnigkeit hat er sich für die Menschen aufgerieben.

Dieses „Du aber folge mir!" (und lass es dir egal sein, was die anderen machen und was aus den anderen wird – so könnten wir ergänzen) kann auch in die große Einsamkeit führen.

Der Pallottinerpater und Schönstätter Franz Reinisch verweigerte als einziger katholischer Priester den Fahneneid auf Hitler und wurde dafür mit dem Tode bestraft. Er wurde am 21.8.1942 im Zuchthaus Brandenburg hingerichtet. An derselben Stelle wurde der österreichische Landwirt und Familienvater Franz Jägerstätter aus demselben Grund am 9.8.1943 hingerichtet. Beide fanden in ihrem Umfeld wenig Verständnis für ihre Gewissensentscheidung.

Diese Ernsthaftigkeit im Ringen um Gewissensklarheit, die man in den Tagebuchaufzeichnungen von Franz Reinisch nachlesen kann, macht deutlich, dass das Gewissen kein Pürierstab ist, der die Weisungen Jesu über die Nachfolge, die oftmals am Anfang als Überforderung erlebt werden, so zerkleinert, dass sie gut zu schlucken sind. Die Kirche hat immer betont, dass man das Martyrium nicht suchen und anstreben solle und dass man mit Klugheit und oftmals durch Flucht sowohl seinen Glauben wie sein Leben retten darf.

Der ehemalige Lordkanzler Thomas Morus zog sich von seinen politischen Ämtern zurück ins private Leben. Aber König Heinrich VIII., der sich selbst zum obersten Kirchenherr erklärt hatte und damit die Stellung des Papstes negierte, forderte von allen Klerikern diesen Gehorsamseid. Da Morus ein Laie war, musste er zunächst diesen Eid nicht ablegen. Aber er war eine berühmte und einflussreiche Persönlichkeit im damaligen England. Und so wurde auch er gezwungen, diesen Eid abzulegen. Da er sich weigerte, den geforderten Eid auf die königliche Oberherrschaft über die Kirche abzulegen, ließ ihn der König Heinrich VIII. 1535 als Hochverräter hinrichten.

Im Grunde ist die überlange Liste der Märtyrer der lebendige Beweis, dass es zu allen Zeiten und unter allen politischen Systemen Gläubige gegeben hat, die dieses „Du aber folge mir!“ (ohne zu fragen, ob man damit allein dasteht oder nicht) in einer Radikalität gelebt haben, die wir nur bewundern können.

Bitten wir um den Heiligen Geist für unser Land, damit die vielen überinformierten und unterorientierten Christen ein neues Pfingsten geschenkt bekommen, damit sie den Mut aufbringen, sich die Entscheidung zur Nachfolge Christi durchaus etwas kosten zu lassen.

Meditationen aus Band 1

1. Joh 1,12: Gott aufnehmen
2. Joh 1,14: Gottes Herrlichkeit sehen
3. Joh 1,16: Empfangen und annehmen können
4. Joh 1,23: Vorläufer sein
5. Joh 1,31.33: Jesus besser kennen lernen
6. Joh 1,34: Gottessohn – Menschenkind
7. Joh 1, 36: Von Jesus angeschaut
8. Joh 1,42: Menschen zu Jesus führen
9. Joh 2,1: Maria ist dabei
10. Joh 2,11: An Jesus glauben
11. Joh 2,13-22: Wütend und doch ohne Sünde
12. Joh 3,1-21: Zwiesprache mit Jesus
13. Joh 3,16: Was muss ich Gott wert sein, wenn er sein Leben für mich hingibt!
14. Joh 3,21: Wer aber die Wahrheit tut, kommt zum Licht, damit offenbar wird, dass seine Taten in Gott vollbracht sind.
15. Joh 4,10: Wenn du wüsstest – Ahnungslosigkeit
16. Joh 4,34: Den Willen Gottes tun
17. Joh 4,38: Ernten, was andere gesät haben
18. Joh 5,6: Willst du gesund werden?
19. Joh 5,1-9: Zwischen Sehnsucht und Erfüllung
20. Joh 5,44: Zum Glauben kommen
21. Joh 6, 56: Wer mein Fleisch isst und mein Blut trinkt, der bleibt in mir und ich bleibe in ihm.

22. Joh 8,1-11: Wie wird das Gute mächtig in einem Menschen?
23. Joh 10,4f: Vertraut sein mit IHM
24. Joh 10,10: Leben in Fülle
25. Joh 10,14: Hirte sein
26. Joh 11,32: Jesus, wo warst du?
27. Joh 11,35: Da weinte Jesus
28. Joh 11,42: Der vertrauende Jesus
29. Joh 12,7: Verschwenderische Liebe
30. Joh 14,3: Himmlische Platzreservierung
31. Joh 14,6: Jesus sagte zu Thomas: Ich bin der Weg und die Wahrheit und das Leben; niemand kommt zum Vater außer durch mich.
32. Joh 14,9: Auf Gott hin durchlässig – Wer mich sieht, sieht den Vater
33. Joh 14,12: Machtvolles Wirken
34. Joh 14,16: Beistand für immer
35. Joh 14,18: Christen sind keine Waisenkinder
36. Joh 14,23: Bei uns wohnen
37. Joh 14,26: Göttliche Nachhilfe
38. Joh 14,27: Frieden mit Mehrwert
39. Joh 15,2: Nachhaltige Wirkung